國際投資法
——協定與仲裁 上

吳必然 著

五南圖書出版公司 印行

序言

　　寫作本書的源由，是因為筆者長年在各個場合講述關於國際投資及法律規範，以投資仲裁案例說明實際運作，探討這些議題與我們的關係。根據筆者經驗，這些議題較少在傳統法學理論裡探討，同時又跨領域牽涉國際投資實務、國際經貿談判、國際仲裁的運作，以致聽者感覺相當陌生。不過，雖然是較新的議題，需要此種知識的人似乎逐漸增加中，包括正在尋找未來專業方向的學生（通常是研究生）、從事國際投資的企業人士（特別是跨國公司的 in-house 法務）、處理國際投資實務（包括爭端處理）的律師、研究國際投資與國內規範（例如規制權 right to regulate、ISDS 變革）牽連互動的學者、在第一線與各國磋商國際協定的經貿官員等。

　　當國際投資日益重要、投資型態漸次改變、地緣政治與投資互相糾結時，以下這些問題突顯了本書議題的實際需求：地主國如何吸引外資，同時避免招致投資人之仲裁請求？投資人母國要求簽訂 IIA 時，這些法律文件會形成何種義務？投資人如何處理地主國的非商業性風險？投資人如何設計投資架構以利用 IIA 之保護機制？

　　另一方面，國際投資仲裁與各國國內法所要實現的目標，存在不少矛盾與衝突。例如：地主國基於國民健康所採行的法令政策（如菸害防制），為什麼會被外國投資人告到國際仲裁去？為了處理緊急狀況（如金融危機），不得已採取的因應措施，為何會違反 IIA 之義務？起先為了吸引外資投入重要基礎建設（如再生能源）所提供的誘因，為何日後因為財政或其他原因而改變，居然會被投資人要求賠償？甚且，這些主張是在第三地，由從事國際仲裁實務的民間人士，以沒有上訴救濟的仲裁程序，作出有拘束力、執行力的判斷？而不是在地主國的國內法律程序中，充分考量辯論國家的需求、考量、主權，讓國家有自我審查更正的機會？

　　簡言之，這些議題同時兼具理論及實務，涉及法律及經濟，在每個個案中不斷地檢視投資人的期待及地主國的承諾，每個仲裁判斷也持續形塑國

際投資法的面貌，甚至影響每個國家的投資環境是否能吸引到優質的投資人，除了助長經濟發展外，也符合愈來愈得到重視的 ESG、SDGs 等永續目標。

　　筆者所學甚為有限，野人獻曝書寫此書，並不是想在書店架上多一本積塵著作。隨著國際投資法制持續演變，筆者計畫將這些內容放置於網路上，讓更多人方便搜尋、參考、運用。更重要的，是希望能在這個領域產生互動，讓華文界的國際投資法有彼此切磋的機會，形成我們的看法。理想很大，作為甚小，能夠順利寫作並出書，完全要感謝愛我們的天父及支持我的家人；其次，要感謝我優秀的同事們。林良怡律師多年來參與國際投資案件，撰寫優質的專業分析，形成本書的基礎。還有以下的律師們，在他們繁忙的工作中，熱心參與本書案例的翻譯及整理，在此向他們致上謝意，他們是：呂旻融、葉子齊、張博洋、李宜庭、郭昀柔、胡桓、郭婉亭、李紹煜、陳可邦。

吳必然

名詞縮寫及翻譯對照

- **BIA**：bilateral investment agreement；雙邊投資協定
- **BIT**：bilateral investment treaty；雙邊投資條約
- **CPTPP**：Comprehensive and Progressive Agreement for Trans-Pacific Partnership；跨太平洋夥伴全面進步協定
- **FDI**：foreign direct investment；外人直接投資
- **FET**：fair and equitable treatment；公平公正待遇
- **FTA**：free trade agreement；自由貿易協定
- **FPS**：full protection and security；充分保障與安全
- **GATT**：General Agreement onTariff and Trade；關稅暨貿易總協定
- **GATS**：General Agreement on Trade in Services；服務貿易總協定
- **ICC**：International Chamber of Commerce；國際商會
- **ICJ**：International Court of Justice；國際法院
- **ICS**：Investment Court System；（歐盟倡議之）投資法院系統
- **ICSID**：International Centre for Settlement of Investment Disputes；國際投資爭端解決中心
  - **ICSID Convention (or Washington Convention)**：Convention on the Settlement of Investment Disputes Between States and Nationals of Other States (International Centre for Settlement of Investment Disputes [ICSID])；解決國家與他國之國民間投資爭端解決公約（簡稱「ICSID公約」或「華盛頓公約」）
  - **ICSID Convention Arbitration Rules**：ICSID Rules of Procedure for Arbitration Proceedings；ICSID仲裁規則
  - **ICSID Additional Facility**；ICSID附加機制
  - **ICSID Additional Facility Arbitration Rules**：ICSID附加機制仲裁規則（或「附加便利規則」）
- **IIA**：international investment agreement；國際投資協定

- **ISDS**：investor-state dispute settlement；投資人-地主國爭端解決
- **MFN treatment**：most favored nation treatment；最惠國待遇
- **NAFTA**：North America Free Trade Agreement；北美自由貿易協定
- **NGO**：non-governmental organizations；非政府組織
- **OECD**：Organization for Economic Cooperation and Development；經濟合作暨發展組織
- **PCT**：Patent Cooperation Treaty；專利合作條約
- **SCC**：Arbitration Institute of the Stockholm Chamber of Commerce；斯德哥爾摩商會仲裁院
- **TIPs**：treaties with investment provisions；含有投資條款之條約
- **TRIPS**：Agreement on Trade-Related Aspects of Intellectual Property Rights；與貿易有關之智慧財產權協定
- **UNCITRAL**：the United Nations Commission on International Trade Law；聯合國國際貿易法委員會
- **UNCTAD**：the United Nations Conference on Trade and Development；聯合國貿易暨發展會議
- **USMCA**：United States-Mexico-Canada Agreement；美加墨協定
- **VCLT**：Vienna Convention on the Law of Treaties；維也納條約法公約
- **WIPO**：World Intellectual Property Organization；世界智慧財產權組織
- **WTO**：Word Trade Organization；世界貿易組織

目 錄 | CONTENTS

第一章　國際投資法導論

　　20 世紀中迄今的七十餘年，在歷史上的顯著軌跡之一，是國際經貿活動的大幅增加。其中扮演柱石角色的，就是關稅貿易總協定（General Agreement on Trade and Tariff，下稱 GATT）（1947），以及後來組織化的世界貿易組織（World Trade Organization，下稱 WTO）（1995）。GATT 在這 70 年間，大幅降低國際貿易的關稅及非關稅障礙，快速增進國際貿易的規模與廣度（圖 1-1），使許多國家的經濟發展從中得利，具體地實踐了經濟學家李嘉圖（David Ricardo）的「比較利益理論」（Theory of Comparative Advantage）。[1] 同時，隨著經濟發展及商業模式變化，今日要處理的問題已經遠較 70 年前複雜：國際貿易問題必須跟環境、勞工、能源、貧富不均等問題一併處理。正因為重要，關於國際貿易涉及的國際法與國內法問題，已經累積了相當多的著作，有心研究者，不乏資料可供參考。

　　相較之下，國際投資「法」在國際規範、國家法令及學術討論方面，都遠落後於國際貿易法。但這不代表國際投資的重要性不如國際貿易。相反地，國際投資在全球經濟中扮演極重要的角色（圖 1-2）。二者可說是國家經濟發展的雙引擎，兩者相輔相成，互相拉抬。

---

[1]　David Ricardo (1817). On the Principles of Political Economy and Taxation; Piero Sraffa (ed.) (1951). Works and Correspondence of David Ricardo, Volume I, Cambridge University Press.

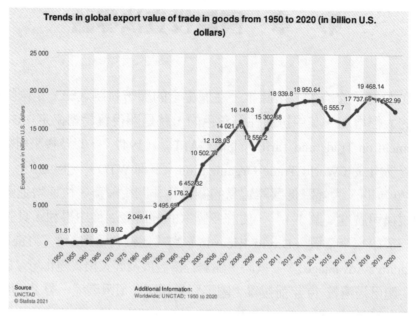

圖 1-1　Trends in Global Export Value of Trade in Goods from 1950 to 2020 (in billion U.S. dollars)

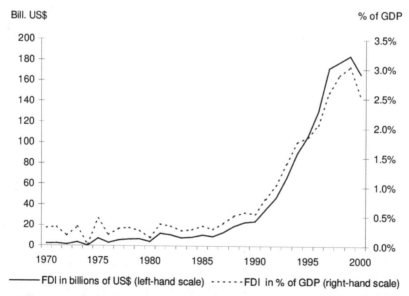

圖 1-2　Foreign Direct Investment in Developing Countries, 1970-2000

資料來源：https://www.researchgate.net/figure/Foreign-Direct-Investment-in-Developing-Countries-1970-2000_fig1_23510928。

　　探討這項落差的原因，主要是國際投資法牽涉的不僅是國家的邊界措施（國際貿易法主要處理的問題），並且深度地觸及國內法令與商業活動有關的每個層面，也包括地主國、母國、投資人、投資標的之間的錯綜複雜關係（詳見本書第二章）。因此，類似於 GATT 的國際投資法律規範，雖然曾經熱烈討論，但遲遲無法成案，國家關於外人投資的法令仍然保守。但有趣的是，關於國際投資法的專書也相對稀少，學術文章有限。以至於當政府、學術界及專業人員要尋找參考資料時，所得甚少。

　　形成研究及論述國際投資法的障礙之一，可能是國際投資本身的特性：若缺少對於國際投資實務的認識，就比較難瞭解國際投資協定的條文設計、國際法中關於國際投資的案例背景、如何從國際觀點看涉及投資的國內法令等議題。國際投資的實際操作，涉及許多層面及模式，包括外人直接投資（foreign direct investment，下稱 FDI）及金融投資（portfolio investment，或稱證券投資），也可分類為新設投資（green field investment）及合併收購（mergers and acquisition, M&A），新設投資又可分為全外資或是與當地投資人進行合資（joint venture）。近年來，有愈來愈多以智慧財產權或契約權利為核心的國際投資，其中甚至有完全未在地主國「設立」的營運模式，超越傳統的 FDI 型態、國家管理外人投資的機制。變化多端的投資模式又牽涉到各種法律交易行為，包括新公司的設立行為、股東之間的契約關係、併購交易的種種相關協議（包括股權併購及資產併購）、授權或技術作價交易、與政府訂定投資契約等。

　　與上述國際投資實務的內容比較，國際貿易法的研究主要在處理各國關於跨國貿易的措施，而國際貿易主要的型態是買賣，所涉及的基本法律關係較有限。但型態單純不代表問題簡單，各國在自由貿易與保護心態的拉鋸之間，表現出種種貿易障礙的「實驗」與挑戰。也因此，數十年來，國際貿易法有研究不完的新議題，特別是 WTO 爭端解決案例的快速累積，讓研究人員必須不斷深入鑽研，著作汗牛充棟。

　　筆者預測未來國際投資法也將逐漸引發更多的討論，類似國際貿易法所經歷的路徑一般。原因很簡單，當國際貿易障礙降到極低的程度，而向外擴展的國家必須尋找新的國際經貿新土時，國家對於外人投資的障礙，勢必有

愈來愈多的國際協定叩門挑戰。這個趨勢證諸目前快速增加中的區域經貿協
定、雙邊投資協定，不難看出。國際上通常以 IIA（international investment
agreement）來涵蓋各式各樣與投資保護有關的條約或協定，包括雙邊、區
域或多邊，不論是獨立的文件或是全面經貿協定的一部分，亦不論其名稱為
何。因此，為符合國際通用名詞，也避免一再重複「國際投資協定」或類似
名詞，本書一律以 IIA 稱之。

　　正因為國際投資牽涉的法律關係及議題複雜，筆者認為國際投資法的專
書，應該涵蓋下列內容：

一、**說明國際投資目前所處的大環境**：國際投資與全球經濟情況、全球化趨
　　勢、企業國際化布局、資本輸出國對其投資人之保護、資本輸入國對外
　　人投資的政策法令、各國在投資環境（包括法令）的競爭等。從這些條
　　件因素，才能瞭解國際投資的發展與趨勢，以及世界各國如何看待國際
　　投資。

二、**分析國際投資行為的內涵**：國際投資法處理的議題，源自跨國投資的存
　　在及其衍生的問題。因此，必須瞭解跨國投資行為的內涵，包括跨國投
　　資的特性、動機、決策流程、風險評估與避免，以及跨國投資所採取的
　　各種模式（也就是所採取的法律行為或交易模式）。在這樣的基礎上，
　　才能掌握國際投資法所處理的議題。

三、**分析國際投資所涉及的法律關係**：國際投資的源頭是私人的跨國投資行
　　為，因此涉及投資人與母國的關係、投資人與地主國的關係、投資標的
　　與地主國的關係、投資標的與母國的關係，最終，引發母國與地主國的
　　互動。換言之，要完整研究國際投資引發的法律問題，必須對於各層面
　　的關係有全面的掌握。因此，國際投資法的研究，不僅是研究母國與地
　　主國的國際法問題（過去習慣國際法的主要研究領域），還應該把上述
　　各層面所涉及的法律規範、實踐、案例，一併納入研究範圍，才能有完
　　整的論述。這樣的研究方法，已經超越了傳統的「國際」法範疇，而涵
　　蓋地主國的國內法（包括針對投資人在其管轄權範圍外的法律域外適
　　用）、母國的國內法（包括針對投資標的在其管轄權範圍外的法律域外
　　適用），甚至涵蓋投資人與投資標的／其他投資人之間的國際投資「私

法」。

四、**說明國際投資法處理的議題**：從地主國、母國及投資人的角度，可以分別說明他們認爲國際投資法應當處理（也就是「規範」）的議題。例如從地主國的立場來說，國際投資規範應當保障地主國審核外人投資的權力、在國家發展及利益需要的情況下可以徵收外人投資（並且在「合理」範圍內補償即可）、可以要求投資人配合若干要求（例如採購國產零組件、技術移轉、全部外銷等）。相對地，從投資人的立場來說，投資規範應當保障他的財產權、自由選擇員工／經理人員／董監事（而不受限當地人）的權利、徵收的理由必須符合公共目的且不歧視、徵收補償必須依照公平市價、投資資本及收益能自由匯入匯出等。而母國在乎的，包括地主國是否依照承諾開放市場、是否給予其投資人不歧視的待遇（國民待遇、最惠國待遇）等。但在這些議題，母國、地主國及投資人的立場往往是彼此衝突的。因此，國際投資法的功能，就在協調利益、解決衝突、營造可預期的投資環境。

五、**解說國際投資法的各樣形式**：國際投資法只是一個統稱，甚至各專家所給的定義都還不一致。在本書之內，爲了完整研究影響國際投資的所有法律規範，因此採取廣義的定義，包括習慣國際法（主要是表現在案例中）、國際協定（多邊、區域、雙邊）、國際組織的指導綱領（例如OECD 的「多國際企業指導綱領」及「投資政策架構」）、國內法（含母國及地主國）。此外，還有從「超國界」（transnational）觀點來看國際投資所衍生的法律問題，目的是統整國際法、國內法及各領域法律的研究，達成以超國界方法處理超國界法律問題的理想。

六、**分析國際投資法的實際應用**：法律是因應實際需求而產生的，國際投資法也不例外。不論法律規範的位階如何，也不論制定的原意如何，國際投資法最終必須應用於實際的案件中。而所謂的實際案件，通常也是形成爭議的案件。因此，研究國際投資法，必須研究在實際案件中，從開始到末了，各個主體之間的利益爲何？所主張的立場爲何？在什麼程序中主張權利？如何執行判決或仲裁結果？從這樣的「法律程序」（legal process），各方得以反向地分析他們面臨的國際投資得失與風險、如何

運用各種契約或條約約定來規範權利義務、如何在國際談判中攻防取捨。

　　上述內容可以幫助有心研究國際投資法者，有一個較全面的架構概念，又可以找到自己想深入研究的次領域或議題；但實在無法在一本書之內完全涵蓋。本書（上、下冊）聚焦處理國際投資協定之重要條款及案例，是筆者計畫寫作一系列國際投資法的第一部分。國際投資協定的重要條文包括投資及投資人的定義、投資之合法性、國民待遇、最惠國待遇、公平公正待遇、充分保障與安全、傘狀條款、徵收及補償、實績要求、例外豁免、損害賠償、爭端解決程序等。以案例的方式分析，可以認識國際常用的條款在具體爭端案件中，法官或仲裁人如何解釋及適用。

第二章　國際投資之法律架構

一、國際投資之興起環境

研究國際投資法，必須先瞭解國際投資的實際運作；為了瞭解國際投資實務，又必須先認識目前的國際經貿環境，才能掌握引導國際投資活動的因素。所謂的國際經貿環境，是由下列因素組成：全球化的現狀與趨勢、企業的全球布局方式（包括供應鏈的設計、企業選擇設計／製造／銷售／籌資的地點）、個別國家的法令制度（包括地主國對待外人投資、母國對待本國投資人的對外投資）、個別國家的經濟發展程度（是否需要外人投資、是否必須對外擴張以維持競爭力），甚至環境保護、資源利用與永續發展、勞工權益保護的連動、消弭貧窮與犯罪等措施。

換言之，國際投資不是理所當然存在，也不是毫無間斷地增長。事實上，蓬勃的國際投資，也不過是近半世紀的現象，而且比國際貿易的自由化還要晚。進一步分析，國際投資活動的存在及發展，有幾個前提條件：

（一）具備相當擴張能力的個人或企業（也就是「投資人」），不但在本國經營事業，而且尋求到其他國家開拓新的據點，目的包括建立工廠、設立服務門市、建置研發中心、獲得當地市場、壓迫競爭對手等。這樣的活動是長期的設立、經營行為，與個別、一次性的貿易行為不同。若是沒有這樣的投資動機及行動，即使國家容許、鼓勵國際投資，都不會有真正的國際投資活動。

（二）投資人所在的國家（也就是「母國」），允許資金、技術、人才、資訊、貨物的外移。至於母國為何要允許對外投資，原因有許多，包括協助本國企業的國際化、擴張並增強整體國力、掌握海外資源、協助國家經濟轉型等。但實際上，母國不願意開放對外投資的理由也不少，例如擔憂資金外流、關鍵技術被競爭對手取得、人才流失、國家重要機密資訊外洩等，更糟的是擔心這些活動幫助了敵對國家，威脅

國家安全。

（三）投資人選擇的投資地點（也就是「地主國」），允許來自外國的資金、技術、人員（包括管理階層及勞動人力）、資訊、貨物進入，並且允許外國投資人藉由這些生產因素，在當地進行長期的設立、經營行為，可以在當地取得公司的股權、可以擁有當地的有形無形資產、可以與當地企業或人民交易、可以取得特殊產業（例如採礦、電信、銀行等）的經營執照等。當然，上述的活動範圍、深度，以及允許來自哪些國家的投資人可以從事這些活動，地主國原則上可以自行設定，從完全不開放（也就是「鎖國」），到完全自由開放，程度差異極大。

可以想見的是：上述條件的同時存在，不是一件容易的事，有太多變因可能干擾、阻絕國際投資的基本環境，例如戰爭、保護主義、關稅壁壘、個別國家或全球的經濟危機、國家的法令不足或不穩定等。正因為如此，我們所認知的大規模私人跨國投資，只出現在第二次大戰之後。而且，先出現在已開發國家之間，然後才開始有來自已開發國家的投資人，投資在開發中國家，最後才有開發中國家的大企業到其他國家投資的活動。但是，這樣的國際投資現象，又會因個別國家或全球環境的變動，而隨時消長。

（一）全球化環境

二次大戰結束後的六十幾年間，關稅貿易總協定（General Agreement on Trade and Tariff，下稱 GATT）的運作大幅降低了國際商品貿易的障礙，其間的八回合多邊貿易談判，使得關稅稅率大幅度地下降。已開發國家的平均關稅從 1948 年的 36% 降到 90 年代中期的 3.8%，發展中國家在同一期間降至 12.7%。非關稅障礙在各項協定之下，也逐漸撤除。1996 年烏拉圭回合結束後，成立了世界貿易組織（World Trade Organization，下稱 WTO），也簽訂了服務貿易總協定（General Agreement on Trade in Services, GATS），前者使臨時協定性質的 GATT 提升為國際組織，後者則在商品貿易之外，將服務貿易納入自由化的範疇。貿易自由化是企業全球化經營的重要基礎，由於世界多數國家均為 WTO 會員國，企業才能在此一架構下，以低成本、國

際規範及穩定性的前提進入多國市場。此一架構的受益者，除了世人熟知的跨國企業（例如石油公司、連鎖通路、製藥公司等）外，還包括所有參與在國際貿易的中小企業及個人。

更進一步地，在 GATT／WTO 架構下，區域貿易協定／組織（例如 Free Trade Agreement，下稱 FTA）被容許在區域內進行消除所有貿易障礙的優惠措施（而不必依照最惠國待遇給予區域外的國家）。FTA 過去已經在歐洲、北美洲及東南亞等地創造了龐大的無貿易／投資障礙的環境，使得當地企業利用整合的龐大市場快速崛起，取得全球競爭力。在目前 WTO 杜哈回合陷入僵局的狀態中，FTA 更是如雨後春筍般地興起，雖然其中成功的比例不高（從過去的經驗觀察），但過程中消除的貿易與投資障礙，將更有利於企業的跨國經營。

（二）企業的全球化布局

運輸及資訊科技的進步，提升了企業資源運用的效率，更使得消費者能快速取得公司產品資訊，同樣地，也加快了企業國際化的腳步，締造了近年來全球化的浪潮。跨國企業挾帶母國資金及技術，隨著市場機會而延伸到世界各地，並結合各國之資源與優勢。藉由全球布局管理及國際分工，降低生產成本，分散營運風險。

若借學者觀察的論點來說明企業全球化趨勢，可謂利用各國的國家競爭優勢。由於跨國價值活動之互動關係逐漸增加，如共同開發技術合作與區域整合，使得企業為創造其本身的競爭優勢，因而必須赴海外進行投資，並藉由國家競爭力創造的四大因素——要素條件（factor conditions）、需求條件（demand conditions）、相關協力產業（related and supporting industries）及企業策略、組織和競爭（company strategy, structure and rivalry）創造國際競爭優勢。[1]

用簡單的話說，在「前提條件」允許的情況下，一個企業的理想全球布

---

[1] John H. Dunning, "International Porter's Diamond," Management International Review, Vol. 35 (1991), pp. 39-44.

局方式爲：

1. 在原料最便宜的地方採購原料。
2. 在勞力、土地成本最低的地方進行初階、大規模的製造生產。
3. 在工藝技術最高階的地方進行複雜的精密生產。
4. 在研發能力最強的地方建立研發中心。
5. 在創意設計最領先的地方進行品牌形象設計。
6. 在語言能力及服務態度最佳的地方建立客服中心。
7. 在資本市場最活躍的地方上市籌資。
8. 在公司管制最寬鬆的地方設立控股公司。
9. 在稅賦最優惠的地方集中並管理從各關係企業集中來的盈餘及資金。

　　而所謂的「前提條件」，包括：上述這些地區的管轄國家允許國際投資（包括對外及外人投資）、這些國家沒有特別的壓制法令（例如對於使用避稅天堂的限制）、企業的資金及其他資源可支援此項全球布局等。

（三）保護主義再次興起

　　全球化及區域經濟整合擴大，加深各國人力、資本及貨品之跨國往來，促成全球供應鏈之形成。在全球化下形成之專業分工，帶動全球經濟繁榮。然而，區域經濟整合所導致之所得分配不均，開發中國家爲維持競爭力及促進外人投資而降低勞工及環境標準等問題，使得反全球化聲浪高漲，貿易保護主義崛起。

　　貿易保護主義者主張，區域經濟整合擴大市場開放的結果，使得部分國家產生巨額貿易赤字，弱勢產業受到衝擊、勞工失業問題嚴重、貧富差距擴大。惟市場開放乃區域經濟組織成員間互惠的結果，彼此間透過給予與獲取（give and take）交換利益，不應因單一或特定產業存有貿易逆差，即忽視貿易夥伴開放產業所帶來之貿易順差。如貿易保護主義抬頭，將會破壞過去數十年來各國戮力建立之公平競爭市場。

　　最近的國際政經局勢發展，從貿易保護主義進一步擴張到投資的保護主義，顯著案例表現在以下幾種層面：

1. **對外人投資的管制**：以美國爲例，先前對於外人投資抱持自由、寬鬆的

態度，現在屢屢透過「美國外資投資委員會」（Committee on Foreign Investment in the United States, CFIUS）審查外人投資、併購美國企業，若認爲危及國家經濟或軍事安全、高科技技術外流之情事，即予以否准。其他國家也不遑多讓，紛紛採取類似機制，對於特定來源的外人投資，嚴審並嚴控。

2. **本國企業對外投資的管制**：對於其本國企業之對外投資，設下各種管制，包括針對技術、資金、人員、資訊的流動，要求事前許可或報備，並追蹤其後續發展。這些政策法令的源由，有類似上述的國家經濟或軍事安全、高科技技術外流等原因，有關於國家競爭力的考量，也有來自國際政治對抗的抵制杯葛措施。

3. **要求特定外國企業必須在其國內設立及生產**：這是又更新的趨勢，明顯的例子是高科技（半導體晶片）產業。以前被認爲最有效率的國際分工，現在因爲關鍵技術、產品的市場短缺，或是出口國家管制造成威脅，導致經濟大國利用其實力對這些廠商施壓，要求必須在其境內設立生產據點，以建立自給自足的供應鏈。這就是爲什麼台積電突然之間要到許多國家設廠的原因。

二、國際投資之定義

　　一般論及國際投資時，根據其目的，有各種不同的定義及範圍：

（一）從比較狹義的外人直接投資（foreign direct investment，下稱 FDI），擴大到包括金融投資（portfolio investment，或稱證券投資）。

（二）從投入資金技術等資源的新設投資（greenfield investment），擴大到跨國併購（cross-border merger and acquisition），取得當地原本已設立、營運中的企業股權或資產。

（三）從取得政府正式核准的外人投資之項目類別，[2] 擴大到不需經過政府

2　例如我國「外國人投資條例」第 4 條規定：「本條例所稱投資如下：一、持有中華民國公司之股分或出資額。二、在中華民國境內設立分公司、獨資或合夥事業。三、對前二款所投資事業提供一年期以上貸款。」

審查即可完成的跨國投資（例如帶有投資性質之智慧財產權授權、風險分擔等契約）。

（四）從純私人之間的投資關係，擴大到國對國、政府之間的投資項目（例如基礎建設），不一而足。

UNCTAD、OECD 等國際組織，在研究國際投資統計數字、變化趨勢、法規障礙時，通常採取如下的 FDI 定義：

位於一個經濟體的個人或企業（即外國投資人或母企業），對位於另一個經濟體的企業（即 FDI 企業或關係企業）進行投資，該投資涉及長期關係，且反映投資人的持續利益及控制。投資人對於位於另一經濟體的企業，在其管理上有顯著的影響力。此種投資活動包括投資方及被投資方兩者之間的起始交易，以及所有後續的交易。[3]

本書採取的定義，以 IIA 常見的「以資產為基礎」的投資定義（asset-based definition；詳見本書第四章說明）為主，因為這個定義可以連結投資實務、新型態投資，以及發生爭端時的認定問題。此種定義方式傾向廣義，並有幾個特徵：

（一）不侷限於一般政府審查核准的 FDI

原因是當投資人根據 IIA 向地主國主張權利保護時，該項投資不一定需

---

3 "Foreign direct investment (FDI) is defined as an investment involving a long term relationship and reflecting a lasting interest and control by a resident entity in one economy (foreign direct investor or parent enterprise) in an enterprise resident in an economy other than that of the foreign direct investor (FDI enterprise or affiliate enterprise or foreign affiliate). FDI implies that the investor exerts a significant degree of influence on the management of the enterprise resident in the other economy. Such investment involves both the initial transaction between the two entities and all subsequent transactions between them and among foreign affiliates, both incorporated and unincorporated. FDI may be undertaken by individuals as well as business entities." 參考：2017 UNCTAD World Investment Report, p. 3; OECD Benchmark Definition of Foreign Direct Investment, 4th ed. (2008), p. 17.

要依循地主國的外人投資審查程序才能進行，例如智慧財產權之授權，帶有投資性質的契約等。另一方面，地主國政府也不能以「未曾核准該投資」、「不知道有該投資」、「投資核准程序不完備」、「該外國投資人未曾向政府提供資訊」等理由，單方面認定不符合IIA之投資定義。[4]傳統的國家針對FDI加以規範，係假設外人投資之目的在於取得本國企業之所有權或經營權，用意在掌控企業本身。但現今的國際投資動機及方式多樣化，IIA一般使用「以資產爲基礎」的投資定義，方足以涵蓋之。

（二）不侷限於已知的投資標的或是模式

以台日投資保障協議第2條爲例，「投資」係指投資人直接或間接、所有或控制，並具投資特性之各類資產……包括任何其他有形、無形、動產、不動產及相關財產權。

此種概括且開放的定義，對於新興的資產型態及投資方式，特別重要。例如現在引起全球私人及政府注目的加密貨幣、數位資產。涵蓋目前不確定的資產種類，目的是保障投資人的正當期待，亦即當地主國肯定並接受外國投資人持有的新型態資產時，不應於爭端發生時否認該標的構成IIA下之「投資」。

（三）「投資包括投資之孳息，包括利潤、利息、資本利得、股利、權利金及費用。惟投資財產之形式改變，不影響其具有投資之性質。」

這是許多IIA在定義「投資」時常有的文字，目的也是在擴大受保障的投資範圍。因爲許多投資活動的「生命週期」甚長，跨越數十年；當時投入的資金、機器設備、智慧財產權，在擴張、併購、轉型之後，已經不是起始的投入資產，但投資人的投資利益，仍在其中，仍應享有IIA給予的權利。

（四）與「行爲」定義方式有所區別

一般瞭解的FDI，是以下列過程來描述：投入資源（包括資本、技術、人力、有形及無形資產等），在地主國設立子公司或分公司（或是以併購方式取得當地公司股權或投資標的），從事長期的營運行爲，經歷業務及組織

---

[4]　進一步的分析，請參考本書第四章「投資之定義」及第五章「投資之合法性」。

的擴張或縮減，獲取長期投資報酬並承擔投資風險，至終結束投資並退場
（清算解散或出售投資標的）。

　　但上述的行為定義：在處理投資人與地主國的投資爭端時，即有所不
足，因為一旦進入「爭訟模式」，地主國往往首先否認有「受保護投資」的
存在；換言之，就是在定義上反駁投資人所主張之投資。上述投資過程的每
一個行為，都有不同的詮釋方式；各種型態的投資，可能僅具備其中一兩種
因素，而缺乏其他因素。例如根本不需要在地主國有設立行為的投資，僅以
契約方式參與政府基礎建設之投資，甚或是提供地主國政府金融避險工具的
契約。相對而言，「以資產為基礎」的投資定義雖然沒有廣泛地描述投資的
行為層面，但可以讓仲裁庭有明確的規範標準：先確認是否有符合投資定義
的資產，然後檢視是否有排除的規定。

（五）不一定包括政府控制或主導的國際投資

　　政府所有之投資機構（state-owned investors，下稱 SOIs），包括主
權基金（sovereign wealth funds, SWF）及公有退休基金（public pension
funds），在全球投資中占有重要地位。依照 2020 年之統計數字，當年全球
管理資產約為 111 兆美元，SOIs 持有之資產為 27 兆美元，超過四分之一。[5]

　　但在 IIA 之下，此類的投資是否包括在保護範圍內，必須視條約或協定
關於投資之定義而定，也跟「投資人」的定義彼此相關。以 ICSID 公約第
25(1) 條[6] 為例，仲裁案例皆肯認 ICSID 仲裁庭之管轄權僅及於「締約國與
另一締約國國民之間」的爭議。因此，從外觀看來是符合投資定義的外人投

---

[5]　William L. Megginson, Diego Lopez and Asif I. Malik, "The Rise of State-Owned Investors: Sovereign Wealth Funds and Public Pension Funds," Annual Review of Financial Economics, November 2020.

[6]　Article 25(1) of ICSID Convention: The jurisdiction of the Centre shall extend to any legal dispute arising directly out of an investment, between a Contracting State (or any constituent subdivision or agency of a Contracting State designated to the Centre by that State) and a national of another Contracting State, which the parties to the dispute consent in writing to submit to the Centre. When the parties have given their consent, no party may withdraw its consent unilaterally.

資，但若其實質是作為政府之代理人或履行實質政府職能，地主國的管轄權抗辯即可能成立；若權利義務當事人其實是兩個國家，就應當依循傳統國際法的機制處理，例如國際法院。

相對地，有許多 IIA 對於「非自然人」的投資人（即企業、法人等），採取廣義的規範方式：「無論是私人所有或政府所有或控制」（whether privately-owned or governmentally-owned or controlled），例如 2012 US Model BIT。但即便如此，前述 ICSID 公約下作成的仲裁案例（排除作為政府之代理人或履行實質政府職能的投資），也會對非 ICSID 的案件產生影響。關於此要件之詳細論述及相關案例，參考本書第六章二、（四）法人之私有性。

（六）對於「間接投資」有不同定義

在投資、經濟領域中常使用的「間接投資」，指的是購買在公開市場上流通交易之有價證券，包括債券及股票，以獲取交易差額之利潤及收益。此種交易，亦稱為「金融投資」；若是跨國的交易，則稱為「foreign portfolio investment」（FPI），與 FDI 相對。

另一方面，在 IIA 的規範定義下，間接投資指的是投資人並非直接從母國至地主國投資，而是經由第三地（包括數個第三地），在地主國持有或控制投資資產。雖然國際投資實務基於稅務、控股、供應鏈、全球布局等目的，常有這樣的安排，但若要主張 IIA 之保護，必須有明確的條文依據（例如載明投資人的投資包含「直接或間接」形式），或至少沒有排除或牴觸的文字（例如印度新版 BIT 僅保護直接投資）。

值得注意的是，在以資產為基礎的投資定義下，不當然排除金融投資；換言之，只要符合 IIA 的投資定義，即便外人投資的項目是公開交易市場、債券或其他金融工具，都還是受到保護。有些 IIA 明文排除例如短期債權、不帶有投資性質的資產，表示締約國認為這些資產不是 IIA 所欲保護的投資，並非因為它們是金融投資。

新創時代的投資模式

傳統的公司發展路徑，通常是先在一個市場站穩腳步，有了相當的財

務、組織、行銷及管理能力，才能談到國際化。而國際化的正常模式，也是先在一個熟悉的外國試點，先採取經銷或代理方式進行銷售，然後漸進地考慮投資設立據點，包括 FDI 裡面的「新設」（greenfield establishment）投資，以及併購既存的當地公司。若是起初的海外拓展成功，才能進一步將該經驗複製到其他外國。當外國據點變多之後，還要面臨如何管理海外公司及業務的問題。這樣的路徑通常要耗費數年，甚至數十年。也因此，過去的理論認為國際化是大公司才有資格談論，中小企業根本無法、也不必考慮全球擴展。[7]

即便是在號稱全球化的今日，投資並進入外國的障礙（foreign entry barriers）仍然存在，因為各國的法令不同，公司設立及權利登記必須在每個國家一一進行，同時對於外國投資及投資人的限制與禁止，處處可見。作為小型新創事業，如何在短時間內實現將產品或服務推及全世界的目標，以創造出全球市場的價值？關鍵就在併購。

更進一步分析，這些公司的成長本來就高度依賴併購，因為全球化產品或服務的價值，無法經由過去的公司發展及國際化路徑發揮。舉例而言，倘若新創公司順利地將創意轉化為產品或服務，但是沒有吸引到足夠的資金作快速擴張，以至於公司必須經歷緩慢的自行成長，承受過程中的種種風險（產品無法商業化、顛覆性的競爭、全球銷售的障礙及代價等），這個公司原先的全球市場價值就會在過程中耗盡，也無法達成產品全球化的夢想。相對地，此時若有已經具備全球平台的公司提出併購計畫，將新創公司全球化的潛力轉化為收購價格，又能吸收上述的風險及不確定性，這樣的併購交易，反而能實現產品服務快速全球化的目標及價值。事實上，大型的跨國公司經常性地注意關鍵技術或模式的出現（當然他們也持續自行開發），

---

[7] 參考 Z. Acs, L.-P. Dana and M. Jones, "Introduction. Toward New Horizons: The Internationalization of Entrepreneurship," Journal of International Entrepreneurship, Vol. 1, No. 1 (2003), pp. 5-12; E. Anderson and H. Gatingnon, "Modes of Foreign Entry: A Transaction Cost Analysis and Propositions," Journal of International Business Studies (Fall, 1989), pp. 1-26; P. J. Buckley and M. Casson, "Foreign Investment Success for Smaller Firms," Multinational Business, Vol. 3, No. 1 (1985), pp. 12-19.

當目標出現時，即便新創公司才初具雛形，大型公司已經相當瞭解他們的價值，因此可以快速出手，搶先併購關鍵目標。

還有一種情形，是與上述被併購的模式相反的，也就是新創公司藉由併購他人，進行快速的國際化。舉例而言，即便新創公司順利地將創意轉化為產品或服務，並且吸引到足夠的資金作快速擴張，此時仍然無法循傳統路徑自行成長並國際化，以顯現其全球化價值，因為在每個國家一一設立據點需時過久。這一個障礙，正足以說明為何國際新創事業最可能出現在以網路為基礎，或依靠網路營運的產業，因為網際網路的特性可以省去傳統國際化過程所需的實體設立，這樣的國際新創事業可以克服其相對於已經在全球設立據點的跨國公司的劣勢。不過，不是每一個產業都可以迴避實體設立的需求。因此，倘若新創公司的營運模式需要在各國設立據點（包括法令要求的設立、行銷服務據點、生產設施等），而且有足夠的資金作後盾，這樣的公司也會進行併購，以快速在各國取得據點。此時，併購的模式往往是「全球層次」（global level）的併購，換言之，併購是針對設立於「境外」（offshore）的控股公司進行的，因為在數個國家擁有據點的大股東，通常會在法令較寬鬆、稅賦較低的境外設立控股公司，以方便其股權控制及營運管理。因此，全球層次的併購也會在境外進行，其過程、成本及障礙均會比在一般國家進行購併來得輕省。

創業、創新與併購三者的關係，在現代經濟中原本就極為密切。《紅皇后精神》一書對此有精闢的說明：具備原創性及突破性的創新，通常來自於科技的進步。但若是科技創新存在於大型企業或是大學，很可能因為官僚結構而無法有效地運用。該書引用 19 世紀法國經濟學家薩伊（Baptiste Say）的觀察：沒有創業家，科學知識可能就停留在一兩個人的記憶中，或者只是文章裡的一頁罷了。創業者的角色，在於努力將某項新科技商品化，並尋找機會銷售新商品或服務，最重要的是：確實執行。[8]

---

[8]　William J. Baumol、Robert E. Litan 及 Carl J. Schramm，《紅皇后精神—突破經濟停滯的秘密》（*Good Capitalism, Bad Capitalism, and the Economics of Growth and Prosperity*），天下雜誌，2010/8，頁 126。

統計數字顯示，較小、較新的公司，往往比大型企業產出更多創意。市場自由且機會最大化的經濟體系，有助於結合眾人的才能從事創新，這些擁有不同技術與知識的人，透過持續不斷的腦力激盪與實例驗證，比起任何一群企劃專家，更容易創造與執行好的概念。而這樣的經濟體系，得以讓真正創新的創業家，冒險創立新事業，花費時間與經歷讓夢想成真，得到豐厚的報酬，並且保有這些財富。然而，這樣的活動為何不容易在大企業或是政府機構中發生呢？因為缺少相對的鼓勵與誘因，包括金錢及精神方面。舉例而言，大公司可能是用不成比例（相對於公司獲取的利益）的紅利，打發了貢獻創意的員工。而政府機構，礙於嚴謹的法規，甚至無法獎勵創新的公務員。因此，當創業者以自身的風險，創造出新科技、產品或服務時，他們其實是根本性創新的「低價供應者」。對大企業而言，若要產出此種根本性創新，往往要花費數倍、數十倍的研發及商業化成本。因此，等待這些創業者成功創新之後再加以併購，是比較合乎經濟效益的做法。

三、國家面對外人投資的政策

關於外人投資對於地主國經濟的影響，儘管學說理論〔例如從國際貿易理論發展出來的「比較利益」（comparative advantage）理論〕[9]多半傾向正面，而且許多國家的經驗也顯示外人投資實際產生的助益，但甚少國家對於外人投資採取完全開放的態度。更精確地說，每一個國家根據其特殊條件，都會採取一些限制、管制外人投資的措施，只是類型、程度、範圍不一。

本節討論哪些動機促使國家開放、吸引外資；哪些考量會促使國家採取禁止、管制的措施。唯有瞭解這些動機及考量，才能瞭解為何國家要採取這些政策及法令？如何執行？對投資人的風險為何？藉此，也才能分析 IIA 應

---

[9] 關於比較利益理論在現代經濟之應用，參考："The dynamics of MNC-impacted comparative advantage: relevance to Ricardo's view on FDI and Samuelson's skepticism about globalization," Chapters, in: The Evolution of the World Economy, chapter 4 (2016), pp. 71-86.

該處理哪些議題、如何處理，以達到保障外人投資及自由化的目標。

（一）開放、吸引外人投資的考量

　　以下所列的，是每個國家想藉著外資達到的政策目標。然而，在大原則之下，還有許多不同的狀況，包括每個國家的經濟、社會條件，以及可能吸引到的投資人所追求的目標。因此，沒有一套利弊分析適合所有國家，每個國家願意付出的代價也不一樣。當地主國制定吸引外資的法令政策時，必須先盤點自己的條件及需求；其次，要釐清投資人的計畫及本質；然後才能把兩者連結起來，用對的條件，吸引到對的投資人。

1. **引入資金**：投資活動中投入的資源很多種類，但最主要的就是金錢。許多機構經年調查國際投資趨勢，所呈現的重要統計數字，顯示哪一些國家是最重要的資金目的地，哪一些是資金出口國。吸引到高比例資金的國家，必定是投資人共同認為該國歡迎外資、善待外資、有市場前景、有利可圖。相對地，較少外資流入，或是呈現下滑趨勢的，也顯示該國的投資環境惡化中，甚至公部門的法令政策令投資人感覺風險過高。資金一旦進入地主國，除了原本申報的投資用途外，還會有「涓滴效應」（trickle-down effect），即透過投資標的的活動，讓資金創造出好幾層的收益及價值。簡言之，資金是一個國家發展經濟不可少的能源供應。

2. **創造就業機會**：投資的目的一般是設立新事業或是擴張原事業，因此導致更多的人力需求，這通常是地主國所歡迎的。依據投資的項目，所創造出來的就業機會，在性質及數量上有相當大的差別。若是傳統的、勞力密集的製造業，新投資代表的是更多勞動人口的職缺；但若是高科技、精密的製造業，人力需求不是很大，但願意以高薪聘僱有專門技術的工作人員。跨國公司的投資，往往在高階經理人及一般員工上有不同的聘僱策略。至少在初期，跨國公司要快速複製一個有母公司文化及制度的在地單位，必須派遣其資深經理人員前往展開設立工作。但一般員工及勞工需求，則運用當地人力；甚至當地的相對低薪是跨國公司的投資考量重點。因此，創造就業機會是地主國歡迎外資的動機之一，但何種投資及投資人？增加何種工作？就是地主國要仔細評量的。

3. **促進產業升級**：對於積極發展經濟的國家而言，外國投資人若能帶來足以幫助其產業升級的技術，該投資不但受到歡迎，還會以優惠措施吸引之。另一方面，投資人從母國向外擴張，所選擇的目的地，通常還不具有投資人所擁有的技術水準，或是技術競爭還不是很劇烈。投資人帶著相對優勢的技術，利用地主國其他相對有利的生產要素（例如土地、勞力、稅賦等），可以延續並擴大其原有的技術優勢，此為企業追求國際化的理由之一。[10] 比較困難的是：地主國如何確認投資人真有其所宣稱之技術？而且會照著投資計畫於地主國使用該技術？該投資是否能產生技術擴張效果，還是始終保持在投資人手中？

4. **增加出口，創造外匯**：「創匯」是許多發展中國家的首要目標，因為沒有外匯，無法買到國家公私部門所需的外國產品及服務。若地主國有此需求，就不太歡迎以開發內需市場為策略的外國投資，因為這樣的投資首先會使用地主國的外匯進口生產、服務所需的機器設備及原料，可是所生產的產品或提供的服務沒有出口，無法創造外匯存底。投資人若獲利，還要陸續把盈餘匯出。相對地，以出口為導向的投資，會受到此種國家的歡迎。地主國甚至可能以明文或實際措施讓外國投資人必須全部出口，不能有任何在當地販賣的行為。

5. **增加稅收**：這是每個地主國都想得到的，問題是要付出何種有形及無形成本。一般而言，投資人在地主國的營運活動愈大，利潤就會愈多，政府收到的稅收就增加，皆大歡喜。但這個原則在幾個實際的情境中卻受到挑戰，例如企業以跨國布局的方式，將利潤集中在某一個稅率較低（甚至免稅）的國家，而使其他國家的營業單位會計上呈現無利潤或虧損狀態；又例如國家原本與投資人協商的特別稅率及課徵辦法，日後發現無法得到預期的稅收，或是投資人被認為獲取暴利。地主國的租稅政

---

10 例如，Raymond Vernon 提出的「國際產品生命週期理論」（International Product Life Cycle, IPLC）。參考：R. Vernon and L. T. Wells, "International Trade and International Investment in the Product Life Cycle," Quarterly Journal of Economics, Vol. 81, No. 2 (1966), pp. 190-207.

策及法令，原本就是投資人審慎比較選擇的重點之一。地主國是否有透明、穩定、法治的租稅制度，將決定吸引到何種投資人；投資之後的租稅法令修改，也可能引起投資人的挑戰。

6. **加速基礎建設**：經濟穩定成長的前提條件之一，是國家有適當的基礎建設配合；缺少穩定可靠的電力、水力、運輸等基礎設施，即便國家有豐沛的天然資源、優質的人力、強健的研發能力，仍無法將產品及服務置於國際市場。另一方面，在一個國家經濟發達之前，往往缺乏足夠的資金從事必要的基礎建設，造成惡性循環。因此，發展中國家常歡迎外人投資於基礎建設，此時面臨的問題是「交易條件」：特許權以何種形式及條件釋出？國家的基礎建設是否被外人控制？國家若改變建設政策（包括優先順序、投入資源、加入競爭者），是否影響投資人的正當期待？

7. **提升國家經濟的國際競爭力**：在全球化的市場中，企業已不受國界之限制，只要策略及資源到位，全世界都是可觸及、可獲利的市場。其結果是，若某企業僅以一國的市場為限，即便該國市場龐大，當將面臨外來的、整合全球市場的挑戰者。再加上商學理論的「花車效應」（bandwagon effect），當某產品或服務取得國際性的接受及使用，其勢力將碾壓只有少數國家採用的產品或服務。日本曾經風光一時的封閉系統手機，無法對抗外來的「智慧手機」就是一例。因此，若國家意識到其市場必須與國際接軌，產品或服務的上下游應該進入國際供應鏈，其企業宜早日國際化，就必須考慮藉由外人投資，建立足以在國際市場競爭之產業能力。

8. **作為互惠開放的條件**：這一點在雙邊、區域、多邊的經貿協定談判中常見，因為其本質就是各取所需，取捨交換。在此情況下，國家開放原本禁止或限制外人投資的項目給其他締約國，不見得是該項目需要外來的資金或技術，而是以該項目交換該國投資人有權利到其他締約國投資的項目。有趣的是，這個模式在 GATT／WTO 之下成功地降低全球關稅及非關稅障礙，大幅提升國際貿易額，但在投資方面，屢屢有國家認為自己吃虧，或是時空環境已改變，因此想重新議約，改變外人投資的條件。

（二）限制、管制外人投資的考量

在限制、管制外人投資方面，比起前述的開放動機，有更複雜的因素及利益交錯。因為抗拒外人投資的，可能是特定政府機關（同時有其他機關持開放、歡迎立場），可能是特定民間團體（同時有其他團體希望開放；而反對開放的團體彼此之間的立場也不一樣），也可能是特定企業或業者（包括既得利益者及幼小的競爭者）。要釐清限制、管制外人投資的必要性及程度，不是一件容易的事。

1. **國防安全**：這是絕大多數國家不讓外人投資的項目，包括國防系統的建置及操作、武器設備的生產、國防相關事業的經營等。雖然許多國家都會對外採購先進的武器，甚至有軍事合作，但涉及國防事務之企業及資產，不太可能開放外人投資。除了防範敵國以各種方式破壞或影響國內的生產及管理外，阻絕外國政府的情報刺探也是重要原因。

2. **民生公用事業**：基於不信任外國人、必須由自己人控制的心理，許多國家不開放外國人投資水力、能源（包括電力、瓦斯、油品）、電信等事業。即便開放，也必須嚴格限制（藉由查察間接投資）在一定比例的股權或影響力之下。當然，有些國家基於財務考量（民營化或是公私部門合作），積極大膽地開放外人投資這些項目，但往往一有漲價、營運中斷等情事，立刻就會有檢討及反對的聲音出現，正顯示一般認為外國企業比較無法控制或配合的恐懼心理。

3. **基礎建設**：即便不是民生公用事業，若干基礎建設，例如港埠設施、機場、鐵公路等，仍然是國家的敏感資產。對於外國人擁有或控制的疑慮，讓許多國家採取禁止或限制投資的法令政策，或是訂定嚴格的條件。2006 年來自 UAE 的杜拜港口世界公司（Dubai Ports World）試圖收購美國六個主要城市之港埠管理權，遭到美國國會以國家安全為由反對，最後自行放棄該併購案，即為一例。

4. **農業糧食安全**：這是比較新的議題，在幾次的國際糧食短缺、國家禁止出口特定農業產品之後，「糧食安全」（food security）也成為國安問題。外人投資地主國之農業，帶來資金、技術、管理，一般而言應會

受到歡迎。但若是該產品可能被大量輸出，導致地主國短缺，就產生疑慮。2013 年中國的雙匯公司（現為萬洲國際集團）以 71 億美元價格收購美國的 Smithfield Foods，曾引起美國政府嚴格檢視，因為該公司生產的豬肉為美國陸軍主要豬肉來源（擔心雙匯可能將豬肉大量運回當時短缺的中國），最後以多項附加條件通過。此外，對於高度重視農業品質的國家而言，外人投資可能破壞該國引以為傲的傳統方法，例如日本對於稻米種植的堅持。

5. **國內就業機會，勞工權益**：相對於前述的創造就業機會，外人投資的事業可能無須雇用當地員工，而僅利用當地的其他資源。對於希望當地年輕人接觸國際企業的發展中國家而言，通常會要求其雇用一定人數、涵蓋一定層級的本地員工，但這往往涉及 IIA 所禁止的「績效要求」。另一方面，外人投資的動機就是要大量使用當地員工（特別是勞力密集的產業），可是不一定給予良好的勞動條件，包括工作時數、待遇標準、勞動環境、雇用童工、歧視待遇等。從事國際投資的投資人，除了是否符合地主國之勞動法令外，還會被 NGOs、國際勞工組織等監督，要求符合國際勞動標準。此外，不僅是跨國企業本身，其供應鏈的各協力廠商也是被檢視的對象。有不良紀錄的投資人，將遭遇愈來愈強的阻力。

6. **環保因素**：若干產業的生產過程、產出的結果，對於地主國當地的環境可能造成傷害，例如產生大量廢棄物、有害物質、溫室氣體的產業。其中有些甚至造成永久性的損害（如存留在土地中的毒物），有些導致地主國違反國際條約義務（如碳排放超量）。比較麻煩的是，地主國發展經濟的早期，可能不顧或忽略外人投資的產業造成的環保傷害，但在日後發現傷害（特別是形成政治議題）或是有更多經濟選項時，開始修改法令政策，導致投資人認為其權益受損。

7. **公共衛生、健康考量**：與前述環保因素類似但不一樣的是，地主國基於產品或服務對人民健康的影響，拒絕或限制外人投資。類似的狀況是地主國往往是逐漸發展出公共衛生及健康的政策法令，所以要處理先前歡迎、准許的外人投資，例如菸業。不一樣的是此類的產品或服務，消費者自己可以選擇是否使用，而政府出於國際義務或是施政目標，以具體

措施抑制該產品或服務的使用。

8. **國內幼稚產業尚處於發展階段**：前面說明地主國可能因為外國投資人擁有較優的技術、產品，而歡迎、吸引之。但若地主國本身也有類似的產業，卻相對落後許多，或是才剛開始發展，通常這些國內產業會有強烈的抗拒，理由是他們沒有公平、充分的發展機會，就會被強大的外來競爭者扼殺；而且外來的優勢企業可能在取得市場主導地位後，調高價格，賺取不合理利潤。另一方面，地主國的消費者可能期待外資帶來的產品或服務，在品質及價格方面的好處（相較於國內產品或服務又差又貴），而且期待競爭帶來的效率。此時，地主國政府必須在兩者之間取捨平衡，若採取保護國內幼稚產業的法令政策，就要能說服消費者，並且沒有保護既得利益者的嫌疑。

9. **國際熱錢潛在的傷害**：特別是在金融投資的範疇，國際投資機構對於資金的移動及配置，極端靈活且敏感。當然，還有專門研究有哪些貨幣及其他資產被高估，有套利空間，並以「狙擊」的方式從中獲利，例如1992年索羅斯（George Soros）放空英鎊的事件。此種操作的前提，是國家給予金融、外匯市場高度自由，投資人的金錢可以隨時自由進出地主國。大部分國家有鑑於此，不採取完全自由化的政策，但相對地就是對於「正當」投資的限制及影響。此外，即便不是快速流通的金融市場，也有對於熱錢的疑慮，例如在利率及匯率的改變過程中，外國資金大量流入，可能選擇投入房地產、高獲利的資產，因此造成價格飆升，引起民怨。

10. **天然資源有限**：地主國若有豐富的天然資源，例如礦產，特別是稀有礦物，就會吸引跨國公司前來投資。通常，地主國若有能力自行開採、輸出、營運，就不需要開放外人來投資；即便開放，也是在公平競爭的條件下進行開發。但若是地主國因為資金、技術等障礙而無法自行開採，此時開放外人投資就可能衍生幾個問題：(1) 外國投資人是否以過低的對價取得特許權及出口價格？這個低價是地主國審慎合理的決策，還是涉及貪腐賄賂？(2) 開採天然資源的「外部成本」，也就是對於環境、生活、社會的影響，由誰負擔？是否計算在內？(3) 除了直接將天然資源外

銷（換取原始的對價），開採殆盡就結束，地主國是否可能有其他增加價值的產業發展？這一類的問題，屢屢出現在國際投資仲裁案件中，其中有錯綜複雜的政商利益、國家社會脈絡。

11. **外人壟斷、控制經濟**：這是一個比較概括的整體憂慮，意思是雖然在產業發展、天然及社會資源方面有開放外人投資之好處（甚或是必要），但若是地主國的政經決策無法完全自主，外國投資人有相當的影響力，這遲早會反映在地主國的政治上。差別在於，地主國是以法治方式設定「壟斷」的界限（例如適用於內外資的反托拉斯法規範），或是以民粹方式對待外國投資人。

12. **文化、歷史、教育**：這可分為兩類，一類是地主國是否開放外人投資在這方面的資產，另一類是投資的產業活動影響到地主國所要維護的文史、傳統。前者常見於以其文化資產為傲的國家，例如法國重視其語言、電影創作、教育內容。後者常見於產業發展過程中造成的歷史遺跡破壞、原始社會的衝擊。若是地主國政府及人民明白所要維護的「非經濟」資產或價值，並且形諸明確的法令政策及對外簽訂的 IIA，外國投資人應當尊重且遵守。

（三）是否有對待外資的最佳策略？

前述的正反兩方面的考量，是絕大部分國家所面臨的，甚少有國家採取極端的不開放或完全開放的外資法令。本書的討論重點，不在國家如何從外人投資中獲取最大的整體效益（包括經濟、社會、政治等層面），而是在國際投資規範下，如何吸引到最適切的外資，達到地主國所期望的目標，同時避免與投資人的爭議，包括地主國在改變法令政策時納入國際投資法的考量（非必要不侵害投資人之權益），以及自始排除不良的投資人及投資活動（例如投機性的獲利動機或是以不正方法取得投資機會，極有可能造成爭議）。以下進一步說明：

1. 國家主權至上，在外人投資方面亦然

從新聞事件中，經常可以看見抨擊外資（尤其是跨國企業）的理論，包

括特定投資案對於地主國的傷害，以及整體而言的弊大於利。這些批評及質疑的確讓人注意到：開放外資、給予特定外國投資人權利，不見得讓地主國全體國民受益，可能只是少數人從中得利。不過，在這些事件或討論中，我們應該先思考一個前提：該地主國為何要開放外資？在過程中是否有任何違背國民意志，強迫進入的情事？歷史上當然發生過這樣的事，明顯的例子是殖民國在殖民地的「開發」。但一般而言，國家主權至上是國際法的基本原則，地主國從是否開放外資，到管理外資的法令政策，有完全的主權。但國家若是沒有良好的民主法治以及政府治理，吸引到不良的投資人，或是在過程中與投資人產生爭執，也不能完全將責任歸與外國投資人，甚至指責跨國企業邪惡。簡言之，國家是否開放外資，在其主權範圍之內，惟一旦允許外資進入，就必須接受國際法的規範。

2. 國家主權，包括目前常被討論的「規制權」（right to regulate）

近年來國際上常有關於規制權的討論，特別是當地主國對待外國投資人之行為，可能被認定違反 IIA 之義務時，學者主張地主國的規制權，足以使其行為正當化，不致違反 IIA。例如在國民健康、環保、國安事項上，地主國可以有更大的空間及權力制定或修改涉及外資的法令政策。但如前所述的國家主權，其實不需要為地主國在國際投資法之下另外創設規制權，地主國原本就可以依其主權決定對待外資的法令政策（包括事後的修改）。因此，關鍵問題應該是：地主國是否可以採取對外國投資人不利的法令政策，而且不必負擔賠償責任？筆者認為答案不複雜：國家有主權採取任何對待外資的行為，沒有國際強制執行單位能夠強制地主國制定或改變其法令政策；但國家必須依照國際法對其他國家（包括其投資人）負責。至於國際投資法及 IIA 之中是否含有「更多」規制權之依據，要看國家如何在 IIA 的文字設計上表達，以及爭端發生後的投資仲裁庭如何解釋。

3. 地主國與投資人的期待一致，是避免爭端的第一步

觀察國際投資仲裁案例，在認定地主國違反 IIA 的案件中，有許多涉及公平公正待遇義務之違反（詳本書第九章之說明），而其中又有許多檢視是關於地主國是否違反投資人之「正當期待」（legitimate expectation）。會有

如此多的案例及篇幅討論此一義務，並非偶然，因為投資人（至少審慎評估風險的投資人）在進行一項國際投資之前，通常會有以下的預備：評估數個投資地主國、項目及地點，設定財務模型（financial model）以評估投資報酬率及所需時間，與地主國確認投資誘因及審批流程，以盡職調查（due diligence）發現地主國之政策、法令及實際執行。在此過程中，投資人逐漸形成其「期待」，也就是投資決策的基礎。換言之，若缺乏該基礎或是假設條件有問題，投資人應該會選擇不從事該投資行為，或是修改投資模式。因此，投資人經常指控地主國違反義務的重點，在於地主國所提供的資訊不正確、誤導，或地主國嗣後的法令政策破壞了投資人的信賴基礎。簡言之，地主國若能採行透明、可預期之投資法制（包括立法、司法、行政），自始至終避免誤導投資人（特別是在招商階段），以完整公信的方式記錄與投資人之往來協商，地主國違反投資人正當期待的可能性就會大幅下降。再呼應前面兩點關於國家主權的說明：地主國可以採行任何符合其最佳利益之法令政策，但應該自始就讓投資人明白，避免模糊、各自解讀的情事。如此，是否進行該投資，就是投資人應該自行負擔的風險。

4. 地主國在制定新的法令政策時，應該將IIA之義務納入考量

有許多例子顯示地主國在吸引、開放外資時，還沒有關於環保、國民健康、產業保護、天然資源的各種新政策，而是在日後的社會價值發展中（通常也表現在政治選舉上），產生改變法令政策的壓力，而可能影響先前已進行投資之外人權益。即便如此，地主國如何制定、執行修改後的法令政策，或是在司法案件中處理涉及 IIA 之外人權益，都將影響投資仲裁庭的判斷。以美國為例，簽署數量甚多的 IIA，接受龐大數量及金額的外人投資，也持續修改會影響外資的法令政策，但截至目前為止，尚未在投資仲裁案件中敗訴。主要原因是美國的立法、司法、行政部門，以及聯邦與地方政府，對於國際投資法、IIA 之義務相當注意。簡言之，當地主國必須制定或修改可能影響外國投資人在 IIA 下之權益時，可以在方法上選擇達到政策目標，但避免或降低被投資仲裁庭認定違反 IIA 之選項。

5.招商及爭訟的兩極化，對地主國的長期發展不利

從投資仲裁案例中，常見到地主國與投資人的關係，從一開始的友好、雙贏、彼此吸引，演變到後來的對立、傷害、你死我活，充滿戲劇性的變化，讓人覺得匪夷所思。再加上許多資訊沒有揭露在媒體報導或公開聲明中，甚至仲裁判斷也只是整理雙方提出的主張事實，地主國與投資人真正的愛恨情仇，往往無法得知全貌。即便如此，這些案例似乎顯示以下模式：

(1)地主國開放、歡迎外國投資〔參考前述（一）的說明〕，甚至以投資優惠（包括稅捐、土地、行政程序等措施）吸引特定投資人。過程中，常涉及政府高層的承諾，並以執政藍圖及政策方向讓投資人認為有天時地利人和的難得機會。地主國會如此做，撇開貪腐原因不說，有很多情況是真的為了國家快速發展，急於想藉由外資建立經濟基礎。近年來大量產生的，關於再生能源躉售費率（feed-in rate, FiT）產生的投資仲裁案例，即為適例。

(2)當投資人詢問關於特定投資項目的條件及限制時，地主國沒有完全揭露、說明，或是以豁免、專案等例外途徑，讓投資人相信該投資案將如地主國所描述的順利進行。若投資人恰好屬於投機型、尋找特殊機會求取暴利的，更是傾向把大問題變成小問題，小問題變成沒問題。但這些沒有揭露的（包括地方與中央的法令政策；立法、司法、行政的實際運作），以及設計出來的捷徑（包括口頭及書面，職權內及職權外的承諾），都是形成未來爭端的種子。

(3)當投資案不如預期的順利設立、營運、獲利時，投資人起初會盡一切努力解決問題，並且維持與地主國政府的友好關係，希望能繼續進行並獲得預期的投資報酬。由於問題開始浮現而且難以解決，投資人與地主國政府產生許多正式與非正式的協商、談判、和解，投資人主張的地主國承諾愈來愈多，但地主國的態度也愈來愈「公事公辦」。時間拖久了，投資人會開始以法律行動保護其權益，包括在地主國的法律程序，以及請求母國政府出面與地主國政府交涉。

(4)當投資人決定放棄在地主國的投資案時，除了前述的行動，還可能訴諸境外的投資仲裁。這通常是最後的手段，因為若是投資人想繼續在地主

國投資，就必須考慮地主國（特別是法治不發達的國家）極可能對其投資案採取報復措施，或至少不可能再友善對待之。這就是爲何台灣投資人在越南2014 年的 513 事件中損失慘重，卻不願依台越投資協定在 ICC 提起投資仲裁的原因。惟若投資人走到這一步，雙方已經完全對立，所有過往的紀錄及眼前的動作，都會以贏得仲裁爲目標。

前述的 (1) 及 (2) 可稱爲「招商模式」；(3) 及 (4) 則爲「爭訟模式」。這樣的轉換，不但常發生，而且從事後觀點來看，也是可理解的。問題是：在過程中，投資人、地主國政府對於何時轉換爲爭訟模式，可能有不一致的認知，導致衝突擴大，例如一方認爲還在努力合作的友好階段，一方已經默默進入備戰狀態。

6. 建立良好的外人投資法制，吸引到對的投資人

上述的招商與爭訟兩極化模式，還可能使地主國陷入一個惡性循環：地主國使用不良的招商模式，極可能引來不良的投資人，也就是尋找此種地主國、投資機會的投資人；謹慎且當責（prudent and accountable）的投資人，根據其投資準則、盡職調查、風險評估、反貪腐規定，反而不能投資。當地主國與投資人日後產生爭訟，暴露出地主國投資環境的問題；地主國若在投資仲裁案中敗訴，又拒絕自願履行賠償責任，這些情事都會增加投資人對地主國的風險評估，甚至影響其國際信用評等。此時地主國更難從國際資本市場籌資，也被迫接受更多不良的外資，結果是更多的糾紛，國家經濟更陷入泥淖困境。阿根廷在過去 30 年間正經歷這樣的惡性循環。

相對地，若地主國對於外資採取長期性、制度化的法令政策，招商就是國家經濟實況的展現，不必（也無法）以特殊條件吸引投資人，自然不會有無法兌現的承諾。投資人對於地主國的法令政策，有透明公開的資訊可以確認，地主國有各方面的專業人士（包括會計師、律師等）可以提供確切的分析。地主國的投資機會，隨著產業發展及政府政策，在每個時期有吸引國際投資人的投資報酬，但因爲公開公平的競爭，不會有暴利可圖。因此，地主國與投資人之間出現爭訟模式的機率低，即便地主國的法令政策日後有所改變，也能依照國際投資法義務保護投資人之權益。這樣的地主國可以得到良好的國際信用評等，建立良性的投資環境，絕非偶然。

　　OECD 等組織長期研究國家的投資環境，產出許多分析報告及建議，例如「投資政策架構」（The Policy Framework for Investment, PFI）研究十個國家政策領域，以檢視各國之投資環境。這樣的文件不是以條約協定方式呈現，而是讓國家可以自我檢視，參考其他採行良好制度的國家，逐漸建立自己的投資環境。[11]

7. 優質的投資人及其投資，帶來乘數效應

　　正如國際經濟快速變遷，國家競爭力起伏消長，企業的活動及影響力也日新月異。曾經叱吒風雲的企業王國，可能過幾年就消失了。前幾年還無人知曉的新創公司，可能以獨角獸之姿快速擴張國際版圖，以科技力量影響著全球幾十億人每天的生活。以國家 GDP 與企業營業額一起比較，前 100 名之中，有 51 個是企業；在 2020 年的統計中，在前面七個最大經濟體的國家之後，就出現 Saudi Aramco（超過義大利、巴西、加拿大），Apple 排名第14（超過澳洲、墨西哥、印尼），Microsoft、Amazon、Alphabet 分別為第18、19 及 20。[12]

　　規模龐大、富可敵國，不代表一個企業是好的投資人。現今在 ESG（environment, social and governance）、SDGs（Sustainable Development Goals；聯合國的十七項永續目標）、CSR（corporate social responsibilities）、impact investing（影響力投資）等各種指標的檢視下，企業的非財務性影響力，也是許多地主國所在乎的。若能兼具兩者，當然是最受歡迎，其為地主國帶來的經濟及非經濟效果，不止於投資金額，還將藉由當地上下游產業及廠商的發展、群聚效應、資本市場的活躍、技術外溢效應，為地主國的 GDP 製造出「乘數效應」（multiplier effects）。

　　此種優質國際企業，是大部分國家所歡迎，甚至是競相吸引。當然，根據前述 OECD 的分析，吸引外資的國家措施有好有壞，例如 OECD 強烈建

---

[11] 這十個政策領域為：投資政策、投資促進及便捷化、貿易政策、競爭政策、租稅政策、公司治理、促進負責任商業行為政策、人力資源發展、基礎建設與金融產業發展、公共治理。PFI 的詳細說明，參考：https://www.oecd.org/investment/pfi.htm。

[12] 參考：https://abcfinance.co.uk/blog/companies-more-profitable-than-countries/。

議避免以租稅優惠方式吸引投資，而提倡建立透明、可預期、公平合理的投資法制。即便是在這樣的原則之下，有些國家的積極程度遠超過其他，例如新加坡。這些國家認爲在全球化的投資環境中，優質的投資人有許多投資目的地的選項。他們透過嚴謹的調查及決策過程（包括比較各國的相關法令政策、行政效率、司法體系、專業服務、產業聚落、地理運輸條件等），依照企業內部的投資準則，選定投資地。優質企業此種決策方式，不僅爲了本身的營業成長，還必須向所有利害關係人（stakeholders）及國際監督者（各種 NGOs）交代。因此，積極吸引優良外資的國家，採行「規制競爭」（regulatory competition），不是在國家內部制定嚴格、恣意的管制體系，而是與其他同樣想吸引這些投資的國家競爭，希望以良好的國際化法制勝出，讓這些企業進來，並且逐步擴大投資規模。

第三章　IIA及投資仲裁之運作

一、國際投資法的重大改變

國際投資法及投資仲裁受到重視，是最近 20 年的現象；跟其他法律學科比較，實在是很「年輕」的領域。如今在大部分的國際仲裁論壇、研討會、期刊論文上，都可見到投資仲裁的題目；針對目前投資仲裁體制提出批評或建議改革的，經常成為熱門話題。之所以在國際上逐漸得到關注，主要原因就是：「有效用」，對投資人來說；以及「有衝擊」，對地主國來說。

「有效用」、「有衝擊」表現在國際投資的各階段及各層面：

（一）想吸引外資的國家，積極簽訂各種含有投資保護的 IIA，包括雙邊、區域及多邊，目前總數已達到三千多個。以 IIA 為方法吸引外人投資，想讓潛在投資人認為該國提供控制非商業性風險之法律承諾，宣示其遵守國際投資法之決心。但簽訂 IIA 之後，國家是否履行其義務，包括自願履行仲裁判斷認定其必須承擔之責任，是投資人據以判斷該國的承諾，以及國際信用評等的重要依據。

（二）IIA 中有許多含有投資仲裁條款，特別是第三類高標準保護的 IIA（參考後述四、「IIA 之分類」）。其中，又有不少的 IIA 採取「強制仲裁」作為投資人與地主國的爭端解決方式，也就是締約國在 IIA 中即「事先」給予其他締約國投資人仲裁同意，以致投資人提起仲裁聲請時，地主國必須應訴。

（三）審慎、有紀律的投資人，在選擇投資目的地過程中，會考量候選的地主國是否與其母國（包括作為控股公司所在地之國家）簽訂 IIA，以及其中是否有投資仲裁條款。特別是在大型投資案、涉及地主國政府行為（例如特許權、投資契約及承諾、投資活動過程中的各樣許可及執照、政治的不確定性），投資人常會預先設想發生爭端時的「風險控制」。在若干涉及龐大利益及全球市場的案件中，投資人（通常是

跨國公司）甚至會依照 IIA 及投資仲裁的「要求」，設計出足以對地主國提起仲裁的控股架構。當然，這樣的設計，地主國一定會提出抗辯，仲裁庭也會在決定管轄權階段納入考慮。[1]

（四）當投資人主張地主國違反 IIA，而 IIA 載有強制仲裁條款時，投資人很可能利用該機制保護其權利，也就是在地主國境外的第三地，以地主國爲相對人，請仲裁庭（原則上是當事人選任的仲裁人，加上主任仲裁人）針對聲請人的請求，以及相對人的反訴，作出決定。以上描述的仲裁程序，與地主國國內法律救濟程序，也就是由地主國的法院進行裁判，或是上級機關進行行政訴願審查，有極大的差異。地主國的行政、立法，甚至司法行爲，都是投資仲裁庭的審查範圍。

（五）雖然投資人根據 IIA 有提起投資仲裁之管道，投資人通常不會輕易訴諸此程序，而必須考量以下因素：1. 投資案規模夠大，請求的損害賠償金額夠高，才值得提起投資仲裁，支付不低的費用；2. 其他協商、調解、友好解決爭端方式均已告失敗，在地主國的法律救濟程序已無意義，否則投資人通常會盡力以其他方式快速、友好地解決爭端；3. 特別是在法制不發達的國家，投資人已決定終止在地主國的所有投資活動，因爲投資仲裁通常會使投資人與地主國的關係全面決裂，投資人若仍想繼續在當地營運，勢必遭遇極不友善的待遇。

（六）一旦開啓投資仲裁，地主國與投資人之關係，就完全進入「爭訟模式」（對比先前兩造互利的「招商模式」）。雙方過去的長期互動往來資料、紀錄、文件，均轉換爲訴訟材料，各自從對其有利之角度詮釋之。這可以解釋爲何先前雙方互相協助，努力促成投資案的行爲，在仲裁案中以似乎完全相反的意義被呈現及解釋。另一方面，若是地主國或投資人對 IIA 及投資仲裁有正確理解及準備，就知道必須從投資案之始，以將來可能有爭議的角度考量，避免在可能發生的投資仲裁中出現對自己不利的事實，包括在政府的每個行爲上都納入

1　參考 *Philip Morris Asia Limited v. The Commonwealth of Australia*, UNCITRAL, PCA Case No. 2012-12, Award on Jurisdiction and Admissibility (December 17, 2015).

IIA 及投資仲裁之分析。

（七）從 UNCTAD 的資料來看，投資仲裁興起的開端，約莫在 1996 年左右，快速增長則是在 2010 年之後（參考圖 3-1）。至 2021 年底，根據 IIA 所提起的投資仲裁案（treaty-based ISDS cases），累積已達 1,190 件，其中 ICSID 有 710 件，ICSID 以外的仲裁案〔包括 ICC、SCC 等仲裁機構，以及非機構仲裁（*ad hoc*）〕有 480 件。已結案的是 809 件，尚未結案的是 368 件。若與國際法院（International Court of Justice，下稱 ICJ）相比較，ICJ 同時期的案件數量為 108 件（成立至今約為 183 件），兩者相差甚遠。相同的是，被告都是國家，可以看出衝擊之大。投資人對地主國提起投資仲裁，沒有國與國之間的種種考量，不需要由國家代勞，焦點集中在商業權利之保護。

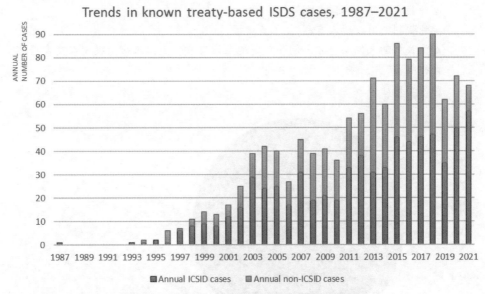

圖 3-1　根據 IIA 提起之投資仲裁案件數量

資料來源：UNCTAD, "Facts on Investor-State Arbitrations in 2021: with a Special Focus on Tax-related ISDS Cases," IIA Issues Note, No. 1 (July 2022), available at: https://investmentpolicy.unctad.org.

（八）從仲裁判斷的結果來看，地主國得到有利判斷（姑且稱爲「勝訴」）
的比例，約爲37%，投資人則爲29%（參考圖3-2）。此外，還有
19%的案件是以雙方和解結束。若以勝訴爲準，似乎地主國的「贏
面」較大，但有愈來愈多的國家、非政府組織、學術單位認爲投資仲
裁對地主國的傷害太大，原因包括：1.在和解案件中，似乎是雙方各
退一步，沒有輸贏，但地主國通常必須付出一定代價，換取投資人同
意和解，這已經是保護國家利益者所不能接受的；2.地主國即便只在
29%的案件中敗訴，但這已經對原本根據主權、國家需求，得以自
由擬定並實施法令政策的地主國來說，是一大衝擊。即使仲裁判斷不
能強迫地主國爲特定行爲（specific performance），但損害賠償（特
別是巨額的）也會引起政府及人民極大的反應。

　■ 仲裁判斷對地主國有利
　■ 仲裁判斷對投資人有利
　■ 仲裁判斷未偏向一方，例如認定地主國有責任，但未給予投資人損害賠償
　■ 和解
　■ 終止程序

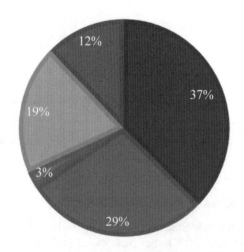

圖3-2　投資仲裁判斷比例圖

資料來源：UNCTAD, Investment Dispute Settlement Navigator, available at: https://
investmentpolicy.unctad.org/investment-dispute-settlement.

（九）仲裁判斷一旦作成，原則上就定案了，沒有上訴管道。加上投資仲
　　　裁平均在 3.69 年結束，[2] 比大多數國家訴訟案件的定讞快速，因此
　　　地主國往往是在敗訴之後才發現茲事體大。唯一可以著力的，是仲
　　　裁判斷的撤銷程序（由仲裁地的法院審理），包括 ICSID 的撤銷
　　　（annulment）制度（由 ICSID 本身的 Annulment Committee 審理），
　　　但撤銷仲裁判斷僅能就特定的程序事項進行審查，不能對於實體判斷
　　　作再審。換言之，真正能就實體權利義務作分析審理的，只有仲裁
　　　庭。從圖3-3關於ICSID被撤銷的仲裁判斷數量，可以看出機率不高。

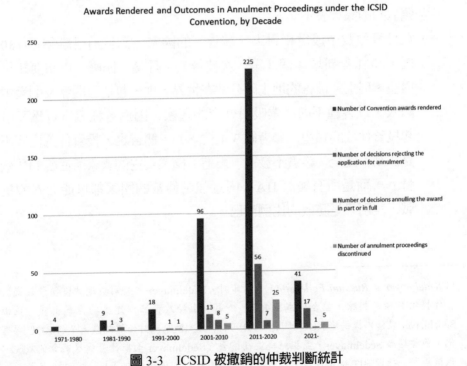

圖3-3　ICSID 被撤銷的仲裁判斷統計

資料來源：ICSID, ICSID Caseload - Statistics, Issue 2022-2.

2　參考 Holger Hestermeyer and Anna De Luca, "Duration of ISDS Proceedings," Blog of the
European Journal of International Law (April 3, 2019), available at: http://ejiltalk.org/duration-
of-isds-proceedings/.

（十）投資仲裁判斷之執行，除了依循紐約公約外（如同一般商務仲裁判斷之執行），ICSID 的仲裁判斷依其公約，締約國（包括投資人的母國、地主國、第三國）有承認及執行的義務。重點是：若敗訴的地主國沒有自願履行，勝訴的投資人不會去地主國請求強制執行仲裁判斷，而是在地主國以外任何有地主國資產（但排除地主國可以主張國家豁免的資產）的地方進行扣押、執行。換言之，投資人所進行的仲裁程序，最終可以得到金錢上的補償，是「有牙齒」的國際法律救濟。[3] 這是國際法上的一大突破，私人從毫無國際法地位，到可以跟國家平起平坐地進行爭端解決，並獲得實質的結果，難怪許多「吃過苦頭」的國家大表不滿。

（十一）在投資仲裁中成為相對人（被告）的國家，到目前已經超過 130 個，2021 年新增 4 個（第一次被告）：丹麥、挪威、巴布亞紐幾內亞、瑞士。被告的地主國分散在世界各地，包括已開發及開發中國家，以各種不同產業吸引外資的國家，因為各種政府行為而引起投資仲裁的類型（參考圖 3-4、3-5）。簡言之，投資仲裁已經不是法制不健全、經濟不發達、製造／礦業為主的國家所面臨的「威脅」，而是所有簽訂 IIA、同意強制仲裁的國家都可能面對的挑戰，差別只是勝敗的比例而已。

---

[3] 以 *Sedelmayer v. Russian Federation* 一案為例，Sedelmayer 之公司與聖彼得堡警政機關合作提供裝備及訓練，並合作成立 KOC 公司，由警政機關以建築物作為出資，並由 Sedelmayer 裝修以提供給 KOC 使用。於 1994 年時，俄羅斯時任總統葉爾辛將 KOC 國有化，強勢驅離 Sedelmayer，並拒絕提供補償金。Sedelmayer 向斯德哥爾摩商會仲裁院，依俄羅斯—德國 BIT 提出仲裁，仲裁庭認定俄國敗訴，應賠償 Sedelmayer 235 萬美元及支付利息。*Mr. Franz Sedelmayer v. The Russian Federation*, SCC, Arbitration Award (July 7, 1998). 自此之後，Sedelmayer 在德國、瑞典等地展開漫長的執行程序，其於德國科隆扣押俄國所有之公寓，並成功拍賣而迫使俄國標回該公寓。於 2011 年 7 月，Sedelmayer 向瑞典最高法院聲請扣押瑞典境內之俄國商務建築物獲准。最終，Sedelmayer 與俄國達成和解，不再進行強制執行程序。參考各國法院自 2001 年至 2011 年的 28 個判決與裁定，https://www.italaw.com/cases/982。

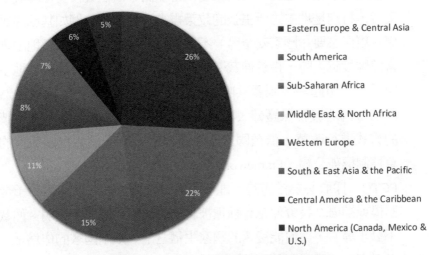

Geographic Distribution of All Cases Registered under the ICSID Convention and Additional Facility Rules, by State Party Involved

- Eastern Europe & Central Asia
- South America
- Sub-Saharan Africa
- Middle East & North Africa
- Western Europe
- South & East Asia & the Pacific
- Central America & the Caribbean
- North America (Canada, Mexico & U.S.)

圖 3-4　ICSID 案件中的被告國家分布

資料來源：ICSID, ICSID Caseload - Statistics, Issue 2022-2.

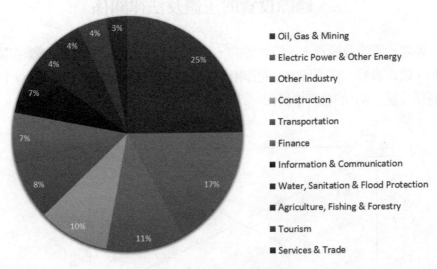

Distribution of All Cases Registered under the ICSID Convention and Additional Facility Rules, by Economic Sector

- Oil, Gas & Mining
- Electric Power & Other Energy
- Other Industry
- Construction
- Transportation
- Finance
- Information & Communication
- Water, Sanitation & Flood Protection
- Agriculture, Fishing & Forestry
- Tourism
- Services & Trade

圖 3-5　ICSID 案件的產業別

資料來源：ICSID, ICSID Caseload - Statistics, Issue 2022-2.

（十二）隨著全球經濟、社會、環境的變遷，國際投資涉及的議題、投資仲
　　　　裁處理的爭點，也有極大的改變。當非商業價值與投資保護義務衝
　　　　突時，特別是地主國所主張的政策需求、規制權（例如基於國民健
　　　　康、環保必要、國家安全等）不被仲裁庭採納，因此判斷地主國應
　　　　當賠償投資人時，投資仲裁受到的質疑及批評，日益加增。地主國
　　　　所提出、引起許多團體共鳴的抗議，典型的立場是：國家當然應
　　　　該依據國際義務保護外人投資，但面對重大國家議題，以不歧視
　　　　的方式進行改革，依循國家法令及條約義務，例如控制菸害的菸
　　　　草控制框架公約（Framework Convention on Tobacco Control，下稱
　　　　FCTC）採取必要措施時，即便影響外資權益，為何還須給予金錢
　　　　賠償或補償？投資仲裁有種種被詬病的瑕疵（程序不透明、仲裁人
　　　　不公正等），為何能凌駕於國家主權之上，限制國家的作為？

　　以上的說明，概略描繪投資仲裁從何而來，以及今日成為熱議的原
因。以下再從各層面探討 IIA 的作用、種類，以及 IIA 和投資仲裁體制如何
回應挑戰。

二、國際投資的主體及法律關係

　　國際投資涉及投資人、投資標的、母國及地主國。他們彼此的關係環環
相扣，彼此影響。要瞭解 IIA 的作用、規範內容及規範方法，可以從以下各
個關係（圖 3-6）的分析中得知。

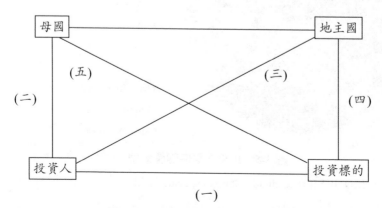

圖 3-6　國際投資之主體及法律關係

（一）投資人與投資標的之關係

　　國際投資的起點，不是一國對另一國的投資，而是私人與私人之間的交易，包括股東協議、合資契約、國際加盟、合併收購、技術授權、購售有形及無形財產等，這些交易及關係產生 IIA「投資定義」所列舉的資產。這個關係的主要法律規範，是當事人的契約，也就是當事人自治的範疇；若無規範，則由準據法補充之。

　　所謂的「投資標的」，可能是新設的公司／機構或新建的廠房／營業據點（也就是 greenfield investment），也可能是原本即存在、營運的事業或動產／不動產。根據投資標的的性質，投資人可能跟地主國各種相對人產生法律關係，包括買賣、合資、籌資、授權等。這些也是私法自治的範疇。

　　只要有法律關係，就可能有爭端出現。在圖 3-6（一）的關係中的爭端解決，一般稱為 P-P，就是 private-to-private 的訴訟、仲裁、調解等。

（二）投資人與母國的關係

　　投資人基於自身的事業發展策略，計畫並執行國際投資的行動，但「出海」這件事並非完全自由的。母國跟投資人之間有幾個層面的關係，並且形諸各種法令政策：

1. **管制**：母國基於其國家利益考量，可能限制投資人把資本、技術、有形及無形財產、人才投注在外國事業，因為這可能造成母國的國力流失，也可能壯大與其敵對、不友善的國家。具體的法令包括：外匯管制、對外投資許可、出口管制、高科技知識及產品的管制等。

2. **鼓勵**：與管制相對的，是母國策略性地擴張國力，提供誘因及補助，讓本國企業加速到國外拓點，利用外國的市場、人力、技術，甚至將本國不歡迎的高汙染產業外移。具體的措施包括：輸出入銀行的融資、海外投資保險、避免雙重課說的法令等。

3. **保護**：依照國際法，國家對待其他國家有「國際最低待遇標準」（international minimum standard）的義務；違反者，母國可對該國主張外交保護。雖然國家鮮少在國際法院以訴訟對另一國主張該權利，但針

對關乎國家經濟及關鍵產業的私人企業，其母國以各種正式及非正式管道，保護其企業在地主國的權益，是常見的。現今的國際經貿談判，通常是依據各國企業、商會在其他國家所遭遇的貿易、投資障礙，反映在具體的協商條文上。

4. 利用：雖然不便明說，但每個國家都想藉由其企業的海外影響力，遂行其外交政策。母國可以依據其法令，例如對於上市公司的海外行為規範，達到上述目的，也可以透過「實質利害關係」，讓企業配合母國的行為。但這樣的做法，很容易引起國與國之間的管轄權衝突，也就是當母國認為某企業是該國國民時，另一國卻認為依據當地法令成立的子公司應該受其管轄。

（三）投資人與地主國的關係

從投資人跨越國境，展開國際投資之始，就產生與地主國的各種法律關係，包括外人投資許可（審查該投資是否涉及禁止或限制外人投資項目、投資人背後的股東或受益者）、特許執照或高度管制行業的許可、預計設立及營運的地點／數量／方式、匯入及匯出資金的計畫、預計輸入的技術及人員等。

（四）投資標的與地主國的關係

一旦投資人進入地主國，其本身及投資標的與地主國產生的法律關係，基本上就是當地企業跟政府之間的所有法令政策適用，包括：公司法、工廠法、勞動法令、環保法令、稅法、公平交易法、公安消防法令、刑事法令、行政法令等。此外，加上特別適用於外資的法令規定，例如外人投資時的承諾、地主國對待本國人與外國人之區別待遇、營利所得匯出的稅捐，以及生產的貨物必須外銷。當然，也有特別優惠外國人的待遇，相對地就是歧視本國人，即所謂「超國民待遇」，但這通常是根據國際義務而來。

（五）投資標的與母國的關係

已經在地主國展開的投資，也可能跟母國產生關係。原因之一是前述（二）所述的母國「利用」其海外企業，因此以法令要求在地主國的投資標的（例如其國籍企業的子公司）必須向母國政府揭露其財務、營運、技術資訊。第二個原因則是投資標的受到地主國侵害其權利，請求母國與地主國交涉。

（六）地主國與母國的關係

前述五方面的關係，除了（一）基本是私法關係外，（二）至（五）均為公法關係，其中都有政府的行為。在傳統國際法之下，基於國家主權至上，地主國可以任意對待外國投資人，只要不違反習慣國際法的國際最低待遇原則。這就是國際投資一直無法蓬勃發展的原因，甚至在國際貿易自由化之後多年，國際投資仍然難以達成多邊協議。OECD 曾經在 60 年代展開投資自由化的倡議，並於1995年至1998年力推「多邊投資協議」（Multilateral Agreement on Investment）草案，但終告失敗。主要原因是投資的自由化以及對外人投資的保護，涉及太多的法令政策（如前所述），遠超過國際貿易的自由化協商（以邊境措施為主軸）。

意外的是，以一對一或少數國家為範圍，反而可能達成投資保護及開放市場的承諾交換，前者就是 BIT，後者是 FTA。這些 IIA 是由國家簽訂，處理的是國家行為，也就是前述（二）至（五）的法令政策、公法關係。締約國承諾當其作為地主國時，必須給予其他締約國投資人符合 IIA 之待遇標準，不採取違反 IIA 禁止之措施。更進一步，這樣的承諾是有具體執行機制，投資仲裁是「有牙齒」的。因此，投資人可以倚賴這些 IIA，評估其非商業性風險。

三、投資保護機制之發展與質疑

　　如前所述，國家為促進跨國投資、減少非商業性風險，自願與其他國家簽署 IIA，自我約束並遵循協定義務。IIA 的基本內容，包含不歧視待遇、最低待遇標準、徵收補償等實體權利，以及爭端解決機制。

　　不歧視待遇之二大支柱為「國民待遇」及「最惠國待遇」，保障締約一方之投資人享有不低於地主國國民或地主國賦予第三國國民之待遇。最低待遇標準條款則以「公平公正待遇」及「完整保障與安全」為核心，確立對外人投資之最低保障標準。由於最低待遇標準之內涵較為抽象，因此須依據習慣國際法進行個案認定。以「公平公正待遇」而言，依習慣國際法，如地主國有重大過失、明顯不正義或故意忽視其義務時，即可能違反公平公正待遇義務；而「完整保障與安全」則指地主國不得以強制力侵害投資人，並應按照習慣國際法提供適當警力，以保護投資人之人身安全，避免遭受可預期之暴力侵害。

　　徵收補償條款乃對於投資人財產權之保障，地主國原則上不得任意剝奪投資人之財產，縱使基於特定原因而有限制或剝奪之必要，亦應依法並秉持特定原則為之，亦即須基於公共目的、以非歧視方式為之，且依正當法律程序給予補償，否則地主國不得直接或間接徵收投資人之資產。所謂「直接徵收」是指地主國直接剝奪投資人的財產權，當地主國直接占有投資人的財產權，就是直接徵收；而「間接徵收」係指地主國政府利用其他迂迴方式，雖未直接侵占投資人之財產權，或將之國有化，但卻實質地影響到投資人之權益，亦即雖無徵收之名，卻與徵收有相同之效果。

　　在投資爭端解決面向上，傳統 IIA 多僅納入締約方間之爭端解決機制，由國際法院依國際協定及習慣國際法解決紛爭。投資人僅得循地主國內國法律救濟體系解決，然可能發生地主國法院偏袒本國或歧視外國人等不公正之爭議。投資人或可透過母國與地主國協商解決爭端，然而，除了投資人之利益外，投資人母國往往會考量其他因素，未必願意花費人力及金錢處理個別投資人之投資爭議，IIA 對於投資人之保障未必能具體落實。因此，投資人可藉由與地主國間的爭端解決機制（Investor-State Dispute Settlement，下稱

ISDS）主張權利、規避政治風險，乃國際法之重大突破。

在 ISDS 機制之設計上，常見內容包括提起仲裁之前置程序、仲裁人選定、仲裁判斷之內容及執行。投資人不必透過母國政府，即得自己決定如何對地主國主張權利，並可能取得全部的補償或賠償。在投資仲裁判斷之執行上，IIA 多規定應依關於解決國家和他國國民間投資爭端公約（Convention on the Settlement of Investment Disputes between States and Nationals of Other States，下稱 ICSID 公約）、紐約公約等協定執行，投資人得向地主國財產所在地之法院聲請執行。

然而，對地主國而言，在國際仲裁機構直接受到投資人控訴並非其所樂見。隨著投資人提付國際投資仲裁案件與日俱增，具體個案中所涉及之公共政策，諸如菸品素面包裝、廢核、租稅政策，亦引發 ISDS 機制是否限制地主國規制權行使之質疑。此外，投資仲裁判斷所裁決之賠償金額節節攀升，例如：國際常設仲裁法院於 2014 年依據能源憲章條約，認定俄羅斯須向 OAO Yukos Oil Company 石油公司的前股東支付高達 500 億美元之賠償金。[4] 該仲裁判斷後來雖然遭俄國提起撤仲訴訟，但海牙上訴法院廢棄其地方法院之撤仲判決。時至今日，仍有該投資的少數股東持續對俄國進行投資仲裁。

玻利維亞、厄瓜多、委內瑞拉等拉丁美洲國家選擇退出 ICSID 公約。印尼在成為數個投資仲裁案件之被告後，表示既存的 IIA 反於印尼之國家利益，於 2014 年宣布要終止既存之協定，隨即於 2015 年終止與荷蘭、保加利亞、中國大陸、法國、義大利、寮國、馬來西亞及斯洛伐克等國家之 BIT。

在 ISDS 機制下，地主國可能成為國際投資仲裁之原告或被告，地主國與投資人立於平等地位，由公正中立之第三方裁決紛爭。於地主國敗訴、不願自動履行投資仲裁判斷時，投資人得依仲裁判斷執行機制，包括：ICSID、國際商務仲裁泛美公約、紐約公約等，聲請執行投資仲裁判斷，至今已累積諸多執行實例。

---

[4] *Yukos Universal Limited (Isle of Man) v. The Russian Federation*, UNCITRAL, PCA Case No. 2005-04/AA227, Final Award (July 18, 2014).

　　隨著地主國敗訴案件之增加，國家除選擇退出 ICSID 公約，同時因擔憂投資人提起投資仲裁會限制地主國之管制權限，而對環境保護、國民健康衛生事項及公共安全維護等形成負面影響，國際上產生一股反對 ISDS 機制之聲浪。印度於 2015 年提出新版投資協定模範範本（2015 Indian Model BIT），大幅減縮投資保障範圍，要求投資人須窮盡當地救濟途徑後，方可將爭端提付國際仲裁。歐盟則提出「投資法院系統」（Investment Court System，下稱 ICS）取代 ISDS 機制。實則，相關統計數據顯示投資人勝訴率僅為 26.9%，且個別投資仲裁判斷亦已反映國家重要公共利益。

　　在說明國際投資法之過去、現在與未來時，筆者常使用圖 3-7，將本章所探討的議題，個別定位且彼此連結。

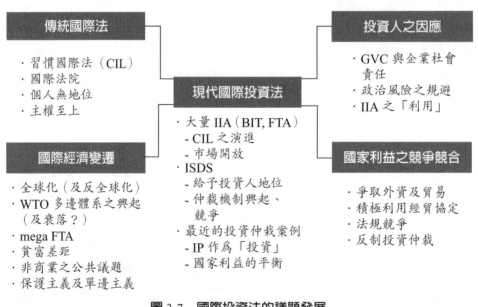

圖 3-7　國際投資法的議題發展

四、IIA之分類

　　隨著年代演變及目的的不同，國際上雙邊投資協定主要可分為三大類（以下僅為概念上之分類，實際內容仍依雙方需求及談判結果定之），並彙

整如表 3-1：

　　第一類：以促進締約國雙方之投資為目的，其僅在確立締約國間之友好關係，多為宣示性文義，未涉及實質保護措施。

　　第二類：為締約國雙方投資人或投資提供實質保障，除宣示性文字外，亦提供雙方投資人於地主國投資時之實質保障。

　　第三類：除提供實質保障外，更進一步包含市場開放目的，此類型以美國 2004 年雙邊投資協定範本（下稱 US Model BIT）為典型範例。

表 3-1　**雙邊投資協定主要分類**

	第一類 （僅為宣示目的之雙邊投資協定）	第二類 （保障投資人或投資目的之雙邊投資協定）	第三類 （另含有開放市場目的之雙邊投資協定）
規範目的	維持締約國間友好經貿關係	保障締約國雙方之投資人或投資	保障締約國雙方之投資人或投資，以及開放締約國國內市場
協定本文內容	締約國雙方宣示會促進國內政治經濟環境之安定，致力排除投資障礙之措施	重要內容： 1. 投資及投資人之定義 2. 最惠國待遇與國民待遇 3. 徵收與補償 4. 投資保障 5. 資金移轉 6. 國對國爭端解決	除第二類之內容外，尚包括以下條款： 1. 績效要求 2. 高階經理及董事會 3. 不符合措施 4. 不可減損性 5. 拒絕授予利益 6. 基本安全例外 7. 稅賦、金融服務 8. 投資人與地主國之爭端解決

（一）含有市場開放目的之IIA、巨型FTA

　　已開發國家為積極擴展海外投資領域，積極推動含有市場開放目的的 IIA，期待地主國放寬允許外人參與內國市場的程度。開放方式已從過去的正面表列走向負面清單模式，開放幅度日趨擴張。所謂「正面表列」係指地主國將其願意開放的投資領域列於清單上，WTO 服務貿易總協定即採此種開放模式，WTO 會員填載於特定承諾表上之服務業別，方為同意開放之部

門；而「負面表列」則指地主國將禁止、限制投資之產業列於清單上，凡不是清單所載之業別，外國投資人即可投資，2012 US Model BIT、我國與日本於 2011 年所簽署之台日投資保障協議即採負面清單模式。

　　除市場開放外，因 WTO 多邊貿易談判停滯不前，世界各大經濟體紛紛投入區域經濟整合，推動巨型 FTA（mega FTA）談判，例如：日本所主導之跨太平洋夥伴全面及漸進協定（Comprehensive and Progressive Agreement for Trans-Pacific Partnership，下稱 CPTPP）、歐盟與美國間之跨大西洋貿易與投資夥伴協定（Transatlantic Trade and Investment Partnership，下稱 TTIP）談判、東協積極推動之區域全面經濟夥伴協定（Regional Comprehensive Economic Partnership，下稱 RCEP）等。該等 FTA 所形成之貿易創造效果將對台灣之產業及經貿發展產生負面衝擊。如何加強與國際接軌，於未來 CPTPP 生效後積極爭取加入，成為台灣政府刻不容緩之課題。

（二）2012 US Model BIT

　　美國並於 2012 年更新新版 US Model BIT，作為洽談 BIT 之範本。2012 US Model BIT 對於投資人保障與地主國公共利益兩者間之平衡、促進投資環境透明度，及強化勞工權與環境保護等事項，有較多修正，諸如：對於國營企業（state-owned enterprise）給予較明確之界定，增訂國營企業受政府委託行使公權力，亦為應受到 BIT 規範之對象；對於績效要求（performance requirement）之限制，增加地主國所擁有之特定技術（technology），不得以鼓勵投資人使用或購買該等技術而給予優惠；相對地亦不可為防止投資人使用或購買特定技術而給予優惠；透明化之規範，含一般公布程序條款與關於商品技術性法規與標準之制定程序規定；投資與環境議題；投資與勞工議題。[5] 故若要與美國進行雙邊投資協定談判與協商，必須注意新版 US Model BIT 之調整與修正之處。

---

[5] 中華經濟研究院台灣 WTO 中心顏慧欣研究員，「美國雙邊投資條款之發展與對我國之啟示」，2012 年 12 月 21 日，https://web.wtocenter.org.tw/file/newsletter/OrderNewsletter/wtoepaper/article344.htm。

（三）傾向保護地主國的IIA──以印度為例

印度陸續面臨英國、模里西斯、法國、荷蘭、德國、俄羅斯、賽普勒斯、澳洲、瑞士及奧地利等國家之投資人依 BIT 提起國際投資仲裁。截至目前為止，以印度為被告之投資仲裁案高達 26 件。於 *White Industries v. India* 一案，[6] White Industries 原與印度公營企業 Coal India 發生契約爭議，提交國際商會國際仲裁院進行商務仲裁後，認定 White Industries 勝訴，然因 Coal India 遲不履行商務仲裁判斷，故 White Industries 便向印度德里高等法院聲請執行，Coal India 則向加爾各答高等法院聲請撤銷仲裁判斷，因印度法院不斷延宕訴訟程序，故 White Industries 依澳洲─印度 BIT 將此爭議提交國際投資仲裁，仲裁庭認定該聲請撤銷仲裁判斷之程序歷時 9 年而未決，構成不當遲延，違反提供有效救濟途徑以實現權利之義務，印度敗訴而須負擔巨額賠償。有鑑於此，印度於 2015 年發布新版投資協定模範範本，大幅減縮投資保障範圍，嚴重偏離全球 IIA 所提供之保障程度。

目前國際上常見的規範模式乃規定凡投資人在地主國**直接**或**間接擁有或控制具有投資特性之資產**，原則上該等資產即為受投保協定保護之投資。所謂「直接投資」係指投資人自母國直接到地主國投資，而「間接投資」則指投資人先至第三地投資，再由第三地到地主國投資。「資產」則包括股份、債券、智慧財產權、統包及工程等契約請求權、其他有形及無形財產權等，投資的客體不以事業為限。然而，2015 Indian Model BIT 要求投資人須**直接在地主國設立企業**，方為受投保協定保護之投資。如投資人為法人，該模範範本尚要求法人於母國領域內須有實質營運活動，例如：於母國有固定營業場所、雇用員工實際經營業務，而非僅出於取得投保協定保護之目的而虛設企業，強調投資人與母國間須有直接、真實、透明的連結，排除「間接投資」。在現行投資實務中，投資人透過在第三地設立公司，再對地主國進行投資之「間接投資」型態相當常見，因此，此範本之規範模式對投資人而言實屬不利。

---

[6]　參考本書之案例摘要三十五。

　　針對協定適用範圍，2015 Indian Model BIT 將印度地方政府措施、租稅措施、政府採購及補貼等事項排除於適用範圍外，排除範圍相當廣泛。關於投資待遇，2015 Indian Model BIT 刪除最惠國待遇條款，且於最低標準待遇條款中列舉「拒絕正義」、「重大違反正當程序」、「明顯歧視」及「顯然恣意的待遇」四種違反習慣國際法之型態，然而，目前 IIA 之規範趨勢多未訂定特定違反類型，而是留待爭端發生時，由仲裁庭依個案情節判斷地主國措施是否違反公平公正待遇義務。此新版範本大幅限縮地主國實體義務範圍，悖於目前投資保障協定之規範趨勢。

　　此外，2015 Indian Model BIT 強化投資人的協定義務，第 11 條規定投資人應遵循地主國法令，且不論在企業設立階段或營運階段均不得有任何行賄行為。第 12 條規定企業應盡力將國際上所承認的企業社會責任（Corporate Social Responsibility，下稱 CSR）準則納入日常營運活動中。在 ISDS 機制設計上，原則上要求投資人須先窮盡當地救濟途徑。於投資人走完印度所有司法及行政救濟途徑仍未獲得滿意之解決，且自爭端發生之日起已歷經 5 年時，投資人方可提起國際投資仲裁。印度法院審判效率低落乃眾所周知之事，投資人之損失即有可能因訴訟時間之拖延而擴大。

五、國際間簽訂IIA之近況

　　依據聯合國「2021 年世界投資報告」（World Investment Report 2021），[7] 截至 2020 年底，持續有效的 IIA 總計至少有 2,646 個。

　　2020 年全球共簽署 21 個 IIA，包含 6 個 BIT 和 15 個含有投資條款之條約（Treaties with Investment Provisions，下稱 TIPs）。在這 21 個 IIA 中，其中 12 個是英國在退出歐盟後，為維持其與第三國的現有貿易及投資關係而締結的翻模協定（rollover agreements）。此外，至少有 18 個已締結的 IIA 於 2020 年生效。

7　UNCTAD World Investment Report 2021, available at: https://unctad.org/webflyer/world-investment-report-2021.

於 2020 年，至少 42 個 IIA 終止生效，其中 10 個為單方終止，7 個係以較新的條約取代，24 個 IIA 經雙方同意終止，1 個 IIA 已到期，[8] IIA 終止數量超過新締結之 IIA 之數量。因此，截至 2022 年 3 月 16 日，有效的 BIT 已累計 2,244 個，TIPs 共 331 個。[9]

於 2020 年簽署的 15 個 TIPs 約可分為三類：

（一）3 個具有 BITs 中常見義務（例如投資保障之實質性標準）之協定：

1. 加拿大與英國持續貿易協議（Canada-United Kingdom Trade Continuity Agreement）。
2. 區域全面經濟夥伴關係（Regional Comprehensive Economic Partnership, RCEP）。
3. 韓國與印尼全面經濟夥伴關係協定（Republic of Korea-Indonesia Comprehensive Economic Partnership Agreement）。

（二）8 個含有有限的投資條款或涉及直接投資之資本自由流動之協定：

1. 歐盟與英國貿易與合作協定（EU-United Kingdom Trade and Cooperation Agreement）。
2. 英國與越南自由貿易協定（United Kingdom-Viet Nam Free Trade Agreement）。
3. 摩爾多瓦與英國戰略夥伴關係、貿易及合作協定（Moldova-United Kingdom Strategic Partnership, Trade and Cooperation Agreement）。
4. 新加坡與英國自由貿易協定（Singapore-United Kingdom FTA）。
5. 埃及與英國聯合協定（Egypt-United Kingdom Association Agreement）。
6. 北馬其頓與英國夥伴關係、貿易及合作協定（North Macedonia-United Kingdom Partnership, Trade and Cooperation Agreement）。
7. 日本與英國全面經濟夥伴關係協定（Japan-United Kingdom Comprehensive Economic Partnership Agreement）。

---

[8] *Id.* Non-Equity Modes of International Production and Development, pp. 122-123.

[9] *See* UNCAD International Investment Agreements Navigator: https://investmentpolicy.unctad.org/international-investment-agreements (last visited: 2022.3.16).

8. 烏克蘭與英國政治、自由貿易和戰略夥伴關係協定（Ukraine-United Kingdom Political, Free Trade and Strategic Partnership Agreement）。

（三）4個建立談判流程或制度性框架以促進並合作投資，但不包含實質性投資保障條款之協定：

1. 土耳其與英國自由貿易協定（Turkey-United Kingdom FTA）。

2. 斐濟與美國貿易和投資框架協定（Fiji-United States Trade and Investment Framework Agreement）。

3. 肯亞與英國經濟夥伴關係協定（Kenya-United Kingdom Economic Partnership Agreement）。

4. 象牙海岸與英國墊腳石經濟夥伴關係協定（Côte d'Ivoire-United Kingdom Stepping Stone Economic Partnership Agreement）。

　　另一方面，大型區域國際投資協定（Megaregional IIAs）近年來不斷增加，大型區域協定（Megaregional agreements）爲數國之間所簽署之廣泛性經濟協定，這些協定具有重要的經濟影響力，投資僅爲其處理之議題之一。大型區域國際投資協定的趨勢雖導致 IIAs 數量減少，惟其本身即涉及多方，內部已創造複數雙邊投資關係，而此趨勢仍顯著擴大投資協定之網絡。[10]

　　截至 2022 年 3 月止，美國所簽署且目前仍有效力之 BIT 共有 39 個；[11] 歐盟所簽署且目前仍有效力之 TIPs 共有 56 個。[12] 此外，因會員國於 2007 年 12 月 31 日簽訂里斯本條約（於 2009 年 12 日 1 日生效），該條約賦予歐盟針對外國對歐盟之直接投資及歐盟層級投資政策擁有專屬權限。歐盟得就歐盟整體投資相關事項建立統一的投資政策，並得就會員國已與其他國家簽署

---

[10] *Supra* note 7, p. 124.

[11] *See* UNCAD International Investment Agreements Navigator: https://investmentpolicy.unctad.org/international-investment-agreements/countries/223/united-states-of-america (last visited: 2022.3.14).

[12] *See* UNCAD International Investment Agreements Navigator: https://investmentpolicy.unctad.org/international-investment-agreements/groupings/28/eu-european-union- (last visited: 2022.3.14).

之 BIT 進行檢視，以確保其符合歐盟法令與投資政策。於 2020 年 8 月，約有 20 個歐盟內部之 BITs 終止生效。[13]

六、台灣簽訂雙邊投資協定概況

台灣簽訂雙邊投資協定可分為兩大類：

第一類通稱為投資促進合作協定，主要係締約雙方約定以促進投資與經貿合作為主之宣示性協定或意向書，其名稱及內容較具彈性。截至 2022 年 3 月，我國共與 22 個國家簽署了 24 個投資促進合作協定或備忘錄或意願書。[14]

第二類通稱為投資保障協定，以保障締約雙方之投資人或投資為主，其內容由締約雙方參酌國際趨勢及投資協定範本，透過雙邊諮商過程達成共識。截至 2022 年 3 月，我國已與 32 個國家簽署雙邊投資協定（表 3-2）。

表 3-2　台灣雙邊投資協定清單

國家	協定名稱（中文）	生效日期
1. 美國	中美關於保證美國投資制度換文	1952/6/25
2. 新加坡	台北投資業務處和新加坡經濟發展局投資促進和保護協定	1990/4/9
3. 印尼	中印尼投資保證協定	1990/12/19
4. 菲律賓	駐菲律賓臺北經濟文化辦事處與馬尼拉經濟文化辦事處投資保障及促進協定	2018/3/1
5. 巴拿馬共和國	中華民國與巴拿馬共和國自由貿易協定	2004/1/1

---

[13] *Supra* note 7, p. 127.

[14] 與我國簽署投資促進合作協定或備忘錄或意願書之國家共有 22 個：多明尼加、德國、愛爾蘭、南非、越南、澳大利亞、比利時、墨西哥、美國、捷克、立陶宛、以色列、匈牙利、瑞典、瑞士、秘魯、加拿大、西班牙、宏都拉斯、約旦、波蘭及芬蘭。資料來源：經濟部投資業務處，https://investtaiwan.nat.gov.tw/showBusinessPagechtG_Agreement03?lang=cht&search=G_Agreement03&menuNum=92。

表 3-2　台灣雙邊投資協定清單（續）

國家	協定名稱（中文）	生效日期
6. 巴拉圭共和國	中華民國政府與巴拉圭共和國政府投資保證協定	1992/11/11
7. 尼加拉瓜共和國	中華民國與尼加拉瓜共和國自由貿易協定	2008/1/1
8. 馬來西亞	中馬投資保證協定	1993/2/18
9. 越南	駐越南台北經濟文化辦事處與駐台北越南經濟文化辦事處投資促進及保障協定	2020/5/24
10. 阿根廷	台北經濟部與布宜諾斯艾利斯經濟暨公共工程與服務部關於投資促進及保護協定	1993/11/30
11. 奈及利亞聯邦共和國	中華民國政府與奈及利亞聯邦共和國政府間投資促進暨保護協定	1994/4/7
12. 馬拉威共和國	中華民國政府與馬拉威共和國政府投資保證協定	1999/5/14
13. 宏都拉斯共和國	中華民國與薩爾瓦多共和國暨宏都拉斯共和國自由貿易協定	2008/7/15
14. 泰國	中泰投資促進及保障協定	1996/4/30
15. 薩爾瓦多共和國	中華民國與薩爾瓦多共和國暨宏都拉斯共和國自由貿易協定	2008/3/1
16. 塞內加爾共和國	中華民國政府與塞內加爾共和國政府間相互促進暨保障投資協定	1999/5/17
17. 史瓦濟蘭王國	中華民國政府與史瓦濟蘭王國政府投資促進暨保護協定	1998/9/3
18. 布吉納法索	中華民國政府與布吉納法索政府間相互促進暨保障投資協定	2003/11/20
19. 多明尼加共和國	中華民國與多明尼加共和國政府間投資促進暨保護協定	2002/4/25
20. 貝里斯	中華民國政府與貝里斯政府間相互投資促進暨保護協定	1999/1/16
21. 哥斯大黎加共和國	中華民國政府與哥斯大黎加共和國間促進暨相互保障投資協定	2004/10/18
22. 馬紹爾群島共和國	中華民國政府與馬紹爾群島共和國政府投資促進暨保護協定	1999/5/1

表 3-2　台灣雙邊投資協定清單（續）

國家	協定名稱（中文）	生效日期
23. 馬其頓共和國	中華民國政府與馬其頓共和國政府投資促進暨相互保護協定	1999/6/9
24. 賴比瑞亞共和國	中華民國政府與賴比瑞亞共和國政府投資促進暨相互保護協定	2000/8/6
25. 瓜地馬拉共和國	中華民國政府與瓜地馬拉共和國政府投資促進及保護協定	2001/12/1
26. 沙烏地阿拉伯	台北經濟部與利雅德財經部間促進暨保障投資備忘錄	2001/7/25
27. 印度	駐印度臺北經濟文化中心與印度台北協會雙邊投資協定	2019/2/14
28. 聖文森	中華民國政府與聖文森國政府投資相互促進暨保護協定	2010/2/1
29. 甘比亞	中華民國與甘比亞共和國投資促進及相互保護協定	2010/9/30
30. 日本	亞東關係協會與財團法人交流協會有關投資自由化、促進及保護合作協議	2012/1/20
31. 中國	海峽兩岸投資保障和促進協議	2013/2/1
32. 紐西蘭	臺澎金馬個別關稅領域與紐西蘭經濟合作協定	2013/12/1

七、IIA新議題之發展

從前述國際投資法之過去、現在與未來可知，國際投資法之規範體系、投資仲裁實務運作會隨著時代轉變，映照出母國、地主國、投資人、勞工、投資地社群、消費者及環境間之利益折衝。面對國際投資法制之變動、投資地政府日趨嚴格之法令管制，IIA 之規範也持續演進中。

（一）投資人之社會責任

跨國投資形成全球供應鏈，跨國企業依據比較利益法則決定產品生產地、服務提供地，以降低營運成本。然而，全球化所伴隨的貧富差距擴

大、自然資源掠奪、環境汙染及血汗勞工等問題，引發反全球化思潮，NGO 嚴格檢視跨國企業之全球供應鏈是否落實 CSR，各國亦紛紛於 IIA 中納入 CSR 條款，要求締約國不得為吸引投資而降低內國環境及勞工保護標準。

反全球化之另一大論點為全球化加劇環境汙染問題，外人投資掠奪開發中國家之自然資源、對投資地勞工及社群造成負面影響。例如，2013 年孟加拉 Rana Plaza 成衣工廠倒塌造成 1,129 人死亡，此乃成衣廠為搶奪國際訂單、壓低成本，忽視建築、勞工安全所致。事實上，此等問題並非貿易／投資自由化本身所造成，而是跨國企業在進行全球投資布局時，僅關注企業利潤極大化、降低生產成本，未遵循相關法令、落實 CSR 所導致之結果。

為改善此等問題，各大國際組織開始頒布綜合性投資行為規範，包括：聯合國「商業人權規範」（Norms on the Responsibilities of Transnational Corporations and Other Business Enterprises with Regard to Human Rights）、「全球盟約」（Global Compact）及經濟合作暨發展組織之「2011 年多國籍企業指導綱領」（OECD Guidelines for Multinational Enterprise）等，內容包含人權、勞工權益、消費者保護、環境保護與永續發展及反賄賂等，推動企業為負責任的商業行為。

除此之外，各國不斷提高其環境、安全及衛生標準，例如：澳洲所實施之菸品素面包裝要求之目的在於降低菸品消費、追求國民健康；中國大陸 2018 年開始實施之環境保護稅法，即是依據企業對環境所造成之汙染程度徵稅。隨著生活水平之提升，環安衛標準之提高應屬投資人可合理預期的事項，如投資人於投資時做好相關汙染控制及處理機制，即可從容因應法規標準之變動。

NGO 亦持續監督各國法令執行狀況及企業在全球供應鏈下之商業行為，要求零售商揭露其供應商名單，並盡職調查供應商之生產活動是否符合相關要求。零售商得以其購買力，透過頒布「供應商行為準則」要求供應商落實 CSR，並定期實施查核，如有違反即終止商業關係。例如，在 2013 年 Rana Plaza 成衣工廠倒塌後，歐美零售業者締結「孟加拉消防與建築物安全協議」（Accord on Fire and Building Safety in Bangladesh），定期對締約者

之供應商進行消防設施、電力及建築物安全檢查，如紡織廠不符合標準，經警告後仍遲不矯正缺失，便會將其從供應商名單中剔除。

各國近期簽訂之 IIA 中多納入 CSR 條款。以 2016 年摩洛哥—奈及利亞 BIT 為例，第 24 條要求投資人應依據其投資規模及能力，考量聯合國永續發展目標及地主國發展計畫，致力於透過高水平的社會責任實踐以對地主國之永續發展作出最大貢獻，並規定投資人應適用國際勞工組織《關於跨國投資及社會政策原則三方宣言》及其他既存的特定或部門別準則。於 CSR 標準提高時，投資人應盡力遵循高標準之準則。在規制權行使面向上，第 13 條強調地主國享有監管資源分配及環境事項之裁量權，第 23 條規定依據習慣國際法及一般國際法原則，地主國有權採取管制措施以確保投資符合永續發展及其他合法社經目標，並強調地主國為遵循國際義務所採行之非歧視性措施不違反 BIT 義務。

此外，該投資協定更納入一系列投資人義務規範，第 14 條規定投資人應進行環境影響評估。第 17 條規定投資人不得有行賄行為，違反者將視為投資人違背地主國法規、屬非法投資而不受 BIT 保障。第 18 條規定投資人應採用環境管理系統，依國際勞工組織《1998 年工作基本原則與權利宣言》之標準保障勞工權益、維護人權。第 19 條規定投資人應依據其投資規模及性質，建立符合或超越國家及國際認可之公司治理標準。

實證數據顯示，企業於日常營運活動中，依據其產業特性落實 CSR 可強化競爭力，有助於企業面對經營風險、提升企業形象、凝聚員工向心力、增進生產效率及降低成本。企業可藉由與投資地社群、政府、供應商等利害關係人間之協商，深入瞭解個別需求並有效回應，進而取得社會許可（social license）而得以平順地營運。以 *Bear Creek Mining v. Peru* 一案為例，加拿大礦產公司 Bear Creek 赴秘魯開採銀礦，因涉及礦產資源的汲取，且開礦活動可能造成環境、飲用水汙染問題，引發當地住民之質疑，進而產生一系列暴力抗爭事件，最終迫使秘魯政府撤銷相關許可致 Bear Creek 未能順利開發銀礦。

（二）公共衛生等政策目標之優先性——以菸業為例

　　一個對 ISDS 機制的批評是允許投資人對地主國政府提起仲裁，會限縮地主國之公共政策管制權限。實則，國際投資仲裁實務亦與時俱進，仲裁庭於裁決時將地主國、投資人、自然資源、環境及投資地社群間之互動關係納入考量，個別投資仲裁判斷已反映國家重要公共利益。在 *Philip Morris v. Uruguay* 一案，[15] 烏拉圭為追求國民健康、履行世界衛生組織 FCTC 之義務，擴大菸品包裝外盒之「圖文健康警示」面積，並實施菸品包裝「單一呈現要求」，禁止任何品牌之菸品使用不同形式的包裝方式，避免誤導消費者產生特定菸品對身體健康所造成的危害較小之印象，菸商僅得就其經營之品牌家族擇一販售，例如：在 Marlboro Red、Marlboro Lights、Marlboro Blue 等一系列 Marlboro 家族產品中，Philip Morris 在單一呈現要求下，選擇保留 Marlboro Red 之販售，而將其餘 Marlboro 家族產品撤出烏拉圭市場。Philip Morris 主張烏拉圭之菸草控制措施限制其商標之使用，違反瑞士—烏拉圭 BIT 第 5 條「間接徵收」及第 3.2 條「公平公正待遇」等義務。

　　在「間接徵收」之認定上，該案仲裁庭表示維護公共健康已被公認是國家公共管制權限行使所追求之重要目的，烏拉圭乃出於善意，以非歧視之方式實施該等菸草控制措施，以滿足烏拉圭保護公共健康之國家及國際義務，符合比例原則，並未實質剝奪原告投資之價值、使用及收益，不構成徵收。關於「公平公正待遇」之審理，仲裁庭認定烏拉圭善意執行 FCTC 第 11 條菸品包裝規範，系爭措施同等地適用於烏拉圭及外國投資人，不具歧視性，可有效降低菸品消費。仲裁庭表示，國家得於公共利益管制權限範圍內，因應環境變動而調整其法律體系，在國際廣泛接受菸品具傷害性之認知下，投資人應可預期菸品之管制將日趨嚴格，故認定被告未違反公平公正待遇義務。

　　本案仲裁判斷將公共健康價值及目的作為解釋，適用 BIT 之依據，強調國家在國際投資法下仍享有公共政策裁量空間，已採取調和地主國規制權及投資人權益保障之見解。

---

[15] 參考本書之案例摘要二十一。

（三）歐盟倡議的「投資法院系統」

除了反全球化之論述外，另一股反對聲浪是針對 IIA 中之 ISDS 機制。在 ISDS 機制下，由地主國及投資人雙方合意選任仲裁人審理案件，仲裁程序原則上不公開，此引發投資爭端解決程序欠缺透明性、仲裁人是否獨立公正、專業適任之質疑。同時，因仲裁庭是在個案發生後方組成，非如內國法院具常設性質，故有論者批評仲裁判斷欠缺一致性及可預測性。對此，歐盟提出 ICS 及更新的「多邊投資法院」（Multilateral Investment Court），[16] 以取代現行投資仲裁機制。歐盟目前皆以 ICS 作為 IIA 談判之立場，2015 年歐盟—越南自由貿易協定（EU-Vietnam Free Trade Agreement）及 2016 年歐盟—加拿大全面性經濟與貿易協定（EU-Canada Comprehensive Economic and Trade Agreement）均採用 ICS。對於正進行中之 TTIP、歐盟—墨西哥 FTA（EU-Mexico Free Trade Agreement）、歐盟—日本經濟夥伴協議（EU-Japan Economic Partnership Agreement）投資爭端解決機制之談判，歐盟亦以 ICS 為其提案內容。

ICS 為二審級之常設投資法院，設有一定員額之法官。由 IIA 之締約方事先選任法官，於投資爭端案件發生後，隨機選任 3 名法官審理，欲藉此提升審理結果之客觀公正性。ICS 所適用之爭端解決規則與目前的 ISDS 機制類似，可得適用者包括：ICSID 公約、ICSID 附屬機制規則、聯合國國際貿易法委員會仲裁規則，或其他爭端雙方合意選用之仲裁規則。因此，ICS 看似仍維持 ISDS 機制之運作模式，投資法院之裁決與現行 ISDS 機制下之仲裁判斷無異。

目前 ISDS 機制廣為投資人接受的原因之一是投資人可自行選任其所信任之仲裁人，而可與地主國立於對等之地位，截至目前為止已累積 1,190 個投資仲裁案件。然而，在 ICS 下，投資人無權選任法官，投資人是否願意使用該救濟體系？由於目前採用 ICS 之協定尚未有實際爭端案件發生，ICS 之運作成效仍待後續觀察。

---

[16] 歐盟 2015 年開始的倡議計畫，相關說明可參考：https://policy.trade.ec.europa.eu/ enforcement-and-protection/multilateral-investment-court-project_en。

第四章　投資之定義

一、基本概念

　　「投資」、「國際投資」在經濟商學中早已有定義，藉此描述投資活動的種類、歷程、所涉及的面向（財務、技術、人員、資訊、管理等），並且與「貿易」有所對照區別。從總體經濟學之角度，投資乃投入資本生產具有價值之資產，資本可能包括各種態樣。另從個體經濟學之角度，投資係指個人或企業透過交易取得具生產價值之資產，而不問該等交易是否有淨資本投入（net commitment of resources），例如：購買廠房及機械等有形資產、專利及著作權等無形資產，或股票及債券等金融資產。這些定義通常注重「行為面」，也就是投資活動中所衍生的各種經濟行為，目的是讓研究、學習者能運用在理論分析及實務操作。

　　但在國際投資法之下，對於「投資」有特別定義的需求，因為涉及：（一）投資協定的適用範圍；（二）投資仲裁庭的管轄權基礎。因此，保護層次愈高的 IIA，愈需要有明確、涵蓋較廣、符合期望（締約國及投資人）的投資定義條款；保護層次較低的協定、備忘錄、意向書，通常沒有前述特徵的定義條款。

　　也因為上述目的，所以國際投資法（主要是 IIA）漸漸脫離以投資行為及活動為基礎的定義方式，因為在應用、解釋定義時，難以達成共識。特別是當爭端產生時，地主國往往試圖「否定」投資人有符合投資協定的「投資」，進而主張仲裁庭沒有管轄權。

　　這就是為什麼現代 IIA 的投資定義，大部分採取「以資產為基礎」（asset-based）的定義方式。簡言之，在 IIA 之下，是否有「投資」，取決於是否有符合投資定義條款的「資產」，而不是觀察是否有具體的「投資活動」：即投資人跨越國界，把資金、技術、人員、機器設備、品牌等投入地主國的生產、服務中，以換取長期經營之後的投資報酬。

　　其次，在一些 IIA 的定義條款中，也會加上關於「投資特性」的描述，以表達締約國所保護的，是「真正的投資」。但這樣的文字安排需要特別謹慎，避免屆時造成各執一詞的歧異解釋，例如是否對地主國有「實質經濟貢獻」，就很容易引起爭議。一般投資仲裁庭對於這樣文字的解釋，偏向「輔助性」的角色。換言之，此種文字的目的在於排除若干沒有投資實質的資產，而不是當作第一步的認定要件。

　　這樣的定義方式，一般認為符合 IIA 的目的，也就是：（一）擴大投資保護的範圍，讓投資人可以將非商業性投資風險（亦稱政治風險）降低；（二）有較高的「可預期性」，國家及投資人都可以事先評估規劃；（三）在爭端出現時，當事人及仲裁庭可以有具體明確的判斷依據。

　　更進一步說，良好的定義方式，不應該是抽象理論產生，也不是各國自行撰寫表述，而必須是有所本。現代 IIA 之所以傾向使用以資產為基礎的定義方式，是根據過去地主國與投資人之間的爭議經驗，包括各國對於投資資產的認定、習慣國際法的原則。

二、國際投資法之規範

（一）IIA中的投資定義條款

1. 以資產為基礎之定義方式

　　目前國際上多數 IIA 之「投資」定義係採以資產為基礎之規範方式，臚列各項資產態樣作為投資協定之保障客體。在此種規範模式下，可再細分為：

　　(1)**例示性規範**：凡投資人在地主國直接或間接，擁有或控制，具投資特性之各種資產（every kind of asset），即為受 IIA 保障之投資。條文所例示之「資產」態樣可能包括股份、債券、智慧財產權（下稱智財權）、統包及工程等契約請求權、其他有形及無形財產權等，投資的客體不以事業為限。換言之，締約方僅在條文中作原則性、抽象性論述，實際個案發生時，凡解釋上能符合該定義者，即屬於 IIA 之投資。2012 US Model BIT 及

USMCA 投資章等美國主導之協定、歐盟—加拿大全面經濟與貿易協定、歐盟—新加坡投資保護協定，及歐盟—越南投資保護協定等歐系協定均採取此規範模式。而此種定義方式亦為我國之慣常做法，例如：台日投資保障協議、[1]台星經濟夥伴協定投資章。

(2)**列舉式規範**：僅 IIA 臚列之資產態樣方屬受保護之資產，例如：加拿大 2004 年外人投資保障與促進協定範本。[2]

---

[1] 第 2 條　為本協議之目的：

(1)「投資」係指投資人直接或間接、所有或控制，並具投資特性之各類資產，包括：

　(a)事業及事業之分支機構；

　(b)股份、股票或其他參與事業股權之方式，包括其衍生性權利；

　(c)公司債券、金融債券、貸款及其他形式之債權，包括其衍生性權利；

　(d)契約權利所生之權利，包括統包、工程、管理、製造或收益分享契約；

　(e)金錢請求權，及任何具有財產價值之履約請求權；

　(f)智慧財產權，包括著作權及其相關權利、專利權及與新型有關之權利、商標、工業設計、積體電路電路布局、新植物品種、營業名稱、來源或地理標示及未揭露資訊；

　(g)依據法規或契約授予之權利，例如特許、發照、授權及許可等，包括自然資源之探勘權及開採權；及

　(h)任何其他有形、無形、動產、不動產及相關財產權，例如租賃權、抵押權、留置權和質權。

(2) 投資包括投資之孳息，包括利潤、利息、資本利得、股利、權利金及費用。惟投資財產之形式改變，不影響其具有投資之性質。

[2] Article 1 (Definitions) of Canada Model BIT

investment means:

(I) an enterprise;

(II) an equity security of an enterprise;

(III) a debt security of an enterprise

　(i) where the enterprise is an affiliate of the investor, or

　(ii) where the original maturity of the debt security is at least three years,

　　but does not include a debt security, regardless of original maturity, of a state enterprise;

(IV) a loan to an enterprise

　(i) where the enterprise is an affiliate of the investor, or

　(ii)where the original maturity of the loan is at least three years, but does not include a loan, regardless of original maturity, to a state enterprise; ...

　　目前之**趨勢**為以資產為核心之例示性規範，廣泛定義投資，以期得以涵蓋未來新型態投資。此時可能產生之疑惑為：既然 IIA 定義條款之序文（chapeau）已規定包含「各種資產」，何須設計例示清單呢？此係因廣泛之定義模式雖容許「投資」之內涵與時俱進，然而，仍存有實際個案發生時，仲裁庭將「投資」解釋過窄之風險。因此，IIA 之起草者於洽談時詳細列出所欲保護的態樣，將可降低解釋上之爭議。

2. 其他定義方式

　　部分地主國基於 IIA 及投資仲裁可能產生的實際賠償責任，近年來有些 IIA 締約方在投資定義中納入限制性語言，甚至脫離前述以資產為基礎之定義方式，例如，2015 Indian Model BIT 第 1.4 條規定：「『投資』係指投資人出於善意**依據投資所在締約國一方之法律設立、組織及營運之企業**，連同企業之資產，例如：資本或其他資源之投入、特定期間、獲利或利潤之期待、風險承擔，及對投資所在締約國一方之發展具重要性……。」

　　針對上述條文之定義方式，值得注意的是：

　　(1)**改採「以事業為基礎」**（enterprise-based）**定義投資**：換言之，若要主張受 IIA 保護之投資，必須先有在地主國設立之企業，相關的資產才能適用 IIA 的條款。相較於 2003 Indian Model BIT 採以資產為基礎之定義，推測此修正之目的在於減縮受保護之投資範圍，以降低潛在之 ISDS 控訴。

　　(2)**「經濟測試」的主觀性**：條文中的「對投資所在締約國一方之發展具重要性」、「出於善意」等文字，看似當然，在地主國招商階段、投資人申請投資之初莫不以此為目標。但當事後出現投資爭議，地主國拒絕投資人引用 IIA 保護其權益時，往往就會以此為理由，認為沒有符合投資定義的投資，而此種認定往往是地主國的主觀認定。

　　(3)**定義中的「排除條款」**：例如將證券投資等排除於投資資產範圍之外。然而，發行股票或債券乃進行投資之重要籌資方式，如將證券投資排除在投資協定保護範圍外，大眾進行證券投資之意願將下降，進而造成企業家融資困難，增加企業設立及營運之困難，IIA 促進經濟發展之目的將受減損。

（二）ICSID公約相關問題

ICSID 公約第 25(1) 條規定，ICSID 中心之管轄權及於「任何直接因投資而生之爭端」（the jurisdiction of the centre shall extend to "any legal dispute arising directly out of an investment"），[3] 然公約中並未定義「投資」，因此，在投資仲裁實務中，何等概念構成 ICSID 公約第 25(1) 條下之「投資」即引發諸多討論。

參酌過去投資仲裁案件，仲裁庭定義 ICSID 公約下投資之方式約可分爲二類：

1. **主觀說**：仲裁庭應依循案件所涉 IIA 之締約方所訂立之投資定義。
2. **客觀說**：仲裁庭應依據 ICSID 公約之前言、規則及原則解釋 IIA 之條文，並適用特定標準，以確認是否存有投資。就此，仲裁人最常引用者爲下述 *Salini Costruttori S.p.A v. Morocco*（參考後述）一案仲裁庭所採用之標準。

事實上，上述二說並不衝突，仲裁庭於個案認定時均加以考量。因此，更重要的是仲裁庭如何連結「投資」之認定與管轄權之有無。部分仲裁庭參酌 Schreuer 教授所列舉之 5 種受 ICSID 公約第 25 條涵蓋之一般投資特徵：1. 特定期間；2. 利潤及報酬之規律性；3. 風險承擔；4. 投資人之實質投入；及 5. 對地主國發展之重要性。[4] 惟此等特徵乃 Schreuer 教授就過往爭端案件所涉投資之概述，並非管轄權要件，缺少一項特徵並不必然導致仲裁庭認定無管轄權。仲裁庭須以 IIA 之投資定義爲基礎，依據 ICSID 公約下之標

---

[3] Article 25 (1), ICSID Convention: The jurisdiction of the Centre shall extend to any legal dispute arising directly out of an investment, between a Contracting State (or any constituent subdivision or agency of a Contracting State designated to the Centre by that State) and a national of another Contracting State, which the parties to the dispute consent in writing to submit to the Centre. When the parties have given their consent, no party may withdraw its consent unilaterally.

[4] *Fedax N.V. v. The Republic of Venezuela*, ICSID Case No. ARB/96/3, Decision on Jurisdiction (July 11, 1997); *Joy Mining Machinery Limited v. Arab Republic of Egypt*, ICSID Case No. ARB/03/11, Award on Jurisdiction (August 6, 2004).

準解釋，而非自行將無限制之特徵融入 IIA 投資定義，否則將產生仲裁庭恣意採納投資定義、無視於締約方原意之風險。

三、相關投資仲裁案例

（一） *Salini Costruttori SpA v. Morocco*[5]

Salini Costruttori SpA v. Morocco 是第一個以投資特徵論述、定義投資的案例。

該案仲裁庭提出投資概念蘊含下列四要素：1. 金錢或資本之投入；2. 特定期間；3. 風險承擔；及 4. 對地主國之經濟發展有所貢獻，此即著名的「*Salini* 測試」（*Salini* test）。該案仲裁庭甚至指明企業之最短投資期間至少需為 2 年。

Salini 一案對於投資案例法之影響有二層：第一，*Salini* 仲裁庭建立認定 ICSID 公約第 25(1) 條「投資」之客觀要件，於個案發生時，仲裁庭就該等要件及特定 IIA 之投資要件，應獨立認定；第二，*Salini* 仲裁庭提出 ICSID 公約第 25(1) 條「投資」概念較明確的定義。

值得注意的是，在該案中，由於仲裁聲請人選擇依據義大利—摩洛哥 BIT（下稱義摩 BIT）第 8.2(c) 條，於 ICSID 進行仲裁，仲裁庭在決定是否符合投資定義（以決定仲裁庭有否管轄權）時，必須同時檢視 ICSID 公約[6]第 25(1) 條，以及義摩 BIT 第 1 條，關於「投資」的規定。而上述說明的投資概念內涵，是在 ICSID 公約架構下的探討（因為第 25(1) 條未直接定義投

---

5 *Salini Costruttori S.p.A. and Italstrade S.p.A. v. Kingdom of Morocco*, ICSID Case No. ARB/00/4, Decision on Jurisdiction (English translation) (July 23, 2001). 參考本書之案例摘要二十八。

6 Washington Convention, 全名為 Convention on the Settlement of Investment Disputes Between States and Nationals of Other States (International Centre for Settlement of Investment Disputes [ICSID]) 575 UNTS 159.

資）；換言之，在其他 IIA 的投資定義中，其實不必考量、引用這些特徵測試。

　　在國際投資法之歷史上，很少有案件如同 *Salini Costruttori SpA v. Morocco* 仲裁判斷一般備受頌揚及批評。贊同 *Salini* 測試者認為，依據維也納條約法公約（Vienna Convention on the Low of Treaties，下稱 VCLT）第 31 條，「投資」一詞應依其用語，按其上下文並參照條約之目的及宗旨所具有之通常意義，善意解釋之。因 ICSID 公約前言提及「經濟發展之國際合作需求」，且多數 IIA 前言亦規定條約之目的在於鼓勵跨境經濟合作及發展，故於認定投資時，應審酌「對地主國經濟發展之貢獻」。

　　除援用 *Salini* 測試之四要件外，部分仲裁庭更進一步補充其他要件，例如：須依循地主國之法律（in accordance with the law of the host state）、出於善意（in good faith）進行投資。在 *Joy Mining Machinery v. Egypt* 一案仲裁判斷中，仲裁庭即加入定期之利潤及報酬（regularity of profit and return）要求，並強調「對地主國經濟發展之貢獻」應「顯著」（significant）。

　　然而，反對之仲裁庭及學者認為，*Salini* 測試係模糊且不必要之標準。在 *Salini* 測試中，「對於地主國經濟發展之貢獻」之要件即引入經濟判斷，而非純粹客觀法律判斷。拒絕採用該標準之仲裁庭認為：1.「有無貢獻」乃成功投資之成果，而非投資之特徵。投資常有失敗或未達預期的情況，不宜以結果回溯定義是否構成投資；及 2. 在實務面上，任何投資人均難以證明其貢獻。*Saba Fakes v. Turkey* 一案[7] 仲裁庭即表示，投資之促進與保護被預期得對地主國之經濟發展有所貢獻，此乃總體投資人執行投資計畫之預期結果、非獨立之要件，如觀察個別投資，特定投資可能對地主國有貢獻、部分投資則無貢獻。被投資人預期富有成效之投資最後可能是一場經濟災難，然而，並不會僅因此等原因即不落入投資概念之範疇。*LESI S.p.A. et Astaldi S.p.A. v. People's Democratic Republic of Algeria* 一案[8] 仲裁庭亦認為，「對地主國經濟發展之貢獻」難以證明，故拒絕採用此要件。

---

[7]　*Saba Fakes v. Republic of Turkey*, ICSID Case No. ARB/07/20, Award (July 14, 2010).

[8]　*L.E.S.I. S.p.A. and ASTALDI S.p.A. v. République Algérienne Démocratique et Populaire*, ICSID Case No. ARB/05/3, Award (November 12, 2008).

（二）*Salini*測試之影響

近來隨著各界對 ISDS 機制之檢討，許多國家修改其投保協定模範範本。如前所述，印度即改採以事業設立為基礎之規範方式，並納入「對投資所在締約國一方之發展具重要性（significance）」之要求。因此，投資人欲對印度政府提起控訴，不僅要證明「投資」存在，尚應證明「投資」之成果。

另一種修改模式則仍保持以資產為基礎之定義方式，但將 *Salini* 測試之部分要素納入投資定義中，例如：美國在 1984 US Model BIT 中，僅規定投資係指各種投資（every kind of investment），而 2004 US Model BIT 第 1 條則進一步規定，需具投資特性，包括：資本或其他資源之投入、利潤或獲利之期待，或風險承擔。

在此等 IIA 改革下，投資人與地主國之法律保障關係可能會倒退數十年。*Salini* 測試乃 2000 年以前之投資型態之典型特徵，在過去，投資之流動主要由西方國家流向開發中國家；而於今日，跨國企業投資範圍遍及全世界，創造全球供應鏈，於某國設立總部、於某國研發，再於其他國家生產，投資型態已有巨幅變動。如仍採用 *Salini* 測試，僅大型跨國企業或在多層次基礎建設計畫中具領導地位之承包商方能確定受到 IIA 之保護，其餘企業可否受到保護則不明確。

此外，投資保障是雙向的，該等投資定義方式或可使地主國被訴之風險下降，然而，亦降低赴海外投資之國民透過 IIA 解決爭端之機會，亦即，一旦對投資定義設定過多的條件，將產生特定爭端因不符合投資定義而無法訴諸仲裁之風險。且更大的風險是，該種定義模式將提供被控訴國以是否滿足投資定義為由延遲、阻撓仲裁程序之機會。

在內國法制較不健全之國家，如地主國未提供適當的保護，可能無法吸引投資，因而，此種改革方向可能會對全球外人直接投資產生負面影響。在仲裁庭裁決之面向上，如何認定「是否對地主國經濟發展有重大貢獻」之標準亦不明確，可能會使撤銷仲裁判斷之聲請案增加，造成爭端雙方花費更多之仲裁成本、時間。

此種透過限縮投資保護範圍之改革方式會對全球投資、爭端解決機制帶

來何等影響，留待時間證明。以厄瓜多為例，過去因 ISDS 敗訴案件增加，厄瓜多於 2009 年選擇退出 ICSID 公約，並採取終止 BIA 之立場。然而，經過數年，厄瓜多重新調整其步調，認為為吸引及保障私人投資，厄瓜多有簽訂 BIA 之需求。

（三）*Philip Morris v. Uruguay*[9] 及 *Eli Lilly v. Canada*[10]

隨著全球產業轉型之需求，各國為促進研發及創造，紛紛立法保障智財權。同時，隨著已開發國家對於智財權保障之提升、避免其投資人赴開發中國家投資被迫移轉技術等不利措施之需求，各國於簽署 IIA 時多於投資定義條款納入智財權。在國際投資仲裁實務中，亦出現數則跨國企業捍衛其智財權之案例。

知名跨國菸草公司 Philip Morris 於 2010 年依瑞士—烏拉圭 BIT 向 ICSID 提出仲裁請求，控訴烏拉圭政府採用之菸品單一包裝要求（single presentation requirement）及擴大「圖文警示」面積至 80% 等措施，造成其「商標」使用之限制，損害其無形資產之投資利益，違反公平公正待遇及徵收等規範。*Philip Morris v. Uruguay* 一案仲裁庭於 2016 年 7 月作出仲裁判斷，認定仲裁聲請人無理由敗訴。

另一個備受注目之案件為 *Eli Lilly v. Canada*，美商禮來公司針對其所生產之精神病藥物 Zyprexa 及過動症藥物 Strattera 遭加拿大法院認定專利無效一事，於 2013 年依 NAFTA 第十一章（投資專章）提出仲裁請求，主張加拿大法院審查專利效用（utility）要件時採用承諾法則（promise doctrine）違反《與貿易有關之智慧財產權協定》（Agreement on Trade-Related Aspects of Intellectual Property Rights，下稱 TRIPS）及 NAFTA 第十七章（智財權專章）、違法徵收其專利權。仲裁庭於 2017 年 3 月作出仲裁判斷，認定仲裁

---

[9] *Philip Morris Brands Sàrl, Philip Morris Products S.A. and Abal Hermanos S.A. v. Oriental Republic of Uruguay*, ICSID Case No. ARB/10/7. 參考本書之案例摘要二十一。

[10] *Eli Lilly and Company v. The Government of Canada*, UNCITRAL, ICSID Case No. UNCT/14/2, Award (March 16, 2017). 參考本書之案例摘要八。

聲請人無理由敗訴。禮來公司提出控訴後，各界對於在 IIA 投資定義中納入智財權一事出現重大分歧，並討論投資人在國際投資仲裁庭直接挑戰內國專利法是否符合國際專利協定所衍生之問題，諸如：地主國之規制權是否受限制。

NAFTA 投資專章並未明定智財權為受保護之投資，然而，從投資定義納入無形資產，及將符合 NAFTA 第十七章之措施排除在徵收條款之適用範圍外，即可得知智財權為 NAFTA 投資專章之保護客體。一旦認定智財權屬受 IIA 保護之投資資產，接下來的問題是：針對智財權，IIA 提供何種保護？TRIPS 等國際協定僅規定締約方應提供之最低保護標準，並未直接提供智財權保護，未規範應如何證明其效用？各締約方保有設計專利審查要件之權限。當締約方未遵循該等協定時，私人並無法直接援引協定中之規範。IIA 提供高於 TRIPS 協定保護之程度（即 TRIPS-Plus protection）已成為爭議之核心。

TRIPS 協定第 31 條設有強制授權之規範，強制授權將限制智財權人之權利、降低智財權收益，而可能構成間接徵收。雖然 TRIPS 協定第 31 條 (h) 款規定應針對個別情況給付相當補償金予權利持有人，然而，當投資人不滿補償金額時，即可能訴諸投資仲裁。同時，投資人亦可能主張強制授權並非基於公共目的，違反 IIA 徵收規範，進而挑戰地主國決定強制授權之裁量基礎。

在含有智財權及投資保護條款之協定中，通常會將符合智財權標準之智財權相關措施排除在徵收條款之適用範圍，例如 NAFTA 投資專章第 1110(7) 條。其他 IIA 亦有類似規範，例如 2012 US Model BIT 第 6(5) 條規定，當智財權相關措施符合 TRIPS 協定時，不適用徵收條款。然而，當特定措施不符合 NAFTA 智財權專章或 TRIPS 協定時，投資人仍可能援用投資保護條款請求補償，投資仲裁某種程度成為質疑 TRIPS 協定之解釋之方法。於 *Eli Lilly v. Canada* 一案，雙方衝突之核心涉及 TRIPS 協定及 NAFTA 可專利性標準之解釋，提出投資仲裁使禮來公司得以測試加拿大專利可利用性標準之合規性，進而引發賦予智財權 IIA 保護將影響地主國規制空間之質疑。

此等質疑實屬過慮，事實上，相關案例已顯示個別投資仲裁判斷反映國

家重要公共利益，將公共健康價值及目的作為解釋、適用 BIT 之依據，強調國家在國際投資法下仍享有公共政策裁量空間，已採取調和地主國規制權及投資人權益保障之見解。例如：*Philip Morris v. Uruguay* 一案仲裁庭在「間接徵收」之認定上，表示維護公共健康已被公認是國家公共管制權限行使所追求之重要目的，烏拉圭乃出於善意、以非歧視之方式實施該等菸草控制措施，並未實質剝奪仲裁聲請人投資，不構成徵收；關於「公平公正待遇」，仲裁庭表示，國家得於公共利益管制權限範圍內，因應環境變動而調整其法律體系，在國際廣泛接受菸品具傷害性之認知下，投資人應可預期菸品之管制將日趨嚴格，故認定烏拉圭未違反公平公正待遇義務。而於 *Eli Lilly v. Canada* 一案，仲裁庭認定加拿大可專利性要求之變動是漸進式的，並無巨幅變動，承諾法則有其合法公共政策目的，促進專利揭露之正確性，因而駁回仲裁聲請人請求。

（四）*White Industries v. India*[11]

一般而言，商務仲裁乃私人間或私人與政府間因商事糾紛而進行之仲裁程序，而投資仲裁則為投資人依 IIA 之 ISDS 機制所提起之國際仲裁，二者似乎截然可分，彼此井水不犯河水。然而，近來有數則投資仲裁判斷顯示，當投資人無法於投資地內國法院執行商務仲裁判斷時，仍得透過 IIA 進行國際投資仲裁而獲得補償。而在該些案例中，地主國經常提出屬物管轄權異議，主張商務仲裁判斷非 IIA 定義之投資。究竟，商務仲裁判斷可否作為「投資」？

就此問題，*White Industries v. India* 即屬典型案例。在該案中，White Industries 原與印度國營企業 Coal India 發生設備供應與煤礦共同開發契約爭議，提交國際商會國際仲裁院進行商務仲裁後，認定 White Industries 勝訴，然因 Coal India 遲不履行商務仲裁判斷，故 White Industries 便向印度德里高等法院聲請執行，Coal India 則向加爾各答高等法院聲請撤銷仲裁判斷，因

---

[11] *White Industries Australia Limited v. The Republic of India*, Final Award, UNCITRAL Arbitration Rules (November 30, 2011). 參考本書之案例摘要三十五。

印度法院不斷延宕訴訟程序，故 White Industries 依澳洲—印度 BIT 將此爭議提交國際投資仲裁。該案仲裁庭援引 *Saipem v. Bangladesh*[12] 等案件仲裁庭之見解，認為**商務仲裁判斷本身並非投資，而係 BIA 下原始投資行為之延續或轉化，為原始投資之一部分而受到 BIA 保護**。

觀察過去案件及 *White Industries v. India* 一案之仲裁判斷，仲裁庭在管轄權認定上採用二層次分析法，首先，仲裁庭分析基礎經濟活動（underlying economic activity）是否為 BIA 所定義之投資，於獲得肯定之答案後，方進一步檢視因基礎經濟活動而衍生之商務仲裁判斷是否亦可被認定為投資。由此可知，投資人如欲將商務仲裁判斷提付投資仲裁，基礎交易活動必應為 BIA 下之投資。

此等投資仲裁案例更顯示，當投資人成功證明地主國違反 BIA 時，與僅取得勝訴商務仲裁判斷之狀態相較，投資人可能因此獲得勝訴投資仲裁判斷而立於更有利之地位。例如，於商務仲裁判斷被地主國法院撤銷而不得執行時，如地主國為 ICSID 公約締約國，且 ICSID 仲裁庭認定地主國法院不當撤銷商務仲裁判斷、投資人勝訴時，依 ICSID 公約第 54(1) 條，所有 ICSID 公約締約國（不限於印度，而且通常是第三國）應將 ICSID 仲裁判斷視同內國法院之終局判決，於其領域內執行該仲裁判斷所課予之金錢義務。

---

[12] *Saipem S.p.A. v. The People's Republic of Bangladesh*, ICSID Case No. ARB/05/7, Award (June 30, 2009). 參考本書之案例摘要二十七。

第五章　投資之合法性

一、基本概念

「地主國保護外人投資的義務，僅限於合法投資，不包括非法投資」，這個概念在國內法及國際法中，理應沒有什麼重大的質疑。問題是，以什麼標準決定投資之合法性（legality）？誰來決定？在哪一個時點認定？投資的「非法性」在投資仲裁案件中有何法律效果（管轄權及／或實體主張）？

相關案件似乎顯示一種模式，那就是地主國在吸引外人投資時，常側重投資誘因、優惠條件、排除障礙（包括法規及其他）（可簡稱為「招商模式」）；日後成為爭議的合法性問題，起初通常未受到重視（包括地主國及投資人），甚至刻意被淡化。

但當案件進入「爭訟模式」時，地主國往往指控投資人違反法令，以致投資欠缺合法性，也就無須予以投資保護。此種主張，首先會針對仲裁庭的管轄權提出，試圖在案件初期就終結程序，例如投資仲裁庭以投資人在設立階段之重大不法行為為由，認定投資人主張的「投資」不符合協定所定義的投資，因此無法行使管轄權。

在實體抗辯上，地主國可能主張投資人的非法行為導致地主國採取相應措施（即地主國藉此正當化其行為），或是對於損害之產生或擴大與有責任，據此請求酌減賠償金額。此種非法／不當行為可能發生在投資生命週期中的任何階段。

到目前為止，相關案例就前述議題還沒有一致性的見解。即便如此，投資人仍可從案例實務中得到一個重要的原則：即投資前階段，及至營運階段，都應該常常檢視「合法性」問題。即使與地主國尚保持良好關係，都應評估特定行為（包括投資的申請、設立的種種程序，涉及詐欺、賄賂、洗錢等不法行為或不實陳述），是否可能成為地主國指控的依據。如此，不僅可

以獲得投資協定之完整保障，而且可避免因違法行為引發投資當地社群及非政府組織等利害關係人之抗議而影響投資之營運。

二、國際投資法之規範

（一）IIA中的投資定義條款

　　許多 IIA 條款及附件中都含有「依法」投資的文字，可能是在宗旨前言，也可能是在投資定義，甚或是在多處出現；但必須觀察該文字前後文的意思，才能確定其規範意義。最常見的文字，是要求投資應循地主國法規（in accordance with the laws and regulations of the host State）。但這樣的文字從大部分協定的「理所當然」陳述方式，到某些協定藉此強調保有地主國規制權的「埋下伏筆」，已有不同作用。

　　前者例如加拿大與阿根廷 1991 年簽訂的投資保護協定，[1] 第 1 條關於投資之定義，其中規定：the term "investment" means any kind of asset defined in accordance with the laws and regulations of the Contracting Parties in whose territory the investment is made, held or invested either directly, or indirectly through an investor of a third State, by an investor of one Contracting Party in the territory of the other Contracting Party, in accordance with the latter's laws。這裡兩次提到「in accordance with」，前面是以地主國的法令定義資產種類，嚴格來說並非處理合法性的問題；後面是說明「依照當地法令所為之投資」，一般解釋傾向認為這是指「投資起始」時的申請、核准法令。

　　後者例如印度在其 2016 年 Model BIT，[2] 於前言、投資定義、投資人定義、適用範圍等多處都強調必須遵循印度法律。前言並且特別突顯印度的

---

[1]　Agreement Between the Government of Canada and the Government of the Republic of Argentina for the Promotion and Protection of Investments, available at: https://treaty-accord.gc.ca/text-texte.aspx?id=101514&lang=eng (last visited: 2022.10.16).

[2]　Model Text for the Indian Bilateral Investment Treaty, available at: https://dea.gov.in/sites/default/files/ModelBIT_Annex_0.pdf (last visited: 2022.10.16).

「規制權」：reaffirming the right of the authorities to regulate investments in their territory in accordance with their law and policy objectives。此種文字的設計，顯然比前述的一般陳述要求更嚴格的合法性檢視，仲裁庭在認定投資人的正當期待時，自然會更傾向投資人應負擔更高的法遵義務，地主國也比較不容易違反 IIA。

惟不論是上述哪一種文字設計，當地主國主張投資人（仲裁聲請人）的投資有合法性問題時，仲裁庭都必須全盤檢視所有文件，調查投資過程中地主國與投資人的來往互動，從整體脈絡（in context）來判斷。這就是以下分析所要呈現的，仲裁庭不會僅以協定文字為唯一判斷依據。

（二）合法性要件是否為一般國際法原則

當投資協定中未明文納入合法性要件時，[3] 是否即無須認定投資之合法性？抑或合法性要求為一般法律原則，獨立於任何協定之文字？

Inceysa v. El Salvador 案 [4] 仲裁庭綜合相關事證，認定投資人 Inceysa 在公開招標程序中不實陳述而取得執照之行為，違反一般國際法律原則；相關原則包括：不允許任何人因詐欺而獲利、國際公共政策、禁止不當得利等。即使西班牙與薩爾瓦多之投資協定中沒有明文規定的合法性要求，仲裁庭仍認定 Inceysa 以非法方式投資，不在締約國同意給予保護之範圍內，遂以無管轄權為由駁回仲裁請求。

Hamester v. Ghana 案 [5] 仲裁庭表示，即便 BIT 未規定特定的合法性要件，亦不應提供保護予違反國際善意原則或地主國法令之非法投資，例如：賄賂或詐欺行為。合法性要件乃一般法律原則，獨立於協定之特定文字。

---

[3] 事實上，有許多 IIA 沒有針對合法性作規定，也沒有前述的「in accordance with the laws and regulations of the host State」等類似文字，例如 US Model BIT 的 2004 年及 2012 年版本皆無。

[4] *Inceysa Vallisoletana S.L. v. Republic of El Salvador*, ICSID Case No. ARB/03/26, Award (August 2, 2006), paras. 225-229, 240-258.

[5] *Gustav F W Hamester GmbH & Co KG v. Republic of Ghana*, ICSID Case No. ARB/07/24, Award (June 18, 2010), paras. 123-124.

SAUR v. Argentina 案[6] 仲裁庭提出類似的看法，認為雖法國—阿根廷 BIT 未納入合法性要件，惟不嚴重違反法律秩序為 BIT 之非明文要件，蓋難以想像地主國願意提供保護予非法投資。

於 *Saba Fakes v. Turkey* 一案，[7] 仲裁庭表示雖荷蘭—土耳其 BIT 之投資定義無合法性要件，但第 2.2 條規定，BIT 適用於投資人擁有或控制、依投資作成時有效之地主國法規之投資。仲裁庭表示，雖 ICSID 公約第 25(1) 條未提及合法性議題，惟 BIT 締約方得自由地設定 BIT 適用要件。

Phoenix v. Czech Republic 案[8] 仲裁庭亦認為，國際投資保障之目的在於保護合法及善意的投資，對於違反地主國法令及一般國際法律原則之投資，不能給予國際投資仲裁之保護，以避免 ICSID 體系之濫用。在此案中，遵循捷克法令並非爭議核心。仲裁庭認定，仲裁聲請人之投資非出於從事經濟活動之目的，而是基於對捷克提出國際仲裁之單一目的所為，無法視之為善意交易，非屬 ICSID 體系下受保護之投資。仲裁庭似認為，即便 ICSID 公約並未定義投資，非明文的合法性要件不僅是系爭 BIT 之一部分，更是 ICSID 公約之一部分。在此等見解下，關於依循地主國法令進行投資之要求，法源可能有三：1.BIT 之合法性要件；2.ICSID 公約第 25(1) 條；以及 3. 一般法律原則。

相對於 *Phoenix* 仲裁庭之見解，*Saba Fakes* 仲裁庭則認為，不能將善意原則及合法性要件納入 ICSID 公約第 25(1) 條；不論投資合法與否、投資人是否基於善意進行投資，仍不失為投資。[9] *Metal-Tech v. Uzbekistan* 案[10] 仲裁庭亦認為，遵循地主國法令及善意原則並非 ICSID 公約第 25(1) 條之要件。

[6] *SAUR International SA v. Republic of Argentina*, ICSID Case No. ARB/04/4, Decision on Jurisdiction and Liability (June 6, 2012), para. 308.

[7] *Saba Fakes v. Republic of Turkey*, ICSID Case No. ARB/07/20, Award (July 14, 2010), paras. 114-115.

[8] *Phoenix Action, Ltd. v. The Czech Republic*, ICSID Case No. ARB/06/5, Award (April 15, 2009), paras. 100-101, 106, 113, 142. 參考本書之案例摘要二十二。

[9] *Supra* note 7, para. 112.

[10] *Metal-Tech Ltd. v. Republic of Uzbekistan*, ICSID Case No. ARB/10/3, Award (October 4, 2013), para. 127.

（三）合法性要件之檢視範圍

一旦投資仲裁庭認定，投資須依循地主國法令，方能獲得 BIT 之保障，接下來就必須決定合法性要件之檢視範圍，包括時的範圍及應考量之法律種類。

1. 時的範圍

所謂時的範圍係指應以何時點決定投資之合法性，僅以投資設立時點認定？或以投資之整體生命週期認定？*Phoenix* 仲裁庭認為，應以投資設立時生效之法令認定投資合法性，地主國不得自由地藉由調整法規或符合法令之範圍，而變動地主國在國際協定下對外人投資保護之義務範圍。於設立時符合所有投資地法令之投資，不應因後續違法行為而被剝奪 BIT 保障。[11]

然而，*Hamester* 仲裁庭提出不同看法，區分：(1) 投資設立時之合法性；及 (2) 投資執行期間之合法性。仲裁庭認定，德國—迦納 BIT 第 10 條規範協定之適用範圍，納入合法性要件，惟該要件僅規定投資設立時之合法性，未處理後續投資營運之合法性議題。然而仲裁庭亦表示，投資設立後階段之合法性，與投資人之實體控訴，兩者相關。[12] 換言之，*Hamester* 仲裁庭一方面限縮合法性條款之屬時範圍，另一方面開啟在實體階段檢視投資合法性的大門。

Quiborax v. Bolivia 案[13] 仲裁庭則依玻利維亞—智利 BIT 之文字（investments "made" in accordance with the laws and regulations of the host State），認為系爭 BIT 在規範投資之合法性時採用過去式，故應依投資設立時之法律決定投資之合法性。*Metal-Tech* 仲裁庭亦採類似見解。[14]

---

[11] *Supra* note 8, para. 103.

[12] *Supra* note 5, paras. 127, 129.

[13] *Quiborax S.A., Non Metallic Minerals S.A. and Allan Fosk Kaplún v. Plurinational State of Bolivia*, ICSID Case No. ARB/06/2, Decision on Jurisdiction (September 27, 2012), para. 266.

[14] *Supra* note 10, para. 193.

2. 應考量之法律種類

於認定投資合法性時，仲裁庭應將何種法令納入考量？*Saba Fakes* 仲裁庭認為，認定投資適法與否，僅須考量關於投資之准入法令；如以投資人違反與投資准入管制本質無關之法令為由拒絕提供保障，將悖於投資協定之目的與宗旨。仲裁庭更表示，地主國不得仰賴投資管制機制外之內國法規而逸脫其國際承諾。[15] *Metalpar v. Argentina* 案[16] 仲裁庭採類似看法，表示Metalpar 未能依阿根廷法令規定之時限進行公司登記雖屬違法行為，惟可透過警告、處以罰鍰矯正。如僅因未能即時登記即認定投資不受投資協定保護，將違反比例原則。

然而，*Anderson v. Costa Rica* 案[17] 仲裁庭有不同看法，表示於認定投資之取得是否遵循地主國法令時，須檢視所有（all）處理擁有或控制財產之法令，而非僅限於與投資管制相關之法規。在 *Quiborax v. Bolivia* 一案中，玻利維亞主張玻利維亞─智利 BIT 之合法性要求範圍，及於地主國之所有法令。[18] *Quiborax* 仲裁庭反對此見解，提出列舉清單，清楚地區分輕微及嚴重的法規違犯，表示合法性之檢討範圍應限於：(1) 非輕微違反地主國法律秩序；(2) 違反地主國外人投資體制；及 (3) 以詐欺手段取得投資。[19] *Metal-Tech* 仲裁庭亦採用相同的清單，認為仲裁聲請人之行賄行為落入該清單之範疇，為非法投資。[20]

（四）非法投資究屬管轄權議題或實體事項

仲裁庭究應於管轄權階段或實體階段審酌投資之合法性，為投資仲裁

---

[15] *Supra* note 7, para. 119.

[16] *Metalpar S.A. and Buen Aire S.A. v. The Argentine Republic*, ICSID Case No. ARB/03/5, Decision on Jurisdiction (April 27, 2006), para. 84.

[17] *Alasdair Ross Anderson et al v. Republic of Costa Rica*, ICSID Case No. ARB(AF)/07/3, Award (May 19, 2010), para. 57.

[18] *Supra* note 13, para. 240.

[19] *Id*. para. 266.

[20] *Supra* note 10, para. 165.

實務中一再出現的問題。*Inceysa* 仲裁庭檢視西班牙—薩爾瓦多 BIT 文本及準備文件，認定合法性條款為管轄權要件。[21] *Phoenix* 仲裁庭則考量行為之外觀，如違法行為相當明顯，即作為管轄權議題；如自表面觀之，違法性並不顯著，則將合法性議題延至實體階段審理。進行此等區分之理由在於追求司法經濟，有效管理仲裁庭之資源。[22]

　　Phoenix 仲裁庭另關注一項問題，即若是在仲裁庭作成管轄權決定後，違反地主國法令之投資方被揭露（例如該案中的「假外資」情況），則仲裁庭應如何處置？如嚴格認定合法性屬管轄權議題，理論上就無法容許地主國在程序後階段提出合法性質疑。*Phoenix* 仲裁庭認為此等結果並不理想，因而認為仲裁庭得於實體階段審酌非法行為；不論其原因是仲裁程序前階段尚不知有投資合法性問題，或是仲裁庭雖然已知悉有此等主張，但認為於實體階段審酌較為適切。

　　關於仲裁庭對非法投資是否存有管轄權，*Malicorp v. Egypt* 案仲裁庭進行詳盡的分析。雖仲裁庭之觀察聚焦在善意原則，然亦可適用於合法性議題。*Malicorp* 仲裁庭檢視過去的仲裁案例，發現部分仲裁庭於管轄權階段審酌善意要求，部分仲裁庭則於實體階段檢視。*Malicorp* 仲裁庭認為，各仲裁庭係依個案情況決定審查路徑。換言之，對於善意原則及合法性議題之處理，*Malicorp* 仲裁庭採用較具彈性之方式。[23]

　　於 *Arif v. Moldova* 一案，[24] 針對究應在管轄權或實體階段審理摩爾多瓦之非法投資異議，仲裁庭考量二項因素：1. 在投資人作成投資後，地主國經過多少時間方提出投資非法之控訴；及 2. 投資人與地主國之行為。仲裁庭認為，當雙方對於投資合法性之承認已歷經一段期間時，地主國以投資非法為由提出管轄權異議將受限制。

---

[21] *Supra* note 4, paras. 142-145, 207.

[22] *Supra* note 8, paras. 102, 104.

[23] *Malicorp Limited v. The Arab Republic of Egypt*, ICSID Case No. ARB/08/18, Award (February 7, 2011), paras. 115, 117, 118-119.

[24] *Franck Charles Arif v. Republic of Moldova*, ICSID Case No. ARB/11/23, Award (April 8, 2013), para. 376.

相較於前述案例，*Niko Resources v. Bangladesh* 案 [25] 仲裁庭區分依 BIT
或契約仲裁條款所提起之仲裁，表示地主國於 BIT 中可限定在滿足一定條
件時方同意將爭端提交仲裁，而契約的仲裁條款乃拘束契約雙方將爭端提付
仲裁之明確協議。因此，*Niko* 仲裁庭認定，在依契約之仲裁條款提起仲裁
之案件中，應於實體階段審酌投資是否欠缺善意。

三、相關投資仲裁案例

（一）*Fraport v. Philippines II*[26]

仲裁聲請人主張，德國一菲律賓 BIT（下稱德菲 BIT）第 1(1) 條（The
term "investment" shall mean any kind of asset accepted in accordance with the
respective laws and regulations of either Contracting Party, and more particularly
...）為准入條款而非合法性要求。仲裁聲請人之投資行為始終符合德菲 BIT
之要求，且依據菲律賓法律屬合法投資行為，並已被菲律賓政府認可，故仲
裁庭應具有管轄權。

菲律賓主張，德菲 BIT 第 1(1) 條為合法性要求，投資人必須遵守地
主國有關投資之法規，而仲裁聲請人之投資違反菲律賓之「反人頭法」
（Anti-Dummy Law，下稱 ADL）。聲請人係投資於一間違反 BOT 法而獲
得特許協議之企業，故聲請人之投資不受德菲 BIT 之保護，仲裁庭因此不
具屬物／事件管轄權。即使德菲 BIT 未明確要求投資行為須符合地主國法
律始有獲得條約保護之資格，仲裁庭亦應以該投資具違法性為由，而認定
其無管轄權。聲請人並引用 *Phoenix Action v. Czech Republic* 案及 *Hamester v.*

[25] *Niko Resources (Bangladesh) Ltd. v. People's Republic of Bangladesh, Bangladesh Petroleum Exploration & Production Company Limited and Bangladesh Oil Gas and Mineral Corporation,* ICSID Case No. ARB/10/11 No. ARB/10/18, Decision on Jurisdiction (August 19, 2013), paras. 469-471.

[26] *Fraport AG Frankfurt Airport Services Worldwide v. The Republic of the Philippines,* ICSID Case No. ARB/11/12, Award (December 10, 2014). 參考本書之案例摘要十。

Ghana 案，認為「針對違反其法律之投資，國家不應被認為同意進入 ICSID 爭端解決機制」。

仲裁庭認為：

1. 德菲 BIT 第 1(1) 條規定：「『投資』係指任何依據締約一方法規所『認可（accepted）』之資產……」任何形式之認可均需遵守地主國法律方為有效，且投資行為亦須遵守地主國法律始得被認可。換言之，德菲 BIT 第 1(1) 條之合理解讀應為：不僅認可程序須符合地主國法律，該投資本身亦應遵循該等法律。

2. 德菲 BIT 其他條款亦確認德菲 BIT 第 1(1) 條之合法性要求。如德菲 BIT 第 2(1) 條規定：「除促進投資外，如第 1(1) 條所規定，各締約國應依據其憲法、法規批准投資。」這些條文再次證明投資行為須符合地主國之法律，始受德菲 BIT 之保護。

3. 過往之多數投資條約案例，如 *Inceysa v. El Salvador* 案亦證實此類條約依據其自身條款或國際法原則（若條約中未有明確條款表明），諸如「清白原則」（Clean Hands Doctrine；或稱「潔手原則」）或具有相同效力之原則，因此不保護違法投資行為。

4. 對條約之善意解釋包含實效性原則（principle of *effet utile*）。仲裁庭認為，「認可」之通常文義包括「接受」（received），故「認可」係指地主國接受投資時（即投資作成時）之時點。因此，系爭文字之使用，將德菲 BIT 中投資認可之範圍限縮為於進行投資時，依據地主國之法規為合法之投資。

5. 仲裁庭亦認為，縱使德菲 BIT 中並未存有明確之合法性要求，考量投資之合法性仍屬適當。且有一逐漸受公認之國際法原則表明，至少於非法行為涉及投資之本質時，系爭投資無法獲得國際法律救濟。

仲裁庭最終認定仲裁聲請人於進行初始投資時即違反 ADL，具有違法性，因而排除於德菲 BIT 所保護之投資之外。本案中不生因投資而產生之法律爭議或分歧，且菲律賓並未同意對聲請人就其投資之主張進行仲裁。因此，仲裁庭認定，依據 ICSID 公約第 25(1) 條及德菲 BIT 第 9 條，仲裁庭對聲請人之主張缺乏管轄權。

（二）*Phoenix Action Ltd. v. Czech Republic*[27]

仲裁庭認為，ICSID 公約第 25 條及以色列—捷克 BIT（下稱以捷 BIT）第 1(1) 條所謂投資，僅限於受 ICSID 保護之投資。而判斷投資是否受 ICSID 保護，應視其是否滿足三項標準：1. *Salini* 測試；2. 遵守地主國法律；且 3. 性質為善意投資。

針對 *Salini* 測試的第 3 點「對地主國之經濟發展有助益」，仲裁庭認為不限於「有獲利」的情況。倘行為開始前已得預測該行為屬經濟活動，或行為人主觀上具備發展經濟活動之意思，則無論該行為最終是否獲利，仍該當投資。且從事投資時，地主國可能會介入，使該投資停擺並導致無法獲利。因地主國介入而致未獲利的投資，仍應受到 ICSID 之保護，不得僅因未獲利或其經濟活動停擺而認為不該當投資。

仲裁庭特別從 ICSID 目的之一：「保護對地主國經濟具有貢獻之國際投資」，檢視該案的投資：1. 性質是否為外國投資；及 2. 是否為了發展經濟而投資。其原因是仲裁庭認為 ICSID 僅適用於外國投資，不及於國內投資，已是國際間之共識。且任何公司都不得僅以獲得 ICSID 管轄權為目的，而改造公司架構。仲裁庭也不接受轉讓理論（assignment theory），即投資人將國內投資所衍生之訴訟權利轉讓給外國人，使該國內投資轉化為外國投資，取得 ICSID 仲裁管轄權。此外，只有當投資人為了發展經濟而投資時，該投資始受 ICSID 機制保護。倘該投資唯一之目的僅在於利用 ICSID，則屬濫用，不應享有 ICSID 之保護。

仲裁聲請人之投資雖然符合 *Salini* 測試且遵守地主國之法律，但卻是基於對地主國提出 ICSID 仲裁之單一目的所為之投資，故非屬善意。仲裁庭認為 ICSID 第 25 條投資之解釋應符合善意原則，並引述 *Inceysa v. El Salvador* 案所闡述：「違反善意原則之投資不得享有國際投資協定之保護」。以詐欺、隱匿、貪污或為了濫用 ICSID 仲裁而為之投資，不應享有 ICSID 之保護。

---

[27] *Supra* note 8.

倘任一國內存有法律爭議之公司得藉由移轉其股份予外國公司，並由該外國公司按照 BIT 向 ICSID 請求交付仲裁，使該國內法律爭議進入 ICSID 仲裁，則 ICSID 之管轄權規定將形同具文。仲裁庭為了避免 ICSID 及 BIT 遭到濫用，認定系爭投資非善意投資，仲裁庭無管轄權，以防止未來更多濫用 ICSID 仲裁之情形。

（三）*Tokios Tokelés v. Ukraine*[28]

本案關於管轄權的仲裁決定（Decision on Jurisdiction）中，仲裁庭檢視聲請人是否依烏克蘭法規進行投資。

烏克蘭政府主張仲裁聲請人未在烏克蘭進行立陶宛—烏克蘭 BIT（1994）（下稱立烏 BIT）所定義之投資，因為聲請人未證明其擁有足夠的資金進行 Taki spravy 之初始投資，亦未證明資金來自烏克蘭境外。其次，縱使認定聲請人已在烏克蘭投資，然聲請人並非依據烏克蘭法律（in accordance with Ukrainian law）進行該等投資。

仲裁庭認為：

1. ICSID 公約並未定義投資。如同法人國籍，締約方有廣大的裁量權決定願意提付仲裁之投資種類，此等裁量權之行使即顯現在立烏 BIT 中。立烏 BIT 中第 1(1) 條定義「投資」為：「締約一方投資人在締約他方領域內依據締約他方之法規投資之各種資產……」立烏 BIT 使用廣泛之投資定義，係多數當代 BIT 所使用之典型定義，其並未要求投資人進行投資所使用的資金必須源自立陶宛（即投資人母國），或該等資金不得源自烏克蘭（即地主國）。烏克蘭所述之資金來源要求，與立烏 BIT 欲提供投資人及其投資廣泛保護之目的及宗旨不一致。

2. 立烏 BIT 第 1(1) 條依地主國法規進行投資之要求，乃現代 BIT 中常見之要求。*Salini Costruttori S.p.A.* 案仲裁庭已闡釋此等條款之目的，目的即

---

[28] *Tokios Tokelés v. Ukraine*, ICSID Case No. ARB/02/18, Decision on Jurisdiction (April 29, 2004). 參考本書之案例摘要三十三。

在避免BIT對非法投資提供保障。[29]仲裁庭表示，烏克蘭並未控訴聲請人之投資及商業活動本身（*per se*）違法，烏克蘭主管機關已在1994年將聲請人之子公司註冊為有效企業，相關登錄已顯示聲請人係依烏克蘭法規進行投資。

---

[29] *Salini Costruttori S.p.A and Italstrade S.p.A v. Kingdom of Morocco*, Case No. ARB/00/4, Decision on Jurisdiction (July 23, 2001), 42 I.L.M. 609 (2003), para. 46. 參考本書之案例摘要二十八。

第六章　投資人之定義

一、基本概念

　　在傳統國際法下，當一國違反國際法（包括習慣國際法及條約）侵害外國人權益時，僅能由該外國人的母國以外交保護爲基礎，透過外交管道或是國際法院主張「國家」的權利。在此機制及程序中，主張權利的母國通常不需要證明它的國家地位（statehood）；至多檢視外交承認及是否爲國際組織成員（以利用國際法院）。

　　相對地，在現代國際投資法架構下，外國投資人可以根據母國與地主國簽訂之 IIA 主張實體權利，並且透過投資仲裁直接對地主國請求救濟。在此機制及程序中，應訴的地主國，通常會先質疑前來主張權利的私人，是否符合 IIA 下之「投資人」定義；若否，則跟投資定義、投資合法性問題一樣，會影響投資仲裁庭之管轄權，甚至無法進入實體問題的審理。

　　按本書在其他章節常使用的概念，投資人的身分在進行投資之初（也就是招商階段）被審查的重點，與發生爭端時（也就是爭訟階段）根據 IIA 及相關法律進行的定義檢視，兩者迥然不同。在招商階段，地主國所注重的，通常是投資人的技術（是否爲該國所需要、是否貢獻經濟發展）、財務（是否注入資金、是否涉及洗錢等來源問題）、所創造的就業機會、可能造成的環境衝擊等。至於投資人的自然人國籍（包括雙重或多重國籍）或是法人的國籍（包括設立地、主事務所地、多重控股架構），只要不涉及地主國所欲排除的國家，通常不會嚴格深究，當然也不必檢視該自然人或法人是否符合地主國所簽訂 IIA 中關於投資人的定義。

　　惟一旦發生爭端，地主國一定會嚴格檢視投資人是否符合 IIA 之定義，也會在投資仲裁程序中要求仲裁庭採納其抗辯主張；即便地主國在先前毫不計較地（究竟是從哪一國來的）歡迎該投資人，甚至以投資優惠吸引之。因此，投資人定義不僅是多數仲裁庭都必須審視的爭點，而且是任何可能引

用 IIA 主張其權利的投資人，在投資規劃選址階段、建立控股架構階段、設立進入階段、境內外股權調整階段、併購重組階段等，都必須一再自我檢視。否則投資人自以為已經依照地主國法令展開投資，但卻在日後主張 IIA 權利時，被認定為不符合 IIA 之投資人定義。

在檢視 IIA 下的投資人定義時，有幾個層面值得注意：

（一）「法人」的特別涵義

每個國家依其國內法，定義何為法人並賦予法人人格，作為獨立的權利義務主體。所以，法人原本就是依據各國國內法所產生的法律人格，只能在該國主權範圍內主張其權利義務；至於在其他國家的管轄範圍內是否也具備法律人格，就要看其他國家的法令或所簽訂之國際條約協定。

因此，當 IIA 定義「法人」時，其基本目的是處理「非自然人」類的投資人範圍，而不是在創設、賦予法律人格。但由於「非自然人」一詞比較罕用，所以 IIA 常使用的名詞包括：法人（juridical person，例如 ICSID 公約第25條）、企業（enterprise，例如台日投資保障協議第2條）等，不一而足。

即便 IIA 有各種不同的「法人」用語，其條文內容倒是有高度相似度，就是在該名詞之下以例示方式，臚列各種應該被當作法人的組織，例如台日投資保障協議第 2(2) 條規定，「投資人」係指下列試圖、正在進行或已於他方領域內投資之一方自然人或事業；而「事業」（enterprise）係指依台灣（日本）法規所設立或組成之法人或其他任何實體，不論其是否以營利為目的，或為私人所有，並包括任何公司、信託、合夥、獨資、合資、社團、組織或群體。

這樣的規範方式，印證上述所稱的 IIA 下法人定義的「特別涵義」。以上述台日投資保障協議為例，台灣法令並不賦予信託、合夥、獨資、組織或群體獨立法人格，但若這些「事業」的確是依據日本法律設立或組成，那麼它們在台灣進行投資時，就符合台日投資保障協議的投資人定義。

理論上還可能有一個問題：若是設立地（母國）針對某一實體（例如上述的「群體」）僅給予登記，但並未賦予法人格，地主國是否還應承認其 IIA 之下的投資人資格？目前還沒有相關案例，尚無法確認。

（二）「國籍」認定的複雜性

IIA 下投資人定義雖然涉及「國籍」，但卻跟一般定義個人或法人的國籍有差別，原因是國際投資原本就是變化多端、與時俱進的商業活動。

過往的投資仲裁案例顯示，當一個自然人／法人的母國 A 國未與地主國 B 國簽署 IIA，或者是為取得 B 國與 C 國間保障程度更高的 IIA 保護時，常會透過控股架構規劃，在 C 國設立法人，進而以 C 國法人名義赴 A 國投資。更有甚者，實務上也常出現 B 國國民／法人為取得 B 國與 C 國間之 IIA 保障，先至 C 國設立法人後，再以 C 國法人名義回到 A 國投資。

正因為國際投資仲裁中的地主國往往會在投資爭議出現時主張，雖仲裁聲請人在名義上為 IIA 締約方之法人，然實質上是受地主國或第三國之國民／法人控制，試圖「否定」仲裁聲請人為投資協定的「投資人」，進而主張仲裁庭沒有管轄權。而當聲請人為自然人時，地主國亦常主張，聲請人擁有地主國國籍，或指稱聲請人擁有雙重國籍，依主要及有效國籍之要求（a requirement of dominant and effective nationality），並非締約一方之投資人，請求仲裁庭認定無管轄權。

根據投資仲裁實務涉及「國籍」問題之案例，仲裁庭原則上會依 IIA 投資人定義條款之文字，根據個案事實，認定聲請人是否為受投資協定保障之投資人、是否具當事人適格。

二、國際投資法之規範

（一）ICSID公約及IIA中的投資人定義條款

ICSID 公約第 25(1) 條規定，ICSID 中心之管轄權及於締約一方與其他締約方「國民」間、任何直接因投資而生之爭端。[1] 第 25(2) 條進而規定符合

---

[1]　Article 25 (1), ICSID Convention: The jurisdiction of the Centre shall extend to any legal dispute arising directly out of an investment, between a Contracting State (or any constituent subdivision or agency of a Contracting State designated to the Centre by that State) and a national of another Contracting State, which the parties to the dispute consent in writing to

何等要件之「自然人」及「法人」可被認定爲是其他締約方「國民」。[2] IIA之締約國亦在投資協定中定義其所欲保護的投資人，包括「自然人」及「法人」。近來更有 IIA 透過投資人定義條款將投資協定適用範圍擴及於投資設立前階段（pre-establishment investments），透過這種方式將試圖進行（attempt to make）或正進行（is making）投資之投資人納入保護範圍，以強化投資人在投資探索階段之法律地位。

1. 自然人

ICSID 公約第 25(2)(a) 條規定，[3] 其他締約方「國民」，係指在爭端雙方同意將爭端提付仲裁日及在 ICSID 中心秘書長登錄仲裁請求之日、擁有爭端締約方以外之締約一方「國籍」之任何「自然人」。

多數 IIA 即透過援引締約方關於國籍之內國法，定義屬於該締約方投資人之自然人，例如：2012 US Model BIT 第 1 條規定，投資人係指締約一方之「國民」，而美國之「國民」係指移民與國籍法第 3 章所定義之美國國民之自然人。

國籍爲各國國內管轄範圍，國家依據其歷史文化及政治制度等因素設定

---

submit to the Centre. When the parties have given their consent, no party may withdraw its consent unilaterally.

[2]　Article 25(2), ICSID Convention: "National of another Contracting State" means:

(a) any natural person who had the nationality of a Contracting State other than the State party to the dispute on the date on which the parties consented to submit such dispute to conciliation or arbitration as well as on the date on which the request was registered pursuant to paragraph (3) of Article 28 or paragraph (3) of Article 36, but does not include any person who on either date also had the nationality of the Contracting State party to the dispute; and

(b) any juridical person which had the nationality of a Contracting State other than the State party to the dispute on the date on which the parties consented to submit such dispute to conciliation or arbitration and any juridical person which had the nationality of the Contracting State party to the dispute on that date and which, because of foreign control, the parties have agreed should be treated as a national of another Contracting State for the purposes of this Convention.

[3]　*Id.*

國籍得喪變更之規範，則在國際投資仲裁程序中，仲裁庭可否認定仲裁聲請人之國籍呢？一般認為仲裁庭有權審認聲請人之國籍，以確認其是否擁有母國「國籍」而為 IIA 定義之投資人，進而認定仲裁庭有無屬人管轄權。

此外，如上所述，地主國常於仲裁程序中提出異議，主張聲請人除擁有 IIA 締約他方之國籍外，另擁有第三國之國籍，具雙重國籍，依主要及有效國籍之要求，聲請人並非締約他方之投資人，請求仲裁庭認定無管轄權。

就此問題，因 ICSID 公約並未排除雙重國籍人提出控訴，凡聲請人符合 IIA 中之投資人定義、擁有 ICSID 公約締約國之國籍，且不具相對人國籍時，仲裁庭即具管轄權。亦即，仲裁庭無須認定投資人與母國之關係是否緊密，蓋 ICSID 公約下並無主要及有效國籍測試之要求。

然而，IIA 締約方可自由決定是否在國籍認定上適用額外的標準，例如：2012 US Model BIT 第 1 條即規定，當自然人擁有雙重國籍時，應被完全視為是其主要及有效國籍之國家之國民（a natural person who is a dual national shall be deemed to be exclusively a national of the State of his or her dominant and effective nationality）。

2. 法人

ICSID 公約第 25(2)(b) 條規定，[4] 其他締約方「國民」係指：(1) 在爭端雙方同意將爭端提付仲裁日、擁有爭端締約方以外之締約一方「國籍」之任何「法人」；及 (2) 在爭端雙方同意將爭端提付仲裁日擁有爭端締約方國籍之「法人」，因受外國人控制，爭端雙方已同意應將其視為是另一締約方之國民。

ICSID 公約僅規定 ICSID 中心管轄權之外部界限（outer limits），並未定義「國籍」，公約起草者保留廣泛之裁量自由，由 IIA 締約方自行決定國籍認定標準。目前 IIA 對於法人國籍之認定標準主要有下列三項，部分 IIA 僅納入一項標準，部分 IIA 則採用數項標準：

(1) **設立準據法主義**（place of incorporation）：以法人所據以設立的法

---

[4]　*Id.*

律決定其國籍，優點爲簡明清楚。例如：2012 US Model BIT 第 1 條規定，投資人係指締約一方之「企業」（enterprise），而「企業」係指任何依據適用法律設立或組成之實體，不論是否營利、不論是由私人或政府所有或控制，包括公司、信託、合夥、獨資、合資、協會或類似的組織，及企業之分支機構。

(2) 企業眞實所在地主義（location of the company's seat/real seat or principal place of business）：採實質認定原則，以法人住所地作爲國籍認定標準。法人住所地又可分爲「主事務所所在地」及「業務中心所在地」兩種不同的判斷標準，其缺點在於主事務所所在地有登載不實的可能，而業務中心所在地則存有認定困難的問題。

(3) 控制主義（ownership or control）：以實質控制或擁有該法人的自然人國籍，作爲企業國籍認定標準。然而，在實際認定上非常困難，尤其在大公司股權相當分散的情形下。

於實際個案發生時，地主國常主張提出仲裁請求之法人實際上爲地主國國民或第三國國民所擁有，要求仲裁庭以最終控制（ultimate control）爲基礎決定法人國籍。一般而言，除非有拒絕授予利益（denial of benefit）條款之適用、權利濫用等情事，仲裁庭原則上均駁回此等請求，凡法人之國籍符合 ICSID 公約及 IIA 之規範，即屬適格之聲請人

（二）受「外國人控制」之地主國法人

依 ICSID 公約第 25(1) 條，ICSID 之管轄權原不及於爭端締約方與爭端締約方國民間之爭端，即便爭端雙方明示同意仲裁。然而，ICSID 公約第 25(2)(b) 條第 2 段規定：「……擁有爭端締約方（地主國）國籍之法人，因受外國人控制，爭端雙方已同意應將其視爲是另一締約方之國民」，擴張「另一締約方法人」之範疇。其中，「外國人控制」（foreign control）之意義爲何？ICSID 公約之起草文件及數個 ICSID 仲裁庭曾討論此議題。

Vacuum Salt v. Ghana 爲 ICSID 仲裁庭以欠缺屬人管轄權爲由駁回之第一個案件。該案仲裁聲請人係依迦納法律設立之法人，20% 股權由居住於迦納之希臘國民 Panagotopulos 持有。聲請人控訴其鹽礦開發之契約權被徵

收，依 1988 年租賃契約提起仲裁，主張該契約含有雙方提交 ICSID 仲裁之書面同意，及同意將該迦納企業視爲是外國公司。

Vacuum Salt 仲裁庭表示，「爭端雙方同意將聲請人視爲是外國法人」依法（*ipso jure*）並未授予仲裁庭管轄權，ICSID 公約第 25(2)(b) 條之「外國人控制」爲一項客觀限制，如不符合「外國人控制」要件，ICSID 仲裁庭即無管轄權，爭端雙方並非可自由地合意將地主國之公司視爲是外國國民；而「爭端雙方就外國國籍之合意」則爲主觀判準，二者獨立判斷。*Vacuum Salt* 仲裁庭綜合相關事證，認定 Panagotopulos 僅爲少數股東，其對於 Vacuum Salt 之管理無重大影響力，並未存有 ICSID 公約規定之「外國人控制」，故而認定對該案無管轄權。[5]

由 ICSID 公約起草文件可知，公約未定義「外國人控制」之目的在於保留彈性。仲裁庭得依個案情況，綜合分析外國人擁有地主國法律實體股權之多寡、董事會席次、是否實質控制人事、財務或業務經營、有無對特定事項具否決權之特別股等因素，以判斷是否滿足「外國人控制」要件。

（三）控股架構規劃

實務上，投資人爲獲取最佳利益，通常透過控股架構規劃及公司重組（corporate restructuring），在特定 IIA 締約方之領域內設立法人，而後透過該法人持有最終投資地之投資，進而獲得 IIA 保護。一般而言，投資人無法僅透過公司重組即取得 IIA 之保護，蓋多數 IIA 就管轄權設有其他額外要件，例如歐盟—新加坡投資保護協定、歐盟—越南投資保護協定等協定即規定締約一方之法人在其設立地須有實質營運活動。

此外，IIA 常設有拒絕授予利益條款，如締約一方之法人在該締約方領域內無「實質商業活動」，且爲第三國投資人「所有或控制」（own or control），則地主國保留拒絕將條約利益授予該法人之權利，例如：2012 US Model BIT 第 17.2 條、USMCA 投資章第 14.14 條、2009 年 ASEAN 全

5　*Vacuum Salt Products Ltd. v. Republic of Ghana*, ICSID Case No. ARB/92/1, Award (February 16, 1994), paras. 36-38, 53-54.

面投資協定第 19.1 條。基於主張者負舉證責任之原則，地主國如欲適用拒絕授予利益條款，需證明相關要件已滿足。仲裁庭通常會綜合考量締約一方之法人在設立登記地有無固定營業場所、有無開設銀行帳戶、是否繳納稅捐予該締約方政府、是否雇用員工於當地實際經營業務等因素，以認定是否符合「實質商業活動」要件。關於「所有或控制」一詞，多數 IIA 並未加以定義，投資仲裁實務就該詞彙多採廣義解釋，認為「所有」包括「間接所有」，「控制」包含事實上控制，例如：對法人之營運及董事之選任具實質影響力。

（四）法人之私有性

ICSID 公約及 IIA 所保障之法人是否限於「私有」法人？而不及於國有企業？近來多數 IIA 均規定，「法人」係指依法組織之實體，無論是私人所有或政府所有或控制（whether privately-owned or governmentally-owned or controlled），例如：2012 US Model BIT、USMCA 第 1.4 條等美系協定；歐盟─新加坡投資保護協定、歐盟─越南投資保護協定等歐系協定，均採取此規範模式。我國近來簽署之協定亦是如此，例如：台菲投資保障及促進協定、台星經濟夥伴協定投資章。

投資仲裁實務中亦曾討論此議題，*Beijing Urban Construction Group Co. Ltd. v. Republic of Yemen* 一案仲裁庭在管轄權決定中，採用 ICSID 公約主要起草者及 ICSID 首位秘書長 Aron Broches 在 1972 年提出之功能測試（functional test），認為除非國有企業作為政府之代理人或履行政府職能，否則國有企業應屬 ICSID 公約第 25 條之締約一方之投資人，進而認定中國國有企業北京城建集團有限責任公司係以一般契約當事人之角色參與公開投標，駁回葉門之屬人管轄權異議。[6] 換言之，仲裁庭亦非以私有抑或國有作為認定投資企業是否為 IIA 之投資人。

---

[6] *Beijing Urban Construction Group Co. Ltd. v. Republic of Yemen*, *infra* note 25, paras. 33, 39-40, 42-47.

（五）當事人適格

自然人或法人欲依 IIA 提起仲裁，除需滿足 IIA 之投資人定義外，尚應符合 IIA 所規定之當事人適格要件；亦即，就具體的案件，可以以其自己的名義作為聲請人之一種資格。例如：CPTPP 投資章第 9.19 條規定，在符合爭端雙方友好協商不成等要件之前提下，投資人得代表其自身（on its own behalf）或代表其直接或間接擁有或控制之地主國之法人（on behalf of an enterprise of the respondent that is a juridical person that the claimant owns or controls directly or indirectly），提起仲裁。[7]

此種規範方式，是近代 IIA 針對傳統國際法案例顯現的權利主張障礙，所作的一大突破。例如在 *Barcelona Traction* 案中，[8] 於西班牙進行電廠投資之投資人係來自加拿大，但是當西班牙政府採取的措施影響該投資權益時，加拿大政府不願意在國際法院對西班牙提起訴訟。另一方面，比利時政府欲代表其國民（即上述加拿大投資公司之股東）對西班牙提起訴訟時，國際法院卻以比利時不具適格當事人之地位（lack of *jus standi* (standing)）駁回其訴訟。國際法院於該案中基於「一般法律原則」[9]之國際法法源，探討主

---

[7] Article 9.19, Comprehensive and Progressive Agreement for Trans-Pacific Partnership: Submission of a Claim to Arbitration

　1. If an investment dispute has not been resolved within six months of the receipt by the respondent of a written request for consultations pursuant to Article 9.18.2 (Consultation and Negotiation):

　　(a) the claimant, on its own behalf, may submit to arbitration under this Section a claim ... ; and

　　(b) the claimant, on behalf of an enterprise of the respondent that is a juridical person that the claimant owns or controls directly or indirectly, may submit to arbitration under this Section a claim ...

[8] *Barcelona Traction, Light and Power Co., Ltd. (Belg. v. Spain)*, 1970 I.C.J. 3 (February 5), para. 58 ("*Barcelona Traction*").

[9] Article 38, Statute of International Court of Justice:

　1. The Court, whose function is to decide in accordance with international law such disputes as are submitted to it, shall apply: ... c. the general principles of law recognized by civilized nations ....

要國家之公司法法制，認為股東權利屬於「間接權利」（indirect rights），不能直接代表公司行使公司權利，也不符合揭穿公司面紗（piercing the corporate veil）原則之情況。

在投資仲裁實務上，亦曾發生相對人主張聲請人不具當事人適格之案件，參考後述 *Mondev v. United States* 一案。[10]

值得注意的是，這個問題跟若干 IIA 對於「投資人」及「投資」的實體保障條款（例如待遇標準）分別規定的條文，不應混淆。例如 US Model BIT 在國民待遇、最惠國待遇及最低待遇標準條文上，都將「投資人」及「投資」兩者分別並立。[11] 其目的是擴大保護的範圍，使地主國的措施不論是針對投資人或是投資標的所為，都應該符合 IIA 之義務，違反之則可能導致爭端及投資仲裁之啟動。

由於投資人在地主國設立的獨立子公司也是「投資」定義下所包含之資產，所以上述的規範方式乍看之下好似賦予該子公司有獨立提起投資仲裁之地位（當事人適格）。但嚴格來說，不能得出此種推論，因為除非地主國同意〔例如前述（二）所討論之 ICSID 公約第 25(2)(b) 條第 2 段〕，否則投資人在地主國成立的子公司對地主國提起投資仲裁，形同「內國法爭議國際化」，違反簽訂 IIA 之目的。這就是 *Mondev* 一案中關於 NAFTA 第 1117(4) 條之適用問題。

---

[10] *Mondev International Ltd. v. United States of America*, ICSID Case No. ARB (AF)/99/2, Award (October 11, 2002). 參考本書之案例摘要十七。

[11] 例如 2012 US Model BIT Article 3: National Treatment

    1. Each Party shall accord to investors of the other Party treatment no less favorable than that it accords, in like circumstances, to its own investors with respect to the establishment, acquisition, expansion, management, conduct, operation, and sale or other disposition of investments in its territory.

    2. Each Party shall accord to covered investments treatment no less favorable than that it accords, in like circumstances, to investments in its territory of its own investors with respect to the establishment, acquisition, expansion, management, conduct, operation, and sale or other disposition of investments.

三、相關投資仲裁案例

（一）Soufraki v. UAE[12]

於 *Soufraki v. UAE* 一案，Soufraki 聲稱其為義大利國民，得依義大利—阿拉伯聯合大公國（UAE）BIT 提起仲裁。Soufraki 並提出義大利護照影本、國籍證明及義大利外交部之信函等數項官方文件，以此證明其主張。仲裁庭表示，依據 ICSID 公約第 41 條，仲裁庭為管轄權有無之審判者，因而有權決定聲請人是否符合國籍要求。仲裁庭應依國籍爭議之標的國家的國內法認定自然人之國籍，且適用時應依循標的國家內國法院及其他機關適用該國內法之方式。仲裁庭依義大利法令，認定 Soufraki 於1991 年取得加拿大公民身分後即喪失義大利國籍。仲裁庭認為，Soufraki 所提出之官方文件確可作為表面證據，而應給予適當的重視，但此並不排除文件內容變動之可能。*Soufraki* 案之專門委員會（Ad Hoc Committee on the Application for Annulment）更表示，仲裁庭於認定國籍時，並不受該等官方文件拘束。[13]

Soufraki v. UAE 一案仲裁判斷在自然人之「國籍認定依據」、「仲裁庭認定國籍權限」及「官方文件之證明價值」等三個議題上，確認重要的裁決原則，而廣受後續 *Siag v. Egypt*、*Micula v. Romania* 等仲裁庭援用。[14]

---

[12] *Hussein Nuaman Soufraki v. United Arab Emirates*, ICSID Case No. ARB/02/7, Award (July 7, 2004), paras. 14, 55, 63, 66-68, 81. 參考本書之案例摘要十一。

[13] *Hussein Nuaman Soufraki v. United Arab Emirates*, ICSID Case No. ARB/02/7, Decision of the *Ad Hoc* Committee on the Application for Annulment of Mr. Soufraki (June 5, 2007), para. 64.

[14] *Waguih Elie George Siag and Clorinda Vecchi v. The Arab Republic of Egypt*, ICSID Case No. ARB/05/15, Decision on Jurisdiction (April 11, 2007), para. 143; *Ioan Micula, Viorel Micula, S.C. European Food S.A, S.C. Starmill S.R.L. and S.C. Multipack S.R.L. v. Romania [I]*, ICSID Case No. ARB/05/20, Decision on Jurisdiction and Admissibility (September 24, 2008), para. 86.

（二）*Tokios Tokeles v. Ukraine*[15]

在傳統國際法領域中，於認定國家是否可對企業提供外交保護時，通常必須先討論法人國籍問題。國際法院於 *Barcelona Traction* 一案[16]依循長久以來的實踐，依法人設立地法律及主事務所所在地認定國籍，拒絕揭穿公司面紗。而在國際投資仲裁中，ICSID 仲裁庭原則上依循 IIA 之規定認定國籍，IIA 在法人國籍認定上亦多採設立準據法主義或企業眞實所在地主義。然而，當法人擁有締約一方之國籍，但其最終擁有、控制者爲地主國之國民時，在投資爭端之管轄權認定階段即產生諸多爭議。

Tokios Tokeles v. Ukraine 一案是 ICSID 仲裁庭首次處理 A 國（烏克蘭）與 A 國國民所控制之 B 國（立陶宛）公司間之爭端。

Tokios Tokeles 係在立陶宛設立之公司，烏克蘭提出管轄權異議，主張該公司 99% 之已發行股份爲烏克蘭國民所有，管理階層有三分之二爲烏克蘭國民，且在立陶宛無實質商業活動，主事務所仍位於烏克蘭。在經濟實質上，Tokios Tokeles 爲在立陶宛之烏克蘭投資人，而非在烏克蘭之立陶宛投資人。如仲裁庭認定對本案有管轄權，將等同允許烏克蘭國民對自己的政府提起國際仲裁，此與 ICSID 公約之目的及宗旨不符。烏克蘭請求仲裁庭揭穿公司面紗，忽略聲請人之設立地，以主要股東及管理者之國籍決定聲請人之國籍。

該案仲裁庭之多數意見認爲，ICSID 公約第 25(2)(b) 條之目的在表明外部界限，在該界限內，經爭端當事人同意，得將爭端提付調解或仲裁。因此，就國籍之意義及與調解或仲裁條款相關之任何國籍規定，應給予當事人基於合理標準達成合意之最大可能空間。[17]仲裁庭並援用 Christoph H.

---

[15] *Tokios Tokelés v. Ukraine*, ICSID Case No. ARB/02/18, Decision on Jurisdiction (April 29, 2004). 參考本書之案例摘要三十三。

[16] *Supra* note 9.

[17] *See* Aron Broches, "The Convention on the Settlement of Investment Disputes between States and Nationals of Other States," 136 RECUEIL DES COURS 331, 361; *see also* C.F. Amerasinghe, "Interpretation of Article 25(2)(B) of the ICSID Convention," in International

Schreuer 教授之見解，認為在 BIT 之特定文本中，締約方享有定義法人國籍之廣泛裁量權；是否符合 ICSID 公約第 25(2)(b) 條國籍要求之決定，由內國立法或協定中之法人國籍定義控制。[18]因此，仲裁庭多數意見聚焦在1994年立陶宛—烏克蘭 BIT 第 (2)(b) 條之投資人定義：「依立陶宛法規，在立陶宛共和國設立（established）之任何實體（entity）」，認定 Tokios Tokeles 係依立陶宛法規，以穩固之基礎設立、真實合法存在之實體，屬立陶宛籍投資人。多數意見並表示，系爭 BIT 之目的及宗旨為提供投資人及其投資廣泛之保護，不應以控制測試（control-test）限制第(2)(b)條「投資人」之範圍。[19]

　　然而，該案主任仲裁人 Prosper Weil 教授則有不同意見，ICSID 公約決定 ICSID 管轄權，在 ICSID 管轄權之界限內，BIT 締約方得在 BIT 中，定義其等同意提付 ICSID 仲裁之爭端。因此，在檢視個案事實是否符合 BIT 定義之前，應先審查是否落入 ICSID 公約之管轄權界限。Weil 教授表示，透過揭穿公司面紗，該爭端實際上存在於烏克蘭與烏克蘭投資人間，而 ICSID 公約之目的在於解決國家與外國投資人間之爭端，因此該案無 ICSID 公約之適用。Weil 教授認為，ICSID 公約第二章界定公約適用之界限，為 ICSID 體系之基石，BIT 條款必須在界限內解釋及適用。不可能無條件地將決定 ICSID 公約適用範圍之任務留給 BIT 締約方，如完全交由締約方裁量，將使 ICSID 公約第二章成為純粹的任擇條款（purely optional clause），摧毀 ICSID 體系。[20]

　　在後續之投資仲裁案件及學者文獻中，多就 *Tokios Tokeles* 一案之多數意見及不同意見進行討論。*Rompetrol v. Romania* 等案件援用該案之多數意

Arbitration in the 21ST Century: Towards "Judicialization" and Uniformity 223, 232 (R. Lillich and C. Brower eds. 1993).

[18] Christoph H. Schreuer, The ICSID Convention: A Commentary, at 286 (2001).

[19] *Tokios Tokelés v. Ukraine*, s*upra* note 15, paras. 24-26, 28-31, 33-34, 36, 38, 40, 42-47, 52-56, 66, 71.

[20] *Tokios Tokelés v. Ukraine*, ICSID Case No. ARB/02/18, Dissenting Opinion (April 29, 2004), paras. 5-6, 10, 14, 16, 19-23, 28-29.

見，[21] 然 *TSA v. Argentina*、*Venoklim v. Venezuela* 等案件則呼應 Weil 教授之見解。[22] 在 *TSA* 案中，TSA 為依阿根廷法律設立之公司，乃荷蘭籍企業 TSI 之全資子公司，仲裁庭多數意見遂依 ICSID 公約第 25(2)(b) 條第 2 段，透過揭穿公司面紗認定 TSA 在客觀上是否由「外國人控制」。因 TSI 並未實質控制 TSA，實際上是由阿根廷國民主掌投資，故仲裁庭認定就該案無管轄權。[23] Abi-Saab 教授在 *TSA* 案協同意見書中試圖合理化 ICSID 仲裁庭對於投資人國籍認定之歧異，其表示不同的個案呈現不同的事實背景、適用不同的BIT，因此產生不同之裁決結果。[24]

隨著企業跨國投資架構日趨複雜，類似的案例在未來的仲裁實務中可能更常出現，由過往單一案件即出現多數意見、協同意見及不同意見之事實，可推測仲裁庭將就個案事實進行更多的思辨，欲建立國籍認定之單一路徑恐如同追逐彩虹。可預期的是，仲裁庭無論如何均本於 IIA 或內國法規作出裁決，IIA 締約方可透過形塑協定文字決定屬人管轄權之範圍。

（三）*BUCG v. Yemen*[25]

葉門民航及氣象機關（Civil Aviation and Meteorology Authority，下稱CAMA）於 2002 年 3 月 14 日啟動沙那國際機場專案（下稱機場專案）第一階段，目的在改善機場設施。與本案相關之第二階段始於新國際航廈興建承包商之遴選標案；該案由北京城建集團有限責任公司（Beijing Urban

---

[21] *The Rompetrol Group N.V. v. Romania*, ICSID Case No. ARB/06/3, Decision on Respondent's Preliminary Objections on Jurisdiction and Admissibility (April 18, 2008), para. 83.

[22] *TSA Spectrum de Argentina S.A. v. Argentine Republic*, ICSID Case No. ARB/05/5, Award (December 19, 2008), paras. 139, 144-146, 152; *Venoklim Holding B.V. v. Bolivarian Republic of Venezuela*, ICSID Case No. ARB/12/22, Award (April 3, 2015), para. 154.

[23] *TSA Spectrum de Argentina S.A. v. Argentine Republic*, ICSID Case No. ARB/05/5, Award (December 19, 2008), paras. 124, 162.

[24] *TSA Spectrum de Argentina S.A. v. Argentine Republic*, ICSID Case No. ARB/05/5, Concurring Opinion of Arbitrator Georges Abi-Saab (December 19, 2008), para. 11.

[25] *Beijing Urban Construction Group Co. Ltd. v. Republic of Yemen*, Decision on Jurisdiction, ICSID Case No. ARB/14/30 (May 31, 2017). 參考本書之案例摘要三。

Construction Group Co. Ltd.，下稱北京城建）得標，並於 2006 年 2 月 28 日與 CAMA 簽署機場航廈營建契約（下稱系爭契約）。北京城建控訴，葉門於 2009 年 7 月以軍隊及安全部門襲擊及拘留其員工，並強行拒絕其進入專案場址，非法剝奪其投資。

葉門政府主張，北京城建並非 ICSID 公約第 25(1) 條之「其他締約方國民」，仲裁庭無管轄權。因北京城建為國有企業，為中國政府之代理人且履行政府職能，即便其在外觀上是商業企業。葉門政府援引國際法委員會國家責任草案（the International Law Commission's Draft Articles on State Responsibility）第 5 條：「個人或實體非屬第 4 條所規定之國家機關，然依國家法律賦予其實施政府權限，若此等個人或實體在特定案例（in the particular instance）中行使此職能，該個人或實體之行為應被視為國際法下國家之行為。」中國政府為北京城建營運、管理及決策之最終決定者，依 ICSID 公約第 25(1) 條，仲裁庭欠缺地主國與他國國民爭端之管轄權。

仲裁庭表示，爭端雙方同意採用 ICSID 公約主要起草者及 ICSID 首位秘書長 Aron Broches 在 1972 年提出之功能測試（functional test）：「在今日的世界中，以資金來源為基礎區分私人及公共投資之典型已不再有意義……許多公司之資金來自私部門及政府，公司之所有股份均由政府持有，然而，在其法律特性及活動上，實際上與完全由私人擁有之企業並無差異。因此，基於公約之目的，混合經濟公司（mixed economy company）或政府擁有之公司不應被認定為非其他締約方之國民，除非其作為政府之代理人或履行實質政府職能。」（下稱 Broches 測試）。

本案仲裁庭援用 *Ceskoslovenska Obchodini Banka A.S. v. The Slovak Republic* 仲裁庭之見解：「在決定 CSOB 是否實施政府職能，應聚焦在該等活動之本質，而非其目的。無疑地，CSOB 在代表國家促進或執行國際銀行交易及外人商業營運時，係促進政府政策或國家之目的，惟其活動本質具商業性，而非政治性。」[26]

---

[26] *Ceskoslovenska Obchodini Banka A.S. v. The Slovak Republic*, ICSID Case No. ARB/97/4, Decision on Objections to Jurisdiction (May 24, 1999), para. 20.

　　據此，仲裁庭認定相關證據並未證明北京城建於興建葉門機場航廈時，其為中國之代理人。相反地，北京城建係以一般承包商之角色參與機場專案之公開招標，與其他投標者競爭，北京城建因其商業價值而得標。且據相對人所稱，系爭契約之終止並非出於與中國決定或政策相關之原因，而是因北京城建未能以符合商業可接受之標準履行商業服務。

　　仲裁庭認為，中國為北京城建最終決策者之主張與沙那機場專案之事實間關係甚遠，如前所述，應將焦點放在北京城建於特定案例中之職能，在機場專案中，北京城建並未行使政府職能。因此，仲裁庭認定，北京城建並未在葉門主權領域內履行中國政府職能。也因此，仲裁庭駁回相對人之屬人管轄權異議。

（四）*Mondev v. United States*[27]

　　加拿大公司 Mondev 在美國麻州設立有限合夥 Lafayette Place Associates（下稱 LPA），由 LPA 與波士頓市及波士頓更新局（Boston Redevelopment Authority，下稱 BRA）簽署開發契約，其中包含市政府拆除舊有 Hayward Place Garage 後，LPA 購買 Hayward Parcel 的選擇權。

　　LPA 於 1992 年 3 月在麻州高等法院對波士頓市及 BRA 提起訴訟，指控被告惡意（in bad faith）阻撓原告行使選擇權。陪審團作出有利於 LPA 之裁決，承審法官維持陪審團認定波士頓市違反系爭契約之裁決，然關於 BRA 之部分，則以麻州州法就故意侵權行為訴訟給予 BRA 豁免為由，免除 BRA 干涉契約關係之責任。波士頓市及 LPA 均提起上訴，麻州最高法院就 BRA 部分維持承審法官之判決，然就契約索賠部分，採納波士頓市之上訴理由。LPA 對麻州最高法院之判決聲請重審，並就其對波士頓市之契約索賠，向美國最高法院聲請調卷令，此等聲請均被駁回。Mondev 遂依 NAFTA 第 1116 條提起仲裁。

　　美國政府主張在本案中，若有任何損失或損害，是由 LPA 承受。但

---

[27] *Supra* note 10.

Mondev 之仲裁意向通知未提及第 1117 條〔即投資人代表在地主國之企業提出仲裁聲請（claim by an investor of a Party on behalf of an enterprise）〕，[28] 亦未臚列 LPA 之地址，故應視為聲請人僅依第 1116 條提起仲裁。惟由於 Mondev 未證明其本身蒙受損失或損害，故依第 1116 條提出之請求，仲裁庭應駁回。[29]

另一方面，若 Mondev 依第 1117 條代表 LPA 提出請求，而非以自身名義提出請求，則依據該條第 4 項之規定，地主國（即本案之美國）當地之企業不可依本條對地主國提出投資仲裁。換言之，美國主張 Mondev 提出之投資仲裁聲請，無論依照 NAFTA 第 1116 條或是第 1117 條，都不應受理。

仲裁庭認為，問題的核心在於聲請人是否有當事人適格，得就美國法院對 LPA 之違約及不當干涉請求之裁決，聲請投資仲裁。[30]

關於當事人適格，NAFTA 區分投資人代表自己聲請投資仲裁，以及代表投資標的之企業提出。第 1116 條規範前者：外國投資人得就其投資權益

---

[28] Article 1117 of NAFTA: Claim by an Investor of a Party on Behalf of an Enterprise

  1. An investor of a Party, on behalf of an enterprise of another Party that is a juridical person that the investor owns or controls directly or indirectly, may submit to arbitration under this Section a claim that the other Party has breached an obligation under:
  (a) Section A [Investment] or Article 1503(2) (State Enterprises), or
  (b) Article 1502(3)(a) (Monopolies and State Enterprises) where the monopoly has acted in a manner inconsistent with the Party's obligations under Section A, and that the enterprise has incurred loss or damage by reason of, or arising out of, that breach. ...
  4. An investment may not make a claim under this Section.

[29] *Supra* note 10, paras. 45, 49.

  Article 1116 of NAFTA: Claim by an Investor of a Party on Its Own Behalf

  1. An investor of a Party may submit to arbitration under this Section a claim that another Party has breached an obligation under:
  (a) Section A [Investment] or Article 1503(2) (State Enterprises), or
  (b) Article 1502(3)(a) (Monopolies and State Enterprises) where the monopoly has acted in a manner inconsistent with the Party's obligations under Section A, and that the investor has incurred loss or damage by reason of, or arising out of, that breach ....

[30] *Supra* note 10, paras. 79-83.

所損失或損害，以自己之名義提出請求；[31] 第 1117 條規範後者：投資人代表其直接或間接、擁有或控制，依據地主國法律設立之法人企業（on behalf of an enterprise of another Party that is a juridical person that the investor owns or controls directly or indirectly），就該企業所受之損失損害提出請求。根據此二條文，仲裁庭應檢視聲請人就其主體及所受損失損害之間，是否符合當事人適格之要件。

　　比較特別的，是 NAFTA 第 1117(4) 條明文禁止當地企業以自己名義提出控訴。US Model BIT 及其他 IIA，沒有類似的規定。相對地，ICSID 公約第 25(2)(b) 條還特別規定在若干要件之下，爭端當事人可以將該當地企業視為外國投資人控制之企業，因此取得投資仲裁聲請人之適格〔參考前述二、（二）之說明〕。

　　Mondev 案仲裁庭認為，依 NAFTA 第 1116 條，外國投資人原本即可就其擁有或控制之當地企業之利益，以自己之名義提出控訴。Mondev 所提出之請求涉及截至 NAFTA 生效日，在締約一方領域就該領域內之經濟活動投入資本或其他資源所生之利益，係 NAFTA 生效時之既存投資。該投資之存續利益雖由 LPA 持有，然 Mondev 直接或間接擁有或控制 LPA，且該等利益為 NAFTA 第 1139 條所定義之締約一方投資人之投資。因此，該案仲裁庭認定，關於美國法院之裁決，Mondev 擁有依第 1116 條提出控訴之當事人適格。

---

[31] *Supra* note 29.

第七章　國民待遇

一、基本概念

對接觸過 GATT、GATS、WTO 等國際貿易公法的人來說，國民待遇（national treatment）原則並不陌生。國民待遇與最惠國待遇構成國際經貿協定中「不歧視」義務的基礎，兩者都是「比較性」的概念，而非獨立存在的絕對標準。因此，這兩個原則的適用，必須跟經貿協定締約國所給予國民及其他締約國之待遇作比較，才能決定是否符合義務。

對國際投資法來說，國民待遇及最惠國待遇也是重要的核心概念，同為不歧視原則之一環，已被系統性地納入 IIA 中。其文字也與國際貿易公法的規範非常類似，因此在解釋上也常常引用 GATT／WTO 的爭端解決案例，等於是延續及擴大國際經濟法的基本法律原則。

然而，在國際投資法領域中，有幾個層面值得注意，因其與國際貿易法顯有差異：

（一）IIA 規範的待遇標準，除了國民待遇及最惠國待遇之外，還有「國際最低待遇標準」（international minimum standard of treatment），其內涵包括公平公正待遇、充分保障與安全等，源自習慣國際法的待遇標準。與國民待遇及最惠國待遇不同，國際最低待遇非比較性的標準，而是從習慣國際法中形成客觀的絕對標準。詳見本書第九章、第十章的說明。

（二）前述的差異，根源是國際投資與國際貿易之差別，即國際貿易規範著重於貨物／服務的國際買賣交易所面臨的關稅、非關稅障礙。而國際投資規範除了跨國的准入、設立問題，還必須處理之後的營運、管理、維持、擴張、使用、收益、處分、併購、與第三人及政府之關係等各層面的問題，換言之，就是地主國所有適用於本地企業的法令及措施。所以必須有更廣泛、更深度的保障，這也就是為什麼多邊國際投資協定一直無法形成的原因。

（三）「同類情況」（in like circumstances or like situations）較難認定。從 GATT 針對貨物貿易發展出的「同類產品」（like products），以作為判斷國民待遇或最惠國待遇之門檻；到 GATS 為了涵蓋服務貿易而使用的「同類情況」；不僅是判斷基礎的演進，也涉及複雜的各項法令措施。但到了國際投資法領域，特別是投資仲裁案件中，同類情況的問題因為投資活動的多樣性及複雜性，往往在管轄權之認定及實體義務之判斷上，在當事人雙方之間形成激烈爭執。例如後述的 *Bayindir v. Pakistan* 案，所爭執的是地主國給予聲請人（原承包商，即投資人）與接手的國內廠商兩者之間的契約條件是否有利於後者，而違反國民待遇。為了比較兩契約所檢視的「同類情況」，顯然跟界定某一產業（industry 或 sector）的方法有極大不同。

（四）歧視措施通常相當複雜，難以輕易判斷是否違反不歧視之義務。首先，地主國對於外國投資人在當地進行的長時間投資活動，所涉及的法令、行為、互動會構成厚此（本國人）薄彼（外國人）的結果，實在不是難事；其次，地主國若果真有意如此作，通常不會毫不遮掩地在法令中區分本國、外國人，而是以冠冕堂皇的公平、正當之規範方式，遂行其目的。即便地主國並沒有偏袒、保護本國人的動機，但結果造成外國投資人之不利、損害，也很難從法令及行為上輕易判斷。

（五）IIA 提供的國民待遇標準，不僅是締約國對締約國的承諾，也是給予投資人主張權利的基礎；若是 IIA 中訂有投資仲裁之機制，投資人還可以訴諸國際仲裁，由仲裁庭決定地主國是否違反待遇標準義務。這跟 GATT／WTO 之下，僅能由締約國在爭端解決機制之下對另一締約國提起主張，有極大不同；國家甚少為了特定企業、特定個案提起此種爭端解決請求。

　　在前述的基礎之上，討論國際投資法的國民待遇標準，方能理解地主國所負擔的義務內容為何，以及投資人在個案中如何主張權利。

　　如同條款名稱「國民」一詞，國民待遇條款係要求地主國給予外國投資人及投資之待遇，不得低於給予其國民之待遇，避免以國籍為分類標準之差別待遇，並防止地主國採行優惠本國投資人之保護主義措施，以確保外國投資人／投資與地主國本國投資人／投資處於公平競爭環境。

　　然而，要用什麼基準判斷、比較地主國給予外國投資人／投資之待遇是否低於其給予本國投資人／投資之待遇？是不是只要外國投資人／投資所受的待遇劣於地主國本國投資人／投資的待遇，地主國就違反國民待遇義務？抑或是在一定的比較基礎上存有差別待遇，地主國才違反國民待遇義務？

　　多數 IIA 之國民待遇條款規定，地主國在「同類情況」下，應給予締約他方投資人及投資「不低於」（no less favorable）其給予本國投資人及投資之待遇。換言之，地主國只有在外國投資人／投資處於與本國投資人／投資相同或類似之情況下，方負有國民待遇義務。此概念類似我們在憲法及行政法經常提到的一般法律原則——實質平等之概念，相同之事件應為相同之處理，不同之事件則應為不同之處理，並非保障絕對的形式平等。

　　在投資仲裁實務上，部分投資仲裁庭在審理投資人（仲裁聲請人）關於國民待遇之控訴時，進行三階段分析。首先，檢視外國投資人與地主國本國投資人是否處於「同類情況」；第二，調查地主國給予外國投資人之待遇是否劣於其給予本國投資人之待遇；第三，審視是否存有正當理由而可合理化差別待遇。

　　除了具拘束力的 IIA 外，國民待遇原則亦可見於有關外國投資之待遇之軟法文件，例如《OECD 國際投資與多國籍企業宣言》（OECD Declaration on International Investment and Multinational Enterprises）規定，各遵行的政府在其維持公共秩序、保護重大安全利益及履行關於國際和平安全承諾的需求下，對於在其領域內營運、其他遵行的政府之國民直接或間接所有或控制之企業，應依循其國內法規及行政實務、國際法給予待遇，且在同類情況下，不應低於其給予本國企業之待遇。[1]

二、國際投資法之規範

（一）IIA中的國民待遇條款

　　投資仲裁庭於認定國民待遇義務範圍時，首重 IIA 國民待遇條款之

---

[1] Declaration on International Investment and Multinational Enterprises, available at: https://legalinstruments.oecd.org/en/instruments/OECD-LEGAL-0144 (last visited: 2022.10.16).

規範文字。多數歐系協定之國民待遇適用範圍僅及於投資設立後（post-establishment）階段，例如歐盟─越南投資保護協定（Investment Protection Agreement，下稱 IPA）第 2.3 條、[2] 歐盟─新加坡 IPA 第 2.3 條。[3] 此種規範方式較著重於投資設立後之保障，而非投資自由化之促進。各國早期簽訂之 BIT 大多屬於此種類型，且通常規定必須是「依其國內法規已經承認或認許之外國投資」才受到保障。

另一種規範模式則包括投資設立前（pre-establishment）及投資設立後階段，將國民待遇義務擴及於投資准入階段，美國、加拿大及日本等主要資本輸出國多採此模式，以擴大國民待遇義務適用範圍，例如：2012 US Model BIT 第 3 條、[4] CPTPP 第 9.4 條。[5]

---

[2]　Article 2.3 (National Treatment) of EU-Vietnam IPA:

　　1. Each Party shall accord to investors of the other Party and to covered investments, with respect to the operation of the covered investments, treatment no less favourable than that it accords, in like situations, to its own investors and to their investments.

[3]　Article 2.3 (National Treatment) of EU-Singapore IPA:

　　1. Each Party shall accord to covered investors of the other Party and to their covered investments, treatment in its territory no less favourable than the treatment it accords, in like situations, to its own investors and their investments with respect to the operation, management, conduct, maintenance, use, enjoyment and sale or other disposal of their investments.

[4]　Article 3 (National Treatment) of 2012 US Model BIT:

　　1. Each Party shall accord to investors of the other Party treatment no less favorable than that it accords, in like circumstances, to its own investors with respect to the establishment, acquisition, expansion, management, conduct, operation, and sale or other disposition of investments in its territory.

　　2. Each Party shall accord to covered investments treatment no less favorable than that it accords, in like circumstances, to investments in its territory of its own investors with respect to the establishment, acquisition, expansion, management, conduct, operation, and sale or other disposition of investments.

[5]　CPTPP 第 9.4 條與前註 2012 US Model BIT 第 3 條文字相同。

（二）「同類情況」之認定

如前所述，在國民待遇條款中，通常規定地主國於「同類情況」下不應給予外國投資人較低的待遇。換言之，當非屬「同類情況」時，相較於本國投資人，地主國給予外國投資人較低的待遇可能即不違反國民待遇義務。因此，「同類情況」是區分合法政府管制及不當歧視待遇之重要基準。

於 NAFTA 案件中，NAFTA 仲裁庭確認是否屬「同類情況」之方式，係以個案事實爲基礎，檢視個案整體情況，考量的因素包括：外國投資人與本國投資人是否處於相同的產業或經濟部門、是否在相同的法規管制架構下營運、地主國採行之措施是否有助於達成合法管制目標、有無其他合法的替代性措施。

NAFTA 仲裁庭已將「同類情況」之概念解釋爲，當地主國之措施與合法政策目的具關聯性，外國投資人與本國投資人間之合理差別待遇並不違反國民待遇義務。亦即，仲裁庭在決定是否違反國民待遇時，「同類情況」之概念已成爲仲裁庭考量合法公共福利目的關聯性之機制。

S.D. Myers v. Canada 一案仲裁庭表示，「同類情況」之評估應考量政府爲保護公共利益而使差別管制合理化之情況。[6] *Pope & Talbot v. Canada*、[7] *Feldman v. Mexico*、[8] *GAMI v. Mexico*、[9] *Cargill v. Mexico*[10] 及 *Clayton/Bilcon v. Canada*[11] 等案件之仲裁庭亦採類似見解。在此脈絡下，可知 NAFTA 仲裁庭於認定地主國是否在「同類情況」下給予差別待遇時，已承認合法管制目標之重要性。

而 *Bayindir v. Pakistan* 一案仲裁庭認爲，除應依個案事實認定有無違反

---

[6] *Infra* note 23 (November 13, 2000), para. 250.

[7] *Infra* note 24, para. 79.

[8] *Marvin Roy Feldman Karpa v. United Mexican States*, ICSID Case No. ARB(AF)/99/1 (hereafter, *Feldman v. Mexico*), Award (December 16, 2002), para. 170.

[9] *GAMI v. Mexico*, Final Award (November 15, 2004), para. 114.

[10] *Cargill v. Mexico*, Award (September 18, 2009), para. 206.

[11] *Clayton/Bilcon v. Canada*, Award on Jurisdiction and Liability (March 17, 2015), para. 723.

國民待遇義務外，更應以獨立自主的標準解釋 BIA 之國民待遇條款，不須依循貿易法中之認定因素。*Bayindir* 仲裁庭表示，外國投資人與本國投資人從事「相同產業」之單一事實不足以認定二者處於「同類情況」，比較巴基斯坦本國投資人 PMC-JV 與 NHA 間之契約及 Bayindir 與 NHA 間之契約，可發現二契約之財務條件、工作內容、業者經驗與專業度等面向均不相同，因此，認定 Bayindir 與 PMC-JV 並非處於「同類情況」。[12]

事實上，傳統的 IIA 鮮少規定認定「同類情況」之標準，未提供投資仲裁庭任何判斷指引。而於 CPTPP 投資章中，CPTPP 締約方以註腳的方式闡釋「同類情況」之認定方式，規定於認定 CPTPP 第 9.4 條（國民待遇）或第 9.5 條（最惠國待遇）之「同類情況」時，應考量整體情況，包括：相關待遇是否以合法公共福利目的為基礎，而在投資人間或投資間作區分。[13] USMCA 投資章延續 CPTPP 此項規範，直接在第 14.4 條第 4 項加以規定。對 USMCA 之締約方而言，此等規範模式將可提升明確性、維護地主國之規制權，於實際案件發生時，仲裁庭將適當考量任何相關的合法公共福利目的。[14]

（三）「不低於」之認定

一旦滿足「同類情況」要件，仲裁庭接續檢視地主國是否給予外國投資人較不優惠之待遇。此時浮現的問題為，仲裁庭是否應判斷地主國之主觀意

---

[12] *Infra* note 17, paras. 389, 402-411.

[13] CPTPP, Chapter 9 (Investment), Footnote 14:

For greater certainty, whether treatment is accorded in "like circumstances" under Article 9.4 (National Treatment) or Article 9.5 (Most-Favoured-Nation Treatment) depends on the totality of the circumstances, including whether the relevant treatment distinguishes between investors or investments on the basis of legitimate public welfare objectives.

[14] Article 14.4 (National Treatment) of USMCA:

4. For greater certainty, whether treatment is accorded in "like circumstances" under this Article depends on the totality of the circumstances, including whether the relevant treatment distinguishes between investors or investments on the basis of legitimate public welfare objectives.

圖？意即，地主國是否出於歧視意圖？抑或在客觀上對外國投資人造成歧視即滿足此要件？

　　Bayindir 仲裁庭認爲應以客觀事實認定，無須證明地主國之意圖。[15] 此見解與 *Feldman v. Mexico* 一案所強調之投資人保護原理一致，*Feldman* 仲裁庭表示，國民待遇概念在於防止以國籍爲基礎、以國籍爲理由之歧視。惟未要求任何悖於國民待遇義務之結果必須明確顯示是因投資人之國籍所致，NAFTA 第 1102 條並無此等用語。相反地，依 NAFTA 第 1102 條之規範，只要證明在「同類情況」下，外國投資人之待遇劣於本國投資人即爲已足。此外，在判斷地主國是否違反國民待遇義務時，並非僅從措施之表面觀之，尙應判斷措施實施之效果。

（四）是否存有正當理由可合理化差別待遇

　　如上所述，部分投資仲裁庭在認定：1. 外國投資人／投資與地主國本國投資人／投資處於「同類情況」；且 2. 外國投資人／投資所受到的待遇低於本國投資人／投資之待遇後；將接續認定 (3) 是否存有正當理由可合理化差別待遇。[16] 第三階段之分析大多不是依據 IIA 之明文規定，而是投資仲裁實務發展之結果。且在實務上，有仲裁庭將第三階段整合至第一階分析段，例如本文二（二）提到的 *Myers v. Canada* 等案例。

---

[15] *Infra* note 17, para. 390.

[16] 例如：*Methanex Corporation v. United States of America*, Final Award of the Tribunal on Jurisdiction and Merits, Part IV, Chapter B (August 3, 2005), para. 13; *Archer Daniels Midland Company and Tate & Lyle Ingredients Americas, Inc. v. The United Mexican States*, ICSID Case No. ARB (AF)/04/5, Award (November 21, 2007), para. 196; *Saluka Investments B.V. v. The Czech Republic*, Partial Award (March 17, 2006), para. 313; *Plama Consortium Limited v. Republic of Bulgaria*, ICSID Case No. ARB/03/24, Award (August 27, 2008), para. 184.

三、相關投資仲裁案例

（一）*Bayindir v. Pakistan*[17]

在一系列涉及國民待遇之案件中，*Bayindir v. Pakistan* 一案爲經典案例，該案仲裁庭不僅闡釋國民待遇義務範圍，並將 NAFTA 法規範融入 ICSID 案例法中。

Bayindir 於 1993 年與巴基斯坦國家公路局（National Highway Authority，下稱 NHA）締結公路興建契約，而後於 1997 年更新契約。當 Bayindir 未依契約期限完成公路之興建時，巴基斯坦取消投資案，而將興建工作發包給巴基斯坦籍營造商 PMC-JV。Bayindir 控訴，PMC-JV 與 NHA 間之契約條款不同於 Bayindir 與 NHA 間之契約，主張巴基斯坦給予 PMC-JV 較優厚之契約條件，違反巴基斯坦─土耳其 BIT（下稱巴土 BIT）第 II(2) 條之待遇標準，包括國民待遇。[18]

1. 國民待遇義務範圍

Bayindir 仲裁庭表示，巴土 BIT 第 II(2) 條之目的在爲外國及本國投資人間提供公平競爭環境。國民待遇義務範圍並不限於管制性待遇（regulatory treatment），亦可能適用於地主國締結投資契約及／或行使其權利之方式。

---

[17] *Bayindir Insaat Turizm Ticaret Ve Sanayi A.Ş. v. Islamic Republic of Pakistan*, ICSID Case No. ARB/03/29, Award (August 27, 2009). 參考本書之案例摘要二。

[18] Article II (2), para.1 of 1995 Pakistan - Turkey BIT: Each Party shall accord to these investments, once established, treatment no less favourable than that accorded in similar situations to investments of its investors or to investments of investors of any third country, whichever is the most favourable .... 「一旦投資設立後，各締約方給予該等投資之待遇，應不低於其在同類情況下給予本國或任何第三國投資人之投資之待遇，以最優惠者爲準。」

2. 國民待遇條款之適用標準

參考 *Occidental v. Ecuador*、[19] *Methanex*[20] 及 *Thunderbird*[21] 等案件，*Bayindir* 仲裁庭認為，巴土 BIT 第 II(2) 條須獨立於貿易法考量，以自主方式解釋。為判斷巴基斯坦是否違反國民待遇義務，*Bayindir* 仲裁庭表示，首先須評估仲裁聲請人是否與其他投資人處於「同類情況」，且針對「同類情況」之調查應依據特定事實。

如符合「同類情況」之要件，仲裁庭須進一步確認仲裁聲請人是否獲得低於其他投資人之待遇，及該差別待遇是否出於正當理由。此即帶出歧視之認定是採主觀或客觀判斷標準之問題，亦即，是否須有歧視之意圖，或顯示對外國投資人之歧視即為已足。*Bayindir* 仲裁庭認為，依巴土 BIT 第 II(2) 條之文字及 *Feldman v. Mexico* 案之見解，地主國無須具有歧視意圖，只要有客觀事實存在即可。[22]

於檢視 PMC-JV 與 NHA 間之契約及 Bayindir 與 NHA 間之契約後，*Bayindir* 仲裁庭認為，雖 Bayindir 主張兩契約隸屬於同一專案及產業別，然此種同一性程度尚不足以超越兩契約間之差異。

在財務條件上，PMC-JV 與 NHA 間之契約不涉及外幣，預付款額度較低，且完全以巴基斯坦盧比支付；而 Bayindir 與 NHA 間契約之預付款之半數以巴基斯坦盧比支付，其餘半數以美金支付。關於工作內容，PMC-JV 之工程範圍為六車道，Bayindir 之工程範圍則為四車道。在業者經驗與專業度上，Bayindir 具處理大型專案之豐富經驗，而 PMC-JV 則無，Bayindir 與 NHA 間之契約收取較高之費率即反映此差異。

綜合判斷上述因素後，*Bayindir* 仲裁庭認為，二契約之差異極大，

---

[19] *Occidental Exploration and Production Company v. The Republic of Ecuador* (hereafter, *Occidental v. Ecuador*), LCIA Case No. UN3467, Award (July 1, 2004), paras. 174-176.

[20] *Methanex Corporation v. United States of America*, NAFTA Arbitration (UNCITRAL Rules), Award (August 3, 2005), paras. 35, 37.

[21] *International Thunderbird Gaming Corporation v. United Mexican States*, NAFTA Arbitration (UNCITRAL Rules), Award (January 26, 2006), paras. 176-178.

[22] *Feldman v. Mexico, supra* note 8, paras. 181 and 183.

Bayindir 與 PMC-JV 並未處於「同類情況」，故駁回 Bayindir 此項控訴。

（二）*S.D. Myers v. Canada*[23]

S.D. Myers 為於美國俄亥俄州設立之公司，主要從事多氯聯苯
（polychlorinated biphenyl，下稱 PCB）廢料回收及處理再製。S.D. Myers 並
於加拿大設立分公司，其在加拿大的主要營運模式係將所蒐集的 PCB 廢料
運回美國，由美國工廠加工處理而使 PCB 廢料可重複利用後，再將之運回
加拿大供有需求之公司使用。加拿大於 1995 年頒布 PCB 廢料出口暫行禁令
（PCB Waste Export Interim Order，下稱系爭禁令），禁止 S.D. Myers 從加
拿大出口 PCB 廢料，此舉無疑斷絕其獲利來源。然而，系爭禁令卻不禁止
加拿大本國廠商出口 PCB 廢料。S.D. Myers 主張此已形成歧視，加拿大違
反 NAFTA 第 1102 條國民待遇義務。

S.D. Myers 仲裁庭認為，判斷系爭禁令是否違反 NAFTA 第 1102 條，應
討論下列爭點：

1. 「同類情況」之認定

NAFTA 第 1102(1) 條與第 1102(2) 條規定，締約方在「同類情況」下，
應給予其他締約方投資人／投資不低於本國投資人／投資之待遇。「同類情
況」之認定必須審酌使用此用語之 NAFTA 相關規定所示的基本原則，且在
評估上，也必須審酌具歧視效果之政府法規因出於保護公共利益而得以合理
化的情形。

此外，必須判斷主張未獲得同等待遇之外國投資人是否與本國投資人
屬於同一產業，產業的內涵包括經濟與商業概念。從商業角度觀之，S.D.
Myers 與其他加拿大經營 PCB 廢料處理的業者具有競爭關係，因此，應已
符合「同類情況」之要件。

---

[23] *S.D. Myers Inc. v. Government of Canada*, Partial Award (November 13, 2000); *S.D. Myers
Inc. v. Government of Canada*, Second Partial Award (October 21, 2002); *S.D. Myers Inc. v.
Government of Canada*, Final Award (December 30, 2002). 參考本書之案例摘要二十九。

2. 關於系爭禁令是否牴觸國民待遇條款，應評估下列兩點

(1) 與非加拿大國民相較，系爭禁令之實際效果是否造成加拿大國民取得不成比例的利益。

(2) 相較於受相關協定保護之非國民，系爭禁令表面上是否偏袒地主國國民。

當系爭禁令並未對非國民造成不利影響時，偏袒國民的意圖本身並未違反 NAFTA 國民待遇條款。*S.D. Myers* 仲裁庭認為，加拿大禁止 S.D. Myers 出口 PCB 廢料，含有保護國內同類產業之目的，雖然為確保加拿大本國之經濟與產業狀況之目標亦具正當性，但有更多符合 NAFTA 的方式可加以運用（例如給予加拿大企業補貼），而非僅能以此違反協定的方式進行。且觀察加拿大後續開放出口 PCB 廢料之種種事實，可知系爭禁令並非加拿大處理 PCB 廢料問題之唯一方法，系爭禁令已對 S.D. Myers 造成不利影響，故認定加拿大違反國民待遇之規定。

（三）*Pope & Talbot v. Canada*[24]

Pope & Talbot Inc. 為依美國德拉瓦州法律設立之公司，總部位於俄勒岡州波特蘭，Pope & Talbot Inc. 並在加拿大不列顛哥倫比亞省（下稱 B.C. 省）設立全資子公司 Pope & Talbot Ltd. 以經營鋸木廠，其軟木產品主要出口至美國。

加拿大於 1996 年與美國簽署軟木協議（Softwood Lumber Agreement，下稱 SLA）。依 SLA，加拿大應建立出口管制機制，對 B.C. 省等受 SLA 規範之四個涵蓋省分出口到美國之軟木產品，實施出口許可制度，並就核發出口許可課徵費用（下稱出口費）。出口費分為三類，分別為免徵費率基

---

[24] *Pope & Talbot Inc. v. The Government of Canada*, Notice of Arbitration (March 25, 1999); *Pope & Talbot Inc. v. The Government of Canada*, Preliminary Tribunal Awards (January 26, 2000); *Pope & Talbot Inc. v. The Government of Canada*, Interim Award (June 26, 2000); *Pope & Talbot Inc. v. The Government of Canada*, Award on Merits of Phase 2 (April 10, 2001). 參考本書之案例摘要二十四。

準（established base，下稱 EB）、低費率基準（lower fee base，下稱 LFB）及高費率基準（upper fee base，下稱 UFB）。費率基準之運作方式為：1. EB：為 147 億板英尺，在 EB 內出口軟木者，無須負擔出口費；2. LFB：介於 147 億至 153.5 億板英尺間之出口，以每千板英尺 50 美元計算出口費；3. UFB：若出口數量超過 153.5 億板英尺，以每千板英尺 100 美元計算出口費。加拿大於每年度開始前，在加拿大軟木出口商間分配 EB 及 LFB 之額度。Pope & Talbot Inc. 主張，加拿大自 1996 年起不公平地分配 EB 及 LFB 配額，違反 NAFTA 第 1102 條國民待遇義務。

1. 不成比例之劣勢測試（disproportionate disadvantage test）

面對此項控訴，加拿大主張，僅於受質疑之措施不成比例地使外國投資人／投資居於不利地位時，方可被認定為違反國民待遇義務。依不成比例劣勢測試，仲裁庭應決定任何加拿大人投資之待遇是否同於仲裁聲請人之待遇，且應比較本國投資群體之規模與本國投資群體所接受、優於外國投資待遇之規模。雖此測試未出現在 NAFTA 文本，惟被 *EC-Banana*、*US-Alcoholic* 等 GATT 及 WTO 案件及 *S.D. Myers v. Canada* 案採用。

Pope & Talbot 仲裁庭在檢視加拿大援引之案例後，表示 *EC-Banana* 等案件之爭端解決小組並未分析該測試，該等案件無法支持加拿大之主張。*US-Alcoholic* 一案涉及美國啤酒貨物稅，低比例之美國啤酒可適用較低稅率，而進口啤酒則無法適用。該案爭端解決小組表示，僅約 1.5% 之美國啤酒適用較低之貨物稅之事實，並無法使美國此項措施免除國民待遇義務。然若適用加拿大不成比例劣勢之論點，將產生不同的結論。另就 *S.D. Myers v. Canada* 一案，*Pope & Talbot* 仲裁庭認為，該案仲裁庭僅認定 S.D. Myers 與加拿大籍競爭者處於「同類情況」，即裁決加拿大違反國民待遇，並無權衡優勢、劣勢比例。因此，*Pope & Talbot* 仲裁庭駁回加拿大此項主張。

2. 「同類情況」之認定

NAFTA 第 1102(1) 條及第 1102(2) 條要求，締約方給予其他締約方投資人及投資之待遇，應不低於其給予在「同類情況」之本國投資人及投資之待遇。就「同類情況」之認定，*Pope & Talbot* 仲裁庭表示，必須確認所受待

遇應與外國投資人及投資之待遇進行比較之國內實體。於適用「同類情況」
之標準時，需評估個案整體事實，即出口管制機制之緣起與適用。

首先，受 NAFTA 第 1102(2) 條保障之外國投資所得到之待遇，應與處
於相同商業或經濟部門之本國投資所得到之待遇進行比較。如存有差別待遇
時，將推定違反 NAFTA 第 1102(2) 條，除非此等差別與理性政府政策間有
合理關聯，且該等政策：(1) 在表面上或事實上並未以國籍為分類標準；及
(2) 未不當減損 NAFTA 投資自由化之目標。

Pope & Talbot 仲裁庭認為，相關證據顯示，美國未曾對非涵蓋省分之
生產者作成課徵平衡稅之決定。因此，加拿大透過僅控制涵蓋省分出口之機
制執行 SLA 之決定，與除去平衡稅威脅之理性政策有合理關聯。加拿大非
涵蓋省分之生產者與涵蓋省分之生產者並非處於「同類情況」，加拿大並未
因其給予非涵蓋省分之待遇而違反國民待遇義務。

針對涵蓋省分軟木生產者之待遇，*Pope & Talbot* 仲裁庭認為，新進業
者條款規定加拿大依新進業者坐落之地點進行配額分配，且新進業者坐落
之省分必然與四個涵蓋省分之配額分配比例不一致。保留配額予新進業者
之決定之影響，係由經濟因素所形塑，加拿大軟木產業之基本經濟條件使
B.C. 省之業者與其他涵蓋省分之業者非處於「同類情況」。因此，加拿大
對於新進業者之配額分配與理性政策間具合理關聯，不存在歧視外國業者之
因素，加拿大未違反國民待遇義務。

關於 B.C. 省內軟木業者之待遇，*Pope & Talbot* 仲裁庭認為，超級費
（super fee）課徵之目的在於解決加拿大與美國間關於 B.C. 省降低立木費
（stumpage fees）之爭端，該省沿岸業者之立木費每立方公尺降低 8.10 加
幣，內陸業者則降低 3.5 加幣。B.C. 省降低立木費引發美國不滿而依 SLA
提出仲裁請求，於協商和解後，和解方案為對 B.C. 省之部分出口課徵超級
費，因該和解係針對沿岸與內陸業者間不同待遇之狀態所為，故該些業者不
能被認定為處於「同類情況」。

此外，*Pope & Talbot* 仲裁庭認為，加拿大選擇僅對使用 LFB 及 UFB
之業者課徵費用，而非向所有因立木費降低而受益之業者課徵，此項選擇
與避免危及 SLA 之理性政策選擇間有合理關聯。無疑地，該和解方案對於

B.C.省之部分業者帶來更不利之影響，然無證據證明係以業者之國籍作為分類標準。因此，*Pope & Talbot* 仲裁庭認定，超級費之執行並未違反 NAFTA 第 1102(2) 條。

第八章　最惠國待遇

一、基本概念

多數 IIA 含有最惠國待遇（most-favored-nation treatment，下稱 MFN）條款，雖然各協定 MFN 條款之文字有異，然其基本精神即為不歧視原則，地主國對於受投資協定保護之投資人，應給予不低於其對任何第三國投資人之待遇。如同 *Bayindir v. Pakistan* 仲裁庭所言，MFN 條款讓來自不同國家之投資人在地主國立於公平的競爭環境。[1]

在 IIA 談判實務上，如談判對手國既有投資協定提供較佳的保障，將可透過在協定中納入 MFN 條款，使締約方投資人得以援用該等保障。因此，於協商協定內容時，納入 MFN 條款可降低各談判方檢視對手國先前所締結協定之內容的負擔。此外，當締約他方在後續簽署之協定中給予其他國家投資人較優惠之待遇時，MFN 條款亦可確保締約一方不因此而受不利益，降低重新協商協定之必要。

國際投資法中的 MFN，既延續國際貿易法的理論概念及實務運用（參考第七章關於國際貿易法與國際投資法中不歧視原則的比較，包括關於「同類情況」在投資仲裁案件中的認定問題），也因為國際投資之複雜、長期特性，衍生出許多國際貿易法所未見之案例型態。例如投資人引用其母國與地主國之 IIA 中的 MFN 條款，主張適用地主國與第三國 IIA 的爭端解決程序，因為後者是「更優惠」的待遇，藉此免除窮盡當地救濟、提起投資仲裁之前置程序、先得到地主國同意才進行仲裁等。這是國際投資法下，以國家為主體的規範體系所不能想像的。

作為實體保護條款，投資人透過基礎協定（即投資人母國與地主國簽署

---

[1] *Bayindir Insaat Turizm Ticaret Ve Sanayi A.Ş. v. Islamic Republic of Pakistan.* ICSID Case No. ARB/03/29, Award (August 27, 2009), para. 386. 參考本書之案例摘要二。

之投資協定）之 MFN 條款，援用地主國提供予第三國投資人任何更優惠之保護標準，不論是地主國在實務運作中所給予之待遇，抑或是地主國與第三國所簽署協定之條款。透過 MFN 條款援用其他投資協定實體保護標準之概念原則上被接受，然在投資仲裁實務上，投資人成功援用 MFN 條款而取得更有利的實體保障之案件，卻是極為少數。原因主要是地主國對待每個投資案、投資人，長期累積的各種行為，雙方的互動、誘因、請求、承諾，不容易跟地主國給予其他投資案、投資人的待遇相比較。後述的 *Parkerings v. Lithuania* 案正是實例。

依據 UNCTAD 之統計，目前投資人主張地主國違反 MFN 條款之案件數為 131 件，在程序已終結的案件中，投資人成功援引 MFN 條款證明地主國違反實體義務者僅 4 件（即 *Güriş and Yamantürk v. Syria*、*Naftogaz and others v. Russia*、*White Industries v. India* 與 *ATA Construction v. Jordan*）。[2]

二、國際投資法之規範

（一）IIA中的MFN條款

雖 IIA 通常會納入 MFN 條款，然條款內容並無一致之樣貌，地主國之義務範圍或寬或窄，以下介紹三種具代表性之規範型態：

1. **與其他待遇標準並列**：2008 Germany Model BIT 第 3 條即將 MFN 及國民待遇並列；馬來西亞─智利 BIT 第 3.1 條將 MFN 與公平公正待遇並列。

2. **獨立條款**：美國與加拿大所簽署之投資協定多將 MFN 列為獨立條款，例如：USMCA 第 14.5 條及加拿大─智利 FTA 第 G-03 條。

3. **作為適用其他條款之限制**：該等條款可能包括國家被授權採行保護其安全利益之必要措施，前提是該等措施未使締約他方投資人享有低於其他第三國投資人之待遇。

---

[2] UNCTAD, Investment Policy Hub, Investment Dispute Settlement Navigator, available at: https://investmentpolicy.unctad.org/investment-dispute-settlement (last visited: 2022.10.18).

此外，各該 MFN 條款之規範文字及例外亦不相同，以美系協定爲例，MFN 之適用範圍通常包括投資設立前及投資設立後階段，且以「同類情況」作爲待遇優劣比較之基礎，例如：2012 US Model BIT 第 4 條。相反地，早期的歐系協定多將 MFN 適用範圍限於投資設立後階段，須爲「依地主國法規已經承認或認許之外國投資」方受保障，且未設有「同類情況」要件，例如：比利時—盧森堡經濟聯盟投資保障協定模範範本第 4 條。關於 MFN 之例外，常見者包括區域經濟協定或租稅協定，例如：2008 Germany Model BIT 第 3 條、2004 Netherlands Model BIT 第 3 條。因此，MFN 之適用範圍須依個案事實及協定內容判斷，此亦可解釋爲什麼投資仲裁實務鮮少援用先前曾處理 MFN 控訴之仲裁判斷。

（二）實體保護標準態樣

如上所述，投資仲裁庭常駁回投資人依 MFN 條款所爲之請求，當投資人依 MFN 條款援引其他協定之實體保護條款時，仲裁庭判定投資人敗訴之理由包括：1. 未違反其他協定之條款；2. 不適用其他協定之條款；或 3. 所援用之協定條款並未優於基礎協定所授予之待遇，或 MFN 條款不能以仲裁聲請人所主張之方式援用。

以下簡述投資人常依 MFN 條款主張之四種實體保護標準態樣：

1. 擴張或增添基礎協定已授予待遇標準之內容

以 *MTD v. Chile* 一案（參考後述之案例摘要十八）爲例，該案仲裁庭認爲 MTD 援引 MFN 條款之目的在於擴張基礎協定公平公正待遇義務之內涵。許多仲裁案件之聲請人以類似之方式援用 MFN 條款，例如在 *ATA Construction v. Jordan* 一案，ATA Construction 援引 MFN 條款，以擴張可能被認定爲違反基礎協定之公平公正待遇條款的待遇態樣。ATA Construction 透過 MFN 條款援用許多約旦與第三國簽署之協定，主張公平公正待遇義務應被解釋爲包含習慣國際法最低待遇標準、禁止歧視、地

主國應就投資提供有效救濟方式及執行權利之要求。[3]

2. 依MFN條款援用基礎協定所無之待遇標準

MTD v. Chile 一案之 ICSID 專門委員會（*ad hoc* Committee）即採此看法。於該案仲裁判斷作成後，智利以仲裁庭混淆公平公正待遇及 MFN 為由，尋求撤銷仲裁判斷。專門委員會認為仲裁庭之論述混淆馬來西亞──智利 BIT 第 3.1 條前段公平公正待遇與後段之 MFN，表示 MFN 條款之適用並非僅限於地主國給予第三國投資之優惠待遇落入公平公正待遇之範疇，而可援用任何地主國給予第三國投資之優惠待遇。雖專門委員會就 MFN 所建構之範疇大於仲裁庭所認定者，然而，專門委員會認定仲裁庭之判斷並未影響案件結果，故未撤銷仲裁判斷。

在 *MTD v. Chile* 一案之後，愈來愈多的投資人依 MFN 條款援用其他協定之實體保障條款。以 *White Industries v. India* 一案為例，White Industries 原與印度國營企業 Coal India 發生契約爭議，提交國際商會國際仲裁院進行商務仲裁後，認定 White Industries 勝訴，然 Coal India 遲不履行商務仲裁判斷，White Industries 便向印度德里高等法院聲請執行，Coal India 則向加爾各答高等法院聲請撤銷仲裁判斷。因印度法院不斷延宕訴訟程序，故 White Industries 依澳洲──印度 BIT 將此爭議提交國際投資仲裁。仲裁庭認為 White Industries 得依澳洲──印度 BIT MFN 條款援引印度──科威特 BIT 第 4.5 條（各締約國應依其現行可資適用之法規，就有關投資的部分，提供有效救濟途徑以主張並實現其權利），因該聲請撤銷仲裁判斷之程序歷時 9 年而未決，構成不當遲延、未能提供有效救濟途徑，故認定印度違反 MFN 義務。[4]

3. 援引MFN條款以免於適用基礎協定之不利條款

以 *CMS v. Argentina* 一案為例，美國──阿根廷 BIT 第 11 條訂有重大安全利益例外條款，CMS 依 MFN 條款，主張阿根廷所締結之其他投資協定無

---

[3] *ATA Construction v. Jordan*, ICSID Case No. ARB/08/2, Award (May 18, 2010), para. 73.

[4] *White Industries Australia Limited v. The Republic of India*, UNCITRAL Arbitration Rules, Final Award (November 30, 2011). 參考本書之案例摘要三十五。

類似之例外條款，對投資人更爲有利。*CMS* 仲裁庭駁回此項主張，表示其他協定未設有安全例外條款不代表對投資人較爲有利。[5]

4.作爲投資人權利之實體保護標準、禁止地主國給予歧視待遇

MFN 條款禁止地主國給予基礎協定締約方投資人歧視待遇。然而，在 ICSID 已公開之仲裁判斷中，投資人此等主張常被仲裁庭駁回，常見的駁回理由爲非屬「同類情況」、無「更優惠之待遇」存在。

（三）MFN之例外

MFN 例外條款之設計，通常是確保 MFN 之適用不會超出締約方原所預期之結果，部分協定更設有不符合措施清單，清單上所列舉之措施或行業別無 MFN 之適用。此外，更有協定訂定一般例外或國家安全例外條款。對於投資人而言，此等限制實屬不利。

在 *ADF v. US* 一案中，ADF 依 NAFTA 投資章控訴美國維吉尼亞州在契約中課予自製率要求，並依 MFN 條款援用美國—阿爾巴尼亞 BIT 及美國—愛沙尼亞 BIT，主張適用該等 BIT 中更優惠之保護標準。仲裁庭認定系爭措施屬政府採購，依 NAFTA 第 1108(7)(a) 條不適用 MFN，駁回 ADF 之請求。[6]

相反地，當協定中未明文規定例外條款時，將是促使仲裁庭對 MFN 條款採廣義解釋之關鍵因素。以 *Bayindir v. Pakistan* 一案爲例，巴基斯坦—土耳其 BIT 並無公平公正待遇條款，巴基斯坦主張此代表締約雙方欲將該待遇標準排除在協定範圍外。然而，該案仲裁庭認爲，巴基斯坦—土耳其 BIT 第 2.4 條 MFN 例外條款僅規定租稅或區域經濟整合協定之優惠不適用 MFN，例外事項有限，顯示締約雙方無意排除援引地主國給予第三國投資人更優惠之實體待遇標準。[7]

---

[5] *CMS v. Argentina*, ICSID Case No. ARB/01/8, Award (May 12, 2005), para. 343.

[6] *ADF v. US*, ICSID Case No. ARB (AF)/00/1, Award (January 9, 2003), para. 199.

[7] *Supra* note 1, paras. 150, 157.

（四）MFN條款文字在解釋其適用範圍之功能

多數 MFN 條款僅明文規定，於「同類情況」下，各締約方對其他締約方之投資人／投資，應給予不低於其對任何第三國投資人／投資之待遇。然而，MFN 條款多未規定如何評估「待遇」之有利程度，投資人（仲裁聲請人）是否僅需證明地主國存有給予更優惠待遇之義務或地主國與第三國之 IIA 中存有更有利之保障標準？抑或是須證明地主國與第三國之 IIA 給予投資人更優惠之待遇？

部分學者認為，仲裁庭應評估地主國給予 A 國投資人及 B 國投資人之「整體待遇」。亦即，當基礎協定之特定條款給予投資人較不利之待遇，然整體基礎協定之待遇仍更為優惠時，即治癒特定不利待遇之瑕疵。惟仲裁實務普遍不認同此見解，認為欲進行整體性評估是不切實際的，且將對投資法領域帶來極大的不可預測性。*Daimler v. Argentina* 一案仲裁庭即強調，投資人得自地主國與第三國簽署之協定中挑選較有利之條款，而不受該協定中較嚴格之管轄權條款限制。[8]

關於「同類情況」之認定，於投資人依基礎協定 MFN 條款援用其他協定較有利之規範時，仲裁庭通常不會評估「同類性」議題。然而，在投資人主張地主國於實務運作中給予歧視待遇時，「同類性」議題便顯得相當重要。在此等案件中，仲裁庭將檢視仲裁聲請人與第三國投資人是否處於「同類情況」，並聚焦在授予處於「同類情況」之第三國投資人較有利之待遇是否出於合理、合法、符合比例之政策目的，而可被正當化。

此外，依 MFN 條款援引更優惠之待遇，亦受同類解釋原則（the *ejusdem generis* principle）限制，只能在與基礎協定相同或者相似之事項範圍內適用，而不得逾越基礎協定所規範事項範圍。惟各仲裁庭對於同類解釋原則之看法並不相同。於 *Paushok v. Mongolia* 一案，仲裁庭以基礎協定無傘狀條款為由，駁回 Paushok 依 MFN 條款援用其他協定傘狀條款之請求。[9]相

---

[8] *Daimler v. Argentina*, ICSID Case No. ARB/05/1, Award (August 22, 2012), para. 93.

[9] *Paushok v. Mongolia*, Award on Jurisdiction and Liability (April 28, 2011), para. 570.

反地，*MTD v. Chile* 一案仲裁庭則認為智利─丹麥 BIT 第 3.1 條傘狀條款被基礎協定之公平公正待遇條款涵蓋，落入 MFN 條款之適用範圍。

（五）MFN條款之新發展

近年來，ISDS 案件漸增，依據 UNCTAD 之統計，目前以投資協定為基礎之投資仲裁案已高達 1,190 件，[10] 不論是開發中或已開發國家，均曾經歷外國投資人以非預期之方式提起國際投資仲裁，近期亦有投資人針對地主國基於公共利益所採行之措施提出控訴，例如：*Philip Morris v. Uruguay*。因此，各國紛紛調整其投資協定模範範本，以降低被訴之風險。

針對 MFN 條款，UNCTAD 2017 年國際投資機制改革方案（Reform Package for the International Investment Regime）提出數項建議，包括：

1. 明定不得依 MFN 條款援引其他協定之實體條款或 ISDS 條款：此項設計之目的在於避免投資人可從不同的投資協定中挑選對自己最有利的條款，而危及個別協定談判成果，2019 年 6 月 30 日簽署之歐盟─越南投資保障協定第 2.4 條第 5 項 [11] 即採此種模式，該條文規定：地主國根據其與第三國簽訂的 IIA 所承擔之「實體義務」本身不構成「待遇」，但地主國根據這些義務所採取的「措施」（measures）將構成「待遇」。

2. 無 MFN 條款：近來有許多協定直接刪除 MFN 條款，例如：2015 年印度投資保障協定模範範本。

3. 設計保留或排除適用條款：此種設計常見於 MFN 條款適用至投資設立前

---

[10] UNCTAD, *supra* note 2.

[11] "For greater certainty, the term 'treatment' referred to in paragraph 1 does not include dispute resolution procedures or mechanisms, such as those included in Section B (Resolution of Disputes between Investors and Parties) of Chapter 3 (Dispute Resolution), provided for in any other bilateral, regional or international agreements. Substantive obligations in such agreements do not in themselves constitute 'treatment' and thus cannot be taken into account when assessing a breach of this Article. Measures by a Party pursuant to those substantive obligations shall be considered 'treatment'."

階段之投資協定，例如：2012 US Model BIT 第 14 條、台日投資保障協議第 8 條。

三、相關投資仲裁案例

（一）*MTD v. Chile*[12]

如前所述，*MTD v. Chile* 一案闡釋二種運用 MFN 條款作為實體保護標準之態樣。

MTD 受邀參與在智利 Pirque 市興建大計畫社區之合資案。1997 年，MTD 向智利外人投資委員會（Foreign Investment Commission，下稱 FIC）提出初始投資申請。FIC 批准 MTD 之投資申請，並與 MTD 簽署外人投資契約，其中載明投資專案開發地點、興建項目及設施。

此專案之基地位於農業區，需變更基地之使用分區，方得合法開發。Pirque 市同意此專案，並就土地使用分區變更及取得相關許可提供協助。但在其後程序中，執掌聖地牙哥大都會監管計畫（*Plano Regulador Metropolitano de Santiago*，下稱 PMRS）之住宅暨都市發展部（MINVU）官員告知 MTD，此開發案不符合都市發展政策。

Pirque 市議會於 1998 年通過分區計畫，市長於同年 8 月 11 日向部長級區域秘書處（*Secretario Regional Ministerial*，下稱 SEREMI）提交該計畫。然而 SEREMI 未實質評估分區計畫，即將計畫退回給 Pirque 市長。SEREMI 之函文表示，無法以分區計畫修訂 PMRS。MTD 請求 FIC 協助，惟 FIC 表示其職掌僅限於外資資金匯入智利之核准

MTD 遂將爭端提付仲裁，主張依馬來西亞—智利 BIT（下稱馬智 BIT）第 3(1) 條 MFN 條款，援引智利—克羅埃西亞 BIT（下稱智克 BIT）第 3(2) 條（要求地主國依其法規給予投資人必要的許可）及第 4(1) 條（締約方應

---

[12] *MTD Equity Sdn. Bhd. and MTD Chile S.A. v. Republic of Chile*, ICSID Case No. ARB/01/7, Award (May 25, 2004); *MTD Equity Sdn. Bhd. and MTD Chile S.A. v. Republic of Chile*, ICSID Case No. ARB/01/7, Decision on Annulment (March 21, 2007). 參考本書之案例摘要十八。

給予公平公正待遇，且應確保在實務運作中該等待遇不被妨礙）、智利—丹麥 BIT（下稱智丹 BIT）第 3(1) 條（締約方應遵循其就投資所承諾之義務）。

MTD 仲裁庭認為，MTD 可否依馬智 BIT MFN 條款援用智克 BIT 等 BIT 之條款，須視該等條款是否落入公平公正待遇之範疇。而公平公正待遇標準須以最有助於達成馬智 BIT 保障投資及創造有利於投資之條件之目的解釋。針對 MTD 依 MFN 條款援用智克 BIT 第 4(1) 條，仲裁庭認為，FIC 之職能係在與外人投資相關之部會間協調外人投資，相關法令規定 FIC 須執行最低程度之查核，核准位於特定地點之投資專案，將使投資人期待坐落於該地點之專案是可行的。依國際法，仲裁庭須將智利政府視為一體，各官員行為一致為智利之責任。然而，面對同一個投資人，FIC 及 MINVU 此二不同部門之行為並不一致。因此，仲裁庭認定，FIC 核准悖於都市發展政策之投資專案之行為，違反公平公正待遇義務。

對於 MTD 依 MFN 條款援用智丹 BIT 第 3(1) 條、智克 BIT 第 3(2) 條，仲裁庭予以駁回。仲裁庭認為，國際義務之違反應依國際法裁決，惟為證明違反之事實，可能需要考量內國法。仲裁庭區分「依地主國法規核發之許可」與「該些需要修改此等法規之行為」，當投資申請符合法規要求時，依馬智 BIT 及智克 BIT 第 3(2) 條，投資人應被授予許可。惟該等 BIT 條款並未賦予投資人變更地主國規範架構之權限，修改 PMRS 並非智克 BIT 第 3(2) 條所規定之權利，該條款僅係確保法規之適用，並確認地主國之義務為依其法規核發許可。故而，仲裁庭認定，智利不修訂 PMRS 之行為並未違反 BIT。

於仲裁判斷作成後，智利依 ICSID 公約第 52(1) 條聲請撤銷仲裁判斷，主張仲裁庭混淆馬智 BIT 第 3(1) 條公平公正待遇與 MFN。專門委員會認為，仲裁判斷中關於「其他可被解釋為是公平公正待遇之一部分之事項，即受 MFN 條款涵蓋」之論述，混淆馬智 BIT 第 3(1) 條前段之公平公正待遇概念與後段之 MFN。馬智 BIT 第 3(1) 條 MFN 條款之適用，並非僅限縮在地主國給予第三國投資人、可被視為落入公平公正待遇標準範疇之更優惠待遇。然仲裁庭對於馬智 BIT 第 3(1) 條之適用，並不影響本案之仲裁結果。

（二）*Maffezini v. Spain*[13] 及 *Plama v. Bulgaria*[14]

MFN 條款是否適用於爭端解決事項，乃投資仲裁實務中頗具爭議之議題。*Maffezini v. Spain* 及 *Plama v. Bulgaria* 二案仲裁庭就此持相反的見解，且此二仲裁庭之決定亦已引發國際投資法學界之廣泛討論。

此議題引發關注的原因有二個層次：第一，鑑於地主國其他 IIA 所規定之爭端解決方式較不繁重、較迅速或存有較多選項，故投資人尋求將 MFN 條款適用至爭端解決事項，以促進、加速爭端解決程序或擴大基礎協定之國際仲裁範圍。觀察投資仲裁實務，同一地主國在不同 IIA 中之事前同意仲裁範圍可能不同，例如社會主義國家或前社會主義國家在 1980 年代至 1990 年代初期所簽署之 IIA 中，限制可提付仲裁之請求權基礎是很常見的，尤其是限於徵收事項，諸如中國—葉門 BIT、中國—秘魯 BIT。此外，在仲裁先行程序上，亦有差異，例如，是否需先窮盡當地救濟。對於地主國而言，則欲透過否認 MFN 條款之適用，尋求限制仲裁庭管轄權之範圍；第二，當 MFN 條款不僅適用於實體協定標準，亦適用於爭端解決事項時，此不但擴張仲裁庭之管轄權範圍，亦使得橫跨為數眾多之 BIT 之國際投資法更為調和。

1. *Maffezini v. Spain*

Maffezini v. Spain 一案乃 ICSID 首次面臨 MFN 條款是否適用於爭端解決事項之議題。該案出現的第一個問題是，*Maffezini* 在提起仲裁前，是否已依西班牙—阿根廷 BIT（下稱西阿 BIT）先訴諸當地救濟 18 個月？或是其可依西阿 BIT 之 MFN 條款，適用西班牙—智利 BIT（下稱西智 BIT）更有利之爭端解決條款，無須先訴諸當地救濟，於 6 個月的協商期間經過後即可提付仲裁？

西阿 BIT 第 IV(2) 條規定，在本協定所規範之「所有事項」（in all

---

[13] *Maffezini v. The Kingdom of Spain*, ICSID Case No. ARB/97/7, Decision of the Tribunal on Objections to Jurisdiction (January 25, 2000). 參考本書之案例摘要十三。

[14] *Plama Consortium Limited v. Republic of Bulgaria*, ICSID Case No. ARB/03/24, Decision on Jurisdiction (February 8, 2005). 參考本書之案例摘要二十三。

matters），投資人之待遇不應低於各締約方給予第三國投資人在其領域內所為投資之待遇。*Maffezini* 仲裁庭駁回西班牙以下二項主張：(1) 西智 BIT 屬於他人之行為（*res inter alios acta*）；(2) 依同類解釋（*ejusdem generis*）原則，MFN 條款「所有事項」僅及於授予投資人待遇之實體事項或重大面向，而不適用於程序性或管轄權問題。

　　Maffezini 仲裁庭認為，MFN 條款連結基礎協定（即西阿 BIT）與西班牙所簽署之其他協定，且允許投資人在符合下列兩個要件時，以更有利之條件進入國際仲裁程序：(1) 西班牙與第三國所簽署之協定必須處理與基礎協定相同的議題，否則即屬他人之行為；(2)MFN 條款僅適用於依同類解釋原則落入該條款本身範圍內之較優惠待遇。

　　考量西阿 BIT 第 IV(2) 條涵蓋「所有事項」，*Maffezini* 仲裁庭認為，即便西阿 BIT 第 IV(2) 條未明文提到爭端解決，仍符合同類解釋原則。仲裁庭認為聲請人有權將本案爭端提交仲裁，而無須事前訴諸西班牙法院。西阿 BIT 中規範之事前訴諸國內法院之要求並未反映於條約文字、於條約相關之談判、其他法律安排或後續實踐中所考量之公共政策之基本問題。因此，仲裁庭認為其具有管轄權且有權審理本案。

　　然而，該案仲裁庭亦闡釋 MFN 條款適用之限制，認為該條款之受益人（特別是受益人為投資人時）不應凌駕於締約方之公共政策考量，該等考量係締約方可能已預想、作為同意仲裁之基本條件。此等公共政策考量包括下列特定要件：(1) 窮盡當地救濟；(2) 岔路條款；(3) 締約方已同意特定仲裁機構；及 (4) 已建立高度制度化之仲裁系統。*Maffezini* 仲裁庭表示，應區分適用 MFN 條款而取得之合法權利與利益之擴張，及破壞基礎協定條款之政策考量之協定濫用。

2. *Plama v. Bulgaria*

　　關於 MFN 條款是否適用於爭端解決事項，*Plama* 仲裁庭採用與 *Maffezini* 仲裁庭全然不同的路徑。*Plama* 仲裁庭所面臨之爭點，係 Plama 依保加利亞—賽普勒斯 BIT（下稱保賽 BIT）之規定，是否僅得將關於徵收補償數額之爭端依 UNCITRAL 仲裁規則提付仲裁？抑或得依保賽 BIT 之

MFN 條款，適用保加利亞所簽署、同意投資人可就任何違反協定之爭端提付 ICSID 仲裁之其他 BIT？

為決定 MFN 條款可否涵蓋保加利亞在其他 BIT 中更廣之同意仲裁範圍，*Plama* 仲裁庭聚焦於作為管轄權基礎、必須符合之地主國同意仲裁條件，而非依同類解釋原則解釋 MFN 條款。

保賽 BIT 第 3 條規定：「1. 各締約方給予其他締約方投資人在其領域內之投資之待遇，應不低於其給予第三國投資人之待遇；2. 此待遇不適用於任一締約方依其參與之經濟共同體及經濟同盟、關稅同盟或自由貿易區所給予第三國投資人之特別待遇（privileges）。」第 2 項提及「特別待遇」，可視為指明 MFN 待遇應被理解為與實體保障相關。因此，第 2 項證明第 1 項僅涉及與實體保障有關之條款，而排除與爭端解決相關之程序性條款。

Plama 仲裁庭強調，投資仲裁並未移除仲裁之基本前提條件——當事人之仲裁協議，該協議應清楚且明確，不論是在國際法或國內法，此乃廣為接受之原則。在 BIT 架構中，締約方事先就落入 BIT 範疇中之投資爭端給予仲裁同意，後由投資人接受，而達成仲裁協議。如仲裁協議是援引 MFN 條款而納入其他 BIT 之爭端解決條款，即對爭端雙方之仲裁意向是否清楚、明確產生質疑。保賽 BIT 之 MFN 條款不符合清楚且明確之仲裁協議要件。

Plama 仲裁庭表示，締約方對於特定協定之爭端解決條款，係以解決該協定下之爭端之觀點進行談判。不能推定締約方已同意透過納入在完全不同的脈絡下談判之其他協定之爭端解決條款，擴大該等條款。當簽訂 IIA 之特定爭端解決條款時，除非締約方明確同意，不能期待締約方允許在未來透過 MFN 條款，以不同的爭端解決條款取代該條款，此亦為現今一般公認之仲裁條款獨立性原則之一部分。因此，*Plama* 仲裁庭認為，應將 *Maffezini* 仲裁庭所提出、帶有多個例外之原則替換為只有一個例外之原則，即不能透過基礎協定中之 MFN 條款全部或部分納入其他協定之爭端解決條款，除非基礎協定之 MFN 條款明確表示締約方有意將之納入。

最後，*Plama* 仲裁庭指出，如將 MFN 條款適用於爭端解決事項，將導致投資人擁有在不同 BIT 中挑選條款之選擇權，尚未對此為具體同意之地主國將面臨大量、來自其所簽訂之不同 BIT 之爭端解決條款，此種混亂的

情形只會對國際投資法之調和產生反效果。

3.對國際投資法發展之影響

在這二個指標性案件 *Maffezini v. Spain* 及 *Plama v. Bulgaria* 之管轄權決定作成後，後續有許多案件之仲裁庭分別引用此二決定，投資仲裁實務在 MFN 條款是否適用於爭端解決事項之議題上，產生分裂。

Siemens v. Argentina[15] 等案件之管轄權決定依循 *Maffezini* 仲裁庭之見解，認為可透過 MFN 條款，規避基礎協定要求投資人進行當地救濟之仲裁先行條件。然 *Wintershall v. Argentina*、[16] *Kiliç v. Turkmenistan*[17] 等案件之仲裁庭則依循 *Plama* 仲裁庭之見解，認為不可透過 MFN 條款，以地主國在其他協定之仲裁同意取代地主國在基礎協定中關於仲裁庭管轄權之同意仲裁要件。

雖存有上述分歧，然不可忽略的是，投資仲裁實務一致認為，確認 MFN 條款是否適用於爭端解決事項，係條約解釋問題，仲裁庭原則上有權處理之；其次，仲裁實務同意應聚焦在 MFN 條款之文字，換言之，仲裁庭需依據各該案件所適用之 IIA 解釋。此為正確之解釋方式，蓋部分 IIA 明定 MFN 條款不適用於爭端解決事項，例如上述歐盟－越南投資保障協定第 2.4 條第 5 項。當 MFN 條款仍僅使用「更優惠待遇」（more favorable treatment）之中性文字，則屬較為棘手之案件。

第三，仲裁實務逐漸形成共識，在認定 MFN 條款是否適用於爭端解決事項時，並不存在解釋性推定（interpretive presumption）。如上所述，此乃條約解釋問題，與其他條款之解釋並無不同，不論是實體或程序條款。最後，對於 MFN 條款受到特定限制，已形成廣泛共識。除了明文規範之 MFN 例外，仲裁實務已一致認為，MFN 條款不能擴大投資協定之屬人、屬物及屬時之適用範圍（即仲裁管轄權之基礎），蓋協定之適用範圍一般是作

---

[15] *Siemens A.G. v. The Argentine Republic*, ICSID Case No. ARB/02/8, Decision on Jurisdiction (August 3, 2004). 參考本書之案例摘要三十。

[16] *Wintershall v. Argentina*, ICSID Case No. ARB/04/14, Award (December 8, 2008).

[17] *Kiliç v. Turkmenistan*, ICSID Case No. ARB/10/1, Award (July 2, 2013).

為 MFN 條款本身之限制。眾所爭論者，係仲裁同意是否立於與屬人、屬物及屬時適用範圍相同之位階，因而限制 MFN 條款之適用。

此外，仲裁實務分別依循 *Maffezini v. Spain* 及 *Plama v. Bulgaria* 仲裁庭之不同見解所引發之法理上分裂，雖顯示仲裁庭並非盲目地依循先例，然而，此將造成裁決欠缺合理預測性，法律引導、影響社會關係之能力將消失，對國際投資法體制之法律確定性及可預測性帶來極大的挑戰。

當仲裁實務及法理無法解決此分歧時，透過 IIA 締約方之政治決策解決應為解方。例如，阿根廷及巴拿馬在 *Siemens v. Argentina* 一案管轄權決定作成後，交換外交照會（diplomatic note），釐清其等間投資協定之 MFN 條款不適用於爭端解決。CETA 第 8.7 條第 4 項則明定 MFN 條款不適用於爭端解決。仲裁實務與 IIA 締約方就條約解釋之互動，不僅顯示 IIA 締約方能控制仲裁庭之造法，更展示此等互動如何使國際投資法更進一步之發展。有朝一日，此等互動可能不僅解決 *Maffezini v. Spain* 及 *Plama v. Bulgaria* 管轄權決定所造成之分裂，並使國際投資法更為調和。

另需注意者為，此項分裂使得仲裁人選任更為重要。主任仲裁人之選任在關鍵性案件中，可能變得更為困難，蓋爭端當事人如選任與其立場不同之仲裁人，將影響仲裁之成敗。因此，爭端當事人在仲裁人選任上，將花費更大心力。

（三）*Parkerings v. Lithuania*[18]

Parkerings 一案仲裁庭肯認，基於投資人投資專案之社會、文化與經濟影響，以及投資專案帶給地主國之成本與效益，地主國可能在投資人間給予合法之差別待遇。一旦地主國出於正當目的而為差別待遇，即不會被認定為違反 MFN。

隨著立陶宛自 1991 年起開始轉型為市場經濟體制，維爾紐斯市決定建立一座現代化之綜合停車系統，以控制交通並保護舊城區之完整性。維

---

[18] *Parkerings-Compagniet AS v. The Republic of Lithuania*, ICSID Case No. ARB/05/8, Award (September 11, 2007). 參考本書之案例摘要二十。

爾紐斯市隨後公告標案，由立陶宛公司 Egapris 與 Parkerings 之全資子公司 Baltijos Parkingas UAB（下稱 BP）組成共同投標團隊（下稱 Egapris 共同投標團隊）得標。

1999 年 12 月 30 日，Egapris 共同投標團隊與維爾紐斯市政府簽署特許權協議，授予 Egapris 共同投標團隊設計、興建及營運現代化整合性停車系統之權利。依特許權協議，Egapris 共同投標團隊應盡之義務包括：研擬公共停車計畫（下稱停車計畫），並提交予維爾紐斯市市議會審核；設計、興建及營運數個多層停車場；收取停車費；移轉其所收取之停車費之一部分等費用予市政府。維爾紐斯市政府則應授予 Egapris 共同投標團隊收取停車費等費用之權利，且須提供準備停車計畫所需之資料。

在特許權協議簽署後，數個事件影響協議之履行，包括：1. 在立陶宛國家政府代表向維爾紐斯地區行政法院提起之訴訟中，法院認定，允許 Egapris 共同投標團隊收取並保留停車費之一部分之特許權協議違反立陶宛法令；2. 立陶宛通過第 1056 號法令，廢除 1991 年 7 月 26 日關於核准強制拖吊或對車輛上停車鎖法令；3. 立陶宛議會通過法令，禁止市政府與私營實體簽署聯合活動協議（Joint Activity Agreement，下稱聯合協議）；4. 就 Egapris 共同投標團隊所提出、在聯合國教育、科學及文化組織（UNESCO）指定為世界遺產之維爾紐斯市舊城區興建多層停車場之計畫，數個政府機關表示反對。

鑑於此等事件影響特許權協議之合法性，締約雙方決定重新協商協議內容，然於歷經超過一年之時間後，維爾紐斯市政府以 Egapris 共同投標團隊未如期提交停車計畫等理由終止特許權協議。Parkerings 遂提起 ICSID 仲裁。

Parkerings 主張立陶宛違反立陶宛—挪威 BIT（下稱立挪 BIT）第 IV 條 MFN 義務，給予處於同類情況之外國投資人 Pinus 較優惠之待遇，包括：1. 與 Pinus 簽署協議，允許其於舊城區興建多層停車場，卻否准 Egapris 共同投標團隊在同一區域興建停車場；2. 維爾紐斯市政府為避開不得與私營實體簽署聯合協議之法令限制，改與 Pinus 簽署合作協議，然卻拒絕與 Egapris 共同投標團隊簽署合作協議。

Parkerings 仲裁庭認為，當地主國給予處於「同類情況」之其他外國投

資人差別待遇時，即違反 MFN 義務。為判斷 Parkerings 與 Pinus 是否處於「同類情況」，仲裁庭認為應檢視下列三點：1. Pinus 是否為外國投資人；2. Pinus 與 Parkerings 是否處於同一商業或經濟領域；3. 立陶宛是否基於正當理由而為差別待遇。

　　雖 Pinus 確由荷蘭籍公司所持有，符合 BIT 之投資人定義，且 BP 及 Pinus 皆從事停車場建設及管理，屬於同一商業或經濟領域。然而，BP 於 Gedimino 之多層停車場專案延伸至 UNESCO 所指定之舊城區，開發規模較大，且鄰近維爾紐斯主教座堂之文化敏感區域，故其專案對於舊城區之潛在負面影響增加。因此，仲裁庭認定，BP 於 Gedimino 之停車場專案與 Pinus 之專案並無近似性。立陶宛對 BP 及 Pinus 之差別待遇係出於正當理由。關於 BP 之 Pergales 多層停車場專案，*Parkerings* 仲裁庭採取類似之論理。仲裁庭認為，Pinus 和維爾紐斯市政府間合作協議之內容與 BP 提出之合作協議草案存有重大差異，此等差異可合理化二者間所受之不同待遇。綜上，仲裁庭認定立陶宛未違反 MFN 義務。

第九章 公平公正待遇

一、基本概念

　　公正公平待遇（fair and equitable treatment，下稱 FET）是 IIA 實體條款中最常受到引用及論辯的規範。依據 UNCTAD 之統計，在 2,584 個足資查證的 IIA 中，有超過 2,500 個含有 FET 條款；[1] 目前以 IIA 為基礎之投資仲裁案共 1,190 件，而在已知案情之 703 件中，投資人主張地主國違反 FET 之案件數高達 604 件，仲裁庭認定違反 FET 案件數為 168 件。[2]

　　但絕大多數 IIA 的相關條文，簡單得令人意外，可能只有幾個提到公平、公正、合理等的字詞，或是用不同的組合來形容這個概念。[3] 有的 IIA 的 FET 條文看似是完全獨立、完整的義務，似乎只能在這幾句文字中尋求標準；[4] 相對的是「限制性」的描述方式，以連結「國際最低待遇標準」（international minimum standard of treatment）或習慣國際法，表明 FET 不是獨立、新設的概念，而必須在前述的框架下解釋之。[5] 隨著案例的增加及

---

[1] UNCTAD, Investment Policy Hub, Mapping of IIA Content, available at: https://investmentpolicy.unctad.org/international-investment-agreements/iia-mapping.

[2] UNCTAD, Investment Policy Hub, Investment Dispute Settlement Navigator, available at: https://investmentpolicy.unctad.org/investment-dispute-settlement.

[3] 例如，立陶宛—挪威 BIT（1992），使用的是「公正及合理待遇」（equitable and reasonable treatment）；參考 *Parkerings-Compagniet AS v. The Republic of Lithuania*, ICSID Case No. ARB/05/8, Award (September 11, 2007), paras. 268-346.

[4] 例如，模里西斯—阿拉伯聯合大公國 BIT（2015），Article 3: Protection of investments

1. Investments and returns of investors of either Contracting Party shall at all times be accorded fair and equitable treatment in the territory of the other Contracting Party.

[5] 例如，白俄羅斯—墨西哥 BIT（2008），Article 5: Minimum Standard of Treatment

1. Each Contracting Party shall accord to investments of investors of the other Contracting Party treatment in accordance with customary international law, including fair and equitable treatment and full protection and security. 台日投資保障協議（2012），第 4 條：

詮釋的分歧，認眞協商 IIA 的國家，可能訂出詳盡的 FET 條款，如 2012 US Model BIT 的第 5 條。[6]

---

1. 任一方投資人及其投資在他方領域內之相關投資活動，應受到不低於任何其他國家或區域之投資人及其投資在同類情況下所受到之待遇。

2. 爲本協議規範之明確性，第一款所稱之待遇，不包括在國際條約或協定下，給予任何其他國家或區域之投資人及其投資關於爭端解決機制之待遇。

[6] Article 5 (Minimum Standard of Treatment) of 2012 US Model BIT:

1. Each Party shall accord to covered investments treatment in accordance with customary international law, including fair and equitable treatment and full protection and security.

2. For greater certainty, paragraph 1 prescribes the customary international law minimum standard of treatment of aliens as the minimum standard of treatment to be afforded to covered investments. The concepts of "fair and equitable treatment" and "full protection and security" do not require treatment in addition to or beyond that which is required by that standard, and do not create additional substantive rights. The obligation in paragraph 1 to provide:

   (a) "fair and equitable treatment" includes the obligation not to deny justice in criminal, civil, or administrative adjudicatory proceedings in accordance with the principle of due process embodied in the principal legal systems of the world; and

   (b) "full protection and security" requires each Party to provide the level of police protection required under customary international law.

3. A determination that there has been a breach of another provision of this Treaty, or of a separate international agreement, does not establish that there has been a breach of this Article.

4. Notwithstanding Article 14 [Non-Conforming Measures](5)(b) [subsidies and grants], each Party shall accord to investors of the other Party, and to covered investments, non-discriminatory treatment with respect to measures it adopts or maintains relating to losses suffered by investments in its territory owing to armed conflict or civil strife.

5. Notwithstanding paragraph 4, if an investor of a Party, in the situations referred to in paragraph 4, suffers a loss in the territory of the other Party resulting from:

   (a) requisitioning of its covered investment or part thereof by the latter's forces or authorities; or

   (b) destruction of its covered investment or part thereof by the latter's forces or authorities, which was not required by the necessity of the situation, the latter Party shall provide the investor restitution, compensation, or both, as appropriate, for such loss. Any compensation shall be prompt, adequate, and effective in accordance with Article 6

　　但即便 IIA 有詳盡的 FET 條款，在具體案例中仍然衍生正反極大對立的解釋，主要原因就是 FET 條款本身無法將所有規範情境都一一列出、規定。因此，每個案件的仲裁庭都必須仔細分析該案 IIA 之 FET 條文文義，與其他 IIA 的條文比較，從仲裁案例中找出相關的判斷標準，然後與本案的事實連結適用，才能得出符合 IIA 締約方原意的規範效果。

　　相較於國民待遇或最惠國待遇係以比較性之方式，保障投資人享有不低於地主國給予其國民或第三國國民之待遇，FET 屬於絕對標準。即便地主國沒有違反國民待遇或最惠國待遇義務，仍然可能違反在國際投資法下的 FET 義務。

　　FET 的內涵，依據目前已有的案例，至少包括三個概念：保護投資人的「正當期待」（legitimate expectation，亦有稱爲「正當合理期待」），不得「拒絕正義」（denial of justice），以及不得有「恣意歧視待遇」（arbitrary and discriminatory treatment）。每個概念都有習慣國際法之淵源，在具體個案中，仲裁庭或法院的論述可能精準地區分這幾個概念，也可能含括、統合地使用這些字詞，以下分別討論之。

二、國際投資法之規範

（一）FET與習慣國際法

　　在實際投資爭端案件中，關於 FET 是否包含在習慣國際法外國人最低待遇標準之內或 FET 是否爲一項獨立於習慣國際法之義務，仲裁實務之看法分歧。美國—墨西哥求償委員會（the United States-Mexico General Claims Commission）於 *Neer v. United Mexican States* 一案[7] 對於最低待遇標準之論

[Expropriation and Compensation] (2) through (4), mutatis mutandis.

6. Paragraph 4 does not apply to existing measures relating to subsidies or grants that would be inconsistent with Article 3 [National Treatment] but for Article 14 [Non-Conforming Measures] (5)(b) [subsidies and grants].

[7] *Neer v. United Mexican States* (U.S. v. Mex.), 4 R.I.A.A. 60, 60-66 (Gen. Claims Comm'n

述，成爲後來學者意見交流之核心。該案之背景事實爲，在墨西哥工作之美國公民 Neer 被武裝團體殺害，墨西哥有關機關於司法調查過程中未盡責，最終釋放所有嫌疑人，美國遂於美國─墨西哥求償委員會提出控訴。該委員會認爲，雖墨西哥在案件調查過程中可以使用更好的方法，然墨西哥有關機關並未以相當於暴行或惡意漠視義務之方式回應，因而裁決墨西哥勝訴。

在 Neer 案沉寂近 80 年後，NAFTA 仲裁庭重新檢視 Neer 標準。在 NAFTA 生效後，一系列 ISDS 案件涉及 NAFTA 第 1105(1) 條[8]之解釋，部分案件之仲裁庭沿用 Neer 標準，部分則觀察自 1926 年開始發展之習慣國際法最低待遇標準，並認爲 Neer 標準應僅限於刑事案件中之國家行爲。*S.D. Meyers v. Canada* 一案仲裁庭認爲 FET 等同源自 Neer 標準之國際法最低待遇標準。[9] *Pope v. Canada* 一案仲裁庭則表示 FET 高於國際最低標準。[10]爲回應各仲裁庭之不同見解，NAFTA 自由貿易委員會（NAFTA Free Trade Commission，下稱FTC）於 2001 年 7 月 31 日公布解釋第 1105 條之註釋（FTC Note），內容爲：第 1105(1) 條規定以習慣國際法外國人最低待遇標準作爲提供給締約他方投資人之投資的最低待遇標準，FET 並不要求超過或高於習慣國際法外國人之最低待遇標準。[11] 在後續投資仲裁案件中，仲裁庭一般認爲 FTC Note 具拘束力，美國亦將此註釋整合至其 Model BIT 中。

（二）FET規範模式

觀察目前國際上常見之 FET 條款規範模式，大致可分爲三類：

1926).

[8] Article 1105(1) (Minimum Standard of Treatment) of the NAFTA:
Each Party shall accord to investments of investors of another Party treatment in accordance with international law, including fair and equitable treatment and full protection and security.

[9] *S.D. Meyers Inc. v. Canada*, UNCITRAL, Partial Award (November 13, 2000).

[10] *Pope & Talbot Inc. v. The Government of Canada*, UNCITRAL, Award on Merits of Phase 2 (April 10, 2001).

[11] US Department of State, Interpretation of the Free Trade Commission of Certain Chapter 11 Provisions, available at: https://2009-2017.state.gov/documents/organization/38790.pdf.

1. FET不要求超過或高於習慣國際法對外國人之最低待遇標準

　　目前美國所主導之 IIA 的 FET 條款，例如：2012 US Model BIT 第 5 條[12] 及 USMCA 第 14.6 條，[13] 均依循 FTC Note，明定 FET 並不要求超過或高於習慣國際法外國人之最低待遇標準，亦未創設額外的實體權利。此外，2012 US Model BIT 第 5 條及 USMCA 第 14.6 條均以註解方式，表示該條款應依據協定之附件（習慣國際法）解釋。該等附件規定，習慣國際法外國人最低待遇標準係指保護外國人投資之所有習慣國際法原則。[14]

---

[12] *Supra* note 6.

[13] Article 14.6 (Minimum Standard of Treatment) of the USMCA:

1. Each Party shall accord to covered investments treatment in accordance with customary international law, including fair and equitable treatment and full protection and security.

2. For greater certainty, paragraph 1 prescribes the customary international law minimum standard of treatment of aliens as the standard of treatment to be afforded to covered investments. The concepts of "fair and equitable treatment" and "full protection and security" do not require treatment in addition to or beyond that which is required by that standard, and do not create additional substantive rights. ...

[14] Annex A (Customary International Law) of 2012 US Model BIT:

The Parties confirm their shared understanding that "customary international law" generally and as specifically referenced in Article 5 [Minimum Standard of Treatment] and Annex B [Expropriation] results from a general and consistent practice of States that they follow from a sense of legal obligation. With regard to Article 5 [Minimum Standard of Treatment], the customary international law minimum standard of treatment of aliens refers to all customary international law principles that protect the economic rights and interests of aliens. USMCA 附件 14-A 之文字與 2012 US Model BIT 附件 A 之文字大致相同。

2. 列舉違反FET之態樣

CETA 投資章第 8.10 條、[15] 歐盟—越南 IPA 第 2.5 條、[16] 歐盟—新加坡

---

[15] Article 8.10 (Treatment of investors and of covered investments) of the CETA:

1. Each Party shall accord in its territory to covered investments of the other Party and to investors with respect to their covered investments fair and equitable treatment and full protection and security in accordance with paragraphs 2 through 7.

2. A Party breaches the obligation of fair and equitable treatment referenced in paragraph 1 if a measure or series of measures constitutes:

   (a) denial of justice in criminal, civil or administrative proceedings;

   (b) fundamental breach of due process, including a fundamental breach of transparency, in judicial and administrative proceedings;

   (c) manifest arbitrariness;

   (d) targeted discrimination on manifestly wrongful grounds, such as gender, race or religious belief;

   (e) abusive treatment of investors, such as coercion, duress and harassment; or

   (f) a breach of any further elements of the fair and equitable treatment obligation adopted by the Parties in accordance with paragraph 3 of this Article.

3. The Parties shall regularly, or upon request of a Party, review the content of the obligation to provide fair and equitable treatment. The Committee on Services and Investment, established under Article 26.2.1(b) (Specialised committees), may develop recommendations in this regard and submit them to the CETA Joint Committee for decision....

[16] Article 2.5 (Treatment of Investment) of the EU-Vietnam IPA:

1. Each Party shall accord fair and equitable treatment and full protection and security to investors of the other Party and covered investments in accordance with paragraphs 2 to 7 and Annex 3 (Understanding on the Treatment of Investments).

2. A Party breaches the obligation of fair and equitable treatment referred to in paragraph 1 where a measure or series of measures constitutes:

   (a) a denial of justice in criminal, civil or administrative proceedings;

   (b) a fundamental breach of due process in judicial and administrative proceedings;

   (c) manifest arbitrariness;

   (d) targeted discrimination on manifestly wrongful grounds, such as gender, race or religious belief;

   (e) abusive treatment such as coercion, abuse of power or similar bad faith conduct; or

   (f) a breach of any further elements of the fair and equitable treatment obligation adopted by

IPA 第 2.4 條 [17] 等歐系協定則列舉出違反 FET 之態樣，包括：(1) 拒絕提供刑事、民事或行政救濟程序；(2) 正當程序之重大違反；(3) 明顯專斷之行為；(4) 騷擾、政治威迫、濫權或類似的惡意行為。此等態樣反映國際投資仲裁先例之內容，目的在使 FET 之標準更為明確。同時，為使投資人實體保障內容與時俱進，相關協定均規定，締約方日後得提出檢視 FET 義務內容之請求，進而決定是否修正 FET 條款之內涵。

3. 僅列舉違反習慣國際法之型態，未提及FET

　　部分國家認為投資仲裁庭往往將 FET 義務解釋過廣，因而逐步限縮 FET 條款，例如：印度 2015 年投保協定模範範本第 3.1 條僅列舉出四種違

---

　　　　the Parties in accordance with paragraph 3.

3. Treatment not listed in paragraph 2 may constitute a breach of fair and equitable treatment where the Parties have so agreed in accordance with the procedures provided for in Article 4.3 (Amendments). ...

[17] Article 2.4 (Standard of Treatment) of the EU-Singapore IPA:

1. Each Party shall accord in its territory to covered investments of the other Party fair and equitable treatment and full protection and security in accordance with paragraphs 2 to 6.

2. A Party breaches the obligation of fair and equitable treatment referenced in paragraph 1 if its measure or series of measures constitute:

   (a) denial of justice in criminal, civil and administrative proceedings;

   (b) a fundamental breach of due process;

   (c) manifestly arbitrary conduct;

   (d) harassment, coercion, abuse of power or similar bad faith conduct.

3. In determining whether the fair and equitable treatment obligation, as set out in paragraph 2, has been breached, a Tribunal may take into account, where applicable, whether a Party made specific or unambiguous representations to an investor so as to induce the investment, that created legitimate expectations of a covered investor and which were reasonably relied upon by the covered investor, but that the Party subsequently frustrated.

4. The Parties shall, upon request of a Party or recommendations by the Committee, review the content of the obligation to provide fair and equitable treatment, pursuant to the procedure for amendments set out in Article 4.3 (Amendments), in particular, whether treatment other than those listed in paragraph 2 can also constitute a breach of fair and equitable treatment.···

反習慣國際法之型態，而未提及 FET，[18] 此種規範模式似將使習慣國際法中對於外國人之最低待遇標準無法與時俱進。相較於印度 2003 年投保協定模範範本第 3.2 條明定 FET 義務，推測此修正之目的在於減縮地主國義務範圍，以降低潛在之 ISDS 控訴。

（三）FET之內涵：正當期待

1. 正當期待之起源

　　於認定地主國是否違反 FET 時，投資仲裁庭常以「正當期待」作為判斷基準。「正當期待」係指投資人基於法安定性之要求及政策連續性的信賴，對政府行為所產生的合理期待及相關利益。

　　多數 IIA 之 FET 條款並未納入「正當期待」之文字，投資仲裁庭常援引採用該概念之仲裁先例，作為適用「正當期待」之依據。雖仲裁判斷僅於爭端當事人間有拘束力，惟事實上國家及投資人在適用國際投資法時多仰賴仲裁法理，爭端方通常會在訴狀中援用支持其主張之仲裁先例。觀察投資仲裁實務，很難找到投資人未主張「正當期待」受侵害之案件。雖個案仲裁庭就「正當期待」之概念有諸多的闡釋，惟至今似尚未建立一個具系統性且嚴密之審查架構。

　　此概念源自內國行政法之一般法律原則，蘊含在多數法律體系中，例如：我國行政程序法第 8 條後段「信賴保護原則」。一般性原則在國際投資仲裁中有兩層意涵，第一，一般性原則得為適用實體問題之法源，例如：ICSID 公約第 42 條規定，仲裁庭應依據爭端雙方合意適用之法規裁決爭端，

---

[18] Article 3.1 Model Text for the Indian Bilateral Investment Treaty:

No Party shall subject investments made by investors of the other Party to measures which constitute a violation of customary international law through:

(i) denial of justice in any judicial or administrative proceedings; or

(ii) fundamental breach of due process; or

(iii) targeted discrimination on manifestly unjustified grounds, such as gender, race or religious belief; or

(iv) manifestly abusive treatment, such as coercion, duress and harassment.

如無該等合意存在，仲裁庭應適用爭端締約方之法律及「可適用之國際法原則」，「可適用之國際法原則」即包含法律原則。此外，IIA 中之適用法條款（applicable clause）通常會提及一般國際法原則，例如：荷蘭—委內瑞拉 BIT 第 9.5 條；第二，依一般性原則適用或解釋 FET 條款，例如：2012 US Model BIT 第 5.2 條規定締約方負有依世界主要法律體系內之正當程序原則，不得在刑事、民事或行政審判程序拒絕正義之義務。

2. 正當期待之基礎

　　投資人係以投資時之一般法律管制架構或政府之特定行為（諸如地主國之口頭／書面聲明、承諾、法規）作為決定投資之基礎，並據以預測投資行為之成果，一旦該等信賴基礎發生變化致投資人受到負面影響，投資人即可能依 IIA 之 ISDS 機制提起投資仲裁。數個 NAFTA 仲裁庭認為正當期待之要件有四：(1) 存有地主國所為之行為；(2) 投資人信賴該等行為作成投資；(3) 此等信賴是合理的；(4) 地主國後續否認該等行為，投資人因此蒙受損害。

　　觀察投資仲裁先例，對於投資人因國家行為所生之期待，似可區分行為態樣而給予不同程度之保護，可能的態樣包括：契約、地主國單方陳述，及一般管制架構等。

(1) 契約

　　在所有的法律體系中，契約為典型之法律文件，係契約各方當事人審慎洽商之結果，使彼此間之權利義務明確化，法律關係具穩定性及可預測性，投資人因此而生之期待值得獲取較高程度之保護。當地主國一方面與外國投資人締結投資契約，另一方面卻拒絕核發投資人履約、開發所需之相關許可時，即可能有違反投資人正當期待之疑慮。

　　然而，即便投資人期待地主國履約，惟該等期待落空本身未必即等同地主國違反 FET 義務，IIA 所保護之正當期待與單純履約期待仍有差異。換言之，除地主國不履約外，如不存在其他額外因素，契約期待之落空並不受 FET 之保護，此等見解與國家責任之一般法律原則「國家違約本身不構成國際法之違反」一致。依據投資仲裁先例，該等額外的因素似包括：地主國之違約行為涉及主權之行使、地主國全面且不合理地否認交易（outright and unjustified repudiation of the transaction），或在投資人面臨拒絕正義、歧視等特定情況。

(2) 地主國單方陳述

實務上，常見投資人主張地主國違反特定承諾或陳述致其遭受損害，爭端事實態樣可能包括：契約及地主國用以強化契約承諾之非正式陳述、地主國在一般管制架構之保障外另爲之陳述及純粹片面陳述。認定是否違反 FET 之關鍵在於一項承諾、保障或確認函（comfort letter）可否作爲正當期待之基礎，如答案爲肯定，接續的問題是該等期待之強度。

仲裁庭認爲地主國之單方陳述需具一定程度之特定性，投資人方得據以主張合理期待。地主國之承諾是否特定，需考量其目的、內容明確性、表現形式，審酌該等陳述是否針對個別投資人，而非對多數投資人所爲。相關陳述須帶有誘發投資之目的。此外，投資人之行爲亦爲評估投資人期待合理性之重要因素，例如：投資人未完整揭露投資計畫之內容，致地主國政府錯誤解讀而出具投資適法之法律意見，即應認爲投資人無值得保護之合理期待。

地主國在一般管制架構之外，以投資資訊備忘錄等形式直接對投資人所爲之一般性投資獎勵政策亦可能作爲合理期待之基礎。然而，仰賴該等文件產生正當期待之具體效果難以評估，蓋對於仲裁庭而言，認定之重點在於地主國有無違反管制架構中對於投資人所爲保證。

(3) 一般管制架構

除前述兩種情形外，投資人經常主張決定投資時之一般管制架構爲其合理期待之基礎，地主國事後變更管制架構破壞該等期待。認定有無違反 FET 之關鍵，在於投資人被賦予合理期待該等管制架構在投資作成後不變動之程度。

早期的仲裁實務認爲，FET 蘊含管制架構穩定性要素，國家負有維持穩定架構之義務。然而，由於在該等案件中，投資人亦同時主張地主國不應片面調整、撤銷其所核發之執照。該等執照被視爲管制架構之一部分，相較於一般法規，具有個別化之特性。因此，難以正確評估仲裁庭於認定有無違反 FET 時將該等執照納入考量之程度。

漸漸地，有仲裁庭認爲地主國規制權不因簽署 IIA 而被凍結或限制，投

資人不應期待投資作成時之管制架構完全不變動，由相關法律盡職調查應可預知法規會隨環境變動，因此進行投資時應將潛在的法律變動納入考量。於地主國曾對投資人保證不變動法規架構（例如：契約之穩定性條款）時，投資人方得就法規變動之損害請求賠償。惟當地主國之管制架構變動劇烈或具歧視性時，即便不存在穩定性條款或其他特定承諾，亦可能被仲裁庭認定為破壞投資人之正當期待。

3. 投資人期待與地主國規制權之平衡

如前所述，近年來，投資仲裁實務更聚焦在投資人合理期待及管制架構變動間之平衡。一般而言，仲裁庭強調投資人之期待須「合理」，於評估期待之合理程度時，仲裁庭將個案之所有情況納入考量，包括：地主國之發展水平、政治、社會經濟及文化因素。吸引投資人赴開發中國家投資之原因之一為較高的資本報酬率，然投資環境之不穩定性亦較高，係投資人進行投資時即須考量之因素，審酌投資人期待之合理性時應將此納入考量。投資人不應期待地主國不修正法規，尤其是各種利益團體關切之領域，例如：菸草業、開礦業等涉及環境、衛生之產業。

從上述分析可知，過去的仲裁實務將焦點集中在地主國在投資人進行投資前所簽署之投資契約、意向書等文件，審酌內容是否具體、明確，使投資人有較高之合理期待，而創造投資人在 IIA 下 ISDS 機制之請求權基礎。

同理，為降低地主國被控違反投資協定之風險，似可藉由設計投資人認知切結書之內容平衡其正當期待與地主國規制權。如投資人或地主國之認知切結書能援引 IIA 且用語明確（例如：CPTPP 投資章第 9.6(4) 條、[19] USMCA 投資章第 14.6(4) 條 [20] 規定，僅是締約一方採取或未能採取行動而不符合投資人期待之事實，即便造成含括投資蒙受損失或損害，不構成最低待遇標準

---

[19] Article 9.6(4) (Minimum Standard of Treatment) of the CPTPP:

For greater certainty, the mere fact that a Party takes or fails to take an action that may be inconsistent with an investor's expectations does not constitute a breach of this Article, even if there is loss or damage to the covered investment as a result.

[20] USMCA 第 14.6(4) 條與前註 CPTPP 第 9.6(4) 條文字相同。

之違反），進而降低投資人之合理期待，並限縮投資人主張權利的可能性。

（四）FET之內涵：拒絕正義

　　即便「拒絕正義」至今尚無明確的定義，當地主國拒絕外國人利用司法程序追求正義即違反國際法義務之見解，已被廣泛承認。一般而言，「拒絕正義」之討論聚焦在司法行政之程序公平性，可能涉及地主國法院、立法或行政機關之作為或不作為。雖然「拒絕正義」一般是涉及程序事項，但在極端的案例中，法院未依循程序作成明顯錯誤之裁決，即反映整體司法系統失靈，而非僅是個案裡的法律適用錯誤（a mistake of law）。國家被要求提供公平、合理且有效率的司法機制，一旦發生「拒絕正義」之情事，即應檢視整體系統以矯正錯誤。

　　當代 IIA 之內容多為禁止歧視及要求給予 FET，依據習慣國際法保護投資人，使「拒絕正義」這個歷史悠久的概念得隨時代演進。近年來，因IIA 數量大幅增加，以「拒絕正義」為基礎控訴之案件也隨之增加。後述的 *Mondev* 一案即涉及投資人控訴麻州法院拒絕正義。

　　由於投資人指控地主國拒絕正義的案件持續累積，仲裁庭處理此種案件時對於習慣國際法之認定不一，有些國家在訂定 IIA 時試圖以較明確的規定避免「意外」的解釋方法。前述二（二）2. 歐盟的規範方式即是一例，又例如 2004 US Model BIT、2012 US Model BIT 的第 5.2(a) 條之規定：「公平公正待遇包括依據世界上主要法律體系中固有的正當程序原則，在刑事、民事或行政訴訟程序中不拒絕給予正義之義務」（"fair and equitable treatment" includes the obligation not to deny justice in criminal, civil, or administrative adjudicatory proceedings in accordance with the principle of due process embodied in the principal legal systems of the world）。[21]

---

[21] *Supra* note 6.

（五）FET之內涵：恣意歧視待遇

相對於正當期待、拒絕正義等概念，仲裁庭在審視地主國公平公正待遇義務時，較少直接以「恣意歧視待遇」爲重點，即使比較詳盡的 IIA 中有具體的要求。[22] 似乎其他爭點的討論及關注「掩蓋」了恣意歧視待遇的光芒，雖然此概念甚至比「正當期待」還更早被主張及討論，例如國際法院 1989 年的 *ELSI* 案。[23] 主要原因是恣意歧視待遇的違反不容易證明，仲裁庭必須仔細分析 IIA 所規定的各項義務，並且完整檢視地主國自始至終的所有行爲，以及與投資人的互動歷程，才能判斷地主國是否有恣意或歧視性行爲。換言之，地主國以各樣政策理由、公共利益、時空環境特殊性、投資人自身的問題，比其他 FET 概念容易迴避恣意歧視待遇的指控。

此外，由於 IIA 皆有關於國民待遇及最惠國待遇之禁止歧視條款，仲裁庭在處理投資人指控地主國歧視措施之爭點上，往往將之置於國民待遇或最惠國待遇義務下檢視之。但若是投資人特定指出地主國所違反的，是 FET 之下、源自習慣國際法最低待遇標準的義務，仲裁庭就必須在這個基礎上審視判斷之。因此，仲裁庭在具體案件中的判斷標準，取決於投資人所指控之歧視措施是否基於「國籍」，換言之，即地主國的措施在外國／本國或是 A 國／ B 國投資人之間造成差異；若屬於此類，則以國民待遇及最惠國待遇條款處理之。但若非以國籍爲區分標準，例如基於種族、宗教、政治、區域（sectional）所給的差別待遇，則屬於 FET 下所處理的歧視行爲。

Lemire 一案〔詳後述三（四）〕是 ICSID 投資仲裁案中少數以恣意歧視待遇爲重點的仲裁判斷，其中論述：恣意歧視待遇與 FET 的關係；歧視性待遇的標準；恣意行爲的定義及樣態；恣意歧視行爲與其他概念的關聯，包括正當期待、法令政策透明性、政府機關的獨立性，以及系統性及個別行

---

[22] 例如，歐盟—新加坡 IPA 第 2.4 條等歐系協定則列舉出違反 FET 之態樣，包括：……(c) 明顯專斷之行爲。*Supra* note 17.

[23] *Elettronica Sicula S.p.A* (ELSI), Judgment, I.C.C. Reports 1989. *See also*, Ursula Kriebaum, "Arbitrary/Unreasonable or Discriminatory Measures," in Marc Bugenberg, Jorn Griebel, Stephan Hobe and August Reinisch (eds.), International Investment Law 790-806, 2015.

爲的瑕疵（systemic and transactional deficiencies）。

整體而言，*Lemire* 案的仲裁庭認爲，是否構成恣意歧視待遇，必須以更廣的框架來權衡評量，包括地主國的經濟發展以及正當權利之行使。換言之，IIA 之目的不僅是保護投資人，也必須兼顧地主國國民及企業之權益。有論者認爲此項論述顯示的意義是：禁止恣意歧視之義務，是國家正當主權權利的「外部界限」（outer limits），而非 IIA 締約國所設定的理想標準。[24]

三、相關投資仲裁案例

（一）*Tecmed v. Mexico*[25]

在國際投資法領域，當大家談論到 FET 時，多半或連結到「正當期待」，似乎是頗有歷史淵源的法律概念。令人意外的是，這個用語的首次出現，是在 2003 年的 *Tecmed v. Mexico* 一案仲裁判斷。在國際投資法的發展歷程，或是 ICSID 五十餘年的運作中，正當期待其實是相對晚近的概念，並且仍在發展狀態。

美國投資人 Tecmed 公司標得墨西哥 Sonora 州一座有毒工業廢棄物掩埋場（下稱掩埋場）之經營權，墨西哥國家生態機構（National Ecology Institute，下稱 INE）將既有且無期限之營運執照核發給 Tecmed 之子公司 Cytrar。然而，INE 隨即重新核發執照，將營運期限降爲一年。而後 INE 更新執照，將期限延展至 1998 年 11 月 19 日。由於墨西哥一項新法規定掩埋場須距離大於 1 萬名居民之社區至少 25 公里，惟 Tecmed 經營之掩埋場僅距離 Hermosillo 市 8 公里，故示威者要求墨西哥政府關閉掩埋場。然而，因墨西哥係於新法生效前批准該掩埋場之坐落地點，故不得要求掩埋場遷移。

---

[24] V. Lowe, Chapter 22: Arbitrary and Discriminatory Treatment, in M. Kinnear, G.R. Fischer, J.M. Almeida, L.F. Torres, and M.U. Bidegain (eds.), Building International Investment Law: The First 50 Years of ICSID, 2015, p. 317.

[25] *Técnicas Medioambientales Tecmed S.A. v. The United Mexican States*, ICSID Case No. ARB(AF)/00/2, Award (May 29, 2003). 參考本書之案例摘要三十二。

　　示威者持續抗爭及封鎖掩埋場，並對 Cytrar 提出刑事訴訟。面對此種情況，Cytrar 附條件同意遷移，待墨西哥主管機關確認新廠址並核發相關許可時，方進行遷移。根據與 INE 協商之結果，Cytrar 認為其可持續營運，直至遷移到新址為止。然而，在 Cytrar 提出執照更新申請時，INE 通過決議，否准 Cytrar 之申請。Tecmed 遂依西班牙—墨西哥 BIT 提出投資仲裁，控訴墨西哥違反 FET。

　　西班牙—墨西哥 BIT 第 4(1) 條規定，對於締約他方投資人在其領域內之投資，各締約方將依據國際法保證給予 FET。*Tecmed* 仲裁庭將 FET 連結至國際法中之善意原則（*bona fide* principle），進而認定 FET 要求締約方所採行之投資待遇不影響外國投資人作成投資時之基本期待。外國投資人期待地主國之行為一致、明確及透明，使其等可事先得知任何規範其投資之法規、相關政策及指令等，以便其規劃投資並遵循該等法規。此外，外國投資人依據地主國所發布之決定或核發之許可開展商業活動，其亦期待地主國不恣意撤銷先前之決定或許可。依此標準，*Tecmed* 仲裁庭認為，INE 之否准處分係源於政治考量，而非基於環境、公共健康或生態因素，認定墨西哥違反 FET 義務。

　　自 *Tecmed* 一案後，多數投資仲裁庭便把「正當期待」作為判定地主國有無違反 FET 之核心概念。如前所述，「正當期待」之概念可回溯至內國法律體系之一般原則。事實上，將此概念作為 FET 之核心標準並非毫無爭議，在投資人據以主張之 IIA 文字中，並無「正當期待」一詞存在，部分評論者大力抨擊，認為此概念為虛構產物（invention）。

　　仲裁實務一方面援引 *Tecmed* 一案之見解，一方面深化「正當期待」之內涵。*Occidental v. Ecuador (I)* 仲裁庭即援引 *Tecmed* 一案仲裁判斷，認定厄瓜多撤銷 Occidental 投資時所信賴之決定之行為違反 FET，並強調法律及商業架構之穩定性是 FET 之重要要素。[26]

　　然而，部分案件之仲裁庭則同時關注地主國基於公共利益之規制權。

---

[26] *Occidental Exploration and Production Company v. The Republic of Ecuador*, LCIA Case No. UN3467, Final Award (July 1, 2004).

Saluka v. Czech Republic 一案仲裁庭表示，如過度仰賴仲裁判斷「正當期待」文字之字面意義，將對地主國施加不適當且不切實際之義務，仲裁庭應依據個案情況認定投資人之期待是否值得保護。沒有一個投資人得合理期待其作成投資時之狀態能夠始終維持不變。[27] 部分案件之仲裁庭強調平衡投資人期待與地主國為維護公共利益之規制權限，例如：*MTD v. Chile* 專門委員會即認為，*Tecmed* 仲裁庭以外國投資人之主觀期待作為地主國義務之來源是有疑義的。[28]

除「正當期待」外，*Tecmed* 仲裁庭所確認之另一個 FET 要素為「透明化」，規範投資人營運之法律架構需顯而易見，且任何影響投資人之決定均可被回溯至該法律架構。簡單來說，就是投資人有權知道遊戲規則。

無論如何，*Tecmed* 一案仍被稱為最常被援用之投資仲裁案例，在現階段實難以想像投資人控訴地主國違反 FET 時，會忽略援用「正當期待」。如有任何改變，亦是仲裁實務逐步延展此概念架構之深度、廣度。各國亦依循仲裁實務之見解，形塑 IIA 之文字以減縮 FET 義務違反之可能性，例如：歐盟—新加坡 IPA 第 2.4 條即規定，為決定是否違反 FET，投資法庭得考量締約一方是否對投資人作出特定或不模糊之陳述而引致投資，該等陳述創造投資人之正當期待，且為投資人合理仰賴，然締約一方卻違反該等陳述。

（二）*Mondev v. United States*[29]

波士頓市在 1970 年代決定復甦沒落地區，波士頓市更新局（Boston Redevelopment Authority，下稱 BRA）擇定 Mondev 及其合資夥伴 Sefrius 共同開發、興建百貨公司、零售商場及旅館。Mondev 與 Sefrius 共同設立 Lafayette Place Associates（下稱 LPA）以執行該開發案。1978 年 12 月，

---

[27] *Saluka Investments B.V. v. The Czech Republic*, UNCITRAL, Partial Award (March 17, 2006), paras. 304-306.

[28] *MTD Equity Sdn. Bhd. and MTD Chile S.A. v. Republic of Chile*, ICSID Case No. ARB/01/7, Decision on Annulment (March 21, 2007).

[29] *Mondev International Ltd. v. United States of America*, ICSID Case No. ARB (AF)/99/2, Award (October 11, 2002). 參考本書之案例摘要十七。

BRA、LPA 及波士頓市簽署商用不動產開發契約，分二階段進行開發，準據法為麻州法律。依據該契約，波士頓市之四筆土地將合併為一筆土地 Hayward Parcel，以進行第二階段之開發、興建地下停車場，LPA 並取得在土地上空興建之權利。在正常流程下，波士頓應移除坐落於 Hayward Parcel 之地上停車場，LPA 並於 1986 年通知波士頓市其有意購買該筆土地。該契約於 1987 年修訂，將 1989 年 1 月 1 日訂為 LPA 行使選擇權之到期日。然而，原定計畫延遲。Mondev 主張，波士頓不動產價值在 1980 年代逐漸攀升，致該市及 BRA 延遲進行第二階段開發。LPA 遂於 1998 年對波士頓市及 BRA 提出控訴，請求賠償違反契約而生之損害。案經上訴至麻州最高法院，認定市府並未違約，且 BRA 依麻州法律就侵權行為享有豁免權，駁回 LPA 之請求。LPA 就該二訴訟聲請重新審理，惟均被駁回。

Mondev 遂於 1999 年向 ICSID 提出仲裁請求，控訴麻州最高法院之裁決構成「拒絕正義」，主張外國人待遇標準適用於地主國法院之裁決，違反 NAFTA 第 1105(1) 條。*Mondev* 仲裁庭援用 *Azinian v. United Mexican States* 仲裁庭之見解，表示地主國就司法裁決承擔國際責任之可能性，並非賦予國際仲裁庭審視內國法院判決之權利。如法院拒絕受理訴訟、無故拖延、以嚴重不當的方式執行司法，方可提出「拒絕正義」請求。「拒絕正義」之第四種態樣為明確且惡意地誤用法律。[30]

Mondev 仲裁庭建構「拒絕正義」之判定標準，表示認定之關鍵並非特定裁決結果是否令人感到驚訝，而是公正法庭所造成之衝擊或驚訝是否導致對於裁決結果之司法正當性之合理顧慮（justified concerns）。*Mondev* 仲裁庭認為，麻州最高法院之裁決並無任何令人驚愕之處，係依其權限裁決該等履約爭議。此外，是否將事實認定問題發回重審為內國司法程序實務事項，投資仲裁庭並非上訴法院，因而駁回 Mondev 之請求。

Mondev 一案係美國第二次被控訴、涉及 NAFTA 第 1105(1) 條適用之案件。於此案審理過程中，FTC 公布 FTC Note。*Mondev* 仲裁庭認為，FTC

---

[30] *Azinian v. United Mexican States*, 39 ILM 537 (1999), pp. 552-553.

Note 明確指出二點：1. 第 1105(1) 條所指者為習慣國際法之既有標準，而非 NAFTA 締約方所簽署之其他協定設定之標準；2. 第 1105(1) 條 FET 及 FPS 之詞彙係援引習慣國際法標準之既有要素，並無意在該標準增添新的要素。

Mondev 仲裁庭表示，習慣國際法標準是一個不斷在發展的標準，由於 *Neer* 一案仲裁判斷係在 1920 年代作成，而個人在國際法中之地位已有重大變化。因此，從現代的觀點，不公平或不公正不需要與粗暴（outrageous）或極度惡劣（egregious）劃上等號，尤其是地主國可能非出於惡意、不公平或不公正地對待外人投資。

Mondev 仲裁庭確認數項關於「拒絕正義」之原則，包括：1. 應賦予國家司法系統自我矯正之機會；2. 單純之法律錯誤本身並不構成拒絕正義；3. 新判例法之溯及適用通常屬內國法院之權限。於 *Mondev* 一案仲裁判斷作成後，美國遂修訂其投資協定模範範本，2004 US Model BIT 第 5.2(a) 條 [31] 即規定，FET 包括依據世界主要法律體系之正當程序原則，不拒絕相關之刑事、民事或行政判決程序之義務。而後，有許多國家跟隨著美國的腳步，採用類似的規範，我國簽署之台星經濟夥伴協定第 9.7 條第 2 項 [32] 亦採此規範模式。

---

[31] Article 5(2) of the 2004 US Model BIT:

2. For greater certainty, paragraph 1 prescribes the customary international law minimum standard of treatment of aliens as the minimum standard of treatment to be afforded to covered investments. The concepts of "fair and equitable treatment" and "full protection and security" do not require treatment in addition to or beyond that which is required by that standard, and do not create additional substantive rights. The obligation in paragraph 1 to provide:

(a) "fair and equitable treatment" includes the obligation not to deny justice in criminal, civil, or administrative adjudicatory proceedings in accordance with the principle of due process embodied in the principal legal systems of the world; ...

[32] 新加坡與臺灣、澎湖、金門及馬祖個別關稅領域經濟夥伴協定第 9.7 條第 2 項，網址：https://fta.trade.gov.tw/pimage/20140319130717066.pdf。

（三）*Chevron and TexPet v. Ecuador*[33]

如上述案件之討論，外國人取得進入地主國法院或其他裁決機構之機會，以及其在特定個案自該等裁決機構所獲取之待遇，乃習慣國際法外國人最低待遇標準之面向之一，通常被稱為「拒絕正義」之禁止。「拒絕正義」標準涉及外國人進入內國裁決機構、權利之執行、公平程序、無不當遲延等，此等廣義的詞彙隱含高度不確定性。

在 1980 年代初期，美國雷根行政團隊尋求起草投資協定模範範本，起草者決定在協定中納入條款，以越過「拒絕正義」標準不明確的問題。在 1991 年範本中之條款即為：「各締約方應就投資、投資協議及投資授權，提供主張請求及執行權利之有效救濟。」[34] 此條款被稱為「有效救濟條款」（the Effective Means Clause），而後，此條款被納入數項美國簽署之 BIT 中，而能源憲章條約第 10(12) 條[35] 亦採用幾乎相同之文字。*Chevron* 仲裁庭就「有效救濟條款」作出精確的分析，時至今日，仍為最重要的實務裁決。

Chevron 一案爭端源於 Texaco 石油公司（Texaco Petroleum Company，下稱 Texaco）與厄瓜多政府簽署之石油供應契約。在 1991 年至 1993 年間，Texaco 以厄瓜多政府為被告，向厄瓜多法院提出 7 件訴訟。截至 2006 年 12 月，該 7 個訴訟案件仍待裁決。Texaco 及其母公司 Chevron 遂依美國—厄

---

[33] *Chevron Corporation (USA) and Texaco Petroleum Company (USA) v. The Republic of Ecuador*, UNCITRAL, PCA Case No. 34877, Partial Award on the Merits (March 30, 2010). 參考本書之案例摘要六。

[34] Each Party shall provide effective means of asserting claims and enforcing rights with respect to investment, investment agreements, and investment authorizations. 美國於 1991 年 10 月 22 日與捷克簽署之 BIT 第 II(6) 條即為如此規定，網址：https://www.state.gov/investment-affairs/bilateral-investment-treaties-and-related-agreements/united-states-bilateral-investment-treaties/。

[35] Article 10(2) of the Energy Charter Treaty:
Each Contracting Party shall ensure that its domestic law provides effective means for the assertion of claims and the enforcement of rights with respect to investments, investment agreements, and investment authorizations.

瓜多 BIT（下稱美厄 BIT）提起仲裁，爭點之一即爲，厄瓜多法院之訴訟遲延是否違反美厄 BIT 第 II(7) 條，該條款之內容如上，要求締約方就投資、投資協議及投資授權，提供主張請求及執行權利之有效救濟。

　　Chevron 仲裁庭首先處理美厄 BIT 第 II(7) 條與習慣國際法拒絕正義原則間之關係。仲裁庭表示，即便第 II(7) 條及習慣國際法原則均直指相同的潛在錯誤行爲，然第 II(7) 條係一個獨立的、特定的協定義務，因此，第 II(7) 條構成特別法，而非僅是拒絕正義原則之重申。第 II(7) 條之起源與目的可確認此結論。

　　依據第 II(7) 條之起源及文字，仲裁庭認定，此標準爲一明確可區分之標準，構成此標準之門檻低於拒絕正義標準。因此，內國法院未能有效執行權利將構成第 II(7) 條之違反，然此不足以被認定爲違反習慣國際法之禁止拒絕正義。就厄瓜多所提第 II(7) 條僅涉及權利執行系統或架構而不允許檢視個案之主張，仲裁庭對之加以駁斥。仲裁庭表示，即便「主張請求」（asserting claims）一詞表明地主國應設置系統以供投資人提出請求，「執行權利」（enforcing rights）一詞聚焦在特定案件權利之有效執行。仲裁庭認定，第 II(7) 條允許直接檢視個案，惟須注意者，仲裁庭並未被賦權作爲上訴法院而得重新檢視內國司法系統被控失職之每一個行爲。

　　對於厄瓜多所稱第 II(7) 條之違反需有地主國極端干擾內國司法程序之主張，仲裁庭亦加以駁斥。仲裁庭認定，第 II(7) 條並無該等要件，第 II(7) 條之義務係規定地主國提供有效救濟之積極義務。因此，第 II(7) 條並不限縮在禁止地主國干擾法院程序之行爲，而是適用於對投資人主張請求或執行權利之能力產生影響之各種地主國行爲。仲裁庭遂將此標準適用至厄瓜多法院遲延解決所提出之 7 件訴訟。仲裁庭表示，任何主張請求或執行權利之方式應爲有效，應不限於無限期或不當遲延。不當遲延之效果等同拒絕提供進入該等救濟方式之機會。

　　依據第 II(7) 條，厄瓜多法律系統被要求提供外國投資人在合理期限內執行合法權利之途徑。特定延遲行爲之合理性需依個案情況而定，仲裁庭援用拒絕正義原則所發展之標準，表示相關情況包括：1. 案件複雜度；2. 所涉訴訟當事人之行爲；3. 案件所涉利益之重要性；及 4. 法院之行爲。仲裁庭

認定，於仲裁聲請人提起仲裁時，該 7 件訴訟案件已在厄瓜多法院審理至少 13 年的時間。仲裁庭表示 13 年是顯著的期間，惟拒絕認定任何特定的時間長度可自動被認定為違反第 II(7) 條。仲裁庭認為，厄瓜多法院之遲延不得以案件複雜度作為藉口，該等案件均為簡單的契約案件，亦不得以該等案件之原告之行為作為藉口，原告已使案件處於得為判決之狀態，並持續催促法院作成判決。相反地，厄瓜多法院未能在合理期間內終結訴訟。其中 6 件案件在法院宣布準備宣判後至本仲裁程序開始時，已歷經 4 年至 8 年，且法院無任何作為。在第七個案件中，自法院被請求進入證據階段起，至仲裁通知發出時，已歷經 13 年法院無任何作為之期間。*Chevron* 仲裁庭認定，此等事實構成第 II(7) 條之違反。

仲裁庭認為，法院案件壅塞係評估遲延之合理性之相關因素，惟案件壅塞不得作為絕對抗辯事由。救濟途徑之有效性最終仍需以客觀、國際標準評估。當法院案件壅塞之單一理由即導致長時間之遲延時，此顯示厄瓜多法律系統之設計與運作不符合第 II(7) 條之有效性標準。仲裁庭並表示，當案件壅塞被提出作為抗辯事由時，其應僅為暫時性，且地主國應立即處理該等情況。然厄瓜多法院積案並非短期現象，法院改革之效度不足，厄瓜多無法以此作為遲延之藉口。

對於厄瓜多所稱仲裁聲請人依第 II(7) 條提出請求應證明嚴格窮盡當地救濟之主張，仲裁庭亦加以駁斥。仲裁庭表示，為證明第 II(7) 條之違反，仲裁聲請人應已適當利用其在厄瓜多可用以主張請求及執行權利之救濟途徑。仲裁庭認定，Chevron 及 Texaco 已適當利用該等途徑，且厄瓜多未證明其所提出，包括請求終結言詞辯論在內等之方式可有效降低遲延，進而認定厄瓜多違反第 II(7) 條。

（四）*Lemire v. Ukraine (II)*[36]

於 *Lemire* 一案，美國公民 Lemire 持有烏克蘭籍廣播公司 Gala 之多數

---

[36] *Joseph Charles Lemire v. Ukraine*, ICSID Case No. ARB/06/18, Decision on Jurisdiction and Liability (January 14, 2010); Award (March 1, 2011). 參考本書之案例摘要十二。

股份，於其提起仲裁之際，則間接持有 Gala 全數股份。Gala 為擴大市占率，申請核發頻道及廣播執照。Lemire 控訴烏克蘭否准近 300 次之申請，違反美國─烏克蘭 BIT 第 II(3)(b) 條 [37] 禁止恣意與歧視性待遇之義務。在審視 Gala 被否准之申請案後，*Lemire* 仲裁庭認定 Gala 與其競爭對手之頻道／執照申請核可案件數十分懸殊，且電視廣播委員會並未說明否准 Gala 申請之理由，故認定確有恣意及歧視之情事。

　　Lemire 仲裁庭討論「恣意或歧視性待遇」與 FET 間之關係，延續 *LG&E v. Argentina*[38] 等 ICSID 仲裁先例之見解，*Lemire* 仲裁庭表示，任何恣意或歧視性措施均非公平公正，因此，違反禁止恣意／歧視之義務亦構成 FET 之違反。然而，反之則未必如此，地主國之作為或不作為可能欠缺公平性，但不具歧視性或恣意性。因此，恣意或歧視性措施僅為 FET 義務違反之態樣之一。

　　Lemire 仲裁庭並探討「恣意或歧視性待遇」之意涵，認為所謂「歧視」係指在類似情況下，無正當理由給予差別待遇。仲裁實務常處理以國籍為基礎之差別待遇，然歧視之分類標準並不限於此，尚包括種族、宗教及政治傾向等。在地主國是否需具主觀歧視意圖之議題上，*Lemire* 仲裁庭依循 *Siemens v. Argentina*[39] 等案件之見解，認為無須證明歧視意圖，措施之效果

---

[37] Article II(3) of the 1994 Ukraine - US BIT:

(a) investment shall at all times be accorded fair and equitable treatment, shall enjoy full protection and security and shall in no case be accorded treatment less than that required by international law.

(b) neither Party shall in any way impair by arbitrary or discriminatory measures the management, operation, maintenance, use, enjoyment, acquisition, expansion, or disposal of investments. For purposes of dispute resolution under Articles VI and VII, a measure may be arbitrary or discriminatory notwithstanding the fact has exercised the opportunity to review such measure in the courts or administrative tribunals of a Party. ...

[38] *LG&E Energy Corp., LG&E Capital Corp., and LG&E International, Inc. v. Argentine Republic*, ICSID Case No. ARB/02/1, Decision on Liability (October 3, 2006).

[39] *Siemens A.G. v. The Argentine Republic*, ICSID Case No. ARB/02/8, Award (February 6, 2007), para. 321.

具歧視性即為已足。

　　關於「恣意」，*Lemire* 仲裁庭認為，「恣意」係以偏見或偏好為基礎，而非依據事實或理由作成決定，例如：惡意漠視正當法律程序，明顯違反一致性、透明性之行為。仲裁庭並引用 Schreuer 教授對於「恣意」之定義，即：1. 無任何明顯的合法目的、造成投資人損害之措施；2. 非基於法律標準，而是出於裁量、偏見、個人偏好之措施；3. 採行措施之理由不同於決策者所提出之理由；4. 惡意漠視正當程序或適當流程所採行之措施。

　　Lemire 仲裁庭更討論「恣意」與透明化間之關係，表示透明化之要求與作出附理由之決定之要求共同作為檢視地主國政府決定之基礎，並使遭否准之申請人得以理解被駁回之理由，而可在後續的申請中進行改善。

　　Lemire 仲裁庭區辨二種「歧視」及「恣意」態樣，態樣之一或可被稱之為系統性恣意（systematic arbitrariness），缺失之存在導致整體系統恣意。如整體系統呈現恣意性，則地主國可能會被認定違反協定義務。惟即使系統缺失不符合地主國之義務，仲裁聲請人仍須證明其因該等缺失而蒙受損害。第二種「恣意」態樣係因特定交易或決定而生，仲裁聲請人控訴特定決定違反協定時，須指控其受到恣意對待，且其因而遭受損害。

第十章　充分保障與安全

一、基本概念

充分保障與安全（full protection and security，下稱 FPS）與上一章所介紹的公平公正待遇（FET）同為最低待遇標準條款之核心概念。在 FPS 條款下，地主國負有採行積極措施之義務，以保障投資免於不利影響，此等不利影響可能源自於私人，例如：示威者、投資人之員工或合作夥伴，抑或是來自地主國及其機關或軍隊之行為。相較於國民待遇或最惠國待遇係以比較性之方式，保障投資人享有不低於地主國國民或地主國賦予第三國國民之待遇，FPS 樹立投資保障之絕對標準。

縱然相較於 FET 或下一章之徵收，FPS 受到的關注較少，惟其仍不失為仲裁聲請人（投資人）經常主張之條款之一。根據 UNCTAD 之統計，截至目前為止，在已知案情之 703 件中，投資人主張地主國違反 FPS 之案件數計有 298 件，而仲裁庭認定違反 FPS 案件數為 24 件。[1]

涉及 FPS 之投資仲裁案件多聚焦在此實體待遇標準之二個面向，第一，地主國是否應盡絕對（absolute）、嚴格（strict）責任？目前投資仲裁實務多認為，FPS 僅要求地主國盡審慎注意（due diligence），此為唯一一項損害行為不需歸因於地主國之實體保障標準，損害行為可能源於地主國機關之行為，亦可能來自非地主國之行為，例如私人暴力行為等，地主國應盡審慎的注意，以防免損害；第二，FPS 保障範圍是否僅限於實體安全？或及於法律保障而使投資人得有效追求權利？就此議題，投資仲裁實務則有不同的看法，傳統上認為 FPS 之適用僅限於實體安全，然近期則有見解認為 FPS 之範圍應及於法律保障及穩定性。

---

[1] UNCTAD, Investment Policy Hub, Investment Dispute Settlement Navigator, available at: https://investmentpolicy.unctad.org/investment-dispute-settlement (last visited: 2022.10.19).

二、國際投資法之規範

（一）規範用語

IIA 多訂有 FPS 條款，惟各 IIA 條款之用語不盡相同，此等文字差異對於地主國之保護義務並無絕對的實質影響。仲裁庭通常會以協定文字為基礎，連結習慣國際法及其他投資仲裁庭的見解，並且適用一般公認的標準，例如審慎義務。

若比較各版本協定關於 FPS 的文字，NAFTA 第 1105 條、2012 US Model BIT 第 5 條、USMCA 投資章第 14.6 條，[2] 以及歐盟─新加坡 IPA 第 2.4 條，[3] 皆使用 FPS 一詞，且特別說明此項義務是要求地主國提供習慣國際法下所要求的警察保護水準（the level of police protection required under customary international law）；換言之，文字本身似乎僅限於傳統的人身及財產的安全保護，而沒有涵蓋「法律保護」（legal protection）（詳後述）。

能源憲章條約（Energy Charter Treaty）第 10(1) 條則使用「最穩定的保

---

[2] Article 14.6: Minimum Standard of Treatment
1. Each Party shall accord to covered investments treatment in accordance with customary international law, including fair and equitable treatment and full protection and security.
2. For greater certainty, paragraph 1 prescribes the customary international law minimum standard of treatment of aliens as the standard of treatment to be afforded to covered investments.
   The concepts of "fair and equitable treatment" and "full protection and security" do not require treatment in addition to or beyond that which is required by that standard, and do not create additional substantive rights. The obligations in paragraph 1 to provide: ... and
   (b) "full protection and security" requires each Party to provide the level of police protection required under customary international law.
[3] Article 2.4 (Standard of Treatment), 2018 EU - Singapore Investment Protection Agreement:
1. Each Party shall accord in its territory to covered investments of the other Party fair and equitable treatment and full protection and security ...
5. For greater certainty, "full protection and security" only refers to a Party's obligation relating to physical security of covered investors and investments.

障與安全」（most constant protection and security）；[4] ECT 的官方中文翻譯為：「這些投資項目也應一直享有保護和保障措施，任何締約方都不能採取任何形式的不合理或歧視性措施來損害投資專案的管理、維護、使用、行使權力和處理。」根據這樣的文字，似乎範圍比前述的美國版 IIA 及歐盟—新加坡 IPA 較廣，但仲裁實務的解釋與適用，還有待實際案例來驗證。

　　1993 年「駐越南臺北經濟文化辦事處」和「駐臺北越南經濟文化辦事處」投資促進和保護協定（下稱臺越 BIA）第 3.2 條僅有「保護」兩字，[5] 英文則為「shall enjoy protection」。相較於上述 IIA 關於 FPS 的規範方式，顯然十分「精簡」。2014 年 5 月 13 日，越南部分地區發生排華暴動，造成越南台商投資及財產嚴重損害。台商曾考慮援引臺越 BIA 於 ICC 提起投資仲裁，並主張越南違反前述第 3.2 條的「保護」義務。雖然台商最終沒有提起投資仲裁，但過程中相關法律專家的分析皆認為條文中的「保護」兩字足以讓仲裁庭連結至習慣國際法關於 FPS 的法律義務，參考相關案例加以解釋，地主國之保護義務範圍並不因此而限縮。

---

[4] Article 10(1), Energy Charter Treaty, Article 10(1): "Each Contracting Party shall, in accordance with the provisions of this Treaty, encourage and create stable, equitable, favourable and transparent conditions for Investors of other Contracting Parties to make Investments in its Area. Such conditions shall include a commitment to accord at all times to Investments of Investors of other Contracting Parties fair and equitable treatment. Such Investments shall also enjoy the most constant protection and security and no Contracting Party shall in any way impair by unreasonable or discriminatory measures their management, maintenance, use, enjoyment or disposal ..."

[5] 臺越 1993 年投保協定（Agreement on Promotion and Protection of Investment Between the Vietnam Economic and Cultural Office in Taipei and the Taipei Economic and Cultural Office in Hanoi）第 3.2 條：「根據第二條核准之投資應依據有關地區之法律給予公平、公正之待遇和保護。」英文版本為："The investments approved under Article 2 shall be accorded fair and equitable treatment and shall enjoy protection in accordance with the law of the relevant places."

（二）FPS保障範圍：是否僅限於實體安全？抑或及於法律保障？

　　傳統上，將 FPS 之適用限於實體安全，地主國依 FPS 負有保護投資人及其資產實體安全之義務，使投資人免於國家機關或私人之暴力侵害，包括：內亂、武裝示威遊行及軍警暴力鎮壓等態樣。美國版的 IIA，例如前述的 Model BIT、USMAC 等，依其協定文字本身，主要目的是要求地主國必須提供警察保護，且言明 FPS 規定無意在習慣國際法（最低待遇標準）之外創設新的權利基礎。[6] 在仲裁判斷方面，下述「三、相關投資仲裁案例」提到的 *AAPL v. Sri Lanka* 及 *AMT v. Zaire* 等案件均僅涉及仲裁聲請人投資資產之實體安全保障。

　　然而，近來有仲裁庭認為此待遇標準應包括法律保障及穩定性。下述 *CME v. Czech* 一案部分仲裁判斷（partial award）為第一個將 FPS 延伸至法律安全之裁決。在該案中，*CME* 仲裁庭認定，捷克媒體理事會（the Media Council）創設一種法律狀態，使投資人之當地商業夥伴得終止契約，媒體理事會相關作為及不作為之目標在於移除 CME 投資之安全與保障。該案仲裁庭表示，地主國有義務確保不透過法律修訂或其行政機關之行為移除或減損外國投資人投資之安全與保障，捷克未盡該義務，故而認定捷克違反 FPS。[7]

　　Lauder v. Czech 一案涉及相似之背景事實，關於地主國機關介入企業間法律關係爭端之部分，*Lauder* 仲裁庭認為 BIT 並未要求地主國就此負審慎注意義務，地主國在協定下之義務僅是確保其司法系統之可及性（availability）。因捷克媒體理事會之作為或不作為並未直接或間接造成 Lauder 投資之損害，且投資人之當地商業夥伴終止契約之行為並不可歸屬於地主國，故認定捷克未違反 FPS。[8]

　　雖 *CME* 及 *Lauder* 二案之結論不同，惟二案之仲裁判斷均指出安全與保

---

[6]　*Supra* note 2.

[7]　*Infra* note 31.

[8]　*Ronald S. Lauder v. The Czech Republic*, UNCITRAL, Award (September 3, 2001).

障原則與法律權利保障相關，包括保護投資人利益之司法系統之可及性。在 *Azurix v. Argentina* 一案，仲裁庭確認即便無實體暴力或損害發生，亦可能違反 FPS。對投資人而言，安全投資環境所提供之穩定性亦屬重要。*Azurix* 仲裁庭表示，雖美國近期所簽署之投資協定將 FPS 限於習慣國際法下所要求之警察保護程度，然而，在協定締約方對 FPS 無任何其他主觀闡釋之情況下，依 FPS 之通常文義，保障範圍應大於實體安全。[9]

Siemens v. Argentina 仲裁庭更提出另一個將 FPS 保障範圍延伸至法律安全之基礎。該案仲裁庭表示，BIT 投資定義包含無形資產，難以想像如何保障無形資產之實體安全，故 FPS 義務範圍應大於實體安全保障。[10] 而後，在 *Biwater Gauff v. Tanzania*[11] 及 *Frontier v. Czech*[12] 等案件之仲裁庭亦均援用 *Azurix* 仲裁庭之見解。該些仲裁判斷顯示，FPS 義務包含提供一項法律架構以給予投資人法律保障，包括保障投資之實體條款及使投資人得以捍衛其權利之程序。

雖然有些 IIA 已將法律保障明文規定在 FPS 條款中（例如墨西哥—阿根廷之 IIA），[13] 然而此見解尚未獲得普遍肯認。*Suez v. Argentina* 等案件之仲裁庭仍認為 FPS 限於實體保障，表示如將 FPS 延伸至法律保障，將模糊 FET 及 FPS 之界限。商業環境與法律安全之穩定性較屬於 FET 之特徵，而 FPS 主要在保護投資免於實體侵害。[14]

---

[9] *Azurix Corp. v. The Argentine Republic*, ICSID Case No. ARB/01/12, Award (July 14, 2006).

[10] *Siemens A.G. v. The Argentine Republic*, ICSID Case No. ARB/02/8, Award (February 6, 2007).

[11] *Biwater Gauff (Tanzania) Ltd. v. United Republic of Tanzania*, ICSID Case No. ARB/05/22, Award (July 24, 2008), para. 729.

[12] *Frontier Petroleum Services Ltd. v. The Czech Republic*, UNCITRAL, Final Award (November 12, 2010), para. 263.

[13] 例如，Article 3(2) of the Agreement for the Reciprocal Promotion and Protection of Investments, Argentina-Mexico (November 13, 1996), "When a Contracting Party has admitted in its territory investments by investors of the other Contracting Party, it shall accord such investors and their investments full legal protection ...."

[14] *Suez, Sociedad General de Aguas de Barcelona, S.A. and Interagua Servicios Integrales de Agua, S.A. v. Argentine Republic*, ICSID Case No. ARB/03/17, Decision on Liability (July 30,

（三）FPS與習慣國際法之關係

如同 FET，投資仲裁實務對於 FPS 與習慣國際法之關係亦有深入的討論：即 FPS 是否僅反映習慣國際法之最低待遇標準？抑或是一個獨立自主的保護標準？

NAFTA 第 1105 條將 FET 及 FPS 連結至習慣國際法之最低待遇標準。2001 年 7 月 31 日 NAFTA 自由貿易委員會（NAFTA Free Trade Commission，下稱 FTC）公布第 1105 條註釋（FTC Note），表示第 1105(1) 條反映習慣國際法外國人最低待遇標準，並不要求地主國給予超過或高於習慣國際法外國人之最低待遇標準。在後續投資仲裁案件中，NAFTA 仲裁庭均依循 FTC Note。[15] 美國及加拿大後續所簽署之 BIT 亦依循此解釋，USMCA 投資章第 14.6 條即規定，FPS 之概念不要求地主國負擔超過或高於習慣國際法外國人最低待遇標準所要求者，亦未創造額外的實體權利。[16]

然而，FTC Note 應限於與 NAFTA 第 1105 條相關之案件，而不適用於其他協定。在美國控告義大利之「西古拉電子工業股份有限公司」（Elettronica Sicula SpA）一案中，美義友好通商暨航海條約針對「最穩定的保障與安全」（most constant protection and security）標準，規定美國企業應享有國際法所要求之充分保障與安全。國際法院（International Court of Justice）分庭（chamber）認為，雖「保障與安全」應依循國際最低標準，然條約條款提及國際法並非將此標準限於國際最低標準。如同 FET，漸漸地有觀點認為 FPS 所代表者為一項獨立於國際最低標準之自主條約標準，當協定文字無任何限制時，實難想像協定起草者將 FPS 限於習慣國際法下之最低標準。

在習慣國際法下，投資人即便無法仰賴投資協定之 FPS 條款，亦可

2010), para. 173.

[15] US Department of State, Interpretation of the Free Trade Commission of Certain Chapter 11 Provisions, available at: https://2009-2017.state.gov/documents/organization/38790.pdf (last visited: 2022.10.19).

[16] *Supra* note 2.

依據國際最低標準，主張國家負擔保護外國投資人免於不利影響之特定義務。*Amco v. Indonesia* 案即屬非以 BIT 為基礎，而依習慣國際法裁決之案件類型。Amco 之合作夥伴 PT Wisma 在印尼武裝軍隊的協助下，接管其投資之飯店。仲裁庭認定該強行接管行為並不可歸屬於印尼政府，然而，仲裁庭表示，國家有保護外國人及其投資免受其國民非法行為侵害之義務，此為公認之一般國際法原則，相關國際仲裁判斷、裁決及文獻均肯認之。因此，仲裁庭遂以印尼未盡保護義務為由，認定印尼違反國際法。[17]

由於實務上存在不同的觀點，因此，IIA 締約方如欲將 FPS 義務範圍限於習慣國際法外國人之最低待遇標準，應明文訂定，以避免解釋上之爭議。我國簽署之台星經濟夥伴協定第 9.7 條第 2 項即明定，FET 及 FPS 並不要求超過或高於習慣國際法對外國人之最低標準待遇，亦不創設額外實質權利。[18]

（四）FPS與FET之關係

在投資協定中，FPS 常與 FET 並列，二者是否為相同的概念？或有不同的意涵？*Wena Hotels v. Egypt* 一案仲裁庭一併處理此二標準，而未作任何區分。[19] 然而，*Azurix* 一案仲裁庭則認為 FPS 與 FET 為二項獨立的標準。[20] *Jan de Nul v. Egypt* 一案仲裁庭亦表示，應區分 FPS 與 FET，即便二者有其交集重疊之處。[21]

每個法律名詞均有其固有意義，否則無須在協定中並列二項標準。FET 主要聚焦在地主國停止不公平、不公正作為之義務，而 FPS 則是地主國承

---

[17] *Amco Asia Corporation and Others v. Republic of Indonesia*, ICSID Case No. ARB/81/1, Award (November 20, 1984).

[18] 新加坡與臺灣、澎湖、金門及馬祖個別關稅領域經濟夥伴協定第 9.7 條第 2 項，網址：https://fta.trade.gov.tw/fta_singapore.html。

[19] *Infra* note 29.

[20] *Supra* note 9, para. 407.

[21] *Jan de Nul N.V. and Dredging International N.V. v. Arab Republic of Egypt*, ICSID Case No. ARB/04/13, Award (November 6, 2008), para. 269.

諾採行必要措施以保護投資人免於國家或私人行為之不利影響。因此，將二者視為是不同的義務似為較正確的觀點。

（五）地主國責任標準

在 FPS 義務下，地主國責任程度為何？是否應盡絕對、嚴格責任？投資仲裁實務普遍認為 FPS 並非創設地主國之絕對責任，僅要求地主國盡審慎的注意，為合理之警戒（vigilance）程度。在 *AAPL* 一案建立此責任標準後，即便個案仲裁庭對於 FPS 之適用範圍有不同的看法，*Tecmed v. Mexico*[22] 及 *Noble Ventures v. Romania*[23] 等案件之仲裁庭均仍沿用此責任標準。

在地主國應盡審慎注意之標準下，另一個值得思考的問題是，各國之發展水平不同，此是否會影響地主國審慎注意義務之程度？地主國可用資源之多寡對於其提供保障與保護之能力可能有決定性的影響。在 *Pantechniki v. Albania* 一案中，仲裁庭區分實體暴力與類似於拒絕正義之情況，認為在審視是否構成拒絕正義時，無須將地主國之資源納入考量，如將國家發展狀況納入考量，將使得改善的誘因消失。而在實體暴力之狀況，該案仲裁庭則採用客觀審慎注意標準，認為在不可預測之內亂的情況下，擁有強大資源的國家可輕易控制該內亂，然而貧困國家之控制能力可能相當有限，似難以認定國家須就不可預見之公共失序行為負起國際責任。[24]

---

[22] *Técnicas Medioambientales Tecmed, S.A. v. The United Mexican States*, ICSID Case No. ARB (AF)/00/2, Award (May 29, 2003). 參考本書之案例摘要三十二。

[23] *Noble Ventures, Inc. v. Romania*, ICSID Case No. ARB/01/11, Award (October 12, 2005).

[24] *Pantechniki S.A. Contractors & Engineers (Greece) v. The Republic of Albania*, ICSID Case No. ARB/07/21, Award (July 30, 2009), paras. 71-84.

三、相關投資仲裁案例

（一）*AAPL v. Sri Lanka*[25]

AAPL 一案為全球第一個投資仲裁案件，亦是第一個處理 FPS 標準之案件。AAPL 投資斯里蘭卡一間蝦產品生產公司 Serendib Seafood Ltd.（下稱 Serendib），在斯里蘭卡安全部隊對抗反叛者之軍事行動中，Serendib 之養蝦場遭摧毀，AAPL 因此蒙受損失。AAPL 主張斯里蘭卡違反英國—斯里蘭卡 BIT 之 FPS 條款。

AAPL 及斯里蘭卡對於 FPS 條款有不同的解釋，AAPL 認為，FPS 條款使地主國負擔絕對或嚴格責任。斯里蘭卡則採取截然不同的看法，認為 FPS 條款要求地主國盡審慎注意義務，並未課予嚴格責任。*AAPL* 仲裁庭同意斯里蘭卡之主張，表示為強化「安全與保障」標準所使用「穩定」（constant）或「充分」（full）之詞彙，指明締約雙方在 BIT 中欲採用之標準為高於國際法最低標準之審慎注意標準。然而，締約方義務及責任之本質維持不變，蓋「穩定」或「充分」之詞彙本身並不足以證明締約方有意將彼此之義務轉換為嚴格責任。

AAPL 仲裁庭進而檢視是誰摧毀 AAPL 之投資，然認定爭端雙方均未提出令人信服之證據，未能證明是何人摧毀養蝦場。然而，仲裁庭認為，判定有無違反 FPS 之重點並非造成投資財產損害之行為人為何者，而是國家是否提供適當的保護以防免損害發生。*AAPL* 仲裁庭認定，斯里蘭卡軍隊應可採行額外措施以保護 AAPL 投資之實體安全，然卻未盡審慎注意義務，未採行所有可合理期待之措施保護外國投資人免於實體損害。

關於 FPS，*AAPL* 一案仲裁判斷建立二個重要的原則：1. FPS 要求地主國採行合理期待之措施保護外國投資人免於實體損害；及 2. 地主國所負擔

---

[25] *Asian Agricultural Products Ltd. (AAPL) v. Republic of Sri Lanka*, ICSID Case No. ARB/87/3, Final Award (June 27, 1990). 參考本書之案例摘要一。

之保護標準為審慎注意義務，而非嚴格責任。雖然在後續的案件中，FPS之範圍隨時間而逐步演進，然此二原則維持不變。

在本案仲裁判斷發布後，數個涉及投資實體保障之案件援用此仲裁判斷之論理，例如：*AMT v. Zaire* 一案仲裁庭認定薩伊未盡保護 AMT 投資免於軍隊打劫之注意義務，違反 BIT 課予地主國採行所有可確保投資享有 FPS 之必要措施之警戒義務。[26] 此外，就 *AAPL* 仲裁庭認為不論是地主國機關行為或是私人行為所造成之投資人損害，地主國均可能負有責任之見解，後續 *Eastern Sugar v. Czech*[27] 及 *Biwater v. Tanzania*[28] 等案件之仲裁庭亦加以肯認。

（二）*Wena Hotels v. Egypt*[29] 及 *Eureko v. Poland*[30]

於 *Wena Hotels* 一案中，Wena 為一家英國公司，其與埃及國有企業 Egypt Hotels Company（下稱 EHC）簽訂二間飯店之租賃與開發契約，Wena 享有經營飯店之專屬權。契約雙方隨後發生履約爭議，EHC 以武力扣押該二飯店長達一年。Wena 依英國─埃及 IPPA 提出仲裁請求，控訴埃及違反 IPPA 第 2(2) 條 FPS 之義務。

Wena Hotels 仲裁庭援用上述 *AAPL* 及 *AMT* 仲裁庭之見解，認為 FPS 並未課予地主國嚴格責任，地主國所負擔者為警戒義務。*Wena Hotels* 仲裁庭認定，EHC 之員工強行占領 Wena 投資之飯店，埃及知悉該強占飯店之意圖，卻未在事前採行任何防範措施，且埃及警察及有關機關在事發後亦未能採行救濟措施，未能注意確保投資享有 FPS，未對犯罪人課以實質制裁，進

---

[26] *American Manufacturing & Trading, Inc. v. Republic of Zaire*, ICSID Case No. ARB/93/1, Award (February 21, 1997), para. 6.05.

[27] *Eastern Sugar B.V. (Netherlands) v. The Czech Republic*, SCC Case No. 088/2004, Award (March 27, 2007), para. 203.

[28] *Supra* note 11, para. 730.

[29] *Wena Hotels Ltd. v. Arab Republic of Egypt*, ICSID Case No. ARB/98/4, Award (December 8, 2000). 參考本書之案例摘要三十五。

[30] *Eureko B.V. v. Republic of Poland*, UNCITRAL Arbitration Rules, Partial Award (August 19, 2005). 參考本書之案例摘要九。

而認定埃及違反 FPS 義務。

於 *Eureko v. Poland* 一案中，Eureko 控訴波蘭機關人員騷擾其高層，雖仲裁庭認定無證據顯示波蘭為該等爭議行為之教唆者，然而，如該等行為反覆、經常性發生，則可能衍生國家責任。簡言之，當國家可預見侵害行為之發生，卻未能採行預防性措施時，即有可能被仲裁庭認定違反 FPS。

（三）*CME v. Czech*[31]

1991 年 10 月，捷克通過捷克廣電傳播營運法（Czech Republic's Act on the Operation of Radio and Television Broadcasting，下稱廣電法），允許本國及外國投資人參與該國之廣播及電視服務。廣電法並創設廣電主管機關——媒體理事會，媒體理事會負責執行該法並核發執照。

媒體理事會於 1993 年初核發執照予捷克公司 CET 21，然而，因美國公民 Ron Lauder（下稱 Lauder）已同意投資 CET 21，該核發執照之處分隨即引發政治抨擊，反對外資大量直接投資執照擁有者。為解決此爭議，媒體理事會、CET 21 及 Lauder 研議創設新的實體，以避免 Lauder 直接投資執照擁有者之問題。在新的架構安排下，Lauder 不直接投資 CET 21，而由 Lauder 與 CET 21 合資設立一家新的捷克公司 CNTS。就 CNTS 股權之取得，CET 21 提供 CNTS 不可撤回且專屬之執照使用權，而 Lauder 則提供資金。CNTS 99% 之股份由 Lauder 之公司 CME 持有。

1994 年 2 月，CET 21 與 CNTS 成立之 TV NOVA 電視台開始營運，並成為捷克最熱門且成功的電視台。然自 1994 年起，捷克議會、警方及媒體理事會開始調查、關切 CNTS 未擁有執照卻經營電視台一事。為處理此等關注，CNTS 及 CET 21 在 1996 年至 1997 年間數次修訂契約，以澄清是 CET 21 擁有執照並經營電視台，CNTS 僅為 CET 21 之廣電業務提供服務。

廣電法於 1996 年修法，根據新法，執照擁有者有權請求免除與節目編排無關之條件。CET 21 等執照擁有者皆申請免除，這使得媒體理事會喪

---

[31] *CME Czech Republic B.V. v. The Czech Republic*, UNCITRAL, Partial Award (September 13, 2001). 參考本書之案例摘要七。

失監管與指示執照擁有者最有力的工具。同年，在媒體理事會與 CET 21、CNTS 一連串的互動下，CNTS 股東同意將 CET 21 所享有的執照專屬使用權，變更爲「執照所涉專業技術之使用權」（Use of the Know-how of the License）。

1999 年，CET 21 終止與 CNTS 之服務契約，並以其他服務提供者取代 CNTS。CME 認爲，CNTS 作爲捷克最成功的私人廣播業者，已因媒體理事會之作爲與疏失而遭到商業性的破壞。CME 並主張，捷克於 1996 年強迫 CNTS 放棄執照專屬使用權，已造成 CME 之投資損失。CME 依捷克—荷蘭 BIT，主張捷克違反 FET 及 FPS 等義務。

針對 FPS，*CME* 仲裁庭認定，媒體理事會創設一種法律狀態，使 CET 21 得終止契約，媒體理事會相關作爲及不作爲之目標在於移除 CME 投資之安全與保障。該案仲裁庭表示，地主國有義務確保不透過法律修訂或其行政機關之行爲移除或減損外國投資人投資之安全與保障，捷克未盡該義務，故而認定捷克違反 FPS。

第十一章　徵收

一、基本概念

　　長久以來，徵收為投資人關注之焦點，包括內國投資人及外國投資人。在每一個國家的法制中，均有關於國家取得私人財產的法令依據，或稱為徵收，或稱為國有化、充公、沒收、接收監管；若不涉及所有權移轉的，還有徵用、代管、強制授權等。法治愈發達的國家，關於影響私人財產的國家行為，有愈詳盡的規範與限制，而且一定有憲法的最上位授權依據。國內外的投資人，若在此種國家中遭遇徵收行為，依據其國內法制，即有相當的權利保障。相對地，在法治不健全的國家，國家動輒恣意取得或使用私人財產，其法令制度無法提供保障權利之實體基礎及救濟程序，連本國人都求訴無門，遑論外國投資人。

　　但在國際投資法的近代發展中，外國投資人得到更多的保障。針對法治成熟的地主國，投資人可以比較有信心地根據該國法令制度，確認其權益在地主國的徵收行為中不受侵害。額外地，投資人也可以根據 IIA 主張地主國的立法、司法、行政行為不符合 IIA 下關於徵收的義務規定。換言之，即使地主國自認法治完備，其徵收行為還是可能被投資仲裁庭依據 IIA 及習慣國際法檢視。

　　針對法治不成熟的地主國，倘若有 IIA 條文依據，外國投資人可以選擇跳過該國的國內法程序，訴諸投資仲裁，或是依據 IIA，先使用若干國內救濟程序，再進行投資仲裁。同樣地，在投資仲裁中，地主國的立法、司法、行政關於徵收的行為將被檢視，檢視的標準是 IIA 及習慣國際法。地主國對於涉及外國投資的徵收行為，必須考量 IIA 下的義務，不能任意而為。即便地主國關於徵收的法令制度不完善，國際投資法也能「補充」各層面的概念及標準。

　　這樣看來，對於參與在國際投資法律體系的國家而言，徵收不僅是國

內法程序，也是國際法問題。在 IIA 誕生以前，徵收規範已在習慣國際法中扮演舉足輕重的角色。習慣國際法所保護之徵收態樣包括直接徵收（direct expropriation）與間接徵收（indirect expropriation）。直接徵收係指地主國透過國有化或沒收等手段完全取得外國投資人之資產所有權；間接徵收又稱為事實上徵收（*de facto* expropriation），係指地主國雖未直接表明剝奪投資人之資產所有權，然透過一行為或一系列行為而剝奪投資人對於投資之使用收益，實質上產生徵收之效果。

基於國家主權，習慣國際法承認國家原則上有徵收財產之權限，徵收本身並未違反國際法，惟須符合一定要件，包括：依據合法程序、基於公共目的、給予適當補償且不因國籍而有差別待遇等。以 *Chorzów Factory* 一案為例，常設國際法院區分合法徵收及非法徵收，且表示當國家徵收外國人財產時，應給予補償。針對徵收補償，美國國務卿霍爾（Hull）於 1938年墨西哥徵收石油產業時，主張國家徵收外國人財產時，應提供「即時」（prompt）、「充分」（adequate）且「有效」（effective）的補償，此即所謂的霍爾公式（Hull Formula）。雖此公式被批評為是前殖民者對殖民地之不公平待遇，然今多數 IIA 已採用霍爾公式。

依據投資仲裁實務，地主國之行為是否構成徵收，應依個案事實判斷，恣意、惡意等並非徵收之構成要素，無該等情事存在並不代表地主國未為徵收行為。近年來，由於直接徵收之效果劇烈，易對地主國之投資環境帶來負面評價，因此，國家多不願直接取得外國投資人之財產，以至於間接徵收之案件急遽成長，間接徵收成為學界與實務界關注之焦點。國家行為構成間接徵收的樣態，可以說是與時俱進，也就是隨著經濟發展、商業模式而產生新的類型。新的案例顯示，國家行使公權力而影響執照、特許、契約、金流、物流等，皆可能構成間接徵收；與一般國家法制僅處理土地或建物的徵收相較，可謂有極大的想像空間。

二、國際投資法之規範

（一）常見規範內容

當代 IIA 之徵收規範反映習慣國際法，徵收態樣包含直接與間接徵收，且多以「基於公共目的」、「不歧視」、「依據正當法律程序」、「即時、充分且有效之補償」作為合法徵收要件，例如：能源憲章條約（Energy Charter Treaty，下稱 ECT）第 13 條、NAFTA 第 1110 條、2012 US Model BIT 第 6 條、USMCA 第 14.8 條、台日投資保障協議第 12 條。以 2012 US Model BIT 為例，第 6(1) 條即規定：「締約方不應直接或間接透過具有與徵收或國有化相等效果之措施徵收或國有化含括投資，除非：1. 基於公共目的；2. 以不歧視之方式；3. 給予即時、充分且有效之補償；及 4. 依據正當法律程序及第 5(1) 條至第 5(3) 條之最低待遇標準。」[1]

---

[1] Article 6 of the 2012 US Model BIT:

1. Neither Party may expropriate or nationalize a covered investment either directly or indirectly through measures equivalent to expropriation or nationalization ("expropriation"), except: (a) for a public purpose; (b) in a non-discriminatory manner; (c) on payment of prompt, adequate, and effective compensation; and (d) in accordance with due process of law and Article 5 [Minimum Standard of Treatment] (1) through (3).

2. The compensation referred to in paragraph 1(c) shall: (a) be paid without delay; (b) be equivalent to the fair market value of the expropriated investment immediately before the expropriation took place ("the date of expropriation"); (c) not reflect any change in value occurring because the intended expropriation had become known earlier; and (d) be fully realizable and freely transferable.

3. If the fair market value is denominated in a freely usable currency, the compensation referred to in paragraph 1(c) shall be no less than the fair market value on the date of expropriation, plus interest at a commercially reasonable rate for that currency, accrued from the date of expropriation until the date of payment.

4. If the fair market value is denominated in a currency that is not freely usable, the compensation referred to in paragraph 1(c) - converted into the currency of payment at the market rate of exchange prevailing on the date of payment - shall be no less than: (a) the fair market value on the date of expropriation, converted into a freely usable currency

　　多數 IIA 的徵收條款僅提及間接徵收或相當於徵收之措施，並未定義間接徵收。縱有定義，也是將間接徵收定義為一個過程。此係因地主國可能採行各種在內國法上不構成徵收之行為，然事實上具有與徵收或國有化相同效果之措施。例如：2012 US Model BIT 附件 B 第 4 條規定，第 6(1) 條處理之第二種情形為間接徵收，即無所有權之正式移轉或公然奪取之情況下，締約方採行之一行為或一系列行為具有等同直接徵收之效果。

　　早期的 IIA 多未就須提供補償之徵收與無須補償之規制措施劃定界限，未提供仲裁人任何指引，NAFTA 投資章即是如此。而後，IIA 逐步明文規定仲裁庭認定間接徵收應考量之因素，例如：2012 US Model BIT 附件 B 規定仲裁庭應以個案事實為基礎，考量下列因素：1. 政府行為之經濟影響；2. 投資人基於投資所生之期待（investment-backed expectation）受影響之程度；及 3. 政府行為之特性。此外，2012 US Model BIT 附件 B 第 4(b) 條更規定，除少數情況（in rare circumstances）外，締約一方保障正當公共利益之非歧視管制行為，不構成間接徵收。[2]

---

at the market rate of exchange prevailing on that date, plus (b) interest, at a commercially reasonable rate for that freely usable currency, accrued from the date of expropriation until the date of payment.

5. This Article does not apply to the issuance of compulsory licenses granted in relation to intellectual property rights in accordance with the TRIPS Agreement, or to the revocation, limitation, or creation of intellectual property rights, to the extent that such issuance, revocation, limitation, or creation is consistent with the TRIPS Agreement.

[2] Annex B Expropriation of the 2012 US Model BIT:

The Parties confirm their shared understanding that:

1. Article 6 [Expropriation and Compensation] (1) is intended to reflect customary international law concerning the obligation of States with respect to expropriation.

2. An action or a series of actions by a Party cannot constitute an expropriation unless it interferes with a tangible or intangible property right or property interest in an investment.

3. Article 6 [Expropriation and Compensation] (1) addresses two situations. The first is direct expropriation, where an investment is nationalized or otherwise directly expropriated through formal transfer of title or outright seizure.

4. The second situation addressed by Article 6 [Expropriation and Compensation] (1) is indirect

USMCA投資章亦依循此規範模式，[3]並進一步於註釋中規定，投資人基

expropriation, where an action or series of actions by a Party has an effect equivalent to direct expropriation without formal transfer of title or outright seizure.

(a) The determination of whether an action or series of actions by a Party, in a specific fact situation, constitutes an indirect expropriation, requires a case-by-case, fact-based inquiry that considers, among other factors: (i) the economic impact of the government action, although the fact that an action or series of actions by a Party has an adverse effect on the economic value of an investment, standing alone, does not establish that an indirect expropriation has occurred; (ii) the extent to which the government action interferes with distinct, reasonable investment-backed expectations; and (iii) the character of the government action.

(b) Except in rare circumstances, non-discriminatory regulatory actions by a Party that are designed and applied to protect legitimate public welfare objectives, such as public health, safety, and the environment, do not constitute indirect expropriations.

[3] Article 14.8 (Expropriation and Compensation) of the USMCA:

1. No Party shall expropriate or nationalize a covered investment either directly or indirectly through measures equivalent to expropriation or nationalization (expropriation), except: (a) for a public purpose; (b) in a non-discriminatory manner; (c) on payment of prompt, adequate, and effective compensation in accordance with paragraphs 2, 3, and 4; and (d) in accordance with due process of law.

2. Compensation shall: (a) be paid without delay; (b) be equivalent to the fair market value of the expropriated investment immediately before the expropriation took place (the date of expropriation); (c) not reflect any change in value occurring because the intended expropriation had become known earlier; and (d) be fully realizable and freely transferable.

3. If the fair market value is denominated in a freely usable currency, the compensation paid shall be no less than the fair market value on the date of expropriation, plus interest at a commercially reasonable rate for that currency, accrued from the date of expropriation until the date of payment.

4. If the fair market value is denominated in a currency that is not freely usable, the compensation paid - converted into the currency of payment at the market rate of exchange prevailing on the date of payment - shall be no less than: (a) the fair market value on the date of expropriation, converted into a freely usable currency at the market rate of exchange prevailing on that date; plus (b) interest, at a commercially reasonable rate for that freely usable currency, accrued from the date of expropriation until the date of payment.

5. For greater certainty, whether an action or series of actions by a Party constitutes an

於投資所生之期待是否合理，須依政府是否提供投資人書面保證、政府管制之性質及範圍、政府在相關部門監管之可能性等因素判斷。[4] 此意味著，當

---

expropriation shall be determined in accordance with paragraph 1 of this Article and Annex 14-B (Expropriation).

6. This Article does not apply to the issuance of compulsory licenses granted in relation to intellectual property rights in accordance with the TRIPS Agreement, or to the revocation, limitation, or creation of intellectual property rights, to the extent that the issuance, revocation, limitation, or creation is consistent with Chapter 20 (Intellectual Property) and the TRIPS Agreement.

Annex 14-B Expropriation

The Parties confirm their shared understanding that:

1. An action or a series of actions by a Party cannot constitute an expropriation unless it interferes with a tangible or intangible property right or property interest in an investment.

2. Article 14.8.1 (Expropriation and Compensation) addresses two situations. The first is direct expropriation, in which an investment is nationalized or otherwise directly expropriated through formal transfer of title or outright seizure.

3. The second situation addressed by Article 14.8.1 (Expropriation and Compensation) is indirect expropriation, in which an action or series of actions by a Party has an effect equivalent to direct expropriation without formal transfer of title or outright seizure.

   (a) The determination of whether an action or series of actions by a Party, in a specific fact situation, constitutes an indirect expropriation, requires a case-by-case, fact-based inquiry that considers, among other factors: (i) the economic impact of the government action, although the fact that an action or series of actions by a Party has an adverse effect on the economic value of an investment, standing alone, does not establish that an indirect expropriation has occurred, (ii) the extent to which the government action interferes with distinct, reasonable investment-backed expectations, and (iii) the character of the government action, including its object, context, and intent.

   (b) Non-discriminatory regulatory actions by a Party that are designed and applied to protect legitimate public welfare objectives, such as health, safety and the environment, do not constitute indirect expropriations, except in rare circumstances.

[4] Chapter 14, Fn. 19 of the USMCA

For greater certainty, whether an investor's investment-backed expectations are reasonable depends, to the extent relevant, on factors such as whether the government provided the investor with binding written assurances and the nature and extent of governmental regulation or the

投資人聲稱之保證在性質上屬非正式、相關部門之管制法規亦定期變動或逐步受到規制時，投資人之期待即不可能被視爲合理。

（二）投資仲裁實務對於間接徵收之認定

關於徵收之控訴，目前投資仲裁庭所面臨最困難的問題並非徵收是否符合法定要件，而是是否存有徵收之事實。當有徵收行爲存在時，地主國原則上將負有補償之義務。認定間接徵收之決定性因素爲在未實體取得外人投資之情況下，是否實質剝奪投資之經濟價值或控制權。

事實上，在 IIA 將間接徵收納入規範前，國際法院等仲裁實務已以處理直接徵收之方式，對待具有與徵收同等效果之措施。例如：常設國際法院在 *Chorzów Factory* 一案中表示，Bayerische 雖僅有管理 Chorzów Factory 之權限，然波蘭徵收 Chorzów Factory 之事實亦已構成對 Bayerische 之契約權及專利之間接徵收。[5] 於 *Revere Copper v. OPIC* 一案中，Revere Copper 之子公司 RJA 與牙買加政府簽署投資契約，契約中含有關於租稅及其他財務負擔之穩定條款，而後，牙買加政府違約，巨幅提高租稅及權利金，Revere Copper 遂依承保範圍涵蓋徵收之保險契約向保險人 OPIC 請求。OPIC 抗辯，主張有效控制權並未被剝奪。該案仲裁庭駁回此項抗辯，表示 RJA 雖仍擁有廠房及相關設備、採礦權，惟 RJA 已不再有效地控制財產之使用與營運。[6]

在另一個以投資契約爲基礎之 *Biloune v. Ghana* 案中，Biloune 透過在迦納當地之子公司 MDCL 與迦納國營企業 GTDC 簽署投資契約，合資進行飯店開發專案，然迦納當局發布停止工作令、拆除部分建物並逮捕 Biloune，而後將 Biloune 驅離至多哥。*Biloune* 仲裁庭認爲，Biloune 在 MDCL 之管理上扮演重要角色，其被驅離，致 MDCL 無法進一步進行該開發專案，構成

---

potential for government regulation in the relevant sector.

[5] *Factory at Chorzów (Germany v. Poland)*, Judgement (May 15, 1926), PCIJ Ser. A, No. 7 (1927).

[6] *In the Matter of Revere Copper and Brass Inc. v. Overseas Private Investment Corporation*, Award (August 24, 1978), 56 ILR 268.

MDCL 契約權之徵收，及 Biloune 對 MDCL 投資利益之徵收。[7]

美伊索償法庭（Iran-United States Claims Tribunal）亦認爲在認定徵收時，重點並非所有權之正式移轉，而是投資有效利用及利益之喪失。在 *Starrett Housing Corp. v. Iran* 一案中，美伊索償法庭表示，當國家行爲對財產權造成過度干預，使該財產權對投資人幾乎完全失去作用，即便地主國行爲時並無剝奪、移轉所有權之意圖、原所有人仍擁有所有權，仍應視爲徵收。在 *Tippetts, Abbett, McCarthy, Stratton v. TAMS-AFFA* 一案中，亦有相同的認定。[8]

在以 IIA 爲基礎之投資仲裁實務中亦是如此，以下述「三、相關投資仲裁案例」所介紹之 *Metalclad v. Mexico* 一案爲例，墨西哥聯邦政府向 Metalclad 擔保其廢棄物掩埋場開發計畫符合所有相關的環境法規，然而，地方政府卻拒絕核發施工許可證，並頒布一生態法令，將掩埋場所在地劃定爲珍稀仙人掌自然保護區。*Metalclad* 仲裁庭表示，NAFTA 第 1110 條徵收條款不僅包含地主國爲其利益而直接取得投資人投資之財產，如地主國措施意外剝奪投資人全部或重要部分權利之行使，或剝奪對財產合理期待之經濟利益，亦屬徵收。[9]

S.D. Myers v. Canada 一案涉及加拿大 PCB 廢料出口暫行禁令，S.D. Myers 指控此禁令對其財產權造成干預，屬相當於徵收之措施。該案仲裁庭表示，在牛津英語字典中，「相當」（tantamount）一字之原始意義爲「等同」（equivalent），此二用字均要求仲裁庭檢視地主國措施之實質效果，而非僅限於措施之形式。*S.D. Myers* 仲裁庭認爲，因該禁令僅具暫時性效果，故非屬相當於徵收之措施。[10]

---

[7] *Biloune and Marine Drive Complex Ltd v. Ghana Investments Centre and the Government of Ghana*, Award on Jurisdiction and Liability (October 27, 1989), 95 ILR 184.

[8] *Starrett Housing Corporation v. Iran* (December 19, 1983), 4 Iran-US CTR 122; *Tippetts, Abbett, McCarthy, Stratton v. TAMS-AFFA* (June 22, 1984), 6 Iran-US CTR 219.

[9] *Infra* note 20.

[10] *S.D. Myers Inc. v. Government of Canada*, UNCITRAL, Partial Award (November 13, 2000), paras. 285, 287. 參考本書之案例摘要二十九。

從過往的投資仲裁案例可知，地主國所採用、影響投資商業價值之措施非常多元，例如：地主國政府指派經理人掌控外國投資人之公司、撤銷營運許可證等。地主國管制型態日新月異，難以一項定義涵蓋，因此，須依據個案事實、當事人所提之證據，判斷投資人是否喪失對於投資之有效利用與利益。

雖 IIA 未明確定義間接徵收，然而，過往投資仲裁案例對於間接徵收之闡釋或可提供一項檢查清單，協助確認地主國之措施是否構成間接徵收，包括：1. 地主國所採用之一項措施或一系列措施雖未取得投資之所有權，惟已剝奪投資人對於投資之使用、收益；2. 地主國採行一系列、漸進式的措施，雖個別措施不構成徵收，然而，該等措施之總體效果卻造成投資價值之減損，此即所謂的逐步徵收（creeping expropriation）；3. 被控訴之措施剝奪投資財產經濟上之使用、收益，與投資相關之權利已不復存在；4. 被控訴之措施實質、嚴重、徹底地剝奪投資人之權利，或事實上摧毀投資或其價值或收益；5. 嚴重減損投資價值，投資價值降低 5% 不足以構成徵收，然而，降低 95% 即有可能構成徵收；6. 被控訴之措施無法依警察權原則正當化。

投資仲裁實務持續形塑間接徵收之認定標準，上述清單將隨實務見解之變動而調整，而 IIA 締約方亦隨著投資仲裁實務對於間接徵收之闡釋，逐步將實務見解反映於 IIA 之徵收條款中，此從 NAFTA 投資章、2012 US Model BIT 到 USMCA 投資章就徵收規範文字之變化，可見一斑。此外，投資人及其顧問在評估特定投資地之投資風險時，亦會將此等實務案例納入考量。

（三）無形財產之徵收

傳統上，多僅關注外國投資人之實體財產權，惟近來逐漸重視無形財產權，無形財產得為徵收客體，此亦反映在 IIA 之投資定義中。IIA 之投資定義中包含無形財產，例如：ECT 第 1(6) 條包含智慧財產權、依法律或契約授予之權利等，USMCA 第 14.1 條、台日投資保障協議第 2 條等多數 IIA 亦有類似的規範。

司法實務亦一致支持廣泛的財產概念，在 *Norwegian Shipowners' Claims (Norway) v. United States* 一案中，美國於第一次世界大戰徵用美國造船廠所

建造之船隻，徵用令包含美國私人造船廠與挪威人間之造船契約，常設仲裁法院仲裁庭認定，由造船契約而生之無形財產權受影響，構成徵收。[11] 在 *Chorzów Factory* 一案中，常設國際法院認定，波蘭對 Chorzów Factory 之徵收行為亦屬間接徵收 Bayerische 管理、營運工廠之契約權。[12] 美伊索償法庭在 *Starrett Housing Corp. v. Iran*、*Amoco International Finance Corp. v. Iran*、*Phillips Petroleum Co. v. Iran* 等案件中，均肯認契約權等無形財產得為徵收標的。[13] *SPP v. Egypt*、*Wena Hotels v. Egypt*、*Tokios Tokelés v. Ukraine*、*CME v. Czech* 等 ICSID 案件之仲裁庭亦持相同見解。[14]

雖仲裁實務已廣泛承認無形財產權得為徵收標的，然而，應注意的是，並非所有的無形權利、利益、價值均等同無形財產權，例如：實行法律之權利無法作為徵收之客體，蓋此項權利雖有很高的價值，然而並無法被轉讓，因此非屬財產權。當地主國干擾投資人實行法律之權利時，此乃對個人自由的干擾，而非財產之徵收。亦即，財產或契約之價值不得作為徵收客體，雖然投資仲裁庭可透過財產之市場價值衡量財產之使用效益，當財產之市場價值因地主國措施而降至零時，即可作為地主國剝奪財產效益之證據，惟此並不能擴張可作為徵收客體之權利之本質，不得將價值轉化為可作為徵收客體之財產權。

在 *Emmis v. Hungary* 一案中，仲裁庭即嚴格區分財產及契約。該案仲裁聲請人之匈牙利籍全資子公司 Sláger Rádió 擁有廣播頻道執照，該執照於

---

[11] *Norwegian Shipowners' Claims (Norway) v. United States*, Award (October 13, 1922), 1 RIAA 307.

[12] *Supra* note 5.

[13] *Supra* note 8; *Amoco International Finance Corp. v. Iran* (July 14, 1987), 15 Iran-US CTR 189; *Phillips Petroleum Co. v. Iran* (June 29, 1989), 21 Iran-US CTR 79.

[14] *Southern Pacific Properties (Middle East) Limited v. Arab Republic of Egypt*, ICSID Case No. ARB/84/3, Award (May 20, 1992); *Wena Hotels Ltd. v. Arab Republic of Egypt*, ICSID Case No. ARB/98/4, Award (December 8, 2000); *Tokios Tokelés v. Ukraine*, ICSID Case No. ARB/02/18, Decision on Jurisdiction (April 29, 2004); *CME Czech Republic B.V. v. The Czech Republic*, UNCITRAL, Partial Award (September 13, 2001).

2009 年 11 月 18 日期滿。匈牙利廣電主管機關在該日期屆至前進行公開招標程序，Sláger Rádió 就該頻道投標，但未得標，遂向匈牙利法院提訴，主張投標程序不合法。而後，仲裁聲請人依匈牙利—荷蘭 BIT 及匈牙利—瑞士 BIT 提起投資仲裁，主張匈牙利徵收其在 Sláger Rádió 之投資。*Emmis* 仲裁庭首先釐清徵收客體應為財產權，接續表示國際公法並未創造財產權，而是給予內國法規所創造的財產權特定保護，最後表示雖契約授予之權利得作為徵收標的，然僅存在國家不履約之事實並不違反國際法。由於 Sláger Rádió 擁有之廣播權已於 2009 年 11 月屆期，Sláger Rádió 並無可被徵收的權利，故仲裁庭以無管轄權為由駁回聲請人之請求。[15]

地主國違約致投資人蒙受經濟損失之行為未必即屬徵收，區分單純違約與契約權徵收之標準為：地主國之作為是出於其作為契約一方之商業角色？或是基於公權力之行使？*Waste Management v. Mexico* 一案仲裁庭提出數項標準以區分單純違約及契約權徵收，該案仲裁庭表示，有三種可能涉及徵收之案件類型：第一，整體企業營運因地主國之命令、行政行為等而終止；第二，地主國取得投資人之財產，因而致相關聯之契約權受影響；第三，僅契約權受影響：任何主體均可能違約，因此，在無其他政府行為伴隨之情況下，不履行契約義務非屬徵收。[16]

（四）規制措施與徵收

地主國基於公共目的採行之規制措施經常對私人財產權造成負面影響，當規制措施僅對投資人之營運產生輕微影響，不可能要求地主國就所有的措施補償投資人，否則將嚴重減損國家主權。另一方面，針對基於合法公共目的之規制措施，亦不能直接導出不構成徵收之結論，因為合法公共目的

---

[15] *Emmis International Holding, B.V., Emmis Radio Operating, B.V., MEM Magyar Electronic Media Kereskedelmi és Szolgáltató Kft. v. Hungary*, ICSID Case No. ARB/12/2, Award (April 16, 2014).

[16] *Waste Management, Inc. v. United Mexican States (II)*, ICSID Case No. ARB(AF)/00/3, Award (April 30, 2004).

僅爲合法徵收要件之一。因此，重點在於區辨應由投資人承擔經濟後果之一般管制以及可能完全合法，但地主國負有補償義務之徵收。

一般管制及管制性徵收之區分標準有二，其一爲量化分析，衡量措施對投資所造成之影響範圍、影響程度；其二爲動機分析，確認地主國是否存有徵收意圖。

由過往之投資仲裁實務可知，措施帶來的經濟影響程度爲認定間接徵收存否之關鍵因素，當措施實質剝奪投資人所有或絕大部分之投資利益，該等剝奪屬永久性或持續相當長的期間時，即構成徵收。而從大量的學術文獻亦可發現，學界對此已形成共識，認爲措施之經濟影響程度與期間爲關鍵指標。

以下述 *Tecmed v. Mexico* 一案爲例，Tecmed 於墨西哥經營危險廢棄物掩埋場，墨西哥主管機關以危害環境及公共安全爲由，決議否准 Tecmed 執照更新之申請。*Tecmed* 仲裁庭表示，欲認定該決議是否構成間接徵收，應先判斷該決議是否完全剝奪投資之經濟利用與收益，諸如與掩埋場相關之收益不復存在，此乃區分「因國家行使警察權致資產價值減損之規制措施」與「實質剝奪資產及權利之事實上徵收」之重要因素。一旦管制行爲造成負面影響是不可逆且具永久性，即屬間接徵收。*Generation Ukraine v. Ukraine* 仲裁庭亦表示，判斷地主國措施是否等同徵收之重要標準爲：系爭措施是否對投資之使用、收益或處分構成持續、無法回復之障礙。*S.D. Myers v. Canada*、*Occidental v. Ecuador*、*CMS v. Argentina* 等案件之仲裁庭均採類似見解。[17]

另一區分標準爲動機分析，然此方式未被普遍接受，蓋徵收意圖難以證明。因此，在國際投資仲裁實務中，多數見解認爲無須考慮地主國之主觀意

---

[17] *Generation Ukraine, Inc. v. Ukraine*, ICSID Case No. ARB/00/9, Award (September 16, 2003); *S.D. Myers Inc. v. Government of Canada, supra* note 10; *Occidental Exploration and Production Company v. The Republic of Ecuador*, LCIA Case No. UN3467, Final Award (July 1, 2004); *CMS Gas Transmission Company v. The Republic of Argentina*, ICSID Case No. ARB/01/8, Award (May 12, 2005).

圖。例如：*Metalclad v. Mexico* 一案仲裁庭即表示，仲裁庭無須考量或決定墨西哥地方政府頒布生態法令之意圖或動機。[18] *Tecmed v. Mexico* 仲裁庭亦表示，與爭議措施對投資人或投資資產所造成之影響相較，地主國政府之意圖並不重要。[19]

三、相關投資仲裁案例

（一）*Metalclad v. Mexico*[20]

本案仲裁聲請人 Metalclad 爲一家美國公司，其透過子公司持有墨西哥公司 ECONSA 100% 股權。墨西哥聯邦政府於 1993 年授予墨西哥公司 COTERIN 在聖路易斯波托西州瓜達爾卡薩爾市興建危險廢棄物掩埋場之聯邦許可證。Metalclad 遂簽署選擇權契約，約定可由 ECONSA 購買 COTERIN 及其擁有之許可證。

而後，州政府授予 COTERIN 興建掩埋場之土地使用許可證。Metalclad 隨後與聯邦政府官員及州長會面討論此專案，聯邦政府官員於會中表示，除營運掩埋場之聯邦許可證外，其他必要的許可證均已核發。聯邦政府官員並表示，由聯邦政府負責取得州及地方社群對於該專案之支持。1993 年 8 月，聯邦政府授予 COTERIN 營運掩埋場之聯邦許可證。同年 9 月，Metalclad 行使其選擇權，購買 COTERIN、掩埋場及相關許可證。然而，在 Metalclad 開始興建掩埋場後，市政府以欠缺市政府施工許可證爲由，下令停止施工。

經過溝通，聯邦政府官員再次告知 Metalclad 已擁有興建及營運掩埋場之權限，惟基於促進與市政府之友好關係，其應向市政府申請施工許可證。Metalclad 便恢復施工，並向市政府申請核發施工許可證。聯邦政府並持續核發相關許可證予 Metalclad。於掩埋場完工後，市政府駁回施工許可

---

[18] *Infra* note 20.

[19] *Infra* note 22.

[20] *Metalclad Corporation v. The United Mexican States*, ICSID Case No. ARB(AF)/97/1, Award (August 30, 2000). 參考本書之案例摘要十四。

證之申請，並撤銷先前核發予 COTERIN 之施工許可證。就掩埋場營運爭議，Metalclad 持續與州政府協商，然協商失敗。而後，州政府頒布一生態法令，將掩埋場所在地劃定為珍稀仙人掌自然保護區。Metalclad 主張生態法令永久排除其營運掩埋場，構成徵收。

Metalclad 仲裁庭表示，NAFTA 第 1110 條徵收條款不僅包含地主國為其利益而直接取得投資人投資之財產，如地主國措施剝奪投資人全部或重要部分權利之行使，或剝奪對財產合理期待之經濟利益，亦屬徵收。生態法令將掩埋場所在地劃定為珍稀仙人掌自然保護區，具有永久禁止掩埋場營運之效果。*Metalclad* 仲裁庭表示，其無須決定或考量採行生態命令之動機，並認定生態法令之執行構成相當於徵收之行為。

本案在數方面與 *Biloune, et al. v. Ghana Investment Centre* 案類似，[21] 在該案中，投資人在迦納翻修及擴建渡假餐廳，該投資人仰賴政府附屬實體之聲明，在申請建築許可證前，即開始施工；於完成大量工程後，方收到停工令；停工令係以欠缺許可證為基礎。該案投資人遂申請許可證，迦納政府未明確否准申請，然未曾核發許可證。*Biloune* 仲裁庭認為，因整體情況已致該專案無法復工，構成間接徵收。*Biloune* 仲裁庭特別關注下列事實：投資人正當倚賴迦納政府關於許可證之陳述；在停工令核發前，政府機關知悉施工逾 1 年；對其他專案，未要求需有許可證；迦納政府無處理建築許可證申請之程序。本案仲裁庭認同 *Biloune* 仲裁庭之分析及結論。

（二）*Tecmed v. Mexico*[22]

Tecmed 設立於西班牙，為 Tecmed, Técnicas Medioambientales De Mexico, S.A. de C:V（下稱 Tecmed）之母公司，而 Tecmed 持有 Cytrar 多數股份。Tecmed 於墨西哥 Hermosillo 市市政機構所舉辦之公開競標中，標得該市所管轄之 Las Víboras 地區之有毒工業廢棄物掩埋場（下稱系爭掩埋

---

[21] *Biloune, et al. v. Ghana Investment Centre, et al.*, 95 I.L.R.183, 207-210 (1993).

[22] *Técnicas Medioambientales Tecmed S.A. v. The United Mexican States*, ICSID Case No. ARB(AF)/00/2, Award (May 29, 2003). 參考本書之案例摘要三十二。

場），而後 Tecmed 將其透過得標所取得之權利義務轉讓予 Cytrar，由其負責營運系爭掩埋場。於所有權變動過程中，系爭掩埋場取得由國家生態機構（INE）核發之無限期營運執照。

Tecmed 於 1996 年向 INE 申請將掩埋場無限期營運執照之名義人更改為 Cytrar，INE 核准此項變更。然而，INE 隨即重新核發執照，將營運期限降為 1 年。Cytrar 後於 1997 年更新執照，執照期限延展至 1998 年 11 月 19 日。於營運期間，因 Cytrar 違反營運執照條款及相關法規，社區團體強烈反對 Cytrar 繼續營運掩埋場，並抗議系爭掩埋場僅距離市中心 8 公里，小於墨西哥法律所要求之距離。然該法律是在掩埋場場址得到批准後始生效，無法對抗 Cytrar。因示威者持續抗爭，故 Cytrar 與市、州及聯邦政府於 1997 年開始探索搬遷掩埋場之方案。Cytrar 同意遷移，但前提是可在搬遷前繼續營運掩埋場，且相關營運許可應有效存續。然而，當 Cytrar 提出執照更新申請時，INE 決議駁回 Cytrar 之申請（下稱系爭決議）。Tecmed 遂依西班牙—墨西哥 BIT 向 ICSID 提出仲裁請求，主張系爭決議已對聲請人之投資構成徵收。

Tecmed 仲裁庭表示，為判定系爭決議是否為相當於徵收之措施（a measure equivalent to an expropriation），須先確認仲裁聲請人是否因系爭決議而喪失相關資產之價值或經濟效用，以及其損失之程度。仲裁庭認為，若一項措施的性質是不可逆且永久（irreversible and permanent），且導致相關資產無法再以任何方式被利用，即構成間接、事實上的徵收（indirect *de facto* expropriation）。

系爭掩埋場不得再作為廢棄物掩埋場而營運，導致 Cytrar 之經濟及商業營運被完全且無法回復地破壞，損害聲請人之預期利益。因長期堆積危險廢棄物，該掩埋場亦無法用於其他目的，進而排除其於不動產市場上之經濟價值。此外，經濟價值之破壞應從投資人最初為投資時之角度判斷。聲請人投資之目的僅在於從事掩埋危險廢棄物之相關活動並據此獲得收益。當系爭決議終止該廢棄物掩埋場之營運時，與營運及其相關資產之直接或間接之經濟或商業價值，即無可挽回地被破壞。

在具有前述效果後，尚須考量所涉公共利益及應受保護之投資，以評估

該措施是否合乎比例性。於權衡此等利益時，仲裁庭應適度尊重國家對於影響其公共政策及社會利益之爭議判斷，及保護與促進利益之適當手段，並應考量投資人之合理期待。

即使 Cytrar 無限期之營運執照變成必須每年更新之營運執照，聲請人仍期待藉由使用年限內系爭掩埋場之營運，回收其投資成本並取得預期獲利，也就是以長期投資從事該行為。從 Tecmed 之投標報價中亦可得知，Cytrar 不會於短時間內達到盈虧平衡點並獲得預期收益率，且 INE 所據以核發營運執照之 1994 年環境影響聲明亦預計系爭掩埋場之使用年限為 10 年。因此，在聲請人為投資行為前，INE 及有關當局應知悉投資人對於系爭掩埋場之預期為長期投資。

Tecmed 仲裁庭依相關事證，認定系爭決議永久且不可撤銷地否准營運執照之更新，對 Tecmed 之投資及其取得收益之權利造成負面影響。Tecmed 對於可持續營運系爭掩埋場具有合理期待，且 Cytrar 之違規行為皆有補救辦法或僅須處以輕微處罰。然而，系爭決議卻採取否准更新執照及下令關閉系爭掩埋場之激烈措施，違反比例性之要求，違反西班牙—墨西哥 BIT 之徵收條款。

（三）*Mobil and Others v. Venezuela*[23]

委內瑞拉（下稱委國）於 1975 年通過國有化法，將石油產業國有化，石油產業由國家透過國營企業營運。委國設立國營企業 Petróleos de Venezuela, S.A.（下稱 PDVSA）負責管理石油產業活動，PDVSA 得經國會授權與私人公司簽署合資協議。委國於 1980 年代採行石油開放政策，允許外國投資人投資石油業。為促進投資，委國修訂所得稅法，規定依合資協議開發及提煉重質與超重質原油之收入適用一般公司所得稅率 30%，不適用較高之石油活動稅率 67.7%。而後，一般公司所得稅率調升為 34%。此外，

---

[23] *Mobil Cerro Negro Holding, Ltd., Mobil Cerro Negro, Ltd., Mobil Corporation and others v. Bolivarian Republic of Venezuela*, ICSID Case No. ARB/07/27, Award (October 9, 2014). 參考本書之案例摘要十五。

1943 年碳氫化合物法授權調降特許權利金。在此背景下，仲裁聲請人決定投資二個專案──Cerro Negro 及 La Ceiba 合資專案。

然查維茲總統上任後採行數項措施，修法提高權利金及所得稅，並制定授權法案，授權總統以命令接管合資專案。2007 年 2 月 26 日，查維茲總統發布第 5200 號命令，要求 Cerro Negro 及 La Ceiba 專案之營運者於同年 4 月 30 日前，移轉專案控制權予 PDVSA 或其關係企業。該命令並規定，投資人應於 4 個月內（即至 2007 年 6 月 26 日止）同意參與國家持股超過 50% 之公私合營公司，簽署新契約取代既有的合資協議。若未能於 4 個月內達成協議，委國應經由 PDVSA 或其關係企業直接取得 Cerro Negro 及 La Ceiba 合資。因雙方未能達成協議，委國於 2007 年 6 月 27 日扣押仲裁聲請人之投資，並終止 Cerro Negro 及 La Ceiba 合資協議。仲裁聲請人遂主張委國違反荷蘭─委內瑞拉 BIT 第 6 條徵收條款，[24] 將爭端提付 ICSID 仲裁。

關於徵收之判定，本案仲裁庭認為，如委國措施之實施導致投資整體之有效剝奪（effective deprivation），即使未具所有徵收特徵，該措施亦可能相當於徵收。該等剝奪需達投資價值之整體損失，或投資人完全喪失對投資之控制權，二者均具有永久特性。仲裁庭認定，不論是在 Cerro Negro 或 La Ceiba 專案，委國在移轉該等專案控制權前所實施之措施並不符合前述條件，不構成徵收。

針對委國扣押仲裁聲請人之投資，爭端雙方同意在第 5200 號命令之執行下，聲請人之投資於 2007 年 6 月 27 日被徵收。然仲裁聲請人主張，委國採行之徵收措施未依循正當法律程序，違反委國就該等專案所適用之法律架構之特定承諾，且未提供任何補償，為違法徵收。仲裁庭表示，爭端雙方在

---

24 荷蘭─委內瑞拉 BIT 第 6 條規定，除符合下列要件，締約方不應採取措施徵收或國有化締約他方國民之投資，或對該等投資採取具有與徵收或國有化相等效果之措施：(a) 出於公共目的且依正當法律程序；(b) 措施不具歧視性或不違反締約方已給予之任何承諾；(c) 給予公允的補償。該等補償應反映投資被徵收前或即將發生之措施公眾周知時之市場價值，以較早發生者為準。補償應包含至付款日止、以正常商業利率計算之利息。原文請見：https://investmentpolicy.unctad.org/international-investment-agreements/treaty-files/2094/download。

第 5200 號命令公布後歷經 4 個月之協商，雖雙方協商失敗，然該等協商過程使投資人能在合理期間內衡量其利益並作出決定，已符合 BIT 第 6 條之正當程序要求。

就委國違反特定承諾之指控，仲裁庭認為，委國國會已於該等專案之授權特別敘明，合資協議及所有營運活動不應對委國加諸任何義務、不應限制其主權，合資協議之準據法為委國法律，合資協議均提及國會授權之規定。於保留委國主權一事上，委國保留徵收聲請人投資之權利，並未承諾不行使該等權利。因此，仲裁庭認定，委國執行徵收措施並未反於其承諾。

針對補償金，仲裁庭認為，投資人尚未取得補償金之單一事實並不足以認定徵收是非法的。於徵收方已向投資人提出補償金條件時，徵收之合法性須視該條件而定。仲裁庭表示，爭端雙方於 2007 年就補償一事進行協商，仲裁聲請人就委國於協商中所提出之條件負有舉證責任。仲裁聲請人所提之證據未能證明委國之補償提案不符合 BIT 第 6(c) 條之公允補償要求，未能證明徵收之不法性，因此，駁回仲裁聲請人非法徵收之控訴。

第十二章　績效要求

一、基本概念

對所有想要吸引外人投資的地主國而言，將外人投資之「利」最大化、「弊」最小化，永遠是一個動態平衡、滾動式檢討的政策目標。在外人投資政策之分析、制定、執行、驗證、修正的過程中，績效要求（performance requirements；亦有稱「實績要求」）一定會被考量及使用。開發中國家使用得多，也會有各種正當理由支持其績效要求的法令政策；已開發國家比較少使用績效要求，甚至主張國家不應使用，因為會造成以人為干預扭曲自由市場的結果。當然，兩者的立足點（經濟發展程度及政策需求）不同，是否有投資人母國之利益考量，也有差別。

績效要求不是地主國要求投資人之營運成果必須達到某種「績效」，好像投資人有義務達到商業上的 KPI 似的；這本來就是投資人自行承擔的商業風險，跟地主國政府及社會沒什麼關係。這裡的「performance」，指的是投資人對其投資行為（包括設立、營運、生產、研發、僱傭、與第三人及當地社群的關係等），向地主國作出有法律拘束力之承諾，構成「requirements」。更直白地說，績效要求是投資人本來不想作的（因為成本、技術、生產供應鏈、金流等規劃），因為地主國的要求而必須作，並且當作准許及保障投資之「條件」。這就是 OECD 一直倡議的：投資誘因（investment incentives）有好有壞，國家必須謹慎考量。比較好的誘因機制是以完善、自由的法令政策吸引優質的投資人；不好的誘因是以短期、管制型態的交換（例如稅捐優惠）吸引到投機型投資人。[1]

績效要求之態樣非常多元，可依不同的標準區分。第一種分類標準為強制性（mandatory）與非強制性（non-mandatory）績效要求。強制性績效要求與投資之進入及營運條件相連結，為進行投資或持續營運，投資人勢必應

---

[1]　OECD, Checklist for Foreign Direct Investment Incentive Policies (2003).

符合該等要求。非強制性績效要求則與取得特定優惠相連結，例如：租稅豁免或補貼，因此，投資人理論上可自主決定是否遵循該等要求。另外，亦可依績效要求之義務基礎區分，義務來源可能為地主國之內國法或地主國與投資人間之投資契約。

根據 UNCTAD 及 OECD 的實證資料，[2] 常見的績效要求態樣包括：

（一）**自製率要求**：要求投資人購買一定比例或數量之當地貨品或服務，此項要求之目的在於上下游產業間之連結，以驅動相關經濟活動之多元化。

（二）**雇用當地勞工達一定水平**：地主國可能要求投資人雇用一定數量之當地勞工，其目的在於提升投資所創造之就業機會、降低失業率。

（三）**提供勞工訓練課程或建構貨品／服務供應商之能力**：此等要求通常是為了滿足貨品／服務供應商之需求、提升勞動力水平，以克服勞工或供應商欠缺適當技能之問題。

（四）**在地主國境內執行特定水平之研發活動**：此要求之目的在於研發新產品或技術，以改善特定經濟活動之生產力、降低對健康或環境之負面影響。

（五）**技術移轉**：此要求旨在使當地企業取得最佳技術，提升其等在全球市場之競爭力。

（六）**執行環境或社會行動**：此等要求之目的在於改善投資所在地之社群環境及社會條件，例如在當地設立學校，提供回饋金。但此種承諾與國際公認之環境、社會影響評估要求不同，二者不宜混淆。

（七）**與擁有地主國國籍之合夥人合資、一定比例之股份由地主國國民持有**：此等要求之目的在於確保特定關鍵業別維持由地主國國民控制。

（八）**在特定區域設立投資決策中心**：此要求之目的為加速地主國劣勢地區之發展。

2　參考 UNCTAD, Foreign Direct Investment and Performance Requirements: New Evidence from Selected Countries (2003); A. Ahnlid, Performance Requirements and Investment Incentives, The Multilateral Agreement on Investment: State of Play, in OECD, OECD/GD(97)114 (1997), pp. 28-32.

（九）**當地銷售要求**：課予此等要求的原因在於地主國國內市場價格低於國際市場，遂要求投資人在地主國市場出售一定比例或價值之產出，以確保地主國消費者可取得特定產品。

（十）**出口一定水平之貨品或服務**：藉由此等要求，地主國限制投資人在當地之貨品或服務銷售量，降低外人投資對當地生產者所帶來之競爭壓力。

如前所述，不論是開發中國家或已開發國家均曾使用過績效要求措施，以達成經濟與非經濟目標。然而，績效要求存在許多爭議，有論者認為績效要求確保投資對地主國發展帶來最大的貢獻，符合地主國產業發展之優先順序。反之，有論者認為績效要求是一項無效的政策工具，無助於地主國達成政策目標，並對國際貿易與 FDI 造成扭曲效果。例如，許多設立合資企業之要求最終宣告失敗，蓋外國投資人與地主國本國投資人可能無共同的目標，彼此間無信賴，缺乏合資企業成功之基本要素，正可謂強摘的果實不甜。此等觀點即反映在 IIA 之績效要求禁止／限制條款中，例如：USMCA 第 14.10 條、台日投資保障協議第 7 條。該些協定通常亦設有禁止績效要求之例外規定，包括：政府採購、與保護環境或健康有關之措施。因此，不同於 IIA 中其他常見之實體保障條款，禁止績效要求之概念來自經濟理論，而非源於各國幾個世紀以來對於外國人待遇之實務運作所發展之司法概念。

此外，在多邊貿易體制下，WTO 與貿易有關之投資措施協定（Agreement on Trade-Related Investment Measures，下稱 TRIMs 協定）亦禁止特定績效要求措施。[3] 由於 TRIMs 協定規範範圍僅及於貨品貿易，排除服

---

[3] TRIMs 協定第 2 條第 1 項規定：「在不影響 GATT 1994 其他權利與義務之前提下，會員國不得採用與 GATT1994 第 3 條或第 11 條不符之與貿易有關之投資措施。」第 2 條第 2 項規定：「與 GATT 1994 第 3 條第 4 項國民待遇之義務及第 11 條第 1 項普遍消除數量限制之義務相牴觸之 TRIMs 例示清單，附於本協定之附件內。」
例示清單：
1. 與 GATT 1994 第 3 條第 4 項國民待遇義務相牴觸之 TRIMs，包括在國內法或行政命令下屬於強制性或屬於可予執行者、或以遵守該法令為取得某項利益之必要條件者，且其：

務，因此，並不禁止 WTO 會員在服務貿易部門採用績效要求措施。此外，TRIMs 的規範目的在於落實國民待遇義務及普遍消除數量限制之義務，換言之，TRIMs 例示清單會特別列出這些績效要求，是因為它們的效果會違背上述義務。相對地，在 IIA 之下的績效要求義務，通常沒有跟國民待遇義務或消除數量限制之義務連結，因為 IIA 是以除去投資障礙為目標，避免出現投資人原先沒有預期的額外要求（參考後述案例 *Mobil and Murphy v. Canada*），以落實締約當事國接受並保障外人投資之承諾。

二、國際投資法之規範

（一）常見規範模式

在國際法下，除非國家在 IIA 或其他協定作出承諾，各國有權設定外人投資審核要件，包括使用績效要求措施。早期的 IIA 並無禁止績效要求條款，然而，近期的 IIA 納入該條款之比例逐漸增加，美國、加拿大及日本所洽簽之 IIA 多納入績效要求條款，以下臚列常見的規範模式：

(a) 要求企業購買或使用由國內製造之產品或向國內之來源購買；而不論其係指定產品種類、產品數量或價值、或指定產品國內自製比率之數量或價值；或

(b) 要求企業將其購買或使用進口產品之數量或價值，限定於其出口之成品所含國內產品之數量或價值。

2. 與 GATT 1994 第 11 條第 1 項普遍消除數量限制之義務規定相牴觸之 TRIMs，包括在國內法或行政命令下屬於強制性或屬於可予執行者、或以遵守該法令為取得某些利益之必要條件者，且其：

(a) 普遍性地限制企業進口其使用於或相關於國內生產所需產品之數量或價值，或使其必須與他出口成品所含之國內製造部分之數量或價值相關聯；

(b) 透過限制外匯之取得，使其必須與該企業因出口賺取匯入之外匯額相關聯，而限制企業進口其使用於或相關於國內生產所需之產品；或

(c) 不論係以列舉特定產品之方式、以產品數量或價值之方式、或以當地生產比率之一定數量或一定價值之方式，限制企業之出口或為出口而為之銷售。

1. 援用TRIMs協定

IIA 之績效要求條款僅援用 TRIMs 協定，例如：2017 年臺菲 BIT 第 6 條規定：「世界貿易組織協定附件 1A 之與貿易有關之投資措施協定相關規定，於本協定準用之。」2012 年中國—加拿大 BIT 第 9 條規定：「締約雙方重申其在歷經不時修改的世界貿易組織『與貿易有關之投資措施協定』（TRIMs）項下的義務。TRIMs 第 2 條及其附錄納入本協定並作爲本協定的組成部分。」

此規範方式看似等同 IIA 中無績效要求條款，然實質上存有重大差異。當爭端涉及 TRIMs 協定所禁止之績效要求時，投資人得依 IIA 中之 ISDS 機制尋求救濟。

此外，IIA 亦有一種常見的條款具有與上述規範方式相同的效果。此種條款之名稱通常爲「其他協定／規範之適用」（application of other agreements/rules），例如：英國—肯亞 BIT 第 11 條。[4] 此等條款使投資人可援用其母國與地主國同爲締約方之國際協定中較優惠之條款，效果與最惠國條款類似。當投資人母國與地主國間之 IIA 未禁止績效要求措施，而母國與地主國均爲 WTO 會員國時，投資人即可透過此等條款援引 TRIMs 協定。

2. 投資設立後TRIMs-Plus條款

當 IIA 績效要求條款所禁止之措施不限於 TRIMs 協定所限制者，該條款即所謂的 TRIMs-Plus 條款。投資設立後 TRIMs-Plus 條款僅禁止地主國於投資設立後階段採行績效要求措施，對於地主國在投資設立前階段所實施之

---

[4]　Article 11 of the 1999 Kenya-United Kingdom BIT (Application of other Rules):

If the provisions of law of either Contracting Party or obligations under international law existing at present or established hereafter between the Contracting Parties in addition to the present Agreement contain rules, whether general or specific, entitling investments by nationals or companies of the other Contracting Party to a treatment more favourable than is provided for by the present Agreement, such rules shall to the extent that they are more favourable prevail over the present Agreement.

措施，則不予禁止，例如：2001 年印度─科威特 BIT 第 4(4) 條。[5]

3. 投資設立前與投資設立後TRIMs-Plus條款

　　相較於前述僅禁止投資設立後階段之條款，美國及加拿大之 IIA 多將績效要求之禁止延伸至投資設立前階段，例如：2012 US Model BIT 第 8 條、[6]

---

[5] Article 4(4) of the 2001 India-Kuwait BIT:

Once established, investment shall not be subjected in the host Contracting State to additional performance requirements which may hinder or restrict their expansion or maintenance or adversely affect or be considered as detrimental to their viability, unless such requirements are deemed vital for reasons of public order, public health or environmental concerns and are enforced by law of general application.

[6] Article 8 of the 2012 US Model BIT:

1. Neither Party may, in connection with the establishment, acquisition, expansion, management, conduct, operation, or sale or other disposition of an investment of an investor of a Party or of a non-Party in its territory, impose or enforce any requirement or enforce any commitment or undertaking:

(a) to export a given level or percentage of goods or services;

(b) to achieve a given level or percentage of domestic content;

(c) to purchase, use, or accord a preference to goods produced in its territory, or to purchase goods from persons in its territory;

(d) to relate in any way the volume or value of imports to the volume or value of exports or to the amount of foreign exchange inflows associated with such investment;

(e) to restrict sales of goods or services in its territory that such investment produces or supplies by relating such sales in any way to the volume or value of its exports or foreign exchange earnings;

(f) to transfer a particular technology, a production process, or other proprietary knowledge to a person in its territory;

(g) to supply exclusively from the territory of the Party the goods that such investment produces or the services that it supplies to a specific regional market or to the world market; or

(h) (i) to purchase, use, or accord a preference to, in its territory, technology of the Party or of persons of the Party12; or

(ii) that prevents the purchase or use of, or the according of a preference to, in its territory, particular technology,

CPTPP 第 9.10 條。[7]

4. 無拘束力條款

　　早期有部分 IIA 僅鼓勵締約方不要採行績效要求措施，例如：1984 年剛果民主共和國—美國 BIT 第 2(7) 條。[8] 此等條款反映締約方當時不想放棄使用績效要求措施之權利，然而，美國在 NAFTA 之後所簽署之 IIA 已不再有類似的條款。

（二）禁止績效要求之例外與保留

　　部分 IIA 設有禁止績效要求之例外或保留條款，使地主國在一定情況下得採行特定的績效要求措施。例外條款在投資自由化與地主國規制權之平衡間扮演重要角色，使地主國在負擔國際義務之同時，仍得追求國家目標、保護特定價值。例如：CPTPP 第 9.10 條第 3(d) 項規定：「第 1(b) 項、第 1(c) 項、第 1(f) 項、第 2(a) 項及第 2(b) 項不應限制締約一方採行或維持以下相關措施，包括環保措施，惟該等措施不得以專斷或不合理之方式實施，亦不得構成對國際貿易或投資之隱藏性限制：(i) 確保與本協定並無牴觸之法律及規定之遵循所必要者；(ii) 維護人類、動物或植物生命或健康所必要者；或 (iii) 關於保存可能枯竭之生命或無生命之自然資源。」

　　關於保留條款，則是處理 IIA 締約方擬保留可能與其國際義務相違背之現行國內措施之條款，以附錄列出締約方境內既存不符合協定之國內法或措施，或以附錄列出特定之產業及活動，作為對締約國義務之保留，該等附錄

---

　　so as to afford protection on the basis of nationality to its own investors or investments or to technology of the Party or of persons of the Party.

[7]　CPTPP 全文請見：https://cptpp.trade.gov.tw/。

[8]　Article II.7 of the 1984 Congo, Democratic Republic of the - United States of America BIT: Within the context of its national economic policies and goals, each Party shall endeavor to avoid imposing on the investments of nationals or companies of the other Party conditions which require the export of goods produced or the purchase of goods or services locally. This provision shall not preclude the right of either Party to impose restrictions on the importation of goods into their respective territories.

即所謂的「不符合措施」（non-confirming measures）清單。近代的 IIA 多納入保留條款，例如：CPTPP 第 9.12 條。此等條款仰賴締約方能夠確認、臚列不符合協定義務之措施，並透過協商談判將之納入 IIA 中，誠非易事。

（三）影響績效要求禁止範圍之其他條款

IIA 中有部分條款並未直接處理績效要求問題，然而，透過其規範方式，可能間接具有與績效要求條款相同之效果。

例如依國民待遇義務擴及於投資准入階段之國民待遇條款，[9] 地主國不得對投資之進入與設立採行差別待遇。當地主國對外國投資人課予與當地投資人設立合資企業之要求，此縱非績效要求條款所禁止之事項，然若地主國未對其本國投資人課予合資之要求時，地主國即可能違反國民待遇義務。

此外，當投資人母國與地主國所簽署之 IIA（下稱基礎協定）未納入績效要求條款時，最惠國待遇條款亦扮演重要角色。最惠國待遇條款要求地主國給予締約他方投資人不低於其他第三方投資人之待遇。如同第八章「最惠國待遇」所述，除非 IIA 明定不得依最惠國待遇條款援引其他協定之實體條款，投資人可能依最惠國待遇條款援用基礎協定所無之待遇標準。亦即，投資人可依最惠國待遇條款援引地主國所簽署之其他 IIA 之績效要求條款。

最後，高階經理人及董事會條款亦屬近代 IIA 常見之條款，此條款之目的在於確保外國投資人不受地主國干涉，依其選擇雇用任何國籍之員工之權利。例如：CPTPP 第 9.11 條規定：「締約方不得要求其屬於適用本章之投資之企業任命具有特定國籍之自然人擔任高階管理職。締約一方得要求其屬於適用本章之投資之企業，其董事會或董事會委員會之多數成員必須具有特定國籍或為該締約方之居民；惟此要求不得重大影響投資人控制其投資之能力。」

---

[9] 如 CPTPP 第 9.4 條第 1 項規定：「有關其領土內投資之設立、收購、擴張、管理、經營、營運、出售或其他處分，於同類情況下，各締約方對另一締約方之投資人，應給予不低於其給予本國投資人之待遇。」

三、相關投資仲裁案例

依據 UNCTAD 之統計數據，目前全球共有 1,190 件國際投資仲裁案。然而，在已知案情之 703 件中，投資人依據 IIA 績效要求條款提出之控訴僅有 15 件，且多為依據 NAFTA 提起仲裁之案件。而仲裁庭認定地主國違反績效要求條款之案件目前有 4 件。[10] 投資仲裁庭對於績效要求條款之解釋或寬或嚴，在該些案件中，最為經典者包括 *Lemire v. Ukraine (II)* 及 *Mobil and Murphy v. Canada (I)* 等案件。

(一) *Lemire v. Ukraine (II)*[11]

在本案中，美國國民 Lemire 是烏克蘭籍 Gala Radio 公司之大股東，Gala Radio 為一家擁有執照、得於烏克蘭境內以不同頻道播送的音樂廣播電台。2006 年烏克蘭廣播電視法第 9.1 條規定，電台所播出音樂的作詞者、作曲者或表演者須至少有 50% 是烏克蘭人。Lemire 主張此等要求違反美國—烏克蘭 BIT 第 2(6) 條。[12]

Lemire 仲裁庭表示，條約之解釋應依循 VCLT，VCLT 第 31 條規定，條約應依其用語按其上下文並參照條約之目的及宗旨所具有的通常文義，基於善意解釋之。*Lemire* 仲裁庭認為，美國—烏克蘭 BIT 第 2(6) 條旨在避免地主國採用績效要求以保護當地產業並限制進口，而烏克蘭廣播電視法之立法理由並非保護當地產業及限制進口，而是為了推廣烏克蘭的文化資產，烏

---

[10] UNCTAD, Investment Policy Hub, Investment Dispute Settlement Navigator, available at: https://investmentpolicy.unctad.org/investment-dispute-settlement (last visited: 2022.10.20).

[11] *Joseph Charles Lemire v. Ukraine*, ICSID Case No. ARB/06/18, Decision on Jurisdiction and Liability (January 14, 2010). 參考本書之案例摘要十二。

[12] Article 2(6) of the US-Ukraine BIT:
Neither Party shall impose performance requirements as a condition of establishment, expansion or maintenance of investments, which require or enforce commitments to export goods produced, or which specify that goods or services must be purchased locally, or which impose any other similar requirements.

克蘭廣播電視法並未要求音樂須在烏克蘭製作，僅要求音樂作詞者、作曲者、表演者為烏克蘭人，因此，仲裁庭認定烏克蘭廣播電視法未違反美國─烏克蘭 BIT 第 2(6) 條。此案例顯示仲裁庭對於地主國此主權之高度尊重。

　　Merrill & Ring v. Canada 一案仲裁庭採取類似見解，[13] 認為當地主國之措施並非以購買當地服務為目標，投資人可自由選擇服務之原產地時，即便投資人基於實務及經濟上考量而向地主國國民或企業取得服務時，該等措施並不違反 NAFTA 第 1106(1)(c) 條。[14]

---

[13] *Merrill & Ring Forestry L.P. v. The Government of Canada*, ICSID Case No. UNCT/07/1, Award (March 31, 2010).

[14] Article 1106 of the NAFTA:

1. No Party may impose or enforce any of the following requirements, or enforce any commitment or undertaking, in connection with the establishment, acquisition, expansion, management, conduct or operation of an investment of an investor of a Party or of a non-Party in its territory:

   (a) to export a given level or percentage of goods or services;

   (b) to achieve a given level or percentage of domestic content;

   (c) to purchase, use or accord a preference to goods produced or services provided in its territory, or to purchase goods or services from persons in its territory;

   (d) to relate in any way the volume or value of imports to the volume or value of exports or to the amount of foreign exchange inflows associated with such investment;

   (e) to restrict sales of goods or services in its territory that such investment produces or provides by relating such sales in any way to the volume or value of its exports or foreign exchange earnings;

   (f) to transfer technology, a production process or other proprietary knowledge to a person in its territory, except when the requirement is imposed or the commitment or undertaking is enforced by a court, administrative tribunal or competition authority to remedy an alleged violation of competition laws or to act in a manner not inconsistent with other provisions of this Agreement; or

   (g) to act as the exclusive supplier of the goods it produces or services it provides to a specific region or world market.

2. A measure that requires an investment to use a technology to meet generally applicable health, safety or environmental requirements shall not be construed to be inconsistent with paragraph 1(f). For greater certainty, Articles 1102 and 1103 apply to the measure.

（二）*Mobil and Murphy v. Canada (I)*[15]

在本案中，Mobil Investments Canada Inc. 及 Murphy Oil Corporation 兩家美國石油公司在加拿大紐芬蘭及拉布拉多省沿海地區進行兩項石油開發專案。開發專案須依循「1987 年加拿大—紐芬蘭省大西洋協議實施法案」

---

3. No Party may condition the receipt or continued receipt of an advantage, in connection with an investment in its territory of an investor of a Party or of a non-Party, on compliance with any of the following requirements:

   (a) to achieve a given level or percentage of domestic content;

   (b) to purchase, use or accord a preference to goods produced in its territory, or to purchase goods from producers in its territory;

   (c) to relate in any way the volume or value of imports to the volume or value of exports or to the amount of foreign exchange inflows associated with such investment; or

   (d) to restrict sales of goods or services in its territory that such investment produces or provides by relating such sales in any way to the volume or value of its exports or foreign exchange earnings.

4. Nothing in paragraph 3 shall be construed to prevent a Party from conditioning the receipt or continued receipt of an advantage, in connection with an investment in its territory of an investor of a Party or of a non-Party, on compliance with a requirement to locate production, provide a service, train or employ workers, construct or expand particular facilities, or carry out research and development, in its territory.

5. Paragraphs 1 and 3 do not apply to any requirement other than the requirements set out in those paragraphs.

6. Provided that such measures are not applied in an arbitrary or unjustifiable manner, or do not constitute a disguised restriction on international trade or investment, nothing in paragraph 1(b) or (c) or 3(a) or (b) shall be construed to prevent any Party from adopting or maintaining measures, including environmental measures:

   (a) necessary to secure compliance with laws and regulations that are not inconsistent with the provisions of this Agreement;

   (b) necessary to protect human, animal or plant life or health; or

   (c) necessary for the conservation of living or non-living exhaustible natural resources.

[15] *Mobil Investments Canada Inc. and Murphy Oil Corporation v. Canada*, ICSID Case No. ARB(AF)/07/4, Decision on Liability and on Principles of Quantum (May 22, 2012); Award (February 20, 2015). 參考本書之案例摘要十六。

（Canada-Newfoundland Atlantic Accord Implementation Act）及其他省級法規（以下統稱協議法）。依據協議法，投資人須提交回饋計畫（benefit plan），計畫中應納入在該省進行研發（research & development，下稱 R&D）、教育與訓練（education & training，下稱 E&T）之條款，惟並未規定應以一定比例之收益或固定數額進行 R&D 或 E&T。

加拿大一紐芬蘭省離岸石油局（Canada-Newfoundland Offshore Petroleum Board，下稱石油局）於 1986 年、1987 年及 1988 年分別發布關於回饋計畫之準則，該等準則僅適用於投資專案之探勘階段，且僅要求專案提案人提交特定的 R&D 及 E&T 計畫及相關支出。加拿大將協議法納入 NAFTA 第 1108(1) 條附件 I 不符合措施清單中，然而，任何對於協議法之後續修正，不得減損其符合 NAFTA 第 1106(1) 條績效要求條款之符合程度。

2004 年石油局通過新的 R&D 支出準則（下稱 2004 年準則）。相較於先前的準則，2004 年準則是第一個要求石油專案在生產階段應投入 R&D，且應支出固定金額之準則。本案仲裁聲請人主張，其等被要求投入一定金額從事 R&D 及 E&T，以此作為營運油田之要件，此準則構成 NAFTA 第 1106(1)(c) 條所禁止之績效要求：「購買、使用或優先選擇在其領域內提供之服務，或購買在其領域內之人所提供之服務。」[16]

仲裁庭審視 NAFTA 第 1106(1)(c) 條之「服務」（services）是否涵蓋 R&D 及 E&T 支出？2004 年準則是否構成績效要求？NAFTA 並未定義「服務」一詞。依據 VCLT 第 31 條，仲裁庭認為「服務」之通常文義涵蓋廣泛的經濟活動，解釋上無排除 R&D 及 E&T 之必要。此外，本案仲裁庭認為，如締約方欲將 R&D 及 E&T 排除在第 1106(1) 條之適用範圍外，將如同

---

[16] Article 1106 of the NAFTA ("Performance Requirements"):

1. No Party may impose or enforce any of the following requirements, or enforce any commitment or undertaking, in connection with the establishment, acquisition, expansion, management, conduct or operation of an investment of an investor of a Party or of a non-Party in its territory: ...

   (c) to purchase, use or accord a preference to goods produced or services provided in its territory, or to purchase goods or services from persons in its territory ....

第 1106(4) 條，明文排除該等經濟活動。本案仲裁庭認定，2004 年準則雖僅要求投資人在 R&D 及 E&T 投入一定經費，然事實上課予投資人購買當地 R&D 相關服務之義務，違反第 1106(1) 條。因此，不同於前述 *Lemire v. Ukraine (II)* 及 *Merrill & Ring v. Canada* 二案仲裁庭之見解，本案仲裁庭認為，相較於措施之效果，措施之目標與判斷措施是否違反績效要求無關。

　　構成績效要求後，接續要思考的爲 2004 年準則是否落入第 1108(1) 條之排除規定〔即排除締約國在協定中已保留之「不符合措施」（non-conforming measures）〕？[17] 2004 年準則是否符合第 1108(1)(c) 條之限制？仲裁庭多數意見認爲，2004 年準則乃依「1987 年加拿大—紐芬蘭省大西洋協議實施法案」之授權所採之附屬措施。新的附屬措施不應不當擴張保留措施之不符合特性，不應降低保留措施符合協定之程度，而非僅與原措施之符合程度「一致」（consistent）。新的附屬措施應依循適用於不符合措施之法律架構，包括先前採行之附屬措施。如前所述，由於 2004 年準則要求投資人在探勘及生產階段投入 R&D 經費，仲裁庭多數意見認爲該準則已新增額外的支出要求，因此，認定 2004 年準則無第 1108 條之適用。因此，仲裁庭多數意見認爲加拿大違反 NAFTA 第 1106(1)(c) 條之義務，應負損害賠償責任。

　　本案仲裁人 Philippe Sands 教授提出不同意見，表示新的附屬措施應僅

---

[17] Article 1108(1) of the NAFTA:

Articles 1102, 1103, 1106 and 1107 do not apply to:

(a) any existing non-conforming measure that is maintained by

  (i) a Party at the federal level, as set out in its Schedule to Annex I or III,

  (ii) a state or province, for two years after the date of entry into force of this Agreement, and thereafter as set out by a Party in its Schedule to Annex I in accordance with paragraph 2, or

  (iii) a local government;

(b) the continuation or prompt renewal of any non-conforming measure referred to in subparagraph (a); or

(c) an amendment to any non-conforming measure referred to in subparagraph (a) to the extent that the amendment does not decrease the conformity of the measure, as it existed immediately before the amendment, with Articles 1102, 1103, 1106 and 1107.

須與原不符合措施一致即可。亦有學者認爲仲裁庭之多數意見以非預期之方式解釋協定，降低第 1108 條保留條款之適用範圍。

前述案例顯示投資仲裁庭對於協定之解釋可能有不一致或不可預測之風險。爲平衡地主國之政策目標及投資人之權益，國際永續發展研究機構（International Institute for Sustainable Development）建議投資協定締約方得設計不符合措施清單，並以不擴大不符合程度爲條件，保留未來修正既有措施之可能性。[18]

（三）*S.D. Myers v. Canada*[19] 及 *Pope & Talbot v. Canada*[20]

在 *S.D. Myers v. Canada* 一案中，S.D. Myers 主張，加拿大頒布之 PCB 廢料出口暫行禁令（下稱系爭禁令）迫使其必須在加拿大處理 PCB 廢料，違反 NAFTA 第 1106 條禁止採行自製率及偏好內國貨品或服務之要求。加拿大抗辯，出口禁令並非 NAFTA 所規定之績效要求態樣，系爭禁令也未曾強迫購買加拿大之商品或服務等。就算有違反績效要求之規定，也因系爭禁令係爲保護人類健康或爲保存自然資源所採取之必要措施，符合此規定之例外情形而得阻卻違法。

S.D. Myers 仲裁庭認爲，僅有限制或禁止方直接落入 NAFTA 第 1106(1) 條及第 1106(3) 條所規定禁止績效要求之範疇。除系爭禁令之形式外，也應審視其實質內容。仲裁庭多數意見認爲，依 NAFTA 第 1106 條之文義及系爭禁令之實質內容與其所帶來之影響，加拿大並未採行第 1106 條所禁止之績效要求。在此案中，仲裁聲請人所控訴、多數尚未成熟之事實，或可解釋、作爲仲裁庭多數意見採取此種見解之理由。

在 *Pope & Talbot v. Canada* 一案中，Pope & Talbot 主張，加拿大出口管

---

[18] IISD, Performance Requirements in Investment Treaties, Best Practice Series, p. 16 (December 2014).

[19] *S.D. Myers Inc. v. Government of Canada*, UNCITRAL, Partial Award (November 13, 2000). 參考本書之案例摘要二十九。

[20] *Pope & Talbot Inc. v. The Government of Canada*, Interim Award (June 26, 2000). 參考本書之案例摘要二十四。

制機制要求其加拿大子公司 Pope & Talbot Ltd. 每年出口特定數量之軟木產品，否則將減少次年的配額。該機制並就運往美國之軟木銷售，透過連結該等銷售與無須徵收出口費之出口數量之方式，要求 Pope & Talbot Ltd. 限制其對美國之軟木銷售，違反 NAFTA 第 1106(1)(a) 條、第 1106(1)(e) 條及第 1106(3)(d) 條。

　　Pope & Talbot 仲裁庭基於下列理由認定出口管制機制並非第 1106 條所禁止之績效要求：第一，該機制之建立係以加拿大與美國所簽署之軟木協議為基礎，縱然該機制會阻礙對美國之出口，惟並未限制出口數量，因此，加拿大並未對投資人課予第 1106(1)(a) 條之要求；第二，依 NAFTA 第 1106(1)(e) 條及第 1106(3)(d) 條，NAFTA 締約方不得透過任何方式連結貨品或服務之銷售與投資之出口數量或價值，限制「在其領域內」（in its territory）之貨品或服務之銷售。仲裁庭認為，出口管制機制並未限制在加拿大境內之軟木銷售。

第十三章　暫時性措施

一、基本概念

如同內國訴訟程序中之暫時性權利保護措施，在國際投資仲裁程序中核發暫時性措施（provisional measures，其他常見用語包括 interim/protective/conservatory measures）以避免爭端惡化或減損爭端解決程序之完整性，是相當重要的。

然而，與單純的內國訴訟中涉及的假扣押、假處分等暫時性措施比較，跨國訴訟中由 A 國法院發出的暫時性措施命令，若要在 B 國強制執行，因涉及 B 國法院的承認、送達等程序，已增添許多困難。另一方面，若是當事人直接在 B 國聲請暫時性措施之裁定，B 國法律通常會要求在一定期間內提起本案訴訟，否則債務人得聲請命假扣押之法院撤銷該裁定。[1]

上述困難及障礙，若涉及仲裁，更形複雜。先以商務仲裁論之，各國法制是否賦予仲裁庭給予暫時性措施之裁定或命令的權限，已有不同；若再加上跨國因素，又衍生更多不確定性。表 13-1～表 13-3 是美國、新加坡及日本的比較：

表 13-1　境內商務仲裁中，仲裁庭之暫時性措施

	美國	新加坡	日本
得否核發暫時性措施	「聯邦仲裁法」FAA第一章第 7 條，未規範仲裁庭得否核發其他暫時性措施。 實務承認仲裁人具該權限。	「仲裁法」AA 第 28條第 2 項規定仲裁庭得核發暫時性措施之態樣。	「仲裁法」第 24 條第1 項賦予日本仲裁庭核發暫時性措施之權限。

---

[1] 例如台灣民事訴訟法第 529 條：「本案尚未繫屬者，命假扣押之法院應依債務人聲請，命債權人於一定期間內起訴。下列事項與前項起訴有同一效力：……四、依法開始仲裁程序者。」

表 13-1　境內商務仲裁中，仲裁庭之暫時性措施（續）

	美國	新加坡	日本
暫時性措施之承認與執行	FAA 未規範；實務有不同見解： 否定說：暫時性措施非最終仲裁判斷→不具可確認性及可執行性。 肯定說：暫時性措施乃確保最終仲裁判斷之實效性所必要→具可確認性及可執行性。	AA 第 28 條第 4 項：仲裁庭所為之暫時性命令經高等法院或其法官核可後，具有與法院命令相同之執行力。	「仲裁法」未規範。 學者：仲裁庭所為之暫時性措施非仲裁判斷，故日本法院不予承認及執行。

表 13-2　境外商務仲裁中，仲裁庭之暫時性措施

	美國	新加坡	日本
得否核發暫時性措施	FAA 第二章及第三章未規範；實務有肯否見解。	「國際仲裁法」IAA 第 12 條第 1 項規定仲裁庭得核發暫時性措施之態樣。	「仲裁法」未規範。
暫時性措施之承認與執行	同前述「本地仲裁庭暫時性措施執行」之爭議。	IAA 第 12 條第 6 項：經高等法院或其法官核可後，具有與法院命令相同之執行力。	學者：暫時性措施非仲裁判斷，故日本法院不予承認及執行。

表 13-3　仲裁進行中，一方當事人直接向管轄／執行法院聲請

	美國	新加坡	日本
境內仲裁	FAA 第 5、7、8 條：法院得核發特定之暫時性措施。	AA 第 31 條第 1 項規定法院核發暫時性命令之態樣。	「仲裁法」第 3 條第 2 項及第 15 條之規定，無論仲裁地是在日本境內或境外，仲裁協議之一方當事人得於仲裁程序開始前或程序進行中，就仲裁協議標的之任何民事爭端，向法院聲請暫時性保護措施。 聲請人須提出表面證據，證明暫時性救濟之必要性。 雙重假設模式：「如核發暫時性命令可能對被告造成之損害」vs.「如不核發暫時性命令對聲請人造成之損失」。
境外仲裁	FAA 未規範；實務有不同見解，多數採肯定看法。 紐約、佛羅里達、科羅拉多、伊利諾、加州等州之州法賦予法院核發暫時性措施之權限。	IAA 第 12A 條第 2 項：當事人得於仲裁程序開始前或開始後向法院聲請。 法院核發暫時性命令之限制包括： 1. 仲裁庭無權限或未能即時有效地作成暫時性措施；及 2. 於緊急情況下，為保全證據或資產所必要；在不存在緊急情況時，須取得仲裁庭之許可或他造當事人之書面同意。	

　　根據上述的概述，就能理解投資仲裁關於暫時性措施之裁定及執行，所涉及的複雜層面：

（一）一般而言，仲裁人會避免採用須使用地主國強制力之措施。因投資仲裁的相對人均爲地主國，其對於來自境外的國際仲裁庭之仲裁判斷都不一定自願履行，況且是程序中限制其行爲、增加其義務之暫時性措施，更是有抗拒心態。投資仲裁庭也明白，若要求地主國違反其意願、履行特定行爲或回復原狀，通常是不切實際的。因此，針對投資人請求給予暫時性措施，仲裁庭若認爲確有必要，傾向以「建議」（recommend）的方式讓地主國自行考量是否配合。當然，地主國配合的情況，也會影響仲裁庭最終的仲裁判斷，例如把地主國不願配合造成的結果，納入損害賠償的計算。

（二）暫時性措施之執行單位，包含地主國之行政及司法部門。這是與商務仲裁的主要差異之一，因爲商務仲裁庭所受理及裁定之暫時性措施，若要強制執行，一定是透過各國法院爲之。但投資仲裁可能涉及地主國的行政部門，例如在徵收案件中，投資人聲請仲裁庭建議地主國停止徵收程序，包括移轉所有權、拆除改建等行爲，以避免未來仲裁判斷認定地主國之徵收違反 IIA，但已無回復原狀之可能。又例如要求地主國行政部門特定的作爲或不作爲，以保持投資人之權利狀態，避免不可回復的結果，參考後述案例 *Occidental v. Ecuador (II)*。當然，若是仲裁庭已作出暫時性措施之建議，但地主國執意不配合，仲裁庭在最終仲裁判斷中，會將不遵循措施之負面影響納入考量。參考 *Sergei Paushok, CJSC Golden East Company and CJSC Vostokneftegaz Company v. The Government of Mongolia* 及 *Vacuum Salt Products Ltd. v. Republic of Ghana* 等案例。

（三）若涉及地主國法院之執行，則不限於行政法院，尚包含民事法院。在採取公、私法二元體系之國家，通常會認爲涉及政府行使公權力之案件，必須歸由行政法院處理。然而，從目前已發生的投資仲裁案例看來，雙方當事人聲請之暫時性措施，其樣態不一而足〔參考後述二（二）之分析〕，究係由民事或行政法院執行暫時性措施，須視暫

時性措施之內容而定，不會因一造當事人為公法人、爭執內容涉及行政行為，即逕認應由行政法院管轄。例如 *Ceskoslovenska Obchodni Banka, A.S. v. The Slovak Republic* 一案，即由民事法院執行仲裁庭之暫時性措施。

二、國際投資法之規範

（一）IIA之相關規範

主要的投資仲裁規範均設有核發暫時性措施之機制，例如：ICSID 公約及仲裁規則、UNCITRAL 仲裁規則。近來多數 IIA 亦規定仲裁庭可採取暫時性措施，以維護當事人之權益，或確保仲裁庭有效行使其管轄權，例如：CPTPP 第 9.23 條第 9 項：「仲裁庭得為保障爭端一方之權利或確保仲裁庭管轄權之有效性，而命令採取暫時性措施，包括為保全爭端一方持有或控制之證據或仲裁庭之管轄權之命令。仲裁庭不得就被告被控違反第 9.19 條（提付仲裁）之措施，命令進行扣押或暫時禁止適用該措施。為本項之目的，命令包括建議在內。」[2]

由於當事人是在仲裁結果未確定前聲請暫時性措施，因此，對於暫時性措施之核發，仲裁庭應審慎，以求在暫時性措施之緊急性與不預斷爭端實體結果之需求間取得平衡。暫時性措施不同於仲裁判斷，二者應被明確區分。以 ICSID 公約為例，ICSID 公約第 48 條至第 55 條即不適用於暫時性措施，尤其是關於公約所規定之撤銷、承認與執行程序。

---

[2] Article 9.23(9) of the CPTPP: A tribunal may order an interim measure of protection to preserve the rights of a disputing party, or to ensure that the tribunal's jurisdiction is made fully effective, including an order to preserve evidence in the possession or control of a disputing party or to protect the tribunal's jurisdiction. A tribunal may not order attachment or enjoin the application of a measure alleged to constitute a breach referred to in Article 9.18 (Submission of a Claim to Arbitration). For the purposes of this paragraph, an order includes a recommendation.

　　在 ICSID 體系下，依 ICSID 仲裁規則第 39 條，[3]除爭端當事人得提出暫時性措施之請求外，仲裁庭亦可依其裁量提出暫時性措施之建議。且仲裁庭不受當事人請求拘束，得建議當事人請求中所未臚列之措施。縱然暫時性措施具緊急性（urgency），仲裁庭僅得在爭端當事人陳述意見後，方能建議、修改或撤銷暫時性措施，以避免造成突襲。如仲裁庭未給予當事人陳述意見之機會，將可能構成 ICSID 公約第 52(1)(d) 條「嚴重背離基本程序規則」，而導致後續仲裁判斷被撤銷。

　　在本章前述的論述中，曾比較美國、新加坡及日本法制如何處理商務仲裁進行中，一方當事人直接向管轄／執行法院提出的暫時性措施聲請。在投資仲裁中，還另有一個問題，就是 IIA 中常見的「岔路條款」：投資人在提出投資仲裁請求時，必須放棄展開或繼續於地主國之法院或其他爭端解決程序，以及任何重複或衝突之程序。問題是：在投資仲裁進行中，投資人於地

---

[3] Rule 39 of the ICSID Arbitration Rule (Provisional Measures):

(1) At any time after the institution of the proceeding, a party may request that provisional measures for the preservation of its rights be recommended by the Tribunal. The request shall specify the rights to be preserved, the measures the recommendation of which is requested, and the circumstances that require such measures.

(2) The Tribunal shall give priority to the consideration of a request made pursuant to paragraph (1).

(3) The Tribunal may also recommend provisional measures on its own initiative or recommend measures other than those specified in a request. It may at any time modify or revoke its recommendations.

(4) The Tribunal shall only recommend provisional measures, or modify or revoke its recommendations, after giving each party an opportunity of presenting its observations.

(5) If a party makes a request pursuant to paragraph (1) before the constitution of the Tribunal, the Secretary-General shall, on the application of either party, fix time limits for the parties to present observations on the request, so that the request and observations may be considered by the Tribunal promptly upon its constitution.

(6) Nothing in this Rule shall prevent the parties, provided that they have so stipulated in the agreement recording their consent, from requesting any judicial or other authority to order provisional measures, prior to or after the institution of the proceeding, for the preservation of their respective rights and interests.

主國法院聲請暫時性措施，是否違反前述的岔路條款？

比較新的 IIA，例如 CPTPP，為避免投資人因放棄仲裁以外之程序而遭受額外之不利益，例如：證據滅失、商業機密外流等，規定在仲裁判斷作成前，當事人得直接向地主國國內司法或行政救濟程序聲請暫時性保護措施。[4]

（二）暫時性措施態樣

因多數投資仲裁案件之事實複雜，所涉金額龐大，自仲裁程序啟動時起至程序終結止，通常需耗時約 3 年至 5 年。為避免投資人權利損害進一步擴大、證據滅失及爭端加劇等目的，暫時性措施核發機制便成為處理該等問題之主要方法。於仲裁程序啟動後，爭端雙方在程序終結前，得隨時依循個案適用的仲裁規則提出暫時性措施之聲請。

仲裁庭核發之暫時性措施態樣相當多元，須依個案情況及受保護之權利（the rights to be preserved）而定，並無可供仲裁庭使用之列舉清單。以 ICSID 為例，ICSID 公約及仲裁規則即未規定暫時性措施之態樣。於公約起草過程中，曾出現是否應釐清在仲裁庭權限內之暫時性措施種類之意見。鑑於在國際實務運作中，難以預見個案情形所需之暫時性措施態樣，因此留由仲裁庭依其裁量指定暫時性措施，ICSID 公約第 47 條遂採用廣泛、開放式的規範文字。

觀察投資仲裁先例，暫時性措施態樣包括：保全證據、程序費用擔保、停止平行的內國訴訟程序，或避免一方作出有害干擾（prejudicial interference）等防免爭端惡化之行為。暫時性措施之具體化程度亦隨個案改變，部分仲裁庭明確指出爭端雙方應採行之舉措。然而，部分仲裁庭則僅就

---

[4] Article 9.21(3): Notwithstanding paragraph 2(b), the claimant (for claims brought under Article 9.19.1(a) (Submission of a Claim to Arbitration)) and the claimant or the enterprise (for claims brought under Article 9.19.1(b)) may initiate or continue an action that seeks interim injunctive relief and does not involve the payment of monetary damages before a judicial or administrative tribunal of the respondent, provided that the action is brought for the sole purpose of preserving the claimant's or the enterprise's rights and interests during the pendency of the arbitration.

當事人之行爲給予一般性建議，該建議內容高度抽象性，當事人得考量各種可能達成仲裁庭建議之手段。

1. 保全證據

ICSID 公約第 43 條[5]及 UNCITRAL 仲裁規則第 27(3) 條[6]均規定，仲裁庭得要求爭端雙方出示文件或其他證據。然而，當事人得隨時請求仲裁庭核發保全證據之暫時性措施。

以 *AGIP v. Congo* 一案爲例，AGIP 在剛果之子公司被國有化，於國有化過程中，剛果政府占領 AGIP 子公司之辦公室，扣押文件。AGIP 依 ICSID 公約第 47 條，請求仲裁庭命剛果蒐集所有保留在子公司辦公室之文件、提供該等文件之完整清單予仲裁庭、依 AGIP 之要求將該等文件提呈予仲裁庭。[7]於 *Sempra v. Argentina* 一案中，Sempra 提出作成確保其 2 名證人口頭證詞之暫時性措施請求。在該案之暫時性措施決定中，仲裁庭表示，阿根廷聯邦法院發布一項禁制令，阻止證人之一在 ICSID 程序作證。仲裁庭援引 ICSID 公約第 21 條及第 22 條證人在仲裁程序作證應享有豁免、公約第 26 條 ICSID 程序之排他性，及 ICSID 仲裁規則第 34(3) 條當事人就證據提出之合作義務，命阿根廷應採行遵循此等條款之必要措施，尤其不得採行任

---

[5] Article 43 of the ICSID Convention:

Except as the parties otherwise agree, the Tribunal may, if it deems it necessary at any stage of the proceedings,

(a) call upon the parties to produce documents or other evidence, and

(b) visit the scene connected with the dispute, and conduct such inquiries there as it may deem appropriate.

[6] Article 27(3) of the UNCITRAL Arbitration Rules (with new article 1, paragraph 4, as adopted in 2013):

At any time during the arbitral proceedings the arbitral tribunal may require the parties to produce documents, exhibits or other evidence within such a period of time as the arbitral tribunal shall determine.

[7] *AGIP S.p.A. v. People's Republic of the Congo*, ICSID Case No. ARB/77/1, Award (November 30, 1979).

何可能損害證人提供口頭證詞之能力之行為。[8]

2. 財務擔保

部分投資仲裁案件之當事人要求對造提出財務擔保。仲裁聲請人可能要求相對人就仲裁判斷之履行提出擔保。由於在 ICSID 體系下，勝訴方受 ICSID 公約關於仲裁判斷承認與執行條款之保護，故 *Atlantic Triton v. Guinea* 等案件仲裁庭駁回仲裁聲請人之請求。以 *Atlantic Triton* 一案為例，Atlantic Triton 請求仲裁庭命相對人提出金額等同其求償本金之擔保，主張幾內亞可能無法或不願意履行仲裁判斷。仲裁庭駁回 Atlantic Triton 之請求，表示無任何理由假定幾內亞不會履行仲裁判斷。[9]

程序費用擔保：地主國經常向仲裁庭提出聲請，請求仲裁庭命投資人就地主國因仲裁程序所生之費用提出擔保（security for costs）。然而，仲裁庭核准程序費用擔保之案件卻相當少見。於 *Maffezini v. Spain* 一案中，西班牙請求仲裁庭要求 Maffezini 提出程序費用擔保。該案仲裁庭駁回此項請求，表示此項請求取決於兩項假設：(1) Maffezini 是否勝訴；(2) 西班牙是否被要求支付仲裁費用。仲裁庭表示，勝訴或敗訴均為猜測，仲裁庭透過此種性質之暫時性措施預斷案件結果，是不適當的。[10]

僅在非常例外的情況下，仲裁庭方作成程序費用擔保命令。該等例外情況通常為投資人在過往的投資仲裁程序中有不遵循費用決定之前例且涉及第三方資助（third party funding），例如下述「三、相關投資仲裁案例」*RSM v. Saint Lucia* 一案。[11]

---

[8] *Sempra Energy International v. The Argentine Republic*, ICSID Case No. ARB/02/16, Decision on Provisional Measures (January 16, 2006), reproduced in Award (September 28, 2007).

[9] The ICSID Convention - A Commentary, Chapter Article 47 - Provisional Measures, Cambridge University Press (2009).

[10] *Maffezini v. The Kingdom of Spain*, ICSID Case No. ARB/97/7, Procedural Order No. 2 (October 28, 1999).

[11] *Infra* note 40.

3. 停止平行的內國訴訟程序

在投資仲裁實務中，最大宗的暫時性措施請求與內國法院訴訟程序有關。依 ICSID 公約第 26 條，[12] ICSID 仲裁程序具專屬性，排除當事人訴諸其他救濟途徑。ICSID 仲裁案件當事人一再地聲請仲裁庭禁止他造在內國法院尋求救濟。例如下述「三、相關投資仲裁案例」*Ceskoslovenska Obchodni Banka, A.S. v. The Slovak Republic* 一案即為仲裁聲請人請求仲裁庭作成停止內國法院破產程序之暫時性措施。

此外，投資仲裁實務中亦曾出現，雖仲裁聲請人並非內國法院訴訟程序之當事人，然而，仲裁聲請人就系爭訴訟為具法律上利害關係之第三人，仲裁庭為保護仲裁聲請人之權益，遂命地主國法院停止訴訟程序。以 *Zhinvali v. Georgia* 一案為例，Tbilisi Water Utilities Ltd. 對提比里斯市政府提出訴訟，請求法院撤銷 Zhinvali 與喬治亞間之協議。Zhinvali 主張，該訴訟程序在本質上乃政府實體對其自身提訴，目的在於拿走 ICSID 仲裁庭就該協議效力之決定，Zhinvali 亦被認定是該訴訟程序之第三人。仲裁庭考量系爭訴訟可能對 Zhinvali 之權益造成不利影響，因此，建議喬治亞法院就仲裁庭審理中之爭點停止訴訟程序，並建議喬治亞立即將仲裁庭之建議提請喬治亞法院注意。而後，Zhinvali 通知仲裁庭，喬治亞較高審級法院已撤銷下級法院宣告 Zhinvali 與喬治亞間協議無效之判決。[13]

針對內國法院之保全程序，在 *Atlantic Triton v. Guinea* 一案中，Atlantic Triton 在仲裁程序啓動前即在法國扣押幾內亞所屬船舶，幾內亞請求仲裁庭命 Atlantic Triton 解除扣押、停止在其他管轄領域內採取行動。幾內亞同時就扣押令提出上訴，法國雷恩上訴法院撤銷扣押。Atlantic Triton 隨即取得

---

[12] Article 26 of the ICSID Convention:

Consent of the parties to arbitration under this Convention shall, unless otherwise stated, be deemed consent to such arbitration to the exclusion of any other remedy. A Contracting State may require the exhaustion of local administrative or judicial remedies as a condition of its consent to arbitration under this Convention.

[13] *Zhinvali Development Ltd. v. Republic of Georgia*, ICSID Case No. ARB/00/1, Award (January 24, 2003), paras. 38-46.

第二次扣押令，然扣押令再度被撤銷。而後，仲裁庭駁回幾內亞之暫時性措施請求，蓋扣押令已被法國法院撤銷。對於仲裁庭是否適於指示當事人停止內國法院扣押程序，該案暫時性措施決定並未加以闡釋。而在後續的仲裁判斷中，*Atlantic Triton* 仲裁庭駁回幾內亞就法國扣押程序所生之損賠請求，[14]此似顯示仲裁庭通常不願意涉入內國法院之保全程序。

除了停止內國法院之程序外，仲裁庭亦可能發布暫時性措施，建議停止其他內國機關之行政程序。例如在 *Tokios Tokelés v. Ukraine* 一案中，Tokios Tokelés 請求停止可能嚴重影響其權利、在烏克蘭之平行程序及烏克蘭稅務機關之調查程序。仲裁庭依 Tokios Tokelés 之聲請，基於保護爭端任一方之權利，發布暫時性措施。仲裁庭決定，關於 Tokios Tokelés 或其在烏克蘭之投資，雙方當事人應不得提起司法或其他國內程序，且應暫停及中斷司法或其他國內程序（該等程序可能會對仲裁庭最終決定或仲裁判斷之提出或執行有不利影響，或惡化既有的紛爭）。[15]

4. 防免爭端惡化

為防免爭端惡化或損及仲裁判斷之執行，仲裁庭亦得發布暫時性措施。在 *Amco v. Indonesia* 一案中，印尼請求仲裁庭命 Amco 停止可能加劇爭端之宣傳。印尼主張，Amco 控制股東在香港的報紙發布文章，一面倒地敘述 Amco 在印尼之投資故事，企圖減損印尼在外人投資環境方面的國際觀感。*Amco* 仲裁庭駁回印尼之聲請，認為該篇文章並未對印尼造成實際損害，未使爭端惡化或擴大。然而，仲裁庭認可一項原則，表示爭端雙方存有避免爭端惡化之義務。[16]換言之，當個案情事符合一定要件時，仲裁庭將發布防止爭端惡化之暫時性措施。

較特別的是，*Occidental v. Ecuador (II)* 仲裁庭雖肯認可透過發布暫時性

---

[14] *Atlantic Triton Company Limited v. People's Revolutionary Republic of Guinea*, ICSID Case No. ARB/84/1, Award (April 21, 1986).

[15] *Tokios Tokelés v. Ukraine*, ICSID Case No. ARB/02/18, Order No. 1 (July 1, 2003); Decision on Jurisdiction (April 29, 2004).

[16] *Amco Asia Corporation and others v. Republic of Indonesia*, ICSID Case No. ARB/81/1, Decision on Request for Provisional Measures (December 9, 1983).

措施以避免爭端惡化,惟該案仲裁庭認為,暫時性措施並非減輕損害之適當
方式,在因不法行為而產生之任何情況中,僅僅是時間之經過亦可能使損害
加劇,當更大筆的損害金額為爭端之唯一損害時,則適當的救濟乃金錢賠
償,而非暫時性措施。[17]

5. 程序之機密性

仲裁庭程序之保密與透明化為兩個衝突的原則,投資仲裁實務對此議題
亦有許多討論。在部分仲裁案件中,當事人已尋求透過暫時性措施保護程序
之機密性。於 *Amco v. Indonesia* 一案中,印尼主張 Amco 控制股東在香港報
紙中訴說投資爭端之行為不符合程序保密之精神。*Amco* 仲裁庭駁回印尼之
聲請,表示 ICSID 公約及 ICSID 仲裁規則並未阻止當事人揭露爭端案件。[18]

在 *World Duty Free v. Kenya* 一案中,肯亞援引保密原則,請求仲裁庭核
發暫時性措施,防止爭端任一方公開討論仲裁程序。如同 *Amco* 仲裁庭之見
解,*World Duty Free* 仲裁庭表示,不論是 ICSID 公約或仲裁規則均未明確
限制爭端雙方談論仲裁案件之自由。然而,該案仲裁庭指示爭端雙方避免採
行惡化爭端之行為,且任何公開討論均應為正確的報告。關於聽證之保密問
題,*World Duty Free* 仲裁庭表示,依 ICSID 仲裁規則第 32(2) 條 [19] 及 ICSID
行政及財務規則第22條,[20] 僅在爭端雙方同意下,仲裁庭方能決定何者可出

---

[17] *Infra* note 42.

[18] *Supra* note 16.

[19] Rule 32(2) of the ICSID Convention Arbitration Rules:

Unless either party objects, the Tribunal, after consultation with the Secretary-General, may
allow other persons, besides the parties, their agents, counsel and advocates, witnesses and
experts during their testimony, and officers of the Tribunal, to attend or observe all or part of
the hearings, subject to appropriate logistical arrangements. The Tribunal shall for such cases
establish procedures for the protection of proprietary or privileged information.

[20] Regulation 22 of Administrative and Financial Regulations:

(1) The Secretary-General shall appropriately publish information about the operation of the
   Centre, including the registration of all requests for conciliation or arbitration and in due
   course an indication of the date and method of the termination of each proceeding.

(2) If both parties to a proceeding consent to the publication of:

席聽證，及是否公開該等聽證程序之紀錄。當仲裁庭未開放大眾參與聽證時，爭端一方不應片面散布該等聽證紀錄。[21]

（三）核發暫時性措施之要件

爭端當事人應依循個案適用之仲裁規則聲請仲裁庭核發暫時性措施，例如：ICSID 公約第 47 條規定，除當事人另有約定，仲裁庭得建議任何維護爭端任一方權利之暫時性措施；[22] UNCITRAL 仲裁規則第 26(1) 條規定，仲裁庭得依當事人一方之請求，核准臨時措施。[23]

(a) reports of Conciliation Commissions;

(b) arbitral awards; or

(c) the minutes and other records of proceedings,

the Secretary-General shall arrange for the publication thereof, in an appropriate form with a view to furthering the development of international law in relation to investments.

[21] *World Duty Free Company v Republic of Kenya*, ICSID Case No. Arb/00/7, Award (October 4, 2006), para. 16, quoting the Decision on a Request by Respondent for a Recommendation of Provisional Measures of April 25, 2001.

[22] Article 47 of the ICSID Convention:

Except as the parties otherwise agree, the Tribunal may, if it considers that the circumstances so require, recommend any provisional measures which should be taken to preserve the respective rights of either party.

[23] Article 26(1) of UNCITRAL Arbitration Rules (with new article 1, paragraph 4, as adopted in 2013):

The arbitral tribunal may, at the request of a party, grant interim measures.

2. An interim measure is any temporary measure by which, at any time prior to the issuance of the award by which the dispute is finally decided, the arbitral tribunal orders a party, for example and without limitation, to:

(a) maintain or restore the status quo pending determination of the dispute;

(b) take action that would prevent, or refrain from taking action that is likely to cause, (i) current or imminent harm or (ii) prejudice to the arbitral process itself;

(c) provide a means of preserving assets out of which a subsequent award may be satisfied; or

(d) preserve evidence that may be relevant and material to the resolution of the dispute.

3. The party requesting an interim measure under paragraphs 2 (a) to (c) shall satisfy the

雖各仲裁規則之規範不盡相同，但大致上應符合下列四項要件，仲裁庭方能核發暫時性措施：

1. 仲裁庭擁有初步管轄權

如下所述，因暫時性措施具緊急性，仲裁庭應優先處理暫時性措施之聲請，當爭端一方提出管轄權異議時，仲裁庭在作出管轄權決定前，可能必須先審理核發暫時性措施之請求。國際法院之案例法及過往投資仲裁實務已認為，如表面證據足以證明仲裁庭就個案具有管轄權時，仲裁庭即可作出暫時性措施裁定，如有疑義時，仲裁庭將作出對聲請人有利之認定。

應注意的是，即便仲裁庭在暫時性措施裁定中認定有初步管轄權

---

arbitral tribunal that:

  (a) harm not adequately reparable by an award of damages is likely to result if the measure is not ordered, and such harm substantially outweighs the harm that is likely to result to the party against whom the measure is directed if the measure is granted; and

  (b) there is a reasonable possibility that the requesting party will succeed on the merits of the claim. The determination on this possibility shall not affect the discretion of the arbitral tribunal in making any subsequent determination.

4. With regard to a request for an interim measure under paragraph 2 (d), the requirements in paragraphs 3 (a) and (b) shall apply only to the extent the arbitral tribunal considers appropriate.

5. The arbitral tribunal may modify, suspend or terminate an interim measure it has granted, upon application of any party or, in exceptional circumstances and upon prior notice to the parties, on the arbitral tribunal's own initiative.

6. The arbitral tribunal may require the party requesting an interim measure to provide appropriate security in connection with the measure.

7. The arbitral tribunal may require any party promptly to disclose any material change in the circumstances on the basis of which the interim measure was requested or granted.

8. The party requesting an interim measure may be liable for any costs and damages caused by the measure to any party if the arbitral tribunal later determines that, in the circumstances then prevailing, the measure should not have been granted. The arbitral tribunal may award such costs and damages at any point during the proceedings.

9. A request for interim measures addressed by any party to a judicial authority shall not be deemed incompatible with the agreement to arbitrate, or as a waiver of that agreement.

（*prima facie* jurisdiction），於仲裁庭正式作出管轄權裁定前，仍不影響地主國提出管轄權異議。以 *Holiday Inns v. Morocco* 一案爲例，當仲裁庭作出暫時性措施決定時，爭端雙方對於仲裁庭之管轄權仍有爭執。該案仲裁庭於管轄權決定中表示，仲裁庭係依 ICSID 公約第 47 條認定其有建議暫時性措施之管轄權，在仲裁程序進行中，針對仲裁庭就爭端其餘面向之管轄權，爭端雙方仍有權提出質疑。[24]

在 *Vacuum Salt v. Ghana* 一案中，於程序前階段，該案仲裁庭在暫時性措施決定中納入迦納之自願性承諾，然迦納仍持續質疑 ICSID 之管轄權，仲裁庭最終認定其無屬人管轄權。[25] 於 *Pey Casado v. Chile* 一案中，仲裁庭在發布管轄權決定前，處理爭端當事人所提出之暫時性措施請求。*Pey Casado* 仲裁庭明確表示，管轄權爭議並不剝奪仲裁庭准駁暫時性措施之權限，即便智利提出管轄權異議，其亦提出暫時性措施請求。仲裁庭表示，暫時性措施本屬暫定性質，仲裁庭可隨時調整或撤銷之，無既判力，暫時性措施僅於仲裁程序期間具有效力，一旦仲裁庭認定其就爭端無管轄權，暫時性措施即自動失其效力。[26] *Azurix v. Argentina*、*Bayindir v. Pakistan (I)*、*Biwater Gauff v. Tanzania* 及 *Occidental v. Ecuador (II)* 等案件之仲裁庭亦持相同見解。[27]

---

[24] *Holiday Inns S.A. and others v. Morocco*, ICSID Case No. ARB/72/1, Decision on Jurisdiction (May 12, 1974).

[25] *Vacuum Salt Products Ltd. v. Republic of Ghana*, ICSID Case No. ARB/92/1, Decision on Provisional Measures (June 14, 1993); Award (February 16, 1994).

[26] *Victor Pey Casado and President Allende Foundation v. Republic of Chile*, ICSID Case No. ARB/98/2, Decision on Provisional Measures (September 25, 2001).

[27] *Azurix Corp. v. Argentina* (hereinafter *Azurix v. Argentina*), ICSID Case No. ARB/01/12, Decision on Provisional Measures (August 6, 2003); *Bayindir Insaat Turizm Ticaret Ve Sanayi A.S. v. Islamic Republic of Pakistan*, ICSID Case No. ARB/03/29, Decision on Jurisdiction (November 14, 2005); *Biwater Gauff (Tanzania) Ltd. v. United Republic of Tanzania* (hereinafter *Biwater Gauff v. Tanzania*), ICSID Case No. ARB/05/22, Procedural Order No. 1 (March 31, 2006); *Occidental Petroleum Corporation and Occidental Exploration and Production Company v. The Republic of Ecuador*, *infra* note 42.

2. 受保護之權利

　　聲請人（可能爲仲裁聲請人或仲裁相對人）聲請之暫時性措施應與其擁有之權利相關，判定標準爲聲請人潛在擁有的法律上權利或受保護之利益在理論上是否存在，毋庸證明權利或利益在事實上確係存在。換言之，此要件之證明程度低於最終實體判斷階段所適用之標準。

　　關於何爲受保護之權利，爭端當事人之實體權利與程序權利均可能成爲暫時性措施所欲保護者。當事人可能請求以暫時性措施保護爲仲裁標的之實體權利。於此類案件中，暫時性措施並非給予聲請人在仲裁中所請求之明確救濟（precise relief），而是保護該等救濟之可能性。換言之，暫時性措施不能預斷案件之實體部分。暫時性措施乃保護措施，而非執行措施。

　　除實體權利外，與爭執中之實體權利相連結之程序權利亦受保護，最常見者爲透過暫時性措施維持現狀（the *status quo*），避免爭端惡化，保護仲裁庭之管轄權，或是保全證據等。部分仲裁庭認爲，維持現狀、避免爭端惡化之一般性權利爲獨立權（self-standing right），其本身即可作爲暫時性措施之標的。

　　Maffezini v. Spain 仲裁庭表示，仲裁庭所發布之任何初步措施（preliminary measure）應與案件爭訟標的相關，不得涉及與案件無關之事項。[28] 針對實際且現有（real and present）權利〔相對於假設性或附條件（hypothetical or conditional）之權利〕之存在是否爲仲裁庭發布暫時性措施建議之要件，*Pey Casado* 仲裁庭強調，暫時性措施決定並非預斷爭端實體事項，仲裁庭就系爭權利之存在係以假設爲基礎，考量如無暫時性措施可能對該等權利造成的風險。[29] RSM仲裁庭表示，在該案中，聖露西亞所主張之權利爲附條件權利，附條件權利亦屬 ICSID 公約第 47 條及 ICSID 仲裁規則第 39(1) 條所述之「受保護的權利」，只要暫時性措施不跨越最終裁決之界限，聲稱受保護之權利於暫時性措施發布時毋庸確係存在。

---

[28] *Maffezini v. The Kingdom of Spain*, ICSID Case No. ARB/97/7, Procedural Order No. 2 (October 28, 1999).

[29] *Supra* note 26.

3. 緊急性

　　暫時性措施之請求須具緊急性。一般而言，聲請人僅須證明在仲裁庭作出仲裁判斷前，其所主張的權利有遭受一定損失之風險。*Biwater Gauff* 仲裁庭表示，緊急性之證明程度將依當事人聲請之暫時性措施態樣而有異。當情況非常緊急時，例如：威脅行動已迫在眉睫，仲裁庭通常會核發臨時限制令（temporary restraining order）等臨時決定以維持現狀，使其得充分考量暫時性措施請求。[30] *Azurix v. Argentina* 仲裁庭則注意到 ICSID 公約第 47 條並未特定需授予暫時性措施之緊急程度，該案仲裁庭將損害發生之可能性連結至緊急性要件，表示暫時性措施之目的在於維護當事人之權利，緊急性與當事人一方之權利在仲裁庭作成仲裁判斷前立即受損之可能性相關。[31]

　　由於暫時性措施具緊急性，仲裁庭應優先考量該等請求，並以適當的速度處理。ICSID 仲裁規則第 39(2) 條即規定，仲裁庭應優先考量當事人所提出之暫時性措施請求。同時，因應個案情事變動，仲裁庭可能會依當事人聲請或自主決定修正、中止或終結暫時性措施。

4. 必要性

　　仲裁庭將依據聲請人尋求保護之權利及控訴之行為，評估是否有必要性（necessity）核發暫時性措施。關於核發暫時性措施之必要性程度，目前實務上尚無一致之見解。*Plama v. Bulgaria*[32] 等案件之仲裁庭認為，聲請人應證明如未發布暫時性措施，將發生不可回復之損害（irreparable harm）。所謂不可回復之損害係指損害無法以金錢賠償適當填補。*Occidental v. Ecuador (II)* 仲裁庭亦援引國際法院在愛琴海大陸礁層（*Aegean Sea Continental Shelf*）一案之見解，認為當一方當事人之行為對所涉及之權利可造成或將發生不可回復的損害時，即有授予暫時性措施之必要。[33] 然而，亦有仲裁庭認

---

[30] *Biwater Gauff v. Tanzania, supra* note 27.

[31] *Azurix v. Argentina, supra* note 27.

[32] *Plama Consortium Limited v. Republic of Bulgaria*, ICSID Case No. ARB/03/24, Order on Provisional Measures (September 6, 2005), para. 38.

[33] *Infra* note 42.

為，聲請人僅需證明將發生重大損害（substantial harm）。

在符合上述四項要件後，部分仲裁庭會繼續進行比例測試（proportionality test）。

如前所述，暫時性措施係在保護權利可獲得適當救濟與不預斷案件之實體部分間拉扯。部分仲裁庭堅持，在授予暫時性措施時，應進行比例測試，蓋涉及地主國之主權。*Caratube v. Kazakhstan (II)* 一案仲裁庭表示，所請求之暫時性措施在個案情形中應為適當，以達其目的，此包括爭端雙方各自權利之平衡。任何仲裁程序之當事人應負有程序性義務，包括秉持誠信行事。仲裁庭於核發暫時性措施時應留意，不要不當干涉地主國主權及基於公益所為之活動。[34]

其中一種重要案例類型即為仲裁庭面臨地主國執行刑事法之權利運用自我節制之案例，在 *Quiborax v. Bolivia* 一案中，[35] 仲裁聲請人請求仲裁庭作成停止刑事調查程序之暫時性措施。除非刑事程序明確為地主國干擾仲裁之方法，仲裁實務認為，當仲裁庭所建議之暫時性措施涉及地主國之刑事調查程序時，須越過特別高的門檻。

另一種須謹慎之類型為涉及停止繳納稅捐之請求，仲裁實務承認地主國稅賦權力之重要性及在此範疇內之裁量權。鑑於地主國財政權限之重要性，仲裁庭通常不會授予此種類型之暫時性措施，僅在部分涉及暴利稅或過重之稅賦而影響投資人存續之案件時，方授予暫時性措施，同時附有託管帳戶機制，要求投資人將爭執中之稅款存入託管帳戶，直至仲裁庭認定該等稅捐是否違反投資人之權利。[36]

---

[34] *Caratube International Oil Company LLP and Devincci Salah Hourani v. Republic of Kazakhstan*, ICSID Case No. ARB/13/13, Decision on the Claimants' Request for Provisional Measures (December 4, 2014).

[35] *Quiborax S.A., Non Metallic Minerals S.A. and Allan Fosk Kaplún v. Plurinational State of Bolivia*, ICSID Case No. ARB/06/2, Decision on Provisional Measures (February 26, 2010).

[36] *Burlington Resources Inc. v. Republic of Ecuador*, ICSID Case No. ARB/08/5, Procedural Order No. 1 on Burlington Oriente's Request for Provisional Measures (June 29, 2009); *Sergei Paushok, CJSC Golden East Company and CJSC Vostokneftegaz Company v. The Government of Mongolia*, UNCITRAL, Order on Interim Measures (September 2, 2008).

（四）暫時性措施之相對人

ICSID 公約及仲裁規則均未規定何者為暫時性措施之相對人。ICSID 首位秘書長 Aron Broches 於公約協商期間表示，暫時性措施建議之對象為爭端當事人。

ICSID 公約第 47 條未如第 54 條 [37] 要求各締約方承認與執行暫時性措施。然無法排除個案中涉及第三國及第三國法院之情形，例如對於仲裁程序至為重要之證據、資產位於第三國，或仲裁程序中之爭點也在第三國法院審理中。如在此等情況下，仲裁庭完全無權限對爭端雙方以外之第三方作成建議，或一國之主管機關或法院認為仲裁庭之建議與其無關，是非常例外的。在許多案件中，面臨暫時性措施之法院會將仲裁庭之建議納入考量。第三國法院對於仲裁庭暫時性措施建議之反應依特定情況及所涉請求而定，對於仲裁庭暫時性措施之援引，該法院不應不假思索地駁回。在暫時性措施所生法律效果之範圍內，所有 ICSID 公約締約方負有一般性義務，善意確保公約之目標與宗旨不會受挫。

爭端當事人所提出之暫時性措施請求均是尋求仲裁庭對爭端他方作成暫時性措施。當仲裁庭作成暫時性措施時，均是對仲裁程序當事人一方或雙方之建議。國際法將國家及其機關視為一體，立法、行政、司法或其他職能之

---

[37] Article 54 of the ICSID Convention:

(1) Each Contracting State shall recognize an award rendered pursuant to this Convention as binding and enforce the pecuniary obligations imposed by that award within its territories as if it were a final judgment of a court in that State. A Contracting State with a federal constitution may enforce such an award in or through its federal courts and may provide that such courts shall treat the award as if it were a final judgment of the courts of a constituent state.

(2) A party seeking recognition or enforcement in the territories of a Contracting State shall furnish to a competent court or other authority which such State shall have designated for this purpose a copy of the award certified by the Secretary-General. Each Contracting State shall notify the Secretary-General of the designation of the competent court or other authority for this purpose and of any subsequent change in such designation. ...

國家機關之行為均歸屬於國家。因此，即便在仲裁程序中，一國通常由其行政部門代表，暫時性措施之建議亦可針對爭端締約方之其他機關。例如，在下述 *Ceskoslovenska Obchodni Banka, A.S. v. The Slovak Republic* 一案中，仲裁庭即要求爭端雙方將其命令所建議之暫時性措施提請適當的斯洛伐克司法機關注意，以使該等機關得採行相應之行為。

（五）暫時性措施之效力

一般認為，暫時性措施命令具拘束爭端雙方之效力。[38] 實務上，當事人大多會致力於遵循該等措施，故意忽視者是相當少見的。然而，當爭端方不履行暫時性措施時，仲裁庭將可能採取若干行動，例如：一方當事人無視於仲裁庭保全證據之命令，就該等滅失之證據的內容，仲裁庭可能會選擇作成對該造當事人不利之認定。

此外，如當事人干擾程序進行、拖延程序，仲裁庭之處理方式可能為要求該造當事人負擔高於其原應支付之程序費用。針對其他違反暫時性措施命令之行為，仲裁庭通常會在最終仲裁判斷中，將不遵循暫時性措施致損害擴大之部分納入仲裁判斷的賠償金額中，以 *MINE v. Guinea* 一案為例，仲裁庭在暫時性措施裁定中建議停止所有在內國法院進行之程序，並表示其於作成仲裁判斷時，將考量 MINE 任何不遵循暫時性措施之效果。雖 MINE 一開始遲不遵循，然最終仍遵從仲裁庭之建議。[39]

---

[38] *Maffezini v. The Kingdom of Spain*, ICSID Case No. ARB/97/7, Procedural Order No. 2 (October 28, 1999), para. 9; *Victor Pey Casado and President Allende Foundation v. Republic of Chile*, ICSID Case No. ARB/98/2, Decision on Provisional Measures (September 25, 2001), paras. 17-26; *Tokios Tokelés v. Ukraine*, ICSID Case No. ARB/02/18, Procedural Order No. 1 (July 1, 2003), para. 4; *Occidental Petroleum Corporation and Occidental Exploration and Production Company v. The Republic of Ecuador*, ICSID Case No. ARB/06/11, *infra* note 42.

[39] *Maritime International Nominees Establishment v. Republic of Guinea*, ICSID Case No. ARB/84/4, Award (January 6, 1988).

三、相關投資仲裁案例

（一）*RSM v. Saint Lucia*[40]

本案乃 ICSID 仲裁庭命仲裁聲請人提出程序費用擔保之第一個案例。

在本案中，聖露西亞主張 RSM 有未能遵循仲裁費用負擔裁決之前例，且 RSM 係由第三方提供資金而提起仲裁，因此，存有 RSM 無法負擔仲裁費用之重大風險，請求仲裁庭命 RSM 提出費用擔保。

RSM 仲裁庭多數意見認定，本案已符合下列三要件，遂命 RSM 提出費用擔保：1. 存有保護權利之需求；2. 存有以暫時性措施保護權利之情況，該等情況須緊急、當事人所要求之措施是避免權利遭受不可回復之損害所必要；3. 仲裁庭所為之暫時性措施不得對爭端本身作出預斷。

（二）*Ceskoslovenska Obchodni Banka, A.S. v. The Slovak Republic*[41]

於 *Ceskoslovenska Obchodni Banka, A.S. v. The Slovak Republic* 一案中，斯洛伐克財政部、捷克財政部及 CSOB 簽署 Ceskoslovenska Obchodni Banka, A.S 財務強化基本原則協議（Agreement on the Basic Principles of a Financial Consolidation of Ceskoslovenska Obchodni Banka, A.S.，下稱整合協議），約定斯洛伐克及捷克於各自境內成立資產處理公司（collection company），由 CSOB 將其不良債權轉讓予資產處理公司。CSOB 並與斯洛伐克資產處理公司（Slovenska inkasni spol. s.r.o. (Slovak Collection Company)）締結「應收帳款轉讓之再融資貸款協議」（Loan Agreement on the Refinancing of Assigned

---

[40] *RSM Production Corporation v. Saint Lucia*, ICSID Case No. ARB/12/10 (Decision on Saint Lucias Request for Security for Costs). 參考本書之案例摘要二十五。

[41] *Ceskoslovenska Obchodni Banka, A.S. v. The Slovak Republic*, ICSID Case No. ARB/97/4, Procedural Order No. 2 (September 9, 1998); Procedural Order No. 3 (November 5, 1998); Procedural Order No. 4 (January 11, 1999); Procedural Order No. 5 (March 1, 2000). 參考本書之案例摘要五。

Receivables），並由斯洛伐克財政部擔保貸款之償付。斯洛伐克資產處理公司違約，CSOB 遂以斯洛伐克之擔保爲基礎，啓動 ICSID 仲裁程序，該資產處理公司之破產程序同時也在斯洛伐克內國法院進行中。破產程序可能認定之爭點亦爲 ICSID 仲裁庭所審理者，CSOB 數次向仲裁庭提出暫時性措施請求，尋求停止破產程序。仲裁庭在兩個程序命令中駁回 CSOB 之請求，認爲無理由假定，就內國管轄法院所認定之爭點亦在 ICSID 仲裁庭仲裁範圍內者，內國管轄法院未能停止破產程序。仲裁庭同時認定，應保護之權利原則上包括 ICSID 公約第 26 條所規定之專屬救濟（exclusive remedy）。

而後，仲裁庭在第 4 號程序命令中認爲，破產程序中關於斯洛伐克資產公司是否得依整合協議請求斯洛伐克提供資金以塡補其損失之決定，係該仲裁案件之爭點，因此，在此範圍內，建議停止破產程序之進行。由於破產程序在斯洛伐克法院持續進行，CSOB 遂再提出請求。仲裁庭作成第 5 號程序命令授予暫時性措施，並重申第 4 號程序命令之內容。仲裁庭表示，斯洛伐克法院駁回 CSOB 停止破產程序之請求，就斯洛伐克資產處理公司是否因 CSOB 所讓與之應收帳款支付時間表及營運成本而產生損失，係本仲裁案之爭點，建議停止破產程序之進行。

（三）*Occidental v. Ecuador (II)*[42]

於本案中，仲裁聲請人 Occidental Petroleum Corporation（下稱 OPC）及 Occidental Exploration and Production Company（下稱 OEPC）主張厄瓜多違反其內國法、國際法及美國—厄瓜多 BIT。仲裁聲請人並依 OEPC、厄瓜多及厄瓜多國營企業 Petroecuador 於 1999 年 5 月 21 日簽署之參與契約（participation contract）主張權利，該契約係關於厄瓜多亞馬遜區域第十五區碳氫化合物之探勘及開採。

OEPC 與加拿大石油公司 Encana Corporation 之百慕達子公司 Alberta

---

[42] *Occidental Petroleum Corporation and Occidental Exploration and Production Company v. The Republic of Ecuador*, ICSID Case No. ARB/06/11, Decision on Provisional Measures (August 17, 2007). 參考本書之案例摘要十九。

Energy Corporation Ltd. 簽署探勘權轉讓協議（farm-out agreement），厄瓜多認為此違反參與契約及厄瓜多法律。而後，厄瓜多能源暨礦物部部長於 2006 年 5 月 15 日發布到期命令（*Caducidad* Decree），終止參與契約。仲裁聲請人提出暫時性措施請求，欲保護參與契約之特定履行（specific performance）權及避免爭端惡化之權利。

　　厄瓜多抗辯，該國家行使主權，所終止之自然資源特許契約，不存在特定履行權；對國家不法行為之合法救濟為金錢賠償。因聲請人據以提出暫時性措施請求之權利並不存在，故仲裁庭應駁回該請求。厄瓜多並就惡化爭端之指控提出異議，主張其無任何行為構成惡化爭端。

　　仲裁庭駁回聲請人之兩項暫時性措施請求。仲裁庭就暫時性措施請求之分析可分為三部分，首先，仲裁庭聚焦在授予暫時性措施之權限及該權限之範圍，認定其擁有授予暫時性措施之初步管轄權。仲裁庭表示，該權限源自 ICSID 公約第 47 條及仲裁規則第 39 條。為避免疑義，仲裁庭希望釐清的是，即便 ICSID 公約第 47 條使用「建議」一詞，事實上，仲裁庭有權命令（order）暫時性措施。仲裁庭並表明，為認定是否准予暫時性措施請求，將依序檢視聲請人所稱受保護之權利之存在，以及就該等權利是否存有緊急及必要之情況。

　　第二，仲裁庭釐清受暫時性措施保護之權利。仲裁庭重申，受保護之權利僅須為理論上存在之權利，而非已被證明事實上存在之權利。在暫時性措施階段，仲裁庭僅處理聲請人所聲稱之權利之本質，而非實體違反之認定。

　　第三，仲裁庭檢視聲請人之兩項暫時性措施請求。關於特定履行權，仲裁庭表示，聲請人事實上是尋求回復其特許契約。聲請人認為其等擁有權利，可回復其等自參與契約所取得之權利。因參與契約已被厄瓜多之到期命令終止，故聲請人事實上係請求仲裁庭撤銷厄瓜多終止參與契約之決定。仲裁庭駁回聲請人此項請求，因為聲請人未能證明可爭議之特定履行權存在。回復原狀之特定履行權確為國際法中之主要救濟（primary remedy），然此並非絕對權，而為附條件之權利，以履行之可能性作為先決條件。仲裁庭表示，就其所知，並無 ICSID 仲裁庭已授予此種特定履行權之仲裁先例存在。仲裁庭進行認定之關鍵在於，當地主國行使主權終止契約，特定履行

權應被視為在法律上不可能（legally impossible）。依據「有關國際不當行為之國家責任條文草案」第 35 條，仲裁庭認為，如在特許契約終止或國有化後，課予主權國家回復外國投資人之特許權，與金錢補償相較，將構成干涉國家主權不成比例之賠償。仲裁庭並認定，本案不存在避免不可回復損害之緊急性及必要性。

關於防免爭端惡化之權利，仲裁庭援引 *Pey Casado v. Chile* 一案暫時性措施之決定，[43] 肯認國際法存有防免爭端惡化之權利。然而，仲裁庭認定，聲請人所請求之暫時性措施並無法確保爭端不惡化，故駁回聲請人之請求。

---

[43] *Supra* note 26.

第十四章　地主國之反訴

一、基本概念

如同內國法院訴訟程序，在國際投資仲裁中，當地主國對投資人（仲裁聲請人）提出與聲請人實體請求相關之請求，即稱爲反訴（counterclaim）。猶如國際仲裁判例所述，即便欠缺仲裁相對人提出反訴之權利之明確規範，國際仲裁庭普遍認爲其具有審理反訴之固有權限，從而使雙方當事人之訴求有充分被聽審之機會。此外，反訴可促進程序經濟及裁決之一致性。同時，反訴也應受防免濫訴之條件限制。

爲了達到上述程序經濟及終局性之目的，反訴僅在聲請人同意或是反訴與本訴之間有「密切關聯」（close connection）時，方可受理，且屬適法。從這個基本概念可得到幾個推論，首先，基於 IIA 及 ISDS 本身不對稱性之考量，並不排除地主國依投資協定向投資人提出反訴之可能性；第二，反訴之架構不得擴及於第三方對仲裁聲請人所提出之請求。此等在內國法律體系下對原告或被告提出之第三方請求，不能被定性爲反訴，而屬於其他公認之程序法概念，例如第三方干預（intervention *des tiers*）；第三，反訴並非僅是旨在駁回聲請人主張之抗辯，而是地主國自主提出、請求聲請人就其所違反之義務負責之法律行爲。不論是投資人之仲裁請求或地主國之反訴請求，適當且充分發展之訴因係任何請求之最低基本要件。因此，任何反訴請求均須有適當之法律依據，以避免因缺乏法律基礎而在程序前階段被駁回。

觀察投資仲裁實務，即便幾乎所有仲裁規則都規定地主國在 ISDS 案件中有提出反訴之權利，許多仲裁庭仍不允許反訴之提出。造成此結果之兩大關鍵障礙爲投資人對於反訴請求之仲裁同意，以及投資人對於地主國義務之認定。更何況，ISDS 機制之本質即是爲保護投資人而量身打造的。

許多案件之投資仲裁庭認爲，如相關 IIA 所提供之管轄權僅及於地主國義務違反而生之爭端，仲裁庭即不願意將管轄權之範圍擴及於反訴。然

而，若相關投資爭端解決條款之管轄權規範夠廣，或是雙方當事人明示或默示變更管轄權範圍，仲裁庭即可能允許反訴之提出。而當 IIA 缺乏投資人義務之條款時，一般國際法原則似乎為認定該等義務之適當法源。如投資人違反其與地主國間所簽署之投資契約時，地主國亦可能提出反訴。然而，地主國不得僅依據投資人之內國法律義務即在投資仲裁中提出反訴。

二、國際投資法之規範

近乎所有的 IIA 均規定解決投資爭端之仲裁機制，ISDS 機制使投資人可在第三方仲裁場域中，直接對地主國提出控訴。投資人可依各 IIA 之規定，向 ICSID 提出仲裁請求、依 UNCITRAL 仲裁規則組成特設仲裁庭，或向 ICC 等仲裁機構提出仲裁請求。

鑑於 IIA 之主要目的在於鼓勵及促進外人投資，因此，IIA 中通常未規範地主國可對投資人主張之權利及投資人對地主國之義務。在 IIA 之架構中，投資人之權利及地主國之義務存在明顯的不對稱性。地主國反訴之權利似在平衡此種不對稱性，同時使雙方之爭端在單一場域中解決，並提升 ISDS 機制之效率。

（一）反訴之程序規範

多數仲裁規則規定地主國得對投資人提出反訴。該等仲裁規則均要求反訴需與本訴之實體訴求相關。鑑於透過國際仲裁解決爭端需付出高額費用，高效率的爭端解決對於低度開發國家尤其重要。如 *Roussalis v. Romania* 一案仲裁人 Michael Reisman 教授之不同意見所述，[1] 以欠缺管轄權為由駁回反訴，可能使地主國透過內國法院程序主張權利，且如法院判決結果對投資人不利，可能將引發另一個投資仲裁案件。此將導致程序重複、無效率，並提高爭端解決費用。

此外，地主國有意願提出反訴之原因，可能在於投資仲裁提供國際執行

---

[1] *Spyridon Roussalis v. Romania, infra* note 30.

機制。在 ICSID 體系下，執行 ICSID 仲裁判斷無須進行額外的承認與執行程序，ICSID 公約締約國應承認依據公約所作成之仲裁判斷之拘束力，且應在其領域內，如同該國法院之終局裁判執行仲裁判斷所課予的金錢義務。[2]依 UNCITRAL 仲裁規則等規範作成之仲裁判斷，則可依紐約公約執行。

1. ICSID公約

　　ICSID 公約第 46 條規定，除雙方另有合意外，如一方當事人提出請求，仲裁庭應在當事人同意仲裁之範圍且在 ICSID 中心之管轄權範圍內，認定直接因爭端之仲裁標的而生之任何附帶或附加請求或反訴。[3]依此規定，要成功提起反訴須符合三要件：(1) 因與爭端之本案仲裁請求相同之仲裁標的而生；(2)為爭端雙方之仲裁同意所涵蓋；(3)在 ICSID 中心之管轄權範疇內。

　　須注意者為 ICSID 公約第 46 條之管轄權測試不同於第 25 條。依據 ICSID 公約第 46 條，反訴不僅因須由爭端之仲裁標的直接而生，且需符合第 25 條之要件，以此作為仲裁庭對反訴有管轄權之前提。此外，「直接因投資而生」與「直接因爭端之仲裁標的而生」乃不同的兩個概念。ICSID 仲裁規則第一版註釋規定，關於反訴請求之受理，該等請求須直接因爭端之仲裁標的而生，檢視是否符合此要件之測試，為原請求與附帶請求間之事實上關聯是否足夠緊密，以使對附帶請求之審理可達終局解決爭端之目的。

　　截至目前為止，地主國依 ICSID 規範對投資人提出反訴請求之內容，

---

[2]　Article 54(1) of the ICSID Convention:

Each Contracting State shall recognize an award rendered pursuant to this Convention as binding and enforce the pecuniary obligations imposed by that award within its territories as if it were a final judgment of a court in that State. A Contracting State with a federal constitution may enforce such an award in or through its federal courts and may provide that such courts shall treat the award as if it were a final judgment of the courts of a constituent state.

[3]　Article 46 of the ICSID Convention:

Except as the parties otherwise agree, the Tribunal shall, if requested by a party, determine any incidental or additional claims or counterclaims arising directly out of the subject-matter of the dispute provided that they are within the scope of the consent of the parties and are otherwise within the jurisdiction of the Centre.

包括因非 ICSID 程序所生之費用、利息支付或租稅等。在多數案件中，ICSID 仲裁庭認定其對反訴請求有管轄權，然於實體階段駁回該等請求。[4] 僅極少數案件之 ICSID 仲裁庭認定地主國之反訴請求有理由。[5]

2. UNCITRAL仲裁規則

　　UNCITRAL 仲裁規則常被用於 ISDS 案件。依 UNCITRAL 仲裁規則第21(3) 條，相對人可在其答辯書中提出反請求或基於一項仲裁請求而提出抵銷要求，或當仲裁庭根據個案情況認定相對人延遲提出請求是有理由時，相對人尚可在仲裁程序後階段提出反請求或基於一項仲裁請求而提出抵銷要求，前提為仲裁庭對此等請求擁有管轄權。[6]

（二）反訴之仲裁同意

1. 投資人對反訴之仲裁同意

　　如前所述，當代多數 IIA 明文規定其主要目標在於保護投資人及促進外人投資。傳統上，IIA 提供投資人權利，而未賦予其義務，僅投資人可將爭

---

[4] *See, e.g., Alex Genin v. Republic of Estonia*, ICSID Case No. ARB/99/2, Award (June 25, 2001), paras. 196-201, 17 ICSID Rev. 395 (2002); *Southern Pacific Properties (Middle East) Ltd. v. Arab Republic of Egypt*, ICSID Case No. ARB/84/3, Decision on Jurisdiction (November 27, 1985), 3 ICSID Rep. 112 (1995); *Klöckner Industrie-Anlagen GmbH v. Republic of Cameroon*, ICSID Case No. ARB/81/2, Award (October 21, 1983), 2 ICSID Rep. 9 (1994); *Adriano Gardella SpA v. Government of the Republic of the Ivory Coast*, ICSID Case No. ARB/74/1, Award (August 29, 1977), 1 ICSID Rep. 283 (1993).

[5] *See, e.g., Maritime International Nominees Establishment v. Republic of Guinea*, ICSID Case No. ARB/84/4, Award (January 6, 1988), 4 ISCID Rep. 61 (1997).

[6] Article 21(3) of UNCITRAL Arbitration Rules (with article 1, paragraph 4, as adopted in 2013 and article 1, paragraph 5, as adopted in 2021) (the "UNCITRAL Arbitration Rules")
In its statement of defence, or at a later stage in the arbitral proceedings if the arbitral tribunal decides that the delay was justified under the circumstances, the respondent may make a counterclaim or rely on a claim for the purpose of a set-off provided that the arbitral tribunal has jurisdiction over it.

端提付仲裁。早期的 IIA 通常無地主國得提出反訴之規範。[7]

依 VCLT 第 31 條，IIA 應依目的及宗旨，善意解釋之。當 IIA 未明文規定地主國得對投資人提出反訴時，如允許地主國提出反訴即可能產生問題。在此情況下，仲裁同意之範圍即相當重要。

當地主國在簽署 IIA 時已事先同意，如締約他方之投資人日後與其發生投資爭端，可將爭端提付仲裁，則一旦投資人同意仲裁並啓動仲裁程序，即滿足雙方當事人對投資爭端之仲裁合意要件。有見解認爲，雖該等合意或仲裁請求通常不會明確提及反訴請求，然該等合意通常會納入當事人同意適用之特定仲裁規則，如該仲裁規則含有相對人提出反訴之規範時，雙方當事人即受其拘束。

仲裁同意同時會影響仲裁判斷之效力、承認與執行。例如，依紐約公約第 V(1)(c) 條，如仲裁判斷處理之分歧不符合適用仲裁協議之條件，或其決定之事項逾越仲裁協議之範圍者，被請求承認及執行國之主管機關得拒絕仲裁判斷之承認及執行。同樣地，ICSID 公約第 52 條所規定請求撤銷仲裁判斷之理由之一，即爲仲裁庭明顯逾越權限。當仲裁庭審理之請求不在爭端雙方同意仲裁之範圍內時，即可能構成仲裁庭權限之明顯逾越。

於下述 *Roussalis v. Romania* 一案中，[8] 仲裁庭以欠缺投資人之仲裁同意爲由，駁回羅馬尼亞之反訴。仲裁庭多數意見聚焦在希臘—羅馬尼亞 BIT 之爭端解決條款，該條款僅規範關於地主國義務之爭端解決。仲裁庭多數意見認爲，由於系爭 BIT 之用語僅提及地主國之義務，將管轄權限縮在投資人所提出有關地主國義務之請求。系爭 BIT 明確規定適用法爲 BIT 本身，且未對投資人課予任何義務，因此，反訴並不在仲裁庭之管轄範圍內。

該案仲裁人 Michael Reisman 教授提出尖銳的不同意見，認爲多數意見拒絕審理反訴請求牴觸國際投資法之目標。Reisman 教授認爲，對 ICSID 管轄之同意事實上已包含對 ICSID 公約第 46 條之同意，第 46 條已規定反訴之權利。

---

[7] 近期的 IIA 則逐漸納入反訴之規定，例如 CPTPP 第 9.19(2) 條。

[8] *Spyridon Roussalis v. Romania, infra* note 30.

　　Reisman 教授之見解並非首創。*Hamester v. Ghana* 一案仲裁庭[9]審理與 *Roussalis* 一案類似之爭端解決條款，該條款規定締約方對於依德國—迦納 BIT、與締約他方投資人之投資有關之地主國義務所生爭端之仲裁同意。如依嚴格之條約解釋，地主國之反訴將不在仲裁庭之管轄範圍內，蓋投資人並非德國—迦納 BIT 之締約方，且該 BIT 並未規定投資人之義務。然而，*Hamester* 仲裁庭認為，依德國—迦納 BIT，地主國亦可能為受損害之一方，並可將爭端提付仲裁。另於 *Saluka v. Czech Republic* 一案中，捷克—荷蘭 BIT 第 8 條爭端解決條款涵蓋之爭端範圍較廣，其用語為締約一方與締約他方投資人間關於投資人之投資之所有爭端（all disputes）。該案仲裁庭認為，第 8 條「所有爭端」之用語已足以涵蓋引起反訴之爭端。[10]

　　由上述分析可知，如 ISDS 案件所涉 IIA 之爭端解決條款採用涵蓋較廣之用語，未限於 IIA 所規定之義務，則仲裁庭較有可能同意審理地主國對投資人提出之反訴請求。惟如下述「2. 投資人就相對人對關係企業所提反訴之仲裁同意」所提到的，即便爭端解決條款涵蓋之範圍夠廣，並非所有投資人之義務均落入投資仲裁庭之管轄範圍。

2. 投資人就相對人對關係企業所提反訴之仲裁同意

　　外國投資人之仲裁同意是否及於地主國對其關係企業所提出之反訴？仲裁程序之聲請人可能為關係企業中之子公司，具有獨立之法人格，其母公司受有限責任原則之保護，免於負擔子公司之義務。當子公司之資金不足，無法支付其依仲裁判斷應負擔之費用時，地主國可能即難以對母公司提出請求。

　　於 *Klöckner v. Cameroon* 一案中，[11]仲裁庭允許喀麥隆提出涉及仲裁聲

---

[9] *Gustav F W Hamester GmbH & Co KG v. Republic of Ghana*, ICSID Case No. ARB/07/24, Award (June 18, 2010).

[10] *Saluka Investments BV v. Czech Republic*, UNCITRAL, Decision on Jurisdiction over the Czech Republic's Counterclaim (May 7, 2004).

[11] *Klöckner Industrie-Anlagen GmbH v. Republic of Cameroon*, ICSID Case No. ARB/81/2, Award (October 21, 1983), 2 ICSID Rep. 9 (1994).

請人於當地設立之子公司 SOCAME 之反訴。喀麥隆政府與 Klöckner 及 SOCAME 簽署數項契約，該等契約約定，於發生爭端時，可將爭端提付 ICSID 仲裁。當喀麥隆提出對 SOCAME 之反訴請求時，仲裁庭聚焦於其就契約之事務管轄權（subject matter jurisdiction），而未關注其對於非仲裁協議締約方之屬人管轄權，最終決定繼續審理反訴請求。

Klöckner 仲裁庭表示，該案之爭點並非其對於當地設立企業是否擁有屬人管轄權，而是對於當事人間之供應契約等契約之適用與解釋有無屬物管轄權。仲裁庭認為，該等由當地設立企業簽署之契約建立仲裁庭關於反訴之管轄權，蓋該等契約與爭端雙方之請求間存有直接關聯。

於 Saluka 一案中，仲裁聲請人主張，仲裁庭就地主國之反訴對象無屬人管轄權，蓋該實體未曾同意仲裁。捷克回應，如當地設立企業被允許在仲裁中主張外國母公司之利益，則其應可對該母公司提出反訴。捷克要求仲裁庭揭穿公司面紗，並將母子公司視為是相同的單一企業集團。該案仲裁庭未裁決揭穿公司面紗之爭點，僅表示如母子公司間之關係緊密，即足以使仲裁庭在子公司所提起之仲裁程序之管轄權延伸至地主國對母公司之請求。該案仲裁庭最終基於下列兩個理由認定其就捷克之反訴請求無管轄權：(1) 本案請求與反訴請求間欠缺緊密關聯；(2) 對於反訴請求所爭執之議題，契約中已約定特別的爭端解決程序。[12]

（三）原仲裁請求與反訴請求間之關聯

除上述仲裁同意要件外，另一個眾所公認之要件為仲裁請求與反訴請求間須相互關聯。[13] Klöckner 一案仲裁庭認為，仲裁請求與反訴請求之標的需不可分割且相互依存。[14] Saluka 一案仲裁庭則指出，1976 年 UNCITRAL 仲裁規則第 19(3) 條、[15] ICSID 公約第 25(1) 條與第 46 條、伊朗—美國求償和

[12] *Saluka Investments BV v. Czech Republic*, *supra* note 10.
[13] *Id.*
[14] *Klöckner Industrie-Anlagen GmbH v. Republic of Cameroon*, *supra* note 11.
[15] Article 19(3) of the 1976 UNCITRAL Arbitration Rules:

解宣言（Iran - US Claims Settlement Declaration）第 II(1) 條均反映相同的要件：反訴須由相同的契約而生（UNCITRAL 仲裁規則第 19(3) 條），須直接因投資而生且直接因爭端之仲裁標的而生（ICSID 公約第 25(1) 條與第 46 條），或須爲因構成仲裁請求之仲裁標的之相同契約、交易或事件而生（伊朗—美國求償和解宣言第 II(1) 條）。此等條款反映一項一般法律原則，如反訴請求與仲裁請求有緊密關聯，就仲裁請求具有管轄權之仲裁庭對於反訴請求也有管轄權。*Paushok v. Mongolia* 一案仲裁庭亦持相同見解。[16]

（四）投資人之實體義務

1. 投資人作爲國際義務之承擔者

依據傳統國際法原則，僅國家可作爲國際法權利義務之主體。在過去，當投資人與地主國政府發生爭端時，投資人僅能尋求母國政府提供外交保護或啓動國際仲裁程序。如上所述，近年來，投資人在國際法之法律地位已有顯著變動，投資人之個體權利逐漸被承認。外國投資人現可直接依 IIA 對地主國提起仲裁。在 ISDS 案件中，仲裁庭認定投資人有能力與地主國簽署契約，以對地主國提起仲裁。

在國際仲裁中，投資人義務之主要來源爲爭端雙方合意適用之法律。相關國際條約可能含有選法條款，例如捷克—荷蘭 BIT 第 8(6) 條[17] 規定，適

In his statement of defence, or at a later stage in the arbitral proceedings if the arbitral tribunal decides that the delay was justified under the circumstances, the respondent may make a counterclaim arising out of the same contract or rely on a claim arising out of the same contract for the purpose of a set-off.

[16] *Sergei Paushok, CJSC Golden East Company and CJSC Vostokneftegaz Company v. The Government of Mongolia*, UNCITRAL, Award on Jurisdiction and Liability (April 28, 2011).

[17] Article 8(6) of the Czech Republic - Netherlands BIT:
The arbitral tribunal shall decide on the basis of the law, taking into account in particular though not exclusively:
· the law in force of the Contracting Party concerned;
· the provisions of this Agreement, and other relevant Agreements between the Contracting

用法爲地主國之內國法、BIT 之條款、與投資有關之特定協議之條款、一般
國際法原則。然如下述，即便內國法作爲適用法，亦非所有的內國法義務都
躍升至可受國際仲裁之層次。

2. 內國法作爲國際義務之法源

並非所有的 IIA 均對適用法訂有規範，部分 IIA 可能同時將內國法及國
際法作爲適用法，部分則未明確規範。依據 ICSID 公約第 42(1) 條，當爭端
雙方未就適用法達成合意時，即適用地主國之法律。[18] UNCITRAL 仲裁規則
及其他仲裁機構之仲裁規則賦予仲裁庭裁量權，由仲裁庭依個案情形決定應
適用之法律。

當投資人未能遵循地主國法律時，可能會使其被排除在 IIA 之保護外。
以 *Maffezini v. Spain* 一案爲例，仲裁庭認定投資人未遵循環境法規，構成
投資人義務之違反。[19] 在 *Inceysa v. El Salvador* 一案中，薩爾瓦多—西班牙
BIT 規定，投資人應依循地主國法律作成投資。該案仲裁庭即以此規定爲基
礎，認定其就該案無管轄權。[20]

雖個案所適用之內國法構成投資人義務，然而，並非所有的內國法均構
成投資人之國際法義務。一般性適用之內國法所引發之反訴，通常不在國際
仲裁庭之管轄權範圍內。以 *Amco v. Indonesia* 一案爲例，印尼提出反訴，主
張投資人租稅詐欺。*Amco* 仲裁庭認定，因該等租稅詐欺並非直接因投資而

Parties;

· the provisions of special agreements relating to the investment;

· the general principles of international law.

[18] Article 42(1) of the ICSID Convention:

The Tribunal shall decide a dispute in accordance with such rules of law as may be agreed
by the parties. In the absence of such agreement, the Tribunal shall apply the law of the
Contracting State party to the dispute (including its rules on the conflict of laws) and such rules
of international law as may be applicable.

[19] *Maffezini v. The Kingdom of Spain*, ICSID Case No. ARB/97/7, Award (November 13, 2000).
參考本書之案例摘要十三。

[20] *Inceysa Vallisoletana, S.L. v. Republic of El Salvador*, ICSID Case No. ARB/03/26, Award
(August 2, 2006).

生之請求，不符合 ICSID 公約第 25(1) 條，故不在仲裁庭管轄權範圍內。該案仲裁庭區分投資協定所規定之權利義務與一般性適用之權利義務，表示與前者相關之法律爭端落入 ICSID 公約第 25(1) 條之範疇；涉及後者之爭議，除一般適用法引發 ICSID 公約所規範之投資爭端外，原則上應於相關管轄領域內依適當之程序裁決。[21] *Saluka v. Czech Republic*、*Paushok v. Mongolia* 等案件之仲裁庭亦採相同見解。[22]

　　只要租稅或經濟政策等一般性措施之違反未導致投資人違反其先前之國際法承諾，地主國就此之反訴通常會被認定爲不在投資仲裁庭之管轄權範圍內。簡言之，僅於投資人之內國法義務在相關投資協定中有特別規範或當事人有承諾時，地主國據此提出反訴方可能被受理。

3. 契約作爲投資人義務之基礎

　　多數 ISDS 案件涉及投資人與地主國所簽署之一項或數項契約，例如特許契約、民營化契約等。不同於 IIA，該等契約除規範地主國之義務外，亦納入具體特定的投資人義務。投資人違反此等契約義務是否落入投資仲裁庭之管轄範疇？

　　UNCITRAL 仲裁規則第 35(3) 條規定，在所有案件中，仲裁庭應依契約條款裁決，並應考慮適用於有關交易之任何商業慣例，[23] ICC 仲裁規則亦有類似的規定。多數仲裁規則明文規範契約義務之原因，在於此等規則原本即是爲了解決私人間之爭議所訂定。

　　於 ICSID 體系下，當符合下述三要件時，方有可能依涵蓋範圍廣泛之 IIA 爭端解決條款，主張契約義務之違反：(1) 系爭契約須與投資有關，而

---

[21] *Amco Asia Corp. et al. v. Republic of Indonesia*, ICSID Case No. ARB/81/1, Award (November 20, 1984).

[22] *Saluka Investments BV v. Czech Republic*, *supra* note 10; *Sergei Paushok v. Government of Mongolia*, UNCITRAL, Award on Jurisdiction and Liability (April 28, 2011).

[23] Article 35(3) of the UNCITRAL Arbitration Rules:
In all cases, the arbitral tribunal shall decide in accordance with the terms of the contract, if any, and shall take into account any usage of trade applicable to the transaction.

非僅是供應貨品或服務之一般性契約；(2) 地主國本身簽署系爭契約；(3) 系爭契約未約定爭端解決條款。相同的邏輯亦適用於反訴，當 IIA 爭端解決條款涵蓋之範圍夠廣，且爭端雙方間所簽署之投資契約無爭端解決條款時，地主國即可能得提出由投資人契約義務所生之反訴請求。例如，*Saluka* 仲裁庭即以股份買賣協議含有獨立的爭端解決條款爲由，駁回地主國依該股份買賣協議所提出之反訴。[24]

4. 國際法

(1) 相關國際法源

如上述討論，部分 IIA 規定內國法及國際法爲 ISDS 案件之適用法。許多 ICSID 仲裁庭已表示，除爭端雙方特別排除國際法之適用外，國際法在 ICSID 程序中仍有適用。如選擇適用內國法，則國際法便扮演輔助及矯正之功能。意即，國際法可填補地主國內國法之漏洞，且當國際法與內國法發生衝突時，應優先適用國際法。此符合一般國際法原則，即地主國不得以內國法爲由，規避其應履行之國際法義務。

依據 ICSID 公約執行董事會報告，國際法一詞與國際法院規約第 38(1) 條之國際法具有相同的意義。依國際法院規約第 38(1) 條，國際法法源包括國際條約、國際習慣、文明各國所承認之一般國際法原則，以及依第 59 條之規定，司法判例及各國最高權威之公法學家學說，作爲確定法律原則之輔助資料者。[25]

---

[24] *Saluka Investments BV v. Czech Republic*, *supra* note 10.

[25] Article 38(1) of the Statute of The International Court of Justice:

The Court, whose function is to decide in accordance with international law such disputes as are submitted to it, shall apply:

a. international conventions, whether general or particular, establishing rules expressly recognized by the contesting states;

b. international custom, as evidence of a general practice accepted as law;

c. the general principles of law recognized by civilized nations;

d. subject to the provisions of Article 59, judicial decisions and the teachings of the most highly qualified publicists of the various nations, as subsidiary means for the determination of rules

值得注意的是，於國際法院進行程序之爭端雙方爲國家，而投資仲裁程序中之一造當事人爲私人，因此，在國際投資法之脈絡下，應以不同的方式適用一般國際法，構成自成一體之法律制度（a self-contained legal regime）。

(2) 國際條約

國際條約，尤其是 IIA，是投資仲裁庭所適用之首要法源。雖 IIA 賦予投資人權利，然因投資人並非 IIA 之締約方，故 IIA 中通常未規範投資人之特定義務。因此，應由其他國際法源，例如國際習慣或一般法律原則探尋投資人之義務。

(3) 國際習慣

ADC v. Hungary 一案仲裁庭表示，仲裁庭首先應適用相關投資協定，而後在解釋與適用投資協定之範圍內，仲裁同意亦應被視爲含有包括習慣國際法在內之一般國際法之選法。[26]

依據國際法院規約第 38 條，國際習慣係通例之證明而被接受爲法律者。此定義包含兩項基本要素，在國家間有一般實踐或通例存在，以及被各國接受爲法律，形成法之確信。ICSID 公約之起草者討論許多習慣國際法原則，例如不歧視待遇等，然 ICSID 公約並未提到任何習慣國際法原則。事實上，此等原則難以適用於投資人之行爲，蓋此等原則主要在規範國家行爲，而非私人行爲。習慣國際法影響條約之解釋及地主國之義務，然未直接創造投資人之義務。

(4) 一般法律原則

觀察投資仲裁實務，一般法律原則在投資仲裁中扮演重要角色。當 IIA 未規定投資人義務時，一般法律原則可作爲投資人義務之法源。例如，善意原則建構投資人權利與義務之相互依存關係，投資人權利之行使不應出於獲取不公平的優勢，不得僅出於造成他方損害之單一目的。投資仲裁實務亦曾

---

of law.

[26] *ADC Affiliate Ltd. v. Republic of Hungary*, ICSID Case No. ARB/03/16, Award (October 2, 2006).

適用禁反言、[27]不當得利[28]等原則。

此外，於個案中選擇適用內國法，並不必然排除一般法律原則之適用。*Texaco v. Libya* 一案之獨任仲裁人表示，選擇適用利比亞法律，並不具有排除一般法律原則適用之效果。相反地，此係要求仲裁人結合二者，以確認利比亞法律是否與一般法律原則一致。

(5) 仲裁先例與學者論著

國際投資仲裁並不受仲裁先例拘束，即便過往案例解釋、適用類似的 IIA 規定，亦不構成具拘束力之先例。然而，此並不禁止個案仲裁庭參考、考量其他仲裁庭之見解。如同 *ADC v. Hungary* 一案仲裁庭所述，儘管仲裁先例不具拘束力，持續仰賴案例法所發展之特定原則，以之作為權威性見解，可能得以提升投資仲裁之可預測性。[29]另外，投資仲裁庭亦時常參考學者論著，以此協助建構法規範。因此，仲裁先例與學者論著或可作為確認投資人義務之輔助方式。

三、相關投資仲裁案例

（一）*Roussalis v. Romania*[30]

Roussalis v. Romania 一案為投資仲裁中涉及反訴議題之指標性案件，且因仲裁庭多數意見與仲裁人 Reisman 教授見解之歧異，使此案成為鎂光燈焦點。

希臘公民 Roussalis 持有羅馬尼亞籍公司 S.C. Continent Marine Enterprise

---

[27] *S. Pac. Props. (Middle E.) Ltd. v. Arab Republic of Egypt*, ICSID Case No. ARB/84/3, Award (May 20, 1992).

[28] *Amco Asia Corp. et al. v. Republic of Indonesia*, ICSID Case No. ARB/81/1, Award in Resubmitted Proceeding (March 31, 1990).

[29] *ADC Affiliate Ltd. v. Republic of Hungary, supra* note 26.

[30] *Spyridon Roussalis v. Romania*, ICSID Case No. ARB/06/1, Award (December 7, 2011); Declaration (November 28, 2011). 參考本書之案例摘要三十一。

Import Export S.R.L.（下稱 Continent SRL）100% 股份。1998 年 9 月 4 日，羅馬尼亞國營事業民營化管理機關——國有財產追討局（The Authority for State Assets Recovery，下稱 AVAS）發布標售公告，欲出售其所持有之國營企業 S.C. Malimp S.A. 70% 之股份（即 372,523 股）。Continent SRL 以每股 32,591 羅馬尼亞列伊之報價，及增資 140 萬美元之提案得標。同年 10 月 23 日，Roussalis 與 AVAS 簽署股份買賣協議（下稱 SPA），由 Continent SRL 認購 S.C. Malimp S.A. 之股份。於股份收購完成後，S.C. Malimp S.A. 更名為 S.C. Continent Marine Enterprise S.A.（下稱 Continent SA）。

Continent SRL 同意於 1999 年 1 月 1 日至 2000 年 12 月 31 日對 S.C. Malimp S.A. 增資 140 萬美元。作為履行該增資之擔保，Continent SRL 將其持有之 Continent SA 之 372,523 股股份設質予 AVAS。Roussalis 稱 Continent SRL 遵循 SPA 之義務。Continent SA 股東通過增資決議，決議發行新股 1,418,648 股予 Continent SRL，該股東決議並經羅馬尼亞商業登記主管機關之許可，然羅馬尼亞對此有所爭執。Roussalis 主張數個羅馬尼亞政府機關對其投資採行惡意、不合理之行為，依希臘—羅馬尼亞 BIT 提起仲裁。羅馬尼亞提出反訴。對於反訴，Roussalis 主張其未曾同意仲裁，仲裁庭就反訴無管轄權。

仲裁庭多數意見以無管轄權為由，駁回反訴。仲裁庭多數意見援引 ICSID 公約第 46 條及 ICSID 仲裁規則第 40 條，表示其任務係審理在爭端雙方同意仲裁範圍內且在 ICSID 中心管轄權範圍內，直接因本爭端仲裁標的所生之任何反訴。仲裁庭多數意見認為，爭端雙方對於羅馬尼亞之反訴並無仲裁合意。依希臘—羅馬尼亞 BIT 第 9(1) 條爭端解決條款之用語，投資人與地主國之爭端應涉及地主國就投資人之投資在 BIT 之義務，以及有關投資人得將爭端提付管轄法院或國際仲裁。仲裁庭多數意見認定，第 9(1) 條將管轄權限制在投資人就地主國義務所提出之請求。就地主國對有關投資人之義務提出反訴，系爭 BIT 並無規定。鑑於系爭 BIT 僅對地主國課予義務，當系爭 BIT 明文規定適用法為 BIT 本身時，反訴即不在仲裁庭之管轄權範圍內。

仲裁人 Reisman 教授提出不同意見，闡釋其認為仲裁庭具有反訴管轄

權之理由。Reisman 教授表示，當 BIT 締約方已事前同意 ICSID 仲裁時，
則 ICSID 公約第 46 條之同意要件事實上已被輸入至投資人所提出之任何
ICSID 仲裁中。ICSID 公約第 46 條並非僅是給予地主國特權，該條文之運
作結果對於地主國及投資人均有利。如仲裁聲請人選擇成立之中立仲裁庭以
無管轄權駁回反訴，必然使地主國在其內國法院提出訴訟。投資人原不欲將
爭端訴諸地主國內國機關，然卻被迫成為訴訟程序之被告。如投資人獲得不
利判決，可能再度轉化為仲裁聲請人，提出另一個 BIT 仲裁。除了程序重
複且無效率外，產生反訴及抵銷程序原可避免之各種交易成本，此與國際投
資法之目標背道而馳。

　　因此，仲裁庭多數意見主要是聚焦在系爭 BIT 之爭端解決條款，而
Reisman 教授則是以 ICSID 公約第 46 條為基礎，強調國際投資法之政策考
量。

　　在 *Roussalis* 一案仲裁判斷作成後，*Goetz v. Burundi (II)* 引發另一波爭
論。對於蒲隆地所提出之反訴，*Goetz v. Burundi (II)* 仲裁庭依循 Reisman 教
授之見解。

　　仲裁聲請人指控數家公司因蒲隆地之行為被迫關閉，蒲隆地提出反
訴，主張受其措施影響之公司之一未遵循自由區證書所課予之營運條件。仲
裁聲請人主張，仲裁庭就反訴無管轄權，理由包括比利時盧森堡經濟聯盟—
蒲隆地 BIT 未提供地主國提出反訴之機會，反訴之對象並非 BIT 締約方，
其義務不能被轉化為仲裁聲請人之 BIT 義務。

　　Goetz 仲裁庭援用 ICSID 公約第 46 條及 ICSID 仲裁規則第 40 條，表示
反訴之受理要件為：1. 須在仲裁庭之管轄範圍且在爭端雙方同意仲裁之範
圍內；2. 與爭端之仲裁標的直接相關。*Goetz* 仲裁庭認為蒲隆地之反訴符合
前述要件。仲裁庭表示，系爭 BIT 第 8 條規定 ICSID 仲裁，蒲隆地接受依
ICSID 公約所規定之條件及程序解決爭端，包括附帶或附加請求或反訴。當
仲裁聲請人接受仲裁、提出仲裁請求時，即已接受相同的仲裁條件。*Goetz*
仲裁庭表示，BIT 中無明文授予仲裁庭審理反訴之管轄權之條款，與反訴管
轄權之認定無關。*Goetz* 仲裁庭並援引 Reisman 教授之不同意見，進而表示
任何與該見解相反之決定，不僅牴觸 ICSID 公約之規定，亦牴觸 ICSID 公

約之精神。[31]

（二）*Burlington v. Ecuador*[32]

2017 年 2 月，*Burlington v. Ecuador* 仲裁庭對於厄瓜多之反訴作成決定，命美國石油公司 Burlington Resources Inc.（下稱 Burlington）就其所造成之環境與基礎設施損害，賠償厄瓜多 4,100 萬美元。

Burlington 於 2000 年取得探勘及開採厄瓜多油田之生產分潤契約（production sharing contracts）之所有權權益（ownership interests）。Burlington 於 2008 年依美國—厄瓜多 BIT 提起仲裁，控訴厄瓜多之措施影響其投資，構成徵收。厄瓜多於 2011 年提出反訴，主張其環境與特定基礎設施遭受損害，請求賠償約 28 億美元。關於環境之反訴請求，厄瓜多主張，Burlington 應依厄瓜多侵權行為法就土壤整治、地下水整治及油井廢棄所致之泥坑負責。針對基礎設施之反訴請求，厄瓜多指稱 Burlington 未能在徵收前維護與投資相關之基礎設施。爭端雙方於 2011 年 5 月簽署協議，授予仲裁庭審理反訴之管轄權。

1.環境反訴

厄瓜多依其侵權行為法提出環境反訴請求，然生產分潤契約之選法條款並未提及侵權行為法。作為初步議題，仲裁庭必須決定厄瓜多法律可否作為反訴之適用法。

Burlington 仲裁庭認定，厄瓜多侵權行為法之適用並非源自爭端雙方之合意，非依據 ICSID 公約第 42(1) 條第一句，而是依循該條項第二句。ICSID 公約第 42(1) 條第二句規定，當爭端雙方對於適用法未達成合意時，仲裁庭應適用爭端締約方之法律及可得適用之國際法規則。*Burlington* 仲裁庭認為，應由仲裁庭就個案應解決之爭議類型，依其裁量決定適用內國法或

---

[31] *Antoine Goetz & Others and S.A. Affinage des Metaux v. Republic of Burundi*, ICSID Case No. ARB/01/2, Award (June 21, 2012).

[32] *Burlington Resources Inc. v. Republic of Ecuador*, ICSID Case No. ARB/08/5, Decision on Ecuador's Counterclaims (February 7, 2017). 參考本書之案例摘要四。

國際法。

Burlington 仲裁庭廣泛地檢視厄瓜多適用於油田之法令與司法發展。厄瓜多 2008 年憲法確立環境損害之嚴格責任制度，業者負有證明損害不存在之舉證責任，業者就其所造成之損害負責，且環境損害請求權不因時效而消滅。Burlington 仲裁庭認為，該制度不存在過失責任之要件，意謂著 Burlington 無法藉由證明其已盡適當注意免除責任。

於認定該嚴格責任制度不回溯適用後，Burlington 仲裁庭檢視 2008 年憲法公布前之石油業者營運責任。仲裁庭觀察一系列厄瓜多最高法院之裁決，認為厄瓜多早在 2002 年確立環境損害之嚴格責任。

Burlington 仲裁庭表示，不容許之環境損害程度應依據各國之管制標準認定。對於分布於 Burlington 所探勘之兩座油田、數量不少於 40 處之場址，仲裁庭全面檢視各場址所造成之損害及整治成本，並進行實地勘查。仲裁庭認定，所有場址均存有環境損害，需進行整治。多數場址之整治費用低於 100 萬美元，另有一個特定土壤汙染場址及一個產生泥坑之場址之整治費用均逾 500 萬元，每一場址之地下水整治費用均逾 500 萬美元。

2. 基礎設施反訴

關於基礎設施反訴，仲裁庭認為，生產分潤契約之特定條款為評估基礎設施反訴之法律基礎。仲裁庭檢視油槽、油管、發電機、幫浦、電力系統、資訊科技設備及道路維護等七類基礎設施後，認定 Burlington 應賠償逾 250 萬美元。

（三）Rusoro Mining v. Venezuela[33]

加拿大籍公司 Rusoro Mining Ltd.（下稱 Rusoro Mining）於 2006 年至 2008 年間收購 24 家委內瑞拉公司之控制權益（controlling interests），間接取得 58 個探勘與生產黃金之開礦特許及契約。委內瑞拉在當時已建立黃金

---

[33] *Rusoro Mining Ltd. v. Bolivarian Republic of Venezuela*, ICSID Case No. ARB(AF)/12/5, Award (August 22, 2016). 參考本書之案例摘要二十六。

出口限制，並於 2009 年 4 月實施進一步的限制，而後放寬對國營企業之規範，然重申對於私營企業之出口限制。2010 年 7 月，委內瑞拉降低相關限制，並統一國營與私營企業之出口機制。

時任總統查維茲於 2011 年 8 月 17 日宣布將金礦產業國有化，並於同年 9 月發布國有化命令。Rusoro Mining 於 2012 年 7 月 12 日依加拿大─委內瑞拉 BIT 提出仲裁請求，主張委內瑞拉之行為構成徵收。委內瑞拉提出反訴，控訴 Rusoro Mining 未遵循採礦計畫，其不當之採礦行為對於礦井之存續造成不利影響。仲裁庭認定，委內瑞拉之反訴不在其管轄權範圍內，駁回該反訴請求。

Rusoro Mining 仲裁庭認為，ICSID 附加機制規則第 47 條 [34] 允許相對人提出反訴之前提為反訴落在仲裁協議之範圍內。依加拿大─委內瑞拉 BIT 第 XII 條，[35] 僅投資人擁有將爭端提付仲裁之權利，由仲裁人裁決投資人所

---

[34] Article 47 of the ICSID Arbitration (Additional Facility) Rules:

  (1) Except as the parties otherwise agree, a party may present an incidental or additional claim or counter-claim, provided that such ancillary claim is within the scope of the arbitration agreement of the parties.

  (2) An incidental or additional claim shall be presented not later than in the reply and a counter-claim no later than in the counter-memorial, unless the Tribunal, upon justification by the party presenting the ancillary claim and upon considering any objection of the other party, authorizes the presentation of the claim at a later stage in the proceeding.

[35] Article XII of the 1996 Canada-Venezuela, Bolivarian Republic of BIT:

  1. Any dispute between one Contracting Party and an investor of the other Contracting Party relating to a claim by the investor that a measure taken or not taken by the former Contracting Party is in breach of this Agreement, and that the investor or an enterprise owned or controlled directly or indirectly by the investor has incurred loss or damage by reason of, or arising out of, that breach, shall, to the extent possible, be settled amicably between them.

  2. If a dispute has not been settled amicably within a period of six months from the date on which it was initiated, it may be submitted by the investor to arbitration in accordance with paragraph (4). For the purpose of this paragraph, a dispute is considered to be initiated when the investor of one Contracting Party has delivered notice in writing to the other Contracting Party alleging that a measure taken or not taken by the latter Contracting Party is in breach of this Agreement, and that the investor or an enterprise owned or controlled directly or

提出關於地主國採行或不採行措施違反 BIT 之爭端。基於下列三個理由，*Rusoro Mining* 仲裁庭以無管轄權爲由駁回委內瑞拉之反訴：1. 仲裁庭之權限限於裁決因 BIT 而生之爭議，委內瑞拉控訴 Rusoro Mining 違反之義務並非因 BIT 而生，且與 BIT 無關；2. 仲裁庭應依 BIT 及國際法原則裁決爭端，然委內瑞拉提出反訴之基礎爲採礦計畫，仲裁庭無法依 BIT 或國際法原則加以審理；3. 不論是本案請求或反訴請求，加拿大—委內瑞拉 BIT 未規定地主國對投資人提起仲裁之訴因。

---

indirectly by the investor has incurred loss or damage by reason of, or arising out of, that breach.

3. An investor may submit a dispute as referred to in paragraph (1) to arbitration in accordance with paragraph (4) only if:

(a) the investor has consented in writing thereto;

(b) the investor has waived its right to initiate or continue any other proceedings in relation to the measure that is alleged to be in breach of this Agreement before the courts or tribunals of the Contracting Party concerned or in a dispute settlement procedure of any kind;

(c) ...

(d) not more than three years have elapsed from the date on which the investor first acquired, or should have first acquired, knowledge of the alleged breach and knowledge that the investor has incurred loss or damage".

4. The dispute may, by the investor concerned, be submitted to arbitration under ...;

7. A tribunal established under this Article shall decide the issues in dispute in accordance with this Agreement and applicable rules of international law ...".

案例摘要

案例一

Asian Agricultural Products Ltd. v. Republic of Sri Lanka, ICSID Case No. ARB/87/3, Award (June 27, 1990)

一、當事人

聲請人：Asian Agricultural Products Ltd.（下稱 AAPL）

相對人：Republic of Sri Lanka（下稱斯里蘭卡政府）

二、案件摘要

（一）系爭投資

AAPL 於斯里蘭卡蝦類養殖企業之持股。

（二）爭議緣由

AAPL 控訴其投資於斯里蘭卡安全部隊執行軍事行動時遭到破壞。

（三）實體規範依據

斯里蘭卡—英國 BIT（1980）（下稱斯英 BIT），聲請人主張相對人違反以下義務：1. 充分保障與安全；2. 因叛亂、戰爭或其他相類似情事而生之損失保障；3. 習慣國際法。

（四）仲裁機構及規則

ICSID；ICSID 仲裁規則。

（五）聲請人請求

1. 確認斯里蘭卡政府對 AAPL 投資之非法徵收及破壞之賠償責任。
2. 判斷斯里蘭卡政府將 AAPL 被徵收及破壞之投資回復原狀或給付不低於得自由轉讓之 8,067,368 美元的充分賠償，並附加額外費用，包含所有本仲裁程序之直接及間接費用，

及依商業利率計算之利息。

3. 命令斯里蘭卡政府承擔 AAPL 就 EAB/Deutsche 銀行貸款所提供擔保之責任，或以託管方式額外支付 888,000 美元（若 Deutsche 銀行行使 1984 年 9 月 15 日設定的擔保權時，AAPL 有義務支付的未償還貸款本金金額）。

4. 駁回斯里蘭卡政府就成本及律師費提出之反訴。

（六）仲裁程序及後續

仲裁庭於 1990 年 6 月 27 日作成仲裁判斷。

三、事實背景[1]

Serendlb Seafoods Ltd.（下稱 Serendib）是一間 Aapl 於 1983 年受核准在斯里蘭卡投資之從事蝦類養殖的公開發行公司，AAPL 擁有該公司 48.2% 的股份。斯里蘭卡政府懷疑叛亂團體在 Serendib 農場內及農場周邊地區展開活動，並以農場作為行動和支援的基地，且農場管理階層與叛亂團體有所合作，故為了防止恐怖主義的蔓延、奪回失去的控制權，斯里蘭卡安全部隊於 1987 年 1 月 28 日在該地區發起軍事行動。叛亂團體與斯里蘭卡安全部隊在農場發生了激烈的戰鬥行動，Serendlb 的辦公大樓、維修棚、倉庫和宿舍被燒毀，蝦類養殖場毀損，致使作為該公司主要生產中心的農場遭到摧毀。對此，AAPL 於 1987 年 3 月 9 日向斯里蘭卡政府提出索賠請求，主張其投資已全部遭到破壞，然斯里蘭卡政府未於斯英 BIT 第 8(3) 條所定之 3 個月期限內回復，故 AAPL 提出仲裁請求。

四、程序爭點

（一）本案應適用之法律[2]

仲裁庭認為，本案是 ICSID 首次處理完全基於 BIT 條款而提起之仲裁請求，仲裁之雙方無機會事先選擇適用法律，在此特殊情形下，通常透過觀察及解釋雙方當事人於仲裁程序中之行為來選擇適用法律，就本案而言，仲裁庭因斯里蘭卡政府不僅將其主要論點置於斯英 BIT 之條款，亦引用斯里蘭卡憲法第 157 條強調斯英 BIT 應作為斯里蘭卡法律之一部分而適

[1] *Asian Agricultural Products Ltd. v. Republic of Sri Lanka*, ICSID Case No. ARB/87/3, Award (June 27, 1990), paras. 1-3, 8, 82.

[2] *Id.* paras. 19-25.

用，且自雙方提交的文件均表明同意在某些議題上以一般習慣國際法、斯里蘭卡內國法作為補充，而認雙方之行為已表明他們皆同意將斯英BIT作為適用之法律，故仲裁庭認為，於本仲裁中並無適用法律之爭議。

（二）斯英BIT第4(2)條之舉證責任

1. 聲請人主張，[3]依國際司法和仲裁慣例的一般原則，如果聲請人提出了得初步支持其指控之證據，則舉證責任將從聲請人轉移到相對人。於本案中，斯里蘭卡政府替原本屬於非法之行為辯護，例如主張其行為是基於軍事所需，即屬於有利於相對人的範圍，相對人對此負有舉證責任。因此，就斯英BIT第4(2)條對於侵害聲請人財產之行為是否屬必要之舉證責任，斯里蘭卡政府應負舉證責任。

2. 相對人主張，[4]AAPL須負舉證責任，證明若斯里蘭卡政府盡審慎注意（due diligence）義務，斯里蘭卡政府得以避免Batticaloa落入叛亂集團的控制，因此反叛亂行動並非必要，若AAPL無法證明反叛亂行動是屬得以避免而非必要，則AAPL應證明斯里蘭卡安全部隊在1987年1月28日的行動中造成了過度的破壞。

3. 仲裁庭認為：[5]

   (1) 根據國際仲裁案例和權威論著所確立之解釋規則：[6]原則上，舉證責任在聲請人身上。負有舉證責任的一方，不僅必須提供證據支持其指控，而且必須使法庭相信其為真實，否則將因缺乏證據或證據不足而遭受不利之決定，且就舉證責任而言，不應推定國家責任，另當事實證明極為困難時，法庭可能會滿足於表面證據。

   (2) 本件中AAPL應證明是斯里蘭卡政府而非叛亂團體造成破壞、此種破壞非於戰鬥中發生，於當時情況下，斯里蘭卡政府之行為不具有必要性。且針對損失是否由於斯里蘭卡政府的行為所造成，亦不得以表面證據進行審理，蓋此損害賠償構成要件之存否與損害之可歸責性具相同重要性。

   (3) 另當雙方皆無法提供可靠的證據時，亦不應推定斯里蘭卡政府之責任，故對於是否該當斯英BIT第4(2)條〔條文參考後述五（三）說明〕之要件，應由AAPL負舉證責任。

3　*Id.* para. 28.

4　*Id.* paras. 8-9, 32.

5　*Id.* paras. 56, 58-60, 64.

6　Bin CHENG, General Principles of Law as Applied by International Courts and Tribunals, Grotius Publications, Cambridge (1987), pp. 305-306, 323-325, 329-332, 334; Duruard V. SANDIFER, Evidence before International Tribunals, University Press of Virginia, Charlottesville (1975), p. 127, footnote 101.

五、實體爭點

（一）斯里蘭卡政府是否因斯英BIT第2(2)條而負擔絕對、嚴格之「充分保障與安全」的義務

1. 斯英BIT第2(2)條規定

任一締約方之國民或公司於締約他方之領域之投資於任何時間皆應受到公平及公正之對待，且應享有充分保障與安全。締約雙方均不得以任何不合理或歧視性措施損害締約另一方國民或公司在其境內投資的管理、維護、使用、享有或處置。任一締約方應遵守其對締約他方國民或公司的投資可能承擔的任何義務。

2. 聲請人主張[7]

(1) 斯英BIT第2條規定締約方的投資應在締約他方的領域上享有充分保障與安全，且自斯英BIT之目的及斯里蘭卡與其他國家簽訂之投資協定中所用之相似文字觀察，充分保障與安全應獨立於一般習慣國際法，亦即其超越了一般習慣國際法之最低標準，而創造了嚴格或絕對責任。

(2) 該責任於投資協定生效後即產生，故斯里蘭卡政府應承擔無條件的損害賠償責任，另依據斯英BIT第2(2)條內使用享有（enjoy）及充分（full）之用語，亦印證地主國為投資人提供保障使其投資免因任何因素而遭受破壞，且對投資的任何破壞負責，即便是源自不可歸責於政府之事由和在國家無法控制的情況下所造成，亦無須確定是誰造成這些損害。

3. 相對人主張[8]

(1) 斯英BIT第2(2)條對政府行為提出了合理的要求，如果政府沒有盡審慎注意義務而採取行動，即會產生責任。因此只有證明斯里蘭卡政府沒有盡審慎注意義務，而造成了不必要的破壞，如此才會違反斯英BIT第2(2)條的義務。本案中，斯里蘭卡政府於1987年1月28日的行動是對主權的合法行使，該日在Serendib發生的任何損害在當時的情況下都是必要的。

(2) AAPL基於斯英BIT第2(2)條所主張之絕對責任涉及斯英BIT第4(2)條〔參考後述（三）說明〕以外之事由，亦即斯英BIT第2(2)條是針對第三方對於外國投資人造成的損害，而向外國投資人提供保護的一般標準，且沒有權威表明充分保障與安全條款是現代雙邊

7　*Supra* note 1, paras. 26, 45.

8　*Id.* paras. 32-33, 68-69.

投資條約的創新條款，也沒有歷史文件支持 AAPL 所提出的絕對責任理論。

(3) 另斯英 BIT 第 2(2) 條中使用的充分保障與安全的用語，在雙邊投資協定中很常見，其吸收了習慣國際法之標準而非推翻之。故應該被解釋為要求各國盡審慎注意義務，並為任何破壞財產的行為提供合理的理由，而不是課予嚴格責任。

(4) 在斯里蘭卡的其他雙邊投資協定中，沒有類似斯英 BIT 第 4 條的責任條款，亦即對內亂造成的破壞導致之投資損失，無論是否必要，應依一般雙邊投資協定中的公平和公正標準處理，或投資人只能根據習慣國際法進行補救。而根據習慣國際法，政府在這種情況下的義務是盡審慎注意義務，保護外國個人或公司免受投資損失，而非嚴格或絕對責任。

4. 仲裁庭認為[9]

(1) 根據斯英 BIT 第 2(2) 條之規定，斯里蘭卡政府承諾外國投資應在其境內享有充分的保障和安全，違反此一任務將導致一定程度的國際責任。

(2) AAPL 對斯英 BIT 第 2(2) 條的任何解釋準則皆是不合理的：

A. 過去未有任何案件，將地主國承擔向另一締約國國民提供充分保障與安全的義務解釋為保證不受損害的絕對義務。仲裁庭引用 1989 年 7 月 20 日的判決，[10]明確指出縱使條文規定具不間斷（constant）的保障與安全義務，亦不能解釋為保證財產在任何情況下都不會被占領或干擾，蓋規定地主國雖有義務提供保障和安全或國際法所要求的充分保障與安全，但不能根據這些自然和普通的意義解釋為發生嚴格責任。再者，外國人所進入的國家，並非其安全的保險人或擔保人。故該國家不會、也很難被要求對進入該國的外國人，就其所受傷害承擔絕對的責任。

B. 為加強保障與安全的必要標準，增加「不間斷」或「充分」等字樣，雖有理由表明雙方打算在其條約關係中要求高於一般國際法最低標準的審慎注意義務，但義務及責任之本質並沒有改變，且該用語不足以確定締約方有意將其義務轉為嚴格責任。就條約規定中的措辭應以習慣用法所賦予的中立和公平的涵義，訴諸解釋規則得到進一步支持。

C. 仲裁庭認為適當的解釋必須考慮到實現條約的精神和目標，在本案中，顯然是通過確保適當的法律保護環境來鼓勵投資，但無法確定斯英談判中是否曾考慮無視以前條約所採用的常規習慣模式，改採嚴格責任，作為保護締約國投資人的目標。因此，訴諸該條約的精神及其目標，應拒絕承認斯英 BIT 第 2(2) 條在未能提供充分保障與安全的情況下必須負擔嚴格責任。

---

[9]　*Id*. paras. 46-53.

[10]　C.IJ., Recueil (1989), §108, p. 65.

D. 斯英 BIT 第 2(2) 條不應脫離條約的整體體系而單獨解釋，蓋若認為 BIT 第 2(2) 條屬嚴格責任，則將使 BIT 第 4 條〔參考後述（三）說明〕遭到架空。再者，雖斯英 BIT 第 2(2) 條未提及國際法，不應被視為雙方欲在任何方面避免適用國際法。英國簽訂雙邊投資條約通常不提及國際法之模式，雖然可能被解讀是排除援引外部規範，但這不是英國政府的原意。[11]

E. 最後，仲裁庭援引在 *Sambiaggio* 案[12]（1903 年）和國際法院分庭在 *Elettronica Sicula* 案[13]（1989 年）中確立的先例，亦都明確指出法庭拒絕將充分保障與安全解釋為對地主國因條約保護的投資被破壞而遭受的任何損失施加嚴格責任。

(3) 根據前述理由，AAPL 的主要訴求毫無根據。

（二）斯里蘭卡政府是否違反第3條所載最惠國待遇

1. 斯英 BIT 第 3 條規定：「(1) 締約一方在其領域內對於締約他方國民或公司依據第 2 條規定准許的投資或回報，所給予的待遇不得低於其給予本國國民或公司的投資或回報，或給予任一第三國國民或公司的投資或回報；(2) 締約一方在其境內對於另一方國民或公司關於管理、使用、享有或處置其投資方面的待遇，不得低於其給予本國國民或公司或任一第三國國民或公司的待遇。」

2. 聲請人主張，[14]執行斯英 BIT 第 3 條所載最惠國待遇條款時，有鑑於斯里蘭卡與瑞士締結的投資協定中並沒有規定因戰爭條款或內亂而豁免保障與安全之標準，因此，瑞士與斯里蘭卡簽訂之投資協定所載待遇標準，明顯較斯英 BIT 的規定更為有利。故於適用斯英 BIT 第 2(2) 條時，應依斯英 BIT 第 3 條而認為斯里蘭卡政府必須保證為英國投資公司承擔嚴格、絕對之賠償責任。

3. 相對人主張，[15]在斯里蘭卡的其他雙邊投資條約中，例如與瑞士的條約，沒有類似於本協定第 4 條的責任條款。

4. 仲裁庭認為，[16]沒有理由相信斯里蘭卡與瑞士之雙邊投資協定採用了嚴格、絕對責任標

---

[11] "... the U.K. BIT's normally make no international law reference... The drafting device could be argued to cloud reliance on external sources of law and precedent during the life of the treaty, although this is undoubtedly not the intent." K.S. GUDGEON, "Valuation of Nationalized Property Under United States and other Bilateral Investment Treaties." Chapter III, in the Valuation of Nationalized Property in International Law, by Richard B. Lillich (ed.), Vol. IV (1987), pp. 119-120.

[12] U.N. Reports of International Arbitral Awards, Vol. X, p. 512 ss.

[13] *Supra* note 10.

[14] *Supra* note 1, para. 26.

[15] *Id*. para. 33.

[16] *Id*. para. 54.

準，而且在條約本身沒有具體規定使其作爲特別法的情況下，一般國際法規必須承擔其作爲一般法的作用。因此，由於無法證明斯里蘭卡與瑞士之雙邊投資協定較斯英 BIT 更爲有利，故駁回 AAPL 援引最惠國待遇條款之論點。

（三）聲請人得否依據斯英BIT第4(2)條請求賠償

1. 斯英 BIT 第 4(2) 條規定：「在不影響斯英 BIT 第 4(1) 條之前提，締約一方之國民或公司在第 4(1) 條所述之情況在締約他方境內因下列原因遭受損失，應給予回復原狀或適當賠償，且所得款項應得自由轉讓：(a) 財產遭締約他方之部隊或官方所徵收；(b) 財產遭締約他方之部隊或官方破壞，且該破壞並非因戰鬥所造成，亦不是情勢所必須。」

2. 聲請人主張，[17] 根據斯英 BIT 第 4(2) 條規定爲斯英 BIT 第 2(2) 條嚴格及絕對責任之豁免，如果在戰爭或內亂情況下對財產的破壞不是情勢所必需，則應予以回復原狀和得以自由轉讓的賠償。於本案中，AAPL 財產的破壞並非在戰鬥行動所造成，而是源自斯里蘭卡安全部隊恣意的破壞；另因爲財產被斯里蘭卡安全部隊所徵收，並遭他們摧毀，這表明是恣意使用武力，而非特定緊急狀況及形勢上所需。且斯里蘭卡安全部隊對於財產之破壞及人員之殺害，與解決 Serendib 之現況顯然不符合比例原則。

3. 相對人主張，[18] 斯英 BIT 第 4(2) 條並非對於第 2(2) 條所載規則的豁免，這兩條都有一個共同的責任標準，即政府未盡審慎注意義務，故事實上斯英 BIT 第 4(2) 條僅是規定在政府被發現違反 BIT 第 2(2) 條時之賠償標準。根據這些條約，斯里蘭卡政府堅持認爲，破壞不可歸責於斯里蘭卡安全部隊，而是由叛亂團體造成、政府的特別部隊（Special Task Force，下稱 STF）和叛亂團體之間實際上發生了戰鬥、STF 之行動是對主權的合法行使，該日在 Serendib 蝦類養殖場發生的任何損害皆具必要性。

4. 仲裁庭認爲：[19]

   (1) 斯英 BIT 第 4(2) 條之構成要件有：A. 財產的破壞不僅發生於敵對期間，且此種破壞被證明是源自斯里蘭卡政府軍隊或當局之行爲；B. 財產的破壞並非因戰鬥行動所致；C. 財產的破壞並非由於情勢所需而具必要性；

   (2) 農場房舍的毀損是在 1987 年 1 月 28 日的敵對行動中發生的，而蝦子的收獲損失是在政府安全部隊占領該農場期間發生的，但 AAPL 無法證明財產破壞來自政府部隊，也沒有舉出可靠的證據證明蝦子的損失是斯里蘭卡安全部隊所爲。由於缺乏令人信服的

[17] *Id.* paras. 9, 27-28.

[18] *Id.* paras. 10, 32, 34.

[19] *Id.* paras. 57, 59, 61-64.

證據證明損失是由政府部隊的行為造成的，因此，在本案中不能認為符合斯英 BIT 第 4(2) 條之要件。

(3) 依當前內戰之局勢，斯里蘭卡政府於 1987 年 1 月 28 日為重新控制 Manmunai 地區而對屬於叛亂團體採取的破曉行動符合戰鬥行動的要件。因此，上述戰鬥行動造成的損失不屬於斯英 BIT 第 4(2) 條的範圍。

(4) 在本案中，雙方都未能提供可靠的證據，準確地解釋破壞和其他損失是在什麼情況下發生的。在這種情況下，將難以確定此種破壞和損失是否欠缺必要性，抑或是若斯里蘭卡政府安全部隊盡審慎注意義務而採取行動，即可以避免。

(5) 綜上，本件不具備適用斯英 BIT 第 4(2) 條之三要件，故聲請人不得依該條請求損害賠償。

（四）斯英BIT第4(1)條與充分保障與安全之關聯

1. 斯英 BIT 第 4(1) 條規定：「締約一方的國民或公司在締約他方領域上的投資因他方領域上的戰爭或其他武裝衝突、革命、國家緊急狀態、叛亂、暴動而遭受損失，締約他方在回復原狀、賠償、補償或其他解決方面應不得低於締約他方給予本國國民或公司或給予任何第三國國民或公司之待遇。」

2. 聲請人主張，[20] 其索賠之依據為斯英 BIT，且該協定對於投資人之保障應參照其他投資協定中之條款，而因最惠國待遇原則有所進步，斯英 BIT 第 2(2) 條規定了絕對或嚴格的責任標準，非僅是要求盡審慎注意義務。另斯英 BIT 中有一些例外情況，如斯英 BIT 第 4 條中之特定戰爭情況，未區分斯英 BIT 第 4(1) 條和第 4(2) 條。故聲請人表示當其提及斯英 BIT 第 4(2) 條時，斯英 BIT 第 4(1) 條亦有所涵蓋，而在討論範圍中。

3. 相對人主張，[21] 沒有必要詳細說明斯英 BIT 第 4(1) 條，因為 AAPL 並未就此提出請求。依據習慣國際法，斯里蘭卡政府在這種情況下的義務是盡審慎注意義務，保護外國人或公司免受投資損失，然這並不意味著斯里蘭卡政府有責任賠償 AAPL 的損失，只有在 AAPL 證明斯里蘭卡政府未能合理行事的情況下，才有賠償的義務。

4. 仲裁庭認為：[22]

(1) 斯英 BIT 第 4(1) 條之要件為因遭受他方領域上的戰爭或其他武裝衝突、革命、國家緊急狀態、叛亂、暴動損失。此種損失只要確實存在即有斯英 BIT 第 4(1) 條之適用，無

---

[20] *Id.* para. 30

[21] *Id.* paras. 34, 37.

[22] *Id.* paras. 65-71, 85.

須證明造成損害者是斯里蘭卡政府或是叛亂團體，且亦無需證明政府之行為是否係基於情勢所需而具必要性，亦即斯英 BIT 第 4(1) 條適用之範圍為斯英 BIT 第 4(2) 條未涵蓋之範圍。

(2) 然斯英 BIT 第 4(1) 條不包括任何實質性規則以確立直接解決方案，而僅是一個間接規則，其功能在於向其他規則提供參考。根據斯英 BIT 第 4(1) 條規定，投資人必須獲得不低於地主國國民和公司的待遇，或地主國給予任一第三國的國民和公司的待遇，且考慮到本條沒有任何明示或暗示的限制，及其內容具一般性，故根據該條文給予的優惠待遇應涵蓋了所有可能的情況。

(3) 綜上，斯里蘭卡政府並沒有辦法在外國投資人的投資因政府安全部隊的反叛亂行動中遭到破壞而受損失時完全免責。反之，聲請人得透過斯英 BIT 第 4(1) 條而主張斯里蘭卡政府應負有充分保障與安全之義務（依據斯英 BIT 第 2(2) 條或其他習慣國際法），亦即一旦斯里蘭卡政府未盡審慎注意義務，即可能承擔賠償責任。

(4) 斯里蘭卡政府是否盡審慎注意義務？斯里蘭卡政府當局應該採取必要預防措施，在發動攻擊前將疑似叛亂團體人員和平撤出 Serendib 的農場，且若斯里蘭卡政府獲悉叛亂團體將農場用作行動和支持的基地，預期的解決手段應是對嫌疑人進行司法調查或採取必要措施將他們趕出公司的農場，再者，有鑑於 Serendlb 的最高執行長已在攻擊發動十天前確認他願意遵守政府在這方面的任何要求。故仲裁庭的結論是，斯里蘭卡政府未盡審慎注意義務，因其並沒有採取合理預期的所有可能措施來防止最終發生殺戮和財產破壞。因此，斯里蘭卡政府負有損害賠償責任。[23]

六、損害賠償及費用計算

（一）聲請人主張[24]

賠償金應包括下述內容：
1. 被破壞資產之 48.2%，包括：(1) 實體資產；(2) 金融資產；(3) 無形資產。
2. Serendib 公司未來預期淨收益之 48.2%。
3. 綜上，斯里蘭卡政府應負對 AAPL 公司非法徵收和投資之破壞的賠償責任，就其被徵收及破壞之投資回復原狀或給付不低於得自由轉讓之 8,067,368 美元的充分賠償，並增加額外費用，包括本訴訟的所有直接和間接費用，及按商業利率計算的利息。

---

[23] "Accordingly, the Tribunal considers that the Respondent through said inaction and omission violated its due diligence obligation which requires undertaking all possible measures that could be reasonably expected to prevent the eventual occurrence of killings and property destructions." *supra* note 1, para. 85(b).

[24] *Id*. paras. 7, 91.

（二）相對人主張[25]

1. AAPL 的大部分索賠損失應予拒絕，因為 Serendib 從一開始即為一個失敗的企業，其公司斷斷續續對於重建之嘗試也因內戰而失敗，聲請人的論點是建立在預期收益，然該預期收益僅是一種假象。且 Serendib 並未就其未來之預期收益提供合理的依據，針對未來收益的損失是過於不確定的，不能作為國際法規定的適當損害要素。

2. AAPL 聲稱有權獲得 Serendib 公司股份的持續經營價值及對實際損失和預期利潤損失的賠償，然持續經營的價值與確定實際損失和未來利潤損失的損害賠償，理論上不能同時獲得，蓋持續經營價值之衡量已包含對於 Serendib 之資產及未來收益能力之評估。

3. Serendib 公司的持股比例既不是最初聲稱的 50%，也不是後來承認的 48.2%，而是一個較小的比例。

（三）仲裁庭認為[26]

1. 賠償金額

A. 仲裁庭援引 *Melilla-Ziat, Ben Kirm* 案之基本規則，[27] 認計算賠償金額應著重於聲請人權利之價值。Serendib 是 AAPL 根據斯里蘭卡國內公司法成立的，然斯英 BIT 之保護未包含公司的實體資產，例如農場結構和設備、養殖場中之蝦群和培訓技術人員的費用，亦未包含無形資產；反之，給予外國投資人之保護項目僅限於對於 Serendib 之股權價值。

B. 股權價值之計算：(A) 在沒有股票市場的情況下，仲裁庭決定通過估計一個自願購買者對有關投資，即對 AAPL 在 Serendib 的持股提出的合理價格進行計算；對此，必須考慮到 Serendib 的所有實體資產以及無形資產，但是，合理的價格也應反映出 Serendib 在該日之總負債；(B) 實體資產：仲裁庭基於對 Serendib 實體資產的評估，認 AAPL 對該公司的投資總額為 460,000 美元；(C) 無形資產：商譽之產生，事業須先在市場上存在 2 年至 3 年。對於一間新成立且具虧損的公司，商譽將難以成立；(D) 未來收益能力：對於未來收益能力，Serendib 在 1987 年 1 月農場被毀的當月僅向日本出口兩批貨物，仲裁庭認為無法充分證明 Serendib 具有一定之收益能力。

2. AAPL 給予 European Asian Bank 之擔保

仲裁庭使雙方在收到裁決的金額後簽訂協議，依據該協議，AAPL 將其在該公司的所有

---

[25] *Id.* paras. 8, 92-93, 101.

[26] *Id.* paras. 95-116.

[27] U.N. Reports of International Arbitration Awards, Vol. II, p. 732.

股份轉讓給斯里蘭卡政府，包括對銀行擔保所生的任何潛在責任，也隨之轉移給新所有人。

3. 利息

根據 *Alabama* 案自 1872 年以來長期確立的國際法規則，認按合理的利率支付利息是公正合理的，且自國家承擔國際責任之日期起算，故給予聲請人 10% 的年利率，自 1987 年 7 月 9 日起算。

4. 費用

斯里蘭卡政府必須承擔其準備和處理本案之費用，並爲 AAPL 分擔其準備和處理本案三分之一的費用；仲裁庭的費用，包括仲裁員的費用和中心的行政費用，則由 AAPL 承擔 40%，斯里蘭卡政府承擔 60%。

七、仲裁庭之決定與判斷[28]

斯里蘭卡政府因未盡其審愼注意義務，而有違反充分保障與安全之義務，依據斯英 BIT 第 4(1) 條所列舉的一種或多種情況，外國投資人因武裝衝突或叛亂而遭受的損失，AAPL 有權要求損害賠償：

（一）AAPL 得受償之金額爲基於仲裁判斷應得之 460,000 美元，及從 1987 年 7 月 9 日起至有效付款日止年息 10% 之利息。

（二）斯里蘭卡政府應承擔 54,972.40 美元之 AAPL 準備和處理本案的相關費用及支出。

（三）斯里蘭卡政府應承擔其準備和處理案件的相關費用和支出。

（四）就仲裁庭的費用，包括仲裁員的費用和中心的行政費用，由 AAPL 承擔 40%，斯里蘭卡政府承擔 60%。

（五）Serendlb 將其所有股份轉讓給斯里蘭卡政府或政府可能指定的其他任何實體，股份的新所有人將承擔 Serendlb 所提供給 European Asian Bank 之擔保下的任何潛在責任。

（七）駁回雙方的其他請求。

---

[28] *Supra* note 1, para. 116.

案例二

Bayindir Insaat Turizm Ticaret Ve Sanayi A.Ş. v. Islamic Republic of Pakistan, ICSID Case No. ARB/03/29, Award (August 27, 2009)

一、當事人

聲請人：Bayindir Insaat Turizm Ticaret Ve Sanayi A.Ş.（下稱 Bayindir）

相對人：巴基斯坦

二、案件摘要

（一）系爭投資

伊斯蘭馬巴德—白沙瓦公路（Pakistan Islamabad-Peshawar Motorway）之公路及附屬工程之興建（下稱 M-1 專案）。

（二）爭議緣由

國家公路局（National Highway Authority，下稱 NHA）主張 Bayindir 未於約定期限內完成 M-1 專案，並終止 M-1 專案契約（定義如後）。

（三）實體規範依據

巴基斯坦—土耳其 BIT（1995）（下稱巴土 BIT），聲請人主張相對人違反以下義務：1. 公平公正待遇（fair and equitable treatment，下稱 FET 或 FET 待遇）；2. 國民待遇；3. 最惠國待遇（most favored nation treatment，下稱 MFN 或 MFN 待遇）；4. 間接徵收。

（四）仲裁機構及規則

ICSID；ICSID 仲裁規則。

（五）聲請人請求

1. 宣告相對人未遵守其就聲請人投資所約定之義務，違反巴土 BIT 第 II(2) 條。
2. 宣告相對人未給予聲請人 FET，違反其於巴土 BIT 之義務。
3. 宣告相對人未遵守巴土 BIT，間接徵收聲請人投資，違反巴土 BIT 第 III 條。
4. 命相對人依下列金額支付聲請人全額補償及損害賠償：
   (1) 認證付款證明 22,650,834 美元。
   (2) 驅離日前已完成之工程價值 60,234,608 美元。
   (3) 機械、廠房、設備及零件等之價值 34,188,378 美元。
   (4) 基地設施費用 4,265,164 美元。
   (5) 關稅保證函之價值 3,877,075 美元。
   (6) 利潤損失 121,770,030 美元。
   (7) 聲請人預期完成專案而生之報銷費用 21,474,234 美元。
   (8) 機會損失 219,842,618 美元。
   (9) 懲罰性賠償金 96,600,000 美元。
   (10) 加計上述金額於仲裁判斷前後之複利利息。
5. 命相對人返還履約保證金。
6. 命相對人返還土耳其銀行團出具之銀行擔保書。
7. 命相對人支付本仲裁程序之所有費用及開支與相關利息，包括仲裁庭之費用及開支與聲請人之律師費。
8. 依巴土 BIT 為其他適當救濟或依本案情形為公允及適當之其他救濟。

（六）仲裁程序及後續

1. 仲裁庭於 2005 年 11 月 14 日作成管轄權決定。
2. 仲裁庭於 2009 年 8 月 27 日作成仲裁判斷。

三、事實背景[1]

（一）M-1專案

　　Bayindir 係依土耳其法律設立之公司，隸屬於 Bayindir 集團，於土耳其境內外從事高速

---

[1] *Bayindir Insaat Turizm Ticaret Ve Sanayi A.Ş. v. Islamic Republic of Pakistan*, ICSID Case No. ARB/03/29, Award (August 27, 2009), paras. 2-46.

公路及其他大型基礎設施專案之興建。NHA 爲依 1991 年國家公路局法（National Highway Authority Act，下稱 NHA 法）成立之公營公司，負責國家公路之規劃、開發、營運及維護。NHA 雖由政府控制，但其爲巴基斯坦法下之法人團體，依 NHA 法第 3(2) 條，有權以自己名義起訴及被訴。NHA 規劃 M-1 專案，並於 1993 年與 Bayindir 簽訂契約（下稱 1993 年契約）。1993 年契約之契約條件第一部分納入國際顧問工程師聯合會（Fédération Internationale Des Ingénieurs-Conseils，下稱 FIDIC）1987 年之土木工程施工契約一般條件（General Conditions of Contract for Works of Civil Engineering Construction (1987 edition)，亦稱爲 Red Book）；第二部分「特別適用條件」則爲締約雙方對第一部分之修改及補充。

NHA 與 Bayindir 曾就 1993 年契約產生爭議，該爭議於 1997 年解決。爲解決爭議，雙方於 1997 年 3 月 29 日簽署一份目的爲恢復 1993 年契約效力之協議備忘錄。依該備忘錄第 8 條，雙方同意「僅就 Bayindir 費用主張中指出之費用數額爭議，以適當方式聲請仲裁庭裁決」。同年 7 月 3 日，雙方簽訂「伊斯蘭馬巴德—白沙瓦公路建設契約效力恢復契約」，該契約納入 1993 年契約之全部內容，並附有 1997 年 3 月 29 日所簽訂之協議備忘錄中由雙方合意訂立之部分重要條件（下稱 M-1 專案契約）。

M-1 專案契約以巴基斯坦法律作爲準據法，載明 NHA 支付 Bayindir 契約價格之 30% 之預付款〔下稱動員預付款（mobilisation advance）〕，NHA 遂向 Bayindir 支付 96,645,563.50 美元與 2,523,009,751.70 巴基斯坦盧比。該契約亦規定，Bayindir 提供相當於動員預付款之銀行擔保。1998 年 1 月 9 日，土耳其銀行團（包括 Türkiye İş Bankasi A.Ş.，下稱銀行）代表 Bayindir 簽發兩項擔保（下稱動員預付款擔保），以取得動員預付款。動員預付款擔保於 NHA 爲請求且銀行無任何異議權，及 NHA 未先對 Bayindir 請求時，支付予 NHA。擔保金額將隨著工程進行中支付之估驗款（interim payments）而減少。

M-1 專案契約之履行由一名工程師監督，該工程師由 NHA 任命。如工程師之任用條款規定於其行使權限前，須獲得 NHA 之核准，工程師即須取得 NHA 之核准。相反地，當該契約要求工程師行使自由裁量權，工程師應公正考量所有情況。工程師有權任命一名代表（下稱工程師代表）執行其被授予之職權。該契約並規定多層次之爭端解決機制，爭端應先以書面提交予工程師，若一方當事人對工程師之決定不服時，始得提交仲裁，依 1940 年巴基斯坦仲裁法解決爭端。

（二）爭端緣起

1998 年 6 月 3 日，工程師下達開工指令，預計之完工日期爲 2000 年 7 月 31 日。於 1999 年 9 月至 2001 年 4 月 20 日，Bayindir 提交數項請款要求及四項工期展延（extension of time）要求（下稱 EOT），要求中援引巴基斯坦之多項不作爲，特別是在移交土地占有方面之延誤。雙方於 2000 年 2 月 18 日召開之會議合意處理 EOT 01 及 EOT 02。該合意使雙方

簽署 2000 年 4 月 17 日第 9 號附錄，該附錄規定修正後之完工日期為 2002 年 12 月 31 日，及 NHA 應於不遲於第 9 號附錄簽署後 4 個月盡快移交其餘土地。第 9 號附錄所附之細部時程表亦規定，Bayindir 應於 2001 年 3 月 23 日前完成自伊斯蘭馬巴德到布爾汗及自印度河到馬爾丹之兩個優先部分。

2000 年 12 月 2 日，工程師代表依 M-1 專案契約第 46.1 條通知 Bayindir，表示工程進度過慢以至於無法遵守完工時間，並要求 Bayindir 提交有關其提議行動之詳細資訊，以遵守該契約之完工時間。

Bayindir 於 2000 年 12 月 11 日之信件中對工程師代表之通知提出異議，並提出其有權延展工期之原因。工程師代表於隨後致 Bayindir 之信件指出，並無重大因素阻礙 Bayindir 達成預期目標，且提議與 Bayindir 開會討論第一部分所有剩餘工程之可行日期，以確保該部分得於 2001 年 3 月 23 日前完工。同月下旬，工程師代表亦進一步提醒 Bayindir 應提交完成優先部分之修正計畫。

2001 年 4 月 19 日，工程師向 NHA 證實，Bayindir 未能於收到其通知後 28 日內繼續施工並無正當理由。翌日，NHA 通知 Bayindir，因 Bayindir 未能如期完成兩個優先部分，其將自當日起對 Bayindir 收取違約金。Bayindir 亦於該日通知 NHA，其係因自身無法控制之原因而無法如期完工，並請求工程師繼續審酌其對 EOT 03 之爭執，以確定 Bayindir 有延展工期之權利。

2001 年 4 月 23 日，NHA 向 Bayindir 發出終止契約通知，要求 Bayindir 於 14 日內交出工程場址。隨後，巴基斯坦軍隊土木工程部門之邊境工作組織（Frontier Works Organization，下稱 FWO）包圍工程場址，並驅離 Bayindir 員工。2002 年 12 月 23 日，NHA 與 M/s Pakistan Motorway Contractors Joint Venture（下稱 PMC-JV）簽訂「完成 M-1 專案剩餘工程契約」。

（三）相關訴訟

2001 年 4 月 30 日，Bayindir 針對 NHA 之終止契約通知向拉合爾高等法院（Lahore High Court）提出合憲性爭執，法院於同年 5 月 7 日以 M-1 專案契約中含有仲裁條款為由駁回 Bayindir 之請求。

2001 年至 2003 年初，NHA 向 Bayindir 提出一系列請求並發出仲裁通知。2003 年 3 月 31 日，NHA 尋求 Bayindir 之同意，選任獨任仲裁人，Bayindir 回覆其已將爭議提付 ICSID 仲裁。2004 年 1 月 5 日，NHA 依 1940 年仲裁法第 20 條聲請選任仲裁人，同年 5 月 28 日，伊斯蘭馬巴德民事法院法官選任 Afzal Lone 擔任仲裁人。NHA 就此提出異議，主張 Lone 與巴基斯坦前朝政府（即於 1997 年決定恢復契約效力之政府）關係密切。法院維持 NHA 之異議，選任 Zahid 擔任仲裁人。在本仲裁庭作成管轄權決定後，聲請人請求仲裁庭核發暫時

性措施，建議相對人停止在巴基斯坦之商務仲裁。2008 年 4 月 14 日仲裁庭以第 12 號程序命令駁回聲請人之聲請。

2001 年 4 月 24 日，NHA 要求約 1 億美元之動員預付款擔保。Bayindir 獲得土耳其法院禁止銀行團付款之命令，禁制令於 2003 年 9 月 12 日解除。然對於銀行團之執行程序目前中止，蓋依本仲裁庭發布之第 1 號程序命令（下稱 PO#1），巴基斯坦應採取措施，確保 NHA 不強制執行其可能自土耳其法院獲得關於動員預付款擔保之任何最終判決。

2006 年 4 月 26 日，NHA 向銀行提起訴訟，要求收取因部分動員預付款擔保金額產生（即將產生）之利息。2007 年 3 月 14 日，銀行向同一法院提交請求，主張因 NHA 未強制執行對其有利之判決，故無違約利息產生。NHA 於 2007 年 4 月 10 日之答辯中爭執，其第一次兌現請求係於本仲裁庭作出首次決定前提出，且於 NHA 提出該請求後，銀行及 Bayindir 串通而取得 PO#1。本案仲裁庭於 2008 年 4 月 14 日發布第 11 號程序命令（下稱 PO#11），要求聲請人採取必要措施並盡其最大努力，促使銀行撤回其 2007 年 3 月 14 日之聲請。

四、程序爭點

（一）管轄權問題：聲請人是否有投資行為？[2]

1. 巴土BIT第I(2)條[3]定義之投資

(1) 聲請人主張，第 I(2) 條所稱「符合地主國法規」之要求，係指「將違反地主國法律之投資排除於條約保護之外」，且與投資本身之定義無關。

(2) 相對人主張，第 I(2) 條所稱「符合地主國法規」之要求，係將投資之定義侷限於「於巴基斯坦法規範圍內之投資」。相對人並主張，聲請人係在明確表示其並非進行投資之情形下，獲得巴基斯坦投資委員會（Pakistan Board of Investment）之授權而從事建造工程。

---

[2]　*Id*. paras. 79-273.

[3]　Article I(2) of the BIT: The term "Investment", in conformity with the hosting Party's laws and regulations, shall include every kind of asset, in particular, but not exclusively:

  (a) shares, stocks or any other form of participation in companies,

  (b) returns reinvested, claims to money or any other rights to legitimate performance having financial value related to an investment,

  (c) moveable and immoveable property, as well as any other rights in rem such as mortgages, liens, pledges and any other similar rights,

  (d) ...

  (e) business concessions conferred by law, or by contract, including concessions to search for, cultivate, extract or exploit natural resources on the territory of each Party as defined hereinafter.

因此，聲請人並無第 I(2) 條所要求之「於巴基斯坦法規範圍內之投資」。

(3) 仲裁庭認為，基於認定管轄權之目的，其無需認定聲請人於巴基斯坦投資委員會前陳述之確切法律意義。聲請人為獲得投資委員會之授權所作之「非進行投資」之聲明本身，並不代表聲請人之行為不符合巴基斯坦法律規定之投資。相對人亦未提出任何對投資具體定義之國內法規。此外，依 *Salini* 一案仲裁庭之決定，符合地主國法規之要求係指投資之有效性，而非投資之定義。[4] 因相對人未爭執聲請人之投資實際上違反巴基斯坦法規，故仲裁庭認為，第 I(2) 條「地主國法規」之要求於任何情形下，皆無法剝奪仲裁庭之管轄權。因此，此處之主要問題為，聲請人是否進行第 I(2) 條所定義之投資。

A. 第 I(2) 條規定投資之一般性定義，即投資「應包含各種資產」。聲請人並引用 UNCTAD 之出版物，[5] 主張「各種資產」應包含所有具有經濟價值之事物。仲裁庭同意此觀點，表示第 I(2) 條投資之一般性定義非常廣泛。

B. 聲請人主張其於專有技術、設備及人員與資金之投入符合第 I(2) 條投資定義。針對專有技術、設備及人員之投入，聲請人稱其培訓約 63 名工程師，並為 M-1 專案提供大量設備及人員。仲裁庭認為，依本案事實，並無法對此加以爭執。聲請人此部分之投入具有經濟價值，符合第 I(2) 條投資定義。關於資金投入，相對人主張聲請人已預收契約價款之三分之一，足以支付動員費用，故聲請人未進行任何得被視為是投資之大量資金投入。然仲裁庭認為，預付部分價款之事實本身與資金投入之存在無關。相對人之主張忽視聲請人向 NHA 提供相當於動員預付款金額之擔保。綜上，考量聲請人於專有技術、設備及人員與資金之投入，仲裁庭認為聲請人確實投入符合第 I(2) 條投資定義之資產。

2. ICSID公約第25條之投資

(1) 仲裁庭認為，爭端雙方皆主張，本案仲裁之管轄權將進一步取決於是否存有符合 ICSID 公約第 25 條之投資。

A. ICSID 公約第 25 條規定，ICSID 中心之管轄權應及於締約國與另一締約國國民間直接因投資而生、雙方以書面同意提交 ICSID 之任何法律爭端。

B. 聲請人主張關於其投資，相對人侵害巴土 BIT 所賦予之權利，故本案為其與相對人

---

4 *Salini Costruttori SpA and Italstrade SpA v. Hashemite Kingdom of Jordan* (hereafter *Salini v. Jordan*), ICSID Case No. ARB/02/13, Decision on Jurisdiction (November 29, 2004), para. 46.

5 United National Conference on Trade and Development, Scope and Definition, UNCTAD Series on issues in international investment agreements (1999). In the relevant passage of this paper, UNCTAD refers to Article 1(3) of the ASEAN Agreement for the Promotion and Protection of Investment, according to which, exactly as in the BIT at hand, the term investment shall mean "every kind of asset."

間之爭端，符合 ICSID 公約第 25(1) 條。聲請人所主張之權利是否存在，須於本案實體程序認定。仲裁庭認為，依契約目的及 *Salini* 測試，聲請人所稱之權利已產生在 ICSID 公約第 25(1) 條規定之管轄範圍內之爭端。

C. 於契約目的部分，相對人主張在無明確文字之情形下，單純之公路建設契約不構成 ICSID 公約第 25 條所稱之投資。然仲裁庭認為，公路之建設非傳統意義上之建設，正如 *Aucoven* 一案仲裁庭所言，公路建設意味著長期需要大量資源，顯然符合 ICSID 公約第 25 條。[6]

D. 關於 *Salini* 測試，*Salini* 一案仲裁庭認為，投資之概念以：(A) 投入資源；(B) 專案執行之一定期間；(C) 分擔營運風險；及 (D) 對地主國發展之貢獻為前提要件。[7] 上述要件彼此間可能密切相關，應整體審查，[8] 並應依具體個案情形判斷。[9] 仲裁庭於本案依次審查各要件，首先，要被認定為投資，該爭執之專案須構成投資人之重要投入。如上所述，聲請人於專業技術、設備、人員及財務方面作出重大投入；其次，系爭專案須具一定期間。期間要件係區分 ICSID 公約範圍內之投資及一般商業交易之首要因素。*Joy Mining* 一案仲裁庭明確指出，公路建設之重大專案不僅需要大量資金投資，尚需服務及其他長期投入。[10] M-1 專案已進行 3 年，且聲請人獲得額外 12 個月之工期展延。類似期限之契約在其他案例中已被認定符合投資之期間要求。[11] 仲裁庭認為本案已符合投資之期間要求。此外，如 *L.E.S.I. v. Algeria* 一案仲裁庭所述，此標準不得過高，因：(A) 經驗顯示此類專案往往需要展延；且 (B) 尚應考量承包商擔保之期限；[12] 第三，該專案不僅應提供利潤，尚應含有風險因素。仲裁庭認為，除長期契約之固有風險外，1 年瑕疵責任及 4 年維護期間對聲請人帶來明顯之風險；最後，ICSID 仲裁庭一般認為，依 ICSID 公約前言，要被認定為投資，該專案須對地主國之發展有重大貢獻。如 *L.E.S.I.* 一案仲裁庭所述，通常此要件已包含於 *Salini* 測試之三個經典要件中。[13] 無論

---

[6] *Autopista Concesionada de Venezuela v. Venezuela*, ICSID Case No. ARB/00/5, Decision on Jurisdiction (September 27, 2001), para. 101.

[7] *Salini v. Morocco, supra* note 4.

[8] *Id. See* also *Consortium Groupement L.E.S.I. - DIPENTA v. République Algérienne Démocratique et Populaire*, Award (December 27, 2004), para. 13 (iv).

[9] *Joy Mining Machinery Limited v. The Arab Republic of Egypt*, ICSID Case No. ARB/03/11, Decision on jurisdiction (August 6, 2004), para. 53.

[10] *Id.* para. 62.

[11] *Salini v. Morocco, supra* note 4, paras. 54-55.

[12] *L.E.S.I. v. Algeria, supra* note 8, para. 14(ii).

[13] *Id.* para. 13(iv).

如何，於本案，相對人並未爭執其所屬機關多次強調道路基礎設施對國家發展之重要性。

E. 綜上，仲裁庭認為，聲請人之投資符合第 I(2) 條及 ICSID 公約第 25 條，駁回相對人此項管轄權異議。

（二）巴土BIT之屬時管轄權[14]

仲裁庭認為，巴土 BIT 第 IX(1) 條規定，BIT 應適用於協定生效時已存在之投資及協定生效後作成或取得之投資，故於巴土 BIT 1997 年 9 月 3 日生效前後已作成之投資皆受巴土 BIT 保障。然而，依條約不溯及既往原則，且巴土 BIT 本身無任何相反之規定，巴土 BIT 應僅適用於協定生效後方作成之行為。[15] 惟如在巴土 BIT 生效前之行為可協助釐清落入巴土 BIT 屬時管轄權範圍之行為之重要性，則該等行為仍得被列入仲裁庭審酌之範圍。

（三）依國際法，NHA之行為得否歸屬於相對人（巴基斯坦政府）？[16]

1. 聲請人主張，相對人行使主權，採行違反 BIT 之決定，而後由 NHA 以契約手段執行該等決定。聲請人並引用 *Wena Hotels* 案仲裁判斷，[17] 主張縱使仲裁庭認為相對人未參與違反 BIT 之行為，然相對人未採取措施，防止不當徵收聲請人投資或歧視聲請人。

2. 相對人主張，NHA 係行使其契約權，而非國家主權，相對人並未干涉 NHA 之行為。

3. 仲裁庭認為，聲請人所稱違反 BIT 之行為係由 NHA 所為，而非巴基斯坦政府之行為，因此，仲裁庭須依國際法委員會「國家之國際不法行為責任公約草案」（Articles on Responsibility of States for Internationally Wrongful Acts，下稱 ILC 國家責任草案）第 4 條、第 5 條及第 8 條之歸屬規則（rules of attribution），分析：(1) NHA 是否為國家機關；(2) NHA 是否為行使政府權力之機構；及 (3) NHA 是否依國家之指示或控制行事，以判斷系爭行為是否得歸屬於相對人。

   (1) 仲裁庭認為，依據 NHA 法，NHA 為一獨立法人。NHA 與巴基斯坦政府之部分部門間可能存有聯繫之事實，但並不代表兩者無區別，蓋國家實體及機構不會在制度或監管真空中運作，必然與其他機關或政府有所聯繫。基於 NHA 為獨立法律實體，且系

---

[14] *Supra* note 1, paras. 131-132.

[15] 仲裁庭引用 VCLT 第 28 條："Unless a different intention appears from the treaty or is otherwise established, its provisions do not bind a party in relation to any act or fact which took place or any situation which ceased to exist before the date of the entry into force of the treaty with respect to that party."

[16] *Supra* note 1, paras. 111-130.

[17] *Wena Hotels Ltd. v. Arab Republic of Egypt* (hereafter *Wena Hotels v. Egypt*), ICSID Case No. ARB/98/4, Award (December 8, 2000), para. 99.

爭行爲係 NHA 作爲 M-1 專案契約當事人所爲，仲裁庭並無理由依 ILC 國家責任草案第 4 條將之歸屬於相對人。

(2) ILC 國家責任草案第 5 條規定：「依第 4 條非屬國家機關，然受該國法律授權行使政府權力之個人或實體以該被授權之身分所爲之行爲，應被視爲是國際法下之國家行爲。」無疑地，依 NHA 法第 10 條、第 12 條及第 29 條，NHA 被授權行使政府權力。然該等一般性權力之存在並不在 ILC 國家責任草案第 5 條之範圍內，蓋該條文尚要求，實體之行爲須涉及政府活動，而非從事其他私人或商業活動。[18] 仲裁庭認爲，並無充分證據可說服其認定 NHA 係以行使公權力之身分從事系爭行爲，因此，無法依 ILC 國家責任草案第 5 條將該等行爲歸屬於相對人。

(3) ILC 國家責任草案第 8 條規定：「如一人或一群人事實上係依國家之指示或在國家之指導或控制下行事，該等人士之行爲於國際法上即應被視爲國家行爲。」此外，待審酌行爲之定性爲主權行爲或商業行爲，並不影響 ILC 國家責任草案第 8 條之判斷。[19] 仲裁庭認爲，如特定投資爭端之具體事實已符合 ILC 國家責任草案第 8 條，仲裁庭即應認定待審酌之行爲屬國家行爲。於審酌爭端雙方之主張及所提出之證據後，仲裁庭認定，系爭行爲皆屬 NHA 終止 M-1 專案契約之決定之直接後果，而該決定得到相對人之明確許可。因此，依 ILC 國家責任草案第 8 條，NHA 之行爲應歸屬於相對人。

五、實體爭點

（一）FET[20]

1. 依MFN條款援引其他BIT之FET

(1) 聲請人主張，縱巴土 BIT 中無規範 FET 之具體條款，然自巴土 BIT 之前言及第 II(2) 條 MFN 條款，可推導出 FET 義務。聲請人得透過巴土 BIT 之 MFN 條款，援引巴基斯坦與英國等國簽署之 BIT 之 FET 條款。聲請人強調，依下列三者解釋巴土 BIT MFN 條款，支持依 MFN 條款援引 FET：A. 依 VCLT 第 31 條，巴土 BIT 之前言及其目的與宗旨；B. 巴土 BIT 第 II(4) 條，該條款特別將部分事項排除於 MFN 條款適用範圍外，即暗示未排除

---

[18] Commentary to the ILC Articles, ad Article 5, para. 5.

[19] *See also Noble Ventures, Inc. v. Romania*, ICSID Case No. ARB/01/11, Award (October 12, 2005), para. 82; I. Fadlallah, Are States Liable for the Conduct of Their Instrumentalities? ICSID Case Law, in E. Gaillard and J. Younan (eds.), *State Entities in International Arbitration*, IAI, 2008, p. 27.

[20] *Supra* note 1, paras. 146-381.

之事項（例如 FET）為該條文所涵蓋；及 C. *MTD v. Chile* 案、[21] *Plama v. Bulgaria* 案 [22] 及 *Salini v. Jordan* 案 [23] 之仲裁庭皆明確表明，BIT MFN 條款之目的在於「允許投資人受益於另一條約中更有利之實體保障」。

(2) 相對人主張，欲依巴土 BIT MFN 條款援引其他 BIT 之 FET 條款，僅於締約方於簽署巴土 BIT 時未明確排除此意向時，始得如此為之。然於本案中，土耳其及巴基斯坦刻意不在巴土 BIT 納入 FET 條款，此即明確顯示雙方意欲排除 FET 條款。就聲請人引用巴基斯坦—英國 BIT（下稱巴英 BIT），相對人主張此構成協定濫用（treaty shopping）。

(3) 仲裁庭認為，其於管轄權決定中指出因巴土 BIT 未有明確條款，單單 BIT 前言之文字得否作為獨立之 FET 義務之充分基礎，令人懷疑。基於判斷管轄權之目的，仲裁庭認為，藉由巴土 BIT 第 II(2) 條，聲請人得仰賴巴基斯坦所締結之其他 BIT 之 FET 義務。仲裁庭現階段須判斷得否依爭端雙方在實體部分之陳述，確認 FET 義務之表面適用性（*prima facie* applicability）。

  A. 巴土 BIT 前言相關段落為：「巴基斯坦及土耳其同意，為維持投資之穩定架構及經濟資源之最大有效利用，投資之 FET 令人嚮往。」仲裁庭認為，因該等文字並未證明任何義務存在，就本爭議之判斷並未助益。誠然，巴土 BIT 前言提及 FET，連同巴土 BIT 無 FET 條款，似可推斷土耳其及巴基斯坦無意在巴土 BIT 中納入 FET 義務。惟仲裁庭並不認為該推測即排除透過巴土 BIT 之 MFN 條款援引 FET 義務之可能性，蓋 BIT 締約雙方明確考量 FET 之重要性。儘管巴土 BIT 前言並未設定任何義務，然其與依巴土 BIT 之目的及宗旨及上下文解釋 MFN 條款有關。

  B. 巴土 BIT 第 II(2) 條規定：「一旦投資設立後，各締約方給予該等投資之待遇，應不低於其在同類情況下給予本國或任何第三國投資人之投資之待遇，以最優惠者為準。」巴土 BIT 第 II(4) 條規定：「本條之條款不適用於任一締約方簽署之下列協定：(a) 關於任何現有或未來之關稅同盟、區域經濟組織或類似之國際協定；或 (b) 全部或主要與租稅有關之協定。」上述條文顯示，巴土 BIT 締約方並無意排除引入給予第三國投資人更優惠之實質性待遇標準，且 *MTD v. Chile* 案仲裁判斷亦支持此見解。[24]

  C. 雖如相對人所述，聲請人援引之巴英 BIT 之 FET 條款之簽訂時間早於巴土 BIT 之

[21] *MTD Equity Sdn. Bhd. and MTD Chile S.A. v. Republic of Chile* (hereafter *MTD v. Chile*), ICSID Case No. ARB/01/7, Award (May 25, 2004).

[22] *Plama Consortium Limited v. Republic of Bulgaria* (hereafter *Plama v. Bulgaria*), ICSID Case No. ARB/03/24, Decision on Jurisdiction (February 8, 2005).

[23] *Salini v. Jordan, supra* note 4.

[24] *MTD v. Chile, supra* note 21, para. 104.

MFN 條款，但此時序並不排除聲請人得援引相對人簽署之其他 BIT 之 FET 義務。且聲請人亦已援引簽署時點在巴土 BIT 之後的 BIT。因此，爭點不在於聲請人得否援引 FET 義務，而在於聲請人應援引哪一個 BIT。

2. FET義務之確認

(1) 聲請人主張，巴英 BIT 第 II(2) 條規定：「各締約方之國民或公司之投資在另一締約方之領域內，應隨時受到 FET 並享有充分保障與安全。任一締約方不應採取不合理或歧視性措施，以任何方式損害於其領域內之投資之管理、維護、使用、收益或處分。」聲請人並援引巴基斯坦與法國等國家簽署之 BIT 之 FET 條款。

(2) 相對人主張，不應援引巴英 BIT 第 II(2) 條。

(3) 仲裁庭認為，巴土 BIT 之 MFN 條款係援用 FET 義務之基礎，所適用之 FET 標準為獨立之條約義務，而非相對人所述之習慣國際法之最低標準。習慣國際法及其他仲裁庭於適用最低標準時之意見是否與本案相關，將取決於所適用之 FET 標準之條款。

  A. 聲請人特別援引巴英 BIT 第 II(2) 條及巴基斯坦—瑞士 BIT（下稱巴瑞 BIT）第 4 條，兩者所提供之 FET 保障非常類似，簽署時點為二者之差異，巴瑞 BIT 之簽署時點在巴土 BIT 之後，而巴英 BIT 之簽署時點在巴土 BIT 之前。

  B. 雖相對人主張土耳其與巴基斯坦簽署巴土 BIT 時，無意納入如同巴英 BIT 之 FET 條款，否則雙方即會在巴土 BIT 中納入明確條款。然而，此主張僅適用於在巴土 BIT 簽署前之 BIT 條款，而不適用於巴瑞 BIT第 4 條，蓋其簽署時點在巴土 BIT 之後。巴瑞 BIT 在後生效之事實，與判斷土耳其與巴基斯坦於簽署巴土 BIT 時之意圖無關。

  C. 綜上，本案得以巴瑞 BIT 第 4 條作為適用之 FET 標準。

3. FET標準之內容

(1) 聲請人引用 *PSEG v. Turkey* 案，[25] 主張適用之 FET 標準應以 BIT 為基礎，而非依據習慣國際法最低待遇標準。聲請人主張，FET 應包含若干原則，諸如穩定的投資架構、避免恣意及歧視性行為、提供透明及正當程序、出於善意、為合理投資期待提供安全保障、避免騷擾、恐嚇及脅迫投資人。聲請人援引 *Tecmed* 案，主張 FET 標準保障外國投資人於投資時納入考量之基本期待，並要求地主國之行為須一致且透明，以使投資人得依循政府政策變化，並要求地主國維持穩定之投資架構。[26] 聲請人並引用 *Saluka v. The Czech*

---

[25] *PSEG Global Inc. and Konya Ilgin Elektrik Üretim ve Ticaret Limited Sirketi v. Republic of Turkey*, ICSID Case No. ARB/02/05, Award (January 19, 2007), para. 239.

[26] *Técnicas Medioambientales Tecmed, SA v. United Mexican States* (hereafter *Tecmed v. Mexico*), ICSID Case No. ARB(AF)/00/2, Award (May 29, 2003), para. 154.

Republic 案、[27] *Eureko v. Poland* 案 [28] 及 *Victor Pey Casado v. Chile* 案，[29] 主張地主國不合理地妨礙投資人為解決問題所為之善意努力，可能違反 FET，尤其是涉及對地主國國民有利之歧視行為。最後，聲請人援引 *Desert Line v. Yemen* 案，[30] 主張不須以單獨行為確認不公平不公正待遇，仲裁庭應評價系爭行為在整體情況下是否公平公正。

(2) 相對人主張，依 *Siemens v. Argentina* 案，[31] 縱本案得適用巴英 BIT 之 FET 條款，該條款之內容亦應連結至既有的習慣國際法標準。相對人主張不應參考 *Tecmed* 案，蓋該案仲裁判斷並未對 FET 標準之內容提供權威性說明，且與本案情形不同。相對人認為應參照 *Thunderbird v. Mexico* 案，[32] 該案仲裁判斷對違反 FET 之門檻持高標準。最後，相對人認為依 *Mondev v. United States* 案 [33] 及 *ADF v. United States* 案，[34] 仲裁庭不得在未參考既定法源之情形下，採用自身判斷公平公正之獨特標準。

(3) 仲裁庭認為，巴瑞 BIT 第 4 條僅簡單規定 FET 之一般性義務，未提及一般國際法。然如上所述，習慣國際法及其他仲裁庭之仲裁判斷可能有助於解釋此條款。

    A. 根據歷來的投資仲裁判斷，FET 標準有以下內涵，包括：透明化及給予正當程序之義務、[35] 不採取恣意或歧視性措施、[36] 不採取強制措施、[37] 不破壞投資人關於影響投資之法律架構之合理期待 [38] 等。

---

[27] *Saluka Investments BV (The Netherlands) v. The Czech Republic* (hereafter *Saluka v. Czech Republic*), *Ad Hoc* Arbitration (UNCITRAL Rules), Partial Award (March 17, 2006).

[28] *Eureko B.V v. Republic of Poland* (hereafter *Eureko v. Poland*), *Ad Hoc* Arbitration (Netherlands-Poland BIT), Partial Award (August 19, 2005), para. 233.

[29] *Victor Pey Casado and President Allende Foundation v. Republic of Chile*, ICSID Case No. ARB/98/2, Award (May 8, 2008).

[30] *Desert Line Projects LLC v. Republic of Yemen*, ICSID Case No ARB/05/17, Award (February 6, 2008).

[31] *Siemens A.G. v. The Argentine Republic*, ICSID Case No. ARB/02/8, Decision on Jurisdiction (August 3, 2004).

[32] *International Thunderbird Gaming Corporation v. United Mexican States* (hereafter *Thunderbird v. Mexico*), NAFTA Arbitration (UNCITRAL Rules), Award (January 26, 2006).

[33] *Mondev International Ltd. v. United States of America* (hereafter *Mondev v. United States*), ICSID Case No ARB(AF)/99/2, Award (October 11, 2002), para. 119.

[34] *ADF Group Inc. v. United States of America* (hereafter *ADF v. United States*), ICSID Case No. ARB(AF)/00/1, Award (January 9, 2003), para. 184.

[35] *See Metalclad Corporation v. The United Mexican States* (hereafter *Metalclad v. Mexico*), ICSID Case No. ARB(AF)/97/1, Award (August 30, 2000), para. 76.

[36] *See inter alia Waste Management, Inc. v. United Mexican States* (hereafter *Waste Management v. Mexico*), ICSID Case No. ARB(AF)/00/3, Award (April 30, 2004), para. 98; *Lauder v. Czech Republic*, *infra* note 55, para. 292.

[37] *Saluka v. Czech Republic*, *supra* note 27, para. 308.

[38] *Duke Energy Electroquil Partners and Electroquil SA v. Republic of Ecuador* (hereafter *Duke Energy v. Ecuador*), ICSID Case No. ARB/04/19, Award (August 18, 2008), para. 340.

B. 相對人雖反對適用 *Tecmed* 案，惟其所援引之 *Thunderbird* 案仲裁判斷，卻將 *Tecmed* 案中有關正當期待原則之部分稱為權威性先例（authoritative precedent）。[39] 相對人所引用之其他案例亦多仰賴 *Tecmed* 案對 FET 標準內容之討論。[40] 此外，仲裁庭認為，因違反 BIT 與違反契約不同，聲請人應證明在性質上不同於單純契約違反、國家於行使主權時所違犯之行為。違反 BIT 之行為未必是因個人單獨行為而生，可能肇因於一系列情況，且不以國家之惡意為前提要件。[41]

4.驅離聲請人之行為

(1) 聲請人之合理期待是否因此受挫？

A. 聲請人主張，其就投資法律架構維持穩定，及與相對人合作解決因契約而生之任何爭議之合理期待，係以明確可辨且透明之法律架構，及相對人之承諾及聲明為基礎。自 1993 年起，聲請人之投資即受到巴基斯坦政治風向變換影響。於 1997 年恢復 M-1 專案之際，時任巴基斯坦首相 Nawaz Sharif 重申巴基斯坦對該專案之承諾。而後於相對人所稱實施該專案面臨財務困難時，Sharif 持續關注及支持該專案。惟自 Musharraf 將軍掌權後，巴基斯坦卻考慮終止 M-1 專案契約。聲請人嗣後同意簽署第 9 號附錄，即是相信藉由該附錄之簽署，巴基斯坦承諾該專案可不受阻礙地推進。而後於相對人遭逢更深的財務困難時，聲請人主張其得合理期待巴基斯坦將繼續支持其投資，並與聲請人共同努力進行合理調整。

B. 相對人主張，雖合理期待確受 FET 標準保障，然依 *MTD v. Chile* 案專門委員會之決定，該期待不得取代 BIT 本身之語言文字。依 *Aminoil* 案，[42] 於投資協議之框架下，M-1 專案契約本身之文字即體現雙方當事人之合理期待，聲請人不得期待 M-1 專案契約之條款不被執行。

C. 仲裁庭認為，須先確認形成投資人期待之相關時點，可被列入考量之合理期待應是投

---

[39] *Thunderbird v. Mexico, supra* note 32, para. 30.

[40] *Siemens v. Argentina, supra* note 31, paras. 298-299; *Duke Energy v. Ecuador, supra* note 38, paras. 339-340.

[41] *See CMS Gas Transmission Company v. Argentine Republic* (hereafter *CMS v. Argentina*), ICSID Case No. ARB/01/8, Award (May 12, 2005), para. 280; *Azurix Corp. v. Argentine Republic*, ICSID Case No. ARB/01/12, Award (July 14, 2006), para. 372, referring to *CMS v. Argentina; Loewen Group, Inc. and Raymond L. Loewen v. United States of America* (hereafter *Loewen Group v. United States*), ICSID Case No. ARB(AF)/98/3, Award on Merits (June 26, 2003), para. 132; *Waste Management v. Mexico, supra* note 36, para. 93, referring to *Mondev v. United States, supra* note 33 and *ADF v. United States, supra* note 34; *Tecmed v. Mexico, supra* note 26.

[42] *Arbitration between the Government of the State of Kuwait and The American Independent Oil Company (AMINOIL)*, Award (March 24, 1982), 21 ILM 1982, pp. 976-1053.

資人於決定投資時之期待。[43]

(A) 因與終止 1993 年契約相關之爭議已解決，1997 年恢復 M-1 專案契約得視爲新開始，加上聲請人特別強調 Sharif 於該時期對 M-1 專案之關注，仲裁庭認爲應考量之合理期待即爲聲請人於 1997 年恢復該專案契約時所具有之期待。仲裁庭於分析聲請人恢復契約之期待之合理性或合法性時，須考量所有情況，不僅包括圍繞投資之事實，亦包括地主國之政治、社會經濟、文化及歷史情形。[44]

(B) 仲裁庭認爲，聲請人不能忽視於恢復契約時，巴基斯坦政治局勢之波動，而聲請人亦明確承認其承受政權更替之不利影響。1993 年契約即因 Sharif 被迫請辭而遭終止。有鑑於此，仲裁庭認爲，聲請人不能忽視 M-1 專案之未來係與當時影響巴基斯坦政情轉變及 Sharif 之立場有關，而聲請人係於充分知悉上述情形下簽訂 M-1 專案契約，因此，似難以認定聲請人對穩定性及可預測性有廣泛期待。

(C) 1999 年 Musharraf 掌權後，巴基斯坦政治動盪再現。雖聲請人主張 Musharraf 政府反對延續該專案，卻仍於 2000 年 4 月 17 日簽署第 9 號附錄，此再次證明聲請人充分知悉巴基斯坦之政治動盪，惟仍選擇於當地開展投資活動。

(D) 縱聲請人稱藉由第 9 號附錄之簽署，巴基斯坦承諾不阻礙 M-1 專案之進行，然此亦不足以證明相對人違反不破壞投資人正當期待之義務。如前所述，鑑於巴基斯坦前幾年之政治變化，聲請人不應期待不會發生進一步之政治變化。此外，聲請人之期待多由其與 NHA 間之契約關係所形塑，因此，並不存在聲請人期待 NHA 不利用其契約權之基礎。雖仲裁庭無管轄權判斷是否存有違約之行爲，然仲裁庭仍須考量 M-1 專案契約條款，以作爲反映聲請人期待之事實要素。

(E) 綜上，仲裁庭認爲，聲請人關於其合理期待受挫之主張不成立。

(2) 是否有驅逐聲請人之惡意共謀？

A. 聲請人主張，基於與履約無關之原因，相對人共謀濫用 M-1 專案契約條款，以驅離聲請人。涉及此共謀之人員不僅包括 NHA 及巴基斯坦政府官員，尚包含工程師及工程師代表。

B. 相對人主張，聲請人之共謀主張毫無根據，其應訴諸 M-1 專案契約之爭端解決機制。

C. 仲裁庭認爲，證明涉及惡意共謀之標準要求極高。依 *Waste Management v. Mexico* 一案

---

[43] *See Duke Energy v. Ecuador*, *supra* note 38, para. 340, referring to *Occidental Exploration and Production Company v. The Republic of Ecuador* (hereafter *Occidental v. Ecuador*), LCIA Case No. UN3467, Award (July 1, 2004), para. 185, *LG&E Energy Corp., LG&E Capital Corp., LG&E International Inc. v. Argentine Republic*, ICSID Case No. ARB/02/1, Decision on Liability (October 3, 2006), para. 127 and *Tecmed v. Mexico*, para. 154.

[44] *Duke Energy v. Ecuador*, *supra* note 38, para. 340.

仲裁判斷，[45] 共謀之定義為：「各政府機關故意結合，而無違背投資協議目的之正當理由」。

(A) 針對聲請人指控 Musharraf 於 2001 年 4 月 12 日之會議作出驅逐聲請人之決定，仲裁庭認為，確有證據證明巴基斯坦政府高層介入 M-1 專案之評估及後續工作。然而，就一個對國家發展具有重大經濟意義之專案，此介入係屬正常。此外，並無直接證據證明 Musharraf 作成終止 M-1 專案契約之決定。雖聲請人主張於沒有直接證據之情形下，仍可基於「一系列相互關聯且在邏輯上導向單一結論之事實」之間接證據導出相同結論。然而，仲裁庭並不認為聲請人所聲稱之一系列事實足以證明相對人共謀。

(B) 依契約第 44 條，於工程師或其代表決定延展工期時，須獲得 NHA 之書面核准，而依契約第 46.1 條及第 63.1(b)(ii) 條發出通知則無須 NHA 事先核准。仲裁庭認為，依爭端雙方所提交關於 EOT 03 之時序表，工程師及其代表於審酌 EOT 03 時，遵循契約第 44.1 條所規定之程序。無論聲請人實際獲得之延長天數為何，相關事證無法得出工程師或其代表與業主或相對人有共謀之行為。此外，契約第 63.1(b)(ii) 條之通知確實以契約第 46.1 條之通知為前提要件。仲裁庭認為，依上述二條文發出之通知係基於對 M-1 專案契約之合理解釋。

(C) 爭端雙方就聲請人於收受契約第 46.1 條之通知後之工程進展及契約第 63.1(b)(ii) 條通知之合理性產生歧見。聲請人之專家證人表示：「如承包商大幅減少其勞動力至工程無進展或進展微乎其微之程度，承包商方被認定為未繼續進行工程」。然仲裁庭認為此種解釋於實務上並無意義。綜上，仲裁庭無法認定存有共謀。

(D) PMC 之主要合作夥伴 ECIL 與巴基斯坦廣泛合作之事實未必代表 PMC 集團整體或工程師本人於經濟上依賴巴基斯坦。縱證實該依賴性，亦不足以證明工程師之行為出於惡意。此外，就工程師與 NHA 間之往來信件，仲裁庭認為，該等信件明確顯示工程師非常清楚其於 M-1 專案契約所扮演之不同角色。因此，仲裁庭認為，無具體證據可認定有違反 BIT 之情形。

(E) 綜上，仲裁庭認為，聲請人所稱以履約無關之原因將其驅離之共謀主張不成立。然而，此結論並不排除相對人係出於其他原因而驅離聲請人，而可能違反 BIT。

(3) **驅離聲請人是否有正當理由？**

　A. 聲請人主張，雖其確實延誤 M-1 專案，然延誤原因主要係巴基斯坦未能獲得並轉移工程所需之土地。聲請人係基於與履約無關之原因而遭驅離，包括：滿足相對人之政治

---

[45] *Waste Management v. Mexico, supra* note 36, para. 138.

需求、於財務困難之際節省費用、獨厚本土承包商。

B. 相對人主張，M-1 專案範圍及完工日期之改變並非肇因於其財務困境，而係因聲請人未能安排外幣貸款及履約表現不佳。聲請人之工程進度自始即緩慢，且其投資於該專案之資金亦不足。除 4 公里之阻礙路段，其餘土地都已點交予聲請人，考量聲請人整體施工缺乏進展之事實，該未移交之路段所造成之影響實微不足道。

C. 仲裁庭認為，為判斷此爭議，將著重於兩個問題：(A) 聲請人是否因與履約無關之原因被驅離；(B) 聲請人之履約表現是否對相對人被控違反 BIT 之行為產生影響。

(A) 聲請人是否因與履約無關之原因被驅離？

就此問題，仲裁庭將考量證據是否支持以下指控：

a. **政治轉變**：因於巴土 BIT 生效前發生之事件已獲得解決，故於本程序不會被認定為違反 BIT。就巴土 BIT 生效後之事件，聲請人主張 1999 年 10 月上任之新政府對 M-1 專案持強烈反對立場，但聲請人所提出之證據不足以說服仲裁庭。此外，仲裁庭認為，第 9 號附錄確認聲請人作為承包商之地位，難以被視為有「奪走聲請人之 M-1 專案之企圖」。

b. **財務困難**：於 Musharraf 掌權時，巴基斯坦正經歷財務困難，聲請人亦確實無法取得外幣貸款。有爭議者為，聲請人是否有義務取得外幣貸款或僅須盡其最大努力。惟仲裁庭認為，此爭議最終無足輕重，雖財務因素確實在檢視 M-1 專案上扮演重要角色，但第 9 號附錄證明該專案持續進行。就聲請人主張世界銀行對 M-1 專案可行性之負面評估之影響，仲裁庭亦認為無根據，因世界銀行意見對相對人之決策並無太大影響，僅具建議性質。再者，就聲請人主張公共部門發展計畫（Public Sector Development Programme，下稱 PSDP）撥款減少促使 NHA 尋求退出 M-1 專案，仲裁庭認為並無證據支持此項主張，蓋 NHA 之預算來源並不限於 PSDP 之撥款。NHA 之陳述顯示優先事項係指「完成正進行中之專案」，包括 M-1 專案。綜上，仲裁庭認為，財務困難非驅離聲請人之決定性原因。

c. **企圖偏袒本土承包商**：依聲請人引述之文件，仲裁庭認為，雖 NHA 及巴基斯坦政府曾考慮與本土承包商合作完成 M-1 專案之可能性，然此並無法證明 NHA 及巴基斯坦政府偏好如此。且縱其等確實有此偏好，亦不代表驅離聲請人之決定係出於此偏好。任何面臨須於完工前終止工程契約之雇主都必須尋找替代方案，考慮使用聲請人之分包商繼續施工無疑為明智之選擇。

d. 綜上，仲裁庭認為，並無證據證明相對人終止 M-1 專案契約之目的為圖利本土承包商。

(B) 聲請人之履約表現是否對相對人被控違反 BIT 之行為產生影響？

仲裁庭認爲，工程師或其代表所出具之月進度報告及信件並未展現出對聲請人之偏見或與 NHA 或政府勾結。

於第 9 號附錄簽署後，即有證據顯示聲請人之表現不佳。2000 年 9 月及 10 月之月進度報告及工程師於 2000 年 10 月 7 日致聲請人之信件，亦進一步證明此事實。2001 年 3 月 19 日之會議紀錄顯示，相對人及工程師代表確實表達對聲請人進展之擔憂。

(C) 綜上，仲裁庭認爲，NHA 確實表達其對聲請人表現之擔憂，且 NHA 有權考慮終止 M-1 專案契約。於此情形下，仲裁庭認爲，無證據認定相對人違反 FET。

(4) 巴基斯坦是否對聲請人施加不合理之壓力或脅迫？

A. 聲請人主張，武裝軍人於 2001 年 4 月 24 日包圍施工現場，威脅驅離聲請人，並妨礙聲請人之員工進入辦公室或清除紀錄。聲請人強調，向聲請人發出驅離通知之時間及方式皆係故意安排，使聲請人無法向其總公司、土耳其大使館或法律顧問尋求協助。聲請人並引用 *Pope & Talbot v. Canada* 案，主張「對抗性及激進」之管制性審查可能違反 FET。[46] 就相對人指稱安全問題係由未獲付款之分商所造成，聲請人並加以駁斥。聲請人主張，其已向分包商支付 2000 年 12 月前完工部分之工程款，而後未支付之工程款係因 NHA 未能結算估驗款證明（Interim Payment Certificate，下稱 IPC）所致。由於相對人之作爲與不作爲，聲請人之員工被迫於未能保全其資產之情形下離開巴基斯坦。最後，聲請人主張，其有依契約第 67.1 條尋求仲裁之權利。聲請人正尋求此等救濟，相對人即無法合法接管工程場址。聲請人亦提及，相對人訴諸仲裁可能構成 *Tecmed* 案所述違反 FET 標準之脅迫行爲。

B. 相對人主張，其係依 M-1 專案契約驅離聲請人，且未恐嚇聲請人之員工。就驅離行爲及 NHA 使用軍事組織 FWO 看守場址及聲請人所遺留之設備，聲請人均未提出投訴。相對人並主張，此等行爲不構成 FET 之違反。此外，聲請人被驅離後，工程場址留存之安全問題與巴基斯坦之武裝軍人無關，而係因聲請人未能付款予其員工及分包商所造成。最後，就國家實體訴諸契約約定之仲裁機制得被視爲是脅迫行爲之聲請人主張，相對人認爲並無權威見解支持此項主張。

C. 仲裁庭認爲，聲請人之主要證據來源爲 Bayindir 建築公司董事長之證詞，然其證詞並未顯示聲請人之員工因相對人行爲而受威脅。相反地，相對人採取措施維持現場秩序，並保護聲請人之員工免受聲請人所雇用卻未支付薪酬之工人之傷害。此外，聲請人未證明 NHA 爲脅迫聲請人而挑撥其分包商，亦未證明 NHA 負有向聲請人之分包

---

[46] *Pope & Talbot Inc v. The Government of Canada*, NAFTA Arbitration (hereafter *Pope & Talbot v. Canada*) (UNCITRAL Rules), Award (April 10, 2001), para. 181.

商付款之責任。於 2001 年 5 月 7 日驅離後之信件及同月 10 日之會議中，聲請人皆未提出關於其員工被 NHA 之安全人員不當騷擾或脅迫之投訴。因此，仲裁庭認為，聲請人所提出之證據不足以支持脅迫指控，沒有證據證明聲請人因 NHA 或其分包商之行為而受到騷擾或脅迫，亦無任何證據證明 NHA 或相對人在有防免聲請人人員受害之必要時未採取行動。就聲請人提出投訴之少數情形，多被迅速處理，未違反 FET 標準。最後，就聲請人對相對人依 M-1 專案契約訴諸仲裁構成脅迫之指控，聲請人未針對此指控提出解釋，仲裁庭未被說服。仲裁庭認為，契約當事人依契約規定提出仲裁無法構成 BIT 之違反。

(5) 正當程序及／或程序正義是否被剝奪？

　　A. 聲請人主張，所有影響其投資之決定皆由最高階官員作成，聲請人無法參與，其陳述意見權被剝奪。聲請人並引用 *Metalclad v. Mexico* 案、[47] *Middle East Cement v. Egypt* 案、[48] *Tecmed v. Mexico* 案 [49] 及 *Waste Management v. Mexico* 案，[50] 主張缺乏公正程序或存在嚴重程序瑕疵可能構成 FET 之違反。再者，遲延及糾紛常見於大型工程專案中，巴基斯坦應依 FET 標準之要求，善意尋求解方，然其卻採取 M-1 專案契約未規範之驅離行為。

　　B. 相對人主張，聲請人主張之正當程序，係要求進行行政訴訟或類似之程序，然本案並未涉及任何此類程序。此外，聲請人有機會，且事實上亦於 M-1 專案處於危急狀態時會見高階政府官員，並為陳述。NHA 於作成驅離聲請人之決定時，亦將該陳述列入考量。

　　C. 仲裁庭認為，須先確認由 FET 標準得出之正當程序要求是否涵蓋本案情形，即聲請人未參與關於履約管理之內部決策行政會議。如為肯定，即應評估聲請人是否事實上被剝奪程序正義。

　　　　(A) 仲裁庭同意拒絕正當程序或程序正義可能違反 FET 標準。[51] 然此論述並不適用於所有情形。雖 FET 標準可能因「行政程序完全缺乏透明及公正性」而受侵害，但此標準極大程度上取決於個案情形，並須就具體個案調整。

---

[47] *Metalclad v. Mexico, supra* note 35.

[48] *Middle East Cement Shipping and Handling Co. S.A. v. Arab Republic of Egypt* (hereafter *Middle East Cement v. Egypt*), ICSID Case No. ARB/99/6, Award (April 12, 2002).

[49] *Tecmed v. Mexico, supra* note 26.

[50] *Waste Management v. Mexico, supra* note 36.

[51] *See, e.g., S.D. Myers Inc. v. Government of Canada* (hereafter *S.D. Myers v. Canada*), NAFTA Arbitration (UNCITRAL Rules), Partial Award (November 13, 2000); *Mondev v. United States, supra* note 33; *ADF v. United States, supra* note 34, *Loewen Group v. United States, supra* note 41; *Middle East Cement v. Egypt, supra* note 48.

(B) 本案所涉及之爭議爲 NHA 與巴基斯坦政府關於 M-1 專案契約管理之內部決策。公共行政部門常管理不同類型之契約，在這方面之行爲模式與私營企業處理契約關係之方式並無重大差異。仲裁庭理解，於特定方面，行政契約與私契約不受相同要求之拘束，典型案例爲公部門採購契約之招標程序。

(C) 仲裁庭認爲，NHA 與巴基斯坦政府協商後決定訴諸契約救濟手段及相關討論及評估，除於契約同意者外，應不受其他程序要求拘束。故仲裁庭認定，相對人未以違反 BIT 之方式使用驅離聲請人之契約手段，且亦有紀錄證明聲請人確有機會於相關過程表達其立場。

(D) 綜上，仲裁庭認爲，聲請人並未被剝奪正當程序或程序正義，因此該等要求不適用於本案。縱使假設該等要求得以適用，聲請人亦於相關期間內獲得許多表示其立場之機會。

5. 驅離後之契約事項

(1) 聲請人主張，於驅離聲請人後，巴基斯坦未能依契約第 63.2 條對已完成之工程進行評估，亦未確認估驗款申請（Interim Payment Application，下稱 IPA）IPA 22 及 IPA 23。巴基斯坦將這兩項 IPA 削減至其原始價值之一小部分，亦未支付已由工程師確認且已到期之 IPC 20 及 IPC 21。此外，相對人拒絕確認已由工程師批准之 EOT 04，並於商務仲裁程序中索賠約 10 億美元。

(2) 相對人主張，聲請人保有 M-1 專案契約第 63 條之剩餘權利。NHA 未支付 IPC 20 及 IPC 21 之原因在於，待 M-1 專案瑕疵責任期間屆滿時之決算，方依契約支付該等 IPC。聲請人並未證明 NHA 不欲於瑕疵責任期間屆滿時遵守契約第 63.3 條。

(3) 仲裁庭認爲，其任務並非對契約事項行使管轄權，而是評估聲請人指控之行爲是否被證明而違反巴土 BIT。就 IPC 20 及 IPC 21 之處置，相對人之專家證人提供合理解釋，即契約第 63.3 條規定於承包商被驅離時，NHA 向承包商支付款項之義務中止，直至瑕疵責任期間屆滿。此代表所有支付予聲請人之款項均被立即凍結。其次，有證據證明 NHA 確依契約第 63.2 條進行衡量及庫存盤點。再者，工程師證稱，儘管契約雙方存有一些緊張關係，總體上仍良好合作。綜上，仲裁庭無法認定聲請人指控之行爲違反巴土 BIT。

6. 巴基斯坦企圖兌現動員預付款擔保之行爲

(1) 聲請人主張，巴基斯坦於無契約基礎之情形下，提出兌現動員預付款擔保之要求，此行爲縱無惡意，亦屬不公正之行爲。兌現動員預付款擔保之行爲將使巴基斯坦不當得利。且鑑於企圖兌現之情形、銀行擔保規模，及銀行擔保由所有土耳其主要銀行所組成之銀行團提供、兌現動員預付款擔保將斬斷相對人取得信貸及融資等事實，相對人之行爲將導致 Bayindir 集團徹底瓦解。

(2) 相對人主張，其係依 M-1 專案契約第 60.8 條兌現動員預付款擔保。相對人亦主張，聲請人未依 M-1 專案之要求使用動員預付款，且有很大部分的動員預付款擔保可能被用於與該專案無關之目的。

(3) 仲裁庭認為，NHA 企圖兌現動員預付款擔保及該行為得歸屬於相對人之事實，屬雙方不爭執事項。因此，仲裁庭須認定企圖兌現動員預付款擔保之行為是否違反 FET。爭端雙方對此之爭執主要是 M-1 專案契約第 60.8 條得否為此行為之權利基礎。

A. 該契約第 60.8 條授權 NHA 在動員預付款退款額度超過應給付予聲請人之施工款項之範圍內，有權要求兌現擔保。仲裁庭認為，雙方對本條之解釋及適用之意見分歧，但巴基斯坦提出合理且有專家證據支持之解釋。因此，仲裁庭不認為存在違反巴土 BIT 之情形。縱使該解釋於商務仲裁中不被採納，相關行為亦未達到違反巴土 BIT 之程度。

B. 此外，亦未有證據證明相對人存有惡意。即使證明巴基斯坦要求聲請人更新動員預付款擔保之唯一目的係在三個星期後兌現該擔保，此事實本身亦不足以證明惡意之存在。因一般而言，於擔保即將到期，且由該等擔保所擔保之債務仍有可能產生時，更新擔保應視為是良好之契約管理措施。綜上，聲請人並未盡到證明惡意之舉證責任。

C. 基於分析之完整性，仲裁庭補充說明違反 FET 之行為須為行使主權之行為。本案並不符合此項要求，兌現擔保之行為係一般契約當事人於外國領域（即土耳其）之行為。企圖兌現動員預付款擔保對 Bayindir 集團存續之影響及巴基斯坦不當得利之主張，並未改變仲裁庭之結論。因擔保未被兌現，故巴基斯坦不當得利之主張並不可採。且試圖兌現動員預付款擔保對 Bayindir 集團存續之任何不利後果，皆屬任何承包商於簽署具重大財務風險之專案契約時所承擔之商業風險之一部分。

D. 綜上，仲裁庭認定相對人並未違反 FET 標準。

7. 相對人之整體行為

仲裁庭認為，雖聲請人並未明確主張相對人所有行為之整體效果違反 BIT，但仲裁庭認為，仍須審查相對人之整體行為是否違反 FET。如上所述，仲裁庭不認為相對人之個別行為違反 BIT。縱假設所有未違反 BIT 之行為之累積在理論上得構成 BIT 之違反，然綜合考量相對人之行為，亦未違反巴土 BIT。

（二）國民待遇及MFN待遇

1. 適用標準

(1) 聲請人主張，相對人違反巴土 BIT 第 II(2) 條國民待遇及 MFN 待遇。聲請人並引用 *S.D.*

Myers 案、[52] *Feldman v. Mexico* 案、[53] *Occidental v. Ecuador* 案 [54] 及 *Lauder v. Czech Republic* 案，[55] 主張歧視之認定應為客觀標準，著重措施之實際效果，而非相對人之歧視意圖。此外，依上述案件之仲裁判斷，並無基於外國國籍而為差別待遇之要求，只要具歧視及外國國籍兩事實即為已足。

(2) 相對人主張，聲請人依巴士 BIT 第 II(2) 條提出控訴，須證明意圖之存在，蓋聲請人主張相對人將其驅離之目的在使事先決定之當地承包商獲利，此種設計必然帶有意圖之成分。

(3) 仲裁庭認為，巴士 BIT 第 II(2) 條涵蓋國民待遇及 MFN 待遇，目的為在外國及本土投資人間，及來自不同國家之外國投資人間，提供公平競爭環境。第 II(2) 條之適用範圍不限於管制性待遇，尚適用於一國簽訂投資契約及／或行使契約權利之方式。

A. 為判斷相對人是否違反第 II(2) 條，仲裁庭首先須評估聲請人是否與其他投資人處於「同類情況」，且針對「同類情況」之調查應依據特定事實。參照 *Occidental v. Ecuador* 案、[56] *Methanex* 案 [57] 及 *Thunderbird* 案，[58] 仲裁庭認為，第 II(2) 條國民待遇條款須獨立於貿易法考量，以自主方式解釋。

B. 如符合「同類情況」之要求，仲裁庭須進一步確認聲請人是否獲得低於其他投資人之待遇。此即帶出歧視之認定是採主觀或客觀判斷標準之問題，亦即，是否須有歧視之意圖，或顯示對外國投資人之歧視即為已足。依第 II(2) 條之文字及 *Feldman v. Mexico* 案之見解，仲裁庭認為，無須具歧視意圖，只要有客觀事實存在即可。[59]

2. 國民待遇

(1) 聲請人主張，相對人給予 PMC-JV 更為有利之施工時程表，且對 PMC-JV 履約不佳之反

---

[52] *S.D. Myers Inc. v. Government of Canada*, *supra* note 51, paras. 238-257.

[53] *Marvin Roy Feldman Karpa v. United Mexican States* (hereafter *Feldman v. Mexico*), ICSID Case No. ARB(AF)/99/1, Award (December 16, 2002), paras. 154-188.

[54] *Occidental v. Ecuador*, *supra* note 43.

[55] *Ronald S. Lauder v. The Czech Republic* (hereafter *Lauder v. Czech Republic*), UNCITRAL Final Award (September 3, 2001).

[56] *Occidental v. Ecuador*, *supra* note 43, paras. 174-176.

[57] *Methanex Corporation v. United States of America*, NAFTA Arbitration (UNCITRAL Rules), Award (August 3, 2005), paras. 35, 37.

[58] *Thunderbird v. Mexico*, *supra* note 32, paras. 176-178.

[59] *Feldman v. Mexico*, *supra* note 53, paras. 181, 183. *See also Pope & Talbot Inc. v. The Government of Canada*, *supra* note 46, para. 78. 該案仲裁庭認為在同類情況下的歧視性待遇，通常被假設為構成 NAFTA 第 1102 條之違反 "unless they have a reasonable nexus to rational government policies that (1) do not distinguish, on their face or *de facto*, between foreign-owned and domestic companies, and (2) do not otherwise unduly undermine the investment liberalizing objectives of NAFTA."

應更為寬厚。

(2) 相對人主張，其驅離聲請人之行為係屬合法，且與後來之發展無關。基於聲請人與 PMC-JV 之財務條件、經驗及專業知識水平、工作範圍及收受契約第 46.1 條通知後對工程進展承諾之差異，相對人否認聲請人之剩餘投資與 PMC-JV 之投資處於「同類情況」。NHA 之地位已因聲請人被驅離而變化，NHA 既無法利用支付予聲請人之大筆動員預付款，亦無法取得擔保，且須支付逾巴基斯坦盧比 10 億以緩解聲請人分包商之問題，因此，NHA 有充分理由訂定新完工日期及給予不同的待遇。

(3) 仲裁庭認為，首先須確定聲請人之投資是否處於「同類情況」，如是，則將評估聲請人之投資是否獲得低於 PMC-JV 之待遇，及該差別待遇是否出於正當理由。

　　A. 針對第一個問題，仲裁庭須先確定是否存有相關比較因素，以評估 NHA 對聲請人及 PMC-JV 之待遇。仲裁庭將檢視 NHA 與聲請人間、NHA 及 PMC-JV 間之契約關係。

　　B. 仲裁庭表示，雖聲請人主張兩契約隸屬於同一專案及業別，然依本案之自主測試標準，此種程度之同一性尚不足以取代兩契約間之差異。雖聲請人未爭執契約之財務條款之差異（NHA 及 PMC-JV 間之契約不涉及外幣），然就爭端雙方對外幣可取得性影響 M-1 專案契約延續之爭議，應不能低估此差異。新契約之價格無外幣成分，此確實阻礙外國承包商參與投標。此外，2002 年 11 月 13 日 NHA 會議之紀錄確認外幣議題之重要性。

　　C. 另一個財務條件差異與動員預付款有關，依 M-1 專案契約，聲請人獲得該專案契約價金 30% 之動員預付款，預付款之半數以巴基斯坦盧比支付，其餘半數以美金支付。而 NHA 及 PMC-JV 間契約之動員預付款較低，完全以巴基斯坦盧比支付。兩者之差異雖可能被認為係出於聲請人遺留於工程現場之設備，但仲裁庭認為此種解釋並無根據，蓋已有證據證明不適合使用該等設備。兩契約之工程範圍及承包商之專業知識與經驗亦存有差異。依第 9 號附錄，聲請人之工程範圍為四車道，而 PMC-JV 之工程範圍則為六車道。聲請人具處理大型專案之豐富經驗，而 PMC-JV 則無，聲請人在 M-1 專案契約收取較高之費率即反映此差異。

　　D. 綜上，仲裁庭認為，二契約關係差異極大，無法被視為「同類情況」。因不符合違反第 II(2) 條之第一個要件，故無須再分析其他要件。

3. MFN待遇

(1) 聲請人主張，依 2004 年 9 月 17 日之新聞，NHA 1999 年至 2003 年之 35 個專案中，僅有 6 個專案準時完工。縱存有遲延，且據稱其他契約皆採用 FIDIC 契約條件，NHA 僅發布另兩個 FIDIC 契約條件第 63 條通知，且無其他承包商被驅離。聲請人認為相較之下，其所受之待遇較為不利，具歧視性。

(2) 相對人主張，聲請人並未證明客觀上不同之情形爲不平等待遇之結果，未能提供與其情形進行比較之契約相關資訊。相對人亦指出，NHA 並無授予相同契約條款予不同投資人之義務。

(3) 仲裁庭認爲，應先評估所要比較之情況之類似性，如同國民待遇原則，應以契約條款及情形審查類似性。

　　A. 仲裁庭無法對系爭不同情形進行有意義之比較，蓋如欲比較，其需要所涉不同契約條款及履行情形之足夠具體資料。相關證據顯不足以支持聲請人主張。縱假設 2004 年 9 月 17 日之報導完全正確，該報導亦提及多方面之原因造成遲延。再者，聲請人稱所有契約皆採用 FIDIC 契約條件一事亦無太大實益，即便此主張爲眞，其仍未提供任何進行有意義比較之條款資料。

　　B. 仲裁庭理解，聲請人盡舉證責任並非易事，然縱允許轉換舉證責任，聲請人須盡更高之證明程度，至少需援引一個潛在比較者。

　　C. 綜上，仲裁庭認定，因不符合違反巴土 BIT 第 II(2) 之要件——情況之類似性，排除相對人違反 MFN 待遇之指控。

4. 相對人之整體行爲

(1) 聲請人主張，歸屬於相對人之整體行爲違反國民待遇及 MFN 待遇標準。

(2) 仲裁庭認爲，於審查國民待遇及 MFN 待遇時，皆因欠缺情況類似性而駁回聲請人之指控，故亦無法認定相對人之整體行爲違反國民待遇及 MFN 待遇。

（三）徵收

1. 適用標準

(1) 聲請人主張，巴土 BIT 第 III(1) 條採用廣泛的徵收定義，此定義不僅適用於廠房及設備等有形資產，依 *Vivendi II* 案、[60] *Chorzów Factory* 案、[61] *Orinoco* 案[62] 及 *Shufeldt* 案，[63] 亦包括契約權利。聲請人並主張，依 *Vivendi II* 案、[64] *Siemens v. Argentina* 案、[65] *Eureko v. Poland*

---

[60] *Vivendi Universal S.A. v. Argentine Republic* (hereafter *Vivendi II*), ICSID Case No. ARB/97/3, Award (August 20, 2007), para. 7.5.4.

[61] *Factory at Chorzów (Germany v. Poland)*, Judgment (Merits) (September 13, 1928), PCIJ *Series A*, No. 17 (1928).

[62] *Orinoco Steamship Company Case*, Award (October 25, 1910), The Hague Court Reports, *1st series*, 1916, p. 228; 11 UNRIAA 227.

[63] *Shufeldt Claim (U.S. v. Guatemala)*, Award (July 24, 1930), 2 UNRIAA 1079.

[64] *Vivendi v. Argentina II*, *supra* note 60.

[65] *Siemens v. Argentina*, *supra* note 31, paras. 271-272.

案[66]及 *Wena Hotels v. Egypt*案，[67]當政府出於故意、歧視或政策原因終止契約或強行驅離投資人時，即可能構成徵收。

(2) 相對人主張，如依契約規定對待契約當事人，即無契約權被徵收之情事。相對人並主張，即使於相對人違約之情形，該違約亦不足以構成徵收。此外，相對人強調，處理契約權徵收之仲裁案件皆涉及「執行國有化政策之國家廢除契約」，而與本案情形不符。強行驅離投資人是否構成徵收，須依個案具體情形而定。最後，相對人主張，除投資損失外，徵收之認定通常要求存有恣意或故意剝奪財產之國家行為。

(3) 仲裁庭認為，巴土 BIT 第 III(1) 條規定：「除基於公共目的、以非歧視之方式、支付即時、充分且有效之補償，及依正當法律程序與巴土 BIT 第 II 條之一般待遇原則外，投資不應被直接或間接徵收、國有化或受到類似效果之措施之限制。」仲裁庭認為此規定採取廣泛之徵收概念，不僅適用於有形財產，亦適用於契約及其他權利。

  A. 評估是否存在徵收之第一步為確認據稱被徵收之資產。依聲請人之主張，被徵收之資產為其契約權、廠房、設備及動員預付款擔保。

  B. 確認該等資產後，下一步為確認被訴之徵收行為。徵收可能出自於地主國單純干預投資人權利、具剝奪投資人投資之效果之行為。此部分之關鍵涉及該等行為對投資人財產之強度或影響。仲裁庭認同 *Tecmed* 案、[68] *CMS* 案[69]及 *Telenor* 案[70]仲裁庭之見解，縱使財產之所有權不受影響，亦得依所有人受剝奪之程度而認定構成徵收。

  C. 第三步為檢視該等干預投資人財產或權利之行為是否為國家行使其主權。聲請人主張因政府指令肇致之違約行為構成徵收，仲裁庭對此並不認同，蓋並非每個違約行為皆會剝奪投資人之投資，且即使該行為剝奪投資人之投資，因國家指令可能在契約架構下作成，故違約之行為未必肇因於主權行為。

  D. 最後，評估是否存有違反巴土 BIT 之徵收，應分析第 III(1) 條之要件，即：(A) 欠缺公共目的；(B) 歧視；(C) 無即時、充分且有效之補償；及 (D) 違反正當法律程序與 BIT 第 II 條之一般待遇原則。

2.契約權利

(1) 聲請人主張，巴基斯坦以行使契約權為由，間接徵收其投資。相對人以 2001 年 4 月 23

---

[66] *Eureko v. Poland, supra* note 28, paras. 242-243.

[67] *Wena Hotels v. Egypt, supra* note 17.

[68] *Tecmed v. Mexico, supra* note 26, para. 116.

[69] *CMS v. Argentina, supra* note 41, paras. 260-264.

[70] *Telenor Mobile Communications AS v. Republic of Hungary*, ICSID Case No. ARB/04/15, Award (September 13, 2006).

日之通知強行驅離聲請人，剝奪其預期得從契約中獲得之利益及於驅逐前完成工程之款項。巴基斯坦關於聲請人保有剩餘權利之主張，並無法排除徵收之成立。由相對人於聲請人被驅離後之行為，無疑表明其無意實施契約規定之決算，從而永久剝奪聲請人之契約權。相對人不得以契約第 63.3 條正當化其未依 BIT 提供即時、充分且有效之補償。契約第 63.3 條僅適用於承包商執行中之工程，不適用於在驅離之日工程師已確認之款項。因此，相對人無理由扣留 IPC 21 及 IPC 22 之款項。聲請人並主張，當巴基斯坦依 Musharraf 之指示發出驅離通知，並以巴基斯坦軍隊確保聲請人離開工程場址之行為，係行使主權之行為。

(2) 相對人主張，依 M-1 專案契約對聲請人驅離，不應被視為徵收聲請人契約權，蓋聲請人之契約權受該契約限制。縱存有違反該契約之情形，該違反行為亦不足以構成徵收。徵收之構成須證明驅離之不當動機及權利被剝奪，然聲請人仍保有該契約第 63.3 條之權利。此外，相對人之行為為履約行為，而非行使公權力。

(3) 仲裁庭認為，依上述之檢視步驟，據稱被徵收之資產為聲請人依該專案契約享有之權利，包括該等與已完工之款項有關之權利。此等權利具有經濟價值而有被徵收之可能；再者，相對人遭指控剝奪聲請人契約權之措施，實質上為驅離聲請人及接管工程場址之通知；第三，仲裁庭須審查相對人是否干預聲請人之契約權，從而剝奪該權利之經濟價值。

A. 仲裁庭認為，聲請人被驅離之事實不足以證明相對人干預聲請人契約權並剝奪該權利之經濟價值。正如相對人所說，如依 M-1 專案契約之驅離為合法，聲請人之權利即不受剝奪或干涉。縱該驅離行為違反 M-1 專案契約，亦不足以認定構成巴土 BIT 之徵收。關於聲請人主張將其驅離之行為違反契約及 BIT，雖仲裁庭非審理契約之法官，然仲裁庭須審查與契約解釋及履行相關之事實，特別是在審理 BIT 請求之必要範圍內，與行使特定契約救濟措施有關者。仲裁庭前已認定，驅離聲請人及驅離後之相關措施係依該專案契約作成，相對人並未違反 FET 標準。基於相同理由，仲裁庭不認為相對人違反 BIT 徵收條款。

B. 認定徵收之關鍵要素為該措施之經濟影響，而非行為之意圖。且仲裁庭已認定，相關證據未證明相對人存有永久剝奪聲請人剩餘契約權之意圖。

C. 聲請人之契約權係由 M-1 專案契約條款所定義。為證明因 NHA 行使其契約權而導致聲請人之權利被徵收，聲請人須先證明其契約權不受 NHA 契約權利之限制，或證明 NHA 所稱符合契約條款之行為事實上違反該等條款。聲請人並未提出證據證明其主張。

D. 此外，縱驅離行為違反該契約，並剝奪聲請人契約權之經濟實質，亦僅於系爭行為屬主權行為者，始得被認定為徵收。相關證據並未證明此事實，相反地，證據證明相對

人得因聲請人之履約不良而正當化其驅離聲請人之行為。此結論與巴基斯坦政府密切介入 M-1 專案之行為並不矛盾，蓋如上所述，當政府介入行為係基於合法之契約考量時，該行為未必等同主權之行使。

E. 綜上，仲裁庭認為，相對人未徵收聲請人之契約權，未違反 BIT 第 III(1) 條。

3. 機械、廠房、設備、材料、零件及辦公室庫存

(1) 聲請人主張，縱其對契約第 63.1 條之證明及驅離通知提出異議，相對人之武裝部隊仍沒收其機械、廠房、設備、材料、零件及辦公室庫存。相對人透過主權行為，以歧視性方式徵收聲請人之有形財產，且未給予即時且充分之補償。

(2) 相對人主張，依 M-1 專案契約，NHA 之行為完全合法。聲請人已同意所有永久進口設備終將成為 NHA 之財產，且 NHA 已依契約第 63.1 條發出有效通知，其有權使用聲請人之設備、廠房、臨時工程及材料。相對人亦主張，聲請人在被驅離後，從未爭執設備、廠房、臨時工程及材料之留用，且亦參加依契約第 63.2 條執行之測量及盤點程序。最後，相對人主張，NHA 之行為並非行使主權之行為。

(3) 仲裁庭認為，其就此部分請求之論述與其就聲請人控訴契約權被徵收之部分的論述一致。雖聲請人此處之主張係針對有形資產，有爭議之措施為扣押與沒收，然此等差異與評估是否存在徵收行為無關。

A. 相對人就扣押及使用聲請人留於工程場址之設備提供合理之契約基礎。

B. 相關紀錄證明，測量及盤點程序係於相對良好之條件下進行，且 NHA 考量聲請人之擔憂，而委任獨立機構負責進行共同盤點。

C. 縱使得證明收取聲請人之機械、廠房、設備、材料、零件及辦公室庫存之行為違反 M-1 專案契約，此等行為亦不足以構成對聲請人剩餘投資之經濟實質之剝奪。即使能得出相反之結論，仍須證明該行為受主權行使之影響，如上所述，仲裁庭不認為該等行為符合此要件。

D. 綜上，仲裁庭認為，巴基斯坦未徵收聲請人留於工程場址之財產，未違反巴土 BIT 第 III(1) 條。

4. 動員預付款擔保

(1) 聲請人主張，透過上述一系列可歸屬於相對人，並與兌現動員預付款擔保要求相關之行為，相對人徵收該等擔保所涵蓋數額。相對人要求兌現動員預付款擔保之行為破壞其聲譽及信譽，減損其公司價值。

(2) 相對人主張，聲請人未於管轄權階段提出此請求，故仲裁庭對此無管轄權。相對人亦主張，動員預付款擔保屬土耳其銀行與 NHA 間之契約，故 M-1 專案契約與動員預付款擔保係存在於不同的當事人間。該擔保雖處於中止狀態，但仍為有效，且尚無依該擔保之

付款，因此未發生徵收。

(3) 仲裁庭認為，動員預付款擔保被徵收之主張並非新的控訴。於管轄權決定中，就聲請人控訴相對人違反 BIT 之主張，仲裁庭認定其有管轄權，包括徵收聲請人投資之控訴。雖聲請人當時未明確闡述動員預付款擔保被徵收之控訴，然此可被視為整體投資之一部分，故仲裁庭認為此控訴仍在其管轄範圍內。

A. 仲裁庭已於上文討論聲請人在本控訴中與 FET 相關之行為，並認定該等行為不違反 FET 標準，仲裁庭於 FET 之裁決理由得準用於本控訴。仲裁庭認為，相對人之契約解釋足以反駁與濫用 M-1 專案契約條款相關之聲請人指控。縱認定有違約行為，該行為亦不足以構成徵收。無證據證明此等行為係出於惡意或係基於主權因素而為。此外，該筆款項尚未被兌現。至於企圖兌現該筆款項對聲請人之地位及生存能力所生之不利影響，仲裁庭認為，此為任何承包商於簽署具重大財務風險之專案契約時所承擔之商業風險之一部分。BIT 之目的並非在防範商業風險。

B. 綜上，仲裁庭認為相對人企圖兌現動員預付款擔保之行為並不構成徵收，未違反巴土 BIT 第 III(1) 條。

5. 相對人之整體行為

仲裁庭認為，縱聲請人未能證明各項具體行為違反巴土 BIT 第 III(1) 條，最後仍應判斷有關所有行為之證據是否得支持違反 BIT 行為之存在。仲裁庭認為，縱匯總聲請人各徵收主張，亦無法推翻仲裁庭上述認定，特別是系爭行為既不構成剝奪，亦不構成主權行為。綜上，仲裁庭認定相對人並未違反巴土 BIT 第 III(1) 條。

六、損害賠償及費用計算

爭端雙方應平均分擔仲裁費用，且應承擔自身之律師費用及其他費用。

七、仲裁庭之決定與判斷[71]

（一）相對人未違反巴土 BIT 第 II(2) 條之 FET。

（二）相對人未違反巴土 BIT 第 II(2) 條之國民待遇及 MFN 待遇。

（三）相對人未違反巴土 BIT 第 III(1) 條徵收條款。

（四）PO#1 及 PO#11 所建議之措施自本仲裁判斷通知日起，失其效力。

---

[71] *Supra* note 1, p. 140.

（五）爭端雙方應平均分擔仲裁費用。

（六）各當事人應承擔自身之律師費用及其他費用。

（七）所有其他控訴均被駁回。

案例三

Beijing Urban Construction Group Co. Ltd. v. Republic of Yemen, ICSID Case No. ARB/14/30, Decision on Jurisdiction (May 31, 2017)

一、當事人

聲請人：北京城建集團有限責任公司（Beijing Urban Construction Group Co. Ltd.，下稱北京城建）

相對人：葉門

二、案件摘要

（一）系爭投資

　　聲請人與葉門民航及氣象機關（Civil Aviation and Meteorology Authority，下稱 CAMA）就興建機場航廈所簽訂契約之權利。

（二）爭議緣由

　　聲請人在葉門沙那之機場航廈興建專案之資產及契約權利被強制剝奪。

（三）實體規範依據

　　中國—葉門 BIT（1998）（下稱中葉 BIT），聲請人主張相對人違反徵收義務。

（四）仲裁機構及規則

　　ICSID；ICSID 仲裁規則。

（五）聲請人請求

　　相對人賠償聲請人 1 億 1,400 萬美元。

（六）仲裁程序及後續

1. 仲裁庭於 2017 年 5 月 31 日作成管轄權決定。

2. 爭端雙方和解，仲裁庭於 2018 年 6 月 7 日依據 ICSID 仲裁規則第 43(1) 條發布程序命令，中止仲裁程序。

三、事實背景[1]

　　沙那國際機場專案（下稱機場專案）為一個多階段且跨國之專案，目的在改善機場設施。機場專案之第一階段於 2002 年 3 月 14 日啟動，而與本案相關之第二階段則始於新國際航廈興建承包商之遴選標案，由北京城建得標。

　　聲請人為中國國有企業，於 2006 年 2 月 28 日與 CAMA 簽署在葉門首都沙那興建機場航廈之契約（下稱系爭契約），契約總價為 114,657,262 美元。聲請人控訴，葉門於 2009 年 7 月以軍隊及安全部門襲擊及拘留其員工，並強行拒絕其進入專案場址，非法剝奪聲請人之投資。而後，CAMA 於同年 7 月 22 日以聲請人未能回到場址完成工作為由，發出終止系爭契約之通知。聲請人稱相對人及 CAMA 妨礙其履行契約，並稱如無相對人拒絕其進入專案場址之行為，其將可完成契約並賺取利潤。聲請人於 2014 年 11 月 4 日提出仲裁請求，控訴葉門徵收聲請人之投資，違反中葉 BIT 第 4 條。

四、程序爭點

（一）屬人管轄權（*ratione personae* jurisdiction）[2]

1. 相對人主張，聲請人並非 ICSID 公約第 25(1) 條之「其他締約方國民」，仲裁庭無管轄權。聲請人外觀上是商業企業，然實則為國有企業，係中國政府之代理人且履行政府職能。相對人並援引國際法委員會國家責任草案（the International Law Commission's Draft Articles on State Responsibility）第 5 條：「個人或實體非屬第 4 條所規定之國家機關，然依國家法律賦予其實施政府權限，若此等個人或實體在特定案例（in the particular instance）中行使此職能，該個人或實體之行為應被視為國際法下國家之行為。」中國政府為北京城建營運、管理及決策之最終決定者，依 ICSID 公約第 25(1) 條，仲裁庭欠缺地

---

[1]　*Beijing Urban Construction Group Co. Ltd. v. Republic of Yemen*, ICSID Case No. ARB/14/30, Decision on Jurisdiction (May 31, 2017), paras. 3, 6, 22-23, 25-26.

[2]　*Id.* paras. 29-31, 33, 39-40, 42-47.

主國與他國國民爭端之管轄權。此外,聲請人在簽署系爭契約時,並未依葉門法律登錄其權利,登錄乃取得中葉 BIT 投資保障之先決條件。

2. 聲請人主張,其為 ICSID 公約之「其他締約方國民」。當國有企業作為一般商業實體營運時,得依 ICSID 公約提起控訴。關於機場專案,聲請人以其商業能力於葉門進行投資,並未作為中國之代理人,亦未履行政府職能,並不受中國之指揮或控制。

3. 仲裁庭表示,爭端雙方同意採用 ICSID 公約主要起草者及 ICSID 首位秘書長 Aron Broches 在 1972 年提出之「功能測試」(functional test):「在今日的世界中,以資金來源為基礎區分私人及公共投資之典型已不再有意義……許多公司之資金來自私部門及政府,公司之所有股份均由政府持有,然而,在其法律特性及活動上,實際上與完全由私人擁有之企業並無差異。因此,基於公約之目的,混合經濟公司(mixed economy company)或政府擁有之公司不應被認定為非其他締約方之國民,除非其作為政府之代理人或履行實質政府職能。」[3](通稱 Broches 測試)。

(1) 仲裁庭援用 *Ceskoslovenska Obchodini Banka A.S. v. The Slovak Republic* 仲裁庭之見解,該仲裁庭認為:「在決定 CSOB 是否實施政府職能,應聚焦在該等活動之本質,而非其目的。無疑地,CSOB 在代表國家促進或執行國際銀行交易及外人商業營運時,係促進政府政策或國家之目的,惟其活動本質具商業性,而非政治性。」[4]

(2) 仲裁庭認為,應聚焦在投資之商業功能之特定脈絡分析。仲裁庭認定,相關證據並未證明北京城建於興建葉門機場航廈時,其為中國之代理人。相反地,北京城建係以一般承包商之角色參與機場專案之公開招標,與其他投標者競爭,北京城建因其商業價值而得標。且據相對人所稱,系爭契約之終止並非出於與中國決定或政策相關之原因,而是因北京城建未能以符合商業可接受之標準履行商業服務。

(3) 仲裁庭認為,中國為北京城建最終決策者之主張與沙那機場專案之事實間關係甚遠,如前所述,應將焦點放在北京城建於特定案例中之職能,在機場專案中,北京城建並未行使政府職能。因此,仲裁庭認定,北京城建並未在葉門主權領域內履行中國政府職能。仲裁庭並表示,中葉 BIT 未規定取得投資登錄為獲得 BIT 保障之要件。因此,仲裁庭駁回相對人之屬人管轄權異議。

---

[3] C. Schreuer, L. Malintoppi, A. Reinisch and A. Sinclair, The ICSID Convention: A Commentary (2nd edition, 2009), p. 161.

[4] *Ceskoslovenska Obchodini Banka A.S. v. The Slovak Republic*, ICSID Case No. ARB/97/4, Decision on Objections to Jurisdiction (May 24, 1999), para. 20.

（二）屬物／事件管轄權（*ratione materiae* jurisdiction）是否限於徵收補償數額[5]

1. 相對人主張，依中葉 BIT 第 10.2 條規定，如爭端雙方無法在以書面提出和解請求之日起 6 個月內友好協商解決時，得依投資人之選擇將爭端提付：(1) 投資所在之締約方領域內之管轄法院；或 (2) ICSID 仲裁。基於此目的，就與徵收補償數額有關之任何爭端（any dispute relating to the amount of compensation for expropriation）之提出，任一締約方應給予不可撤回之仲裁同意，以在該等仲裁程序下解決爭端。依中葉 BIT 第 10.2 條「徵收補償數額」之文字，締約方同意 ICSID 仲裁之範圍限於徵收補償數額之計算，聲請人所提出之仲裁請求不符 ICSID 公約第 25(1) 條書面仲裁同意之要件，仲裁庭欠缺本案管轄權。相對人並主張，徵收責任與補償數額完全分離，尋求徵收補償者不可選擇爭端解決途徑，除非相對人承認徵收責任，否則聲請人應先訴諸葉門法院。

2. 聲請人主張，仲裁庭就徵收控訴具有管轄權，中葉 BIT 第 10.2 條同意仲裁之範圍及於徵收責任及補償金額之計算。徵收行為之存在及不法性是評估徵收補償數額之必要前提條件。責任與數額相關，無責任即無數額，兩個議題在邏輯上是整合且不可分割的。聲請人並援用 *Tza Yap Shum* 仲裁庭之見解：「BIT 使用涉及（involving）一詞，依據牛津字典，係指包進、包圍、纏住、包含（include）。此等詞彙之善意解釋表明，BIT 所規定之唯一要求為爭端應『包含』補償數額之決定，而不應只限於補償數額之決定。」[6]

3. 仲裁庭認為，依 VCLT 第 31(1) 條，仲裁庭應依協定之用語、上下文、目的及宗旨確認協定之正確意義。關於中葉 BIT 第 10 條之多數爭議，取決於第 10 條與第 4 條之關係：

   (1) 中葉 BIT 第 4 條規定，如符合下列四項要件，國有化、徵收或具有類似效果之任何其他措施將不違反 BIT：A. 基於公共利益；B. 依據法律程序；C. 無歧視；及 D. 給予補償。

   (2) 第 10.2 條為岔路條款（fork in the road），授予投資人選擇權，投資人可選擇向締約方管轄法院提訴「或」提起 ICSID 仲裁，而非可向締約方管轄法院「及」ICSID 提出請求。

   (3) 仲裁庭考量 BIT 第 10 條之整體架構，認為應先訴諸葉門法院之相對人主張將創造 BIT 之內部矛盾，相對人即控制可否將爭端提付 ICSID 仲裁。相對人可簡單地藉由拒絕承認徵收責任，片面否決聲請人提付仲裁，如相對人對徵收責任有疑義，聲請人應先訴諸葉門法院認定。然而，依 BIT 第 4 條，葉門法院不能只決定徵收問題而不處理第 4 條所列之四項要件。一旦葉門法院決定補償數額，依第 10.2 條之岔路條款，投資人將

---

[5] *Supra* note 1, paras. 50-55, 60-63, 71, 76, 78-81, 83, 87, 109.

[6] *Tza Yap Shum v. Republic of Peru*, ICSID Case No. ARB/07/6, Decision on Jurisdiction and Competence (June 19, 2009), para. 151.

不得再將補償金額提付 ICSID 仲裁。此與第 10 條賦予投資人選擇爭端解決途徑之規定不符。

(4) 仲裁庭並援用 *Tza Yap Shum* 仲裁庭之見解,該案仲裁庭解釋中國—秘魯 BIT 岔路條款,賦予 ICSID 仲裁庭對責任及數額議題之管轄權,[7] 該條款之內容等同中葉 BIT 第 10 條。

(5) 綜上,仲裁庭認定,中葉 BIT 締約方是要賦予投資人真正的選擇(real choice),而非虛幻的選擇(illusory choice),「與徵收補償數額有關之任何爭端」包括有關徵收是否發生之爭端,駁回相對人之屬物管轄權異議。

(三)可否以最惠國待遇條款規避有限的(limited)爭端解決條款[8]

1. 相對人主張,不得以中葉 BIT 第 3.1 條最惠國待遇條款規避 BIT 明確受限制之管轄權,而納入葉門—英國 BIT 中管轄範圍較廣之爭端解決條款。最惠國待遇條款之適用範圍限於實體權利,任何相反的解釋將使中葉 BIT 第 10.2 條爭端解決條款之有限制之用語(the limiting language)失其意義。

2. 聲請人主張,適用最惠國待遇條款之結果,仲裁庭有聽審聲請人控訴之管轄權。最惠國待遇條款並非僅限於實體事項而不及於程序事項,聲請人可依最惠國待遇條款,適用其他 BIT 中較有利之爭端解決機制,尤其是葉門—英國 BIT 第 7 條。

3. 仲裁庭認同相對人主張,援用 *Plama* 仲裁庭之見解,該案仲裁庭認為:「一項特定協定之締約方已就協定中之爭端解決條款協商,以解決因該協定而產生之爭端。不能推定該特定協定之締約方已同意可藉由納入在完全不同脈絡協商之其他協定之爭端解決條款,擴大該特定協定之爭端解決條款之範疇。」[9] 仲裁庭表示,雖第 3.1 條「待遇」(treatment)一詞可能足以包含程序措施(procedural measure),然而第 3.1 條「在其領域內……給予投資人之待遇」(treatment accorded to investors ...in its territory)指明領域性限制,指向關於投資之當地待遇(local treatment)之實體條款,而非描述國際仲裁。綜上,仲裁庭認定,不得以中葉 BIT 第 3.1 條擴大第 10 條爭端解決條款之範圍。

---

[7] *Id.* para.188.

[8] *Supra* note 1, paras. 110-113, 116, 121.

[9] *Plama Consortium Limited v. Republic of Bulgaria*, ICSID Case No. ARB/03/24, Decision on Jurisdiction (February 8, 2005), para. 207.

（四）是否欠缺適格投資（qualified investment）[10]

1. 相對人主張，聲請人僅爲承包商，需支付履約保證金，聲請人未曾在葉門取得適格的投資。無證據顯示聲請人所稱之投資是依據葉門法律作成，依葉門法律，登錄爲取得 BIT 保障之要件。因此，依中葉 BIT 第 1.1 條及 ICSID 公約，仲裁庭無管轄權。

2. 聲請人主張，其投資之組成包括系爭契約下之權利、所有的計畫、與施工有關而進口之設備及材料與銀行保證金，落入中葉 BIT 第 1.1 條投資定義範疇。聲請人並主張，依葉門法律進行投資登錄之有效性與聲請人之控訴無關，依葉門法律，聲請人無登錄投資之義務，未爲登錄亦不違法。

3. 仲裁庭表示，ICSID 公約並未定義投資，廣受適用之投資定義分析源自 *Salini* 仲裁庭，即所謂的 *Salini* 測試（*Salini* test），包含：(1) 一項投入（contribution）；(2) 一定期間之經濟營運；(3) 存有投資人承擔地主國主權干預之風險；及 (4) 對地主國經濟發展之貢獻。[11]

(1) 中葉 BIT 第 1 條規定：「『投資』係指締約一方投資人在締約他方領域內依該締約方之法令直接或間接投資之各種資產及資本，尤其包括但不限於：(a) 動產或不動產及任何其他財產權，例如抵押權、質權、不動產擔保、使用權及類似權利；……(c) 具經濟價值之任何履行請求（claims to any performance having an economic value）及權利……。」

(2) 聲請人就機場專案之投入，致聲請人主張「具經濟價值之任何履行請求」，此在 BIT 第 1 條之範疇內，足以認定聲請人之請求在仲裁庭管轄範圍內。再者，在可能需要適用 *Salini* 測試之範圍內，聲請人之投入使其承受主權行爲之風險，且符合 *Salini* 仲裁庭所述「歷經數年之興建工程，承包商投入之總成本無法預先計算，對承包商創造顯著的風險」[12]。

(3) 綜上，仲裁庭認定，聲請人已在葉門作成受 ICSID 公約第 25(1) 條及中葉 BIT 第 1.1 條保障之適格投資。

（五）聲請人控訴是否為契約控訴[13]

1. 相對人主張，聲請人之控訴爲純粹契約商務控訴，應依系爭契約之爭端解決機制處理，

[10] *Supra* note 1, paras. 122-123, 130-132, 135-136, 138.

[11] *Salini Construttori S.p.A. and Italstrade S.p.A. v. Kingdom of Morocco*, ICSID Case No. ARB/00/4, Decision on Jurisdiction (July 23, 2001), paras. 52-54.

[12] *Id*. paras. 55-56.

[13] *Supra* note 1, paras. 139-140, 142, 145.

仲裁庭無管轄權。

2. 聲請人主張，其係依中葉 BIT 提起控訴，並非僅是依據契約。聲請人表示，對於聲請人提出之事實，仲裁庭應採用表面證據測試（*prima facie* test），聲請人所提出之事實證明聲請人之控訴可構成 BIT 之違反，仲裁庭具有管轄權。

3. 仲裁庭認為，其確實無管轄權解決以契約義務為基礎之控訴，僅能考量聲請人得否依 BIT 救濟。在本仲裁程序中，聲請人並未提出違反契約之控訴。仲裁庭認定，在依 BIT 而生之控訴之範圍內，其有管轄權。

五、實體爭點

無。

六、損害賠償及費用計算

無。

七、仲裁庭之決定與判斷[14]

（一）針對相對人主張不得依最惠國待遇條款擴張爭端解決條款，仲裁庭准予此項管轄權異議。因此，仲裁庭在本仲裁中，僅有聽審與徵收控訴有關之聲請人請求之管轄權。

（二）相對人其餘管轄權異議均予駁回。仲裁庭認定：1. 聲請人為 ICSID 公約之其他締約方國民；2. 對於聲請人控訴投資之徵收違反 BIT 並尋求徵收補償之請求，仲裁庭有屬物管轄權；及 3. 聲請人因符合 ICISD 公約及中葉 BIT 保障條件之投資而提出請求。

---

[14] *Id.* paras. 146-147.

案例四

Burlington Resources Inc. v. Republic of Ecuador, ICSID Case No. ARB/08/5, Decision on Counterclaims (February 7, 2017)

一、當事人

反訴聲請人（原仲裁相對人）：厄瓜多共和國

反訴相對人（原仲裁聲請人）：Burlington Resources Inc.（下稱 Burlington）

二、案件摘要

（一）系爭投資

Burlington 全資子公司與厄瓜多共同探勘和開採合約之權利。

（二）爭議緣由

因 2002 年起石油價格走揚，厄瓜多頒布新法針對外國石油公司收益課徵 99% 的暴利稅（windfall levy）。Burlington 於 2008 年 4 月 21 日向 ICSID 提出仲裁請求；厄瓜多則於 2011 年 1 月 17 日提出反訴，要求 Burlington 賠償對環境和油田基礎設施所造成之損害。

（三）實體規範依據

厄瓜多—美國 BIT（1993），Burlington 主張厄瓜多違反以下義務：[1] 1. 徵收（直接、間接）；2. 公平公正待遇；3. 國民待遇；4. 專斷／不合理或歧視性的措施；5. 傘狀條款（umbrella clause）。

---

[1] *Burlington Resources Inc. v. Republic of Ecuador*, ICSID Case No. ARB/08/5, Decision on Liability (December 14, 2012).

（四）仲裁機構及規則

ICSID；ICSID 仲裁規則。

（五）反訴聲請人之請求[2]

1. Burlington 需支付恢復第 7 區與第 21 區（位於亞馬遜厄瓜多流域）環境之費用，並支付改善前開兩區基礎設施不良的費用。

2. 各項目費用請求：

(1) 土壤清理費用 2,507,107,626 美元。

(2) 地下水整治費用 265,601,700 美元。

(3) 另外 52 個地點的地下水研究費用 3,380,000 美元。

(4) 第 7 區油井廢棄工程費用 3,500,000 美元。

(5) 由於未能歸還狀態良好的基礎設施，賠償金額為 17,417,765.42 美元及利息。

(6) 本仲裁中與厄瓜多反訴相關的所有費用與支出，包括但不限於專業人士費用及 ICSID 的其他費用。

(7) 以上費用之利息自裁決日起算至全額付清之日，按適當的商業利率支付。

（六）仲裁程序及後續

1. 仲裁庭於 2010 年 6 月 2 日作成管轄權決定。

2. 仲裁庭於 2012 年 12 月 14 日作成責任決定。

3. 仲裁庭於 2017 年 2 月 7 日作成關於反訴的決定、重新審議及損害賠償金額之決定。

三、事實背景[3]

美商 Burlington 與厄瓜多 Perenco 公司共同投資幾處位於厄瓜多的石油開採設施。2001 年，Burlington 受讓第 7 區與第 21 區的生產分潤契約（production sharing contracts），獲得石油開採收益並負擔全部的營運成本及風險。系爭生產分潤契約規定 Burlington 的稅收制度，且為因應未來可能的稅務增長，在產量分成公式中加入一個修正係數以吸收額外的稅務支出。

---

[2] *Burlington Resources Inc. v. Republic of Ecuador*, ICSID Case No. ARB/08/5, Decision on Counterclaims (February 7, 2017), paras. 56-57.

[3] *Supra* note 1, paras. 5-66.

石油價格走揚後，厄瓜多政府於 2006 年 4 月頒布新法（Law 42），額外對於「異常利潤」課徵 50% 稅金（亦稱「暴利稅」）[4]，隨後於 2007 年 10 月厄瓜多提升課徵比率至 99%。Burlington 先支付稅金並提出吸收額外稅款的要求，然而厄瓜多拒絕，且任何試圖重新協議系爭生產分潤契約皆失敗。Burlington 於 2009 年開始拒絕按 Law 42 給付暴利稅，厄瓜多便扣押並拍賣 Burlington 在石油開採項目所占之收益份額以支付稅款，於 2009 年 7 月接管石油開採設備，最終以總理命令廢除（annul）系爭生產分潤契約。

2008 年 4 月 21 日 Burlington 向 ICSID 提出仲裁請求，主張 Law 42、扣押收益份額、實體上接管開採設備和終止系爭生產分潤契約乃徵收行為（expropriation）。而厄瓜多則提出反訴，主張 Burlington 違反相關環境法規及契約義務。在 2012 年賠償責任之決定中，仲裁庭認為 Law 42 本身並不具有徵收性，因其並無實質性地剝奪 Burlington 的整體投資；扣押部分收益亦不構成徵收，蓋該投資仍有獲利空間；然而，厄瓜多政府接管開採設備構成徵收行為。

厄瓜多於 2011 年 1 月 17 日提出反訴，要求 Burlington 支付恢復第 7 區與第 21 區（位於亞馬遜厄瓜多流域）環境之費用，並支付彌補前開兩區基礎設施損害的賠償費用。

四、程序爭點[5]

2011 年 5 月 26 日雙方達成協議（下稱管轄權協議），表示仲裁判斷可以適當地解決第 7 區與第 21 區相關投資爭議，仲裁庭之決定將拘束雙方。厄瓜多（包括所屬機構、控股公司、分公司或部門）在管轄權協議中聲明：「除本仲裁外，放棄對於 Burlington 及其子公司或 ConocoPhillips 集團在國內或國際上的仲裁機構、司法機構提出反訴的權利」，故就仲裁庭是否對於本案厄瓜多反訴具有管轄權並無爭執。

按 ICSID 公約第 46 條涉及反訴之管轄權，若反訴直接產生自爭議主題事項，只要在雙方同意的範圍內，ICSID 具有管轄權。本反訴：
（一）直接衍生自本爭議的主題事項（即 Burlington 在第 7 區和第 21 區之投資）。
（二）屬於雙方在管轄權協議同意由 ICSID 仲裁之範圍。
（三）屬於 ICSID 公約第 25 條所述的 ICSID 管轄範圍（投資引起的爭端及具備締約國國籍）。
綜上所述，ICSID 對於本反訴案具有管轄權。

---

[4]　所謂的暴利被定義為「不可預見的」石油價格上漲超過締結生產分潤契約時的價格水準因而產生之利潤。

[5]　*Supra* note 2, paras. 60-62.

五、實體爭點

（一）環保反訴的相關法規

包括下列規範：

1. 碳氫化合物法（The Hydrocarbons Law）。

2. 環保汙染預防控制法（The Law on the Prevention and Control of Environmental Contamination）。

3. 1978 年及 1998 年憲法。

4. 1999 年環境管理法（The 1999 Environmental Management Law，下稱 EML）。EML 確立了厄瓜多環境政策的原則和指導方針，訂定公部門和私部門於環境管理方面的義務、責任和參與程度，並指出在上開事項中容許限度、控管和制裁手段，例如：環境管理的機構體制、各種行政手段、財務機制、資訊相關規定、環境權的保護等。[6]

5. 碳氫化合物作業環境規則（The Environmental Regulation for Hydrocarbon Operations in Ecuador，下稱 RAOHE）。RAOHE 規範厄瓜多的油田作業各個階段的活動，包括勘探、開採、儲存和運輸等，以及可能造成環境影響的原油、衍生品和天然氣的商業事宜。RAOHE 要求經營者定期向有關部門提交環境計畫和審計報告，並定期對大氣層、固體和液體排放的環境條件進行內部監測，以修復受汙染之土壤或泥漿槽，亦要求經營者在進行下一階段油田作業前提出環境影響研究報告。[7]

6. 環境子法彙整（Unified Text of Secondary Environmental Legislation，下稱 TULAS）。TULAS 規範涉及環境管理、森林與生物多樣性、沿海資源、亞馬遜地區生態發展研究機構、環境部門管轄下資源使用的特殊稅制。[8]

（二）土地汙染

1. 環境損害的概念

雙方爭執「環境損害的定義」是參照法規規定的「容許限度」（permissible limits），還是反映任何人類活動介入前環境狀況的「背景值」（background values）；若採前者，則可否應用於工業、農業用地抑或脆弱的生態系統？[9]

---

[6] *Id.* paras. 165-166.

[7] *Id.* paras. 167-168.

[8] *Id.* paras. 181-182.

[9] *Id.* para. 268.

(1) 厄瓜多主張，[10] 對厄瓜多而言，仲裁庭須認定 Burlington 使環境存有任何負面影響，亦即根據 EML 規定，對環境原有的功能或是資源的再生性構成影響。厄瓜多主張 Burlington 無權在監管允許作業的範圍內汙染自然資源，Burlington 必須將第 7 區與第 21 區所有環境汙染回復到原有的情況。

(2) Burlington 主張，[11] 修復的客體須限於逾越厄瓜多保護性法規限制標準的土壤，故厄瓜多關於背景值的主張應被全部駁回。Burlington 認為，符合容許限度可避免環境損害，此標準決定了是否有必要進行環境修復。厄瓜多未能提出應用背景值作為判準的實例，但實務上存在應用容許限度的實例，如 Petroamazonas 公司按 RAOHE 和 TULAS 規定進行環境修復。

(3) 仲裁庭分析，[12] 厄瓜多法規下環境損害之定義：首先，無論是 2008 年憲法或 RAOHE 或 TULAS 皆未定義何謂環境損害，惟憲法規定此類損害必須依據法律規定的條件進行完全修復，使環境恢復成原有狀態，故仲裁庭認為厄瓜多無法以全面修復的概念說明何謂環境損害。問題在於：以「容許限度」來定義環境損害，是否有違 2008 年憲法（厄瓜多之主張）？

EML 的詞彙表中對於環境損害定義如下：對環境或某部分的原有條件造成任何重大損失、減少、損害或破壞，它影響到生態系統的功能或自然資源的再生性。由上述可知，環境損害不僅僅是對環境的負面影響，尚意味著重大損失或減損，厄瓜多之主張與此敘述不符。

2. 土壤整治的容許限度[13]

RAOHE 表 6 與 TULAS 4.1.3.3 考量到土壤中某些化學物質的自然濃度超過了容許限度，可對容許限度數值進行調整。RAOHE 表 6 僅指出自然濃度超過監管標準時可上調容許限度，但沒有具體說明如何進行調整；TULAS 則是規定若某個參數不適用，當土壤中的化學物質濃度大於平均背景值的三倍時，即存在汙染。雙方在調整容許限度的方法上意見分歧。

(1) 厄瓜多主張，採用 99% 氯元素（Cl）方法來確定平均背景濃度。

(2) Burlington 主張，以無受汙染的土壤作為背景樣本估算土壤中每種金屬 99% 預測上限值（upper prediction limit）。

(3) 仲裁庭分析，99% 氯元素（Cl）方法相較之下較為保守，平均背景值高於綜合環境管理系統（Integrated Environmental Management Systems，下稱 IEMS）估算的信賴區間概率

[10] *Id.* para. 270.

[11] *Supra* note 2, para. 271.

[12] *Id.* paras. 272-293.

[13] *Id.* paras. 312-324.

僅 1%，仲裁庭認為應採此法估算背景值。

3. 土地使用標準

雙方爭議「後續使用」（*uso posterior*）的涵義，以及是否應將系爭區域編列為敏感的生態系或是農業用地。

(1) 厄瓜多主張，[14] 對厄瓜多而言，「後續使用」係指未來的土地利用。無論是 Petroamazonas 公司的擴建或是農民的使用，顯然與未來的土地利用無關。根據 IEMS 的生態研究，系爭地區具有類似國家自然區的特徵，事實上系爭區域與 Sumaco 和 Yasuní 生態保護區重疊，且第 21 區很大的部分為 Huaorani 原住民族居住領域，故仲裁庭應將系爭區域與其周邊列為敏感性生態系。

(2) Burlington 主張，[15] 敏感生態系是指根據國家自然區保護系統（National System of Protected Areas，下稱 SNAP）計畫認證的區域，或在環境影響研究（environmental impact study）中被確立為敏感性生態系。此外，根據環境部門出具的證明文件顯示，多數系爭區塊與 SNAP 計畫沒有關聯，厄瓜多對 Sumaco 生態保護區的主張僅為轉移焦點（red herring），該保護區並沒有在 SNAP 計畫或任何環境影響研究中被認定為敏感生態系。

(3) 仲裁庭分析：[16]

　　A. **後續使用之意義**：RAOHE 表 6 提及對整治後的土壤之後續利用，此種利用須在環保部門核准的修復方案中說明，且在土壤整治措施實行後立即進行，各土地的使用權需檢視用途逐一確定並經過秘書處批准，故不存在全國性的統一標準。綜上所述，仲裁庭不認同 Burlington 主張「除被認定為敏感性生態系外皆適用農業用地」，亦不認同厄瓜多主張整體區域應被視為敏感性生態系（且未來須被恢復為雨林）。觀過去紀錄（*Petroamazonas* 案），鑽油平台或其他工業設備在「後續使用」上仍持續被認定具有工業用途。

　　B. **後續土地利用**：RAOHE 表 6 對於敏感性生態系之定義為「如國家遺產的自然保護區或受到相關環境研究認定」，仲裁庭認為敏感性生態系的認定敘述是說明性的（illustrative），故無法認同 Burlington 對於敏感性生態限縮性的解釋，亦不認同厄瓜多主張 Sumaco 和 Yasuní 生態保護區裡的所有區域都自動被認定具敏感性。

仲裁庭認為，系爭區域與生態保護區的核心或是緩衝區域皆無交集，而僅與過渡區域有

---

[14] *Id.* paras. 327-328.

[15] *Id.* para. 329.

[16] *Id.* paras. 330-347.

部分重疊，且 Sumaco 和 Yasuní 生態保護區僅其核心區塊爲 SNAP 計畫涵蓋，則系爭區域與生態保護區重疊部分並非敏感性生態系統。此外，Yuralpa 區據稱受到較嚴重之環境損害，而非 Huaorani 區（與系爭第 21 區重疊），故沒有必要探求第 21 區土地利用情形。

　　鑑於系爭區域附近皆有人類住所，尤其是第 7 區北部，IEMS 關於「雨林的再生能力」的判定過於模糊，以至於無法在整體區塊中採用單一通行標準。故後續的土地利用應就個案具體情形逐一評估，將以實地勘查所蒐集到的證據，與最接近徵用時間的衛星影像、航空圖片作爲判斷依據。

4. 計算受到影響區域及土壤容積的準則

(1) 厄瓜多主張，[17] IEMS 方法透過模型和廣泛使用的反距離加權（inverse distance weighted）技術，保守地量化了環境受到汙染的程度。

(2) Burlington 主張，[18] 唯一可靠的方法是依照實際數據進行的具體地點的實地劃定（site-specific field delineation），GSI 方法被稱爲「手工描繪」，包括對已知或可疑的受汙染區域進行採樣，透過更多的樣本來劃定這些區域，直到觸及乾淨的土壤爲止。

(3) 仲裁庭分析，[19] 厄瓜多主張的 IEMS 方法在眾多情況下預測模型和實際數據之間似無合理關係，過度誇大了環境汙染的規模，且延伸到未採樣的地區，亦無充分考慮地形和其他物理特徵。至於 GSI 方法僅考量到土壤中總石油碳氫化合物（TPH）或鎳超標的樣本，並忽視其他重金屬超標的情況。由於某些缺陷，仲裁庭不採用 IEMS 與 GSI 的方法，而是自行提出方法以評估受汙染地區的範圍和受汙染土壤的體積。

　　對於 GSI 已劃定的區域，仲裁庭於必要時作出調整，將受汙染範圍延伸至乾淨（即符合監管標準）的樣本；GSI 未劃定的區域，仲裁庭將紀錄中所有資訊納入考量，若樣本集中在某特定區域，仲裁庭會根據地圖比例計算受汙染區域，並斟酌區域特點和地形。

　　一般而言，仲裁庭對總石油碳氫化合物超標採用 5 公尺的半徑（即約 80 平方公尺的影響面積），對重金屬包括鎳的超標則採用 8 公尺的半徑（即約 200 平方公尺的影響面積）。至於受汙染土壤的體積，仲裁庭將受影響的面積乘以汙染的深度（四捨五入到下一公尺數），並適當地考量到每一層土壤汙染的體積差異，以免過度計算。

5. 受汙染土壤的整治費用[20]

　　仲裁庭的結論爲每單位費用爲 300 美元／立方公尺，此數額包含一切的費用，如預先設

---

[17] *Id.* para. 349.

[18] *Id.* paras. 362-363.

[19] *Id.* paras. 373-415.

[20] *Id.* para. 428.

計、運輸、額外取樣、回填、加價等。針對偶發事件採取 20% 至 30% 作爲應急措施費用，此百分比取決於在可達性或暴露方面問題的補救上是否存在特殊挑戰，如地形困難、超標點與平台間距離較遠，或靠近溪流和人類住宅。

（三）泥漿槽

1. 厄瓜多主張[21]

第 7 區與第 21 區內的所有泥漿槽必須比照受汙染的土壤一樣進行補救，這些泥漿槽如同環境的定時炸彈，且有事實證明一些泥漿槽已坍塌、洩漏或向周圍滲漏。有大量的證據顯示 Burlington 沒有適當地建造、維護或關閉泥漿槽，導致其釋放汙染。泥漿槽沒有受到適當的監控，Burlington 沒有按照 RAOHE 表 7 的要求在泥漿槽關閉 6 個月後進行檢測。

此外，Burlington 從未考慮過泥漿槽周遭對地下水的影響，泥漿槽通常有 4.5 公尺深，而地下水位在 1 公尺到 3 公尺之間，故泥漿槽直接與地下水接觸，即便部分泥漿槽深度較淺，由於地下水位的波動，並無法防止泥漿槽洩漏或化學物質濾出。

2. Burlington主張[22]

Burlington 認爲，IEMS 方法將泥漿槽土壤比照普通土壤並不適當，具體而言，IEMS 自封閉的泥漿槽蒐集樣本，並對其進行本應適用於普通土壤的測試方法和監管標準，這些泥土樣本不應該用來判定區域內的汙染問題。

泥漿槽經過核准專門用於儲放工業廢棄物如油井泥漿、鑽屑（cuttings）和鋇泥，當然可能比普通土壤含有更多汙染物，畢竟這就是建置泥漿槽的目的，泥漿槽的規範標準自應與普通土壤（RAOHE 表 6）有所區別，而適用限制較寬鬆的 RAOHE 表 7。

Burlington 進一步反對厄瓜多以下主張：2009 年 7 月前建造的泥漿槽都必須挖出、自原址移走並重新掩埋。此項主張並無法規、慣例或合理的科學依據。蓋在厄瓜多和世界各地，以泥漿槽進行永久性當場棄置（permanent on site disposal）是常見的做法。

至於脫水、被壓實並清理乾淨和新植被所覆蓋的泥漿槽，應不屬於 RAOHE 第 59 條的範圍而無需進行修復。Burlington 認爲，厄瓜多試圖向其徵收從未有課徵先例的修補費用。

3. 仲裁庭分析[23]

(1) 監管架構

RAOHE 明確規範了泥漿槽的使用，其中第 52 條 (d.2) 是關於油井泥漿、鑽屑的處理和

---

[21] *Id.* paras. 749-754.

[22] *Id.* paras. 755-763.

[23] *Id.* paras. 765-832.

最終處置（final disposal）；第 52 條 (d.2)(2.3) 詳細規定，在鑽井期間和鑽井後，所有固體廢物包括泥漿和鑽屑，若符合表 7 的參數和限制即可棄置（disposed）。第 59 條涉及泥漿槽的處理和關閉，含有原油或／和水的礦坑，原油將被回收供以後使用，不能被回收者將在泥漿槽或原地進行處理，泥漿槽的地板和牆壁必須被處理到符合表 6 的要求（利用生物修復方法爲佳）；對於含有原油但不含水的乾燥坑，必須對其修復直到其符合表 6 和表 7 的要求。表 7 爲油井泥漿和鑽屑在最終處置的滲濾液（leachate）之允許限度，必須定期監測泥漿槽，在最終處置後 7 日、3 個月和 6 個月採集滲濾液樣本。

由於第 52 條 (d.2)(2.3) 文義，及表 6 適用於一般的土壤修復，而表 7 則專門適用於準備棄置於泥漿槽的油井泥漿、鑽屑，仲裁庭認爲泥漿槽之規範標準應適用表 7 而非表 6。事實上，銅化合物於鑽井十分常見，表 6 並沒有規定銅的標準（鑽井作業其他的常見元素如鉻和釩亦無參數規範），而表 7 針對銅化合物有專門規定。

(2) 泥漿槽清除

表 7 規定的「最終處置」明確指出泥漿槽是永久性的放置場所，此做法也受 IEMS 之認可，爲石油開採行業的普遍慣例，也是厄瓜多政府批准的管理和處置油井泥漿方法之一，厄瓜多並無提出任何例子要求油田經營者在結束作業後清除所有泥漿槽的證據，故其主張需要清除區域內所有泥漿槽並不成立。

然而，對於被證明爲建造或管理不善的礦坑，特別是在 Burlington 營運期間發生坍塌或內容物滲漏的泥漿槽，情況顯然不同。此外，Burlington 未申報的泥漿槽，如 Payamino CPF 的工作坑或 Payamino 16 的輔助坑，它們從未受厄瓜多當局批准，必須被拆除。

(3) 泥漿槽施工與管理 [24]

仲裁庭認爲厄瓜多主張 Burlington 沒有達到施工上的要求，此說法是推測性、沒有說服力的，惟 Burlington 可能被指摘爲管理不當。RAOHE 第 12 條規範油田經營者有義務定期監測現有泥漿槽周圍的環境狀況，包括過去其他經營者建造的泥漿槽。若泥漿槽狀況惡化將對環境或人類健康構成威脅，按 RAOHE 第 16 條和第 59 條，即便此泥漿槽並非現任經營者所建置，其仍有義務進行修補。

然而，自第 59 條條文及紀錄中沒有證據顯示厄瓜多當局曾要求任何油田經營者對過去經營者建造的含有風化原油的泥漿槽進行補救，仲裁庭難以接受厄瓜多主張 Burlington 有責任修復任何含有風化原油的既存泥漿槽。仲裁庭注意到，RAOHE 係要求所有的泥漿槽建造時皆須得到批准且適當地建造並密封、監控，最終重新披上植被。

---

[24] *Id.* paras. 777-785.

(4) 損害評估

　　雙方在系爭區域內主張的泥漿槽數量有所分歧，仲裁庭必須作出認定。泥漿槽須根據表7進行檢驗，而 IEMS 方法僅根據表 6 進行樣本檢測，故無法受仲裁庭採用。由於缺乏多數泥漿槽情況的相關數據，仲裁庭將重點放在厄瓜多主張有缺失或管理不當的泥漿槽造成環境損害的具體事例。

　　A. 含有風化原油的泥漿槽：仲裁庭認為相對較低的 TPH 值（表 6 規定的普通土壤之允許限度數值），並不能作為泥漿槽需要修補的理由。考量到環境保護標準不斷更新，仲裁庭認為對工業用土壤採用表 6 中規定不得高於 4,000 毫克／千克的限制數值是合理的。詳言之，Oso 9 區的 5 個中心泥漿槽以及 Payamino 掩埋場的 2 個泥漿槽需要進行修復，分別需支出 5,565,000 美元與 2,025,000 美元；部分被檢測出高 TPH 值的泥漿槽是由過去開發商所建造，厄瓜多並沒有指出前開泥漿槽會再次被 Burlington 使用，故 Burlington 沒有修復義務。

　　B. 管理不當的泥漿槽：仲裁庭認為 Burlington 對部分泥漿槽的管理並不充分，Burlington 至少須負擔部分於原地進行補救之責任，總費用為 2,250,000 美元，惟這些泥漿槽並非 Burlington 所建，其應負擔一半費用，即 1,125,000 美元。

　　C. 未上報之泥漿槽：Burlington 須承擔未於報告中呈現之泥漿槽相關補救費用，特別是 Payamino 16 號的 5 個未上報之泥漿槽，共 26,250 美元。

（四）地下水

1. 厄瓜多主張[25]

其測試之 18 個地址的地下水都受到汙染，故請求補救費用之補償。厄瓜多指稱，Burlington 及 GSI 忽視保護水資源的必要性，並無考量到當地居民家用和牲畜對地下水和地表水的依賴。IEMS 在上述地點發現了重金屬（鋅、鋇、銅、鉻和鎳），在其中 6 個地點發現了碳氫化合物汙染。

　　針對地下水修復技術，厄瓜多提出以下兩種：異地抽水處理（P&T）或可滲透性反應屏障（PRBs），以此為基礎厄瓜多分別計算最佳情況（請求金額最小）及最糟情況（請求金額最大）。

2. Burlington主張[26]

　　區域內沒有地下水汙染，厄瓜多的指控完全出自於錯誤檢驗，且於實地勘查時，區域內居民表示其主要仰賴雨水，完全無需開採地下水。認為厄瓜多無視自己的法規，IEMS 方法

---

[25] *Id.* paras. 835-841.

[26] *Id.* paras. 842-850.

在黏土含量超過 25% 的地區進行不當的探樣，且沒有過濾樣本，若要適當地進行檢驗，樣品中不應含有土壤顆粒。IEMS 方法製造出科學上不可能產生之結果，樣本的金屬含量超過了可能自然溶解於水中的金屬含量。

3. 仲裁庭分析[27]

於 TULAS 第 6 冊附件 1 表 5 規定地下水重金屬含量之標準，雖然雙方對於 RAOHE 有無適用於地下水有所爭議，仲裁庭認為 RAOHE 第 16 條關於監測修補方案提及地表水和地下水，RAOHE 附件 6 詞彙表對於含水層（延伸至地下水）及地下水有所定義，故厄瓜多主張「過濾地下水檢測樣本與厄瓜多法律有所違背」屬有誤，應可參照 RAOHE 進行樣本過濾。

仲裁庭認為需要修復以下地點之地下水：(1) Payamino 14/20/24（鎳、鋇和鉛）；(2) Payamino 15（鋇、鉛和汞）；(3) Coca CPF（總石油碳氫化合物超標）。針對以上 3 個地點，紀錄中沒有任何因素可以推翻因果關係的推定，因此 Burlington 有責任補救上述重金屬超標情形。目前情況下，採用可滲透之反應性截流溝渠（permeable reactive interceptor trenches）於原地進行修補為最合適的方法，蓋此方法得於數年內將金屬化合物從地下水中過濾掉，費用共計為 5,040,000 美元（Burlington 負擔）。由於厄瓜多應負擔舉證責任證明地下水汙染的存在，應由厄瓜多支付區域內其他 52 個地點地下水研究之費用。

（五）基礎設施

1. 厄瓜多主張[28]

Burlington 沒有按照生產分潤契約以最適行業慣例將區域內基礎設施保持在良好狀態，由於 Burlington 未能將所有設備、工具、機械和裝置完好地歸還厄瓜多，違反碳氫化合物法規定。按生產分潤契約與厄瓜多法規，Burlington 有以下義務：(1) 按照行業標準建造、維護和更換第 7 區和第 21 區的基礎設施；(2) 契約終止時，將前述區域以良好的工作狀態歸還給厄瓜多。Burlington 違反上開義務因而應承擔相關補救費用。

具體而言，厄瓜多認為 Burlington 未能保持基礎設施良好狀態係由於：(1) 建造並營運不符合標準之設施；(2) 未能修理、更換和／或適當維護流體管道；(3) 由於使用廉價且可能有害之原油和柴油混合燃料，及未能及時檢修導致發電機受損；(4) 未能更換過時的設備和系統、安裝適當的備用系統、維持足夠的備件庫存及維護道路。

---

[27] *Id.* paras. 852-880.

[28] *Id.* paras. 890-905.

2. Burlington主張[29]

Burlington 聲稱厄瓜多關於基礎設施之反訴爲捏造，以便作爲環境指控的依據，並抵銷 Perenco 和 Burlington 於系爭區域中投資損失的索賠。在本次仲裁前，厄瓜多從未提醒 Burlington 須注意其維護做法或區域基礎設施狀況是否存有任何重大缺陷。Burlington 申明，其遵守國際石油工業慣例，事實上，若其沒有使用符合國際慣例的設備，即不可能營運油田長達 7 年多；第二，約 200 名受合格訓練之員工遵循 Burlington 制定的綜合維護計畫，包含預防和預測措施；第三，Burlington 有詳細的維護紀錄以及相關報告（年度預算、年報、季報）。

3. 仲裁庭分析

生產分潤契約設立了兩項獨立但相關的義務：第一項是「方法義務」（obligation de moyens），若 Burlington 採用石油產業普遍接受的標準和做法（取決於盡責標準），即爲履行此項義務；第二項是「結果義務」（obligation de résultat），Burlington 於生產分潤契約到期時以特定條件交付開採油田（取決於對基礎設施狀況的客觀評估），始爲履行此項義務。[30]

仲裁庭在 Burlington 的契約義務內多方考量，除了正常磨損外，在良好的工作條件下歸還設備，而不要求 Burlington 將其升級到最新版本，故 Burlington 應在設施不再適合使用、不能再操作或維修、超過使用年限或存在安全風險時更換之。[31] 仲裁庭於厄瓜多對於基礎設施之損害賠償請求，共裁決 Burlington 須付 2,577,119.77 美元。

六、賠償金額及費用計算

（一）重複賠償問題[32]

由於厄瓜多在本案和 *Perenco* 案[33] 皆對環境損害請求全面的損害賠償，因此可能對相對人進行雙重索賠。Burlington 認爲，厄瓜多以完全相同的請求及完全相同之法律和事實背景尋求賠償；厄瓜多則認爲，無論哪個仲裁庭就厄瓜多的反訴作出裁決，皆可以隨時處理這一重複賠償的風險，故 Burlington 的顧慮並不恰當。

---

[29] *Id.* paras. 906-918.

[30] *Id.* para. 925.

[31] *Id.* para. 930.

[32] *Id.* paras. 1080-1086.

[33] *Perenco Ecuador Limited v. Republic of Ecuador (Petroecuador)*, ICSID Case No. ARB/08/6.

截至本裁決日，*Perenco* 仲裁庭尚未作出裁決，故仲裁庭缺乏必要資訊或依據以採取任何具體措施防免雙重追償，前述事項必須待第二裁決者（*Perenco* 仲裁庭）來解決。儘管如此，仲裁庭仍指出，作為一個原則問題，本裁決不能也不可能被用以重複補償厄瓜多的同一損失。

（二）單利或複利計算[34]

仲裁庭指出，一般而言厄瓜多法律禁止複利（參厄瓜多民法典第 2113 條），然而厄瓜多商法典在特殊情況下似乎允許複利之存在（參厄瓜多商法典第 561 條）。針對反訴利息計算之準據法，厄瓜多提出之反訴應受厄瓜多法律所規範，Burlington 反訴則受國際法規範。仲裁庭認為，本裁決之利息計算是否符合厄瓜多商法典規定之例外情形並不明確，為尊重厄瓜多對自身法律之解釋，應以單利為計算方法。

七、仲裁庭之決定與判斷

（一）聲明與命令：Burlington 有義務負擔厄瓜多於第 7 區與第 21 區修復環境費用（39,199,373 美元）及修補基礎設施費用（2,577,119.77 美元），合計共 41,776,492.77 美元。前述金額應自本決定作成之日起，按 3 個月借貸之 LIBOR 利率加 2% 的單利計算，直至全額付清。

（二）駁回與反訴相關之所有其他請求。

---

[34] *Supra* note 2, paras. 1090-1097.

案例五

Ceskoslovenska Obchodni Banka, A.S. v. The Slovak Republic, ICSID Case No. ARB/97/4, Decision of the Tribunal on Objections to Jurisdiction (May 24, 1999); Procedural Orders No. 2-5 (September, 1998 to March, 2000)

一、當事人

聲請人：Ceskoslovenska Obchodni Banka, A.S.（下稱 CSOB）
相對人：斯洛伐克

二、案件摘要

（一）系爭投資

捷克共和國（透過該國財政部）、斯洛伐克共和國（透過該國財政部）及 CSOB，就 CSOB 之財務重組簽訂「財務整合基本原則協議」（Agreement on the Basic Principles of a Financial Consolidation of Ceskoslovenska Obchodni Banka, A.S.，下稱整合協議），CSOB 在該整合協議下之權利。

（二）爭議緣由

依照整合協議，斯洛伐克於其境內成立資產處理公司（Slovenska inkasni spol. s.r.o., Slovak Collection Company），CSOB 並與之締結貸款契約，由斯洛伐克財政部擔保貸款之償付。聲請人主張斯洛伐克資產處理公司違約，導致斯洛伐克違反前述整合協議。

（三）實體規範依據

捷克—斯洛伐克 BIT（1999）（下稱捷斯 BIT），以及整合協議。

（四）仲裁機構及規則

ICSID；ICSID 仲裁規則。

（五）聲請人請求

1. 實體部分

(1) 損害賠償，總共 40,300,940,576 瑞典克朗，包括：

　A. 32,443,747,036 瑞典克朗之「實際損害」，其等同於因斯洛伐克違反整合協議，所導致在斯洛伐克資產處理公司相關之貸款協議中 CSOB 減少之權利價值。

　B. 7,857,193,540 瑞典克朗，其反映如果斯洛伐克於 1991 年 4 月履行其對 CSOB 之債務，以及如果 CSOB 已將當時到期欠款投資於斯洛伐克政府債券之情況下，CSOB 會實現之額外收益。

(2) CSOB 於仲裁程序之一切支出。

(3) 自裁決之日起至付款之日為止之所有應支付之款項，應參考修定後之捷克商業法第 735 條之利率。

2. 暫時性措施部分

仲裁庭給予暫時性措施（依 ICSID 公約第 47 條）及「緊急中間禁制措施」（emergency interim restraining measures，依 ICSID 公約第 26 條），命斯洛伐克法院停止關於斯洛伐克資產處理公司之破產程序。

（六）仲裁程序及後續

1. 仲裁庭於 1999 年 5 月 24 日作成管轄權決定。
2. 仲裁庭於 1998 年 9 月至 2000 年 12 月間，針對暫時性措施作成第 2-5 號之程序命令。
3. 仲裁庭於 2004 年 12 月 29 日作成仲裁判斷。

三、事實背景[1]

聲請人是依據捷克法律成立之商業銀行，其前身為前捷克斯洛伐克外貿銀行（Foreign Trade Bank of the former Czeskoslovak Republic），本案之核心為 CSOB 之私有化。1992 年

---

[1] *Ceskoslovenska Obchodni Banka, A.S. v. The Slovak Republic*, ICSID Case No. ARB/97/4, Decision of the Tribunal on Objections to Jurisdiction (May 24, 1999), paras. 1-4.

底，捷克斯洛伐克解體後，後繼之捷克和斯洛伐克兩國均參與 CSOB 之組織重組並成爲其股東，CSOB 在兩國領土上均有業務。

　　組織重組和私有化過程分爲三個階段：第一階段，CSOB 之國家相關不良資產和負債以 2：1 之比例移轉予捷克和斯洛伐克，而後解決 CSOB 之國家性質外匯資產和負債，CSOB 不再擔任政府對外貿易之金融機構；第二階段爲籌備私有化，包括設立捷克和斯洛伐克資產處理公司（捷克資產處理公司，下稱 CI；斯洛伐克資產處理公司，下稱 SI），受讓 CSOB 之呆帳，以及在斯洛伐克設立 CSOB 之子公司。捷克國家銀行、捷克國家財產基金和斯洛伐克國家銀行宣布同意該協議；最後一個階段爲私有化，要求將現存國家對 CSOB 投入之 51% 出售給策略投資人。CSOB 於 1999 年完成私有化，整合協議要求 CSOB 將貸款呆帳移轉給 CI 以及 SI，而後 SI 和 CSOB 簽訂了「應收帳款轉讓之再融資貸款協議」（Loan Agreement on the Refinancing of Assigned Receivables，下稱貸款協議），並由斯洛伐克財政部擔保貸款之償付。不確定之應收帳款由 CI 和 SI 支付之款項取代，其資金來自 CSOB 之貸款。CSOB 與 SI 還簽訂營運協議，要求 CSOB 負責管理 SI，並確保 CSOB 已將應收帳款移轉給 SI。

　　捷克和斯洛伐克已在整合協議中同意其將「彌補資產處理公司之一切損失」。整合協議第 3 條第 II 款第 5 段規定：「1995 年至 2003 年期間應補償資產處理公司之損失。捷克財政部和斯洛伐克財政部均承諾賠償資產處理公司在其領土內之一切損失。」資產處理公司應以其名目價值接收呆帳，承擔永遠無法兌現之風險。捷克和斯洛伐克承諾「彌補」資產處理公司之損失而承擔該風險。因此，本案之實體爭議在於斯洛伐克承諾「彌補損失」之涵義、範圍和效果。CSOB 聲稱斯洛伐克沒有「彌補」SI 之損失，此外，因爲 SI 已進入破產程序並停止了所有營業活動，其還款爲零。斯洛伐克認爲，「彌補損失」條款因其不符合捷克法律之確定性要求而無法執行，根據該條款其對 CSOB 不負任何責任。

四、程序爭點[2]

（一）仲裁庭是否具有管轄權

1. 聲請人是否爲締約國之國民

(1) ICSID 公約第 25 條第 1 項規定：「ICSID 中心之管轄應及於一方締約國（或締約國指定之任何組成部門或機構）與他方締約國國民間因投資直接引起之任何法律爭端，爭端各方以書面形式同意提交予中心。雙方當事人同意後，任何一方不得單方面撤回同意。」

2　*Id.* paras. 10-12.

(2) 相對人主張，本案未滿足 ICSID 公約第 25 條第 1 項之要求——爭端必須是「締約國與另一締約國國民之間」之要求。因為 CSOB 只是捷克之代理人，為捷克之一個國家機構，而非獨立商業實體。自 CSOB 成立以來一直擔任國家對國際銀行和貿易界之代理人或代表，隨後之重組並沒有改變其地位，本爭議即源自 CSOB 以該身分執行之職能。且本爭議之真正利益方是捷克，CSOB 在應收帳款中之權益隨後將轉讓給捷克。相對人指出整合協議之最終目標是 CSOB 私有化，而私有化為國家職能，辯稱在締結整合協議時，CSOB 正在履行國家職能，因此不能自稱是私人投資者。CSOB 與捷克財政部簽將捷克（受讓人）轉變為本仲裁之實際利益方，減輕 CSOB 就 SI 應收帳款相關之經濟風險。聲請人不再具有第 25 條第 1 項規定之必要資格，捷克取代了 CSOB 之地位。

(3) 仲裁庭認為，ICSID 公約第 25 條第 1 項明確規定 ICSID 公約設立之爭端解決機制旨在處理締約國與另一締約國國民之間之爭端，其立法歷史表明第 25 條中之「國民」也包括全部或部分國有公司。「國民」之認定標準為「公司共有公司或政府所有之公司不應被取消作為另一締約國國民之資格，除非其作為政府代理人或正在履行政府職能」。捷克擁有 CSOB 65% 股權並未賦予其對 CSOB 絕對控制權，而僅該所有權或控制權並不會取消根據以上標準作為「另一締約國國民」之資格。CSOB 代表國家促進或執行國際銀行交易和外國商業業務，在決定 CSOB 是否行使政府職能時，重點在其行為之性質而非其目的，且這些行為本質上是否為商業性。

A. 天鵝絨革命後，CSOB 採取措施使其能夠在市場經濟中以一家獨立商業銀行之身分發揮作用。1993 年 CSOB 似乎達成目標，儘管其競爭地位持續受到呆帳之不利影響，而該呆帳即為整合協議之標的，源自 CSOB 在非市場經濟時期由國家政策推動之早期借貸。儘管由國家政策推動，但銀行交易本身仍為商業性。即使有人認為呆帳源自 CSOB 作為國家代理人之活動，實施政策之銀行交易本身並沒有因此失去其商業性質。

B. 國有企業利用國家政策進行重組以便能夠在自由市場上競爭，不意味著國有企業正在履行國家職能。CSOB 為了重組後的銀行業務而鞏固其財務狀況、吸引私人資本所採取的措施，性質上與私人銀行為加強其財務狀況可能採取的措施無異。

2. 是否同意ICSID的管轄權

(1) 相對人主張，在本案中不具有「書面同意」，因為聲請人所依賴之 BIT 從未生效，在斯洛伐克官方公報上發布的通知並未使 BIT 生效或使其成為斯洛伐克法律的一部分，因此不能構成對仲裁的有效同意。同時，BIT 提及整合協議的條款是管轄法律規定，除非 BIT 生效，否則不能被視為構成有效同意，即使假設 BIT 生效，雙方也沒有「共同」援引其第 8 條仲裁條款。

(2) 聲請人主張，即使 BIT 沒有生效，官方公報仍構成了斯洛伐克同意 ICSID 管轄權的充分基礎。

(3) 仲裁庭認為：

　　A. BIT 是否有效的問題與本案有關，如果 BIT 生效，因為 BIT 第 8 條包含 ICSID 仲裁條款，斯洛伐克將受到同意的約束。但與 BIT 生效有關的不確定性使該文書無法為當事人同意 ICSID 管轄權提供合理基礎。ICSID 管轄權所需的書面同意交換要件，可以通過相互接受雙邊投資條約或其他形式之接受來滿足，必須確定在官方公報上發布的通知是否為斯洛伐克受 BIT 第 8 條約束提供了充分的基礎。仲裁庭認為尚未建立斯洛伐克通過通知受條約約束的意圖。

　　B. 關於斯洛伐克有無禁反言問題，聲請人未曾主張相對人誤導或是依賴相對人具有誤導性的陳述並且受到損害。從整合協議草案中可看出，其不依賴 BIT 之生效，也不依賴第 8 條對斯洛伐克具有約束力之事實。在該草案中，CSOB 最初提議在布拉格進行仲裁，並在批准後方提及 BIT。整合協議第 7 條規定：「本協議應受 1992 年捷克和斯洛伐克間之『促進和相互保護投資條約』拘束。」聲請人主張，該條款可以解釋為同意提交 ICSID 管轄權。相對人認為由於 BIT 從未生效，因此應忽略對 BIT 之引用，該引用本身也不能被視為同意仲裁。相對人辯稱，即使 BIT 被認為適用，第 8 條之爭端解決機制也只能通過雙方共同向 ICSID 仲裁庭來適用。由於雙方未共同提請 ICSID 仲裁，本案未滿足 BIT 第 8 條之要求。參酌協商歷史，當事人雙方通過提及 BIT 而意圖將 BIT 第 8 條納入整合協議，以便將國際仲裁作為其選擇之爭端解決方法。當事方已在整合協議中同意 ICSID 之管轄權，由於各方可以單獨提起仲裁程序，聲請人有權選擇 ICSID 管轄權。

3. 是否存在ICSID公約第25條第1項所要求之因投資引起之法律爭端

(1) 聲請人主張，貸款為 SI 提供了支付所轉讓應收帳款之購買價格所需之資金，因此這些資金是 CSOB 在斯洛伐克境內獲得之資產。

(2) 相對人主張，本案中之爭議與「投資」無關，此外，其並非「直接」源於 ICSID 公約第 25 條第 1 項所指之「投資」。相對人主張 CSOB 之貸款不構成投資，因投資本質上係投資人通過在地主國領土上花費資源以獲得資產，期待對雙方均產生利益並在未來得到回報。本案中之貸款不是投資，因為其不涉及斯洛伐克國境內資源移轉。

(3) 仲裁庭認為，公約沒有定義「投資」而應作廣義解釋。確定是否符合「投資」之重要因素是雙方具體同意，當事方接受 ICSID 中心對協議之權利義務具有管轄權，就形成了一個有力之假設，即雙方肯認其交易為 ICSID 公約意義上之投資。因此，整合協議第 7 條提到 BIT 以及該 BIT 包含 ICSID 仲裁條款即相當重要，雙方接受 BIT 即表明其認為整合協議與 BIT 所指之投資有關。

　　A. CSOB 之求償是基於斯洛伐克違反其在整合協議下之義務，即未彌補 SI 蒙受之損失。

該承諾不涉及 CSOB 在斯洛伐克之任何支出或資源投入，單獨存在並不構成投資。投資通常是由各種相互關聯之交易所組成，其中每一項單獨之交易可能並非都符合投資之條件，因此，只須提交之爭議必須被視爲直接由投資引起，該特定交易須構成符合投資條件之整體經營之一部分。

B. 斯洛伐克承擔 SI 損失之承諾與 CSOB 根據整合協議第 3 條和貸款協議提供之貸款密切相關。斯洛伐克承擔資產處理公司損失之義務之目的，在於使該公司根據貸款協議履行其對 CSOB 之義務。因此斯洛伐克違反義務之爭議與 CSOB 向 SI 提供之貸款密切相關。整合協議表明，向 SI 提供之 CSOB 貸款與涉及 CSOB 重組之所有其他交易密切相關。CSOB 向資產處理公司提供之貸款，以及斯洛伐克承諾賠償其 SI 因未能成功收回呆帳而造成之損失，在整合協議中形成一個整體，只要整體運作符合投資條件，構成之個別交易仍可能符合公約之下之投資。

C. 整合協議之基本和最終目標是確保 CSOB「在捷克和斯洛伐克發展持續和擴大活動」，涉及 CSOB 對斯洛伐克經濟發展之重大貢獻，使 CSOB 成爲 ICSID 公約下之投資人，並將整個過程視爲對斯洛伐克之投資。本案也符合 BIT 第 1 條規定之投資要求，否則引用 BIT 將失去意義。此外，CSOB 在斯洛伐克之活動及其確保斯洛伐克健全銀行基礎設施之承諾使其成爲 BIT 第 1 條所指之在斯洛伐克境內「投資或取得之資產」之持有人。

D. 因此，CSOB 之索賠和向 SI 提供之相關貸款便利與 CSOB 在斯洛伐克之銀行業務發展密切相關，符合 ICSID 公約和 BIT 之投資條件。

（二）暫時性措施

1. 第2號程序令[3]

(1) ICSID 公約第 26 條規定：「除非另有約定，否則根據本公約進行仲裁之當事方之同意，應視爲同意本仲裁而排除其他救濟。締約國可以要求用盡當地行政或司法救濟措施作爲其同意根據本公約進行仲裁之條件。」第 47 條規定：「除非另有約定，仲裁庭認爲情況需要時，可以建議採取暫時性措施以維護任一方當事人之權利。」ICSID 仲裁規則第 39 條第 1 項規定：「在程序過程中，當事方可於任何時候要求仲裁庭建議採取暫時性措施以維護其權利。」第 39 條第 2 項規定要求仲裁庭「優先考慮根據第 (1) 項提出之請求」，而第 39 條第 4 項規定「仲裁庭應僅在讓各方有機會發表意見之後建議暫時性措施，或修

---

[3]　*Ceskoslovenska Obchodni Banka, A.S. v. The Slovak Republic*, ICSID Case No. ARB/97/4, Procedural Order No. 2 (September 9, 1998).

改或撤銷其建議」。

(2) 聲請人主張，仲裁庭應明確建議相對人立即採取一切必要措施，在作出最終仲裁判斷之前暫停目前正在地方法院審理與 SI 有關之破產程序。於 1998 年 9 月 10 日進行之破產程序將構成「審理 CSOB 向本仲裁庭提交之爭議核心問題之庭審」。從 CSOB 提交之仲裁請求可看出，斯洛伐克為 SI 提供資金之義務之性質和範圍，以及 CSOB 對 SI 索賠之有效性和數量，均構成提交仲裁庭之爭議之核心。而這些問題將成為與 SI 有關之破產程序之主題。在地方法院進行之庭審將審理：A. CSOB 針對 SI 索賠之有效性；B. 該索賠之確切數額；C.「破產財產」之組成，後者必然包括決定 SI 是否擁有有效資產，有權從斯洛伐克收取資金以彌補本仲裁程序中所爭執之整合協議之預期損失，如是，其範圍為何？

(3) 相對人主張，即使法院審理如期舉行，CSOB 也不會遭受無法彌補之傷害，因為該審理不涉及斯洛伐克對 CSOB 之義務，斯洛伐克不是破產程序之當事方。

(4) 仲裁庭認為，提交給仲裁庭與暫時性措施請求有關之文件並未表明當事人是否已將本仲裁中之待決程序和適用於該仲裁之國際條約義務告知地方法院，也未表明其是否將被阻止為之。此外，本仲裁庭沒有理由假設如果當事方正式通知地方法院本仲裁之待決狀態、暫時性措施之請求以及所適用之國際法規範，地方法院將不會中止審理或延後審理已提交予本仲裁庭之相關問題，直到本仲裁庭就暫時性措施請求作出決定。

(5) 因此，本仲裁庭拒絕採取暫時性措施之請求，保留其對聲請人臨時措施請求之決定，直至其能夠考慮各方之意見。

2. 第3號程序令[4]

(1) 斯洛伐克地方法院在獲知第 2 號程序令後，延後破產程序之審理。

(2) 聲請人主張，目前無法保證地方法院將暫停程序，或者 CSOB 無義務在 1998 年 12 月 3 日出庭。聲請人指出，破產審理之延期並不具有暫停聲請人在破產受託人面前證實其主張之義務。繼續進行破產程序將對其權利產生不利影響，因為部分由仲裁決定之問題也將在該程序中決定，特別是「破產財團」之組成，這將涉及確定斯洛伐克是否是根據整合協議，有義務彌補破產實體 SI 之損失。

(3) 相對人認為，聲請人無權獲得其所請求之救濟，蓋 ICSID 第 47 條規定之臨時措施只能在「令人信服」或「絕對必要」之情況下授予，而本案並不符合，且相對人不是地方法院破產程序之當事人。本仲裁庭所審理之問題與地方法院在破產程序中將審理之問題不同。

(4) 仲裁庭認為，ICSID 公約第 47 條所設想之暫時性措施不是例外措施，因為該條不僅要求

---

[4]   *Ceskoslovenska Obchodni Banka, A.S. v. The Slovak Republic*, ICSID Case No. ARB/97/4, Procedural Order No. 3 (November 5, 1998).

聲請人必須證明必要性，即該措施對於維護當事人之權利之必要，而且還有其他考量。
需要維護之權利包括 ICSID 公約第 26 條規定之排他性救濟。如果地方法院將處理 SI 可
能根據整合協議對本案相對人斯洛伐克求償之問題，則聲請人之暫時性措施請求將被認
爲是必要。然而，仲裁庭沒有理由假定地方法院在被適當告知本仲裁、暫時性措施請求
以及適用之國際法規範後，不會暫停破產程序。儘管聲請人還要求仲裁庭建議相對人不
會採取任何可能加劇或進一步破壞提交給仲裁庭之爭議之行爲，但目前未能證明有必要
採取該措施。

(5) 因此，本仲裁庭決定，拒絕緊急中間禁制措施之請求；在聲請人向地方法院聲請暫停程
序以及暫停審理本仲裁庭待決問題之結果之前，延後審理和決定聲請人在地方法院破產
程序之暫時性措施之請求；請當事人定期向仲裁庭通報地方法院破產程序之狀態；駁回
聲請人關於仲裁庭建議相對人不會採取任何可能加劇或進一步破壞提交給仲裁庭之爭議
之行爲之附加請求。

3. 第4號程序令[5]

(1) 斯洛伐克地方法院駁回了聲請人暫停破產程序之請求。聲請人就該裁決向斯洛伐克最高
法院提出上訴，該法院下令在地方法院之審理暫停，直到法院審理該上訴，而該上訴尚
未審理。

(2) 仲裁庭認爲上述破產程序可能包括與 SI 根據整合協議對斯洛伐克求償相關之決定，從而
處理仲裁庭在本仲裁中審理之事項。

(3) 本仲裁庭決定：

A. 建議暫停上述破產程序，若法院程序可能判斷 SI 是否有權利，依照整合協議自斯洛
伐克政府接受資金以彌補其所損失（to the extent that such proceedings might include
determinations as to whether the Slovenska inkasni spol. s.r.o. [Slovak Collection Company]
has a valid claim in the form of a right to receive funds from the Slovak Republic to cover
its losses as contemplated in the Consolidation Agreement at issue in this arbitration）。

B. 呼籲本仲裁各方將本命令提請斯洛伐克有關司法當局注意，以便其採取相應行動。

C. 請各方隨時向仲裁庭通報本命令之執行情況。

4. 第5號程序令[6]

(1) 斯洛伐克最高法院在其裁決中指出：「一審法院正確地表明斯洛伐克共和國受其加入的

---

5   *Ceskoslovenska Obchodni Banka, A.S. v. The Slovak Republic*, ICSID Case No. ARB/97/4, Procedural Order No. 4 (January
    11, 1999).

6   *Ceskoslovenska Obchodni Banka, A.S. v. The Slovak Republic*, ICSID Case No. ARB/97/4, Procedural Order No. 5 (March 1,
    2000).

國際協定的約束，並承認其優先於國內法。在本案，國際協議所適用之法律關係與斯洛伐克共和國立法不衝突。……ICSID……仲裁機構之判斷將是有效的，無論破產程序結果如何均具有約束力。」聲請人得就 SI 被拒絕之呆帳部分於破產程序提起附帶訴訟，同時斯洛伐克共和國最高法院復又裁決：「在法院訴訟的這一階段，附帶訴訟可能因債權人 CSOB 提出之原因而暫停。」

(2) 仲裁庭建議：A. 暫停破產程序，蓋其可能包括決定 SI 有權從斯洛伐克收取資金以彌補其在本仲裁爭執之損失；B. 重申第 4 號程序令內容；C. 呼籲仲裁各方將本命令提請仲裁地有關司法當局注意；D. 請各方隨時向仲裁庭通報本命令之執行情況。

案例六

Chevron Corporation (USA) and Texaco Petroleum Company (USA) v. The Republic of Ecuador (I), PCA Case No. 2007-02/AA277, Partial Award on the Merits (March 30, 2010)

一、當事人

聲請人：Chevron Corporation（下稱 Chevron）；Texaco Petroleum Company（下稱 TexPet）

相對人：厄瓜多

二、案件摘要

（一）系爭投資

與厄瓜多簽署在亞馬遜雨林區域探勘及生產石油之特許權協議。

（二）爭議緣由

相對人無故拖延 TexPet 於厄瓜多法院提起之七起違約訴訟。

（三）實體規範依據

美國—厄瓜多 BIT（1993）（下稱美厄 BIT），聲請人主張相對人違反以下義務：1. 公平公正待遇（fair and equitable treatment，下稱 FET）；2. 拒絕正義；3. 主張及行使權利之有效手段；4. 充分保障與安全（full protection and security，下稱 FPS）；5. 恣意或歧視性措施。

（四）仲裁機構及規則

常設仲裁法院（Permanent Court of Arbitration）；聯合國國際貿易法委員會（The United Nations Commission on International Trade Law，下稱 UNCITRAL）仲裁規則（下稱 UNCITRAL Arbitration Rules）。

（五）聲請人請求

1. 宣告相對人違反美厄 BIT 第 II(7) 條。
2. 宣告相對人構成習慣國際法之拒絕正義。
3. 宣告相對人違反美厄 BIT 第 II(3)(a) 條、美厄 BIT 第 II(3)(b) 條。
4. 宣告相對人違反 1973 年協議（定義如後）及 1997 年協議（定義如後）。
5. 命相對人支付聲請人全部損害賠償額，包括但不限於 TexPet 在其於厄瓜多法院對相對人提起之七起訴訟有權獲得之所有損害賠償及適當利息。
6. 命相對人支付本仲裁程序之所有費用及支出，包括仲裁庭之費用及支出、法律顧問費用，並加計因此產生之利息。
7. 命相對人支付因其違反美厄 BIT 致聲請人所生之所有其他費用及損失。
8. 命相對人支付仲裁判斷作成前後所應支付、以複利計算至相對人付款日止之利息。
9. 仲裁庭依據美厄 BIT 認爲適當之其他救濟。

（六）仲裁程序及後續

1. 仲裁庭於 2008 年 12 月 1 日作成中間仲裁判斷（interim award）。
2. 仲裁庭於 2010 年 3 月 30 日針對本案實體爭議作成部分仲裁判斷（partial award）。
3. 仲裁庭於 2011 年 8 月 31 日作成終局仲裁判斷（final award）。

三、事實背景[1]

厄瓜多於 1964 年與 TexPet 之厄瓜多子公司簽署特許權協議（下稱 1964 年協議），授予 TexPet 於亞遜雨林區域探勘及生產石油之特許權。經厄瓜多同意，TexPet 將特許權之半數權益轉讓予 Gulf Oil Company（下稱 Gulf）並組成聯盟（下稱 TexPet 聯盟），由 TexPet 擔任 TexPet 聯盟活動之營運者。

厄瓜多於 1971 年設立政府組織 Corporación Estatal Petrolera Ecuatoriana（下稱 CEPE），該政府組織於 1989 年被國營石油公司 Empresa Estatal de Petróleos de Ecuador（下稱 PetroEcuador）取代。

1973 年 8 月 6 日，TexPet 及 Gulf 與厄瓜多及 CEPE 簽署一份新特許權協議（下稱 1973 年協議）取代 1964 年協議。CEPE 依 1973 年協議行使取得 TexPet 聯盟 25% 所有權權益之

---

[1] *Chevron Corporation (USA) and Texaco Petroleum Company (USA) v. The Republic of Ecuador (I)*, PCA Case No. 2007-02/AA277, Partial Award on the Merits (March 30, 2010), paras. 124-156.

選擇權，隨後並買進 Gulf 之所有權益，最終 CEPE 持有 TexPet 聯盟 62.5% 之權益，TexPet 持有其餘 37.5% 之權益，TexPet 仍持續擔任 TexPet 聯盟之營運者。

1973 年協議允許 TexPet 開採亞馬遜雨林區域之石油，但要求 TexPet 提供其所生產之一定比例之原油予厄瓜多，以協助厄瓜多滿足國內消費需求。厄瓜多有權設定購買 TexPet 所提供原油之國內價格。TexPet 於符合上述義務後，即得以高於國內價格之國際市場價格出口其餘原油。此外，如厄瓜多所購買之原油並非用於滿足其國內消費需求，TexPet 有權要求按國際市場價格補償。1977 年 12 月 16 日，厄瓜多、CEPE 及 TexPet 針對 1973 年協議簽署補充協議（下稱 1977 年協議，並與 1973 年協議合稱為「特許權協議」）。

厄瓜多於 1987 年 3 月 5 日遇地震襲擊，跨厄瓜多石油運輸管道因而損毀，直至同年 8 月始完成修復。在這 6 個月間，內陸油田、沿海煉油廠及巴諾特港之運輸管道被迫中斷。TexPet 聯盟所產之原油量顯著下降，並僅能透過哥倫比亞石油運輸管道將其生產及儲存之原油運至妥適之煉油廠或巴諾特港。厄瓜多則透過 CEPE 以埃斯梅拉達斯煉油廠之燃料油交換衍生性商品，以滿足國內消費需求。跨厄瓜多石油運輸管道修復後，厄瓜多要求 TexPet 等石油生產者交付約 140 萬桶原油，該等原油之收益將用於償還交換燃料油之費用，TexPet 就此獲得按國內價格計算之補償。

1990 年，PetroEcuador 成為 TexPet 聯盟之營運者。雖當事人間已努力協商，但並未就延長 1973 年協議（原於 1992 年 6 月 6 日到期）達成任何協議。TexPet、PetroEcuador 及厄瓜多因而開始協商解決與 1973 年協議及其終止有關之爭議。TexPet 開始結束其於厄瓜多之營運。

於 1991 年 12 月至 1993 年 12 月之協商過程中，TexPet 於厄瓜多法院對厄瓜多提起七起違約訴訟（第 23-91 號案、第 152-93 號案、第 7-92 號案、第 153-93 號案、第 154-93 號案、第 8-92 號案、第 983-03 號案）。在其中五起訴訟中，TexPet 主張厄瓜多誤述其國內需求，從而取得較其依據特許權協議可獲得之更多石油。在其餘兩起訴訟，其中之一涉及 1987 年地震後所引起之不可抗力情事，另一訴訟則涉及厄瓜多違反 1986 年再融資協議（1986 Refinancing Agreement）。

1993 年 11 月，TexPet 營運特許權所在地區之居民於美國紐約南區地方法院以 Aguinda 之名義提起集體訴訟（下稱 Aguinda 訴訟），請求 TexPet 賠償所造成之環境損害，及禁止 TexPet 進行可能造成環境損害之活動之禁制令。TexPet 請求駁回 Aguinda 訴訟，在 1993 年 12 月 17 日至 2000 年 4 月 7 日之訴訟期間，TexPet 堅稱厄瓜多法院係有效率且公允之法院，並主張厄瓜多法院具有作為替代法院之能力。美國法院最終以不便利法庭原則駁回 Aguinda 訴訟。同一原告隨後於 2003 年在厄瓜多 Lago Agrio 鎮之法院對 TexPet 再次提起訴訟（下稱 Lago Agrio 訴訟）。

美厄 BIT 生效於 1997 年 5 月 11 日。聲請人於 2006 年 12 月 21 日提出仲裁請求，當時

在聲請人所提起之七起案件中，有六起仍於第一審等待審理中，第七起案件則被駁回，該駁回決定於上訴審中被推翻。

四、程序爭點

（一）適用法律[2]

仲裁庭認為，其所適用之程序法包括美厄 BIT 及 UNCITRAL Arbitration Rules 規定之程序法，及荷蘭仲裁法中之任何強制性規定（因海牙為仲裁地）；仲裁庭所適用之實體法包括美厄 BIT 及其他國際法相關條文。雖維也納條約法公約（Vienna Convention on the Law of Treaties，下稱 VCLT）亦屬條約法，但美國並未批准，因此，VCLT 與聯合國國際法委員會國家對國際不法行為之責任條款草案（International Law Commission Draft Articles on State Responsibility for Internationally Wrongful Acts，下稱 ILC Articles）僅得於反映習慣國際法之情形下適用於本案。此外，本案部分爭議亦適用厄瓜多內國法。

（二）條約解釋及其餘仲裁庭所作決定之相關性[3]

仲裁庭認為，其於本程序之義務為於必要時適用美厄 BIT 相關條文，以判斷是否應給予雙方當事人所尋求之救濟。為達上述目的，依 VCLT 第 31 條，仲裁庭應依條約之用語，按其上下文，並參照條約之目的及宗旨所具有之通常意義，善意解釋美厄 BIT。VCLT 第 32 條規定，為證實由適用第 31 條所得之意義起見，或遇依第 31 條作解釋而：1.意義仍屬不明；或 2.所獲結果顯屬荒謬或不合理時，為確定其意義起見，得使用解釋之補充資料，包括條約之準備工作及締約之情況在內。縱爭端雙方於仲裁程序中多次提及特定仲裁判斷，但仲裁庭認為，該等仲裁判斷對本案並無拘束力。然此並不排除仲裁庭得考量該等仲裁判斷及雙方基於該等仲裁判斷所提出之主張。

---

2   *Id.* paras. 158-159.

3   *Id.* paras. 160-165.

五、實體爭點

（一）違反美厄BIT[4]

1. 習慣國際法下因不當遲延而拒絕正義

(1) 聲請人主張

A. 厄瓜多法律要求司法應迅速且有效，厄瓜多法院不當遲延及拒絕審理 TexPet 對相對人所提起之七起訴訟，已違反厄瓜多關於司法程序之法律。聲請人引用 *Ruiz-Mateos* 案，該案仲裁庭認為，違反國內法律之時間限制為不當遲延之有力證據。[5]此外，厄瓜多所加入之國際條約亦規範聽審權，規定由獨立公正之法院在合理時間內認定權利義務。[6]因此，聲請人認為，相對人法院延宕審理 15 年並拒絕作出判決，依厄瓜多法律，已構成拒絕正義。任何違反習慣國際法之行為皆違反美厄 BIT 第 II(3)(a) 條。因此，當相對人因拒絕正義違反習慣國際法時，亦已違反美厄 BIT。

B. 一旦遲延時間達到一定程度，該遲延行為即得視為不當，除非該案件得以：(A) 案件複雜程度；(B) 訴訟當事人於訴訟程序之行為；及 (C) 法院行為等理由合理化。聲請人引用 *Genie Lacayo v. Nicaragua*案[7]及 *Las Palmeras v. Colombia* 案，[8]主張除非相對人針對遲延提供具說服力之解釋，否則於第一審遲延 5 年以上未審理即構成不當遲延。

C. 自 1998 年，聲請人所提起之七起訴訟中，有六起在法律上已達可作成判決之程度，且其中五起案件亦已發出宣判令（*autos para sentencia*），然無合理化上述案件判決遲延之理由。聲請人認為，最簡單之案件僅涉及再融資協議之利息計算，卻與其他案件一樣被不當遲延。

D. 聲請人承認於部分情形下，當事人於訴訟過程中之行為可能得作為遲延之正當理由，然此種行為僅限於原告對遲延應負有責任之情形。於任何情況下，聲請人於核發宣判令後之行為皆無法正當化法院遲延判決之行為。

E. 雖相對人試圖以法院案量龐大作為合理化遲延判決之理由，然美洲人權法院及歐洲人權法院之判例皆認為法院積案無法作為遲延之理由。相對人亦未證明積案存在及其於解決

---

[4] *Id.* paras. 166-275.

[5] *Ruiz-Mateos v. Spain*, App. No. 12952/87, 262 Eur. Ct. H. R. (Ser. A) (1993), paras. 9-23.

[6] American Convention on Human Rights Article 8(1), O.A.S.Treaty Series No. 36, 1144 U.N.T.S. 123, *entered into force* (July 18, 1978).

[7] *Genie Lacayo v. Nicaragua (Merits)*, Inter-Am. Ct. H.R. (ser. C) No. 30 (Jane 29, 1997), para. 81.

[8] *Las Palmeras v. Colombia (Preliminary Observations)*, Inter-Am. Ct. H.R. (ser. C) No. 67 (February 4, 2000), para. 38.

積案問題上所作的努力。此外，相對人之論點與聲請人專家所進行之統計分析互相矛盾。相較於類似案件，聲請人之案件被延誤更久，此足以推斷厄瓜多法院特意延長聲請人案件之審理時間。

(2) 相對人主張

A. 聲請人應提出明確、具說服力之證據，以推翻國家司法機構決定正確性之推定，並證明其行為係屬不當。雖相對人承認何種行為構成拒絕正義之標準尚未於判例中明確界定，但認為聲請人應證明國家司法機構有相當於惡意之惡劣行為。相對人主張延誤審理須等同於拒絕審判，亦即聲請人須證明司法機構之延誤係出於拒絕審理案件而導致。

B. 自 1990 年代初期以來，厄瓜多法院即受大量積案所苦，經由 1997 年之改革後始緩解。聲請人於本仲裁程序並未爭執法院積案、相對人之改革努力及成效，亦未證明其與其他訴訟當事人受到不同待遇。TexPet 所經歷之遲誤係司法機關案件量不斷增加及 TexPet 自身未能持續跟進案件進度所致，而非法院拒絕審理其案件。

C. 退步言之，即使未等同於拒絕審判之延誤審理亦得構成拒絕正義，聲請人亦未證明延誤時間夠長。遲延審理不因經過一定時間即構成拒絕正義，而須個案判斷延誤時間是否過長。此外，人權法不等同於國家責任原則，以條約為基礎之合理時間標準與習慣國際法之不當遲延標準並不相同。

D. 於判斷拒絕正義之案件時，須考量案件之所有情形。依據聯合國行政法院（United Nations Administrative Tribunal）前任法官 Amerasinghe 所述，相較於私人案件而言，大型企業案件會產生更複雜之爭議，應有更長之審理時限。聲請人所提起之七起案件在事實及法律層面皆極為複雜。

E. 案例法至多僅規定於時間緊迫且為緩解積案而採取之措施係屬空洞且無效之情形下，積案始無法作為合理化遲延之理由。然厄瓜多於過去 15 年採行重大且有效之司法改革解決積案，且不具惡意之延遲行為不應被認為屬不當延誤。於法院積案之情形下，TexPet 之訴訟時間並未超過厄瓜多最高法院案件處理之平均時間。聲請人所提出之數據亦未考量到案件複雜性等因素，因此不具代表性。

2. 習慣國際法下因明顯不公正之決定而拒絕正義

(1) 聲請人主張，厄瓜多法院近期之判決明顯不公正，構成習慣國際法下另一項獨立之拒絕正義事由。

A. 對國家法律之濫用足以表明司法機關之惡意，構成拒絕正義。聲請人引用 Paulsson 之著作[9]及 *Azinian v. Mexico* 案[10]等案件，主張無須直接證明惡意存在，只要有明顯及惡

[9] Jan Paulsson, *Denial of Justice in International Law*, p. 200 (Cambridge University Press 2005).

[10] *Azinian, Davitian, & Baca v. The United Mexican States*, ICSID Case No ARB(AF)/97/2, 39 I.L.M. 537 (November 1, 1999), paras. 102-103.

意之法律濫用即得構成拒絕正義。

B. 就以放棄訴訟及缺少控訴為由而被駁回之第 7-92 號案及第 8-92 號案，聲請人主張法院適用顯無法適用於該等案件之厄瓜多民法。法院甚至於發布宣判令後，公然無視於以放棄訴訟為由駁回案件之禁止規定。相對人之專家證人亦同意此舉措違反厄瓜多法院之判決先例。且法院不得以其不當之不作為而致延誤為由，認定當事人已放棄訴訟。

C. 就以時效（prescription）為由駁回之第 23-91 號案及第 7-92 號案，聲請人認為，法院明顯誤用厄瓜多民法第 2422 條針對最終消費者之小額零售之時效規定，而該等案件之爭議並不屬於小額零售。雖相對人主張法院係類推適用厄瓜多民法第 2422 條以填補法律漏洞，然聲請人認為，厄瓜多法律明文規定如無具體適用之時效規定時，則應適用一般 10 年時效規定，且類推適用厄瓜多民法第 2422 條之論點從未於案件審理之 16 年間提出，亦未於法院判決出現。法院判決對同一契約之部分義務以衡平原則為由適用 2 年時效，部分義務則適用 10 年時效。聲請人主張，依厄瓜多法律，僅於填補法律漏洞等情形下，始得適用衡平原則，時效爭議則從未採用類推適用原則，因為該原則會破壞時效規定之可預期性。

D. 聲請人強調法院判決係於其寄送仲裁通知後始作成，此乃法院係屬惡意之間接證據。厄瓜多法院欠缺獨立性，對外國石油公司，特別是 TexPet 具有偏見，並以放棄訴訟及時效等為由，在未實質審理案件之情形下駁回訴訟。

(2) 相對人主張：

A. 聲請人未證明其遭受不公正之決定，亦未證明任何受質疑之判決皆等同於國際不法之層次。要證明存有拒絕正義，須認定有惡意存在，且法院需明顯出於偏見、詐欺或外部壓力而作出決定，或法院本身即不公正，抑或該判決為誠實且盡責之法院無法作出之判決。因此，僅於違反國內法之行為極其嚴重之情形下，不公正之決定始得作為惡意之間接證據。本案之檢驗標準應為判決之實質性結果是否具有合理客觀基礎。

B. 就聲請人主張第 7-92 號案溯及適用厄瓜多民法第 388 條（及其 2 年放棄訴訟效期），相對人主張該法條雖於 2005 年始制定，但 2 年放棄訴訟效期之規定原已存在，該效期乃 1997 年司法機構組織法修正法（Law Amending the Organic Law of the Judiciary）之一部分。作為組織法及特別法，該法亦優先於聲請人認為可能適用之其他民事訴訟法規定。雖聲請人主張 TexPet 曾多次致函予法院要求作出判決，但相對人認此無法作為免除 TexPet 所應適用之法定期限之法律依據。

C. 就第 23-91 號案及第 7-92 號案，因案件爭議具有公共性質且係透過簡易口頭程序（summary oral proceedings）進行，應歸類為特別訴訟（special action），而非民事訴訟程序下之執行訴訟（executory action）或普通訴訟（ordinary action），不適用 10 年

時效規定。厄瓜多法律通常會為每一類特別訴訟規定時效期間，然因 TexPet 之訴訟並未有明確類別而存有法律漏洞，相對人主張此時須由法官以類推適用之方式確定所應適用之時效期間。法官適用厄瓜多民法第 2422 條，係因該法條適用於供應商（而非僅適用於小型零售商），且考量簡易口頭程序及以政府作為被告之案件通常適用短期時效規定。聲請人之主張係依據其將民法第 2422 條「despacho al menudeo」翻譯為小額零售，但相對人主張該用語之定義於法律文獻中並非如此狹隘。

D. 就第 8-92 號案及第 983-03 號案，因上訴程序仍在進行中，故基於不公正決定之拒絕正義主張不適用上述案件。

3. 違反美厄BIT特定保護標準

(1) 聲請人主張，相對人違反美厄 BIT 第 II(7) 條、第 II(3)(a) 條及第 II(3)(b) 條。

A. 第 II(7) 條：主張及行使權利之有效手段

(A) 第 II(7) 條所規定者係結果義務（obligation of result），提供一個明確且低於習慣國際法之拒絕正義所要求之標準。該條文包含：a. 有效手段；b. 行使權利；c. 投資；d. 投資協議四個部分。上述要素之通常文義係要求相對人提供可用之措施，以使他人（包括其自身）遵守契約規定之權利，且美厄 BIT 之上下文、目的及宗旨亦反映聲請人之詮釋。有效行使權利之能力得促進法律穩定，並使投資人得更精確地承擔風險並實施商業計畫。

(B) 於本案，司法部門長期不作為及拒絕審判，不符合提供得使任何被告尊重原告契約權利之方法之標準。且厄瓜多法院自 2004 年起無能、顯不公正及具偏見之決定、與對司法獨立性之損害亦違反第 II(7) 條。

(C) 就相對人主張僅有極端且有害之干預始違反第 II(7) 條，聲請人認為並無文字支持該論點。聲請人並提出相對人干預其訴訟案件之大量證據。

B. 第 II(3)(a) 條：FET

(A) 拒絕正義，包含法院未於合理期間內作出判決，或故意於法院須採取進一步行動時無作為（本質上即屬拒絕審理），違反 FET。聲請人引用經濟合作暨發展組織 2004 年工作報告（OECD 2004 Working Paper）、*Tecmed* 案 [11] 等案件，主張 FET 包括正當程序、經濟權利、誠信義務及自然正義之國際法要求，相當於拒絕正義之行為亦違反此標準。FET 亦提供獨立於習慣國際法之保障，諸如要求地主國提供穩定、可預期且具持續性之法律制度。美厄 BIT 前言亦明確鼓勵廣泛解釋

---

[11] *Tecnicas Medioambientales Tecmed v. Mexico*, ICSID Case. No. ARB (AF)/00/2, Award (May 29, 2003).

FET，聲請人並援引 *Saluka* 案[12]支持此論點。

(B) FET 保護投資人之正當期待，正當期待不需來自於地主國提供之聲明與保證，且包括對普遍及客觀要求之標準期待。聲請人援引 *Saluka* 案及 *Tecmed* 案，主張 FET 禁止地主國以未在政府行為保持透明、一致、公正及無歧視性待遇之方式摧毀投資人之基本與合理期待。在 TexPet 訴訟案件中之系統性延誤及不公正之決定皆不符合 FET 標準。

C. 第 II(3)(a) 條：FPS

(A) FPS 標準對國家施加客觀警惕及盡職調查之義務。依 *AAPL* 案，無須認定地主國具有惡意或過失，缺乏盡職義務即可認定屬違反國際法之行為，國家需承擔責任。[13]

(B) 聲請人援引 *CME* 案[14]等案件，主張 FPS 標準並不限於人身安全保障，尚及於法律保障，包含法律規範之可確定性及可預見之適用。聲請人認為，相對人並未採取任何措施以糾正延誤或不公正之決定，且直接參與該等不公正之行為。

D. 第 II(3)(b) 條：恣意或歧視性措施

(A) 只要相對人之行為符合恣意性或歧視性其中一個要件，即違反第 II(3)(b) 條，無須同時符合兩項要件。此外，依第 II(3)(b) 條，即使特定行為具有於締約方之法院或行政法庭審查之機會，該行為仍可能具有恣意性或歧視性。該條文明確規定窮盡國內救濟並非認定特定行為屬美厄 BIT 所稱之恣意及歧視性措施之先決條件。

(B) 就第 II(3)(b) 條所規定之恣意性措施，聲請人認為，「恣意」係指「取決於個人裁量，以偏見或偏好而非以理由或事實為基礎」，或完全無正當理由。聲請人主張，相對人或其法院皆未提供任何得以合理化其對 TexPet 作出之故意延誤及不當裁決之理由。

(C) 就第 II(3)(b) 條所規定之歧視性措施，聲請人認為，該等措施包括「實質上具有歧視性之措施及蓄意之歧視性措施」，厄瓜多法院之行為不僅屬蓄意歧視，實質上亦具歧視性。於第 8-92 號案件，法院以放棄訴訟為由駁回訴訟，但先前卻以相同理由拒絕駁回厄瓜多人民之主張。該案件延誤本身亦足證明歧視之存在。

(2) 相對人主張，聲請人意圖引用美厄 BIT 之具體標準規避窮盡國內救濟之要求及國際法上對於拒絕正義之高度標準，然聲請人無法規避上述門檻要求。相對人認為，將習慣國際法標準納入美厄 BIT 之範圍，並不使該標準脫離習慣國際法之範圍。*Duke Energy* 案[15]等

---

[12] *Saluka Investments B.V. v. Czech Republic*, UNCITRAL, Partial Award (Perm. Ct. Arb. March 17, 2006).

[13] *Asian Agricultural Products Ltd. v. Republic of Sri Lanka*, ICSID Case No. ARB/87/3, Final Award (June 27, 1990).

[14] *CME Czech Republic B.V. v. The Czech Republic*, UNCITRAL, Partial Award (September 13, 2001).

[15] *Duke Energy Electroquil Partners & Electroquil S.A. v. Republic of Ecuador*, ICSID Case No ARB/04/19, Award (August

案件之仲裁庭認為，BIT 之保護標準通常不會比習慣國際法標準更嚴格。相對人稱，沒有任何跡象顯示美厄 BIT 之締約方考慮透過 BIT 條款降低認定拒絕正義之標準。因此，如拒絕正義之主張不成立，聲請人關於美厄 BIT 之主張亦不成立。針對窮盡國內救濟之要求，相對人主張，依習慣國際法，於窮盡國內救濟措施前，基於司法失當或違反建立公正制度義務所提出之控訴不得被裁決。因此，仲裁庭如認定聲請人未證明其已窮盡國內救濟或未達到拒絕正義之高門檻時，即應駁回其請求。

A. 第 II(7) 條：主張及行使權利之有效手段

(A) *Duke Energy* 案仲裁庭認為第 II(7) 條之目的僅為尋求執行，並成為對抗拒絕正義之保證之一部分，而非降低構成拒絕正義之門檻。

(B) 相對人已提供有效之程序及實質手段，而聲請人選擇不使用該等手段，故相對人無需承擔責任。聲請人應提供證據證明地主國極端干預司法程序而損害投資人利益，然聲請人並未證明相對人不當干預法院事務。

B. 第 II(3)(a) 條：FET

(A) FET 條款係納入習慣國際法最低待遇標準，而非制定對締約方有拘束力之新標準。FET 標準下之窮盡國內救濟及門檻要求亦與拒絕正義之標準相同。

(B) 縱聲請人不認為 FET 標準與拒絕正義之標準相同，聲請人亦未解釋其正當期待為何受挫。於判斷是否違反 FET 時，仲裁庭通常會要求提供證據證明違反投資人之正當期待。投資人須表明於作成投資時所仰賴之聲明與保證，及相對人如何違反該等聲明與保證。相對人援引 *Pakerings* 案 [16] 等案件支持其論點。如無引發投資人正當期待之聲明，則國內法律環境之穩定性及可預測性無法依 FET 標準得到獨立保障。

(C) 聲請人未證明相對人有擔保厄瓜多法院體系之特定特徵或品質，亦未證明法院體系自其於 1964 年取得特許權或自 1973 年重新談判以來發生重大變化。法院積案為厄瓜多長期問題，而聲請人知悉國內訴訟可能持續 20 年。針對法院有偏見、歧視或惡意之論點，相對人認為聲請人所提出之證據具有誤導性，然聲請人無法提出任何直接證據證明審理案件之法官有偏見或惡意，抑或相對人有干預其案件之事實。

C. 第 II(3)(a) 條：FPS

(A) 第 II(3)(a) 條 FPS 標準並未設定單獨及獨立之義務，僅納入 FPS 之習慣國際法標

18, 2008).

[16] *Parkerings-Compagniet AS v. The Republic of Lithuania,* ICSID Case No. ARB/05/8, Award (September 11, 2007), para. 331.

準。該標準僅限定國家有義務爲外國投資人提供免受暴力侵害之人身保護。

(B) FPS 標準與 FET 標準並無區別，因此，基於相同理由，聲請人此部分之主張亦應被駁回，且聲請人亦未證明厄瓜多未能向其提供法律保障。

D. 第 II(3)(b) 條：恣意或歧視性措施

(A) 第 II(3)(b) 條之文字僅係爲迴避美厄 BIT 第 VI(2) 條之岔路條款。因此，雖該條文可能使投資人對恣意性或歧視性措施提出質疑時無須窮盡國內救濟，但此豁免條款不適用於司法體系已經進行審查之情形。

(B) 第 II(3)(b) 條並未產生與國際法上拒絕正義不同之義務。如要證明國家行爲具有恣意性，則應證明所涉行爲：(1) 完全不合理，缺乏任何連貫基礎；及／或 (2) 接近於故意不當。聲請人無法舉出有任何僅針對聲請人所作出之特定行爲，聲請人雖試圖將法院駁回其案件列入恣意行爲之範疇，但未能證明駁回決定係出於法院之偏見或貪污，或基於某種形式之司法不當或非理性之行爲。

(C) 就被指控具歧視性之行爲，相對人主張，作成不利聲請人之判決與仲裁開始時間相近之巧合，不足以證明有歧視性行爲存在。證明歧視性待遇存在須表明聲請人受到與其他處於類似地位之投資人不同之對待，且無合理化該等差別之理由，但聲請人並未提出相關之證據。

4. 違反投資協議

(1) 聲請人主張，相對人違反特許權協議，並於聲請人尋求救濟時拒絕正義，違反美厄 BIT。聲請人係直接就 TexPet 七起案件所涉及之違約行爲尋求損害賠償。相對人違反特許權協議，隨後並濫用其主權以避免承擔違約行爲之後果，從而違反投資協議。相對人之違約行爲本身即爲國際不法行爲，依習慣國際法，相對人之行爲已構成拒絕正義，仲裁庭得直接裁決該等違約行爲。

(2) 相對人主張，聲請人控訴相對人違反投資協議，僅係爲避免窮盡國內救濟及機會喪失原則。該控訴並無實質內容，僅爲契約違反及習慣國際法下拒絕正義之合併請求。然而，並無證據支持聲請人此項控訴。因此，基於與拒絕正義主張之相同原因，違反投資協議之控訴並無理由。此外，聲請人並未證明其得於違反特許權協議之案件中獲得勝訴。

5. 仲裁庭之判斷

(1) 第 II(7) 條規定，締約方應就投資、投資協議及投資授權提供主張及行使權利之有效手段。[17] 雖該條文之義務與習慣國際法之拒絕正義高度重疊，然仲裁庭認爲，第 II(7) 條爲一

---

[17] Each Party shall provide effective means of asserting claims and enforcing rights with respect to investment, investment agreements, and investment authorizations.

獨立、具體之條約義務，並未明確提及拒絕正義或習慣國際法。第 II(7) 條規範「有效手段」標準，而非僅重申拒絕正義。仲裁庭認同聲請人之觀點，即與習慣國際法之拒絕正義相較，第 II(7) 條得適用獨特且門檻可能較低之檢驗方式。

(2) 相對人認為第 II(7) 條僅涉及體系因素，不允許針對個別案件之投資人待遇進行審查，並引用 *Amto* 案[18]支持其觀點。然而，雖然理論上得進行此種二分法，但系統之形式存在無法與其於個別情形下之運作完全分開判斷，且 *Amto* 案係考量對烏克蘭破產法立法框架之具體主張，而非特定案件之不公正情形。雖第 II(7) 條明確要求建立適當之法律及制度體系，但仲裁庭亦得審查該體系對個案之影響，因該條文使用「行使權利」之文字，即表示美厄 BIT 亦重視個案中之權利行使情形。故仲裁庭認為，其得依第 II(7) 條直接審查個別案件，並留意該條之「有效」門檻要求對國內司法體系給予一定程度之尊重。

(3) 第 II(7) 條並未要求須證明地主國過度干預司法程序，係適用於影響投資人主張或行使權利之多種地主國行為之有效性標準之一。該條文所規範之義務為要求地主國提供有效手段之積極義務，而非不干涉該等手段之消極義務。

(4) 主張或行使權利之手段如要有效，即不得無限期或不當遲延。不當遲延實質上等同於拒絕投資人使用該等主張或行使權利之手段。因此，仲裁庭認為，第 II(7) 條適用於聲請人所控訴厄瓜多法院不當遲延七起案件之主張。厄瓜多司法體系應依據第 II(7) 條提供外國投資人於合理時間內行使合法權利之手段。合理性之限度取決於案件具體情形，如同習慣國際法之拒絕正義，應考量案件複雜度、訴訟當事人之行為、案件所涉利益之重要性與法院本身行為。故仲裁庭應判斷法院遲延是否以及何時超過第 II(7) 條所允許之門檻。

A. 爭端雙方未爭執，且仲裁庭未認定法院於美厄 BIT 生效前之遲延已達不當遲延。然而，如同仲裁庭於中間仲裁判斷所述，於判斷後續行為是否違反美厄 BIT 時，得考量美厄 BIT 生效前之行為。基於下述理由，仲裁庭認為，於聲請人發出仲裁通知之日，七起案件皆有不當遲延，違反第 II(7) 條。

B. 聲請人係於 2006 年 12 月 21 日發出仲裁通知，而於七起案件中，最近期之訴訟係於 1993 年提起。因此，於仲裁程序開始時，所有訴訟案件至少已延宕 13 年。雖 13 年屬較長期間，但仲裁庭不認為延誤達特定時間即違反第 II(7) 條，仍要考量各案件延宕之理由，以確定該遲延係屬不當。

C. 仲裁庭認為，該等案件所涉金額雖極高，但本質上仍是單純契約糾紛，僅具一般複雜程度，無法合理化法院遲延多年始作出判決之行為。法院近期之判決亦未提及或以其他方式證明於解決案件爭議時有遇到任何複雜狀況。針對聲請人之行為，仲裁庭認

---

[18] *Limited Liability Company Amto v. Ukraine*, SCC Arbitration No. 080/2005, Final Award (March 26, 2008).

為，聲請人積極追蹤案件進度，並持續要求法院作出判決，亦無證據證明聲請人之行為造成法院判決之延誤。

D. 於七起案件中，厄瓜多法院有超過 9 年時間可作出一審判決卻長期不作為，且厄瓜多法院曾承認該等案件已結案並有責任於發布宣判令後盡早作出判決，但法院並無合理理由解釋其不作為。因此，仲裁庭認為法院之遲延係屬不當，相對人未依第 II(7) 條提供有效救濟手段，違反美厄 BIT。

(5) 法院積案確實為判斷遲延是否不當之相關因素，但無法作為絕對抗辯事由。聲請人是否取得主張及行使權利之有效手段，應依客觀之國際標準判斷。如法院積案已達本案之延誤程度，亦得證明厄瓜多法院體系存在系統性問題，並已違反第 II(7) 條。如欲以法院積案作為未違反該條文之抗辯，積案須僅具暫時性，並由地主國迅速及有效處理，亦即地主國需先前已遵守國際規範，並於積案發生後短時間內恢復至國際標準。厄瓜多法院自 1990 年代即有積案產生，該情形並一直延續至十年後。此情形顯示厄瓜多法院之積案因不具暫時性而不得作為合理化法院延遲之理由。

(6) 聲請人於美國法院所作與厄瓜多法院之公平性與效力有關之陳述，不應妨礙其於本案中就厄瓜多法院不當遲延之求償。然聲請人之陳述仍對其主張具有一定程度之影響。於考量聲請人所經歷之法院遲延是否合理時，該陳述得構成對其不利益事項之承認。聲請人於 Aguinda 訴訟中引用其於厄瓜多法院之七起案件，並持與本案主張完全矛盾之立場。因此，仲裁庭認為，於 Aguinda 訴訟作成最終判決後，始達到合理遲延之限度。此外，如同情事變更允許聲請人合理改變其立場並避免適用禁反言原則，主張已達到合理延誤之限度亦須證明有情事變更之存在。

(7) 仲裁庭不認為聲請人應證明已窮盡國內救濟以使仲裁庭認定相對人違反第 II(7) 條，但聲請人應證明其已充分利用相對人所提供之主張及行使權利之手段。仲裁庭認為，聲請人已充分利用主張權利之手段。

(8) 綜上，仲裁庭認為，聲請人於 2006 年 12 月 21 日發出仲裁通知時，相對人因不當遲延違反第 II(7) 條。一旦遲延不當且構成違反美厄 BIT 之行為，國家隨後所作之行為無法影響其因不當遲延所負之責任。因此，厄瓜多法院於 2006 年 12 月 21 日後所為之判決僅能影響因違反美厄 BIT 而生之因果關係及損害賠償爭議。此外，因仲裁庭認定第 II(7) 條為習慣國際法拒絕正義之特別法，且相對人已違反該規定，仲裁庭即無須考量聲請人針對相對人藉由不當遲延或明顯不公正之決定而拒絕正義之主張。

（二）窮盡國內救濟方式[19]

1. 聲請人主張

(1) 就相當於拒絕正義之不當遲延，習慣國際法並無窮盡國內救濟之要求。依國際法所證明之不當遲延本身即表明司法體系已失其效用，且國內救濟措施係屬無效，故聲請人無需窮盡國內救濟。

(2) 美厄 BIT 之實體條款無窮盡國內救濟之要求。雖 FET 或主張及行使權利之有效手段得被理解為包含禁止拒絕正義，但下級法院判決可能構成直接或間接違反美厄 BIT 之國家行為，獨立於習慣國際法之拒絕正義。縱未窮盡國內救濟，法院之行為亦可能違反 BIT。

(3) 在適用國內救濟原則之範圍內，繼續於厄瓜多法院提訴係屬徒勞，故聲請人無須窮盡國內救濟。聲請人引用 *Las Palmeras* 案，主張國內救濟被認為屬徒勞且無效之主要案例即法院欠缺獨立性。[20]聲請人指控厄瓜多司法機構，特別是最高法院，至少自 2004 年 12 月起即無法正常運作，厄瓜多官員亦承認厄瓜多司法系統不具有獨立性。

(4) 相對人所援引之程序機制皆未能證明救濟措施與終結不當遲延間存在直接關聯。聲請人不認為聲請法官迴避為有效救濟措施，蓋此項聲請不會促使法院及時審理並作出判決。

2. 相對人主張

(1) 除非窮盡國內救濟，否則聲請人之拒絕正義控訴即欠缺建立國家對其司法行為負責所須之要件。聲請人未採取得適用之程序性救濟措施，於存有適當的上訴程序時，聲請人不能爭執不公正之裁決。

(2) 一旦相對人證明國內救濟措施之可得性，舉證責任即移轉至聲請人。聲請人須證明已窮盡國內救濟措施或得豁免於此要求。鑑於聲請人未利用聲請法官迴避等救濟手段，聲請人無法主張厄瓜多拒絕正義。縱為不當遲延案件，聲請人亦須於地主國法院進行救濟。聲請人所引用之案件僅在解決國內唯一救濟手段為續待法院作成判決之情形，或仲裁庭於案件所適用之條約明確給予例外，由政府機關證明何等國內救濟手段仍尚未用盡。

(3) 如欲以法院遲延為由，亦僅使聲請人無須再等待法院作成判決而得直接向上級法院提起上訴。法院遲延判決無法作為免除聲請人尋求其他潛在途徑以糾正其所指控之特定情形之理由。於本案，適當之分析僅須關注所有潛在之國內救濟手段是否對於處理遲延判決問題皆屬明顯無效。

(4) 原則上推定救濟手段為有效，欲推翻該項推定須達高度門檻，而非僅要求具失敗之可

---

[19]　*Supra* note 1, paras. 276-332.

[20]　*Las Palmeras v. Colombia (Merits)*, Inter-Am. Ct. HR. (Ser. C) No. 90 (December 6, 2001), para. 58.

能性或成功之不可能性。聲請人應窮盡所有與當地有效解決遲延之通常救濟措施。依 *Robert E. Brown* 案，缺乏司法獨立性僅於極端情形下才會使救濟措施無效。[21]此外，聲請人須證明存有因果關係，亦即須證明國家有操控法院、影響特定案件之行為，本案並無該因果關係存在。相對人主張，聲請人未窮盡國內救濟，聲請人對案件之不積極為造成延誤之直接原因。因此，縱確存有拒絕正義情事，聲請人亦無權獲得賠償。

3. 仲裁庭認為

原則上，窮盡國內救濟原則適用於拒絕正義主張，但聲請人關於違反美厄 BIT 及其第 II(7) 條之主張無須適用同樣的嚴格標準。依特別法優先原則，第 II(7) 條與習慣國際法上之適用情形不同。於內國法院遲延判決而違反條約之情形下，因無法窮盡國內救濟措施係因法院所致，仲裁庭即應判斷是否以及如何主張不需適用窮盡國內救濟原則。

(1) 於判斷國家所提供之主張及行使權利之手段是否有效時，仲裁庭應考量聲請人是否已適當使用該等手段，如未使用將導致無法適當評估手段之有效性，則聲請人未使用之行為可能妨礙追償。縱使救濟手段之成功可能性不高，聲請人仍有義務使用所有可用且有可能糾正其所指控之錯誤之救濟手段。於不當遲延之案件中，遲延本身即證明除專門針對遲延之救濟措施外，其餘所有救濟手段係屬無效。仲裁庭於確認法院遲延行為是否不當時，仍須考量當事人於內國法院之行為。如聲請人未窮盡可用之救濟手段，即可能會被仲裁庭認定為是造成延誤之部分原因。

(2) 於舉證責任分配上，仲裁庭認為，如同聯合國國際法委員會對外交保護之第三次報告所述，被訴國須證明國內救濟措施存在，而聲請人應證明該等措施無法使用或無效，或使用該等措施無法獲得救濟。[22]對救濟措施存在之證明，相對人須證明其所提之救濟措施與解決爭議間之直接及客觀關聯。

(3) 就相對人所提之聲請人未使用之救濟措施中，仲裁庭認為相對人並未證明該等措施如何能使法院迅速作出判決。除聲請法官迴避外，仲裁庭不認為相對人所提出之救濟措施得加速案件進行。

(4) 雖仲裁庭認為聲請人於 15 年之訴訟過程中皆未聲請法官迴避係屬可議，惟如 *Ambatielos* 案所述，即仲裁庭於質疑當事人之訴訟策略時應謹慎。[23]仲裁庭指出，聲請人於厄瓜多法院已嘗試各種不同之救濟措施，但都無濟於事。因此，仲裁庭最終認定聲請法官迴避

[21] *Robert E. Brown (U.S.) v. Great Britain*, 6 R. INT'L ARB. Awards (decision of November 23, 1923), p. 120 at pp. 121-129.

[22] John Dugard, International Law Commission, Third Report on Diplomatic Protection, UN Doc. A/CN.4.523 (2002), para. 19.

[23] *Ambatielos Claim (Greece v. U.K.)*, Award, 7 R. INT'L ARB. AWARDS, p. 83 at p. 119 (Decision of March 6, 1956), at p. 120.

不會對案件延誤產生任何幫助，聲請人未聲請迴避乙事即不排除仲裁庭對相對人違反第 II(7) 條之認定。

（三）權利濫用及禁反言原則[24]

1. 聲請人主張

(1) 其於 Aguinda 訴訟及與該訴訟相關之案件中所為之陳述，與本仲裁程序無關。相對人如要主張禁反言原則，即須證明存有清晰明確之事實陳述，及善意依賴該陳述致造成損害。相對人所稱之聲請人陳述僅為個人意見，非屬「清晰明確之事實陳述」。聲請人於本仲裁所採取之立場，與於 Aguinda 訴訟中所提交之專家宣誓書一致。自聲請人於 2000 年 4 月對厄瓜多司法系統作出正面性陳述後，該司法系統已顯著惡化。相對人亦未證明其仰賴聲請人之陳述。聲請人之一 Chevron 從未就厄瓜多司法機構發表任何陳述。

(2) 再者，當事人或其關係企業認為厄瓜多法院得作為審理 Lago Agrio 訴訟之法院之事實，並未授權法院拒絕為於該法院提起訴訟之當事人伸張正義。就相對人主張聲請人提起本仲裁之主要目的，係污名化厄瓜多司法機構，聲請人亦加以駁斥。Lago Agrio 訴訟於本案中並無爭議，且無任何法律原則允許以將來可能會提起、涉及不同事實之不同案件為由，而於未裁決本案事實及實體爭議之情形下駁回案件。

2. 相對人主張

(1) 聲請人於本案中對厄瓜多法院不當行為或無法尋求救濟手段之指控，與其先前之陳述不一致。依善意原則及禁反言原則，應排除聲請人拒絕正義之主張。聲請人於 1978 年至 2006 年多次公開對厄瓜多司法制度背書，該等陳述與聲請人於本案之立場不一致。聲請人於本案提及之七起案件，於 Aguinda 訴訟中係作為厄瓜多法院公平性之證明。再者，雖該等陳述皆由 TexPet 所為，然因 Chevron 於案件終結前即收購 TexPet，故該等陳述得歸屬於 Chevron。

(2) 國際法之誠信原則、任何人不能夠前後行為矛盾（*venire contra factum proprium*）及禁反言原則禁止聲請人採取明確立場後，卻於一法院依賴聲請人先前陳述或聲請人已受益於該陳述之情形下，轉而採取相反立場。禁反言原則於國際法下得靈活適用，且仲裁庭於判斷上享有廣泛之裁量權。

(3) 本案應適用與美國法之司法上的陳述不容否認原則（judicial estoppel）相當之原則。該原則規定，與先前不一致之立場已被採行，且法院已仰賴先前之立場，但相對人無需直接仰賴該立場，只要聲請人曾因先前之陳述獲得優勢，或相對人因該等陳述而蒙受不利即

---

24 *Supra* note 1, paras. 333-354.

可。若聲請人無法採取相互矛盾之立場，且無法主張厄瓜多司法體系之不足，聲請人之主張即無理由。

(4) 聲請人濫用該七起案件提出仲裁請求，構成程序濫用。聲請人在美國之訴訟中，承認其七起案件係作爲 TexPet 與厄瓜多協商其撤出厄瓜多之談判籌碼。於取得滿意之退場條件後，聲請人即停止續行七起案件之訴訟程序。聲請人現重啓該等案件之程序，僅爲減損正在審理中之 Lago Agrio 訴訟之合法性。爲達此目的，聲請人須讓案件停滯，故僅採行最低之程序行爲以維案件存續。聲請人對該等案件之結果缺乏任何合法利益，本仲裁程序不符合聲請人對該等案件之眞實意向，其拒絕正義之主張應視爲程序濫用。

3. 仲裁庭認爲

(1) 仲裁庭於中間仲裁判斷中，認定相對人應就禁反言原則及權利濫用負舉證責任，且國際法就該等指控有較高之舉證標準。仲裁庭認爲，相關紀錄顯示自 2000 年年中起，聲請人並無明確表示厄瓜多法院是公平的。

(2) 相對人主張聲請人於本仲裁程序之陳述與先前立場不同，但厄瓜多曾於 2004 年發生影響其司法體系之重大事件，晚於聲請人 2000 年之陳述。因此，仲裁庭認爲，於啓動本仲裁時，並未禁止聲請人作出與其他訴訟中陳述不一致之陳述。禁反言原則係爲防止一國於法院中，就與其先前向他國所爲之明確清晰、爲他國有權依賴且事實上依賴之陳述相衝突，並因而致他國受損或本國獲益之情形。[25] 因此，禁反言原則所依據之陳述須明確且清晰，且爲相對人所實際合理依賴。

(3) 雖相對人指出禁反言原則於國際法具適用彈性，但此並不代表相對人得援引內國法之禁反言原則以規避適用此原則之先決條件。因此，美國法之司法上的陳述不容否認原則無法適用於本案。

(4) 相對人並未提出聲請人自本仲裁開始之數年前所爲之明確陳述之證據，亦未證明相對人已仰賴該等陳述而有所作爲。因此，仲裁庭認爲，聲請人之主張不受禁反言原則限制，且聲請人所爲之陳述亦不構成與厄瓜多司法系統及其對該七起案件之處置有關之權利與主張之放棄。

(5) 針對相對人之惡意與權利濫用之指控，仲裁庭認爲，相對人未證明聲請人依美厄 BIT 提起仲裁不具合法利益，並未推翻聲請人有權依美厄 BIT 提起仲裁之推定。

---

[25] *Temple of Preah Vihear (Cambodia v. Thail.)*, 1962 I.C.J. p. 6 at pp. 143-144 (June 15) (dissenting opinion of Judge Spender).

（四）損害賠償計算方式[26]

1. 聲請人主張

依據若無（but-for）損害賠償原則，聲請人應獲得與其於厄瓜多法院請求時相等之損害賠償數額，及因遲延判決而生之損害賠償。

(1) 聲請人援引 *Chorzów Factory* 案，主張損害賠償須盡可能消除所有違法行為之後果，並重建如無該違法行為可能存在之情況。[27] ILC Articles 第 34 條亦認同完全賠償原則。聲請人並引用 1961 年國家責任公約草案（1961 Draft Convention on International Responsibility of States for Injuries to Aliens）支持其論點。如無厄瓜多法院之行為，TexPet 即可於該七起案件中勝訴，並獲得相應之賠償金額。因此，聲請人於本仲裁中有權獲得該數額，以及因厄瓜多法院遲延而生之利息及費用。

(2) 就相對人提出之機會喪失理論，聲請人認為，雖厄瓜多法院拒絕正義之行為，確實剝奪聲請人於公平公正之司法系統對其請求進行判決之機會，但亦無理由在本案中考量聲請人於該七起案件無法勝訴之可能性，而調整聲請人之損害賠償數額。折現因數（discount factor）通常用於確定企業之利潤損失或未來財務表現，但法院很少將其用於確定獲得特定法律結果之可能性，更少用於勝訴時之適當損害賠償數額之計算。

(3) 就相對人主張聲請人應訴諸國內救濟措施以減輕損害，聲請人亦加以駁斥。聲請人認為，通常是在契約之未違約方因違約方未能履行契約義務時，被迫採行減輕措施。厄瓜多不得以聲請人之費用從其自身之非法行為獲益，係國際法之一般原則。

2. 相對人主張

聲請人未證明其因遲延審理或案件駁回而受損害。聲請人無法證明其可能於該七起案件勝訴，亦未證明其因遲延所受之損害無法透過利息填補。

(1) 確立國家責任需有三個要素：發生違反國際法之行為、該違法行為得歸屬於國家，以及聲請人受有損害。國際不法行為所造成之損失係透過比較受害者之實際情形與如該行為未發生之假設情形而得。於拒絕正義之案件，所受損失應為失去於國內司法系統取得案件最終判決之機會。為證明損失，聲請人應證明其有高度可能獲得勝訴。

(2) 因聲請人主張之損失為失去於厄瓜多法院獲得判決之機會，仲裁庭應判定厄瓜多法院於內國法下會作出何種判決，而避免採用仲裁庭對特許權協議之解釋，蓋該解釋不符合厄瓜多法律及慣例。縱聲請人可證明其有可能勝訴，聲請人亦無法證明其將百分之百勝

---

26 *Supra* note 1, paras. 355-388.

27 *Factory at Chorzów (F.R.G. v. Pol.)*, Judgment, 1928 P.C.I.J. (ser. A.) No. 17, at p. 47 (September 13).

訴。因此，仲裁庭應適用機會喪失原則，以決定與 TexPet 於厄瓜多法院勝訴之可能性相符之損害賠償。

(3) 縱仲裁庭認為本案有拒絕正義之情形，且聲請人有權獲得損害賠償，任何損害賠償評估，皆應考量遲延損失係因 TexPet 自身未能採取適當措施以減輕其損失之折現因素。因此，聲請人所請求之判決前利息之計算時點，不得超過相當於在厄瓜多法院提交案件至獲得判決之平均 5 年期間。

3. 仲裁庭認為

國際不法行為所造成之損失，應比較受害人之實際情形與假設違法行為並未發生之情形。仲裁庭僅得於聲請人可證明其於厄瓜多法院有高度可能勝訴時，始得裁決賠償。聲請人應證明因果關係，即若無相對人之違反行為，其可獲得有利判決。

(1) 於厄瓜多法院作成相關判決前，厄瓜多即已因拒絕正義違反美厄 BIT 第 II(7) 條。仲裁庭之任務係判斷正直、獨立且公正之厄瓜多法院將會如何審理 TexPet 之請求，仲裁庭得考量厄瓜多法院於關鍵日期後所為之判決及本案其他證據，以認定正直、獨立且公正之厄瓜多法院將如何判決。

(2) 因雙方皆同意國際法之賠償目標在使受害人回復至若無違反行為發生時所應有之狀態，仲裁庭需確認 TexPet 原應收受厄瓜多法院所作成之何種判決。然無論厄瓜多法院如何認定案情，於作成判決時並不會依據機會喪失理論適用折現因數，且機會喪失理論在法律體系中並未被廣為接受，相對人此部分之論點並不可採。仲裁庭認為，相對人不得同時主張：A. 聲請人應證明其有高度可能於內國法院勝訴；及 B. 為反映勝訴可能性，應酌減聲請人請求之數額。如同時適用此二主張，將導致在指控國家司法機關不當行為之案件中，對聲請人之賠償不足。

(3) 依上述討論，在考量爭端雙方對特許權協議之主張前，仲裁庭需先處理於多項 TexPet 之訴訟判決中出現之放棄訴訟及時效理由。相對人藉此等理由主張判決之正當性，稱無論 TexPet 之控訴是否有理由，該等案件於重新審查中亦會被駁回。針對與第 7-92 號案有關之放棄訴訟爭議，仲裁庭認為不應以放棄訴訟為由駁回該案，蓋如厄瓜多法院有進行合理之調度，則聲請人之案件即不會處於被宣告為放棄訴訟之狀態，法院即會在宣告放棄訴訟前作成判決，或作成宣判令以排除將放棄訴訟作為駁回之理由。就時效部分，仲裁庭認為，應適用違約時效期間，而不應適用零售之特殊時效期間，故聲請人之案件不應被厄瓜多法院駁回。綜上，仲裁庭認定，不會以放棄訴訟或時效為由而認定無法審查該七起案件之實體部分。

（五）於厄瓜多法院之七起案件[28]

1. 埃斯梅拉達斯煉油廠案（第23-91號案及第152-93號案）及亞馬遜納斯煉油廠案（第7-92號案及第153-93號案）

(1) 聲請人主張

　　相對人要求 TexPet 以較低之國內市場價格提供高於其依法律及特許權協議有義務提供之原油量，卻未將該等原油用於國內消費，而是將該原油製成衍生性產品並出口，違反特許權協議。

　　A. 1977 年協議並未變更或取代 1973 年協議，僅對其作補充，且 1977 年協議之期間並非 1 年。簽署該協議之厄瓜多前財政部部長亦作證表明兩份協議並無衝突。1977 年協議之目的係在解決未決問題，並為 TexPet 及厄瓜多間之長期關係提供更好之基礎。

　　B. 就相對人主張特許權協議違反 1971 年碳氫化合物法（1971 Hydrocarbons Law，下稱石油法）或因未符合政府契約之必要形式而屬無效，聲請人認為，1973 年協議之前言即明確記載該協議符合石油法，且 1977 年協議已被認定為與 1973 年協議並無不同且無衝突，因此，1977 年協議亦遵循石油法。

　　C. 針對埃斯梅拉達斯煉油廠案，聲請人主張於 1978 年至 1992 年，厄瓜多於埃斯梅拉達斯煉油廠提煉 TexPet 提供之原油，並出口燃料油。依 1973 年協議第 19 條及第 20 條，TexPet 有權以國際市場價格獲得補償。就亞馬遜納斯煉油廠案，聲請人主張 TexPet 提供之原油被轉變成用以供應國內市場之衍生性產品及蒸餘油（residual fuel），且蒸餘油並未用以滿足國內市場需求，而是重新注入跨厄瓜多輸油管道後與純原油混合，並作為原油以國際市場價格出口。因 TexPet 所提供原油之一部分最終銷售出口，故 TexPet 提供之原油量高於原始約定之數額，厄瓜多應以國際市場價格支付最終出口部分之原油。雖厄瓜多認為其既合法自 TexPet 購得原油，該原油即屬於厄瓜多之財產，厄瓜多自得以其自身利潤銷售無法於國內市場販賣之衍生性產品。惟聲請人主張，依 1973 年協議第 19 條及第 20 條之最終目的地原則（ultimate destination principle），如原油之任何部分用於製造出口之衍生性產品，即應依 1973 年協議第 20.2 條適用國際市場價格。

　　D. 依特許權協議，厄瓜多有義務精確說明國內市場需求，並以國際市場價格補償 TexPet 所提供，但用以出口之原油。從 1973 年協議本身及實務運作，即可清楚區分第 19.1 條之國內煉製原油及第 19.2 條之補償性原油。1973 年協議無法支持厄瓜多得徵用所有為生產衍生性產品所需之原油之主張，且第 19.1 條並未規定或暗示 TexPet 須提供任何非於厄瓜多國內銷售之原油。因厄瓜多得以出口燃油及蒸餘油所得之資金購買衍生性產品滿足國

28　*Supra* note 1, paras. 389-498.

內消費需求，故自 TexPet 取得原油非屬必須。厄瓜多應：(A) 將該出口原油數量直接記入 TexPet；(B) 將該出口原油視爲補償性原油；或 (C) 爲該出口原油支付國際市場價格。

(2) 相對人主張

聲請人曲解 TexPet 與厄瓜多各自於 1973 年協議及厄瓜多法律之義務，故厄瓜多將於該等案件獲得勝訴，或該等案件至少存有待裁決之爭議，聲請人無法證明其可獲得勝訴至任何確信程度。

A. TexPet 係於石油法生效後始簽署特許權協議，該法第 30 條明確規定只有在滿足國家需求後，特許權人方得出口其生產之原油。1973 年協議第 19 條即規範此義務，且第 19.2 條賦予厄瓜多權限，可要求生產商提供爲生產國內消費所需之衍生性產品之任何原油數量。

B. 厄瓜多能源暨天然資源部於 1977 年敦促 TexPet 聯盟擴大其原油探及生產量，TexPet 及厄瓜多爲此開啓 TexPet 聯盟 1978 年度工作計畫之協商。相對人稱，TexPet 於協商過程中未曾提及 1973 年協議，此與聲請人及 TexPet 後續主張 1973 年協議具體規範國內消費之定義，且 1977 年協議並未改變該定義之主張相矛盾。協商結果最後納入 1977 年協議，目的係使 TexPet 增加投資及經營範圍之承諾得強制執行。相對人並提出 TexPet 內部文件，指稱 TexPet 承認 1977 年協議僅爲 1 年期工作計畫，且該協議多次提及「年度期限」、「12 個月期限」之文字。協議中僅有一節未明確提及該等文字，相對人認爲，除明文排除，否則協議之某一部分不應有與其他部分不同之意涵。

C. 就埃斯梅拉達斯煉油廠案，相對人主張，所有於埃斯梅拉達斯煉油廠加工之原油皆僅用於國內消費，所收到之原油數量亦屬生產精煉產品以滿足國內需求所必要，而所產生之任何蒸餘油應屬相對人所有，相對人得自行處分。就亞馬遜納斯煉油廠案，相對人主張，一旦原油交付至煉油廠，且相對人已支付相應對價，相對人即取得原油及其衍生性產品之所有權。

D. 雖 1973 年協議未明確規範煉油過程中所生之蒸餘油，但蒸餘油屬國內消費所需而爲生產精煉油所生之副產品，該協議當然未要求厄瓜多以國際市場價格支付。「爲生產衍生性產品所需」之文字即表明「國內消費」係依精煉過程之投入定義，而非依所生產之衍生性產品之最終目的地定義。TexPet 爲石油產業之國際大型廠商，無法稱其不知煉油過程會產生蒸餘油。TexPet 未能在協議中納入任何與蒸餘油有關之條款，即可證明 TexPet 從未有意確保其對蒸餘油之權利。出口蒸餘油實際上對相對人造成損失，蓋該時點之原油出口價格約爲蒸餘油出口價格的兩倍，厄瓜多對 CEPE 及 TexPet 之收入可課徵之租稅即形同減少，故無任何經濟誘因要求比滿足國內需求更多之原油。

E. 1977 年協議違反石油法，故無執行力。雖 TexPet 主張厄瓜多僅有權獲得依據所生產之蒸餘油扣減之原油桶數，然因蒸餘油屬生產過程之副產品，此種主張將使厄瓜多無法滿足國內需求，從而違反石油法第 30 條。且厄瓜多法律就與政府間具有執行力之契約規範嚴格

之程序，因此，如主張 1977 年協議屬長期性投資協議，將牴觸厄瓜多法律。

(3) 仲裁庭認為

A. 1973 年協議表面之意義不明確，致爭端雙方之解釋出現歧異，但雙方對 1977 年協議之意義及如於相關期間內協議為有效而可獲取之結果並無重大分歧。雙方皆確認 1977 年協議將出口產品排除於國內消費之計算外，如 1977 年協議於相關期間內有效，即可獨立解決上述爭議。因此，仲裁庭將先審酌 1977 年協議之條款及效力期間。仲裁庭認為，因 1977 年協議之數個條文提及 1 年期間，縱協議前言或「用於內部消費之石油」一節未提及 1 年期限，1977 年協議係於 1978 年期滿，故無法單以 1977 年協議支持聲請人之主張。

B. 其他爭議為：(A)1973 年協議第 19.1 條「國內消費」之定義；及 (B) 第 20 條之定價機制是以原油輸入煉油廠時之目的為基礎，抑或以衍生性產品之最終目的地為基礎。仲裁庭同意聲請人之主張，認為依 1973 年協議第 19 條及第 20 條，應以原油之最終目的地或最終用途決定應支付之價格。

C. 對於 1973 年協議中「衍生性產品」之文字被修改為「用於國內消費」（destined to the domestic consumption），爭端雙方皆無爭執。雖雙方後以「內部消費」（for internal consumption）之翻譯取代「用於國內消費」，但仲裁庭認為，原始西班牙文版本顯示定價機制係以由原油生產之衍生性產品之最終目的地為基礎。且 1973 年協議之文字顯示，係由以季為基礎之全球數量認定原油徵用數量及其支付價格。因此，TexPet 所提供原油之價格於輸入煉油廠時尚未確定，須至確定衍生性產品之最終目的地後始確認。此外，縱使 1977 年協議之效期僅有 1 年，但厄瓜多仍於該協議納入上述解釋及特許權協議之行業慣例，故仲裁庭認為聲請人之主張較合理。

D. 針對行業慣例之爭議，仲裁庭認同聲請人之論點，即行業慣例係就所有出口之衍生性產品以國際價格補償生產商，而國內定價、權利金、稅捐及其他機制係用以規制地主國及生產商間之關係。

E. 綜上，仲裁庭認為，一位誠實、獨立且公正之法官將使 TexPet 於埃斯梅拉達斯煉油廠案及亞馬遜納斯煉油廠案取得有利判決。

2. 進口產品案（第154-93號案）

(1) 聲請人主張

於補償性原油制度下，厄瓜多以國內價格購買 TexPet 之原油後，再以國際價格出售，CEPE/PetroEcuador 並以淨收益購買用於國內消費之衍生性產品，再出售予零售商。上述所有交易均應記入碳氫化合物供應業務處（Operaciones para el Abastecimiento de Hidrocarburos，下稱 OPAH）帳戶，OPAH 帳戶之餘額將影響補償性原油數量。TexPet 於進口產品案之請求係因厄瓜多未將出售該等衍生性產品之價款記入 OPAH 帳戶。

A. CEPE 對煉油、石油運輸管道、加油站及進出口有獨占權，且 OPAH 為 CEPE 之辦事處。1975 年後，CEPE 亦成為 OPAH 帳戶之管理人及負責評估與滿足國內石油需求之機關。因此，第 1258 號命令第 1(b) 條規定要求「煉油廠」（即 CEPE）將其透過補償性原油制度取得並轉售 CEPE 所有之加油站之進口產品之價款存入 OPAH 帳戶（相關之命令為第 88 號命令）。OPAH 帳戶實際上包含該等預期款項之應收帳款，但 CEPE 從未存入任何金額，致 OPAH 帳戶餘額較低，使 TexPet 需超額提供補償性原油以彌補此不足。

B. CEPE 於 1980 年 11 月 19 日發布第 1179 號內部決議，試圖解決上述問題，該決議規範 CEPE 就不同種類之衍生性產品支付至 OPAH 帳戶之轉讓價格。然仍存有三個問題：(A) 轉讓價格被人為壓低，衍生性產品實際上以較高之公開銷售價格出售；(B) 雖該決議規定需每年更新轉讓價格，但在該決議存續之 9 年間從未更新轉讓價格；及 (C) CEPE 從未支付轉讓價格，且相應之 OPAH 帳戶之應收帳款最終被註銷。

(2) 相對人主張

A. OPAH 帳戶僅為一種會計機制，而非徵用原油之基礎，向 TexPet 徵用之原油數量係基於實際煉油、消費預測及 1973 年協議。厄瓜多於衍生性產品進口時，直接將之供應予零售商，厄瓜多煉油廠並未取得進口產品，亦未向零售商銷售進口產品。另因厄瓜多已向 TexPet 購買原油，TexPet 並未取得可將自零售商收取之價金之利益記入帳戶之權利，只有向煉油廠銷售之收入始需記入 OPAH 帳戶。

B. 厄瓜多法院認為，1973 年協議第 19.2 條規定為國內消費提供石油之義務，且該協議第 20.1 條及石油法第 72 條亦授予厄瓜多設定用以供國內消費之石油價格之權利。另第 88 號命令規定，國內消費所需之原油包括：(A) 直接用於國內煉油；或 (B) 政府要求購買、既有煉油廠所需之重組油或產品混合物之原油。第 1258 號命令亦授權自 OPAH 帳戶提取用以向石油生產公司購買原油之金額，該等原油包括直接供應予國內煉油廠及用以進口衍生性產品而出口之原油。綜上，厄瓜多法院認為厄瓜多並未積欠 TexPet 任何款項。

(3) 仲裁庭認為

依第 1258 號命令第 1(b) 條，OPAH 帳戶須包括「煉油廠因自能源暨天然資源部所收受之進口碳氫化合物而應支付之金額」。由於此段文字意涵模糊，仲裁庭需藉助其上下文以探求真意。

A. 爭端雙方立場之根本差異在於 CEPE/PetroEcuador 所有之碳氫化合物零售商是否有權免費獲得進口之衍生性產品，或是否應以轉讓價格支付該等產品之費用至 OPAH 帳戶。

B. 補償性原油制度係為使厄瓜多免於以自身之成本滿足國內需求，但相對人對本爭議之解釋將不只使其免於以自身之成本滿足國內需求，更使厄瓜多透過其國有零售商獲得可觀利潤。由 TexPet 聯盟夥伴所為之第 1179 號決議，以及該等金額之應收帳款於 OPAH 帳戶之帳簿上保存很長一段時間，基本上等於承認 TexPet 之立場是正確的。

C. 綜上，仲裁庭認為，一位誠實、獨立且公正之厄瓜多法官將於進口產品案中作出有利於 TexPet 的裁決。

3. 不可抗力案（第8-92號案）

(1) 聲請人主張

A. 1987 年 3 月 5 日之地震摧毀跨厄瓜多石油運輸管道，雖此影響 TexPet 之產能，但 TexPet 在震後之不可抗力期間，仍透過哥倫比亞石油運輸管道向厄瓜多提供其儲藏之原油及其在該期間所生產之所有原油。鑑於厄瓜多之煉油廠無法煉油，CEPE 遂以 TexPet 所提供之原油生產之燃料油交換衍生性產品，以滿足國內消費需求。依 1973 年協議，TexPet 提供原油之義務係其原油產量之一定比例。因 TexPet 於該期間內無法生產原油或僅得生產極少量之原油，故其需提供之原油數量即隨之減少。另依厄瓜多民法之不可抗力條款，TexPet 並無義務提供額外之原油數量彌補其於該期間不足之部分，亦無溯及提供原油之義務。然於石油運輸管道修復後，厄瓜多卻要求 TexPet 溯及提供超過其在不可抗力期間 100% 之產出。

B. 雖相對人主張不可抗力僅暫停而非免除法定義務之主張可能正確，不可抗力期間經過後 TexPet 之義務回復，惟此仍不能要求 TexPet 自隨後季產能中溯及提供原油，以滿足先前各季所對應之國內消費需求。

(2) 相對人主張

A. 聲請人之主張違反 1973 年協議第 19 條及石油法第 30 條，後者規定 TexPet 僅於滿足國內需求後始得出口石油。1973 年協議第 19.1 條賦予政府自由裁量權，只要認為有必要時即得要求提供原油，聲請人忽略該等自由裁量權之存在。當事人間之慣例顯示，此種溯及提供請求實際上經常被提出，以使每季之估計與特定季度之實際生產與消費一致。

B. 依厄瓜多民法第 1590 條（現為 1563 條），不可抗力原則免除債務人因延遲履約所應承擔之責任，但並未免除該義務。因此，不可抗力僅推遲 TexPet 為國內消費需求提供原油之義務。

(3) 仲裁庭認為

A. 依 1973 年協議第 19.1 條，TexPet 提供石油之義務係依各季總產量之比例計算，最大之義務為該季總產量之 100%。因此，仲裁庭認為，TexPet 於厄瓜多石油運輸管道因地震損毀而無法運行之季度內提供其所有產量及庫存時，已履行並超出其應盡之義務。厄瓜多於隨後季度以國內價格近一步要求 TexPet 提供原油以彌補地震期間於國外緊急購買之衍生性產品，違反 1973 年協議。因仲裁庭認定 TexPet 無提供超出各季最大產量之義務，故依厄瓜多法律，TexPet 亦不存在因不可抗力原則而推遲之義務。

B. 不可抗力原則旨在「以公平公正之方式分配因不可預見事件所造成之損失及收益」。相對人之主張將使任何由不可抗力事件所生之負面影響皆完全由 TexPet 承擔。

　　C. 綜上，仲裁庭認為，一位誠實、獨立且公正之厄瓜多法官將於不可抗力案中作出有利於 TexPet 的裁決。

4. 再融資協議案（第983-03號案）

(1) 聲請人主張，截至 1986 年 9 月 30 日，厄瓜多累計積欠 TexPet 原油價款 41,316,033.98 美元，雙方簽署 1986 年再融資協議，要求 CEPE 分 18 個月償還債務，然厄瓜多仍遲延支付本金及利息，並因而產生更多的遲延利息。TexPet 及 CEPE 隨後成立委員會，確認厄瓜多積欠 1,522,552.54 美元之利息。TexPet 後提起第 983-03 號案訴訟，要求支付該款項，並主張於地震發生後之不可抗力期間，並未停止計算利息。依厄瓜多民法第 30 條，不可抗力事件無法暫停或免除財務義務之履行，且相對人之專家證人於法院提交之報告亦稱 CEPE 積欠 1,522,552.54 美元。聲請人承認，於仲裁通知後，法院判決 TexPet 勝訴，但判決書卻記載款項應支付予 TexPet 之「法定代表人」，此將使其無法依判決請求款項，蓋依厄瓜多法律，僅本國公司有「法定代表人」，外國公司僅能透過「事實代理人」（attorneys-in-fact）請求。TexPet 請求法院釐清判決、表明 TexPet 係由事實代理人代表，然法院否准此項請求，迫使 TexPet 就此提出上訴。

(2) 相對人主張，地震屬不可抗力事件，故 PetroEcuador 於不可抗力期間無須付款。且依石油法，上訴法院並無管轄權，應由能源暨礦物部處理因適用石油法而生之爭議。另依再融資協議，係就石油出口部分付款予 TexPet。鑑於不可抗力期間未出口石油，PetroEcuador 於恢復石油出口後始有付款義務。且聲請人於本案件獲得勝訴，並無任何阻礙其依判決請求款項之情事。

(3) 仲裁庭認為，厄瓜多法院確實判決 TexPet 全部勝訴。本案現存爭議在於判決載明應向 TexPet 之法定代表人支付款項，仲裁庭須判斷厄瓜多法院之判決是否不當阻止聲請人取得應得之款項。

　　A. 聲請人並未證明法院判決有瑕疵，因該判決有利於聲請人，縱相對人有違反美厄 BIT 第 II(7) 條，聲請人亦未因此受到損害。即使聲請人主張其無法收受款項，但聲請人並未證明 TexPet 或其厄瓜多事實代理人有嘗試收取款項，或證明於類似情形下被阻礙收取款項之事例。

　　B. 因聲請人未證明其受有損害，故仲裁庭無需認定一位誠實、獨立且公正之厄瓜多法官是否會作出款項應支付予法定代表人之判決。

六、損害賠償數額[29]

（一）聲請人主張

於本仲裁程序，聲請人委任 Navigant 評估截至 2008 年 4 月 1 日之損害賠償數額，Navigant 之計算係仰賴聲請人對適用利率之主張。

1. 直至 2004 年 12 月 31 日拒絕正義之行為完成前，應依厄瓜多法律確定適用利率。依厄瓜多法律，自違約時起至 2004 年 12 月 31 日應以單利計算利息。聲請人原聘請之專家係使用紐約基礎利率（New York Prime Rate）計算利息，但 Navigant 認此過於保守，而應適用厄瓜多就國際義務所使用之關鍵利率 *Tasa Activa Referencial* 計算，依據此利率，聲請人可請求 1,128,619,116 美元。

2. 於 2004 年 12 月 31 日後，因違反國際法之行為已具體化，應依國際法確定適用利率，在國際投資仲裁中，普遍以複利計算利息。自 2000 年起，於 16 件有利於聲請人之仲裁判斷中，有 15 件以複利計算利息。因此，於 2004 年 12 月 31 日後使用複利計算利息應為妥適。Navigant 以相當於厄瓜多資本成本之 11.41% 利率複利計算，聲請人此階段應可請求 1,605,220,794 美元。

3. Navigant 之分析已考量若 TexPet 被允許在國際市場出售超額提供之原油將產生之增量成本（the incremental costs）。TexPet 於向厄瓜多交付石油之過程中，已支付該等成本，適當之結果應係抵免 TexPet 未來就厄瓜多國內原油需求之提供義務。

4. 損害賠償數額應以稅前基礎計算，厄瓜多不會改變稅賦之事實與本爭議無關。依 *CSOB* 案，所得稅屬政府行為，與一方當事人對他方所受損害負全額賠償之義務無關。[30] 於確定損害賠償數額時考量稅賦，與包括美國法院在內之國內法院做法有出入，且判決前之利息通常亦免稅。相對人不應就其國際違法行為而生之賠償責任要求稅收收益。聲請人備位主張，於承認及執行仲裁判斷前，並不會產生仲裁判斷所生之收入，故應適用厄瓜多目前之公司稅率而非舊稅率。縱依舊稅收規範，該收入亦不會與石油探勘及生產直接相關，因此應適用較低之稅率，而非相對人主張之統一所得稅稅率。

5. 於違約行為時即開始計算利息，厄瓜多民法第 1573 僅規定損害賠償主張之成熟時點，未規定開始計算利息之時點。

---

[29] *Supra* note 1, paras. 499-557.

[30] *Ceskoslovenska Obchodni Banka A.S. v. Slovak Republic*, ICSID Case No. ARB/97/4, Award (December 29, 2004), para. 367.

（二）相對人主張

聲請人之專家證人欠缺獨立性，以不正確之法律假設為前提計算損害賠償數額。

1. 相對人之專家重新評估損害賠償數額，並作出兩種假設：第一種為 TexPet 在該七起案件之請求欠缺正當性，除再融資協議案之請求外，無任何損害產生；第二種假設則為厄瓜多需負擔完全之責任，在此假設下，相對人之專家使用與 Navigant 相同之分析方法，所得之損害賠償數額仍僅有 Navigant 計算數額之 12%。

2. 就埃斯梅拉達斯煉油廠案，相對人認為，聲請人就其所稱超額提供原油之出口收入，未調整應支付之稅款。考量石油之特殊稅率，應按 87.31% 之稅率課稅。調整稅收及 Navigant 分析之錯誤後，損失僅為 22,814,132 美元。亞馬遜納斯煉油廠案在經過相同調整後，損失為 2,011,794 美元，進口產品案為 402,913 美元，不可抗力案為 1,588,491 美元。

3. 於 1995 年至 2004 年間使用 *Tasa Activa Referencial* 計算利息並不妥適，因該利率係專為以厄瓜多舊貨幣蘇克雷（Sucres）計價之債務設計，考量厄瓜多通貨膨脹、貨幣貶值、主權債務及財政與貨幣政策，不會影響以美元計價之請求。因本案不受上述風險及不確定性影響，並無理由使用高於無風險利率（如紐約基礎利率）之利率，應自聲請人提出請求之日起使用單利利率計算利息。

4. 依厄瓜多法律，聲請人無權獲得其提出請求前所生之利息。1973 年協議並未規定利息或付款期限。因此，厄瓜多在收受 TexPet 之訴訟請求前，保有對任何據稱超額提供石油所應支付之金錢，皆被推定為善意，且於法院訴訟開始前，並未積欠任何利息。聲請人亦無權以複利計算利息，蓋厄瓜多法律禁止複利計算，而特許權協議受厄瓜多法律所拘束。相對人主張，除涉及徵收之案件，以單利計算仍為國際投資仲裁之常態。

5. 針對稅賦義務，統一所得稅係逐批就源扣繳。依 1973 年協議第 33.1 條，承包商應向國家支付稅法所規定之所有稅款。第 33.4 條規定，依該協議對利潤課徵之租稅應與其他租稅務分開處理，故 TexPet 之納稅義務亦屬契約義務。如聲請人收受其聲稱被積欠之款項，依 1973 年協議，聲請人即須繳納相當於該筆款項 87.31% 之租稅。*Liamco* 案[31] 等案件仲裁庭亦於最後裁決數額扣除聲請人應繳納之租稅。考量 1973 年協議及其慣例，扣除租稅之做法亦符合爭端雙方之合理預期。此外，厄瓜多法院於判決時亦會考量稅務問題。

（三）仲裁庭認為

基於爭端雙方於厄瓜多法院之訴訟程序中就原油桶數，或如 TexPet 於該等案件勝訴而應支付之賠償金額，並無重大分歧，因此，鑑於仲裁庭就該等案件作出有利於聲請人之認

---

[31] *Libyan American Oil Company v. The Libyan Arab Republic*, Award (April 12, 1977), p. 157.

定，仲裁庭將以厄瓜多法院審查後評估之原始直接損害賠償數額，作爲本仲裁庭評估賠償數額之起點，金額總計爲 354,558,145 美元。仲裁庭應判斷適用之利率，並處理稅賦爭議。

1. 爭端雙方皆同意，於厄瓜多違反國際法行爲之完成日前，應適用厄瓜多法律判定利息計算方式，亦同意厄瓜多法律並不允許複利計算。爭端雙方有爭執者在於應於何時開始計算利息，仲裁庭認爲，依厄瓜多法律，於開始計算利息前，一方當事人需處於違約狀態。因此，開始計算利息之時點應爲 TexPet 向厄瓜多法院提起訴訟時。依仲裁庭上述認定，厄瓜多違反美厄 BIT 第 II(7) 條之行爲於提出仲裁通知時已完成，故依厄瓜多法律單利計算利息之期間應自各案件提起訴訟之日起至仲裁通知日（2006 年 12 月 21 日）止，利率則應使用紐約基礎利率。TexPet 之專家於厄瓜多法院審理期間亦使用紐約基礎利率計算損害賠償之利息。以該利率計算 TexPet 得請求之利息應爲 344,063,759.84 美元，TexPet 於 2006 年 12 月 21 日得請求之總金額爲 698,621,904.84 美元。

2. 爲計算聲請人之實際損失，應依厄瓜多法律扣減租稅，否則即可能高估聲請人所受之損害，從而使其獲得超額賠償。然仲裁庭承認，租稅問題可能較其初步觀之更爲複雜，故仲裁庭將另以判斷判定聲請人應獲得之損害賠償金額。

3. 關於 2006 年 12 月 21 日後之利息，仲裁庭認爲，依國際仲裁慣例，應以複利計算利息，且利率應以紐約基礎利率計算。確認利息計算基礎之重點，係仲裁庭應裁定之數額爲如聲請人可及時獲得救濟即不會損失之投資收入。

4. 最後，仲裁庭認爲本案並無超額賠償之問題，因此，不應基於在內國法院訴訟中獲得有利結果之不確定性而減少聲請人所受之賠償。此外，國際法、國際仲裁判斷及國內法院程序亦提供多種機制，以避免產生超額賠償問題。

七、仲裁庭之決定與判斷[32]

（一）厄瓜多法院無故拖延 TexPet 之七起案件，相對人違反美厄 BIT 第 II(7) 條，應對聲請人之損失負擔損害賠償責任。

（二）聲請人無程序濫用情事，亦未因向相對人提起仲裁而違反禁反言原則。

（三）仲裁庭已認定相對人違反第 II(7) 條，且聲請人就其額外請求主張之救濟並未超出依第 II(7) 條所爲之主張，仲裁庭無須判斷聲請人其他違反美厄 BIT 或習慣國際法之主張。

（四）相對人應負擔之損害賠償金額將由仲裁庭於個別程序中判斷。

---

[32] *Supra* note 1, para. 558.

（五）相對人應依紐約基礎利率支付自 2006 年 12 月 22 日起至相對人付款日止，以複利計算之利息。

（六）相對人應依紐約基礎利率支付自仲裁庭作出仲裁判斷之日至相對人付款日止，以複利計算之利息。

（七）關於仲裁費用之裁定將於程序後階段始為決定。

（八）其餘主張均應駁回。

案例七

CME Czech Republic B.V. v. The Czech Republic, UNCITRAL, Partial Award (on liability) (September 13, 2001); Final Award (on quantum) (March 14, 2003)

一、當事人

聲請人：依荷蘭法設立之公司（CME Czech Republic B.V，下稱 CME）

相對人：捷克

二、案件摘要

（一）系爭投資

CME 所持有捷克電視服務公司（Česká Nezávislá Televizní Společnost, spol. s r.o.，下稱 ČNTS）之 99% 股權，以及相關的有形與無形資產。[1]

（二）爭議緣由

捷克媒體理事會（Czech Media Council，下稱媒體理事會）以其作為和不作為造成對電視播送營運商 ČNTS 之商業性破壞。

（三）實體規範依據

荷蘭—捷克 BIT（1991）（下稱荷捷 BIT），聲請人主張相對人違反以下義務：1.徵收；2.公平公正待遇（fair and equitable treatment，下稱FET）；3.禁止不合理、歧視性對待；4.充分保障與安全（full protection and security，下稱FPS）；5.對待投資遵循國際法準則。

---

[1] *CME Czech Republic B.V. v. The Czech Republic*, Partial Award (on liability), UNCITRAL Arbitration Rules (September 13, 2001), para. 5.

（四）仲裁機構及規則

　　無；UNCITRAL 仲裁規則（UNCITRAL Arbitration Rules, 1976）。

（五）聲請人請求

1. 仲裁庭確認相對人違反上述義務。
2. 相對人應賠償聲請人之投資因違反義務造成之損害，並依公允市價（fair market value）於第二階段計算金額。

（六）仲裁程序及後續

1. 根據 UNCITRAL 仲裁規則第 16 條規定，仲裁庭決定本案仲裁地點為斯德哥爾摩（Stockholm）。
2. 仲裁庭於 2001 年 9 月 13 日作成部分仲裁判斷。
3. 仲裁庭於 2003 年 3 月 14 日作成最終仲裁判斷，決定損害賠償金額。

三、事實背景[2]

　　1993 年初，CET 21（捷克國民成立之捷克公司）及其顧問 Dr. Vladimír Železný（捷克國民）邀請 CEDC（the Central European Development Corporation GmbH，與 CME 同一集團，依德國法成立之公司）與媒體理事會進行協商，以直接或間接參與之方式，申請媒體理事會根據 1991 年捷克廣電傳播營運法（the Czech Republic's Act on the Operation of Radio and Television Broadcasting，下稱廣電法）核發廣電播送執照。媒體理事會於 1993 年 2 月 9 日核發執照予 CET 21，並於發照說明中表示：「CEDC 的外資實質參與，為開展電視台業務所必要」；並且在發照條件中確認 CEDC 與持照者 CET 21 的合作關係。

　　嗣後，關於 CEDC 直接投資 CET 21 股權、兩者共同持有執照等安排發生變化。CET 21 的股東、Dr. Železný 及媒體理事會與 CEDC 協商，改採合資方式進行電視播送事業。起初由 CEDC（66% 股權）、CET 21（21% 股權）及捷克儲蓄銀行（Czech Savings Bank，22% 股權）共同創立 ČNTS 公司，並以之提供 CET 21 廣播電視播放服務。媒體理事會認為比起直接由外資公司設立並經營，這項做法更容易被捷克議會及公眾所接受。CME 陸續買受 ČNTS 股份，包括於 1997 年向 Dr. Železný 所控制之公司收購 NOVA Consulting 所持有的部分，最終 CME 直接、間接擁有的 ČNTS 股權達到 99%。

---

[2]　*Id*. para. A.

媒體理事會核發執照的條件包括：ČNTS 的公司設立備忘錄（Memorandum of Association and Investment Agreement，下稱 MOA）明定由 CET 21 負責持有執照、ČNTS 負責廣電台營運活動之合作模式。CET 21 給予 ČNTS「無條件的、不可撤銷及排他性的」執照使用權利（use of the license），作為出資，以換取 12% 的 ČNTS 股權。ČNTS 提供所有的廣電服務，包括取得並製作節目，以及販售廣告時間給 CET 21；而 CET 21 主要作為執照持有者，負責與媒體理事會聯繫。

媒體理事會於 1993 年 4 月核准 MOA，ČNTS 及 CET 21 於 1994 年 2 月開始透過新成立的 TV NOVA 播放節目。TV NOVA 很快得到超過 50 % 的收視率（audience share），1998 年的營收為 1.09 億美元，淨利為 3,000 萬美元。

1996 年廣電法修法，准許將「非節目」（non-programming）排除在發照條件之外，因此免除相關法令之限制，是以包含 CET 21 在內之大多數執照持有者均申請這項免除，而這也使媒體理事會失去對於這些執照持有者直接且強力的監管。

其後，ČNTS 的股東在 1996 年亦提案將 CET 21 給予的「執照使用權利」替代為「執照相關專門知識之使用權利」（use of the know-how of the license）。這項改變造成 ČNTS 與 CET 21 間的認知差異並引起爭論，最終雖然雙方於 1997 年 5 月 21 日簽訂合作協議（Co-operation Agreement; Service Agreement），明定 CET 21 為執照持有者，且為 TV NOVA 的電視播送營運者（television broadcasting operator）；ČNTS 的權利義務則是確保依據本協議提供以執照為基礎的電視播送服務，ČNTS 有權保留服務收入的一部分作為其費用。

其後，Dr. Železný（當時為 CET 21 之執行董事及 TV NOVA 執行長）依靠媒體理事會之監管權力，不斷向 ČNTS 施壓，要求修改或替換 1997 年之合作協議，例如要求 CME 向 CET 21 額外支付 TV NOVA 營收的 4%，以及要求 ČNTS 同意簽署關於「廣告銷售、技術運營及技術支持」（on the sale of advertisements, technology operations and technology support）的新協議，否則即要撤回其授予給 ČNTS 之授權。媒體理事會在接獲 Dr. Železný 的告知後，要求其提出具體問題清單，並針對這些資料提出若干建議。CET 21 在 1999 年終止 1997 年之合作協議。接著 CET 21 更將 ČNTS 作為服務提供者及廣電播送運營者之角色替換為其他單位，而完全排除 ČNTS。

CME 因而主張 ČNTS 作為捷克國內最成功的私人廣電營運業者，已經被捷克媒體理事會在 1996 年及 1999 年的作為和不作為造成商業性破壞，遂提付仲裁。

本案涉及捷克廣電法有關之幾項規定：[3]

（一）第 10 條（核發執照條件）：(1) 持照者在執照授權範圍內有廣電播放權；(2) 執照不

---

[3] *Id*. paras. 183-187.

得被移轉；……(5) 在審核執照申請時，核發機構應確保沒有任一申請者在大眾媒體取得「支配地位」（dominant position）；(6) 在評估外國投資人參與之申請時，應考量申請者對於國內（捷克）原創作品發展的貢獻，以及捷克自然人或法律實體在其中持有股權及所占（董事）席位。

（二）第 11 條（執照申請）：(3) 只有申請執照之人或實體才是核發執照程序之當事人。

（三）第 12 條（核發執照之決定）：(3) 除了前項考量因素，執照的核發決定亦包括核發機構為廣電營運業者所設定之條件。

（四）第 14 條（執照變更）：(2) 根據前項的通知，執照核發機構將依個案判斷以決定執照的變更，或依第 15 條規定廢除執照；……(7) 廣電業者必須將與申請許可相關數據之變更，以及執照條件履行情況之變更，於變更後 15 日內通知執照核發機構。

（五）第 15 條：(1) 執照核發機構應於下列情形撤銷執照：(a) 執照持有者無法滿足第 10 條核發執照之前提條件；……(c) 執照持有者本身發生改變，以致無法滿足執照中所規定之條件（此項於 1996 年廢除）；(2) 執照核發機構可以在執照持有者嚴重違反執照規定之條件、本法所規範之義務或其他具拘束力之法律規定時，撤銷其執照。

四、程序爭點

（一）CME取得之ČNTS股份是否符合投資定義

1. 聲請人主張，[4] 荷捷 BIT 保障荷蘭投資人在捷克內的投資，該條約對「投資」範圍定義廣泛，包含第 1(a) 條所謂「各種資產」（every kind of asset）。本條衍生的保護投資態樣包含：「動產及不動產……權利」、「股份……以及公司或合資企業的其他種類利益，與由此所生之權利」、「對……資產和任何具有經濟價值的表徵」及「智慧財產權與包含技術工藝、商譽及知識」等。因此聲請人主張，在此定義下，CME 對於 ČNTS 的所有權權益，及 CME 為獲得該權益並使其增長而直接或間接進行的所有投資，均應包含於荷捷 BIT 對於投資的解釋及適用於捷克。

2. 相對人主張，[5] 聲請人並未證明存有荷捷 BIT 下的「投資」，聲請人亦未能界定其所主張的投資係指「其對於 ČNTS 所持有的股份」，抑或「與 ČNTS 享有的某些締約權利」，或是「賦予 CEDC 的某些權利」。

4　 *Id.* paras. 145-147.

5　 *Id.* paras. 291-293.

3. 仲裁庭認爲，[6] 聲請人爲荷捷 BIT 第 1(b) 條指稱之投資人，亦爲依荷蘭法合法設立的法人。本項爭議在於聲請人是否有符合荷捷 BIT 第 1(a) 條定義的投資，該條所謂投資係包含「以直接或是透過第三國投資人進行之各種投資」，包含股份、公司及合資公司的其他種類權益及所由產生之權利、金錢、其他資產及任何具有經濟價值之表徵。本案聲請人爲持有 ČNTS 99% 股份之股東，而這些股份及所產生之權利可認爲係荷捷 BIT 第 8.1 條及第 1(a)(ii) 條之投資。

（二）是否構成荷捷BIT下的投資爭議

1. 聲請人主張，其投資因相對人的干預，導致利益損失，滿足荷捷 BIT 第 8 條投資爭議之定義。

2. 相對人主張，[7] 本案係一私人商業爭端（private commercial dispute），本質上是發生於 Dr. Železný 造成廣電執照持有者 CET 21 及提供廣電服務的 ČNTS 間契約關係終止的爭議，捷克並非該契約之一方。CET 21 與 ČNTS 間之合作協議的改變，亦非受到媒體理事會強制力的影響。故本案非投資人與地主國間之爭議，亦非荷捷 BIT 下之投資爭議。聲請人試圖利用條約以解決兩個商業夥伴間不合的私人間爭端，實際上係扭曲條約意旨。此外，聲請人在投資 ČNTS 時應充分考量可能存在的投資風險，本案實際上是投資失敗的爭議。

3. 仲裁庭認爲，[8] 本項投資爭議源於合資公司資產的破壞，以及由 CET 21 授予 ČNTS 的廣播許可使用權在事實面與法律面的價值喪失。這些爭議滿足荷捷 BIT 第 8 條的投資爭議定義，即使相對人抗辯應視爲私人商業爭議，但本案的確涉及投資人與國家間之爭議。

再者，ČNTS 與 CET 21 及 Dr. Železný 間之爭議，並未將聲請人與捷克間之爭議轉換爲與荷捷 BIT 無關之商業爭議，無法排除荷捷 BIT 下存在的投資爭議。

此外，根據 1999 年 3 月 2 日 Dr. Železný（當時爲 CET 21 之執行董事及 TV NOVA 執行長）與媒體理事會的會議紀錄，可發見 Dr. Železný 向媒體理事會告知 CET 21 與 ČNTS 間發生之衝突，以及威脅 ČNTS 同意簽署新協議，否則即要撤回其授予給 ČNTS 之授權。媒體理事會在接獲 Dr. Železný 的告知後，要求其提出具體問題清單，並針對這些資料提出若干建議。仲裁庭認爲媒體理事會作出的總結性質上實係爲「要求」（requirements）而非僅爲建議，其中涉及 CET 21 與 ČNTS 間具體的契約情形，因此實際上並不只是媒體理事

6　*Id.* paras. 375-400.

7　*Id.* paras. 294-301.

8　*Id.* paras. 401-408.

會的政策方向陳述。

（三）仲裁庭之管轄權是否受「平行程序」影響？

1. 本案以外的相關程序：[9]除本投資仲裁案以外，與本案爭議相關的法律程序有：

(1) ČNTS 於布拉格區域商業法庭（Prague Regional Commercial Court）對 CET 21 提起訴訟，根據 1997 年合作協議之獨家權利，主張 CET 21 僅能透過 ČNTS 採購 TV NOVA 所需的營運服務。法院於 2000 年 5 月判決 ČNTS 勝訴，但媒體理事會拒絕根據法院判決採取任何行動。本案仲裁程序進行時，CET 21 提起上訴且勝訴，ČNTS 又上訴最高法院。

(2) CME 於 ICC 對 Dr. Železný 提起仲裁，主張其違反 1997 年 8 月 11 日簽訂之股權買賣協議。ICC 仲裁院於 2001 年 2 月 9 日確認仲裁判斷，命 Dr. Železný 向 CME 支付 2,335 萬美元，CME 返還 NOVA Consulting 之股份。

(3) Ronald S. Lauder（CME 的控制股東）於 1999 年 8 月根據美國—捷克 BIT，對捷克提起投資仲裁，依照 UNCITRAL 仲裁規則成立臨時仲裁庭（下稱倫敦投資仲裁案）。Lauder 於該案主張之事實，與本案幾乎相同。該案仲裁庭於 2001 年 9 月 3 日作出判斷（較本案仲裁判斷早 10 天），認定捷克違反 BIT 之義務（不得採取恣意歧視之措施），即違背原先承諾之 CME 集團公司直接持有執照及 CET 21 股權，要求 CME 集團僅能以合資方式參與。[10]但因為 Lauder 未能證明媒體理事會之作為或不作為造成財產權之移轉，或剝奪其使用財產，或干預其財產權，因此沒有給予損害賠償。[11]

2. 相對人主張，[12] Lauder 及 CME 在兩個不同條約中提出實質內容相同之主張，是 BIT 的濫用。此外，投資人之子公司既然已經在捷克進行商業訴訟，就應該窮盡在捷克境內的救濟程序。捷克主張本案仲裁庭應以欠缺管轄權為理由，駁回聲請人之請求，因為前述幾個法律程序與本案同時進行，且其判決或判斷可能彼此矛盾。這就是 *lis alibi pendens*（案件在異地尚未審結的抗辯）所要避免的。

---

[9] *Id.* paras. 140-144, 298.

[10] "The Respondent committed a breach of its obligation to refrain from arbitrary and discriminatory measures when in the Winter of 1993 it changed its original position, which had been made known to the Claimant and to the public at large, allowing an equity investment of the Claimant in CET 21, the holder of the license to broadcast, and insisted that the participation of the Claimant could not be made in the form of an equity participation but only through a joint venture company." *Ronald S. Lauder v. The Czech Republic*, UNCITRAL Final Award (September 3, 2001), para. 2 of the Decision.

[11] *Id.* paras. 222, 201, 202.

[12] *Supra* note 1, paras. 302-310.

3. 仲裁庭認為，[13] 捷克關於平行程序（parallel proceedings）影響管轄權之主張不成立。投資人所提的民事訴訟是否影響依據條約所提之投資仲裁，取決於該條約中是否有限制規定（筆者按：類似「岔路條款」）。若無明文限制，就應該採取開放的解釋，容許投資人選擇救濟途徑。仲裁庭同時確認荷捷 BIT 無「窮盡當地救濟原則」之要求。

仲裁庭瞭解在多個平行程序中，可能事實、主張皆相同，各個法院及仲裁庭在決定損害賠償金額時，的確會考量其他判決及判斷已給予之損害賠償。但這不致影響個別法院或仲裁庭的管轄權。

其次，仲裁庭不認為本案投資人有濫用條約賦予的投資仲裁權利之情事。捷克一方面認為投資人以 Lauder 及 CME 為主體提出兩個投資仲裁是不當的，另一方面又主張這兩個程序不應該合併，而應獨立且迅速地個別作出判斷。該主張的結果，的確可能產生相同或不同的仲裁判斷，但此種結果也不應影響本案仲裁庭之管轄權。

關於仍繫屬於捷克最高法院的民事訴訟，仲裁庭認為其結果與本案無關，亦不影響仲裁庭之管轄權。捷克主張其最高法院「可能」改變下級法院的判決，回復到布拉格區域商業法庭給予 ČNTS 之勝訴判決（即 CET 21 未合法終止合作協議，因此 CET 21 還是只能透過 ČNTS 採購電視播送服務）。但仲裁庭特別指出，這正是投資仲裁之目的：即便最高法院判決對 ČNTS 有利，CET 21 還是隨時可以終止合作協議，投資人在捷克的權益仍然沒有保障。以條約為基礎的投資仲裁，就是針對捷克政府（媒體理事會）與 CET 21 聯手侵害投資人權益進行審查，並給予實質有效的保護。

五、實體爭點

（一）是否違反荷捷BIT第5條關於徵收之義務

1. 荷捷 BIT 第 5 條規定：「除符合下列要件，否則締約方不應採取任何直接或間接措施剝奪其他締約方投資人之投資：(a) 該措施是在法律正當程序下為公眾利益所採取；(b) 該措施無歧視性；(c) 該措施伴隨著合理補償。」
2. 聲請人主張，[14] 荷捷 BIT 第 5 條對於「剝奪」的定義係採用雙邊投資條約的最廣泛定義，亦為國際投資法常見。據此，「剝奪」發生在國家採取「有效地抵銷外國投資人所獲的利益」的行為，且不論國家是否取得抑或轉讓該投資給他人，亦不論國家是否從中獲得利益。本案中，相對人在外國投資人（即聲請人）獲取利益時，即威脅透過監管程序破壞聲請

---

[13] *Id*. paras. 409-415.

[14] *Id*. paras. 149-154.

人之投資，實際上即滿足荷捷 BIT 第 5 條對於國家採取有效抵銷國投資人所獲利益之解釋。

3. 相對人主張，[15] 依據習慣國際法，荷捷 BIT 並沒有規定剝奪（或徵收）投資的行為本身是違法的，只有在某些情況沒有被滿足時，這類剝奪才會被視為非法的行為。其中，荷捷 BIT 第 5 條所訂的「剝奪」形式包含直接與間接地剝奪等兩種形式，然而在本案中，二者均無。此外，國家措施係政府權力的合法行使，雖然仍可能對於外國投資人的利益產生相當大影響，但這仍不構成違法；蓋善意的政府高權管制行為仍應與剝奪財產之違法行為予以區分。

關於「剝奪」的定義，則可參考「建立多邊投資保障機構公約」（Convention Establishing the Multilateral Investment Guarantee Agency）第 11(a)(ii) 條之定義，即徵收並非係以「政府為管理其境內的經濟活動所採取的普遍性非歧視措施」方式達成。

是以，捷克主張媒體理事會的作為並不構成剝奪或徵收投資之行為，蓋其行為非基於惡意而為，相對人並未有傷害聲請人或其投資之意圖。此外，聲請人並未證明為何相對人的這些作為構成對於其投資行為的剝奪或徵收。

4. 仲裁庭認為，[16] 國家剝奪私人財產或權利之行為必須與國家及其機構依法所為之合理措施相區別。本案中，媒體理事會在 1996 年及 1999 年的作為與不作為，均應無法被定性為國家依法所為之合理措施，特別是廣電法下的廣電監管規定及執行。媒體理事會的行為並非合理行政程序，而是被認定為迫使外國投資人在契約下同意取消其根本權利，並破壞外國投資人在捷克業務的法律基礎。

儘管相對人的作為並沒有透過明確的徵收措施對聲請人的資產進行徵收，但其事實上（*de facto*）的徵收或間接徵收行為（不涉及公開奪取的行為，但卻採取有效抵銷外國所有人財產利益的措施），在國際法上應仍可構成徵收。

再者，剝奪或徵收的行為亦不論係作為或不作為。仲裁庭引用 *Metalclad Corporation v. The United Mexican States* 一案 [17] 之見解，指出 ICSID 仲裁庭認為徵收行為包含不只公開、蓄意及被認知的財產轉移，亦包含對於財產使用的非公開、不定期干預，造成財產所有人使用權或是合理預期的經濟利益之剝奪，不論地主國是否因此受有利益。因此，本案中，由於媒體理事會的不作為且未立即恢復 ČNTS 之地位，因此有剝奪聲請人投資的結果。[18]

---

[15] *Id*. paras. 317-334.

[16] *Id*. paras. 591-609.

[17] *Metalclad Corporation v. The United Mexican States*, No. ARB (AF)/97/1 (2000).

[18] "In the Metalclad Corporation v. The United Mexican States case ... in respect to NAFTA Article 1110 (expropriation),

（二）是否違反荷捷BIT第3(1)條FET義務

1. 荷捷 BIT 第 3(1) 條規定：「任一締約方應確保締約他方投資人之投資受到公平公正待遇，且該投資人之營運、管理、維護、使用、享有或處置，不得以不合理或歧視的方法妨礙之。」[19]

2. 聲請人主張，[20] 投資的 FET，在實現荷捷 BIT 鼓勵外國投資的目標中，扮演重要角色。此項原則的定義廣泛，超出習慣國際法的誠信待遇原則（good faith treatment）範圍，也不限於荷捷 BIT 第 3(5) 條之「國際法義務」。FET 原則係一具體條款，並作爲投資條約的核心內容，所規範禁止之事項應包含內國法或國際法下之國家機關行爲，目的在於判斷國家行爲是否公平公正對待投資人。在認定上應參考國家機關的事實行爲，包含如其對投資人所採取之措施，以及該投資人是否因信賴該國家行爲而採取之行動等因素。

3. 相對人主張，[21] CME無法指出媒體理事會違反本義務之事實。又媒體理事會不只要求聲請人，亦同樣要求其他本國廣電服務業者（例如 Premiéra TV 及 Rádio Alfa），並且均遵循正當程序原則。以相同方式修改其在執照持有者與服務提供者不相關之法律框架。

4. 仲裁庭認爲，[22] 媒體理事會蓄意地貶抑聲請人對於ČNTS 的投資，構成 FET 義務之違反。關於媒體理事會於 1993 年要求執照持有者與服務提供者的分離法律架構，該要求並非 1991 年廣電法所訂定，而是媒體理事會以發照條件爲之，例如其給予 CET 21 之執照條件。媒體理事會是否同樣要求其他廣電業者實施該分離架構，與本案無關。仲裁庭認定捷克是否違反 FET 之義務，不是依照捷克政府對待其國民的標準，而是國際法適用之標準。仲裁庭引用 Detlev F. Vagts 教授的見解，認爲政府以撤銷企業營運權利威脅配合其要求，即便該企業簽署了同意文件，仍然構成壓迫。[23] 媒體理事會於聲請人投資之後才改變

---

the ICSID Tribunal stated that an expropriation under this provision included not only open, deliberate and acknowledged takings of property, such as outright seizure or formal or obligatory transfer of title in favour of the host State, but also covert or incidental interference with use of property which has the effect of depriving the owner, in whole or in significant part, of the use or reasonably to be expected economic benefit of property even if not necessarily to the obvious benefit of the host State." *supra* note 1, para. 606.

19 Article 3(1) of the Agreement on Encouragement and Reciprocal Protection of Investments between the Kingdom of the Netherlands and the Czech and Slovak Federal Republic, executed on April 29, 1991: "Each Contracting Party shall ensure fair and equitable treatment to the investments of investors of the other Contracting Party and shall not impair, by unreasonable or discriminatory measures, the operation, management, maintenance, use, enjoyment or disposal thereof by those investors."

20 *Supra* note 1, paras. 155-157.

21 *Id*. paras. 335-341.

22 *Id*. para. 611.

23 "The threat of cancellation of the right to do business might well be considered coercion ... Such coercion might be

其發照條件，讓投資人的期待受損。

（三）是否違反荷捷BIT第3(1)條禁止不合理且歧視性待遇之義務

1. 聲請人主張，[24] 是否符合「合理性」（reasonableness）之認定係本質問題，與本條「公平」認定標準相同，應交由仲裁庭判斷。這項判斷需在確認締約雙方對於投資條約之共同預期下進行。相對人要求執照持有者須為捷克籍，亦有歧視疑慮。

2. 相對人抗辯，[25] 聲請人就「不合理」的主張，有兩點疑義，首先聲請人無法解釋其主張相對人行為違法之原因，蓋相對人均是依循捷克法律而行事，且相對人禁止將執照權利轉讓給 ČNTS 之立場從未改變，若違反廣電法規定，須予以撤銷。再者，聲請人未解釋其所指稱相對人的違法行為中有何處是不合理的。

   就「歧視性」的主張，聲請人未陳明何種具體事實構成歧視，相對人即無法提出回應。相對人依法處置無照的廣電播送行為，不可能是無法律依據或是無正當目的。相對人對於此類違法案件的處置方法一致，例如對本國違法業者（Premiéra TV 及 Rádio Alfa）的處置。在國際投資實務上，要求外國投資人在地主國設立公司以持有執照，亦為常見。

3. 仲裁庭認為，[26] 與徵收部分的分析相同，媒體理事會在 1996 年及 1999 年的作為與不作為均是不合理的，其在 1996 年修法後的行為具有明確的意圖，以剝奪外國投資人在 MOA 下，就執照享有的專屬排他使用權利。在同年提交給捷克議會的報告中，媒體理事會明確闡述了立場轉變的原因。此外，1999 年的作為與不作為有明顯意圖，與聲請人的捷克商業夥伴共謀，以剝奪其投資權利，構成對於外國投資的歧視。

（四）是否違反荷捷BIT第3(2)條FPS義務

1. 荷捷 BIT 第 3(2) 條規定：「任一締約方應給予〔締約他方投資人的投資〕充分的安全與保障，且在任何情形下均不應低於給予己方投資人之待遇，或其給予任一第三國投資人之待遇，從其較優者。」

2. 聲請人主張，[27] 根據本條規定，締約國應採取所有必要措施以保障締約他方之投資，不論其內國法是否已有提供這類保護機制，亦不論這些對投資的威脅是源自於國家自身行為

---

found, even where a 'clean' waiver of rights is signed." Professor Detlev F. Vagts, "Coercion and Foreign Investment Re-Arrangements," in the American Journal of International Law, Vol. 72, No. 1 (January, 1978), pp. 17-36.

24 *Supra* note 1, para.158.

25 *Id.* paras. 342-350.

26 *Id.* paras. para. 612.

27 *Id.* paras. 159-161.

或私人之行為。本條規定亦課予國家一警戒義務（obligation of vigilance），根據這項義務，國家應採取一切必要措施以確保外國投資人享有充分的安全與保障，且國家不得援引自身內國法律以減損任何此類義務。

又條約亦強調 FPS 的標準應高於內國法律之限制，並清楚指出在給予外國投資人保障時，優於內國標準及最惠國待遇的保護是必要的。

3. 相對人主張，[28] FPS 義務不應解釋為投資人在任何情形均不受到侵害或干擾之保障，而這也不是一項當國家有任何行為即承擔嚴格責任之義務。僅有在合理情形下，政府方有提供保障之義務。此外，亦不能因為國家改變監管措施法規，即必須對於因該項改變而利益受損者，進行金錢賠償。否則當法規一觸碰到外國投資人之利益，則窒礙難行，這亦非合理期待的結果。

本案中，媒體理事會並非 CET 21 與 ČNTS 契約間之當事人，故相對人自無須負有此義務。此外，聲請人亦未提出具體事實以支持其指控相對人未盡本義務。就聲請人主張1996 年廣電法修正，因而造成媒體理事會立場的改變，轉為禁止執照轉讓，然而實際上媒體理事會立場一直都不曾改變，即依照捷克法律禁止執照轉讓。因此，實際改變的應是 CET 21 與 ČNTS 之關係，而媒體理事會只是在確保其正確適用捷克法律。

4. 仲裁庭認為，[29] 相對人關於 1996 年及 1999 年作為與不作為的目標，在排除聲請人於捷克投資的安全及合法保障。相對人在廣電法修法後（1996 年 1 月 1 日）是否有動機重新取得對於廣電播放營運的掌控，與本案無關。地主國有義務確保法律的修改及行政部門的行為，不能減損其承諾外國投資人投資之安全及保障，本案相對人確實違反此項義務。

六、損害賠償及費用計算

（一）本案之損害賠償數額（quantum）仲裁程序於 2000 年底開始進行。相對人曾以捷克國內法院程序尚未終結、仲裁庭應該重新審視其關於責任的部分仲裁判斷、先前的倫敦仲裁判斷有既判力（本案仲裁庭不應該為不一致之判斷）等理由，請求無限期延後（adjournment *sine die*）本案關於損害賠償數額部分的仲裁程序。但仲裁庭一一駁回相對人的主張，並持續進行程序。

（二）仲裁庭請雙方當事人就損害賠償之計算方式、ČNTS 之價值估算、何者應歸責於相對人及其造成之損害等爭議，提出主張及證明。

---

[28]　*Id.* paras. 351-358.

[29]　*Id.* para. 613.

（三）仲裁庭於 2003 年 3 月 14 日作成最終仲裁判斷（final award），[30]關於損害賠償數額部分的重點如下：

1. 以「公允市價」（fair market value）方法作爲損害賠償基礎。仲裁庭認爲公允市價能衡量投資之眞實價值（genuine value），以及對聲請人的公正補償（just compensation）。此一方法符合條約規定、國際法及捷克國內法。

2. 參考聲請人先前協商併購交易（在媒體理事會侵害行爲之前）對 ČNTS 的估價。聲請人於 1999 年初曾與 Scandinavian Broadcasting System（SBS）進行併購交易的協商，當時估算 ČNTS 的價值爲 5 億美元。

3. 以「現金折現法」（discounted cash flow）計算 ČNTS 未來可能的營收狀況（若無相對人之侵害行爲），以反映上述併購估價之後所出現的各項變因。

4. 因此，仲裁庭決定相對人應賠償的金額如下：

   (1) ČNTS 100% 的股權價值爲 4 億美元。

   (2) Dr. Železný 造成的價值減損（即非可歸責於相對人的部分），爲 7,200 萬美元。

   (3) ČNTS 於 1999 年 8 月 5 日之剩餘價值爲 3,850 萬美元。

   (4)(1) 減除 (2) 及 (3) 爲 2 億 8,950 萬，以 CME 持有 ČNTS 之 93.2% 股權（即 99% 扣除 CME 返還 Nova Consulting 所持有之 5.9%），聲請人所受之損害爲 269,814,000,000 美元。

   (5) 相對人應支付自 2000 年 2 月 23 日起算，10% 年利率之單利利息。

七、仲裁庭之決定與判斷

（一）仲裁庭認定相對人違反以下義務：1. 第 3(1) 條：FET；2. 第 3(1) 條：不以不合理或歧視性措施損害投資；3. 第 3(2) 條：FPS；4. 第 3(5) 條及第 8(6) 條：以符合國際法原則之方式對待外國投資；及 5. 第 (5) 條：不得剝奪聲請人投資。

（二）相對人有義務對聲請人因其違反 BIT 造成之損害及損失，依照公允市價賠償，金額將在第二階段仲裁決定。

（三）費用分擔：1. 相對人應承受其自身法律費用；2. 相對人應向聲請人支付 750,000 美元，以作爲聲請人的法律費用及支出的補償；3. 關於仲裁費用及開支，聲請人應承擔三分之一，相對人承擔三分之二。相對人因此應額外支付聲請人 257,749.81 美元。

（四）本裁決是最終且對本案爭議具拘束力之決定；法律程序作成地點爲瑞典斯德哥爾摩。

---

[30] *CME Czech Republic B.V. v. The Czech Republic*, Final Award (on quantum), UNCITRAL Arbitration Rules (March 14, 2003).

八、仲裁判斷之變更或撤銷

本案部分仲裁判斷作成後，相對人於斯德哥爾摩上訴法院（SVEA Court of Appeal）提起撤銷仲裁判斷之訴。理由包括仲裁庭逾越權限、倫敦仲裁判斷有既判力、仲裁庭應等候平行程序終結、蓄意排除一位仲裁人參與討論等。法院於 2003 年 5 月 15 日作出判決，駁回相對人的訴訟。[31]

---

[31]　Challenge of Arbitral Award Judgment of SVEA Court of Appeal published at 42 ILM 919 dated May 15, 2003.

案例八

Eli Lilly and Company v. The Government of Canada, UNCITRAL, ICSID Case No. UNCT/14/2, Award (March 16, 2017)

一、當事人

聲請人：Eli Lilly and Company
相對人：加拿大

二、案件摘要

（一）系爭投資

注意力不足過動症藥物 Strattera 及精神病藥物 Zyprexa 藥品專利。

（二）爭議緣由

聲請人兩項藥品專利遭加拿大法院認定專利無效。

（三）實體規範依據

NAFTA 第 11 章（投資專章），聲請人主張相對人違反以下相關義務：1. 徵收；2. 最低待遇標準。

（四）仲裁機構及規則

ICSID；UNCITRAL 仲裁規則。

（五）聲請人請求

1. 因相對人違反 NAFTA 第 11 章義務所生之直接損失（direct losses）及衍生性損害（consequential damages）之損害賠償，估計不低於 5 億加幣，並加計任何聲請人或其企業喪失兩項藥品專利所生之任何支出。

2. 與仲裁程序相關之所有費用，包括仲裁人費用、專業服務費用及代墊費用。

3. 仲裁判斷作成前及作成後之利息。

4. 因仲裁判斷而生之稅款之補償額，以確保獲得完整賠償。

5. 仲裁庭認為公允且適當之其他救濟。

（六）仲裁程序及後續

仲裁庭於 2017 年 3 月 16 日作成仲裁判斷。

三、事實背景

聲請人係依美國印第安那州法律設立之製藥公司，為其本身及間接持有之子公司 Eli Lilly Canada（下稱 Lilly Canada）提起仲裁。[1]

（一）加拿大專利法

依加拿大專利法，取得發明專利要件有三：新穎性、利用性（useful）、進步性。其中，「利用性」為本案爭議核心。加拿大自 1993 年起實施「專利藥品核准通知準則」（Patented Medicines (Notice of Compliance Regulations)，下稱 PM (NOC)）。PM (NOC) 要求學名藥製造商等尋求藥品上市之廠商應先自加拿大健康部取得上市許可（NOC），在 NOC 核發前，專利權人可向聯邦法院申請禁止核發。[2]

（二）Zyprexa專利

1. Lilly Industries Limited U.K 在 1980 年取得 olanzapine 藥品專利。1991 年 4 月，Eli Lilly and Company Limited U.K. 提出與 olanzapine 有關之專利申請，申請書中提到 Zyprexa 是新的有機化合物。加拿大於 1998 年 7 月 14 日核准 Zyprexa 專利。

2. 2007 年 6 月，健康部核准加拿大藥品製造商 Novopharm（現為 Teva Canada）行銷 Zyprexa 學名藥。Lilly Canada 向聯邦法院申請禁止健康部核發 NOC 予 Novopharm，然法院於 2007 年 6 月 5 日駁回其申請，Lilly Canada 遂向 Novopharm 提起專利侵權訴訟。2009 年 10 月 5 日，聯邦法院駁回，宣告 Zyprexa 專利無效，理由為 Zyprexa 所揭露之發明未超出 olanzapine 所揭露者。Lilly Canada 提起上訴，聯邦上訴法院於 2010 年 7 月 21 日撤銷聯

---

[1] *Eli Lilly and Company v. The Government of Canada*, UNCITRAL, ICSID Case No. UNCT/14/2, Final Award (March 16, 2017), para. 1.

[2] *Id.* paras. 65-66, 69.

邦法院判決，將「效用」（utility）等議題發回更審。

3. 聯邦法院於 2011 年 11 月 10 日依上訴法院裁示作出裁決，以欠缺「效用」為由認定 Zyprexa 專利無效，並駁回 Lilly Canada 的專利侵權訴訟。2012 年 9 月 10 日聯邦上訴法院駁回 Lilly Canada 之上訴，最高法院則於 2013 年 5 月 16 日駁回該公司之上訴。[3]

（三）Strattera專利

1. 聲請人在 1979 年時取得包含 atomoxetine 等化合物之專利。1996 年 1 月 4 日聲請人依專利合作條約（Patent Cooperation Treaty，下稱 PCT）就 atomoxetine 提出新用途（new use）專利申請，1997 年 7 月 7 日申請進入加拿大國家階段，加拿大於 2002 年 10 月 1 日核准 Strattera 專利。

2. Novopharm 向聯邦法院就 Strattera 專利提訴，聯邦法院於 2010 年 9 月 14 日以無效用（inutility）為由，認定 Strattera 專利無效。2011 年 7 月 5 日聯邦上訴法院駁回 Lilly Canada 上訴，最高法院於同年 12 月 8 日駁回上訴。[4]

（四）提起仲裁

聲請人主張，加拿大法院裁決之基礎為 2000 年後開始採用之「承諾效用法則」（promise utility doctrine），該法則不符合相對人依 NAFTA 第 17 章所負關於專利保護之義務，對製藥公司及產品構成恣意、歧視的待遇。聲請人並主張，「承諾效用法則」回溯適用於聲請人之藥品專利，已構成：1. 非法徵收聲請人投資；2. 違反應依 NAFTA 第 1105 條提供最低待遇標準之義務。[5]

四、程序爭點

省略。

---

[3] *Id*. paras. 71-84.

[4] *Id*. paras. 85-93.

[5] *Id*. para. 5.

五、實體爭點

（一）司法措施之責任

1. 徵收

(1) 聲請人援引 *ATA v. Jordan* 等案例，主張司法措施（judicial measure）違反國際義務亦可構成徵收。[6]

(2) 相對人主張，內國法院認定財產權效力之判決，構成徵收之唯一基礎是拒絕正義。如接受聲請人之論述，則 NAFTA 第 11 章仲裁庭將轉化為對所有國際條約（例如 TRIPS、WIPO、PCT 文件）均有管轄權之仲裁庭，且為內國財產法律爭議之超國家法院。相對人主張，當內國法院忽視或錯誤適用國內法時，除非存有技術性或程序性拒絕正義，該等錯誤不會產生國家責任。[7]

2. 公平公正待遇

(1) 聲請人援引 *Liman Caspian Oil v. Kazakhstan* 等案例，主張數個仲裁判斷已確認最低待遇標準針對司法措施所提供之保護，並非只有拒絕正義，拒絕正義僅為公平公正待遇之一種例示。關於法院措施，公平公正待遇與拒絕正義並非同義。仲裁庭檢視的重點包括合理期待之保障、司法決定有無恣意或歧視。[8]

(2) 相對人主張，第 1105 條義務之唯一來源為習慣國際法中關於外國人最低待遇標準，適用於行使裁決功能之國家機關唯一習慣國際法原則是拒絕正義，聲請人並未依第 1105 條提出此控訴。[9]

3. 仲裁庭認為

(1) 仲裁庭首先探討不構成拒絕正義之行為是否可能違反第 1105 條或第 1110 條。仲裁庭認為，司法部門乃國家機關之一，司法措施原則上可歸屬於國家，因此，司法措施可能涉及第 1110 條。

(2) 本案仲裁庭援引 *Glamis Gold* 仲裁庭之見解，認為第 1105 條習慣國際法最低待遇標準之違反，須行為極度惡劣、令人震驚，是嚴重的拒絕正義、明顯恣意、顯然不公平、欠缺正當程序。

---

[6] *Id*. paras. 181-182.

[7] *Id*. paras. 188, 190, 194.

[8] *Id*. paras. 183-184.

[9] *Id*. paras. 196, 199.

(3) 仲裁庭表示，歸屬於拒絕正義之行為與歸屬於可能極度惡劣之其他行為間，存有區別。明顯恣意的概念可能存在於法院之措施或判決，儘管不構成拒絕正義，控訴違反第1105條第1項習慣國際法最低待遇標準之要求仍為依第1105條提出請求之適當基礎。

(4) 仲裁庭強調，NAFTA 第11章仲裁庭不是內國司法裁決之上訴審，僅在極端例外的情況，於存有惡劣且令人震驚之行為之明顯證據時，仲裁庭方適合審查是否違反第1105條第1項。

(5) 仲裁庭表示，第1110條第1項c款規定，投資之國有化或徵收應依據正當法律程序及第1105條第1項。關於司法裁決，第1105條第1項與第1110條義務之交織，是仲裁庭應審慎檢視之事項。仲裁庭基於下述討論，認定不論是第1110條及／或第1105條之違反，均未被證明。[10]

（二）加拿大法律之效用要求是否產生「戲劇性變動」

1. 聲請人主張

(1) 2000 年以後出現的承諾效用法則嚴重偏離傳統效用標準，依傳統效用測試（utility test），「僅僅微量」（mere scintilla）之效用即為已足，在該測試下，藥品在獲得專利之後，未曾被認定欠缺效用。只要發明得供特定利用，即便無商業價值，仍滿足利用性要件。1990年專利局實務手冊（Manual of Patent Office Practice, MOPOP）第12條重述「僅僅微量」適用於藥品專利。[11]

(2) 在承諾效用法則出現後，加拿大的效用要求（utility requirement）產生「戲劇性變動」（dramatic change）。該法則採用三要素，構成一個整合、單一、提高之效用要求。第一，專利審查官及法官尋求在專利揭露中確認一項「承諾」（promise），且此項「承諾」成為效用量尺；第二，專利申請時所提交，證明符合專利說明之任何承諾之證據，受加強審查；第三，除在專利申請本身已援用之「申請前證據」（pre-filing evidence），否則申請前的證據不得用以支持完整預測（sound prediction）。[12]

(3) 加拿大法院自2005年起採用額外之效用承諾，專利「承諾」之確認是恣意且不可預測的。[13] 第二個重大變動為提高專利權人證明任何效用承諾之舉證責任，此項變動發生在

---

[10] *Id*. paras. 219, 221-226.

[11] *Id*. paras. 227-228, 230.

[12] *Id*. paras. 234-235.

[13] *Id*. para. 236.

2002 年，最高法院在 *AZT* 一案裁決，[14] 科學有效性及商業利用等效用之證據如在專利申請日後方產生，不被採用。此裁決推翻聯邦上訴法院在 *Ciba-Geigy* 一案之判決，在該案中，聯邦上訴法院認為，專利說明書如僅是推測或預測，而後轉變成真時，即應被認為在作成專利說明書時已有充分理由。聲請人並主張，相對人未能提出任何一個在 2002 年以前，明確不允許專利權人以專利申請後之證據證明效用之判決。[15]

(4) 2008 年 Raloxifene 判決為加拿大法院首度拒絕考量未在專利中被揭露、完整預測效用之專利申請後證據。當效用是以完整預測為基礎時，專利應包含該預測之事實基礎，包括支持該預測之證據及論據。[16]

(5) MOPOP 於 2009 年及 2010 年修正，納入承諾效用法則三要素，有關效用之法律產生重大變化。2009 年首度納入發明人須符合專利申請時所為之每項承諾之效用要求；2010 年納入完整預測之事實基礎須於專利說明中揭露之要求。聲請人聲稱，自 2005 年起因欠缺效用而被法院宣告專利無效之判決突然增加，且只出現在藥品部門，41% 的案件（28 個案件）認定專利無效。[17]

(6) 聲請人正當期待專利不會因新的效用要求而被宣告無效，而聲請人之正當期待植基於：A. 加拿大專利法；B. 加拿大核准之 Strattera 及 Zyprexa 專利；及 C. 加拿大在 NAFTA 及 PCT 之國際承諾。聲請人主張，數個 NAFTA 第 11 章仲裁庭已認定，第 1105 條保障因相對人行為所產生之正當期待，包括相對人建立之法律及管制架構。聲請人聲稱其在開發 Strattera 及 Zyprexa 之過程中，已合理信賴加拿大專利法傳統效用要求，並持續信賴，以致將藥品推到市場。[18]

(7) 聲請人正當期待並植基於加拿大之特定承諾，第一個特定承諾為傳統效用要求，蓋可專利性之標準受特定群體之信賴；第二個特定承諾為加拿大核准 Strattera 及 Zyprexa 專利，賦予聲請人在專利期限前使用、出售發明之專屬權，專利並非僅是陳述。聲請人表示當其作成重大投資決定時，係仰賴 Strattera 及 Zyprexa 專利。為回應相對人所主張，專利受司法無效審查不得成為正當合理期待之基礎，聲請人主張，以專利核准時無法預見之可專利性要求，回溯檢視已核准之專利，是不可接受之風險，與正常專利無效之風險不同。[19]

---

14 *Apotex Inc. v. Wellcome Foundation Ltd.*, 2002 SCC 77, at paras. 46, 80-85.

15 *Supra* note 1, paras. 241, 243.

16 *Id*. para. 245.

17 *Id*. paras. 249-250, 255.

18 *Id*. paras. 261-263.

19 *Id*. paras. 264-266.

2. 相對人主張

(1) 關於效用標準，加拿大法律並無重大變動。「利用性」於專利法並無定義，其意涵係經由判決發展，聲請人所稱之單一「承諾效用法則」實際上是三項不同、長期存在的專利法規則。有廣泛的歷史證據可證明，承諾標準之存在遠早於聲請人專利之申請或 NAFTA 之生效時間。相對人援引最高法院 1981 年 *Consolboard* 一案判決，[20] 該判決認定，「不具利用性」係指一項發明無法達成其說明書所承諾者。在 2005 年以前即有諸多案件援用 *Consolboard* 判決。[21]

(2) 對於 *AZT* 判決以不允許專利申請後的效用證據之方式改變法律之聲請人主張，相對人加以駁斥。第一，效用應在申請前證明之原則，規定在專利法，並出現在先前的案件；第二，*AZT* 判決並未顯示最高法院變更或創設新法，而是解釋數專利法條款，認定效用應於專利申請時被證明。聲請人錯誤解讀 *Ciba-Geigy* 判決，該判決係認定存有足夠的申請前證據以完整預測效用；第三，法律界並不認為 *AZT* 判決在法律上有巨幅變動；第四，*AZT* 判決並未提升證據標準。[22]

(3) 聲請人稱揭露效用完整預測之事實基礎及論據是新的要求，該理由是錯誤的。自 1979 年 *Monsanto* 判決起，專利申請時需揭露完整預測之基礎即已確立。此外，專利局在 1990 年代之實踐確認揭露要求遠在 *Raloxifene* 判決前即已存在。事實上，聯邦法院在 *Strattera* 判決中，就揭露原則特別援用 *AZT* 判決。[23]

(4) 聲請人不能主張不知悉揭露要求，在 *Raloxifene* 判決前，聲請人已收到援引 *AZT* 判決之加拿大智慧財產局通知，要求揭露完整預測之基礎。相對人主張，Strattera 專利未揭露關於完整預測之證據。[24]

(5) MOPOP 既非法律之政府聲明（authoritative statement），亦非加拿大專利法或專利局實務運作之完整摘要，專利法、專利規則及法院解釋法令之裁決方為法律依據。因 MOPOP 之修訂速度緩慢且不完備，故不能由 MOPOP 推導出法律的狀態。相對人強調，專利法早在 1979 年採用完整預測原則。1990 年 MOPOP 反映長期以來在申請前即須證明效用之要求，並未排除承諾標準。[25]

(6) 相對人承認關於效用之藥品專利訴訟有上升趨勢，然此係肇因於藥品智財權保護之專利

---

[20] *Consolboard Inc. v. MacMillan Bloedel (Sask) Ltd.*, [1981] 1 S.C.R. 504.

[21] *Supra* note 1, paras. 270, 274.

[22] *Id*. paras. 279-284.

[23] *Id*. paras. 285-288.

[24] *Id*. para. 289.

[25] *Id*. paras. 291-292.

機制發展。聲請人統計數據有誤，將涉及效用以外之案件納入藥品案件中，在排除錯誤數據後，僅三個案件因欠缺效用而認定藥品專利無效。[26]

(7) 僅僅未能滿足投資人期待並未違反 NAFTA 第 1105 條第 1 項。聲請人未能證明其所述之正當期待，且正當期待必須：A. 客觀，非出於主觀；B. 涉及地主國為吸引投資所為之特定保證或承諾；C. 存在於投資人決定投資時；及 D. 在地主國當時各種情況（政治、社經、文化、歷史等）之下屬於合理。聲請人所稱之期待並未滿足上述要件。關於 Strattera 及 Zyprexa 專利，相對人並未向聲請人作出特定保證，專利局核准專利僅推定專利有效，仍可能受質疑，由司法作出最終決定。相對人援引聲請人的年度公開報告，內容提及：「並未保證……如專利被質疑時可被認定為專利有效」。聲請人之期待並不合理，相關紀錄顯示聲請人之決策者並未充分瞭解加拿大專利法。[27]

(8) 對聲請人主張其期待係植基於 PCT，相對人亦加以反駁。相對人表示，聲請人不能期待僅依循 PCT 形式與內容要求就可符合加拿大的實質揭露要求，PCT 是程序性協定，未規範可專利性之實體要件。在核准 Strattera 及 Zyprexa 專利後，專利法無重大變動，未影響聲請人之合理期待。相對人並主張，即便法令發生變動，亦僅是普通法系隨著時間演化，任何有經驗的投資人都可預期法律之變化發展，尤其在專利法領域。不能僅因法院推翻判決先例，就認定違反習慣國際法。[28]

3. 仲裁庭認為

仲裁庭表示，聲請人負擔證明加拿大在效用要求上有戲劇性變動之舉證責任。仲裁庭基於下述理由，認定聲請人未盡其舉證之責：[29]

(1) 針對承諾標準，仲裁庭認定相關紀錄與聲請人之主張相反。相對人已提出數個 2005 年以前，援引 Consolboard 案「『不具利用性』係指一項發明將無法達成其說明書所承諾者」之案件。如同 Consolboard 判決，該些判決雖未直接適用承諾標準，惟不能忽略與承諾法則類似之分析及政策考量。且在 2005 年後，加拿大法院就承諾標準持續援引 Consolboard 判決，當承諾標準適用於聲請人之專利時，法院係依據 Consolboard 判決。仲裁庭認為，即便承諾標準在 2005 年前於加拿大法律體系中非扮演重要角色，該法則顯然是存在的。因此，仲裁庭認定，承諾標準不構成法律之戲劇性變動。[30]

---

[26] *Id.* paras. 295-296.

[27] *Id.* paras. 300-303.

[28] *Id.* paras. 304, 306.

[29] *Id.* para. 308.

[30] *Id.* paras. 318-319, 324-325.

(2) 關於 *AZT* 一案是否改變先前准許專利申請人提出申請後之證據，證明發明效用之法律，仲裁庭認為，最高法院在 *AZT* 一案推翻下級法院之裁決並非法律變動之證據，判決推翻前案在司法審級制度中扮演重要角色，*AZT* 判決係依據專利法。因此，仲裁庭認定，*AZT* 判決推翻下級法院之裁決並非令人震驚。[31]

(3) 關於聲請人主張，2008 年 *Raloxifene* 判決要求在專利中揭露完整預測之基礎係司法變動法律，仲裁庭表示，*Raloxifene* 判決涉及聲請人在加拿大的一項專利，在該案程序中，聲請人主張要求揭露完整預測之事實基礎係變動專利法之揭露要求，上訴法院援引最高法院 *AZT* 判決，駁回此主張。仲裁庭認為，聲請人早在許多年前知悉 *AZT* 判決，在 2003 年已收到加拿大智慧財產局通知，該通知指出有關 atomoxetine 之利用，其專利說明未提出所稱效用之完整論據。一年後，聲請人就 olanzapine 之利用再次收到類似通知。2008 年 *Raloxifene* 判決之後，聲請人之法律事務所 Gowlings 指出，最高法院已重申 *AZT* 判決明確表達之檢視方式。綜合上述事證，仲裁庭認定 *Raloxifene* 判決未戲劇性變動加拿大之規範，認為完整預測原則係隨時間逐步發展，最高法院在 *Monsanto* 判決首次採用該原則時，並未設定明確的揭露原則，而後 2002 年 *AZT* 判決建立完整預測要求，揭露要求之變動是漸增（incremental）、逐步（step-by-step）演變的。[32]

(4) 針對 MOPOP，仲裁庭首先檢視 MOPOP 前言：「關於專利申請審查之政策，專利局準備手冊以指引專利審查官……手冊僅為指引，不應作為法律依據。法律依據應為專利法、專利規則及法院解釋法令之裁決。」仲裁庭先贊同聲請人主張，認為即便 MOPOP 並非法源，仍可作為可信賴的加拿大專利法說明。而後仲裁庭亦同意相對人說法，認為 MOPOP 提供內部指引，惟不能被視為是加拿大專利法之完整匯總。仲裁庭認為，2009 年 MOPOP 的確出現 1990 年 MOPOP 所無之承諾標準，然承諾標準並非來自新的判例。[33]

(5) 關於承諾效用法則之其他要素，仲裁庭認為，1990 年 MOPOP 內容並未允許提出申請後證據，且 *AZT* 判決設立之原則可以在 1990 年 MOPOP 之要求「效用應被揭露」中找到支持。針對完整預測之事實基礎應被揭露之要求，仲裁庭認為，1990 年 MOPOP 並未處理完整預測議題，無法提供佐證。[34]

(6) 就聲請人以統計數據證明法律有戲劇性變動之主張，仲裁庭認為聲請人以 2005 年 1 月 1 日作為分界點是有疑義的，蓋聲請人主張承諾效用法則的最後一個要素是在 2008 年出現，且 2005 年以前之案件數相當少，如將分界點移至聲請人專家所引用、採用承諾標準

---

[31] *Id*. paras. 326, 331-332.

[32] *Id*. paras. 338-340, 345-347, 349-350.

[33] *Id*. paras. 353-355, 360-361.

[34] *Id*. paras. 363-365.

之第一個判決之作成日 2005 年 9 月 2 日，統計結果將產生變化，在聲請人聲稱採用承諾標準之後，被認定專利無效之案件比例降爲 39%。因此，仲裁庭認定，聲請人所提出之數據資料不足以支持其控訴。[35]

(7) 關於聲請人控訴法院適用承諾效用法則認定其專利無效、違反聲請人正當期待，仲裁庭表示聲請人係依 NAFTA 第 1105 條提出控訴，控訴成立與否取決於聲請人是否證明加拿大法律在效用要求上產生戲劇性變動。基於上述分析，仲裁庭駁回此項控訴。[36]

(8) 綜上所述，仲裁庭認定，在 Strattera 及 Zyprexa 專利被核准及被宣告無效的期間內，加拿大效用要求逐漸變化，承諾效用法則在先前的法令依據中已有合理健全的基礎，聲請人未證明專利法有戲劇性變動。因此，仲裁庭駁回此控訴。因聲請人另主張承諾效用法則乃恣意且具歧視性，而恣意或歧視措施可能違反第 1105 條及／或第 1110 條，因此，仲裁庭接續在下述章節檢視此項控訴。[37]

（三）加拿大法律之效用要求是否恣意及歧視

1. 聲請人主張

(1) 承諾效用法則是恣意的，該法則不具可預測性，前後不一致，且非基於合法公共目的。承諾效用法則之三要素均屬恣意：第一，解釋專利承諾之主觀過程本質上即屬恣意，即便是相同的法院在兩個不同的案件中，就一項專利之承諾效用可能達成相衝突的結論；第二，提高的舉證責任亦屬恣意且不可預測，蓋其禁止申請後之證據。專利申請人無法知悉訴訟時，法官要求證明或完整預測一項專利效用之證據態樣。此項要求使製藥公司陷入困境，因如在申請專利前投資廣泛的臨床試驗（法院可能要求或不要求），則藥品可能不再符合可專利性之新穎性要件；第三，提高的完整預測揭露義務是無原則且不公平的，此原則產生不合理的區分，加拿大法院依專利申請外之證據決定是否已在申請日證明效用，但卻不能依相同的證據證明效用是否已完整預測。聲請人援引 *Occidental v. Ecuador*，主張不一致的法律原則，例如承諾效用法則，並無法支持政策目標，蓋其將產生不一致的結果，且無法促進法令依循。[38]

(2) 承諾效用法則歧視藥品專利，乃 NAFTA 第 1709 條第 7 項所禁止。即便承諾效用法則表面上中立，其對藥品部門有不同的不利影響，2005 年起，41% 涉及藥品專利的效用判決

---

[35] *Id.* paras. 368-369, 376.

[36] *Id.* para. 380.

[37] *Id.* paras. 386-389.

[38] *Id.* paras. 390-395.

已認定欠缺效用，其他部門則爲 0%。此外，聲請人主張，縱不需要歧視意圖之證據，仍可推導出相對人此種意圖，法院針對藥品專利訴訟採用承諾效用法則，加重藥品發明之舉證責任，而機械發明之效用可透過模型證明，無須測試，且此法則之要求明顯與新創藥物發展之眞實狀態相衝突。聲請人認爲此法則之主要受益人爲加拿大學名藥產業。[39]

2. 相對人主張

(1) 首先，專利解釋是依據合理解釋原則，非屬恣意，乃法官依完整的證據基礎裁決，不同的判決結果乃個案事實狀況之產物；第二，就聲請人對禁止申請後證據之批評，相對人主張，要求發明人於申請專利時證明或完整預測發明之效用，此乃防免僅以推測爲基礎之專利所必要，並非恣意。聲請人稱此要求使製藥公司陷入困境是站不住腳的，加拿大法律並未要求聲請人所述之臨床試驗，向來以動物研究爲基礎核准藥品專利，且自 2005年起，加拿大核准之藥品專利數量每年上升；第三，相對人主張，要求專利權人揭露完整預測之基礎並非恣意，而是專利對價之重要部分，完整預測是一項許可的原則，使發明人在證明效用之前取得專利，專利權人須向大眾解釋其預測之基礎。[40]

(2) 聲請人未證明加拿大法院在效用要求之解釋及適用上有歧視。承諾效用法則在表面上並未歧視藥品專利，亦無證據證明該法則在事實上歧視藥品專利。聲請人所提出之統計證據有誤，聲請人將 PM(NOC) 程序納入藥品與非藥品部門之比較是不適當的，蓋PM(NOC) 程序僅關於藥品專利，且聲請人提出之數據重複計算因不同學名藥製造商數次質疑相同專利而認定專利無效之情形，一旦此錯誤被更正，在藥品部門及其他部門間以效用爲基礎之專利無效認定數據，在統計上並無顯著差異。最後，針對聲請人稱此法則之主要受益人爲加拿大學名藥製造商，相對人回應，前十八大學名藥製造商之半數並非加拿大人擁有。[41]

3. 仲裁庭認爲

加拿大法院裁決既非恣意，亦無歧視，不構成第 1110 條之徵收。加拿大法律系統不斷發展，產生專利被認定無效之裁決，是合理、非不可預見的，法院裁決未違反 NAFTA 第1105 條或第 1110 條。[42]

(1) 聲請人未證明承諾效用法則之運作是不可預測或不一致的。法院之解釋過程乃在法院職務範圍內，法院在個案中審理不同的證據。相對人已提出合法公共政策正當化承諾法

39　*Id.* paras. 397-401.

40　*Id.* paras. 402-407.

41　*Id.* paras. 409-412,415.

42　*Id.* para. 418.

則，專利揭露中之承諾協助確保大眾取得專利對價之目的，並促進專利揭露之正確性，承諾法則與該等合法政策目標間具合理關聯。[43] 關於禁止專利申請後之效用證據，仲裁庭認定聲請人並未證明此法則不可預測或不一致，相反地，仲裁庭認為此法則設定一條明確界限，並與達成避免以推測為基礎授予專利之目的間有合理關聯。[44] 關於揭露效用之完整預測基礎，仲裁庭認為，完整預測法則使發明人在能證明發明之利用性前取得專利，作為獨占之交換，專利權人應向大眾揭露效用預測基礎，不論是否為最好的方式，均非不合理方式。仲裁庭認定承諾效用法則之三要素均非屬恣意。[45]

(2) 藥品部門有較高的比例被認定專利無效並非偶然，聲請人並未證明此項事實與承諾效用法則間之連結，仲裁庭無法排除其他因素導致此項事實之可能性。仲裁庭認定聲請人未證明承諾效用法則歧視藥品部門。[46]

六、損害賠償及費用計算

聲請人應支付相對人因本仲裁程序而生之 75% 法律費用，即 4,448,625.32 加幣，並應負擔所有仲裁費用。

七、仲裁庭之決定與判斷

仲裁庭決定駁回聲請人控訴，且聲請人應支付相對人因本仲裁程序而生之 75% 法律費用，即 4,448,625.32 加幣，並應負擔所有仲裁費用。[47]

---

[43] *Id.* paras. 420-423.

[44] *Id.* paras. 424-425.

[45] *Id.* paras. 427-428, 430.

[46] *Id.* para. 435.

[47] *Id.* para. 480.

案例九

Eureko B.V. v. Republic of Poland, UNCITRAL, Partial Award (August 19, 2005)

一、當事人

聲請人：Eureko B.V（下稱 Eureko，依據荷蘭法律設立之公司）

相對人：波蘭

二、案件摘要

（一）系爭投資

Eureko 持有波蘭財政部所有之保險公司之股份。

（二）爭議緣由

Eureko 控訴波蘭保險公司民營化政策及波蘭財政部的後續行動對 Eureko 所投資公司之公司治理產生負面影響。

（三）實體規範依據

荷蘭—波蘭 BIT（1992）（下稱荷波 BIT），聲請人主張相對人違反以下義務：1. 間接徵收；2. 公平公正待遇（下稱 FET）／最低待遇標準，包括拒絕正義原則（denial of justice）；3. 充分保障與安全（下稱FPS）；4.傘狀條款；5.任意、不合理及／或歧視性措施。

（四）仲裁機構及規則

無：UNCITRAL 仲裁規則（UNCITRAL Arbitration Rules 1976）。

（五）聲請人請求

請求相對人賠償 100 億美元。

（六）仲裁程序及後續

1. 仲裁庭於 2005 年 8 月 19 日作成部分仲裁判斷，仲裁人 Jerzy Rajski 教授對部分仲裁判斷發表不同意見書。
2. 布魯塞爾一審法院（Court of First Instance of Brussels）於 2006 年 11 月 23 日作成波蘭聲請撤銷仲裁判斷為無理由之判決。

三、事實背景[1]

於 1999 年時，Powszechny laklad Ubezpieczen S.A（下稱 PZU）為一家波蘭國營保險公司，PZU 持有 Powszechny laklad Ubezpieczen rna lycie S.A.（下稱 PZU Life）100% 之股份。

1999 年 3 月 18 日，為推動民營化政策，波蘭內閣會議決定將 PZU 民營化，決議內容為：波蘭內閣會議依國營事業商業化及民營化法第 1a 條第 2 項，同意將 PZU 民營化，並依據同法第 33 條第 1 項第 3 款循公開招標程序出售 PZU 30% 之股份，且同意於 2001 年前，將財政部持有之剩餘股份依公開發行程序出售。

1999 年 5 月 10 日，依據上開決議，PZU 股份持有人──波蘭財政部於 Rzeczpospolita 及 Financial Times 上進行國際公開招標，欲出售 PZU 30% 股份。而後，波蘭財政部決定由 Eureko 及 Big Bank Gdanski S.A（下稱 BBG）得標。

1999 年 11 月 5 日，波蘭財政部與 Eureko 和 BBG 簽署股權認購協議（Share Purchase Agreement，下稱 SPA），由 Eureko 取得 20% PZU 股份，而 BBG 取得 10% 股份，投資總金額高達 700,000,000 歐元。依據 SPA 第 3 條第 1 項，除非市場條件不足以進行首次公開發行（Initial Public Offering，下稱 IPO），否則財政部將於 2001 年以前進行 IPO。

依 SPA 第 5 條第 2 項「公司管理機關之選任」，買賣雙方將指派同額之監察委員會委員。雙方並約定，於 PZU 在華沙證券交易所首次掛牌後，監察委員會之組成將改為：由賣方指派 2 位委員，並由買方共同指派 4 位委員。依 SPA 之爭端解決條款，如買賣雙方自友好協商之日起 30 日內無法解決爭端時，則應向波蘭法院提訴。

Eureko 聲稱，於簽署 SPA 數月後，發現自身深陷於政治泥淖中，PZU 民營化成為政治議題。Eureko 主張，因財政部之特定行為，PZU 之公司治理處於混亂狀態，且因雙方關係之惡化，Eureko 及波蘭均於波蘭法院提起訴訟。

2000 年 11 月，財政部出於政治動機，訴請法院宣告 SPA 無效。自 2000 年 8 月起至 2001 年 1 月止，財政部為獲得相較於原 SPA 內所約定更多的 PZU 管理權限，財政部長解任

[1]　*Eureko B.V. v. Republic of Poland*, UNCITRAL, Partial Award (August 19, 2005), paras. 34-73.

Eureko 於監察委員會之代表。Eureko 曾多次致信波蘭財政部長、總理及歐洲執委會，就財政部訴請波蘭法院宣告 SPA 無效及規避 SPA 中進行 IPO 之契約義務，表達抗議。

在新任財政部長 Aldona Kamela-Sowinska 上台後，雙方進行多次討論，並於 2001 年 4 月 3 日簽署第一附加文件（First Addendum，下稱附加文件 I）。附加文件 I 前言載明，藉由簽署附加文件 I，雙方欲達成：終止所有關於 SPA 之爭端及法院訴訟程序；為達成 PZU 民營化之目標，採行相關措施；採取改善 PZU 公司治理之措施；財政部承諾於 IPO 程序中出售 21% PZU 股份予 Eureko。

附加文件 I 第 1 條規定，本附加文件之基本前提及先決條件為雙方希望和解並終止任何與 SPA 有關之爭端，雙方應儘速終止在波蘭及國際上曾採行之法律行動。第 5 條規定，雙方及各自選任之 PZU 管理委員會和監察委員會代表應盡適當注意及調查義務，以達成在 2001 年 12 月前進行 IPO 之目標。在 IPO 程序下，財政部同意賣出，而 Eureko 願意買入 21% PZU 股份。雙方同意如於 2001 年底前未能完成 IPO，將無條件承諾採行新的 IPO 時程表。財政部並承諾支持 Eureko 取得金融部之批准，使 Eureko 晉身為 PZU 之多數股東，且同意 BIG BG Inwestycje S.A. 於 IPO 前，將全部或部分之 PZU 股份移轉予 Eureko。

附加文件 I 簽署後，財政部於 2001 年 8 月向波蘭證券交易委員會提交 PZU 之 IPO 招股說明書草稿。美國在 2001 年 911 事件發生後，於 2001 年 12 月底前完成 IPO 之可行性受到質疑。

2001 年 9 月 25 日，波蘭內閣會議決議，依據國營事業商業化及民營化法第 33 條第 3 項財政部將出售 21% 之股份予 Eureko；修正 PZU 民營化之時程表。依據該決議內容，財政部將直接出售 21% 股份予 Eureko，而非循附加文件 I 所述之 IPO 程序出售。Eureko 將取得共 51% PZU 股份，而成為 PZU 之控制股東。

2001 年 10 月 3 日，Eureko 獲得金融部之批准，成為 PZU 之控制股東，惟該批准之有效期間僅至 2001 年 12 月 31 日為止。

2001 年 10 月 4 日，財政部與 Eureko 簽署第二附加文件（Second Addendum，下稱附加文件 II），以反映 2001 年 9 月 25 日內閣會議之決議。附加文件 II 前言載明，波蘭內閣會議決議依國營事業商業化及民營化法第 33 條第 3 項出售 21% 之股份予 Eureko；Eureko 已取得金融部和消費者暨競爭保護署之同意，得持有 PZU 過半數股份。藉由簽署附加文件 II，雙方欲達成：當符合第 1.5 條之要件時，財政部即欲出售，而 Eureko 欲買入 21% PZU 股份；為達成 PZU 民營化目標，應採取相關措施；為儘速依第 3 條進行 IPO，雙方應對此盡注意義務。

附加文件 II 第 1 條規定，依本附加文件財政部同意移轉，而 Eureko 同意取得 21% PZU 股份。第 1.5 條「附加文件 II 生效條件」之第 1 款規定，於下列情形之一發生時，附加文件 II 即生效：（一）在 2001 年 10 月 5 日前，證券交易委員會未同意得在市場上公開交易 PZU

股份；（二）證券交易委員會同意得在市場上公開交易 PZU 股份，然財政部認為市場條件不適合，IPO 應延遲至 2001 年 12 月 31 日之後；（三）於 2001 年 12 月 31 日前，未對財政部持有之 PZU 股份啓動 IPO 程序，或已於 2001 年 12 月 31 日前啓動 IPO，卻未於 2001 年 12 月 31 日前完成。第 5.2 條規定，附加文件 II 之生效條件爲內政部長批准 Eureko 購買 PZU 之股份。

惟附加文件 II 並未生效，主因爲發生 Kluzek 事件。財政部任命 Kluzek 爲 PZU 管理委員會委員，其參與撰擬 IPO 招股說明書。Kluzek 指控，於其簽署招股說明書後，在例行校對該說明書之細節時，發現其簽名遭僞造。國家檢察官就此展開偵查，於調查後駁回此項指控，財政部長就此提出上訴。

因內政部長未於 2001 年 12 月 31 日前批准 Eureko 購買 PZU 之股份，故雙方擁有撤銷附加文件 II 之權利。內閣會議於 2002 年 4 月 2 日決議，授權財政部長撤銷附加文件 II。2002 年 4 月 9 日，財政部長通知 Eureko 欲撤銷附加文件 II。

內閣會議於 2002 年 4 月 2 日之決議內容如下：

（一）使財政部保有 PZU 之控制權爲重要事項，並同意財政部長撤銷附加文件 II。

（二）同意變更 PZU 民營化之策略，當 PZU 股份得公開交易後，財政部應依國營事業商業化及民營化法第 33 條第 1 項之公開發行程序，釋出股份。

2002 年 5 月 22 日，財政部長 Wieslaw Kaczmarek 致信 Eureko 總裁 Arnold Hoevenaars，表明波蘭政府之立場，主要內容如下：SPA 及其附加文件仍有拘束力，Eureko 不得依荷波 BIT 提付仲裁。依據財政部長 Wieslaw Kaczmarek 所提出之 IPO 時程表，PZU 之公開發行程序將於 2003 年秋季完成。

2003 年 2 月 11 日，Eureko 依荷波 BIT 第 8.2 條提出仲裁請求，控訴波蘭違反荷波 BIT 第 3.1 條 FET、第 3.2 條 FPS、第 3.5 條傘狀條款及第 5 條徵收。

截至 2005 年 8 月 19 日爲止，Eureko 擁有 PZU 30% 之股份，而波蘭並未進行任何 IPO 程序，財政部仍持有該些 PZU 股份。

四、程序爭點

（一）Eureko控訴之可受理性[2]

1. 相對人主張，仲裁庭不可受理 Eureko 之控訴，蓋此乃基於契約上之主張，依雙方合意，契約爭議之管轄權專屬於波蘭法院。SPA 中管轄權條款規定，當雙方因 SPA 而生之衝

---

[2] *Id.* paras. 92-114.

突無法於 30 日內透過協商解決時，應提交予波蘭法院。相對人援引 *Vivendi Universal v. Republic of Argentina* 一案[3]專門委員會之撤銷決定，主張國際法要求在仲裁庭決定地主國是否違反條約義務前，應先由契約所訂之管轄法院決定該國契約義務範圍。另外，相對人亦強調該案專門委員會（ICSID 之 *ad hoc* Committee，處理撤銷仲裁判斷之聲請）提及國際法院 *ELSI* 一案判決，提出當個案之重要基礎涉及契約之違反時，仲裁庭將賦予契約中的法庭選擇條款一定效力。

2. 仲裁庭認為：

(1) 波蘭誤用 *Vivendi Universal* 一案專門委員會之撤銷決定。該案專門委員會認為投資爭端可能同時涉及 BIT 及契約之解釋及適用，特許契約相關爭議專屬於阿根廷 Tucuman 行政法院管轄之事實，不影響仲裁庭就 BIT 相關之控訴（例如 FET 爭議）具有管轄權。特許契約並未排除國際仲裁庭在 BIT 下之管轄權。

(2) 該案專門委員會表示，違反契約與違反 BIT 中的義務並無直接關聯，各有其獨立之判斷標準。國家可能違反 BIT，但未違反契約，反之亦然，此於國際法委員會「有關國際不當行為之國家責任條文草案」（Draft Articles on Responsibility of States for Internationally Wrongful Act）第 3 條已有明確解釋。意即，當個案之重要基礎為條約之違反時，一國不得以契約中的專屬管轄權條款為由，規避其行為於國際條約下已具違法性，而拒絕適用條約之標準。該案專門委員會認為仲裁庭具有管轄權，而可判斷阿根廷是否違反 BIT 中的實質條款。

(3) 本案與 *Vivendi Universal* 一案之事實相似，故依上述見解，不論波蘭是否違反 SPA 及附加文件 I，仲裁庭均應審理 Eureko 所控訴之行為是否違反荷波 BIT。綜上所述，仲裁庭駁回波蘭之主張。

（二）波蘭 SPA 及附加文件 I 或與其相關之行為可否歸屬於波蘭[4]

1. 相對人主張：

(1) 在 SPA 及附加文件 I、附加文件 II 中，賣方載明「由財政部長代表財政部」簽署，封面並蓋有波蘭之關防。依波蘭民法第 33 條及第 34 條，財政部具有法人格，於民事法律關係中得為國家財產之權利義務主體。

(2) 上開規定可支持「財政部長作為財政部之法定代理人與 Eureko 簽署之 SPA 及附加文件乃純粹民事法律關係，波蘭不須承擔國家責任」之主張。財政部長於執行職務時，

---

[3] *Vivendi Universal v. Republic of Argentina*, ICSID Case No. ARB/97/3. Decision on Annulment (July 3, 2002).

[4] *Supra* note 1, paras. 115-134.

具有二元身分，一為執行公權力，另一則為在特定交易事項中作為私人商業主體。財政部長僅係基於私人商業主體之身分協商、簽署並履行 SPA 及相關附加文件之義務。財政部長為 Eureko 之商業夥伴，從而，SPA 與附加文件 I 乃兩個平等的商業主體間所訂定之民事契約。依波蘭法，財政部長於 SPA 及附加文件 I 中之所有相關行為，並非行使政府之行政權力，故系爭行為不得歸屬於波蘭。

2. 仲裁庭認為，相對人之主張無理由，應依荷波 BIT 及普世承認之國際法及原則審理雙方之爭端。

(1) 依據國際法之觀點，目前一般認為任何國家機關之行為應視為國家之行為，且國家機關包含依該國內國法任何具有該等地位之個人或實體。「有關國際不當行為之國家責任條文草案」第 4 條規定：「在國際法下，任何國家機關之行為都應視為該國之行為，不論該機關行使的為立法、行政、司法或其他職能，或其於國內政府組織中的地位為何，亦不論其為中央或地方政府之機關。機關包括依該國內國法任何具有該等地位之個人或實體。」

(2) 不論在 SPA、附加文件 I 或附加文件 II，財政部長之行為皆基於波蘭內閣會議決議之明確授權，並遵循波蘭官方批准之民營化政策所為。因此，財政部長之行為涉及國家責任。此外，有眾多內閣會議之紀錄顯示授權財政部長採取行動以推行民營化政策。仲裁庭援引國際法委員會國家責任條款特別報告員 Crawford 教授之見解，認為國家機關之行為究應被歸類為商業行為或非主權行為（*acta jure gestionis*），與歸責之目的無關。國家應就構成其組織之一部分之所有機關、機構及官員以此等身分所為之行為負責，與其等是否具獨立法人格無關。Crawford 教授並指出，歸責原則具累積性，不僅包含任何國家機關之行為，亦包含國家法律授權非屬國家機關之個人和實體得行使政府權限之行為，更包含事實上依國家指示或受其控制之個人和團體之行為。上開原則係為因應現在常見的國營企業而生，或是前身為國營企業，惟民營化後仍維持一定公共色彩及管制機能者。

(3) 另外，本仲裁庭亦援引波蘭學者 A. Wolter 之見解，在通說下，財政部並非獨立於國家之法律實體，財政部即為國家，只是依既定用法，當涉及主權行為時，通常以「國家」為主詞，而當涉及國家行使所有權時，則以「財政部」作為主詞。綜上所述，不論財政部在波蘭內國法之定位為何，在國際法之觀點下，波蘭應就財政部之行為負責。

（三）受BIT保護之Eureko投資範圍[5]

1. 聲請人主張，其於波蘭之投資包括：(1)依SPA獲得20% PZU股份和該股份所衍生之權利；(2) SPA及附加文件I中包含之公司治理權；(3)附加文件I中，波蘭應盡可能於2001年底前進行IPO之義務；(4)依附加文件I，於IPO程序中可取得額外21% PZU股份之權利；(5)依附加文件II，如Eureko獲得相關許可，得自財政部直接取得21% PZU股份之權利。

2. 相對人主張，Eureko於波蘭之投資僅有其自財政部買得之20% PZU之股份。

3. 仲裁庭認為，應依序檢視Eureko於PZU之持股所衍生之權利，及該些權利是否為受荷波BIT保護之投資。

(1) 公司治理權（corporate governance rights）

仲裁庭認為，在SPA條款及與公司治理相關之附件中，清楚地授予Eureko實質影響PZU管理、運作之權限。為了執行發展計畫及移轉技術，Eureko必須行使該等實質影響力。依據相關事證，該些公司治理權並非期待權，係依據SPA條款從財政部取得之實質權利。仲裁庭進而認定在簽署SPA後，Eureko之系爭權利被侵害。

仲裁庭肯認該些公司治理權為投資之一部分，因該等權利為簽署SPA之重要一環，並為Eureko重大投資之基礎。非資產負債表上之資產亦可該當於為BIT所定義之投資。仲裁庭認為，公司治理權某程度具有經濟價值，具投資特性。惟，因違反公司治理權之事實發生於附加文件I簽署前，因此，聲請人就此部分之任何控訴已被拋棄。

(2) Eureko與IPO相關之權利

對於聲請人主張SPA第3.1條[6]規定進行IPO之相關契約上義務，相對人加以駁斥，主

5　*Id*. paras. 135-160.

6　Article 3.1 of the SPA which provides in part as follows:
　　1. The Buyers are aware of and fully support the intention of the Seller and the Company to publicly trade, through an Initial Public Offering (hereinafter referred to as the "IPO"), a part or all of the shares of the Company as soon as it is practicable, however, no later than by the end of the year 2001, unless it is impossible to carry out the IPO in the above specified period due to market conditions unsatisfactory to the Seller. The Buyers and the Seller undertake to take all actions which may be required to be taken in connection with the preparation for, and the realization of, such IPO. In addition, the Buyers and the Seller undertake to take all actions with proper care (with consideration given to the professional nature of business, in the event of the Buyers), in particular by exercising their voting rights arising from the shares or otherwise by their influence on the Company or its governing bodies provided for in the Company's Articles of Association, to ensure that the Company takes all actions necessary in connection with the preparation for, and the realization of, the IPO within said period. [...]
　　2. The Seller intends to sell all the remaining shares of the Company (which shares were not otherwise allocated to the employees of the Company or to a reprivatization reserve, or the sale of which is not otherwise limited by applicable law) in the IPO, and successive public offerings, and to list the shares on the Warsaw Stock Exchange or in the form of depository receipts on other stock exchanges in the world. The Buyers and the Seller undertake to apply proper care in order to cause that the remaining Company shares are admitted to public trading in the event of a successful IPO.

張 SPA 第 3.1 條之文義並未要求財政部須於 2001 年底前進行 IPO，相反地，此條款應係允許當財政部認為市場條件不好時，不進行 IPO。

仲裁庭同意相對人之看法。SPA 第 3.1 條之文字為「賣方於可行時盡快實現 IPO 之意圖」、「除非在此期間賣方不滿意市場條件，以致不可能實現 IPO」。第 3.2 條之文字為「賣方之意圖是在 IPO 及其後之公開募集中出售公司剩餘股份」。仲裁庭認為，上列文義尚未賦予相對人法律上之義務或形成明確的承諾，聲請人僅擁有期待權，相關「意圖」之陳述並非為 BIT 中受保護之權利。

然而，附加文件 I 之前言及實質條款可清楚證明雙方於 SPA 中所為之「意圖」陳述已具體化，財政部並已明確承諾之。於附加文件 I 前言的第 2 段至第 4 段中，雙方已同意確認進行 IPO 之目標。

附加文件 I 第 5.1 條規定，為了於 2001 年 12 月 31 日以前完成 IPO，財政部應對此盡適當的注意及調查義務。如無法於期限內完成，第 5.3 條規定，雙方無條件承諾將採用新的 IPO 時程表。財政部亦於第 5.4 條中承諾將支持 Eureko 取得金融部之批准，以使 Eureko 成為持有 51% PZU 股份之多數股東。

綜上，仲裁庭認定，波蘭之契約上義務及 Eureko 因持有 PZU 股份而衍生之權利皆受 BIT 所保護。若系爭權利被可歸責於波蘭之行為所侵害，Eureko 得依 BIT 尋求救濟。

（四）附加文件 I 棄權條款之效力[7]

1. 聲請人主張，附加文件 I 前言中各段文字本質上相關聯，且附加文件 I 並非獨立的和解協議，從其內容增加數項 SPA 修訂事宜可知，雙方有意達成前言所述之目標。聲請人進一步主張，其無法想像若非波蘭承諾將進行 IPO，Eureko 會放棄其訴訟權。從而，因波蘭最終未進行 IPO，故應回復其於 BIT 下之訴訟權。另外，根據不履行例外原則（*exceptio non adimpleti contractus*），聲請人主張因波蘭不履行附加文件 I 其餘條款之義務，故棄權條款已無效，其可再次提起簽署附加文件 I 前之抗辯。

2. 相對人主張，Eureko 所提出任何發生於附加文件 I 簽署日 2001 年 4 月 3 日前之指控，因附加文件 I 之生效，Eureko 已完全且無條件放棄該些指控。另外，附加文件 I 第 1 條為一獨立之協議，並作為簽署其餘協議之先決條件，雙方並有表示終止所有爭議之明確合意。

3. 仲裁庭認為，附加文件 I 第 1 條之文義為當雙方履行附加文件 I 後，聲請人應完全、無條件地拋棄於 2001 年 4 月 3 日前對相對人曾違反契約或條約之指控。依據國際法上原則，

---

3. The Seller does not intend to sell a strategic block of shares of the Company through public trading to a strategic investor other than the Buyers, [...].

7　*Supra* note 1, paras. 161-184.

本條款之訂定應為有效。

　　爭點在於，波蘭在不履行附加文件 I 之義務後，是否仍得主張附加文件 I 之棄權條款？換言之，聲請人提出之不履行例外原則得否適用於本案？仲裁庭認為，聲請人所提不履行例外原則之主張為無理由，因該原則僅適用於同時或附條件履行的情況，國際統一私法協會（UNIDROIT）「國際商事契約通則」第 7.1.3 條中亦有規定。

　　仲裁庭認為，若雙方欲將棄權條款作為履行附加文件 I 其他義務之條件，則該附加文件應以完全不同的方式草擬。因此，不論該事實最終得否起訴，仲裁庭得審理相對人於簽署附加文件 I 前所有違反條約且可歸責於其之事實，並進一步檢視是否直接違反 SPA、附加文件 I 或 BIT 中之義務，例如：於 2002 年 4 月 2 日，內閣會議決定轉變民營化政策並保留波蘭對 PZU 之控制權。仲裁庭並表示，縱最終認定棄權條款應為有效，亦不適用於在附加文件 I 簽署日前尚未發生的爭議事實。

（五）波蘭之「措施」是否包括作為及不作為[8]

1. 相對人主張，依據荷波 BIT 第 8.1 條「採行措施」（measure taken）及第 5 條「措施」（measure）之文字，此等用語係指地主國之不作為不在荷波 BIT 之適用範圍。
2. 仲裁庭認為，相對人之限縮解釋無理由，投資人之權利亦可能因地主國之不作為而受侵害，此為多數國際仲裁庭之見解。另外，於現代國際法中，聯合國國際法委員會在處理國家責任的議題時及 Crowford 教授皆認為應包含不作為。綜上，聲請人之投資可能因相對人之作為或不作為而受侵害。

五、實體爭點

（一）相對人之作為及不作為是否致聲請人之投資受損[9]

　　仲裁庭認為，內閣會議及財政部長之作為及不作為致聲請人之投資受損，相對人違反荷波 BIT。

　　聲請人於波蘭之投資緣起於波蘭內閣會議於 1999 年 3 月 18 日 PZU 民營化之決議，該決議包含四大要點：1. 出售 PZU 30% 之股份；2. 售予部門投資人或包含一部門投資人在內之投資人集團；3. 財政部之其餘股份將透過 IPO 出售；4. IPO 之程序不晚於 2001 年。

　　仲裁庭認定，聲請人係基於前述決議而決定在波蘭投資、簽署 SPA。SPA 第 3.1 條、第

8　　*Id*. paras. 185-189.

9　　*Id*. paras. 191-230.

3.3 條、第 5 條及 Eureko 取得遠大於其持有股份之公司治理權，均可證明波蘭民營化政策之執行。

即便 SPA 本身之條款未使波蘭負擔進行 IPO 之義務，然仲裁庭認定，聲請人已充分證明，於聲請人簽署 SPA 時，其相信波蘭將遵循 1999 年 3 月 18 日內閣會議決議中之四大要點。SPA 附件 5「PZU 發展計畫」之前言可支持仲裁庭之認定。

仲裁庭表示，相關證據顯示，於簽署 SPA 後之幾個月內，PZU 之民營化成為重大政治議題，且備受批評。仲裁庭認定，波蘭最高監察院（Supreme Audit Chamber）已完整地審查於該期間內所發生之事件，最高監察院認定爭端主要起因於未能執行第二階段之民營化。於 2000 年 8 月起至 2001 年 1 月止，財政部為取得 PZU 更大之管理權限，於臨時股東會選任公司之管理機關時，違反 SPA。即便投資人表達異議，財政部代表投票支持刪除一項臨時股東會議案，該議案涉及監察委員會主席之指派。而於後續的臨時股東會，財政部長決定解任 Eureko-BBG 合資所指派之監察委員會委員。且於 2000 年 11 月，財政部長提訴請求宣告 SPA 無效，最高監察院認為該控訴之公平性是有疑問的。於 2000 年 8 月及 9 月，因 PZU 之子公司未能提供必要文件，財政部之民營化諮詢員未能進行 IPO 之準備工作，因此於同年 10 月，諮詢員暫停準備工作。最高監察院對財政部長作出不利認定。

仲裁庭認定，依附加文件 I 之條款，執行 IPO 係財政部之明確承諾，對財政部具拘束力。仲裁庭注意到，如附加文件 II 被執行，1999 年 3 月之民營化政策將可完成。然而，因財政部長撤銷附加文件 II，致附加文件 II 未生效。相關證據證明財政部變更民營化政策，致 Eureko 之投資受損。

雖然民營化政策之轉變是因 2002 年 4 月內閣會議決議「不交出 PZU 控制權予外國人」而浮現，仲裁庭認為，財政部長 Wieslaw Kaczmarek 於 2002 年 4 月以前所為之行為已預告政策轉變，例如：其於 2001 年 11 月拒絕簽署 IPO 招股說明書。仲裁庭認定，財政部長拒絕簽署係因其知悉簽署後將使 Eureko 獲得額外的 21% 之股份。財政部長向內閣會議提出變更民營化政策之申請，內閣會議於 2002 年 4 月作出決議，波蘭欲維持對 PZU 之控制權，縱存在附加文件 I 之條款，Eureko 亦無法取得額外的 21% 股份。

此外，仲裁庭認為，財政部長於 2002 年 5 月 22 日發給 Eureko 總裁之信函內容，更可證明波蘭不願履行其在 SPA 及附加文件 I 之承諾，侵害 Eureko 之投資、簽署 SPA 時之投資期待。

仲裁庭認定，Eureko 持有 PZU 股份而衍生之權利因內閣會議及財政部長之作為、不作為而受損，系爭作為、不作為均可歸責於波蘭。

（二）系爭作為、不作為是否違反荷波BIT

1. 第3.1條FET[10]

仲裁庭表示，聲請人之投資，即其依 SPA 和附加文件 I 而可進一步取得 PZU 主要控制權之契約上權利，遭受波蘭內閣會議及財政部長不公平、不公正之對待，違反聲請人當時簽署 SPA 及附加文件 I 的基本期待，且該期待為聲請人投資 PZU 之基礎。

仲裁庭認定，波蘭純粹基於政治操作和國族主義等因素，藉由國家機關（即財政部）恣意作為，並帶有歧視性色彩，已重大違反荷波 BIT 第 3.1 條。另外，仲裁庭援引 *Tecmed v. Mexico* 一案[11] 仲裁判斷，表示締約方應提供國際投資待遇，不應影響外國投資人於投資時之基本期待。

2. 第3.2條FPS[12]

仲裁庭認為，波蘭當局對 Eureko 管理高層之騷擾行為未違反荷波 BIT 第 3.2 條，因無相關證據清楚顯示波蘭乃系爭行為之始作俑者或煽動者，但若往後系爭行為仍持續、反覆地出現，波蘭政府即可能因未能防免而生國家責任。

3. 第5條徵收／剝奪[13]

(1) 聲請人主張，相對人之作為及不作為該當剝奪 Eureko 投資之措施。

(2) 仲裁庭認為，相對人並未剝奪 Eureko 對 PZU 之持股，因其仍持續持有並收受股息。惟於附加文件 I 中，Eureko 取得於 IPO 時得買入 PZU 股份之權利，該權利應為「資產」。從而，當國家直接或間接剝奪投資人之契約利益，即該當第 5 條之剝奪，且實際上產生徵收效果。波蘭拒絕讓 PZU 進行 IPO 之措施具歧視性。財政部接續宣布相關措施，其目的為維持對 PZU 之控制權，並排除外人控制 PZU。波蘭政府之歧視行為違反雙方當時簽署 SPA 及附加文件 I 之期待。因此，仲裁庭認定波蘭違反荷波 BIT 第 5 條。

4. 第3.5條傘狀條款[14]

(1) 荷波 BIT 第 3.5 條規定：「各締約方應遵守其就他方投資人之投資及投資活動所承諾之任何義務。」（Each Contracting Party shall observe any obligations it may have entered into

10 *Id*. paras. 231-235.

11 *Técnicas Medioambientales Tecmed, S.A. v. The United Mexican States*, ICSID Case No. ARB (AF)/00/2, Award (May 29, 2003), para. 154.

12 *Supra* note 1, paras. 236-237.

13 *Id*. paras. 238-243.

14 *Id*. paras. 244-260.

with regard to investments of investors of the other Contracting Party）仲裁庭表示，「應遵守」之文義帶有命令性和絕對性，而「任何義務」之範圍非常寬廣，不僅指特定型態之義務，更包含締約一方就他方投資人之投資及投資活動所承諾之「任何」義務。

(2) VCLT 第 31.1 條規定：「條約應依上下文，並參照條約之目的及宗旨後，善意解釋之。」基於本公約乃對多數國家生效且具權威性，仲裁庭從而依本條規定解釋荷波 BIT 第 3.5 條。

(3) 仲裁庭認為：

A. 基於 SPA 與附加文件 I 之綜效，若成功推行 IPO 將會使 Eureko 得到 PZU 之控制權，故波蘭將推行 IPO 之承諾已屬於 Eureko 投資之一部分，波蘭拒絕推行 IPO，已惡意違反契約責任。

B. 荷波 BIT 之目的及宗旨係鼓勵投資與保護投資人，第 3.5 條即為達成上開目的而訂定。荷波 BIT 第 3.5 條之效力不等同於 BIT 之其他條款，如 FET 或 FPS 條款等，應分別獨立解釋。本條效果有二：第一，仲裁庭具聲請人與波蘭間契約協議之管轄權；第二，本條之違反與第 3.1 條 FET、第 5 條剝奪投資之措施之違反得分別認定，因波蘭於本條係承諾遵守任何與 Eureko 投資相關之義務。

C. 於 *Fedax v. The Republic of Venezuela* 一案 [15] 中，該案仲裁庭認為委內瑞拉未承兌本票並付款，違反投資協定之傘狀條款。

D. 於 *SGS Societe Generale de Surveillance S.A. v. Islamic Republic of Pakistan* 一案 [16] 中，該案聲請人主張傘狀條款於國際法上具有將契約違反提升為條約違反的效力。惟該案仲裁庭基於以下理由持相反意見：

(A) 巴基斯坦—瑞士 BIT 第 11 條之文義未限於契約上之承諾，聲請人之解釋過度擴張適用範圍。

(B) 將使 BIT 締約方負擔過重，聲請人必須清楚引述並證明此為締約雙方締結 BIT 時之合意內容，而聲請人未能舉證。

(C) 將納入無數契約上之義務，亦包括其他依國內法而生之義務。

(D) 將使條約中其他實質條款流於無用。

(E) 將使投資人有動機廢止原契約中的爭端解決條款。

(F) 巴基斯坦—瑞士 BIT 第 11 條之條號安排於 BIT 之尾端，並非與實質條款齊列。

(G) 應以疑義從輕解釋原則（*in dubio mitius*）解釋之。

---

[15] *Fedax N.V. v. The Republic of Venezuela*, ICSID Case No. ARB/96/3, Award (March 3, 1998).

[16] *SGS Societe Generale de Surveillance S.A. vs. Islamic Republic of Pakistan*, ICSID Case No. ARB/01/13, Decision of The Tribunal on Objections to Jurisdiction (August 6, 2003).

E. 於 *SGS Societe Generale de Surveillance S.A. v. Republic of the Philippine* 一案[17]中，該案仲裁庭基於以下理由，認為「任何義務」（any obligations）可適用於依國內法而生之義務，包括因契約而生之義務：

(A) 菲律賓—瑞士 BIT 第 X(2) 條用語為「應」（shall），帶有強制性，與其他實質條款使用同樣的用語。

(B) 菲律賓—瑞士 BIT 第 X(2) 條適用範圍並非無限度擴張，因適用前提乃國家針對特定投資所承擔之法律上義務。

(C) *SGS Societe Generale de Surveillance S.A. v. Islamic Republic of Pakistan* 之仲裁庭並未清楚說明傘狀條款之定義。

(D) 傘狀條款並未將契約法問題轉換為條約法問題，傘狀條款強調的是當契約上之義務已明確時，該等義務之履行，而非就特定投資所為承諾之範圍。

(E) Schreuer 教授曾於文章中提出，條約之實質條款（例如 FPS）通常未為一般契約所涵蓋，故傘狀條款並不會使實質條款流於無用。

F. 本案仲裁庭援引 *SGS Societe Generale de Surveillance S.A. v. Republic of the Philippine* 案之見解，認定波蘭之系爭行為不僅違反荷波 BIT 第 3.1 條、第 5 條，亦違反波蘭在第 3.5 條下所為之承諾。

六、賠償金額及費用計算

相對人須賠償聲請人於本次仲裁程序中所支出之費用，仲裁庭將發布適當命令。

七、仲裁庭之決定與判斷[18]

仲裁庭認定，波蘭違反荷波 BIT 第 3.1 條、第 3.5 條及第 5 條，相對人須賠償聲請人於本次仲裁程序中所支出之費用。

本仲裁程序第二階段就上述違反 BIT 行為之救濟，為後續命令之處理標的。

當事人最終以和解確定賠償金額為 43.79 億美元。

---

[17] *SGS Societe Generale de Surveillance S.A. v. Republic of the Philippine*, ICSID Case No. ARB/02/6, Decision of The Tribunal on Objections to Jurisdiction (January 29, 2004).

[18] *Supra* note 1, para. 262.

案例十

Fraport AG Frankfurt Airport Services Worldwide v. The Republic of the Philippines, ICSID Case No. ARB/11/12, Award (December 10, 2014)

一、當事人

聲請人：Fraport AG Frankfurt Airport Services Worldwide
相對人：菲律賓

二、案件摘要

（一）系爭投資

尼諾伊・阿基諾國際機場（Ninoy Aquino International Airport，下稱尼諾伊機場）第三航廈。

（二）爭議緣由

菲律賓主張尼諾伊機場第三航廈特許協議無效，並徵收第三航廈。

（三）實體規範依據

德國—菲律賓 BIT（下稱德菲 BIT），聲請人主張相對人違反以下義務：1. 徵收與補償；2. 公平公正待遇；3. 投資之促進與准入；4. 投資之全面保護及安全；5. 傘狀條款。

（四）仲裁機構及規則

ICSID；ICSID 仲裁規則。

（五）聲請人請求

1. 仲裁庭就本案有管轄權；駁回相對人對管轄權之異議。
2. 仲裁庭就相對人之反訴無管轄權。

3. 宣告相對人違反其依據德菲 BIT、菲律賓法規及國際法所應負擔之義務。

4. 命相對人就因其違約而對聲請人造成之所有損害，向聲請人支付損害賠償，賠償金額尚待確認。

5. 命相對人應補償聲請人本次仲裁之費用，包括律師費用及開支、仲裁庭之費用及開支，以及 ICSID 之費用。

6. 命相對人支付仲裁判斷前及仲裁判斷後之利息，利率尚待確定。

7. 其他仲裁庭認為公正及適當之救濟。

（六）仲裁程序及後續

仲裁庭於 2004 年 12 月 10 日作成仲裁判斷。

三、事實背景[1]

本案聲請人為 Fraport AG Frankfurt Airport Services Worldwide（又稱為 Flughafen Frankfurt Main AG (FAG)），係依據德國法設立之公司。

1990 年代初，菲律賓政府決定採用 1994 年菲律賓的興建—營運—移轉法案（Build-Operate-Transfer Law，下稱 BOT 法），於尼諾伊機場建立第三航廈，專門處理國際航班。成功得標者將具有融資、建設、管理及營運第三航廈之單一且排他之責任，並應於 25 年之特許經營權結束時將該航廈移交予政府。

BOT 法允許來自私人實體之自發性提案（即非由政府所徵求之提案），然此等提案被接受的前提是不對菲律賓政府造成財務風險。自發性提案必須滿足財務、技術及法律之資格預審要求。在最終批准該自發性提案之前，政府須徵求其他投標者之競爭性提案，以尋求較低之價格完成該計畫；但原始投標人有權於 30 天內以相同條件優先得標。

投標前及投標之過程係由資格預審、投標及決標委員會（Pre-qualification, Bids and Awards Committee，下稱 PBAC）所監督；該委員會屬交通部（Department of Transportation and Communications，下稱 DOTC）下之機構。計畫之批准屬國家經濟發展局（National Economic Development Authority，下稱 NEDA）及其投資協調委員會（Investment Coordination Committee，下稱 NEDA ICC）之權限。

1994 年 10 月，Asian's Emerging Dragon Corp.（下稱 AEDC）提出一自發性提案以於尼諾伊機場建立及營運新航廈。1995 年 9 月，AEDC 為第三航廈及（位於馬尼拉外）克拉克

---

[1] *Fraport AG Frankfurt Airport Services Worldwide v. The Republic of the Philippines*, ICSID Case No. ARB/11/12, Award (December 10, 2014), paras. 65-205.

國際機場制定了修訂版 BOT 提案，並於 1996 年 2 月 13 日獲得 NEDA 委員會有條件之批准，DOTC 隨後依據 BOT 法之要求徵求競爭性提案。

1996 年 9 月 3 日，People's Aircargo & Warehousing Co., Inc.（下稱 PAIRCARGO）、Philippines Airport and Ground Services, Inc.（下稱 PAGS）及 Security Bank Corporation（一家菲律賓商業銀行）三家菲律賓公司，組成「PAIRCARGO 共同投標團隊」，向 PBAC 申請豁免最低股權要求，但被駁回。然而，PAIRCARGO 共同投標團隊仍被允許以個別成員，而非將被成立以承擔第三航廈計畫之 Philippines International Air Terminals Co., Inc.（PIATCO）之身分，證明其具有所需資金。

1996 年 9 月 19 日，PAIRCARGO 共同投標團隊對第三航廈計畫提出競標，並於同年月 26 日通過 PBAC 之預審要求。同年 10 月，PBAC 宣布該技術方案符合招標之技術要求，而 AEDC 有 30 天的時間來應對價格挑戰，然而 AEDC 從未提出與 PAIRCARGO 共同投標團隊出價相當之價額。

1997 年 2 月 17 日，PAIRCARGO、PAGS 及 SB Capital Investment Corp.（代表 Security Bank）共同成立 PIATCO。1997 年 7 月中旬，DOTC 發布了有利於 PIATCO 之正式決標通知，同月 12 日，PIATCO、DOTC 之部長及馬尼拉機場管理局（Manila Airport Authority, MIAA）簽署了第三航廈特許協議，協議中規定，PIATCO 將於 25 年內融資、建造及營運第三航廈，該航廈將成爲尼諾伊機場之唯一國際航廈且將設有免稅業務。然而，因 AEDC 於 1997 年 4 月即針對 PIATCO 取得特許權一事對 DOTC 提起訴訟。於簽訂特許協議之同日，菲律賓、MIAA 及 PIATCO 簽署另一協議，該協議規定，如 AEDC 與 DOTC 之民事訴訟於 1998 年 6 月 30 日前作成對 DOTC 不利之結果，PIATCO 有權終止特許協議。此協議於 1998 年 5 月 29 日將時限延長至 1999 年 6 月 30 日。

1998 年，聲請人因其技術專長而被 PIATCO 聘爲顧問。

1998 年 11 月 26 日，PIATCO 與 DOTC 及 MIAA 之首長簽署了修訂及重述版特許協議（下稱修訂版特許協議），該協議應外國貸款人之要求而澄清了部分承諾及義務，並包含菲律賓對修訂版特許協議及其簽定程序之合法性及有效性之保證。修訂版特許協議第 4.04(c) 節並給予外部項目融資人（即由 Kredtanstalt für Wiederaufbau、亞洲開發銀行及世界銀行國際金融公司組成之團隊）選擇權，於 PIATCO 違約之情形下，外部項目融資人得指定合格之名義人（nominee）營運或轉移第三航廈，如未能於指定時間內覓得名義人，於向 PIATCO 支付終止費後，第三航廈將轉移給菲律賓政府所有。雖然 NEDA ICC 中有部分機構認爲修訂版特許協議中包含了直接政府擔保，但菲律賓中央銀行之觀點，即修訂版特許協議提供菲律賓政府於 PIATCO 違約時買斷第三航廈計畫之選擇權，於 NEDA ICC 中占優勢。

1999 年，由於外國貸款人對提供長期項目融資有疑慮，PIATCO 決定尋求聲請人之股權投資。

1999 年 1 月，PIATCO 向聲請人提出一項方案，方案中包含一股東協議，該協議將使聲請人於菲律賓法律可能允許之情形下，對第三航廈之營運具有全面之執行和管理權。

1999 年 2 月 12 日，時任總統向政府機構發布備忘錄，「確認政府對第三航廈提供全面協助之承諾」，且承認菲律賓於特許協議及修訂版特許協議下之義務，並責令各政府機關全力配合以完成第三航廈計畫。

1999 年 7 月，聲請人透過股權買賣協議對 PIATCO 進行股權投資。自 1999 年開始，聲請人和 PIATCO 其餘股東簽訂一系列股東協議。作爲 1999 年 7 月股權買賣協議之一部，Philippines Airport and Ground Services Terminals, Inc.（下稱 PTI）成立，其成立目的係爲與 PIATCO 簽訂營運及維護協議，透過該協議，PTI 將成爲第三航廈之設施營運商。

聲請人藉由投資一連串對 PIATCO 具有所有權益之公司以進行對 PIATCO 之間接投資，此等行爲使聲請人得根據與其餘第三航廈計畫參與者間之協議進行股權投資，並符合要求由菲律賓國民控制公用事業之菲律賓法律，最終聲請人於 PIATCO 直接及間接擁有總計 61.44% 之股權。

1999 年所達成之協議中有一聯合投票協議，此協議之當事人共同擁有 PIATCO 51% 之股權。聯合投票協議第 2 條規定，聲請人、PTI、PAIRCARGO、PAGS 以及上述當事人於董事會中所提名之人，將作爲一個整體進行投票，所持之立場將透過各方討論確定。如未能達成一致，聯合投票協議第 2.02 節規定，當事人應就聲請人之專業領域（即航廈營運及管理）諮詢聲請人，並根據聲請人之建議採取行動。

2000 年 3 月，經過六次委員會聽證後，交通及通訊之專門委員會認定，授予 PIATCO 第三航廈之特許權爲「適當且有效」，且修訂版特許協議並不包含直接之政府擔保或其他非法條款。

2001 年 6 月，對於 PIATCO 取得第三航廈特許權之反對者，開始公開進行針對 PIATCO 及聲請人之反對活動。在 911 恐怖事件發生後，此些活動進一步激化，對菲律賓航空之業務產生了嚴重負面影響。

2001 年 8 月 23 日，聲請人及其餘股東修正了 1999 年之聯合投票協議，取消聲請人向其他 PIATCO 股東提出建議之權利。

2001 年 12 月，擔任總統策略計畫顧問之 Climaco 與聲請人及 PIATCO 會面。Climaco 決定重新協商第三航廈之特許權，並與聲請人及 PIATCO 討論第三航廈之財務及法律問題。爲期 8 個月的談判中，Climaco 堅持要修改第三航廈之特許協議。

2001 年 12 月，交通及通訊之專門委員會進行之第二次審查認定，授予第三航廈特許權之行爲係屬適當，且經修訂之特許協議亦爲有效。

2002 年 8 月，聲請人及相對人幾乎達成使菲律賓買斷第三航廈特許權之協議。聲請人聲稱 Climaco 於此項計畫公開後，因受到媒體批評此爲治理不善及自我交易之證據而放棄此

項計畫。相對人則主張協議破局係因股東之一提出不合理之高額買斷價格。

2002 年 9 月 26 日，Climaco 向參議院藍絲帶委員會提交一份備忘錄，表示第三航廈特許契約「自始無效」。備忘錄亦詳細表明政府在授予第三航廈特許權時缺乏政府規劃，以及未能實行重新協商對政府造成之財政影響，並認為 PIATCO 雖得到特許權，但不具備必要之財務條件，Climaco 亦向總統建議應廢除第三航廈之特許權。

2002 年 11 月 28 日，司法部發布其官方立場，聲明第三航廈之特許權無效，因其與原始投標文件間存在歧異，加上未給予 AEDC 與 PIATCO 條件競爭之機會，且非法地將 PIATCO 置於較其他投標者有利之地位。司法部亦發現修訂版特許協議及其餘補充文件亦屬無效，因此些文件與投標文件間存有額外之歧異。

2002 年 11 月 29 日，亦即第三航廈計畫投入商業營運之前一個月，菲律賓總統宣布第三航廈之特許協議無效，且菲律賓政府不會履約。菲律賓總統亦承諾將賠償截至發布聲明日為止投入建設第三航廈所花費之資金，並進一步指示司法部及總統反貪污委員會（Presidential Anti-Graft Commission）調查及起訴所有於第三航廈特許經營權有關之刑事違法行為。

2002 年 12 月 9 日，檢察總長向最高法院提交了補充摘要，認為授予第三航廈特許權之行為無效，因 PAIRCARGO 共同投標團隊於得標時不符合財務資格。

2002 年 12 月 10 日，參議院藍絲帶委員會發布其最終報告，得出以下結論：（一）第三航廈特許協議本質上無效，因其上未有 NEDA ICC 成員的六個必要簽名；（二）特許協議因與投標文件間出現歧異而為無效；（三）特許協議包含違反公共政策及 BOT 法案的繁複條款；（四）向 PIATCO 所聘顧問支付不當款項；（五）特許協議內含有被禁止之直接政府擔保；及（六）第三航廈之狀況引發了嚴重之安全問題。

2003 年 5 月 5 日，菲律賓最高法院作成判決，[2] 基於以下理由宣布第三航廈特許協議自始無效：

（一）PAIRCARGO 共同投標團隊缺乏初始財務資格，且 PBAC 於計算團隊之財務資格預審時發生錯誤。

（二）對 1997 年特許協議之得標後修改，給予 PIATCO 先前投標過程中所無之財務優勢，並要求政府為 PIATCO 之貸款提供「擔保形式」。因此，該協議因違反公共政策而無效。

（三）修訂版特許協議規定於 PIATCO 違約之情形下政府應提供直接擔保，此種規定為 BOT 法案所禁止。

（四）特許協議規定政府如於戰時臨時接管第三航廈，應向 PIATCO 支付賠償金，此種規定

2　Decision (en banc), *Agan et al. v. PIATCO et al.* G.R. No. 155001 and *Baterina et al. v. PIATCO et al.* G.R. No. 155547 and *Lopez et al. v. PIATCO et al.* G.R. No. 155661 (May 5, 2003).

妨礙政府行使其警察權並違反菲律賓憲法。

（五）1997 年特許協議及修訂版特許協議中之條文，授予 PIATCO 排他性權利以控制第三航廈服務提供商之特許權，並要求政府終止與現有之尼諾伊機場服務提供商間之契約，此種條款不應被允許。

2003 年 9 月，聲請人依據德菲 BIT 向 ICSID 聲請第一次仲裁。

2004 年 12 月 21 日，由於 PIATCO 與菲律賓未能就第三航廈之所有權達成和解（且聲請人因作為少數股東亦無法單獨促成和解），菲律賓檢察總長申請並獲准一單方法院命令（即占有令），授權徵收第三航廈。同一天，菲律賓武裝部隊控制了第三號航廈。

依據菲律賓法律，於下達徵收令之後，徵收法院應依據菲律賓法律之「重置價值」（replacement value）標準決定應支付之補償金額；其中包括起初支付之「要約價值」（proffered value），以及法院於 60 天內決定是否應支付額外之「公平補償」（just compensation）。據此，地方法院下令應支付予 PIATCO 6,200 萬美元，之「要約價值」，並於 2011 年 3 月確認第三航廈之重置成本為 3.76 億美元，並加上自徵收時起計算之 12% 之利息。然於 2013 年 8 月 7 日，上訴法院將金額下修至 3 億美元，並減去 2006 年 9 月已支付之 5,900 萬美元，亦即總額為 2.4 億美元，法定利率為 6%（截至 2013 年 7 月 31 日，本息合計 3.71 億美元），但目前仍在上訴中。

2005 年 12 月 19 日於對菲律賓徵收法院關於支付 6,200 萬美元之「要約價值」之命令提出上訴後，最高法院停止占有令，直至菲律賓支付最高法院認定作為要約價值數適當之金額。

2006 年 9 月 11 日，依據最高法院 2005 年 12 月之裁決，菲律賓向 PIATCO 支付了相當於 5,300 萬美元之要約價值，其中大約一半移轉予聲請人以作為取得對第三航廈占有令之條件。

2007 年 8 月 16 日，ICSID 仲裁庭作出有利於相對人之仲裁判斷（下稱 2007 年仲裁判斷），認為聲請人藉由秘密股東協議，明知且故意規避菲律賓法律，故不能主張其係依法進行投資；且因菲國政府並沒有對聲請人免除外人投資上限之要求，故仲裁庭以缺乏屬物管轄權（jurisdiction *ratione materiae*，或稱事件管轄權）為由，駁回聲請人之聲請。

聲請人不服前揭之仲裁判斷，於 2007 年 12 月 6 日向 ICSID 秘書處提出聲請，請求撤銷 2007 年仲裁判斷。

2010 年 12 月 23 日，2007 年仲裁判斷被撤銷，因委員會認為仲裁庭嚴重背離基本程序規則，損害聲請人之利益。且仲裁庭於 2007 年仲裁判斷內，使用於仲裁程序結束後始提交之文件，而沒有就此等文件之充分性及效果，以及其對「反人頭法」（Anti-Dummy Law，下稱 ADL）之構建聽取雙方當事人之意見。

2011 年 3 月 30 日，聲請人向 ICSID 提交新的仲裁請求。

四、程序爭點

(一) 準據法及舉證責任[3]

1. 仲裁庭認為，本案之管轄權爭議僅涉及屬物／事件管轄權。

2. 依 ICSID 公約第 25(1) 條規定：「ICSID 對於締約國與另一締約國之國民間就投資所直接引起之法律爭端具有管轄權。」故「投資」之定義為決定事物管轄權之核心。然而，因 ICSID 公約對「投資」並無定義，仲裁庭即應尋求德菲 BIT 及作為其管轄法律之國際法以探究仲裁庭於本案中是否具有事物管轄權。此外，無論德菲 BIT 是否提及，仲裁庭於與其判斷管轄權有關之條件範圍內，亦應適用菲律賓之法律規定。

3. 舉證責任方面，依據主張者負舉證責任 (*onus probandi incumbit actori*) 之原則，提出積極主張之一方應負擔舉證責任。[4] 因此，相對人就其提出之管轄權異議應負舉證責任，一旦相對人所提出之證據足以建立表面證據 (*prima facie* evidence) 時，雖然相對人仍須就管轄權異議負擔最終舉證責任，但聲請人亦應提出反證。[5]

(二) 相對人之管轄權異議[6]

1. 仲裁庭認為，於分析雙方當事人對於相對人之管轄權異議之主張前，應先確定：(1) 應考量聲請人之何等投資行為；及 (2) 相對人之管轄權異議為何。

   (1) 針對問題 (1)，依據聲請人所提交之最新陳述，聲請人之投資應包括：A. 對 PIATCO 及於 PIATCO 中享有所有權權益之菲律賓公司之股權投資；B. 對 PIATCO 及於 PIATCO 中享有所有權權益之菲律賓公司之貸款；C. 對第三航廈興建承包商 Takenaka 及此計畫貸款人之付款；及 D. 所提供之服務。除此之外尚包括聲請人對於特許權及第三航廈本身之利益，因此等資產構成 PIATCO 之財產權益。

   (2) 針對問題 (2)，依據相對人所提交之最新陳述，相對人提出了三項異議，即：A. 聲請人違反 ADL；B. 聲請人之賄賂及詐欺行為；及 C. 聲請人知悉 PIATCO 為獲取特許協議之不實陳述行為。

2. 在管轄權審理階段，仲裁庭之分析將僅限於與聲請人最初為投資行為時點有關之相對人

3　*Supra* note 1, paras. 295-299.

4　*Marvin Roy Feldman Karpa v. United Mexican States*, ICSID Case No. ARB(AF)/99/1, Award (December 16, 2002), para. 177; *Temple of Preah Vihear*, Judgment (June 15, 1962), ICJ Reports at 15-16.

5　Bin Cheng, General Principles of Law as Applied by International Courts and Tribunals, 1953, paras. 323-324.

6　*Supra* note 1, paras. 334-519.

異議，該等投資行為亦即：對 PIATCO 及於 PIATCO 中享有所有權權益之菲律賓公司之股權投資、與股權投資同時期所為之投資及於 PIATCO 之股權間接衍生之投資（以下合稱初始投資）。基於初始投資之同時性、相互依賴性，縱使初始投資具有不同成分，其亦將被視為一個投資單位。

3. 在仲裁庭看來，聲請人投資之重點係其於第三航廈特許權之利益，聲請人於 1999 年中期之初始投資目的即為獲得第三航廈特許權之利益並維持第三航廈之運轉。通過最初的股權投資，聲請人獲得第三航廈之特許權之一系列無法分割之權利（包含 PIATCO），聲請人隨後之投資亦皆依賴並附屬於初始權利。

（三）德菲BIT之「投資」定義[7]

1. 聲請人主張，德菲 BIT 第 1(1) 條（The term "investment" shall mean any kind of asset accepted in accordance with the respective laws and regulations of either Contracting Party, and more particularly ...）為准入條款而非合法性要求。投資行為僅於未受地主國認可，或地主國未依據其內國法規認可投資行為之情形下，始不受德菲 BIT 之保護。而聲請人之投資行為始終符合德菲 BIT 之要求，且依據菲律賓法律屬合法投資行為，並已被菲律賓政府認可，故仲裁庭應具有管轄權。聲請人並引用 *EDF International and others v. Argentina* 案，[8] 主張德菲 BIT 未明確規定投資必須「依據地主國法律」（in accordance with the laws）；因此，以准入投資之目的而言，不得解讀協定隱含合法性條款。

2. 相對人主張，德菲 BIT 第 1(1) 條為合法性要求，投資人必須遵守地主國有關投資之法規，而聲請人之投資違反 ADL。且聲請人係投資於一間違反 BOT 法而獲得特許協議之企業，故聲請人之投資不受德菲 BIT 之保護，仲裁庭因此不具屬物／事件管轄權。即使德菲 BIT 未明確要求投資行為須符合地主國法律始有獲得條約保護之資格，仲裁庭亦應以該投資具違法性為由，而認定其無管轄權。聲請人並引用 *Phoenix Action v. Czech Republic* 案及 *Hamester v. Ghana* 案，認為「針對違反其法律之投資，國家不應被認為同意進入 ICSID 爭端解決機制」。[9]

3. 仲裁庭認為，應適用 VCLT 以解釋德菲 BIT 第 1(1) 條。該公約第 31(1) 條規定：「條約應依其用語按其上下文並參照條約之目的及宗旨所具有之通常意義，善意解釋之。」
   (1) 德菲 BIT 第 1(1) 條規定：「『投資』係指任何依據締約一方法規所『認可』

---

[7] *Supra* note 1, paras. 300-333.

[8] *EDF International S.A., SAUR International S.A. and Léon Participaciones S.A. v. Argentine Republic*, ICSID Case No. ARB/03/23, Award (June 11, 2012), paras. 304-307.

[9] *Phoenix*, Award, para. 101; *Gustav F W Hamester GmbH & Co KG v. Republic of Ghana*, ICSID Case. No. ARB/07/24, Award (June 18, 2010), paras. 123-124.

（accepted）之資產……」其中「認可」之通常文義，依據牛津字典，係指「滿足的」（satisfactory）、「可接受的」（acceptable）、「一般認為正確或有效的」（generally recognized as correct or valid）。然而，任何形式之認可均需遵守地主國法律方為有效，且投資行為亦須遵守地主國法始得被認可。換言之，德菲 BIT 第 1(1) 條之合理解讀應為：不僅認可程序須符合地主國法律，該投資本身亦應遵循該等法律。

(2) 此外，德菲 BIT 其他條款亦確認德菲 BIT 第 1(1) 條之合法性要求。如德菲 BIT 第 2(1) 條規定：「除促進投資外，如第 1 條第 1 項所規定，各締約國應依據其憲法、法規批准投資。」這些條文再次證明投資行為須符合地主國之法律，始受德菲 BIT 之保護。

(3) 過往之多數投資條約案例，如 *Inceysa v. El Salvador* 案 [10] 亦證實此類條約依據其自身條款或國際法原則（若條約中未有明確條款表明），諸如「清白原則」（Clean Hands Doctrine，或稱「潔手原則」）[11] 或具有相同效力之原則，[12] 因此不保護違法投資行為。

(4) 對條約之善意解釋包含實效性原則（principle of *effet utile*）。仲裁庭認為，「認可」之通常文義包括「接受」（received），故「認可」係指地主國接受投資時（即投資作成時）之時點。因此，系爭文字之使用，將德菲 BIT 中投資認可之範圍限縮為於進行投資時，依據地主國之法規為合法之投資。

(5) 仲裁庭亦認為，縱使德菲 BIT 中並未存有明確之合法性要求，考量投資之合法性仍屬適當。且有一逐漸受公認之國際法原則表明，至少於非法行為涉及投資之本質時，系爭投資無法獲得國際法律救濟。[13]

(6) 綜上所述，仲裁庭認為德菲 BIT 第 1(1) 條要求投資須符合投資作成時之地主國法律，以獲取 BIT 之保護，因此，仲裁庭於審酌相對人對管轄權異議時，將側重於聲請人為投資之時點。

---

[10] *Inceysa Vallisoletana S.L. v. Republic of El Salvador*, ICSID Case No. ARB/03/26, Award (August 2, 2006), para. 257.

[11] "A party who asks for redress must present himself with clean hands," American Commissioner Hassaurek, Ecuadorian-United States Claims Commission (1862), cited by Bing Cheng, General Principles of Law as applied by International Courts and Tribunals, 1953, p. 156.

[12] Identified by Latin maxims such as "*ex injuria jus non oritur*," "*nemo auditur propiam turpitudinem allegans*" or "*ex dolo malo non oritur action*".

[13] *See, e.g., EDF and others*, Award (CA-99), para. 308: "La condition de ne pas commettre de violation grave de l'ordre juridique est une condition tacite, propre à tout APRI, car en tout état de cause, il est incomprehensible qu'un État offre le bénéfice de la protection par un arbitrage d'investissement si l'investisseur, pour obtenir cette protection, a agi à l'encontre du droit" (translated in Schreuer-Kriebaum-Binder I (ICSID 2), fn. 81 as "The condition of not committing a grave violation of the legal order is a tacit condition of any BIT, because in any event it is incomprehensible that a State would offer the benefit of protection through investment arbitration if the investor, in order to obtain such protection, has acted contrary to the law").

（四）聲請人是否違反ADL

1. ADL之解釋

仲裁庭認爲，判斷聲請人是否違反 ADL，應根據菲律賓法律中與仲裁管轄權相關之條文，就以下事項一一分析之：

(1) 於第三航廈營運前，ADL 第 2-A 節是否適用於 PIATCO？

聲請人主張，ADL 不適用於第三航廈計畫。只有公用事業之營運受到憲法上國籍限制，因爲構成公用事業活動者爲公用事業爲公眾服務之用途。ADL 第 2-A 節所稱之「收益」（enjoyment）不僅指「持有」（possession），且包括「實際使用」受限制之權利、特許經營權、特權、財產或業務。由於公用事業的興建與營運是兩個不同的概念，且歸屬不同法令規範，因此 ADL 第 2-A 節僅禁止不具備資格之第三方，介入實際享有或行使相關權利、特許經營權、特權、財產或業務，或是介入國有化財產的控制；ADL 第 2-A 節沒有禁止該第三方的單純持有。此外，在 BOT 之機制下，基礎建設之行爲不會將第三航廈興建計畫轉化爲公用事業，因此私人承包商不需獲得公用事業之特許經營權，只有系爭公用事業開始營運後，私人承包商始受國籍限制。而 PIATCO 從未參與過第三航廈之營運，僅參與該航廈之興建，故不適用 ADL。

相對人主張，依據 1999 年 7 月 9 日之股東協議，聲請人計畫並取得控制第三航廈營運者 PTI 之能力，違反 ADL。此外，依據聯合投票協議，PITACO 之菲律賓股東同意於關於運轉與維護協議（Operations & Maintenance Agreement，下稱 O&M 協議）之實施、第三航廈之營運、維護、管理等事項上，受聲請人建議所拘束。從聯合投票協議及聲請人對 PTI 之主要公司決策權具有否決權一事中可知，聲請人已介入了 PITACO 及 PTI 之管理及營運。再者，根據菲律賓最高法院之判決，公用事業之潛在經營者於申請營運權時亦必須遵守 ADL 之國籍限制。

仲裁庭認爲，PTI 於 1999 年 6 月 18 日向 DOTC 申請核准爲第三航廈之營運商時即應受到 ADL 之拘束。縱使認爲第三航廈非屬公用事業，ADL 第 2-A 節亦適用於權利、特許經營權、特權、財產或業務，此等權利須受國籍限制。又依 BOT 法第 2(b) 節，計畫提出者 PIATCO 亦須受國籍限制，因此，PIATCO 於不遲於其獲得特許權時即受國籍限制。

A. 聲請人於進行初始投資時，PIATCO 已取得保留給菲律賓公民之特許權，並受到 ADL 禁止外國公民介入之約束，且 BOT 法第 2(a) 節於 BOT 計畫之建設階段明確授權得使用外國融資及外國承包商，證實國籍限制於建設階段亦有適用。

B. PIATCO 於執行第三航廈 BOT 計畫時已實際享有並實施其依據 BOT 法作爲計畫提出者之權利，因此，仲裁庭認爲不具備資格之私人或實體對 PIATCO 之管理、營運進行介入係爲 ADL 第 2-A 節所禁止。

(2) ADL 第 2-A 節是否適用於股東行為？

聲請人主張，ADL 第 2-A 節之行為主體應為「員工、雇員或勞工」而不包含股東，因 ADL 第 2-A 節之規範並未明文列出股東，且因刑法之嚴格解釋原則，ADL 不能通過法規解釋而將法條文字未提及之股東列入法規適用範圍。因此，股東行為非屬 ADL 所禁止介入或參與管理、營運之範圍內，ADL 不適用於聲請人。

相對人主張，ADL 旨在防制外國少數股東藉由介入菲律賓公用事業之管理、營運或控制之方式，規避國籍限制。這些方式包括雇用外國人擔任各種職位，通過管理、技術和其他經營協助，以主導公用事業之營運，及為公用事業提供大量資金。ADL 第 2-A 節之立法目的係為防堵所有規避國籍限制及削弱菲律賓對國家公用事業之有效控制之漏洞，而此等漏洞亦有可能由少數股東之行為所造成，因此將外國少數股東之行為排除於 ADL 第 2-A 節適用範圍之論點將和 ADL 之語言、文字和解釋矛盾。

仲裁庭認為，無須決定是否使用限制性解釋，或是否應當（及准許）依據菲律賓法律及國際法解釋 ADL 之立法目的，以防堵任何外國人可以利用的漏洞。因為 ADL 之用語並無模糊之處，其清楚表明適用於「任何人」（any person），條文所規定之「員工、雇員或勞工」僅為例示規定。ADL 適用於「任何不符合資格者」所為之介入，包含股東。

(3) ADL 第 2-A 節是否禁止「計畫」進行被禁止之行為？

聲請人主張，於未執行任何被禁止行為之情況下，僅有能力介入受國籍限制之實體的管理、營運或控制，並不違反 ADL。菲律賓之法律並不處罰意圖，故僅僅「計畫」本身（per se）非屬應受處罰之罪行。縱使計畫行為構成對 ADL 之違反，亦無證據表明聲請人「明知」、「有意識地」或「故意地」參與此等違法行為，因為聲請人係依據菲律賓律師之法律建議而完成有關第三航廈之安排。此外，ADL 第 2-A 節亦表明只有被禁止之行為已完成時，始存在違規行為。最後，假使聲請人僅因計畫或簽訂聯合投票協議之行為即違反 ADL，系爭違法行為亦因 2001 年修正聯合投票協議時而被治癒。

相對人主張，依據 ADL 第 2-A 節之文字，「於計畫、完成或實施上述列舉行為中，故意幫助、協助或教唆之人」可知，ADL 第 2-A 節禁止「計畫」違反法律之行為。本案中，聲請人不僅計畫違反 ADL，其亦協商並執行使聲請人得以非法介入 PIATCO 及 PTI 之協議。此外，只要聲請人意圖於完全瞭解股東協議條款之情形下執行系爭股東協議，則聲請人是否相信其實際上違反 ADL 係屬無關緊要，因即使其於實施違法行為時並無惡意，系爭違反行為仍受到 ADL 之處罰。

仲裁庭認為，依據 ADL 第 2-A 節之文字即足以判定計畫本身可能構成對 ADL 之違反。

A. 系爭條款之結構清楚表明於計畫、完成及實施此三種不同類型之活動中幫助、協助或教唆之責任。法條之文字或先前之司法解釋中皆未有表明參與計畫被禁止之介入行為之責任，必須取決於該計畫之完成或實施。

　　B. 於 PIATCO 之情形，聲請人透過與菲律賓股東簽署 1999 年 7 月 6 日之聯合投票協議，授予自身介入第三航廈之管理、營運和控制之權利，從而構成對於違反 ADL 行為之計畫。

　　C. 於 PTI 之情形，依據 1999 年 7 月 6 日之 PTI 股東協議，聲請人確保其對 PTI 未來作為第三航廈之承包商及營運商之角色具有控制權而構成對於違反 ADL 行為之計畫。

　　D. 綜上，聲請人對於 PIATCO 及 PTI 之管理、營運或控制進行介入之計畫，從其為計畫時起即違反 ADL。

(4) ADL 第 2-A 節是否要求「知悉」違反行為？

　　聲請人主張，其於起草聯合投票協議時已尋求法律顧問之建議，此種遵循 ADL 之努力意味著聲請人不可能故意違反 ADL。

　　相對人主張，菲律賓刑法包含稱為特別法之刑事禁令，其制定目的係為公共政策或監管目的。違反特別法不需要具備惡意或犯罪意圖（*mens rea*），只要行為人有從事特別法所禁止行為之意圖即為已足。所稱「意圖實施行為」僅表示行為人係自主且有意識地實施系爭行為。

　　仲裁庭認為，由於雙方均未提及菲律賓法院就此爭議所為之判決，仲裁庭必須根據 ADL 第 2-A 節本身之文義作出解釋。ADL 第 2-A 節禁止於計畫、完成或實施上述列舉行為中，故意幫助、協助或教唆，仲裁庭認為，其文義係要求行為人自主且有意識地參與計畫或執行任何特定行為之幫助、協助或教唆，並非要求行為人須知悉正在計畫或執行之事情係為 ADL 所禁止。因此，只要當事人自主且有意識地從事計畫或執行任何特定行為之幫助、協助或教唆之行為，即足以確立其應負違反 ADL 之責任。

(5) ADL 第 2-A 節之違法行為是否可被「治癒」？

　　聲請人主張，依據菲律賓最高法院 *Gamboa* 案之判決，不符合憲法第 11 節第 12 條及外商投資法規定之國籍要求之公用事業，得於行政訴訟或調查開始前治癒其違法行為。因此，縱使聯合投票協議違反 ADL，因系爭協議已於 2001 年修正，去除了聲請人之建議權，任何違法行為應已被治癒。

　　仲裁庭認為，此爭議係關於聲請人之投資於其為投資行為時之合法性問題。因此，仲裁庭認為，2001 年對聯合投票協議之修正，只有於根據菲律賓法律得以回溯排除任何已存在之違法性之情況下，始得作為對相對人管轄權異議之抗辯。於投資時違反地主國法律之行為得否事後治癒，須依據地主國之法律作出判斷。如地主國之法律允許投資人採取後續行為以治癒系爭違法行為，從而避免責任，仲裁庭於判斷是否遵守法律時亦須尊重此一事實。

　　A. *Gamboa* 案涉及一種監管執法制度，在其基本法規中提供了治癒違反行為之機會，而 ADL 並未有此種規定。

　　B. *Gamboa* 案或其中所引用之案例亦與菲律賓最高法院於 *Avengoza* 案之判斷並不一致，*Avengoza* 案認定停止違反 ADL 之行為並不排除先前違法行為之刑事責任。

C. 聲請人對於其所聲稱之 ADL 違法行為之治癒權，並未提供其他菲律賓法律之依據。因此，仲裁庭認為，菲律賓法律並未允許聲請人藉由修正聯合投票協議而治癒其違反 ADL 之行為。

(6) ADL 第 2-A 節是否有善意抗辯之依據？

聲請人主張，其於構建投資結構時，係本於善意，並於菲律賓法律顧問的幫助下行事，可證明聲請人為理解和遵守 ADL 所作之努力。且由於聯合投票協議係與菲律賓律師協商後起草，所以聲請人不會計畫違反 ADL 對於介入公用事業之管理、營運或控制之禁止。

相對人主張，對違反 ADL 之行為不得主張善意抗辯，因其為法定犯罪且不需要證明行為人具有惡意。

仲裁庭認為，於聲請人進行初始投資之前，其菲律賓法律顧問已就菲律賓憲法及 ADL 對於外國投資人關於公用事業（如第三航廈）行使管理或財務控制權之限制，對聲請人提出建議並請其注意。然而，縱使菲律賓法律顧問已提出警告，聲請人向其監督委員會（Supervisory Board）所提交之最終報告仍確認聲請人將獲得並行使對第三航廈計畫之管理和控制權，並尋求監督委員會核准投資 PIATCO。系爭最終報告中有兩點值得注意，首先，報告中提及 PIATCO 之菲律賓股東接受聲請人之專業建議具有拘束力之說法，與隨後之聯合投票協議內容一致；其次，報告中承認將第三航廈之管理及控制權移轉予聲請人，係「由於當地法律而無法合法實施」，清楚證明聲請人充分認知將第三航廈計畫之控制權移轉予自身之行為，以菲律賓法律而言係屬違法。綜上，聲請人之初始投資違反 ADL 已清楚確立，然而聲請人是否得以援引其所聲稱之與當地律師廣泛溝通作為辯護，仍有待審查。

A. 菲律賓法律顧問於 1999 年 6 月 14 日之信件中建議於聯合投票協議中加入「股東應依照 FAG 之建議行事」，但於 4 天後之信件中，菲律賓法律顧問提醒聲請人該協議有違反 ADL 之可能，並建議將文字修改為「FAG 得作出建議」。面對此二相衝突之法律意見，仲裁庭認為其應假定後者取代前者，且因其送達之時間早於聯合投票協議執行之日期，因此聲請人應依據 1999 年 6 月 18 日之法律意見行事。

B. 從聲請人所提交予監督委員會之最終報告，明確顯示聲請人於初始投資時即充分意識到任何允許其介入第三航廈之管理、營運或控制之契約安排依據 ADL 皆屬違法，因此聲請人並無主張善意抗辯之空間。

2. 仲裁庭對相對人違反ADL之綜合評斷

仲裁庭認為，判斷相對人行為是否違反 ADL 第 2-A 節，須檢視以下三要件：(1) 個人或實體擁有參與受國籍限制之活動之權利；(2) 該個人或實體允許或計畫允許不具資格之人，介入該等活動之管理、營運或控制；及 (3) 該不具資格者幫助、協助或教唆系爭介入行為之計畫或執行。

　　於本案中，仲裁庭已認定 PIATCO 作為依據 BOT 法公用事業計畫之提案者，有權從事受國籍限制之活動，而因聲請人（或其雇員）既為非法介入之人，亦為幫助、協助或教唆系爭介入行為之計畫或執行之人。因此，上述所舉之第 (2) 要件及第 (3) 要件之重點，應在於聲請人是否計畫或實施被禁止之介入行為。

　　聯合投票協議為聲請人於其初始投資時與 PIATCO 之菲律賓股東所簽訂之一系列協議中最重要者。系爭協議之當事人（協議當中稱為股東）當時總計擁有 PIATCO 51% 之股份，而聲請人則擁有 25% 之股份。聯合投票協議中，於本案較重要之條文為第 1.05 條、第 2.01 條、第 2.02 條及第 2.06 條。

(1) 聯合投票協議第 1.05 條規定，於系爭協議之有效期間內，各股東應保持其所持有之股份百分比，且未經全體股東事前書面同意，各股東不得自行出售其股份或稀釋其所有權百分比。

(2) 聯合投票協議第 2.01 條規定股東及其於 PIATCO 董事會中所提名之人應作為一個整體進行投票。

(3) 聯合投票協議第 2.02 條規定，如股東無法達成一致之意見，有兩種解決爭議之辦法：如爭議涉及第三航廈之營運及管理，聲請人得提出建議，其餘股東隨後「應根據 FAG 之建議採取行動」；如爭議涉及其他事項，則通過仲裁解決。

(4) 聯合投票協議第 2.06 條進一步規定，各股東於董事會中所提名之人應嚴格按照股東間之一致立場進行投票，如不遵守者應立即替換。

　　雙方當事人對聯合投票協議第 1.05 條、第 2.01 條及第 2.06 條並無任何異議；基於系爭條文之明確性用語及目的，仲裁庭對其亦無異議。然而，針對聯合投票協議第 2.02 條是否具拘束力則有爭論。仲裁庭認為，「採取行動」（act upon）意思係為「依照……規範自身之行為」（to regulate one's behavior in accordance with），因此接收建議之人必須執行被建議之內容，且該條文使用「應」（shall），亦證明系爭條文之強制性。

　　依據聯合投票協議第 2.02 條，聲請人所得建議之事項包含 O&M 協議之執行、第三航廈之營運、維護及管理，以及第三航廈內之商業營運。系爭聯合投票協議授予聲請人之權利，使聲請人得以處於對國有化活動之管理、營運或控制進行介入之位置，違反 ADL 第 2-A 節。

　　雖然聲請人援引聯合投票協議第 2.05 條之用字，主張聯合投票協議第 2.02 條並未有拘束性。然仲裁庭認為，依聯合投票協議規定，當爭議涉及第三航廈之營運及維護時，應適用系爭協議第 2.02 條而排除第 2.05 條之適用。如聲請人之建議不具拘束力，排除適用第 2.05 條之規定將不具有任何意義。因為除非 PAGS 和 PAIRCARGO 受聲請人建議所拘束，否則聲請人幾乎沒有理由對 PAGS 和 PAIRCARGO 就其自身業務受影響時如何投票一事提供建議。

　　此外，聲請人提交予其監督委員會之報告明確顯示，聲請人之最高決策機構已經意識到

由外國少數股東控制菲律賓公用事業，違反菲律賓之法律，已接受承擔相關風險。

1999 年 7 月 6 日對 PIATCO 股東協議之第一附錄賦予聲請人除作為財務顧問之角色外，亦得代替 PIATCO 之董事會，就第三航廈計畫所有財務方面事項作出對 PIATCO 具有拘束力之決定，從而加強了聲請人對於 PIATCO 之管理、營運或控制之介入。

聲請人於初始投資時，並未於 PIATCO 任命任何董事，故不違反 ADL。然而，聲請人將其所屬意之人安置於 PIATCO 及 PTI 之管理職位（如財務主管、第三航廈之營運、建築管理及人事主管）。菲律賓憲法規定公司或協會之所有執行及管理人員均須為菲律賓公民；而 ADL 第 2-A 節規定，除受菲律賓司法部部長授權雇用之技術人員外，禁止對公用事業之管理、營運或控制進行任何介入。聲請人之任命行為並未得到菲律賓司法部部長之授權，且此行為將使聲請人更有能力介入 PIATCO 及 PTI 之管理、營運或控制。

依據 1997 年 7 月 6 日之 PTI 股東協議，聲請人被授權指定 PTI 之董事長及負責財務、行政及商業營運之董事、允許聲請人任命之董事代表 PTI 簽署支票，更賦予聲請人有關第三航廈之最終決策權。系爭協議進一步證實聲請人對於菲律賓公用事業之管理、營運或控制之介入。

綜上所述，仲裁庭認為聲請人於進行初始投資時即違反 ADL，具有違法性，因而排除於德菲 BIT 所保護之投資之外。本案中不生因投資而產生之法律爭議或分歧，且相對人並未同意對聲請人就其投資之主張進行仲裁。因此，仲裁庭認定，依據 ICSID 公約第 25(1) 條及德菲 BIT 第 9 條，仲裁庭對聲請人之主張缺乏管轄權。且依據 ICSID 公約第 46 條，因相對人之反訴與本案爭議存在必要聯繫，仲裁庭對相對人之反訴亦缺乏管轄權。然而，仲裁庭亦指出，請求費用裁決不能直接視為反訴，因此駁回反訴並不影響仲裁庭對分配費用之決定權。

（五）聲請人是否有賄賂及詐欺行為

1. 聲請人主張，相對人無法提供證明其有賄賂事實之直接證據。而依據其他投資仲裁判斷，賄賂之證據應明確且令人信服。[14] 聲請人主張由被指控貪污之一方證明其為清白，屬不合理之要求。並且聲請人亦已藉由繳交超過 100,000 頁之文件，以及回應由仲裁庭准許、與行賄指控有關的 21 項請求，而充分滿足其舉證責任。此外，相對人所依據之 1997 年 PIATCO 與 Datacenta 之協議係於聲請人為投資行為前二年所作成，與聲請人無關。

2. 相對人主張，聲請人及 PIATCO 參與一系列違法活動，包含聘用顧問賄賂官員以取得 PIATCO 所需之核准、參與向政府收取過高費用之回扣計畫，允許 PIATCO 之管理層和盟

---

[14] *EDF (Services) Limited v. Romania*, ICSID Case No. ARB/05/13, Award (October 8, 2009) (RL-160), para. 221.

友從不合標準之工作中獲利及洗錢活動。相對人亦主張其所提出之表面證據已足以將舉證責任轉移至聲請人，其後又主張於賄賂政府官員之情形中不需要提供直接證據，間接證據即為已足。

3. 仲裁庭認為，鑑於賄賂行為對投資人主張德菲 BIT 保護能力之影響，所提出之證據必須明確且令人信服，以合理地相信所主張之事實已發生。

(1) 相對人主張聲請人對於其為初始投資行為之前所發生之事件，或於 PIATCO 獲得特許權後向 Datacenta 所為之付款存在賄賂行為，屬邏輯上之跳躍。縱使假設聲請人藉由 2002 年 2 月 7 日 PIATCO 之計畫費用得知 PIATCO 有向 Datacenta 為付款之行為，系爭文件距聲請人之初始投資行為亦已經過兩年半之時間。

(2) 綜上所述，仲裁庭認為，因相對人未能提出明確且令人信服之證據，以證明聲請人於為初始投資時知悉且參與關於第三航廈計畫之賄賂及詐欺行為。相對人之管轄權異議二應被駁回。

（六）聲請人是否知悉PIATCO為獲取特許協議之不實陳述行為

1. 聲請人主張，其係合理依賴菲律賓政府多次批准系爭計畫之保證和其他行動。聲請人於進行投資時所承擔之風險為商業風險之一部分，系爭風險依據德菲 BIT 不得作為相對人徵收投資責任之抗辯。聲請人亦主張對原始招標文件及特許協議之修改係屬合理，且於多數情形下係對相對人有利。相對人雖主張聲請人於投資 PIATCO 時知悉特許權及修訂版特許協議條款包含政府直接擔保，但此說法並沒有同時期文件之支持。儘管菲律賓法律顧問之初步盡職調查報告（下稱 QT 盡職報告）提及系爭修訂版特許協議條款，但並未對此提出任何問題。系爭條款是否為政府擔保並違反 BOT 法，係屬契約解釋及法律解釋之問題。再者，相對人聲稱特許協議係因內部官僚程序尚未完成而未得到適當批准，但此說法與特許協議持續執行之事實矛盾。綜上，聲請人主張相對人不應否認特許協議之有效性，因相對人不僅保證特許協議之合法性，且於第三航廈幾乎完工之前積極支持其合法性。此外，本案亦具備國際法規定之禁反言原則之三個要件：(1) 清楚明確之事實陳述；(2) 系爭陳述係自願、無條件且經授權；(3) 有對系爭陳述之善意信賴。

2. 相對人主張，PAIRCARGO 及其關係企業之所以被授予特許權，係基於其真實身分之不實陳述，亦即關於 Security Bank 已撤資、其財務能力以及管理營運國際航廈能力等方面的不實陳述，這些不實陳述違反 BOT 法及其他菲律賓法。且聲請人亦經由 KPMG 會計師事務所之盡職調查報告（下稱 KPMG 盡職報告）知悉上情。此外，聲請人於其進行投資時亦知悉 PIATCO 對其作為第三航廈之特許權人之資格為不實陳述，且貸款人及聲請人之法律顧問皆質疑 PIATCO 特許權之合法性。然而，聲請人仍選擇繼續投資 PIATCO 並向其提供無擔保之過渡期間貸款（bridge loans）。相對人亦主張聲請人知悉特許權包含政府對計

畫債務之直接擔保，但 BOT 法明確不得對自發性提案提供擔保。再者，系爭特許協議未經 NEDA ICC 批准，且其中包含對政府不利之投標文件所附協議草案之修改。綜上，因聲請人係於知情之情況下對非法獲得特許權之企業進行非法投資，聲請人不得主張德菲 BIT 之保護。聲請人之投資因未依據菲律賓法律而被接受，德菲 BIT 並未提供本案之管轄權基礎。

3. 仲裁庭認為，本爭議之判斷目的並非在於確認相對人聲稱特許權係藉由虛假陳述而以欺騙手段獲得之主張是否正確，而係在於確認聲請人於其為初始投資時是否知悉，以及在何種程度上知悉該虛假陳述。

   (1) 依據所提交之文件，聲請人於其為初始投資時所知悉者，為 PAIRCARGO 共同投標團隊（亦即 PIATCO）已通過資格預審，且系爭資格並未受到任何菲律賓主管當局之質疑。

   (2) KPMG 盡職報告雖然載明了 PIATCO 所需之股權出資及現金餘額不足及對營收預測採取保留見解，但系爭報告總體評估為「考量到財務預測本身似乎是合理的，系爭計畫似乎是一項具吸引力之投資」。此外，QT 盡職報告中亦未提出相對人所主張之通過虛假陳述以獲得特許權之問題，因此聲請人無法知悉上述爭議。

   (3) 本案中並未有明確證據表明聲請人進行初始投資時，知悉政府直接擔保此一問題，且 QT 盡職報告中亦未對據稱由特許協議及修訂版特許協議所提供之政府擔保提出擔憂。

   (4) 關於相對人所主張之聲請人知悉特許權協議並未被 NEDA ICC 批准，仲裁庭認為，依據 QT 盡職報告，聲請人於為初始投資行為時所知悉者，應為批准程序仍正進行中，且聲請人並無任何理由相信於完成系爭批准程序時會產生問題。

   (5) 此外，依據菲律賓政府多項言論可知，相對人自始即支持第三航廈計畫，於五年期間內，相對人皆未對特許協議之有效性提出任何異議，反而鼓勵聲請人繼續投資第三航廈計畫。同時，許多政府官員之行為亦確認或批准了授予 PIATCO 特許權及相關契約之合法性。

   (6) 綜上所述，仲裁庭認為，由於缺乏證據證明聲請人於為初始投資時知悉相對人所指控之 PIATCO 係藉由不實陳述取得特許權，管轄權異議三應被駁回。

五、實體爭點

　　本案聲請人雖主張相對人違反關於徵收、公平公正待遇、投資之促進與准入、投資之全面保護及安全、傘狀條款等實體義務，惟仲裁庭最終決定其就本案無管轄權，因此並未實質討論聲請人上述主張。

六、損害賠償及費用計算[15]

（一）聲請人主張，基於相對人：1. 於程序中插入初步階段訴狀；2. 通過要求聲請人提供超過 110,000 頁之文件，並提交大量證人陳述及事實證明，而濫用證據提交程序；3. 對聲請人訴諸人身攻擊（*ad hominem*）及毫無依據之指控；4. 製作大量紀錄以混淆法律相關事實；及 5. 提出無關爭議，相對人應負擔聲請人所生之仲裁費用總額，包含律師費及開支，總額為 5,028,962.32 歐元、12,386,291.80 美元及 148,309.62 英鎊。

（二）相對人主張，基於：1. 其請求費用之合理性；2. 聲請人被指控參與之違法行為；及 3. 因聲請人之程序不當行為導致相對人費用增加，聲請人應負擔相對人於本次仲裁程序中所生之所有費用，包含總額為 11,910,321.79 美元之律師費及總額為 3,465,667.34 美元之費用及開支，其中包括相對人之專家及顧問費用（1,740,204.70 美元）。

（三）仲裁庭認為，依據 ICSID 公約第 61(2) 條，仲裁庭有權決定費用應由何方當事人負擔。此外，於裁決費用時，仲裁庭享有廣泛之裁量權。

　　1. 雖然投資仲裁案之傳統立場為當事人承擔自身之律師費並平均分擔仲裁費用，但亦有部分案件採用敗訴者負擔原則（"loser pays" principle）。仲裁庭認為，於本次仲裁之情況下，適用敗訴者負擔原則於一定程度上係屬妥適。

　　2. 鑑於本仲裁案之結果係對相對人有利，仲裁庭認為聲請人應支付予相對人 500 萬美元以填補其所支出之費用。此外，各當事人應自行全額承擔各自所產生之費用，並平均分擔仲裁庭之費用及開支，以及 ICSID 秘書處之費用。

七、仲裁庭之決定與判斷[16]

（一）聲請人之請求因 ICSID 缺乏管轄權及本仲裁庭缺乏仲裁權限而被駁回。

（二）聲請人應給付相對人 500 萬美元，以填補相對人部分之費用。

（三）各當事人應全額承擔各自所產生之所有其他費用，並平均分攤本仲裁庭之費用及開支，以及 ICSID 秘書處之費用。

---

[15] *Supra* note 1, paras. 520-529.

[16] *Id*. para. 530.

案例十一

Hussein Nuaman Soufraki v. United Arab Emirates, ICSID Case No. ARB/02/7, Award (July 7, 2004)

一、當事人

聲請人：Hussein Nauman Soufraki
相對人：阿拉伯聯合大公國

二、案件摘要

（一）系爭投資

港口特許協議（port concession agreement）之權利。

（二）爭議緣由

相對人解除聲請人與杜拜港口關務部（Department of Ports and Customs）間之特許協議。

（三）實體規範依據

義大利—阿拉伯聯合大公國（1995）（下稱義阿 BIT）

（四）仲裁機構及規則

ICSID：ICSID 仲裁規則。

（五）聲請人請求

相對人賠償聲請人 580,000,000 美元。

（六）仲裁程序及後續

1. 仲裁庭於 2004 年 7 月 7 日作成仲裁判斷，認定仲裁庭對本案無管轄權。
2. 專門委員會於 2007 年 6 月 5 日就聲請人聲請撤銷仲裁判斷，作成決定（Decision of the

Ad Hoc Committee on the Application for Annulment of Mr. Soufraki），駁回聲請人之聲請。

3. 專門委員會於 2007 年 8 月 13 日就上述決定作出更正（Rectification of the Decision of the ad hoc Committee on the Application for Annulment of Mr. Soufraki）。

三、事實背景[1]

聲請人與杜拜港口關務部於 2000 年 10 月 21 日簽署特許協議，該特許協議授予聲請人為期 30 年開發、管理及營運 Al Hamriya 港及其周邊區域之特許權。聲請人以個人名義簽署特許協議，特許協議中記載聲請人為加拿大國民。

聲請人因相對人解除該特許協議而提起仲裁，在仲裁請求中，聲請人稱其為義大利國民，依義阿 BIT 提起仲裁，控訴相對人違反義阿 BIT 之特定條款，致其蒙受損失。

四、程序爭點

（一）應適用之法律規範[2]

1. ICSID公約

(1) 第 25(1) 條規定：「ICSID 中心之管轄權應及於締約一方與其他締約方之國民直接因投資而生之任何法律爭端，該爭端之當事人以書面向 ICSID 中心提交仲裁同意。於當事人已給予其等之同意時，無當事人得片面撤回其同意。」

(2) 第 25(2) 條規定：「其他締約方之國民係指：(a) 在爭端當事人同意將該等爭端提付調解或仲裁之日，以及在依據第 28(3) 條及第 36(3) 條登錄請求之日，擁有爭端締約方以外之締約方國籍之任何自然人，但不包括在其中一日亦擁有爭端締約方國籍之任何人。」

2. 義阿BIT

第 1(3) 條規定「締約他方之投資人」為「依該締約方（本案指義大利）法律擁有該締約方國籍之自然人」。

3. 與國籍認定相關之義大利法律

(1) 1912 年第 555 號義大利法律第 8(1) 條規定：「自發取得外國公民身分並在國外設定住所者，喪失義大利國籍。」

---

[1] *Hussein Nuaman Soufraki v. United Arab Emirates*, ICSID Case No. ARB/02/7, Award (July 7, 2004), paras. 1-4.

[2] *Id.* paras. 22-24.

(2) 1992 年第 91 號義大利法律第 17(1) 條規定：「依據 1912 年第 555 號義大利法律第 8 條喪失義大利國籍者，如於本法生效後 2 年內提出相關聲明，得重新取得國籍。」

(3) 1992 年第 91 號義大利法律第 13(1)(d) 條規定：「喪失義大利國籍者在義大利領域內設定住所之日起 1 年後，除在相同的時限內明確聲明放棄外，重新取得義大利國籍。」

（二）聲請人是否為義大利籍、符合ICSID公約第25條之國籍要求

1. 相對人主張[3]

(1) 相對人提出管轄權異議，主張依義大利法律，聲請人非義大利國民，聲請人未擁有使其可依 BIT 提起仲裁之義大利國籍，不符合 ICSID 公約第 25(2)(a) 條之國籍要求。

(2) 依 1912 年第 555 號義大利法律第 8(1) 條，當聲請人在 1991 年左右取得加拿大國籍、居住在加拿大後，即自動喪失義大利國籍。

(3) 聲請人所提出之宣誓書及租賃契約等證據，不構成證明其在 2002 年以後依義大利法律重新取得義大利國籍之實質證據。聲請人於相關期間在海外旅遊，且在該期間取得阿拉伯聯合大公國居留簽證，此等事實均可證明，聲請人在 1992 年第 91 號義大利法律規定之 1 年內未居住於義大利。

(4) 聲請人所提出之國籍證明僅為國籍之表面證據，國籍問題並不在義大利專屬管轄範圍內，仲裁庭有權認定國籍爭議、查閱國籍證明。位於伊斯坦堡之義大利總領事館所核發、日期為 2003 年 5 月 5 日之國籍證明並不能證明聲請人國籍，蓋該總領事館於核發時，並不知悉相關事實，尤其是聲請人已於 1991 年喪失義大利國籍一事。且在系爭特許協議中，已描述聲請人為加拿大國民。

(5) 相對人提出備位主張，表示縱使仲裁庭認定聲請人為義大利國民，然其主要國籍非義大利，而為加拿大，因此，就依義阿 BIT 提起仲裁之目的而言，其義大利國籍不得被視為有效的義大利人（effectively Italian）。

2. 聲請人主張[4]

(1) 其為義大利籍，當其取得加拿大國籍時，未曾想要放棄義大利國籍，聲請人並提出義大利護照影本、五張義大利主管機關核發之國籍證明及義大利外交部之信函等數項官方文件作為證明。外交部信函所載之部分文字為：「我確認，基於您的義大利國籍，您擁有訴諸 ICSID/BIT 之權利，您提供予外交部之文件已證明之。」

(2) 聲請人承認，其未曾依 1992 年第 91 號義大利法律第 17(1) 條提出重新取得義大利國籍之

---

[3]　*Id*. paras. 9, 11, 26, 31-32, 34-35, 42.

[4]　*Id*. paras. 14, 26, 28-30, 36, 43-44.

申請。

(3) 爲證明其在 2002 年之後，依 1992 年第 91 號義大利法律第 13(1)(d) 條重新取得國籍，聲請人表示，爲了監督其之公司所取得、位於維亞雷焦之飯店的裝修，其於 1993 年 2 月赴義大利，承租辦公室，並於 1993 年 3 月至 1994 年 4 月居住在義大利。聲請人並提出下列文件證明：A. 日期爲 2003 年 4 月 17 日之宣誓書：二名宣誓作證者 Casini 及 Nicotra 確認，聲請人在 1993 年 1 月至 1994 年 4 月間居住在維亞雷焦／馬薩羅薩；B. 簽約日爲 1993 年 2 月 15 日，爲期 2 年之辦公室租賃契約；及 C. 聲請人自行作成日期爲 2003 年 9 月 9 日之宣誓書。

(4) 聲請人並主張，是否擁有義大利國籍爲義大利法律事項，在義大利之專屬管轄範圍內，仲裁庭無權檢視國籍證明。位於伊斯坦堡之義大利總領事館所核發日期爲 2003 年 5 月 5 日之國籍證明是證明國籍之適當方式。

(5) 聲請人主張，主要或有效國籍原則不被今日之習慣國際法原則接受，且在 BIT 條款或 ICSID 公約之起草文件及條款中找不到支持。聲請人亦主張，即便認爲有效國籍原則適用於本案，其與義大利之聯繫遠大於其與加拿大之聯繫。相對人在入境許可及護照入境等，已承認聲請人之義大利國籍。

3. 仲裁庭認爲[5]

(1) 1912 年第 555 號義大利法律第 8(1) 條之規定明確，且無解釋空間。在聲請人取得加拿大國籍並定居於加拿大後，依義大利法律，聲請人已於 1991 年喪失義大利籍。仲裁庭需要決定的，是聲請人提出之義大利主管機關核發之國籍證明、義大利護照、身分證及義大利外交部信函，是否可證明聲請人在 1992 年之後重新取得義大利國籍，以及證明聲請人在爭端雙方同意仲裁之日及 ICSID 中心登錄仲裁請求日爲義大利國民。

(2) 國際法公認，國籍在國家內國管轄之範圍內，依有關國籍取得及喪失之法令確定之，義阿 BIT 第 1(3) 條反映此規則。同樣被接受的是，在國際仲裁或司法程序中，當投資人之國籍被質疑時，國際仲裁庭有權處理此項質疑，依個案事實及法律自行認定投資人之國籍。依據 ICSID 公約第 41 條，仲裁庭爲管轄權有無之審判者，因而有權決定聲請人是否符合國籍要求。仲裁庭應依國籍爭議之標的國家的國內法認定自然人之國籍，且適用時應依循標的國家內國法院及其他機關適用該國內法之方式。

(3) 依據公認之國際慣例，主張事實者負有舉證責任。因此，聲請人負有舉證責任，證明其於 1993 年至 1994 年居住在義大利，屬於相對人已依 BIT 同意 ICSID 仲裁之投資人。

(4) 聲請人所提出之官方文件確可作爲表面證據，而應給予適當的重視，但此並不排除仲裁

---

5 _Id._ paras. 21, 46, 52-53, 55, 58, 63-72, 78-82, 84, 86.

庭作成與文件內容不一致之決定之可能。聲請人所提出之 1988 年國籍證明無法證明其在 1992 年之後重新取得義大利國籍，而關於其他在 1992 年後方核發之國籍證明，無證據顯示核發該等國籍證明之主管機關曾進行任何詢問，以決定聲請人在 1992 年以前是否喪失國籍、是否在 1992 年法律制定後於義大利設定住所而重新取得國籍。此外，聲請人在交互詰問時承認，其未曾將喪失義大利國籍一事告知任何義大利官員。因此，仲裁庭認定，聲請人無法以該等國籍證明及外交部信函，證明其在提出仲裁請求日及 ICSID 登錄仲裁請求日為義大利國民。

(5) 仲裁庭接續檢視其他證據，以確認聲請人是否在第 91 號義大利法律訂定後於義大利居住 1 年。在第 91 號義大利法律第 13(1)(d) 條中，「居住」是事實上的概念，居住滿 1 年即為重新取得義大利國籍之充分條件，毋庸持續居住，惟須證明居住之部分持續性（some continuity of residence）。

(6) 仲裁庭認定，Casini 及 Nicotra 之宣誓書不構成公正且具說服力之證據，Casini 是聲請人委任之審計人員，而 Nicotra 為聲請人飯店之接待人員。關於租賃契約，租賃契約條款規定一旦使用，需要將之登錄，然而，該租賃契約未曾被登錄。聲請人所提出之證據均無法證明其自 1993 年 3 月起在義大利居住超過 1 年，聲請人未盡舉證責任，無法適用 1992 年第 91 號義大利法律第 13(1)(d) 條。

(7) 因此，仲裁庭認定，在聲請人提出仲裁請求日及 ICSID 登錄仲裁請求日，聲請人並非義大利國民，依 ICSID 公約第 25(1) 條及第 25(2)(a) 條，仲裁庭就本案無管轄權。

(8) 基於前述理由，仲裁庭無需處理主要或有效國籍問題。

五、實體爭點

無。

六、損害賠償及費用計算

本程序之費用，包括仲裁庭及 ICSID 秘書處之費用及支出，由聲請人負擔三分之二，由相對人負擔三分之一；爭端各方應負擔其在本程序之法律費用及支出。

七、仲裁庭之決定與判斷[6]

綜上，仲裁庭一致決定：

（一）依 ICSID 公約第 25(1) 條及第 25(2)(a) 條與 BIT 第 1(3) 條，本爭端不在仲裁庭管轄權範圍內。

（二）本程序之費用，包括仲裁庭及 ICSID 秘書處之費用及支出，由聲請人負擔三分之二，由相對人負擔三分之一。

（三）爭端各方應負擔其在本程序之法律費用及支出。

---

[6] *Id*. para. 86.

案例十二

Joseph Charles Lemire v. Ukraine, ICSID Case No. ARB/06/18, Decision on Jurisdiction and Liability (January 14, 2010); Award (March 28, 2011)

一、當事人

聲請人：Joseph Charles Lemire
相對人：烏克蘭

二、案件摘要

（一）系爭投資

聲請人透過 CJSC「Mirakom Ukraina」（下稱 Mirakom）間接持有 CJSC「Radiocompany Gala」（下稱 Gala）之多數股權。

（二）爭議緣由

聲請人主張相對人違反 2000 年和解協議（定義如後）。

（三）實體規範依據

美國—烏克蘭 BIT（1996）（下稱美烏 BIT），聲請人主張相對人違反以下義務：1.公平公正待遇；2. 績效要求（performance requirement）條款；3. 傘狀條款。

（四）仲裁機構及規則

ICSID；ICSID 仲裁規則。

（五）聲請人請求

1. 宣告相對人違反爭端雙方間第一次投資仲裁案件（下稱第一次仲裁）之仲裁判斷（下稱 2000 年仲裁判斷）及美烏 BIT。

2. 就違反 2000 年仲裁判斷及美烏 BIT，致聲請人無法將 Gala 發展爲全國性電台及另建立兩個全國性聯播網，相對人應賠償 551.73 億美元；或就違反該仲裁判斷及美烏 BIT，致聲請人無法將 Gala 發展爲全國性電台及建立第二個 FM 全國性聯播網，相對人應賠償 512.77 億美元；或就違反該仲裁判斷及美烏 BIT，致聲請人無法將 Gala 發展爲全國性電台，相對人應賠償 347.32 億美元。

3. 相對人於 2000 年至 2008 年間未採取合理措施除去 Gala 擁有之 FM 100 頻率所受之干擾，應賠償 100 萬美元。

4. 就 2006 年廣電法（定義如後）所增加之要求致聲請人產生損失，相對人應賠償 95 萬 8,000 美元。

5. 就騷擾聲請人、違反美烏 BIT 之措施，相對人應給付 300 萬美元之精神性損害賠償（moral damages）。

（六）仲裁程序及後續

1. 仲裁庭於 2010 年 1 月 14 日作成管轄權及責任決定。
2. 仲裁庭於 2011 年 3 月 28 日作成仲裁判斷。

三、事實背景[1]

聲請人爲居住於烏克蘭之美國公民，透過 Mirakom 持有 Gala 之多數股權。烏克蘭電視暨廣播法（the Law on Television and Radio Broadcasting，下稱廣電法）規定，無線電廣播公司應由烏克蘭國民設立，但允許外國人投資廣播業。於烏克蘭公司 Provisen 設立 Gala 後，聲請人購買 Gala 股份，於購買時 Gala 已持有廣播執照。聲請人於 1995 年 6 月 8 日簽署兩份投資協議，分別以現金及實物出資 290,000 美元及 3,000,000 美元。

聲請人計畫將 Gala 擴展成涵蓋不同年齡層之三個聯播網之全國性電台。於投資初期，爭端雙方即對以特定頻率播送廣播節目之品質、部分地區性電台執照之申請等產生爭執。聲請人於 1997 年 11 月 14 日向 ICSID 提出第一次仲裁請求，雙方於 2000 年 3 月 20 日成立和解協議（下稱 2000 年和解協議），並約定如因該和解協議衍生任何爭議，得於協商不成時，依據 ICSID 附加機制仲裁規則向 ICSID 提起仲裁，[2] 仲裁庭並以該和解協議之內容作成仲裁

---

[1] *Joseph Charles Lemire v. Ukraine*, ICSID Case No. ARB/06/18, Decision on Jurisdiction and Liability (January 14, 2010), paras. 36, 268, 270, 319-320.

[2] Settlement Agreement, Article 31: "All the disputes arising from or in connection with this Agreement shall be settled by negotiations. In the event no solution is achieved within 60 days from the date of beginning of negotiations, either party may address to the ICSID its application for settlement under the ICSID Additional Facility Arbitration Rules."

判斷。

聲請人稱，依據 2000 年和解協議，其可取得 11 個頻率，但實際取得時點晚於雙方協商的日期，且頻率功率低於預期，頻率功率甚低致 Gala 無法擴展爲全國性電台。

聲請人並稱，於 2001 年至 2007 年間，Gala 參與超過 200 次廣播頻率執照公開標案，然僅得標一次，爲位於 Chechelnik（爲人口 5,000 人，且無任何衛星接收器之村莊）之頻率標案。此外，於 2005 年至 2008 年，Gala 遭烏克蘭國家電視暨廣播委員會（the National Council for Television and Radio Broadcasting，下稱廣電委員會）4 次無預警突襲檢查，廣電委員會並對 Gala 作成兩次警告處分（後經法院判決撤銷）。另廣電法於 2006 年修正通過（下稱 2006 年廣電法），因 Gala 換照申請程序受到拖延，致其須適用修正後之新法，繳交多出原先十倍的換照費用。且 2006 年廣電法規定，至少一半的播出時間須播放由烏克蘭國民所作曲、填詞或演奏之音樂，違反美烏 BIT 之績效要求條款。

聲請人以相對人違反美烏 BIT 及 2000 年和解協議爲由，於 2006 年 9 月再次提起仲裁，要求相對人賠償 551.73 億美元。

四、程序爭點

（一）管轄權[3]

1. 仲裁庭認爲

爲認定仲裁庭是否具有管轄權，應依據 ICSID 公約第 25 條及禁止溯及既往之一般法律原則判斷，包括：

(1) 屬人管轄權（*ratione personae*）：一方當事人須爲 ICSID 公約之締約國，另一方須爲該公約其他締約國之國民。

(2) 屬物管轄權（*ratione materiae*）：爭端案件爲直接因投資所產生之法律爭端。

(3) 合意管轄（*ratione voluntatis*）：爭端雙方須就將爭端提交 ICSID 仲裁達成書面協議。

(4) 屬時管轄權（*ratione temporis*）：於相關時點可適用 ICSID 公約。

因爭端雙方並未爭執屬時管轄權，故仲裁庭並不會對此進行分析，仲裁庭將聚焦於屬人管轄權、屬物管轄權及合意管轄。

2. 屬人管轄權

仲裁庭認爲，聲請人爲美國公民，屬 ICSID 公約第 25 條之「締約國之國民」及美烏

3　*Supra* note 1, paras. 41-102.

BIT 第 6.1 條之「締約國國民」；而烏克蘭自 2000 年 7 月 7 日起為 ICSID 公約之締約國，本案符合屬人管轄權要件。

3. 屬物管轄權

(1) 聲請人主張，其投資 Gala 並成為 Gala 之大股東，本案爭議係由聲請人之投資直接產生之爭議。

(2) 相對人主張，聲請人未證明其投資資金由境外匯入，不符合外國投資之定義。

(3) 仲裁庭認為：

A. 仲裁庭認定聲請人確於烏克蘭進行投資，相對人亦未爭執聲請人間接持有 Gala 所有股份。依美烏 BIT 第 1.1(a) 條，受保障之投資為「在締約一方領域內由締約他方國民直接或間接擁有或控制之投資」。

B. 美烏 BIT 或 ICSID 公約均無資金來源之要求。美烏 BIT 之前言強調 BIT 之目的係促進締約一方國民於他方領域內投資，並未提到投資資金來源。且聲請人 1995 年 9 月 18 日之登記證明顯示其投資資金有一部分來自於烏克蘭境外。綜上，仲裁庭就本案具有屬物管轄權。

4. 合意管轄

仲裁庭認為，爭端雙方對 ICSID 仲裁之同意係源於 2000 年和解協議及美烏 BIT，仲裁庭就該兩份文件分析如下：

(1) **就違反 2000 年和解協議／2000 年仲裁判斷之控訴之管轄權**

A. 聲請人主張，2000 年和解協議第 31 條約定，雙方針對該協議所生之爭議如無法以協商解決，任一方當事人均得依 ICSID 附加機制仲裁規則提起仲裁。該協議係於 2000 年 3 月 20 日簽署，烏克蘭當時尚未批准 ICSID 公約，故約定依 ICSID 附加機制仲裁規則審理涉及烏克蘭之仲裁。2000 年 7 月，ICSID 公約於烏克蘭生效，即可適用 ICSID 仲裁規則。然而，2000 年仲裁判斷並未修改 2000 年和解協議之仲裁條款，該仲裁條款隱含：於可適用 ICSID 仲裁規則後，雙方應適用 ICSID 仲裁規則。

B. 相對人主張，雙方自願將 2000 年和解協議轉化為具有執行力之仲裁判斷，依 ICSID 附加機制仲裁規則作成之仲裁判斷，應依據承認及執行外國仲裁判斷公約（the New York Convention on the Recognition and Enforcement of Foreign Arbitral Awards，下稱紐約公約）執行。2000 年和解協議明確記載應依據 ICSID 附加機制仲裁規則提起仲裁，該文字之意涵並無模糊之處。

C. 仲裁庭認為：

(A) 相對人就 2000 年和解協議應依紐約公約執行之論述，係誤解契約爭議及仲裁判斷執行間之差異，並不可採。2000 年仲裁判斷完整記載 2000 年和解協議之內容，包

括仲裁條款。由 2000 年仲裁判斷之內容可知,雙方重申其同意因 2000 年和解協議所生,或與之相關之所有爭議均應透過仲裁解決。

(B) 不精確之仲裁條款於商業仲裁中係屬常見,該等仲裁條款須由仲裁人進行解釋,以回復當事人之真意。於本案中,雙方真意極為明確。仲裁條款之措辭證明雙方希望透過 ICSID 解決由 2000 年和解協議所生之爭議。爭端雙方有爭議者為 ICSID 應適用之仲裁規則,雙方於 2000 年和解協議正確引用當時所適用之仲裁規則,但未考慮烏克蘭已批准 ICSID 公約,然此技術性問題無法改變雙方之真意,亦即因 2000 年和解協議所生之爭議應由 ICSID 仲裁,並適用適當之仲裁規則。

(2) 就違反美烏 BIT 之控訴之管轄權

A. 聲請人主張,依美烏 BIT 第 6.3 條,烏克蘭同意與美國投資人有關之投資爭議應交付 ICSID 仲裁。

B. 相對人主張,針對聲請人因未能於頻率標售案得標所提出之請求,因該等投標程序進行時點在聲請人投資之前,屬投資前之行為(pre-investment activities),非屬 ICSID 公約所定義之投資。該爭議係與新頻率分配有關,雖可能屬美烏 BIT 之適用範圍,但並非「直接」因投資所生之爭議,不符合 ICSID 公約第 25(1) 條。相較於 BIT 中較廣泛之定義,ICSID 公約較狹隘之定義應優先適用。

C. 仲裁庭認為:

(A) 投資前之行為係指實際投資前發生之行為,而聲請人關於廣播頻率及廣播執照標案之請求不得被視為是投資前之行為。仲裁庭已認定聲請人對 Gala 進行投資,為 Gala 之股東,其投資受美烏 BIT 保護。美烏 BIT 之保護範圍明確及於「相關活動」(associated activities),包括獲得執照、許可及其他核准。且美烏 BIT 第 II(3)(b) 條規定,締約一方不得透過任何方式以恣意或歧視性措施損害投資之擴張。獲得廣播頻率分配為聲請人擴張其投資能力之條件,其對於廣播頻率及廣播執照之請求屬美烏 BIT 之適用範圍。

(B) 雖相對人認為雙邊條約無法擴大多邊 ICSID 公約之適用範圍,然在解釋 ICSID 公約時,仲裁庭應尋求能兼容兩者而非互相衝突之解釋。仲裁庭需判斷,關於頻率分配及核發廣播執照之爭議是否屬於 ICSID 公約第 25(1) 條之「直接因投資所生」之爭議。聲請人已投資 Gala,且於頻率標案招標過程中,Gala 為持續營運的企業。額外的頻率及執照之申請構成 Gala 業務之一部分,目的在維持並擴大 Gala 市場份額,從而提高聲請人投資之可持續性及獲利能力。因此,與達成此目的所生之相關爭議,自與聲請人作為 Gala 控制股東之投資直接相關。

(C) 綜上,仲裁庭認為其對 Gala 申請頻率所受待遇之法律爭議具有管轄權。

（二）2000年和解協議之適用法律

仲裁庭認為：

1. 2000 年和解協議第 30 條規定，應依 ICSID 附加機制仲裁規則第 55 條認定適用法律，雖 ICSID 附加機制仲裁規則之相關條款應為第 54 條，但仲裁庭認為此單純為誤植，雙方當事人之共同意向（common intent）為參照該仲裁規則第 54 條認定適用法律。依該條文，仲裁庭應適用：(1) 其認為適用之法律衝突原則所認定之法律；及 (2) 仲裁庭認為應適用之國際法原則。

2. 2000 年和解協議其中一章名為「本協議解釋及執行原則」，該章節之條款係參照 1994 年聯合國商事契約通則（UNIDROIT Principles）制定。依據該通則前言，應於契約當事人約定契約之準據法為該通則時，適用該通則；且得於契約當事人約定契約以一般法律原則為準據法時，適用該通則。

3. 爭端雙方於協商 2000 年和解協議時，將該通則納入 2000 年和解協議，並授權仲裁庭選擇其認為適當之適用法律。綜上，仲裁庭認為 2000 年和解協議之適用法為國際法原則，尤其是關於聯合國商事契約通則之原則。

（三）2000年和解協議之解釋標準

仲裁庭認為：

1. 契約當事人之共同意向決定契約義務範圍，但對共同意向之分析須自契約文字出發，且須假設自合理公正之第三人觀之，該等文字適當反映該共同意向，欲推翻此假設之當事人須承擔舉證責任。「善意」及「市場公平性」（fairness in the market place）得用於解釋意涵不明確之文字，但無法用以對抗契約之明確文字。

2. 2000 年和解協議第 23 條規定，為解釋本協議，需將初步協商納入考量。第 27 條規定，該協議取代雙方先前所有的往來及協商。綜合觀之，該等條文要求，雙方於 2000 年和解協議協商期間所生之期待需反映在該協議之文本中，蓋協議文本為雙方義務之唯一來源。如無 2000 年和解協議文本支持，聲請人對相對人之期待並不會產生相對人之契約義務。

五、實體爭點

（一）相對人未能排除頻率所受之干擾，是否違反2000年和解協議[4]

1. 聲請人主張

　　相對人未依 2000 年和解協議第 13(a) 條，指派專家委員會（Commission of experts）在 2000 年 3 月 20 日至同年 4 月 15 日間檢視 Gala 所擁有之 FM 100 之播放品質，且未於 2000 年 6 月 1 日前排除該頻率所受之干擾。另依和解協議第 13(b) 條，[5] 相對人有義務盡力協助 Gala 在 Kharkiv 等 11 個城市，取得播放廣播節目所需之無線電頻率使用執照（radio frequency license）及廣播執照，但相對人拖延核發該等執照，或僅分配低功率之頻率給 Gala，且有 4 個頻率在執照取得上受到烏克蘭軍方的阻撓，此等行為違反相對人依 2000 年和解協議所應負的協助義務。

2. 相對人主張

　　專家委員會之職能係由烏克蘭國家無線電頻率中心（Ukrainian State Centre of Radio Frequencies，下稱國家無線電頻率中心）履行。於 1999 年 1 月至 2000 年 3 月間，國家無線電頻率中心對 FM 100 頻率進行一系列檢測，並未發現存有聲請人所稱之干擾。聲請人曾就頻率干擾向相對人投訴 7 次，但此 7 次投訴皆非在 2000 年或 2001 年提出。發生在 2000 年 6 月以後之事件已非 2000 年和解協議之義務範圍。此外，於本仲裁程序開始前，聲請人從未要求成立特設專家委員會審查 FM 100 頻率所受之干擾。就聲請人所稱相對人拖延核發執照、只分配低功率頻率給 Gala、烏克蘭軍方阻撓 4 個頻率之執照取得等行為，相對人認為其已盡協助義務，未違反 2000 年和解協議。

3. 仲裁庭認為

(1) 2000 年和解協議第 13(a) 條僅要求相對人組成專家委員會檢測干擾，並未特別規定該委員會應如何組成，相對人選擇以國家無線電頻率中心作為專家委員會並無不妥。該中心於 2000 年 3 月已實行第一次檢測，並未發現存有干擾。縱和解協議簽署時點係在第一次檢測之後，惟因聲請人後來並未再提出其他檢測請求，相對人應可將此理解為聲請人滿意第一次檢測的結果，故聲請人於本案又爭執相對人未盡檢測及排除干擾之義務，難認

4　*Id.* paras. 130-208.

5　Settlement Agreement Article 13(b): "By May 15, 2000 the Respondent in person of the State Committee on Communications and Information Technology, agrees to use its best possible efforts to consider in a positive way the application of Gala Radio to provide it with the licences for radio frequencies (provided there are free frequencies bands) in the following cities: [...] "

有理由。

(2) 依 2000 年和解協議第 13(b) 條，廣電委員會僅負有「盡力協助義務」，相對人並未保證使 Gala 在任何期限前取得其所要求之執照。如相對人已提供協助，除非聲請人能證明相對人未盡到一般政府在相同情形下所應盡之努力，否則相對人即未違反協助義務。在該和解協議約定由相對人協助取得的 12 張執照中，只有 1 張執照之核發遲延 2.5 個月，其他 11 張皆在期限內核發，尚難謂相對人違反其協助義務。另就聲請人指稱烏克蘭軍方阻礙執照核發一事，仲裁庭認為，相對人已盡其協助義務，且該爭議亦已被解決。

(3) 綜上，仲裁庭認為，相對人未違反和解協議。

（二）相對人授予電台頻率之程序是否違反美烏BIT第II(3)(a)條「公平公正待遇」[6]

1. 聲請人主張

於投資 Gala，且與廣電委員會討論並獲其支持後，聲請人對於其可擴張 Gala 之規模，並擴展至擁有三個聯播網等發展存有正當期待（legitimate expectation），惟其期待因相對人之行為受挫。Gala 或聲請人所投資之另一家 Energy 公司獲得頻率之比率遠低於主要競爭對手，此等競爭對手的大股東皆擁有政商關係。相對人系統性地拒絕 Gala 之申請，且其分配頻率之法定程序本質上屬不公平、不平等且歧視的措施，並遭政治力介入，違反美烏 BIT 第 II(3)(a) 條及第 II(3)(b) 條。

2. 相對人主張

頻率標案的法律程序符合美烏 BIT 公平公正法律程序的要求。廣電委員會舉行公開審查會議審查業者所提出的節目內容，每個頻率的授予決定皆須經 8 名委員中至少 5 名委員的同意，且該等決定都可經司法審查。廣電委員會為獨立機關，委員不受外界壓力獨立行使職權。此外，聲請人以整體統計數據說明其未獲得頻率之比例甚高並不正確，Gala 無法得標係因其僅為一般水準的廣播電台，節目也不如以往受歡迎。就聲請人指稱相對人在頻率標售案中有違失，相對人主張，聲請人應先利用當地司法救濟途徑。參酌 *Generation Ukraine* 案之見解，投資人應先盡其合理努力，向當地行政法院請求行政機關改正缺失，[7] 然 Gala 未曾就相對人於頻率標案程序之違誤向烏克蘭法院提訴。[8]

---

[6] *Supra* note 1, paras. 210-222, 323-324.

[7] *Generation Ukraine Inc. v. Ukraine*, ICSID Case No. ARB/00/9, Award (September 16, 2003).

[8] *Supra* note 1, paras. 247-254, 259-260, 274.

3.仲裁庭認為

　　首先應釐清美烏 BIT 第 II(3)(a) 條及第 II(3)(b) 條 [9] 公平公正待遇標準及其衍生之相關問題。

4.習慣國際法中「最低待遇標準」與「公平公正待遇」的關係

(1) 投資仲裁中典型的爭議問題是：雙邊或多邊投資條約中，「公平公正待遇標準」是否與習慣國際法之「最低待遇標準」相同？在指標案例 *Roberts* 案 [10] 中，係將最低待遇標準定義為「依據一般文明標準」（in accordance with ordinary standards of civilization）。

(2) NAFTA 自由貿易委員會曾於 2001 年 7 月 31 日解釋 NAFTA 第 1105 條「公平公正待遇」，認為：A. 該條款之「國際法」指「習慣國際法」；B. 不須給予習慣國際法中有關外國人最低待遇標準之外的待遇，即僅在習慣國際法要求的範圍內提供「公平公正待遇」及「充分保障與安全」；C. 違反 NAFTA 其他規定不等同於違反第 1105 條，須獨立確認是否違反第 1105 條，而非僅因違反國民待遇或其他條款，就認定違反第 1105 條。

(3) 仲裁庭認為，上述「公平公正待遇」等同於「最低待遇標準」的見解無法適用於美烏 BIT，蓋美烏 BIT 第 II(3)(a) 條明確規定：「應隨時給予投資公平公正待遇……且在任何情況皆不能給予投資低於國際法所要求的待遇標準。」故於第 II(3)(a) 條，習慣國際法之最低待遇標準並非上限，而是下限。準此，依美烏 BIT 第 II(3) 條，締約國的措施縱未達到不法、故意疏於職守，或違反誠信原則的程度，仍可能違反公平公正待遇義務。

5.美烏BIT第II(3)條之意義 [11]

(1) 文義解釋：依美烏 BIT 第 II(3) 條之通常文義，烏克蘭負有作為及不作為義務，「作為義務」係指應給予外國投資公平公正待遇，「不作為義務」係指禁止對外國投資實施恣意或歧視性措施。所謂恣意或歧視性措施，係指不公平及不公正；違反後者，即構成前者之違反。且只要是恣意「或」歧視，即構成 BIT 之違反，無須兩者皆具備。依相關先例，歧視須是針對類似情況，無正當理由給予差別待遇。恣意係指依照偏見或偏好，而非基

---

[9]　Article II.3 (a) and (b) of the BIT reads as follows:

　　(a) Investment shall at all times be accorded fair and equitable treatment, shall enjoy full protection and security and shall in no case be accorded treatment less than that required by international law.

　　(b) Neither Party shall in any way impair by arbitrary or discriminatory measures the management, operation, maintenance, use, enjoyment, acquisition, expansion, or disposal of investments. For purposes of dispute resolution under Articles VI and VII, a measure may be arbitrary or discriminatory notwithstanding the fact that a Party has had or has exercised the opportunity to review such measure in the courts or administrative tribunals of a Party.

[10]　*Harry Roberts (U.S.A.) v. United Mexican States* (November 2, 1926); U.N. Report of International Arbitral Awards, IV, p. 71.

[11]　*Supra* note 1, paras. 261-273, 275-277, 280-283, 315-316, 325, 358-372, 395-422.

於事實或論理。

(2) 體系解釋：

    A. 仲裁庭指出，公平公正待遇原則與正當期待之概念有密切關聯，若相對人之作為與不作為損及投資人投資時之正當期待，即有違公平公正待遇標準。本案聲請人於投資時之正當期待為何？就此問題，仲裁庭指出，雖缺乏商業計畫，但由其他證據可知，聲請人於 1995 年 6 月收購 Gala 時，期待將這個當時只是基輔的地方性電台，擴張成擁有三個聯播網的全國性電台。

    B. 一般而言，聲請人應可期待烏克蘭廣播業之管制架構應符合一致性、透明性、公平公正原則，且在無恣意歧視之原則下執行其決策及措施。縱美烏兩國於簽署 BIT 時，已保留在廣播業採行或維持有限的國民待遇例外之權利（諸如要求廣播公司的創辦人必須為烏克蘭國民），但聲請人應可期待，一旦其被允許投資廣播業，其不會受到不合理、不公平、恣意或歧視性的對待。

(3) 目的解釋：依 BIT 前言，締約雙方旨在促進更廣泛的經濟合作，並承認 BIT 將促進私人資本流入及締約雙方之經濟發展。因此，BIT 之目的及宗旨非保護外國投資本身（*per se*），而是促進締約方國內經濟發展。地主國之發展需在外國投資人之優惠待遇及烏克蘭維護公共利益之規制權間取得平衡。

6. 提付仲裁前是否應先用盡當地救濟途徑？

(1) 針對相對人主張聲請人未先尋求內國法律救濟，仲裁庭指出，美烏 BIT 第 II(3) 條與其他協定不同之處，在於其明文規定，縱使一方曾提請法院或行政機關審酌是否構成恣意或歧視之措施，對於仲裁庭之認定均不生影響。由此可知，縱使未經內國司法審查程序，投資人亦得提起國際仲裁。

(2) 另就相對人所援引之 *Generation Ukraine* 案，仲裁庭指出，該案與本案情形有顯著差異，蓋該案係有關徵收及其補償金額之爭議，可由 *Generation Ukraine* 於內國法院提訴；本件係針對相對人違反美烏 BIT 所生之損害，僅能由國際仲裁庭加以決定。縱依據烏克蘭廣電法第 30.4 條，聲請人可對其認為違法或不當之標案程序提起異議，即便聲請人依該規定提訴，法院至多僅能撤銷標案程序，要求重新進行程序，相對人仍可能再作成一次相同的決定，而使聲請人可能獲得的救濟極為有限。因此，要求本案聲請人先進行國內法院救濟程序，並不符合 *Generation Ukraine* 案所揭示之合理性原則。

(3) 仲裁人並非高於國家機關之監管者，不能代替機關作內國法律適用的判斷，仲裁人的責任僅限於認定相對人是否違反 BIT。因此，聲請人僅主張機關之行為違反內國法是不夠的，尚應向仲裁庭證明機關行使權力係專斷或恣意。

7. 頻率分配及標案程序之設計

為了判斷特定措施是否違反美烏 BIT，仲裁庭檢視烏克蘭關於頻率標案及分配的法律架構。仲裁庭認為，相關程序存有缺失，影響廣電委員會之獨立性；於該會停止運作期間，未採用公開標案程序分配頻率；欠缺明確的評估標準；無法確認委員會的決議係出於集體或個人投票；各廣播公司的最終受益人缺乏透明性。儘管個別瑕疵不構成恣意，但這些瑕疵彼此可能互相影響，使整個委員會容易受政治或個人利益影響，進而作成恣意的決議。此等頻率分配程序之缺失使廣電委員會更容易作成恣意的決定。

8. 相對人所為措施構成恣意或歧視

(1) 仲裁庭指出，於 2001 年至 2007 年間，Gala 曾多次參與廣播執照標案，僅得標一次，為位於 Chechelnik 之頻率標案。仲裁庭認為，雖得標成功率的總體數據並不足以證明相對人違反公平公正待遇，但透過這些數據，的確可釐清事實的發展。比較 Gala 與其競爭對手取得執照之數量（Gala 僅得標 1 次，其競爭對手則分別得標 38 次及 56 次），確實十分懸殊，且廣電委員會並未說明 Gala 未得標之理由，第三人無從判斷其未得標是基於較差的表現，抑或是政府的恣意決定。此外，相對人提出的抗辯為「Gala 只是一般水準的廣播電台」，然從統計數據觀之，其得標率卻遠低於一般水準之廣播電台。因此，仲裁庭認定，廣電委員會就執照核發確有恣意及歧視之情形。

(2) 仲裁庭仔細檢視其中 5 件廣播頻率標案，認定其中 3 項決定（2004 年、2005 年及 2008 年決定），以及將 1999 年至 2000 年間廣電委員會停止運作時所為違法頻率分配合法化之決議，違反美烏 BIT 第 II(3) 條。

（三）聲請人所稱之持續性行政措施騷擾是否違反美烏BIT第II(3)(a)條「公平公正待遇」，而得請求精神上損害賠償[12]

1. 聲請人主張

(1) 廣電委員會意圖藉由種種行政措施騷擾，欲使聲請人退出該國的廣播業，包括：A. 2005 年至 2008 年間濫用對 Gala 的監督與檢查權；B. 對 Gala 為兩次警告處分，並威脅將對其下第三次警告處分，以撤銷其執照；C. 明知聲請人係自烏克蘭公司 Provisen 取得控制性股權，並非 Gala 之創始人，卻以 Gala 不符合 2006 年廣電法「外國人不得為廣播公司創始人」之條款，威脅不予換發執照；D. 拖延執照換發，致其須適用 2006 年廣電法，繳交多出原先十倍的換照費用。

---

[12] *Supra* note 1, paras. 224-225, 426-486.

(2) 關於上述兩次警告處分，經聲請人向烏克蘭法院提訴後，法院已分別於 2006 年 9 月及 2007 年 2 月撤銷處分。另關於廣電委員會刻意拖延換照以提高換照費用及期限之限制，後亦經廣電委員會撤銷。儘管上述種種檢查、警告及較高額的換照費用最終並未實際造成聲請人的實質損害，惟參酌 *Desert Line Projects* 一案，[13] 任何聲請人之損害，不論其本質上為身體上、精神上或物質上之損害，均得向相對人主張。相對人惡意進行一連串檢查、處分、延遲換發執照之行為，意圖使聲請人退出該產業，故聲請人請求相對人應就上述種種騷擾對聲請人所造成的緊張、焦慮和痛苦，給付精神損害賠償 300 萬美元。

2. 相對人主張

廣電委員會並無使 Gala 退出廣播業之意圖。廣電委員會在 2004 年至 2008 年間，總共作出 1,438 件檢查及 288 件警告處分，Gala 只收到其中 5 件檢查及 2 件警告處分。此外，監督及檢查程序都按照一般行政規則，對所有業者一體適用，所有廣播電台均持續受監督。且任何檢查結果均經委員會會議審查，並讓業者有機會陳述意見後，才會作成是否為警告處分的決議，並無不公平、恣意或歧視等情事。委員會並未因聲請人係美國籍而拒絕換發 Gala 的執照，且在法定期間內核發新的執照，並無拖延。而兩次警告處分皆經聲請人向烏克蘭法院提訴後撤銷，顯示相對人提供充分的救濟管道，符合美烏 BIT 之公平公正待遇標準。最後，相對人主張，基於 Gala 持續獲利的事實，聲請人沒有因該委員會的措施受有任何損害。

3. 仲裁庭認為

(1) 如同聲請人所自承，相對人所進行之種種騷擾行為已被法院撤銷，或經廣電委員會自行改正，最終並未實際對聲請人造成損害，故該等行為本身並未違反 BIT。因此，聲請人其將主張限定於，因相關持續性之騷擾行為對聲請人所導致之精神上損害。

(2) 在許多法律體系中，損害賠償並不限於財產上之所受損害（*damnum emergens*）及所失利益（*lucrum cessans*），亦包括精神上損害賠償。仲裁庭認同 *Desert Line Projects* 一案仲裁庭之判斷：「儘管投資協定主要保護的是財產和經濟價值，但也不排除在例外情況下，一方得請求精神上損害賠償。」然而，仲裁庭亦表示，*Desert Line Projects* 案屬於非常例外的情況，該案聲請人曾遭葉門使用軍隊武力威脅，與本案聲請人並未受身體上迫害不同。

(3) 仲裁庭認為，監理機關在法律授權下，可為了該國閱聽者的利益，裁量如何分配有限的頻率，並獨立公正地運用公權力介入；相對地，被管制者則有義務與管制者合作，遵循其命令及相關法律。聲請人頻頻使用法院救濟、向美國駐烏克蘭大使尋求保護、至廣電委員會前抗爭等手段，可能使烏克蘭政府感到不受尊重，似乎因此使得該委員會的立場

---

[13] *Desert Line Projects LLC v. Yemen*, ICSID Case No. ARB/05/17, Award (February 6, 2008), paras. 289-291.

更爲強烈。然仲裁庭亦表示，不能因聲請人的個人行爲影響機關之中立性。

(4) 最後，仲裁庭認爲，既然聲請人就相對人授予頻率違反公平公正待遇原則的部分，已可取得經濟上損害賠償，則本案事實依 *Desert Line Projects* 一案之判斷標準，是否另構成可請求精神性損害賠償的「例外狀況」，留待程序後階段，仲裁庭對事件脈絡與因果關係有更多的理解後，再進行判斷。

（四）美烏BIT第II(3)(c)條「傘狀條款」[14]

1. 聲請人主張，美烏 BIT 第 II(3)(c) 條規定：「任一締約方應遵循其就投資所約定之任何義務」。[15]烏克蘭應遵守其與聲請人間所簽訂之契約義務，2000 年和解協議之內容即屬之。聲請人認爲，依第 II(3)(c) 條，所有違反 2000 年和解協議之行爲已轉化爲違反美烏 BIT。

2. 仲裁庭認爲，因仲裁庭未認定相對人違反 2000 年和解協議，因此，仲裁庭認定，聲請人此項主張並無理由。

（五）「50%烏克蘭人音樂要求」是否違反BIT第II(6)條[16]

1. 聲請人主張，2006 年廣電法規定「50% 烏克蘭人音樂要求」（50% Ukrainian music requirement），就電台所播出的音樂，至少一半之作詞、作曲者或表演者應爲烏克蘭人，此等要求違反美烏 BIT 第 II(6) 條「績效要求」條款，[17]使 Gala 遭受嚴重損失，蓋烏克蘭的音樂與其節目所設定的概念顯不相容，烏克蘭要求播放如此高比率之當地音樂，造成聲請人公司廣告費用的損失。

2. 相對人主張，地主國管制架構的變更並不構成投資協定的違反，投資人合法的期待利益固應予保障，但亦應與地主國爲維護公共利益而保有合理的管制彈性取得平衡，故「50% 烏克蘭人音樂要求」既非突然、過分，亦非不公，且並未損及聲請人合法的期待利益。相對人並指出，2006 年廣電法係經由國會超過 3 年的辯論始定案，旨在使烏克蘭法律符合歐洲相關規範及要求，且烏克蘭廣電法係屬烏克蘭管制廣播電台立法權之範圍，電台所播出音樂的作詞、作曲者或表演者須至少有 50% 爲烏克蘭人的要求，並非突襲、過度或不公平。

14　*Supra* note 1, paras. 497-498.

15　"Each Party shall observe any obligation it may have entered into with regard to investments."

16　*Supra* note 1, paras. 227, 499-511.

17　Article II.6 of the BIT provides: "Neither party shall impose performance requirements as a condition of establishment, expansion or maintenance of investments, which require or enforce commitments to export goods produced, or which specify that goods and services must be purchased locally, or which impose any other similar requirements."

3. 仲裁庭認爲：

(1) 仲裁庭採納相對人之主張，認爲烏克蘭爲主權獨立國家，通過法律以保障本國人民的利益屬其固有權利。且 2006 年廣電法第 9.1 條要求播出的音樂內容至少一半出自當地，係出於保護及提倡當地文化，許多國家就廣播電台之節目內容均有類似的制度設計，例如：法國要求其廣播電台應播放至少 40% 之法國當地音樂，葡萄牙要求播放葡萄牙當地音樂之比例需爲 25% 至 40%。參酌 *Plama Consortium Limited* 一案仲裁庭之見解，如其他國家均有類似規範方式或制度設計時，該制度將不構成不適當、不公平或歧視，未違反公平公正待遇原則。[18]

(2) 烏克蘭廣電法第 9 條係對所有廣播電台一體適用，並非只針對 Gala。新要求的實行亦非突然，而是分階段實行。Gala 在 2006 年 8 月亦加入一份由廣電委員會與數特定電台所簽署的一份備忘錄，其中明定將於 2006 年至 2007 年 2 月，逐步實行新法之要求。

(3) 美烏 BIT 第 II(6) 條禁止地主國爲「績效要求」，是否能適用於「播出音樂內容至少一半係出自當地」此種基於文化推廣及保護因素所爲之限制？仲裁庭認爲，應從維也納條約法公約所揭示之原則來解釋美烏 BIT 的條文。維也納條約法公約第 31 條規定：「條約應依其用語，按其上下文，並參照條約之目的及宗旨所具有的通常意義，基於善意解釋之。」美烏 BIT 第 II(6) 條之宗旨係避免地主國採用績效要求，以保護當地產業並限制進口。然 2006 年廣電法的立法理由並非是爲了保護當地產業並限制進口，而是出於推廣烏克蘭文化資產。因此，仲裁庭認定，烏克蘭廣電法第 9 條之要求未違反美烏 BIT 第 II(6) 條。

六、賠償金額及費用計算

相對人應給付聲請人 871 萬 7,850 美元，作爲相對人違反美烏 BIT 公平公正待遇義務之損害賠償，且應於本仲裁判斷發布後 60 日內完成給付。相對人應給付聲請人所支付之仲裁費用 75 萬美元，且應於本仲裁判斷發布後 60 日內完成給付。若相對人於仲裁判斷發布後 60 日內未爲付款，應自本仲裁判斷發布後至付款日止，以美元計價、6 個月存款 LIBOR 利率加上 2% 之利率，每半年複利計算利息。

---

[18] *Plama Consortium Limited v. Republic of Bulgaria*, ICSID Case No. ARB/03/02, Award (August 27, 2008), para. 269.

七、仲裁庭之決定與判斷[19]

（一）仲裁庭對本案具有管轄權。

（二）相對人並未違反其於 2000 年和解協議之義務。

（三）相對人於 2004 年、2005 年及 2008 年頻率標案之決定，以及將 1999 年至 2000 年間廣電委員會停止運作時所爲違法頻率分配合法化之決議，違反美烏 BIT 第 II(3) 條。

（四）相對人應給付聲請人 871 萬 7,850 美元，作爲相對人違反美烏 BIT 公平公正待遇義務之損害賠償，且應於本仲裁判斷發布後 60 日內完成給付。

（五）相對人應給付聲請人所支付之仲裁費用 75 萬美元，且應於本仲裁判斷發布後 60 日內完成給付。

（六）相對人所給付之金額應基於前述判斷計算利息。若相對人於仲裁判斷發布後 60 日內未爲付款，應自本仲裁判斷發布後至付款日止，以美元計價、6 個月存款 LIBOR 利率加上 2% 之利率，每半年複利計算利息。

（七）駁回聲請人其餘主張。

---

[19] *Supra* note 1, paras. 513-514; *Joseph Charles Lemire v. Ukraine*, ICSID Case No. ARB/06/18, Award (March 28, 2011), p. 106.

案例十三

Maffezini v. The Kingdom of Spain, ICSID Case No. ARB/97/7, Decision of the Tribunal on Objections to Jurisdiction (January 25, 2000); Award (November 13, 2000)

一、當事人

聲請人：Emilio Agustín Maffezini（下稱 Maffezini）

相對人：西班牙

二、案件摘要

（一）系爭投資

Maffezini 於 Emilio A. Maffezini S.A.（下稱 EAMSA）中所持有之股份。

（二）爭議緣由

Maffezini 因其所投資之 EAMSA 公司面臨財務困難而意圖撤資。

（三）實體規範依據

阿根廷—西班牙 BIT（1991）（下稱西阿 BIT），聲請人主張相對人違反以下義務：1. 最惠國待遇（下稱 MFN 或 MFN 待遇）；2. 公平公正待遇（下稱 FET 或 FET 待遇）；3. 保護投資之義務。

（四）仲裁機構及規則

ICSID：ICSID 仲裁規則。

（五）聲請人請求

1. *Sociedad para el Desarrollo Industrial Sociedad Anonima*〔係依據西班牙工業部授權國家工業研究所（*Instituto Nacional de Industria*）設立之商業公司，國有資本比例約爲88%；下稱SODIGA〕之作爲與不作爲均應歸屬於西班牙。
2. SODIGA應對專案成本錯誤預估導致之損失負責。
3. SODIGA應對環境影響評估（environmental impact assessment，下稱環評）所產生之額外開支負責。
4. 聲請人並未同意向EAMSA提供西班牙比塞塔3,000萬元之貸款。

（六）仲裁程序及後續

1. 仲裁庭於2000年1月25日作成管轄權決定。
2. 仲裁庭於2000年11月13日作成仲裁判斷。

三、事實背景[1]

　　Maffezini爲阿根廷國民，於1989年11月15日決定依據西班牙法律投資並設立EAMSA，於西班牙加利西亞自治區生產及銷售各種化學產品。Maffezini認購EAMSA之70%資本額，西班牙公司 *Sociedad para el Desarrollo Industrial de Galicia* 則認購30%之資本額。爲遵守公司設立相關之法律要求，曾加入第三位名義股東，然其股份立即由Maffezini買回。此外，Maffezini亦簽署一份買回SODIGA股份之契約，契約約定之利率爲12%，低於當時16.6%之市場利率，反映該契約對Maffezini之優惠待遇。SODIGA亦向EAMSA提供4,000萬西班牙比塞塔之貸款，並至少得於第一年期間適用較優惠之利率。西班牙財政部及加利西亞自治區政府（*Xunta de Galicia*）亦核准對EAMSA之多筆補貼。

　　設立完成後，EAMSA開始雇用私人顧問公司以購買妥適之土地，並對建造成本及進入生產時須符合之其他要求進行研究。於此研究之基礎上，EAMSA購入土地，並與數個公司及供應商簽定契約。SODIGA亦對該計畫進行經濟評估以決定是否參與。

　　1991年6月24日，EAMSA向加利西亞自治區政府提交環評研究，並在要求後提供補件。1992年1月15日，加利西亞自治區政府核准該環評。然在獲得核准前，EAMSA已開始爲之後之建設而整地，亦開始建造工廠。

　　於進行專案實施之準備過程中，EAMSA開始經歷財務困難，並預計進行增資、申請貸

---

[1]　*Maffezini v. The Kingdom of Spain*, ICSID Case No. ARB/97/7, Award (November 13, 2000), paras. 39-45.

款及補助，但部分努力並未獲得成功。Maffezini 亦從自己之私人帳戶移轉 3,000 萬西班牙比塞塔至 EAMSA 之帳戶。

　　1992 年 3 月初，Maffezini 下令停止施工，並解雇 EAMSA 之員工。1994 年 6 月 13 日，Maffezini 之律師聯繫 SODIGA，提議免除 EAMSA 及 Maffezini 積欠之所有債務以作為取得 EAMSA 資產之交換。SODIGA 表示，只要 Maffezini 願意再提供 200 萬西班牙比塞塔，即願意接受該提案；惟 Maffezini 拒絕 SODIGA 該提案，Maffezini 隨後並要求阿根廷大使館介入。經過多次交流及書信往返後，SODIGA 於 1996 年 6 月 13 日表示其願意接受 Maffezini 律師最初之提案，但 Maffezini 並未同意 SODIGA 此提議，並於 1997 年 7 月 18 日向 ICSID 提起仲裁。

四、程序爭點：管轄權[2]

（一）是否必須先進行國內訴訟

1. 聲請人主張

(1) 西阿 BIT 第 X(3)(a) 條：[3] 聲請人承認本案爭議提請仲裁前並未先提交予西班牙法院。然

---

[2]　*Maffezini v. The Kingdom of Spain*, ICSID Case No. ARB/97/7, Decision of the Tribunal on Objections to Jurisdiction (January 25, 2000), paras. 19-99.

[3]　Article X Settlement of Disputes Between a Contracting Party and an Investor of the other Contracting Party

1. Disputes which arise within the terms of this Agreement concerning an investment between an investor of one Contracting Party and the other Contracting Party shall, if possible, be settled amicably by the parties to the dispute.

2. If the dispute cannot thus be settled within six months following the date on which the dispute has been raised by either party, it shall be submitted to the competent tribunal of the Contracting Party in whose territory the investment was made.

3. The dispute may be submitted to international arbitration in any of the following circumstances:

a) at the request of one of the parties to the dispute, if no decision has been rendered on the merits of the claim after the expiration of a period of eighteen months from the date on which the proceedings referred to in paragraph 2 of this Article have been initiated, or if such decision has been rendered, but the dispute between the parties continues;

b) if both parties to the dispute agree thereto.

4. In the cases foreseen in paragraph 3, the disputes between the parties shall be submitted, unless the parties otherwise agree, either to international arbitration under the March 18, 1965 Convention on the Settlement of Investment Disputes Between States and Nationals of Other States or to an ad hoc arbitral tribunal established under the Arbitration Rules of the United Nations Commission on International Trade Law (UNCITRAL).

If after a period of three months following the submission of the dispute to arbitration by either party, there is no agreement to one of the above alternative procedures, the dispute shall be submitted to arbitration under the March 18, 1965 Convention on the Settlement of Investment Disputes Between States and Nationals of Other States, provided that both Contracting Parties have become parties to the said Convention. Otherwise, the dispute shall be submitted to the above mentioned ad hoc tribunal.

5. The Arbitral Tribunal shall decide the dispute in accordance with the provisions of this Agreement, the terms of other

而，聲請人認爲只要爭端繼續存在且 18 個月之期限已過，該爭端即使未提交予國內法院亦得提起國際仲裁，因爲西阿 BIT 第 X(3)(a) 條允許無論國內法院是否作出判決及無論結果如何，均得將案件提交國際仲裁。

(2) 西阿 BIT 第 X(2) 條：該條文並未規定於案件提交國際仲裁前須先經由國內法院審理，因爲於規定之 18 個月結束後，無論法院判決結果如何，任何一方當事人均得自行將案件提交國際仲裁。

2. 相對人主張

聲請人違反西阿 BIT 第 X 條 [4] 之規定。

(1) 西阿 BIT 第 X(3)(a) 條：聲請人未能遵守西阿 BIT 第 X(3)(a) 條對於窮盡國內救濟措施之要求。相對人認爲，如果國內法院已於法條規定之 18 個月內就案件爭議作出判決，無論法院作出何種判決，該案件即無法再提請國際仲裁，因爲一旦作出裁決，爭端即不再存在。綜上，相對人認爲聲請人並沒有給西班牙法院解決本案爭議之機會，仲裁庭因此無權審理本案。

(2) 西阿 BIT 第 X(2) 條：聲請人未於提起仲裁前將本案爭議提交予西班牙法院審理。

3. 仲裁庭認爲

相對人主張之兩個論點具有互相關聯，仲裁庭將分別作出判斷。

(1) 西阿 BIT 第 X(3)(a) 條

A. 仲裁庭認爲分析起點應爲 ICSID 公約第 26 條，[5] 該條文允許締約國以窮盡國內救濟作爲提起仲裁之前提條件。ICSID 公約第 26 條之文字明確表示，除非締約國以窮盡國內救濟作爲提起仲裁之前提條件，否則將無法適用該等要求。仲裁庭指出，西班牙於批准 ICSID 公約時並未對第 26 條附加任何前提條件。然而，因爲西班牙仍得於西阿 BIT 添加該等前提條件，仲裁庭必須審查西阿 BIT 第 X 條是否將窮盡國內救濟程序作爲提起 ICSID 仲裁之前提條件。

B. 雖然西阿 BIT 第 X 條並未明示（*expressis verbis*）須以窮盡國內救濟程序作爲提起 ICSID 仲裁之前提條件，但條文確實提及國內法院之訴訟程序，因此仲裁庭必須確定該用詞

Agreements concluded between the parties, the law of the Contracting Party in whose territory the investment was made, including its rules on conflict of laws, and general principles of international law.

6. The Arbitral Award shall be binding on both parties to the dispute and each Contracting Party shall execute them in accordance with its laws.

4 *Id.*

5 Article 26 of ICSID Convention: "Consent of the parties to arbitration under this Convention shall, unless otherwise stated, be deemed consent to such arbitration to the exclusion of any other remedy. A Contracting State may require the exhaustion of local administrative or judicial remedies as a condition of its consent to arbitration under this Convention."

是否得被解釋為須窮盡國內救濟程序，以及如果可以作此解釋，該要求之範圍。

C. 與西阿 BIT 其餘條款一樣，於未有其他具體適用之解釋規則之情形下，西阿 BIT 第 X 條應依據維也納條約法公約（Vienna Convention on the Law of Treaties，下稱 VCLT）第 31 條所規定之方式解釋。VCLT 第 31 條規定，條約應依據條約用語於其上下文之通常涵義並參照其目的及宗旨，本於善意加以解釋。適用此一原則下，西阿 BIT 第 X(3)(a) 條並未表明若法院於 18 個月內作出判決，當事人即不得將案件提請仲裁。該條文僅規定如法院作出判決後該爭端仍繼續存在，則該案件仍得提交仲裁。因此，仲裁庭認為，西阿 BIT 第 X(3)(a) 條並未要求須窮盡國內救濟程序。

D. 縱使西阿 BIT 第 X(3)(a) 條被認定為須窮盡國內救濟程序，此一要求亦不會阻止當事人依據西阿 BIT 將該案件提請仲裁。因為如條約保障特定權利，並規定將爭端提請仲裁前應窮盡國內救濟程序，雙方當事人即保留只要窮盡所有救濟方式，無論國內訴訟程序結果如何，皆可提起仲裁之權利。當事人仍保有此項權利即係因國際仲裁庭對有爭議之國際事務具有最終決定權。[6]

E. 仲裁庭認為，窮盡國內救濟程序之要求程度，根據其向國際仲裁庭提出仲裁之理由，係因國內法庭有拒絕正義（denial of justice）之行為或是該主張係要求維護條約所保障之利益（例如授權仲裁庭解釋及適用條約），有所不同。於前者之情形，訴諸國際仲裁之權利僅能以國內法院拒絕正義為依據；如不存在拒絕正義之情形，無論國內法院於判決時是否有法律或事實錯誤，仲裁庭皆應駁回案件。於本案情形，當事人享有依條約請求國際仲裁庭於其權利範圍內作出決定之條約權利。

F. 相對人之論點係立基於只有國內法院拒絕正義之情形下，始得依西阿 BIT 將案件提交仲裁。如採取此論點即會剝奪爭端雙方質疑國內法院對西阿 BIT 之解釋之權利。因此相對人之論點不符合西阿 BIT 爭端解決條款之文字，亦不符合其目的與宗旨。

G. 此外，西阿 BIT 第 X(3)(a) 條之用語亦未包含決定特定爭端是否、或於何種情形下得被視為持續存在之準則。仲裁庭認為，因為缺乏這種客觀標準，當事人得以自由判斷該爭端是否存續，亦即其請求是否受到國內法院支持，以及於國內法院無法滿足其請求時是否將該爭端提請仲裁。

H. 仲裁庭認為，西阿 BIT 第 X(3)(a) 條有兩個重要功能。首先，該條文允許任何一當事人自適當之國內法院尋求救濟；再者，該條文亦確保無論國內法院是否作出判決以及無論判

6　See International Law Commission, Draft Articles on State Responsibility, Article 22 and related Commentary, *1977 Yearbook of the International Law Commission*, Vol. II, Part 2 (1978), p. 30 et seq. For the 1996 Draft and its referral to the 1977 Draft on this point, see *International Legal Materials*, Vol. 37 (1998), p. 444. *See* also C. F. Amerasinghe, *Local Remedies in International Law* (1990), pp. 45-51.

決結果如何，當事人於 18 個月之期限經過後將案件訴諸國際仲裁庭之權利。

(2) 西阿 BIT 第 X(2) 條

　　A. 仲裁庭認為應判斷者為，如當事人並未依據西阿 BIT 第 X(2) 條於國內法院提起訴訟，是否即視為該當事人已放棄或喪失將該爭端提起國際仲裁之權利。

　　B. 西阿 BIT 第 X(2) 條文字的意涵是締約雙方希望於該條文規定之 18 個月內，將爭端提交國際仲裁前，得賦予各自之法院解決爭端之機會。

　　C. 如果聲請人對此爭議唯一之論點係認為該條文並未規定於案件提交國際仲裁前須先經由國內法院審理，仲裁庭即很有可能須作出對其不利之判斷。因為雖然無論國內法院判決結果如何，雙方當事人確實得於 18 個月之期限經過後尋求國際仲裁，但他們只有對國內法院判決結果不滿意時，始有可能尋求國際仲裁。考慮到西阿 BIT 之用語，儘管有時間限制之規定，該條文仍可推論出締約國希望保留由國內法院審查之作用。再者，聲請人對西阿 BIT 第 X(2) 條之解釋將使該條款失去任何意義，此結果不符合普遍接受之條約解釋原則。

　　D. 如前所述，如聲請人對西阿 BIT 第 X(2) 條之主張係單獨存在，仲裁庭將駁回此主張。然而，因為聲請人於其他方面爭執其得適用西阿 BIT 中之 MFN 條款，因此本仲裁庭於駁回其主張前，仍應適當判斷聲請人所主張之 MFN 條款。

（二）是否得藉MFN條款適用其他BIT之爭端解決程序規定

1. 聲請人主張，智利─西班牙 BIT（下稱智西 BIT）第 10(2) 條並未如同西阿 BIT 一般規定國內法院有機會於爭端提請仲裁前 18 個月內解決爭端，智西 BIT 僅規定投資人得於 6 個月之協商期限過後尋求仲裁。因此，西阿 BIT 中之 MFN 條款允許聲請人直接尋求仲裁而不需事先將爭端提交於國內法院。雖然西阿 BIT 規範了 MFN 條款之例外情形，但該等例外情形皆不適用於本案之爭端解決條款。

2. 相對人主張，西班牙與第三國間所簽訂之條約，就阿根廷而言係屬他人之行為（*res inter alios acta*），因此聲請人無法主張援用。相對人進一步主張，依據同類解釋（*ejusdem generis*）原則，MFN 條款僅得適用於具相同性之事項，無法擴及於與基本條約所設想者不同之事項。因此，相對人認為西阿 BIT 之 MFN 條款所提及之「事項」，僅得理解為授予投資人待遇之實質性或重大性事項，而不適用於程序性或管轄權爭議。聲請人亦認為，由於 MFN 條款之目的在避免歧視，此種歧視僅能發生於重大經濟性待遇而非程序性問題上發生。只有在當事人確定訴諸國內法院將產生客觀不利之影響時，當事人始得爭論其所受待遇有實質性影響。因此，投資人必須證明，將爭端訴諸國內法院將較訴諸仲裁更為不利。

3. 仲裁庭認為，於處理本爭議時，應先確定規範 MFN 條款受益人權利之基本條約為何。

(1) 於 *Anglo-Iranian Oil Company Case (Jurisdiction)*，[7] 國際法院（International Court of Justice，下稱 ICJ）認定該案聲請人得仰賴之基本條約爲「包含 MFN 條款」之條約。[8] 參考 ICJ 之判決，對本仲裁庭而言，如果正確之做法係認爲 MFN 條款得適用之爭議事項確爲基本條約所認定，且該爭議事項於第三方條約中將獲得較有利之待遇，則藉由 MFN 條款之適用，該優惠待遇將擴大至基本條約下的受益人。如第三方條約中提及基本條約未涉及之事項，則該事項對 MFN 條款而言係屬他人之行爲。

(2) 第二個主要爭點爲，第三方條約中關於爭端解決之條文，是否得被視爲與 MFN 條款依據商業、航行及投資之基本條約所適用之 FET 待遇，具有合理關聯，以及是否得被視爲 MFN 條款所涵蓋之爭議事項。此爭議並與同類解釋（*ejusdem generis*）原則有直接關聯。於 *Ambatielos Case*（下稱 *Ambatielos* 案），[9] 仲裁庭確認了同類解釋原則的關聯性，並認爲「MFN 條款僅能適用於屬於該條款本身所涉及之同一類別之爭議」；[10] 通過爭端解決條款保護從事商業及航行者之權利，包括該條款所涵蓋之貿易商之整體待遇。而因西阿 BIT 並未明確規定 MFN 條款涵蓋爭端解決在內，依據 *Ambatielos* 案，仲裁庭需判斷此是否爲條約當事人刻意爲之，或得從各當事人對待外國投資人或本國投資人之做法中合理推測出答案。

(3) 仲裁庭認爲，爭端解決安排與保護外國投資人密不可分，且與依據商業條約規定保護交易者權利有關。如第三方條約中涵蓋之爭端解決條款比基本條約中之條款更有利於保護投資人之權益且兩者標的相同，則因符合同類解釋原則，第三方條約之條款即得擴展到 MFN 條款之受益人。

(4) 然而，MFN 條款之運作仍會受到公共政策考量之限制。原則上，該條款之受益人（特別是受益人爲投資人時）不應凌駕於締約當事人作爲接受相關協議之基本條件所可能設想之公共政策考量。首先，如締約方以窮盡國內救濟手段作爲同意仲裁之條件，此條件反映了國際法之基本規則，締約方無法通過援引與第三方協議相關之 MFN 條款以避開此要求；[11] 再者，如締約雙方已同意於提交國內法院或國際仲裁間作選擇，且

---

[7] International Court of Justice, *Reports*, 1952, p. 93. *See* also Sir Gerald Fitzmaurice, *The Law and Procedure of the International Court of Justice, 1951-1954: Points of Substantive Law. Part II*, p. 84.

[8] *Id.* at 109.

[9] *Ambatielos* Case (merits: obligation to arbitrate), International Court of Justice, *Reports*, 1953, p. 10. *See* also generally, *International Law Reports*, 1953, p. 547. 本案 ICJ 判決認定根據英國與希臘於 1926 年簽訂之友好通商條約及宣言，雙方有義務以仲裁解決涉及私人利益之爭議。其後雙方協議成立臨時仲裁委員會（Commission of Arbitration），以仲裁解決本案爭議。

[10] United Nations, *Reports of International Arbitral Awards*, 1963, p. 107.

[11] *The Mavrommatis Palestine Concessions* (Greece v. U.K.), Permanent Court of International Justice (1924), Series A. No. 2, p. 12; *Interhandel Case* (Switzerland v. United States of America), International Court of Justice, Reports 1959, p. 27.

該選擇一旦作成即為終局決定而不可逆轉，則無法通過援引之 MFN 條款以避開此要求，因為此種做法將會破壞許多國家認為重要之公共政策安排之終局確定性；第三，如協議已規範特定之仲裁法院，亦無法通過援引 MFN 條款以將爭議提交至不同之仲裁系統；最後，如締約雙方已同意使用包括精確程序規則之高制度化之仲裁制度，亦無法援引 MFN 條款改變之，因為該特定條文已反映締約雙方明確之意志。

(5) 綜上，仲裁庭認為聲請人有權將本案爭端提交仲裁，而無須事前訴諸西班牙法院。西阿 BIT 中規範之事前訴諸國內法院之要求並未反映於條約文字、條約相關之談判、其他法律安排或後續實踐中所考量之公共政策之基本問題。因此，仲裁庭認為其具有管轄權且有權審理本案。

（三）聲請人之地位（是否為西阿BIT定義之投資人）

1. 聲請人主張，其並非代表 EAMSA，而是以 EAMSA 之外國投資人之個人身分提起本訴訟，以保護其於 EAMSA 之投資。此外，西阿 BIT 第 I(2) 條及第 II(2) 條對投資之定義極為寬泛，該定義涵蓋所有類型之財產及對財產之權利，包含於地主國進行或取得之投資。

2. 相對人主張，依據 ICSID 公約第 25(1) 條，仲裁庭僅對「締約國與另一締約國之國民」間之直接投資具有管轄權，而聲請人並非 ICSID 公約第 25(1) 條所稱之投資人。雖然聲請人為阿根廷國民，惟其對西班牙之主張係基於 EAMSA 所受之損害。作為一西班牙公司，EAMSA 具有獨立於股東之法人資格，只要 EAMSA 持續以公司身分存續，聲請人即無資格揭穿公司面紗並以私人身分就公司遭受之損害提起訴訟。

3. 仲裁庭認為，ICSID 公約第 25 條及西阿 BIT 第 I(2) 條及第 II(2) 條應一併解讀，因西阿 BIT 之條款對分析雙方當事人之論點而言至關重要。

   (1) 西阿 BIT 第 I(2) 條規定，「投資」係指依據投資所在之締約國法律取得或產出之各種資產，包括但不限於：股票或其他參與公司形式。[12] 西阿 BIT 第 II(2) 條則規定，本協定應適用於協定生效前依據某一締約國之法律而在該國領土內進行之資本投資，但本協定不適用於本協定生效前產生爭議或請求。[13]

   (2) 上述規定表明資本投資係屬西阿 BIT 所稱之投資，亦規定具締約國國籍者投資於另一締約方領土內所設立之公司或類似之法人實體時，得請求條約之保護。西阿 BIT 之規

---

[12] The term "investment" means every kind of asset, such as goods and rights of whatever nature, acquired or made in accordance with the laws of the Contracting Party in whose territory the investment is made, and shall include, in particular though not exclusively, the following: shares in stock or any other form of participation in a company.

[13] The present Agreement shall apply to capital investments in the territory of one Contracting Party, made in accordance with its legislation prior to the entry into force of the Agreement. However this Agreement shall not apply to disputes or claims originating before its entry into force.

定補充並符合 ICSID 公約第 25 條之要求，聲請人關於提起本案仲裁資格之主張符合上述規定。

(3) 上述之結論不代表聲請人已證明其對以其私人身分所受之損害提出有效之請求。然而，於本階段，聲請人已證明如其請求為真，其請求使聲請人有資格以私人身分提起仲裁。

(4) 綜上，投資人身為西班牙公司之外國投資人，提起仲裁之理由在於保護其於該公司之投資以及因相對人之行為而遭受之損失。如此一事實為真，聲請人即有權以私人身分援引西阿 BIT 之保護。因此，聲請人已提出一初步證明之案件（*prima facie* case），並具有提起本案之適格。

（四）SODIGA是否為國家機關

1. 聲請人主張，SODIGA 不僅係由數間政府機構所有，其亦受西班牙所控制並作為政府部門而運作，以促進加利西亞地區之經濟發展。因此，SODIGA 之不法行為或不作為得歸屬於西班牙。

2. 相對人主張，本爭議並非介於聲請人及西班牙之間，而係在聲請人與私人公司 SODIGA 之間。SODIGA 係為依據西班牙商法所成立之私人商業公司，故其屬於私人實體。政府機構持有 SODIGA 之股份並不影響 SODIGA 之私人商業性質，亦不使 SODIGA 轉變為政府機關。因此，SODIGA 之作為或不作為不得歸屬於西班牙。

3. 仲裁庭認為，依據 ICSID 公約第 25(1) 條，仲裁庭之管轄權僅及於直接由締約國與另一締約國國民間之投資所引起之法律爭端，其就兩私人實體間之爭議並無管轄權。然而，ICSID 公約對於「締約國」及「另一締約國國民」並無明確定義，亦無將國家機關、分支機構或下轄機構所從事之行為歸屬於國家之相關標準。因此，仲裁庭需確認兩個問題，首先，為確認仲裁庭之管轄權限，需判斷 SODIGA 是否為國家機關；再者，聲請人所主張之作為或不作為是否得歸屬於西班牙。雖然第一個問題得於管轄權階段判定，惟第二個問題涉及本案之實體爭議，僅能於後階段認定。

   (1) 因 ICSID 公約及西阿 BIT 皆未對上述問題提供指導性原則，仲裁庭得於決定某特定實體是否為國家機關時參考得適用之國際法規則，相關判斷會參考各式因素，諸如所有權、控制權、行為受檢驗之機關之性質、目的及目標所採取行為之性質。[14]

   (2) SODIGA 是否為國家機關之問題須先從形式或結構之角度進行審查。如該實體係直接或間接為國家所擁有，或直接或間接為國家所控制，則可合理推斷其屬國家機關。如

---

[14] Ian Brownlie, *System of the Law of Nations. State Responsibility. Part I* (1983), 132 et seq.

該實體之目的或目標係履行政府之職責、通常保留由國家行使之職責，或就其性質而言通常不由私人企業或個人履行之職責，亦可得出相似之論斷。

(3) 由於國家可能通過控制私營機構以從事國家行為，結構測試並非決定某一實體是否具國家性或其行為得否歸屬於國家之決定性標準，尚應以功能測試探詢該實體之功能或其所扮演之角色而定。[15] 依據 ICSID 前秘書長 Aron Broches 之解釋，除混合經濟或政府持有之公司係作為政府之代理人，或其履行性質上屬政府之職責，否則其仍應具有作為「另一締約國國民」之資格。[16]

(4) 功能性測試應用於締約國國民之定義得參考 ICSID 仲裁庭最近作出之 *Ceskoslovenska Obchodni Banka, A. S. v. the Slovak Republic* 案（下稱 *Ceskoslovenska* 案）。[17] 該案件認為，應考量的是行為本質上屬商業性質或是政府性質。[18] 基於相同理由，依據功能性測試，一間以營利為目的之私人公司於履行國家委託之基本政府職責時，得被視為政府機關，從而承擔國家對不法行為之國際責任。雖然仲裁庭對國內司法機構就某特定實體是否為政府機關所作出之決定應給予尊重，但對仲裁庭並不一定具有拘束力。某特定實體是否應被視為國家機關以及是否應當承擔國家責任，是應當適用國際法用原則解決之事實及法律問題。[19]

(5) 基於上述理由，仲裁庭據以分析 SODIGA 是否具國家性。首先，SODIGA 係依據工業部（Ministerio de Industria）所頒布之法律而設立，該法律授權國家工業研究所設立 SODIGA。雖然 SODIGA 係以私人商業公司形式設立，但工業研究所持有該公司不低於 51% 之股份。此外，截至 1990 年 12 月 31 日，SODIGA 之國有資本比例已增加至 88%，其中包括加利西亞自治區政府。[20]

(6) 從 SODIGA 之設立背景觀之，西班牙設立 SODIGA 之目的即為藉由 SODIGA 履行政府職能。SODIGA 之設立係經由財政部（Ministerio de Hacienda）及西班牙最高政策機構之一之部長會議（Consejo de Ministros）核准。[21] 上述政府機構參與 SODIGA 之設立以及工業部所頒布之法律，即表明 SODIGA 設立之目的係為促進加利西亞自治區之

---

[15] Brownlie, op. cit., *Id*. p. 136.

[16] Aron Broches, "The Convention on the Settlement of Investment Disputes Between States and Nationals of Other States," *Recueil des Cours de l'Academie de Droit International* (1972), p. 355.

[17] *Ceskoslovenska Obchodni Banka, A. S. v. the Slovak Republic*, ICSID Case No. ARB/97/4, Decision on Objections to Jurisdiction (May 24, 1999), *ICSID Review—Foreign Investment Law Journal*, Vol. 14 (1999), p. 250.

[18] *Ceskoslovenska Obchodni Banka, A. S. v. the Slovak Republic, Id*. para. 20.

[19] Brownlie, op. cit., *supra* note 14, p. 136. *See also* International Law Commission, Draft Articles cit., supra note 59, Article 4.

[20] The Xunta is defined as the collegiate body of the Government of Galicia. See http://galicia97.vieiros.com.

[21] Decreto 2182/1972, *Boletin Oficial del Estado*, No. 197 (August 17, 1972), p. 1536.

區域工業發展，西班牙政府亦利用其作爲政府活動之工具。SODIGA 之職責之一係研究於加利西亞自治區引進新產業、尋找及招攬新產業、投資新企業、處理官方融資來源之貸款申請，並爲該貸款提供擔保、提供技術協助以及爲工業發展提供補貼及其他誘因。此等目標及職責就其本質而言應屬政府職責而非由私人實體執行，不具有商業性。

(7) 雖然西班牙政府有可能將上述發展活動外包予私人、非政府性之公司組織，但本案情形並非如此。即使本案爲此情形，亦不代表西班牙即與該實體無關，因該職責係由國家委派，且於國際法之定義上仍可能屬政府職責。

(8) 綜上，仲裁庭認爲 SODIGA 爲代表西班牙政府行事之政府機關。而 SODIGA 是否需爲聲請人主張之作爲或不作爲負責、該作爲或不作爲是否違法、是否具有政府性質而非商業性質，或是否得歸屬於西班牙政府等爭議均應於本案實體爭議審理階段判斷。

（五）爭議時點（BIT之「時的管轄權」）

1. 聲請人主張，本案爭議（dispute）係於西阿 BIT 及智西 BIT 生效後始發生，而在爭議產生前，雙方當事人間可能存有爭執或意見分歧，但此等爭執或意見分歧並非國際法及本國法所定義之爭議。

2. 相對人主張，西阿 BIT 第 II(2) 條規定該協定不適用於協定生效前產生之爭議或請求。西阿 BIT 之生效日爲 1992 年 9 月 28 日，而聲請人基於 MFN 條款而援引之智西 BIT 生效日爲 1994 年 3 月 29 日。因此，於智西 BIT 或西阿 BIT 生效日後所生之爭議，仲裁庭始具有管轄權。聲請人對其主張所依賴之事實及事件係於 1989 年至 1992 年上半年發生，西阿 BIT 無法適用於本案。

3. 仲裁庭認爲，ICJ 將爭議定義爲「在法律或事實問題上之分期、當事人間之法律觀點或利益衝突」。[22] 於本案中，正如相對人所稱，早於 1989 年時即有意見分歧產生、1989 年至 1992 年期間更針對預算評估、環評及撤資等問題進行討論。然上述事件不代表 ICJ 所定義之爭議已經存在。

(1) 導致爭議產生之事件往往有一連串之順序，通常從表達不同意見及陳述不同觀點開始。隨著時間推移，此等事件通過提出法律請求、討論及最終被他方當事人所拒絕或缺乏其回應而獲得精確法律意義。縱使基礎事實早已產生，法律觀點及利益衝突僅會出現於後一階段。因此，於確定關鍵日期時，須考量到事件之發生順序，以確定依據西阿 BIT 該爭議得受仲裁庭管轄。

---

[22] International Court of Justice, *Case Concerning East Timor*, *ICJ Reports 1995*, 90, para. 22, with reference to earlier decisions of both the Permanent Court of International Justice and the International Court of Justice.

(2) 於此爭點上，相對人正確指出依據西阿 BIT 第 II(2) 條，爭議與請求之間係存在區別。雖然爭議已產生，但爭議不一定需與提出正式請求之時點相同。本案之關鍵日期須區分爭議與不會導致法律觀點及利益衝突之事件。如爭議發生於關鍵日期之後，其即得以轉化爲請求；而若發生於關鍵日期之前，該爭議即無法適用西阿 BIT。

(3) 於本案中，技術及法律爭議係於 1994 年，特別是雙方當事人開始討論撤資建議之脈絡下開始成形。於該時點即已明確建立雙方之法律觀點及利益衝突，並於不久後即提出最終提交於本仲裁庭之請求。因此，本案爭議係於西阿 BIT 及智西 BIT 生效後產生，而因本案之基本條約爲西阿 BIT，本案之關鍵日期應爲西阿 BIT 之生效日期。綜上，仲裁庭認爲其對本案具有管轄權，並得依據西阿 BIT 第 II(2) 條審理本案爭議。

五、實體爭點

（一）SODIGA 之行爲是否得歸屬於西班牙[23]

於管轄權決定中，由表面觀之，SODIGA 係一代表西班牙形式之政府機關。且由於相對人於審理本案實體爭議時並未提出令人信服之證據以反駁此一論點，仲裁庭得肯認此一初步論點之正確性。

1. 相對人仰賴西班牙公共行政機構之結構主張 SODIGA 非屬政府機關，僅爲私人公司創建之金融公司，並援引 1992 年 11 月 27 日之第 30/92 號法律（Law 30/92），該法律確立公共行政及共同行政程序之法律制度。[24] 第 30/92 號法律第 2 條將國家行政總局（the General Administration of the State）、自治區管理局（the Administration of Autonomous Communities）及屬於地方行政部門之機構確定爲公共行政部門。此外，該條文進一步確認依據公法創建並具有與上述所提及之任何機構相關之法人資格之機構亦屬公共行政部門。

2. 然而，即使適用結構測試，如 SODIGA 般之金融公司於當前爭議相關之時期亦無法被認爲完全屬於公共行政之整體計畫範圍內，因事實上存在各種受私法管轄但偶爾會行使公法管轄之公共職能之公共機關。再者，結構測試僅爲須考量之因素之一，國際法上所關注之其餘因素，包括國家或政府機構對公司之控制，以及公司成立之目的及職責。正如仲裁庭於管轄權決定中所強調者，本案中有許多因素皆指向 SODIGA 具有公共性質。

3. 仲裁庭於本爭點所要判斷之第二個問題，即爲 SODIGA 之行爲是否得歸屬於相對人。於

23　*Supra* note 1, paras. 46-57.

24　Law No. 30/1992 (November 26, 1992), as amended, text in Luis Martín Rebollo, *Leyes Administrativas* (1999), p. 369.

判斷此爭議時，仲裁庭需再次仰賴功能性測試，即必須確定 SODIGA 之具體作爲或不作爲本質上係爲商業性質或政府性質，如屬商業性質，SODIGA 之行爲即不得歸屬於相對人，反之則得歸屬。

4. SODIGA 成立於 1972 年，當時西班牙政府推行積極之工業促進政策，目的在鼓勵西班牙之工業發展。爲達成此目的，西班牙於國內不同地區創立不少於 22 個類似之機構，其中僅由 4 間機構與私營部門有關。其餘所有機構，包括 SODIGA，皆與國家工業研究所與其各自之自治區密切相關。

5. 與本案情形相同，如 SODIGA 般之此類機構係通過投資新設公司、發放貸款及簽訂股票買回契約已實施政策目標，雖然爲相關地區之工業及商業基礎發展作出貢獻，但因缺乏具體法律及財政框架、難以收回投資及缺乏專業知識，該等機構實際上並未成功。

6. 由於面臨上述困境，該等機構開始對其職能進行重新定位，並於 1980 年代後期採用更爲商業導向之做法。於 EAMSA 成立時，SODIGA 正處於從以國家爲導向轉型成以市場爲導向之過程中。在過渡期中，其行爲部分應被視爲具有政府性質，部分則具有商業性質。因行爲之性質係 SODIGA 之行爲是否得歸屬於相對人之關鍵性因素，仲裁庭需相應分類引起本案爭議之各種作爲與不作爲以作判斷。

（二）SODIGA錯誤建議之責任歸屬[25]

1. 聲請人主張，投資專案之初稿係依據 SODIGA 於 1989 年 5 月出具之爲確定專案可行性之報告，而專案失利係因 SODIGA 就專案成本提供錯誤建議，如該專案完成，最終投資成本將會比原先估計之成本高出 300%。

2. 相對人主張，聲請人應負責研究專案之可行性，SODIGA 僅爲其內部判斷是否參與新設公司進行評估。此外，投資人爲經驗豐富之商人，其與其專業團隊已爲本專案進行準備，且從未尋求 SODIGA 之建議，SODIGA 亦未誘導 EAMSA 進行投資。關於成本之技術研究係由顧問公司 COTECNO 應 EAMSA 之要求而出具。此外，相對人主張所增加的成本不超過21%，且係由於聲請人下令變更規格而導致，一旦自最初估計之數值中扣除因規格變更而導致之成本增加，每平方公尺之建造成本與所估算之數字並未有太大差異。眞正導致專案失利係因爲構思不當，該專案並未進行市場研究，土地未經適當檢驗且需要額外之工程，以及於設想之施工品質及數量方面規格皆有變化。聲請人應爲上述問題負責，且最終決定停止工程及解雇 EAMSA 所有員工之人亦爲聲請人。

3. 仲裁庭認爲，SODIGA 及其他類似機構之職責之一係向投資人及商人提供資訊以促進相關

25 *Supra* note 1, paras. 58-64.

地區之工業化。然而 SODIGA 所為不僅是提供 EAMSA，還提供辦公室空間及會計服務。因此，SODIGA 之官員及 EAMSA 之員工進行大量互動，於此過程中，雙方對本專案、其成本與回報，以及投資之可行性及前景皆進行一定程度之探討。

(1) 然而，仲裁庭認為，SODIGA 於向 EAMSA 提供上述協助時並未履行任何公共職責，其所為之行為不會超出許多金融及商業機構對其潛在客戶提供之商業援助。

(2) 此外，於聽取專家及證人之證詞後，仲裁庭亦認為 SODIGA 所進行之可行性研究，無論是否有缺陷，皆僅用於 SODIGA 決定是否投資 EAMSA 之內部目的，而非在於替代投資人委託 COTECNO 進行之研究。因此，無論實際金額為何，SODIGA 不應對成本超支負責。SODIGA 為 EAMSA 董事會成員之事實亦與通常業務安排相符。西班牙政府及加利西亞自治區係依據 EAMSA 而非 SODIGA 之要求提供補助，因此兩者皆無與 SODIGA 之潛在責任歸屬之聯繫。

(3) 綜上，雖然 SODIGA 及其他類似機構於該時期所採取之政策及做法可能確實存有不足之處，但此無法作為減輕投資人於任何投資中固有之商業風險之理由。於此情形下，相對人無須對聲請人可能遭受之損失負責。

（三）SODIGA是否應對環評產生之額外費用負責[26]

1. 聲請人主張，SODIGA 應對環評產生之額外費用負責，因 EAMSA 於加利西亞自治區及市政當局出於政治原因施加壓力下，被迫於環評過程確定且其影響已知前繼續進行投資。此外，聲請人停止施工之決定與專案成本額外增加直接相關。

2. 相對人主張，聲請人完全知悉環評之要求，並且決定違背自身員工及顧問之建議，於獲得核准前收購土地並進行建設。此外，因本專案涉及含有高度毒性之化學產業，聲請人曾被特別告知西班牙及歐洲經濟共同體（European Economic Community）適用之法律要求。再者，EAMSA 備具之初步環評研究並不完整，但於補正後，環評之核准即迅速進行，EAMSA 並未受到任何壓力，終止本專案之決定與環評完全無關。

3. 仲裁庭認為，對於充分保護環境及應用適當預防措施而言，環評程序是基本要求。

(1) 對於環境保護，西班牙 1978 年憲法第 45 條[27] 有強制要求。該要求不僅適用於國家行政總局，亦適用於自治區及市政當局。[28] 西班牙並制定明確法律以執行此一憲法要求。

---

26 *Supra* note 1, paras. 65-71.

27 Constitución Española, December 27, 1978, *Boletín Oficial del Estado*, No. 311 (December 29, 1978), Article 45.

28 Ramón Martín Mateo, "The Environmental Law System," in N. S. J. Koeman, *Environmental Law in Europe* (1999), Chapter 15: "Environmental Law in Spain," 497, at 497-499.

依據 1985 年 6 月 27 日 EEC 第 85/337 號指令（EEC Directive 85/337）[29] 及 1986 年 6 月 28 日第 1302/1986 號皇家法令（Royal Legislative Decree No. 1302/1986），[30] 化學工業應進行環評。如於環評核准前即進行相關工作，依據西班牙法律，有關當局得下令暫停該專案。[31]

(2) 毫無疑問地，聲請人及其員工皆知悉 EAMSA 之專案需要進行環評。除無法主張不瞭解法律以作為抗辯之一般原則外，本案尚有明確證據表明聲請人知悉環評要求，因 COTECNO 有被要求準備初步之環評研究以作為更廣泛之成本研究之一部。此外，聲請人亦未證明因西班牙當局處審理環評所生之成本或損失。

(3) 綜上，仲裁庭認為相對人及 SODIGA 所為者僅為堅持嚴格遵守所應適用之法律，因此，相對人無須對聲請人就環評所作出之決定負責。此外，相對人之行為完全符合西阿 BIT 第 2(1) 條，即要求於符合國家立法之情形下促進投資。

（四）SODIGA未得聲請人之授權而轉入資金並增加投資人之債務，西班牙是否違反FET待遇義務[32]

1. 聲請人主張，其並未同意貸款，卻仍有 3,000 萬西班牙比塞塔自私人帳戶移轉予 EAMSA。此外，聲請人亦主張管理其帳戶之私人銀行有違規行為，該行為亦涉及西班牙中央銀行（Banco de España）之責任。

2. 相對人主張，聲請人已同意貸款，並已授權 SODIGA 於 EAMSA 之代表人 Luis Soto Baños（下稱 Soto）移轉資金。由於 Soto 為移轉資金之行為時係作為聲請人之代表人，相對人主張其行為不得歸屬於 SODIGA。此外，私人銀行之違規行為並非西班牙中央銀行或西班牙本身之責任。

3. 仲裁庭認為，1991 年底當 EAMSA 面臨財務困境時，聲請人似有提出借貸 3,000 萬西班牙比塞塔。至少於 1991 年 11 月 14 日聲請人授權其銀行於 Soto 要求之時點將該筆款項轉入 EAMSA 之帳戶為確定事實，雖然該授權行為並無以其他事件作為條件，但明顯當時財務安排之條款及與最終貸款有關之細節皆未經充分協商。

(1) Soto 於 1992 年 2 月 4 日向銀行要求移轉款項，然而，無論係於資金移轉前或移轉後，在拘束聲請人之契約中，基本財務承諾從未被正式確認，該貸款亦未取得 EAMSA 董事會之核准。聲請人明顯係基於借貸契約存在之假設下授權資金移轉；但實際上聲請

[29] EEC Directive 85/337 (June 27, 1985), *Official Journal of the European Community*, No. L175/40 (July 5, 1985).

[30] Real Decreto Legislativo No. 1302/1986 (June 28, 1986), *Boletín Oficial del Estado*, No. 155 (June 30, 1986), 23733.

[31] Decree No. 1302, cit., *supra* note 28, Article 9. 1.

[32] *Supra* note 1, paras. 72-83.

人並未簽署任何契約。雖然此種財務安排於緊急情形下並不少見，然而，由於缺乏使交易正式化之事先或事後具有法律拘束力之契約，此種事實上之安排無法對抗聲請人。

(2) 仲裁庭亦認為，Soto 並非作為聲請人之代表人，而是作為 SODIGA 之官員而為移轉資金之行為。Soto 曾與 SODIGA 之董事長討論本次資金之移轉，SODIGA 之董事長授權 Soto 以其認為適當之方式行事，然而 Soto 並未向聲請人尋求類似之授權。該等授權係屬必要，因儘管 Soto 先前已獲得移轉資金之授權，但其並未就資金之用途及貸款條件達成共識。從 Soto 並未與聲請人協商而是尋求並獲得 SODIGA 之董事長之授權此一事實可得出，Soto 之行為，無論係屬授權範圍內或越權（*ultra vires*），皆得歸屬於 SODIGA。因此，仲裁庭需進一步討論 Soto 之行為係純粹商業性質或在於實踐 SODIGA 之公共或政府功能，以判斷該行為得否歸屬於相對人。

(3) 因 SODIGA 為負責執行與促進產業有關之政府政策之機關，其中許多事務通常不向普通商業公司開放。作為參與公司處理 EAMSA 之帳戶、管理付款及財務，以及作為 EAMSA 在西班牙政府當局前之代表，而 EAMSA 無須支付 SODIGA 費用等，皆反映 SODIGA 之公共性質及責任。在此種情形下，即得解釋私人銀行於貸款方面之行為，因為該等私人銀行係配合 SODIGA 於加利西亞履行其公共職責而接受其命令與指示。

(4) 此外，雖然該筆資金移轉被標記為貸款，但實際上相當於投資增加。相對人所作之答辯亦將該筆金額列為聲請人投資之一部，因此，非由聲請人而係由國家委託，為促進加利西亞工業化所作出之增加投資決定，無法視為商業活動，而應視為源於 SODIGA 之公共職責。

(5) 雖然相對人主張該筆資金移轉將使聲請人之投資受到保護，並最終藉由強化 EAMSA 之財務使聲請人受益。然而，由於聲請人不認為相對人採取適當步驟，因此相對人之主張並不成立。此外，無論係於 EAMSA 之會計上記載聲請人之貸款或聲請人得隨時取回該筆款項之論點，皆無法改變相對人主張不成立之事實，因為該筆款項多已用盡，聲請人無法隨時取回。

(6) 聲請人雖主張西班牙中央銀行及西班牙應對私人銀行之違規行為負責，但因西班牙中央銀行僅對私人銀行之一般金融及貨幣營運，而非對其與客戶之關係具有監督權，因此私人銀行之違規行為不應歸屬於西班牙中央銀行及西班牙。

(7) 依據西班牙民法典（Spanish Civil Code）第 1214 條，主張義務存在之人應負舉證責任。[33] 於本案中，相對人並未提供任何書面或其餘證據證明存在對聲請人具拘束力之貸款。

33　Código Civil, Article 1214, and notes by Francisco Javier Fernández-Urzainqui, 1999, at 318.

(8) 綜上，因 SODIGA 與貸款有關之行為涉及其公共職責，其行為之責任應歸屬於相對人。該等行為違反西阿 BIT 第 3(1) 條保護投資之義務，同時，因此筆貸款交易欠缺透明度，亦與西阿 BIT 第 4(1) 條 FET 待遇之承諾不符。據此，仲裁庭認為，聲請人應有權獲得賠償。

六、損害賠償及費用計算[34]

仲裁庭認為，雙方當事人對移轉之資金金額為 3,000 萬西班牙比塞塔並無爭執。

（一）仲裁庭認為相對人應支付自 1992 年 2 月 4 日起至本仲裁判斷作成之日期止之年度複利利息，利率應為西班牙比塞塔自 1992 年 2 月 4 日以來各年度之 LIBOR 利率以及對應於 2000 年 2 月 4 日至本仲裁判斷作成之日間之比例，因此利息應為 27,641,265.28 西班牙比塞塔。綜上，相對人應支付聲請人包括利息在內之總賠償金額為 57,641,265.28 西班牙比塞塔。相對人應於本仲裁判斷作成之日起 60 日內支付，如逾期支付即應自本仲裁判斷作成之日起自付款日止，以每年 6% 之利率及每月複利計算之方式計算利息。

（二）程序中所生之費用，包括使用 ICSID 設施之費用，以及本仲裁庭之費用及開支，應由雙方當事人平均分擔。

（三）雙方當事人之律師費用及法律費用，考量各方於其各自立場之關鍵點之主張皆有成立，應由各方當事人承擔自身之律師費用及法律費用。

七、仲裁庭之決定與判斷[35]

（一）西班牙應支付聲請人 57,641,265.28 西班牙比塞塔。

（二）各當事人應各自負擔律師費用及法律費用。

（三）所有其他請求均被駁回。

---

[34] *Supra* note 1, paras. 94-100.

[35] *Supra* note 1, para. 101.

案例十四

Metalclad Corporation v. The United Mexican States, ICSID Case No. ARB(AF)/97/1, Award (August 30, 2000)

一、當事人

聲請人：Metalclad Corporation

相對人：墨西哥

二、案件摘要

（一）系爭投資

危險廢棄物掩埋場（下稱掩埋場）之所有權，開發及營運掩埋場之許可證及執照。

（二）爭議緣由

墨西哥聖路易斯波托西州（Mexican State of San Luis Potosi，下稱 S 州）及瓜達爾卡薩爾市（Mexican Municipality of Guadalcazar，下稱 G 市）介入投資人開發及營運掩埋場。

（三）實體規範依據

NAFTA 第 11 章（投資專章），聲請人主張相對人違反以下義務：1. 間接徵收；2. 公平公正待遇（下稱 FET）、最低待遇標準，包括拒絕正義（denial of justice）；3. 充分保障與安全。

（四）仲裁機構及規則

ICSID：ICSID 附加機制仲裁規則。

（五）聲請人請求

相對人賠償聲請人 9,000 萬美元。

（六）仲裁程序及後續

1. 仲裁庭於 2000 年 8 月 30 日作成仲裁判斷。
2. 加拿大卑詩省最高法院（the Supreme Court of British Columbia）於 2001 年 5 月 2 日撤銷部分仲裁判斷。

三、事實背景[1]

聲請人係依美國德拉瓦州法律設立之公司，Eco-Metalclad Corporation（下稱 ECO）則是依美國猶他州法律設立，由聲請人 100% 持股之公司。ECO 擁有墨西哥公司 Ecosistemas Nascionales, S.A. de C.V.（下稱 ECONSA）100% 之股權。

墨西哥聯邦政府於 1990 年授權墨西哥公司 Confinamiento Tecnico de Residuos Industriales, S.A. de C.V.（下稱 COTERIN）在 S 州 G 市之 La Pedrera 山谷（下稱 L 山谷）興建及營運危險廢棄物之轉運站。

1993 年 1 月 23 日，隸屬於墨西哥聯邦環境、國家資源及漁業秘書處（the Federal Secretariat of the Mexican Environment, National Resources and Fishing，下稱 SEMARNAP）之國家生態機構（the National Ecological Institute，下稱 INE）授予 COTERIN 在 L 山谷興建掩埋場之聯邦許可證。聲請人遂於 1993 年 4 月 23 日簽署為期 6 個月之選擇權契約，由 ECONSA 購買 COTERIN 及其擁有之許可證，以期興建掩埋場。

S 州政府於 1993 年 5 月 11 日授予 COTERIN 興建掩埋場之州土地使用許可證。聲請人於 1993 年 6 月 11 日與 S 州州長會面討論該專案，聲請人稱其在該次會議中取得州長對該專案之支持。聲請人並稱，INE 首長及墨西哥城市發展及生態秘書處（Mexican Secretariat of Urban Development and Ecology，下稱 SEDUE）秘書長告知，除營運掩埋場之聯邦許可證外，掩埋場所必要之所有許可證均已被核發。SEDUE 秘書長並告知聲請人，由聯邦政府負責取得州及地方社群對於該專案之支持。1993 年 8 月 10 日，INE 授予 COTERIN 營運掩埋場之聯邦許可證。同年 9 月 10 日，聲請人行使其選擇權，購買 COTERIN、掩埋場及相關許可證。

聲請人稱，在其購買 COTERIN 之後，S 州州長展開譴責及阻礙掩埋場營運的公眾示威運動。然而，在歷經數個月之協商後，聲請人相信，其已取得 S 州同意支持該專案。在收到 INE 延長 18 個月之聯邦施工許可證後，聲請人於 1994 年 5 月開始興建掩埋場。聯邦官員和

---

[1] *Metalclad Corporation v. The United Mexican States*, ICSID Case No. ARB(AF)/97/1, Award (August 30, 2000), paras. 2-3, 28-36, 38-47, 49-50, 54, 57-59.

州政府代表在 1994 年 10 月間稽核施工場址，聲請人並提供書面進度報告。1994 年 10 月 26 日，G 市政府以欠缺市政府施工許可證為由，下令停止一切興建活動。

聲請人稱，其再度被聯邦官員告知其已擁有興建及營運掩埋場之所有權限，聯邦官員並告知，聲請人應申請市政府施工許可證，以促進與市政府之友好關係，該等聯邦官員並保證，市政府將核發許可證，市政府無任何否准申請之理由。1994 年 11 月 15 日，聲請人恢復施工，並提出市政府施工許可證申請。1995 年 1 月 31 日，INE 授予聲請人興建危險廢棄物最終處置區及行政大樓和實驗室等附屬建物之附加聯邦施工許可證。

1995 年 2 月至 3 月，S 州自治大學（the Autonomous University of SLP）及墨西哥聯邦環境保護檢察官辦公室（Federal Attorney's Office for the Protection of the Environment）各提出研究結論證實，只要配合適當的工程，該場址仍適合作為危險廢棄物掩埋場。

聲請人於 1995 年 3 月完成掩埋場興建，並舉行開幕式，墨西哥聯邦、州及地方政府官員均出席開幕式，然有示威者抗議並恐嚇聲請人。聲請人稱，該示威活動至少有一部分是由州及地方政府官員策劃，S 州州警協助示威者，阻止車輛進出場址。此後，聲請人被阻礙營運掩埋場。

歷經數個月之協商後，聲請人與墨西哥政府於 1995 年 11 月 25 日簽署允許營運掩埋場協議。聲請人稱，S 州政府拒絕參與該協議之協商，S 州州長並在協議公布後譴責該協議。

在聲請人提出市政府施工許可證申請之 13 個月後，G 市政府於 1995 年 12 月 5 日否准申請，撤銷其於 1991 年 10 月及 1992 年 1 月發給 COTERIN 的施工許可證，並指明聲請人在取得市政府施工許可證前所為之興建之不當。聲請人稱，其未被通知參加討論及否准許可證申請之市議會會議，聲請人請求重新考量該否准之決定，然遭駁回。

1996 年 2 月 8 日，INE 授予聲請人附加許可證，授權擴張掩埋場之容量，由每年 3 萬 6,000 噸提升為 36 萬噸。

在 1996 年 5 月至 12 月間，聲請人與 S 州政府試圖解決掩埋場之營運爭議，然協商失敗，聲請人遂於 1997 年 1 月 2 日依 NAFTA 第 11 章啟動仲裁程序。

S 州州長於 1997 年 9 月 20 日頒布一生態法令，公告涵蓋本案掩埋場之區域為珍稀仙人掌自然保護區。依照墨西哥法律，在此種生態保護區內，不許設立危險廢棄物掩埋場。聲請人認此生態法令永久排除掩埋場之營運，構成對其投資之徵收。

四、程序爭點

（一）管轄權[2]

1. 相對人主張，生態法令在仲裁庭之管轄權範圍外，蓋該法令係在仲裁意向通知提出後方頒布：

   (1) NAFTA 第 1119 條規定：「爭端投資人應在將請求提付仲裁至少 90 日前，向爭端締約方提交將請求提付仲裁之書面意向通知，該通知應載明：……(b) 控訴違反之（NAFTA）條款及任何其他相關條款。(c) 爭議及請求之事實基礎。」相對人主張 NAFTA 第 1119 條排除尚未發生之違反之控訴。

   (2) NAFTA 第 1120 條要求，引發請求之事件與請求之提出之間，須經過 6 個月的時間。聲請人應確認在其提出請求時，其請求是成熟的（ripe）。依 NAFTA 第 11 章 B 節，已成熟之請求（ripened claims）之修改不包括請求提出後之事件。NAFTA 第 11 章 B 節修改 ICSID 附加機制仲裁規則，該規則第 48 條不適用於本案。

2. 聲請人主張，相對人主張 NAFTA 第 1119 條及第 1120 條之適用障礙，是刻意製造出來的（artificial）：

   (1) NAFTA 第 1118 條規定，爭端當事人應先透過諮商或協商解決爭端。6 個月之規則僅為適格請求之初步規定，旨在促進窮盡仲裁前之爭端解決方式。

   (2) 聲請人進一步提出政策理由，以支持其以請求通知提出後所發生之行為為基礎，提出請求之權利：第一，如不能仰賴請求通知提出後發生之行為，將剝奪爭端當事人在地主國最可能忽視其協定義務之期間內獲得救濟之機會；第二，要求聲請人放棄控訴後續之違反行為，將與 NAFTA 創造有效的爭端解決程序之目的不符，且將導致聲請人基於財務或其他理由，選擇不提出新的 NAFTA 救濟，仲裁庭將無法把仲裁期間所發生之惡意行為納入考量；第三，NAFTA 第 1120 條允許請求之修正。聲請人並援引 ICSID 附加機制仲裁規則第 48 條，該條文允許附帶或附加之請求，前提為該等請求在爭端當事人仲裁協議之範圍內。聲請人表示，如請求之修正不晚於聲請人之申訴書（memorial），且允許相對人答辯，相對人並不因該等修正而受不利影響。

3. 仲裁庭認為，聲請人依第 1120 條及 ICSID 附加機制仲裁規則適當地提出請求：

   (1) NAFTA 第 1120(2) 條規定，除 NAFTA 第 11 章 B 節修改之範圍內，聲請人提出請求所依據之仲裁規則應適用於仲裁。ICSID 附加機制仲裁規則第 48(1) 條明確規定，一方當事人得提出附加或附帶請求，前提為附屬請求在爭端當事人仲裁協議之範圍內。

---

[2] *Id.* paras. 64-69.

(2)對於相對人主張 NAFTA 第 11 章 B 節修改 ICSID 附加機制仲裁規則第 48 條，仲裁庭並不認同。仲裁庭認為，NAFTA 第 11 章 B 節及 ICSID 附加機制仲裁規則第 48 條允許對先前已提出之請求進行修正，且允許考量仲裁請求提出後方發生之事實及事件，尤其是與原始請求直接相關及／或因原始請求而生之事實及事件。如持相反的見解，要求聲請人提出數個後續相關之行動，將導致無效率且不公正的情況。

(3)聲請人早在其申訴書中，提出與生態法令相關之資訊及就生態法令提出請求之意向，聲請人係以及時之方式提出與生態法令相關之爭議，與公平及明確性原則一致（the principles of fairness and clarity）。相對人隨後提出其答辯狀及第二次答辯陳述書。生態法令與系爭投資直接相關，相對人已擁有充裕的機會處理關於法令之爭議。因此，仲裁庭認定，生態法令在其管轄權範圍內。

五、實體爭點

（一）NAFTA第1105條：FET[3]

1. 聲請人主張，在聲請人併購 COTERIN 之前，當其詢問有無取得市政府許可證之必要時，聯邦政府官員向其保證，其已取得進行掩埋場專案所需之所有許可。墨西哥 1988 年一般生態法（General Ecology Law of 1988，下稱 LGEEPA）明確授予聯邦政府授權興建及營運危險廢棄物掩埋場之權力。LGEEPA 將市政府之環境權力（environmental powers）限縮在與非危險廢棄物相關之議題，且將州政府之環境權力限制在非明確歸屬於聯邦政府者。因此，聲請人相信，聯邦及州許可證已允許其興建及營運掩埋場。所有與危險廢棄物有關之事項，市政府無任何權限。此外，聲請人主張，聯邦官員告知，如其提出市政府施工許可證申請，市政府無法律依據可否准其申請。

2. 相對人主張，在憲法及法律上，市政府擁有核發施工許可證之權限。

3. 仲裁庭認為：

(1) 在 NAFTA 之介紹陳述中，最重要的原則就是「透明化」（transparency）。基於依 NAFTA 開啓、完成、成功營運欲進行及已進行之投資之目的，應使所有受影響之投資人能夠立即知悉所有相關的法律要求。一旦締約一方之中央政府機關知悉在此方面存有任何誤解或困惑，即有責任立即決定正確之立場，並明確陳述，以使投資人自信其依法進行投資。

(2)本案的關鍵問題在於，除了聯邦政府核發之施工及營運許可證、州政府核發之州營運

許可證外，興建危險廢棄物掩埋場是否需要取得市政府核發之施工許可證。

(3)即便墨西哥關於需取得市政府施工許可證之主張是正確的，相關證據亦顯示，關於危險廢棄物之評估及評價，聯邦政府機關之主管範圍有控制權，而市政府之主管範圍僅及於適當的施工考量。聲請人依據聯邦政府官員之聲明，「公開且持續」（open and continuous）地興建掩埋場，聯邦、州及市政府均知悉此等情事，一直到聲請人於 1994 年 10 月 26 日收到市政府之停工令。

(4)關於是否需取得市政府核發之施工許可證，相對人欠缺明確的規則，且就核發市政府施工許可證之申請，欠缺既定之做法或處理程序，相對人政府未能確保 NAFTA 所規定之透明化要求。

(5)聲請人有權信賴聯邦官員之聲明，並相信其有權持續興建掩埋場。聲請人在聯邦官員之建議下，於 1994 年 11 月 15 日提出市政府許可證申請。聲請人審慎行事，並期待可取得該許可證。翌年 12 月 5 日，市政府否准聲請人之申請。在這 13 個月內，聲請人持續施工，市政府卻在完工及營運掩埋場協議公布後，隨即否准許可證之申請。聲請人無機會出席否准其申請之市議會會議。市議會否准申請之理由包括：當地住民反對、提出申請時已開始施工等理由，無任何理由與掩埋場之實體興建或實體瑕疵有關。

(6)仲裁庭認為，相對人未能就聲請人之商業計畫及投資，確保一個透明且可預測之架構。本案整體情況證明，就締約一方投資人獲得依 NAFTA 下 FET 之期待，相對人欠缺井然有序之程序與及時處置。系爭歸屬於相對人之行為，即州政府及市政府之行為，違反 NAFTA 第 1105(1) 條。仲裁庭並援引 VCLT 第 26 條及第 27 條，明示國內法規不得作為違反協定義務之正當化事由。因此，仲裁庭認定，相對人未給予聲請人之投資 FET，違反 NAFTA 第 1105(1) 條。

（二）NAFTA第1110條：徵收[4]

1. 聲請人主張，生態法令永久排除掩埋場之營運，構成對其投資之徵收。

2. 仲裁庭認為：

(1)NAFTA 第 1110 條規定，除符合下列要件外，締約一方不應直接或間接徵收投資或採行與徵收相當之措施：A. 基於公共目的；B. 以不歧視為基礎；C. 依據正當法律程序及第 1105(1) 條；及 D. 支付補償金。第 201(1) 條所定義之「措施」包括任何法律、規則、程序、要求或實踐。因此，NAFTA 規定之徵收，不僅包括公開、刻意且公認（open, deliberate and acknowledged）之財產取得，亦包含隱藏之財產使用之干擾，該等干擾

---

4 *Id*. paras. 102-109, 111-112.

具有全部或大部分剝奪所有人之財產使用或合理期待之經濟利益之效果。

(2)仲裁庭已認定相對人違反第 1105 條，相對人透過參與或默許否准聲請人營運掩埋場之權利，應認定相對人採行相當於徵收之措施，違反 NAFTA 第 1110(1) 條。仲裁庭認為，危險廢棄物掩埋場之選址及許可為相對人聯邦政府之專屬權限。市政府否准施工許可證申請之行為，並不在其權限之內，已非法妨礙聲請人營運掩埋場。

(3)本案在數方面與 *Biloune, et al. v. Ghana Investment Centre* 案類似，[5] 在該案中，投資人在迦納翻修及擴建渡假餐廳，該投資人仰賴政府附屬實體之聲明，在申請建築許可證前，即開始施工；於完成大量工程後，方收到停工令；停工令係以欠缺許可證為基礎。該案投資人遂申請許可證，迦納政府未明確否准申請，然未曾核發許可證。*Biloune* 仲裁庭認為，因整體情況已致該專案無法復工，構成間接徵收。*Biloune* 仲裁庭特別關注下列事實：投資人正當倚賴迦納政府關於許可證之陳述；在停工令核發前，政府機關知悉施工逾 1 年；對其他專案，未要求需有許可證；迦納無處理建築許可證申請之程序。本案仲裁庭認同 *Biloune* 仲裁庭之分析及結論。

(4)關於生態法令，該法令公告涵蓋本案掩埋場之區域為珍稀仙人掌自然保護區，具有永久禁止掩埋場營運之效果。仲裁庭表示，其無須決定或考量採行生態法令之動機或意向。仲裁庭認為，生態法令之執行，亦構成相當於徵收之行為。

(5)綜上，仲裁庭認定，相對人未就徵收聲請人之投資提供補償，構成間接徵收，違反 NAFTA 第 1110 條。

六、損害賠償及費用計算[6]

（一）聲請人主張

1. 計算賠償之方式有二種，第一種方式係以未來收益之折現現金流量（discounted cash flow, DCF）分析，計算投資之公平市場價值，約為 9,000 萬美元；第二種方式則以聲請人實際投資掩埋場之金額計算，約為 2,000 萬至 2,500 萬美元。

2. 聲請人並主張，本案整體情況已對聲請人之其他業務營運產生負面影響，請求額外的 2,000 萬至 2,500 萬美元。

---

[5] *Biloune, et al. v. Ghana Investment Centre, et al.*, 95 I.L.R.183, 207-210 (1993).

[6] *Supra* note 1, paras. 113-122.

（二）相對人主張

1. 因被徵收實體無持續經營價值，採用折現現金流量分析是不適當的。相對人認為應以 COTERIN 之市值（market capitalization）為基礎計算公平市場價值，約為 1,300 萬至 1,500 萬美元。
2. 相對人亦主張以直接投資價值（direct investment value）計算賠償，相對人估計聲請人之直接投資價值約為 300 萬至 400 萬美元。

（三）仲裁庭認為

1. 依 NAFTA 第 1105 條之賠償及依 NAFTA 第 1110 條之補償應為相同，蓋在這二種情況下，掩埋場之營運完全受挫，聲請人已完全喪失其投資。
2. NAFTA 第 1135(1)(a) 條規定金錢賠償及適用之利率。關於徵收，NAFTA 第 1110(2) 條特別規定，補償應相當於被徵收之投資在徵收前之公平市場價值。該條款並進一步規定，評價標準應包括持續經營價值、有形資產申報稅值之資產價值，及其他決定公平市場價值之標準（如適當）。
3. 持續經營之市場價值通常以未來收益為基礎，依折現現金流量方法分析。然而，當一家企業未營運足夠長久的時間而未建立績效紀錄，或當其未能獲利時，即無法以未來獲利決定持續經營或公平市場價值。仲裁庭援引 *Biloune* 案仲裁判斷，在該案中，Biloune 投資之專案尚未開始營運、尚無收益時，即被徵收，Biloune 未能就損失之利潤提出任何實際預測數據，因此，該案仲裁庭認定，被徵收財產之價值為 Biloune 在該財產投資之價值。[7] 仲裁庭認為，本案與 *Biloune* 案類似，因聲請人之掩埋場未曾營運，且任何以未來收益為基礎之裁決額度完全是出於推測，因此，並不適合採用折現現金流量分析。於本案，應以聲請人在此專案之實際投資金額認定公平市場價值。仲裁庭並表示，以聲請人投資於掩埋場之成本作為賠償金額，與 *Chorzow Factory* 案設定之原則一致，亦即，當國家違反其義務時，任何裁決予聲請人之賠償，應盡可能掃除所有不法行為之結果，重建如無該不法行為可能存在之情況。[8]
4. 仲裁庭駁回聲請人就其他業務營運之額外請求，蓋有各種因素影響聲請人之股價，未必與掩埋場開發相關，相對人行為與聲請人之其他業務營運價值下降間之因果關係過於遙遠。

---

[7] *Supra* note 5, at 228-229.

[8] *Chorzow Factory (Claim for Indemnity) (Merits), Germany v. Poland*, P.C.I.J. Series A., No. 17 (1928), p. 47

七、仲裁庭之決定與判斷[9]

綜上，仲裁庭決定，裁決之賠償金額應反映聲請人投資於該專案之數額，扣除聲請人在併購 COTERIN 前、於 1991 年至 1992 年產生之成本及相關費用請求，並加計自 G 市否准施工許可證申請之日（1995 年 12 月 5 日）起至本仲裁判斷作成後 45 日止，以年利率 6% 複利計算之利息。相對人應於本仲裁判斷發布後 45 日內，支付聲請人 16,685,000 美元；在該 45 日之期間經過後，就未支付之部分，應以利率 6%、月複利計算利息。

八、仲裁判斷之部分撤銷

針對上述的仲裁判斷，墨西哥向仲裁地（seat of arbitration）即加拿大 BC 省之最高法院提起撤銷仲裁判斷之訴，主張：

（一）仲裁庭逾越其管轄權限：即仲裁庭僅就 NAFTA 第 11 章關於投資之義務有管轄權。至於仲裁判斷中審查的 NAFTA 第 102 條關於透明度的義務，不在仲裁庭的管轄範圍內。

（二）仲裁庭未就 Metaclad 部分不當行為加以判斷，使得該仲裁判斷結果與加拿大 British Colombia 之公共政策有所牴觸。

（三）就其所提出之問題漏未回應（漏未仲裁）。

BC 省最高法院於 2001 年 5 月 2 日作出判決，撤銷部分的仲裁判斷：[10]

（一）法官 Tysoe 認為 NAFTA 第 102 條不屬於第 11 章的義務範圍內，也不是習慣國際法的一部分。仲裁判斷認為墨西哥 G 市否准 Metalclad 施工許可證申請之日（1995 年 12 月 5 日），違反第 1105 條 FET 及第 1110 條徵收之義務，已經超出 NAFTA 賦予仲裁庭之管轄權。

（二）但 Tysoe 法官認為墨西哥 S 州於 1997 年 9 月 20 日頒布之生態法令，的確構成永久排除掩埋場之營運，構成對其投資之徵收，以及 FET 義務之違反。墨西哥還是必須負責賠償給 Metalcald。

（三）因此，判決撤銷 1995 年 12 月 5 日至 1997 年 9 月 20 日期間，依據年利率 6% 複利計算之利息。但 Tysoe 法官特別指出，他並未認定在前述期間墨西哥沒有違反第 1105 條及第 1110 條義務之行為，只是連結到第 102 條的部分，超出仲裁庭管轄權而應予

9　*Supra* note 1, paras. 128, 131.

10　*Metalclad Corporation v. The United Mexican States, Review by the Supreme Court of British Columbia*, ICSID Case No ARB(AF)/97/1, IIC 162 (2001) (May 2, 2001), Canada; British Columbia; Supreme Court.

撤銷。Metalclad 若能提出其他證據，證明墨西哥在前述期間有違反 NAFTA 第 11 章
義務之情事，可以再向仲裁庭提出。

案例十五

Mobil Cerro Negro Holding, Ltd., Mobil Cerro Negro, Ltd., Mobil Corporation and others v. Bolivarian Republic of Venezuela, ICSID Case No. ARB/07/27, Award (October 9, 2014)

一、當事人

聲請人：Mobil Cerro Negro Holding, Ltd.（下稱 MCNH）；Mobil Venezolana de Petróleos Holdings, Inc.（下稱 MVPH）；Mobil Cerro Negro, Ltd.（下稱 MCN）；Mobil Venezolana de Petróleos, Inc.（下稱 MVP）；Venezuela Holdings, B.V（下稱 VH）

相對人：委內瑞拉（下稱相對人或委國）

二、案件摘要

（一）系爭投資

位於委國的兩個原油專案── Cerro Negro 專案及 La Ceiba 專案之合資權益。

（二）爭議緣由

委國於提高權利金及所得稅後，國有化原油專案，雙方對於徵收補償金額之意見分歧。

（三）實體規範依據

荷蘭─委內瑞拉 BIT（1991）（下稱荷委 BIT），聲請人主張相對人違反以下義務：1. 直接徵收；2. 公平公正待遇（下稱 FET 或 FET 待遇）；3. 恣意或歧視性措施。

（四）仲裁機構及規則

ICSID；ICSID 仲裁規則。

（五）聲請人請求

相對人賠償聲請人 146 億 7,900 萬美元，包括：

1. 委國不當措施及第 5200 號命令致聲請人 Cerro Negro 專案投資蒙受損失之賠償。
2. 委國不當措施及第 5200 號命令致聲請人 La Ceiba 專案投資蒙受損失之賠償。
3. 仲裁判斷作成前，以正常商業利率複利計算之利息。
4. 仲裁判斷作成後，以反映仲裁判斷作成日相對人主權債券利率複利計算之利息。
5. 免於仲裁判斷損害賠償之潛在稅損，以獲得完整賠償。
6. 命相對人支付本仲裁之所有費用及支出。
7. 其他依適用法認為適當之額外救濟。

（六）仲裁程序及後續

1. 仲裁庭於 2010 年 6 月 10 日確認有管轄權（Decision on Jurisdiction）。
2. 仲裁庭於 2014 年 10 月 9 日作成仲裁判斷。
3. 仲裁庭於 2015 年 6 月 12 日作成修正決定（Decision on Revision）。
4. 專門委員會於 2017 年 3 月 9 日作成撤銷決定（Decision on Annulment），撤銷仲裁判斷中關於 Cerro Negro 專案投資徵收補償之部分。

三、事實背景[1]

VH 為依荷蘭法律設立之公司。MCNH 係 VH 於美國德拉瓦州設立之全資子公司；MCN 係 MCNH 於巴哈馬設立之全資子公司。MCN 為 Cerro Negro 合資協議（Cerro Negro Association Agreement）之締約方，擁有 41 2/3% 之權益。

MVPH 係 VH 於美國德拉瓦州設立之另一家全資子公司；MVP 係 MVPH 於巴哈馬設立之全資子公司。MVP 為 La Ceiba 合資協議（La Ceiba Association Agreement）之締約方，擁有 50% 之權益。

依荷委 BIT 第 1(b) 條，任一締約方之國民應包括：（一）擁有該締約方國籍之自然人；（二）依據該締約方法律設立之法人；及（三）雖非依該締約方法律設立，然受前述（一）自然人或（二）法人直接或間接控制之法人。因 VH 100% 擁有其美國及巴哈馬之子公司

---

[1] *Mobil Cerro Negro Holding, Ltd., Mobil Cerro Negro, Ltd., Mobil Corporation and others v. Bolivarian Republic of Venezuela*, ICSID Case No. ARB/07/27, Award (October 9, 2014), paras. 29, 36-45, 55-58, 62-63, 70-77, 86-98, 100, 107-116, 118-121.

MCNH、MVPH、MCN 及 MVP，該等子公司受 VH 直接或間接控制，應被視為是荷委 BIT 第 1(b)(iii) 條之荷蘭國民，聲請人方均為荷委 BIT 所定義之投資人。[2]

委國於 1975 年通過國有化法（1975 Nationalization Law，下稱 1975 年國有化法），將石油產業國有化，終止私人公司所擁有之石油特許，徵收其營運資產，並將石油產業活動保留由國家進行。該法第 5 條規定，石油產業由國家透過國營企業營運。委國設立國營企業 Petróleos de Venezuela, S.A.（下稱 PDVSA），負責管理石油產業活動，委國為 PDVSA 之唯一股東，PDVSA 得經國會授權與私人公司簽署合資協議。

（一）委國石油開放政策

委國欲開發超重質原油（extra-heavy oil），於 1980 年代採行石油開放政策，允許外國投資人投資石油業。為促進投資，委國修訂所得稅法，規定依合資協議開發及提煉重質與超重質原油之收入，適用一般公司所得稅率 30%，不適用較高之其他石油活動稅率 67.7%。而後，一般公司所得稅率調升為 34%。

此外，1943 年碳氫化合物法（1943 Hydrocarbons Law）授權調降特許權利金。在此背景下，聲請人決定投資兩個專案：1. Cerro Negro 專案：開發奧里諾科油帶超重質原油之合資專案；及 2. La Ceiba 專案：在共享利潤及風險之基礎上（shared-risk-and-profit basis），探勘及開發鄰近馬拉開波湖潛在輕質及中質原油區。

（二）原油專案

關於 Cerro Negro 專案，PDVSA-CN、Mobil 全資子公司 Mobil Producción e Industrialización de Venezuela, Inc.（下稱 Mobil PIV）與 Veba Orinoco 於 1997 年 10 月 28 日簽署 Cerro Negro 合資協議，取得在 Cerro Negro 區域之指定區塊開發石油之專屬權，Mobil PIV 擁有 41 2/3% 之權益。同年月 29 日，Mobil PIV 轉讓權益予 MCN。Cerro Negro 合資協議期間為 35 年，自 2000 年 6 月 30 日起算。該合資協議規定，每日生產約 12 萬桶超重質原油，未來得經由各締約方一致同意採行產量擴張計畫。各締約方依其出資比例取得生產原油之所有權，並各自負擔權利金及稅捐。該合資協議並規定，在任何情況下，都不對委國加諸任何義務或限制其行使主權。另依 Cerro Negro 權利金調降協議，生產初期之權利金為開採原油之 16 2/3%，一旦達到商業生產，可降為 1%，直到累計總收入達到投資總額（自專案啟動時起至達到商業生產時止）的三倍，惟調降期間自達到商業生產時起算不得逾 9 年。一旦調降期屆滿，權利金將回到 16 2/3%。

---

[2] *Mobil Cerro Negro Holding, Ltd., Mobil Cerro Negro, Ltd., Mobil Corporation and others v. Bolivarian Republic of Venezuela*, ICSID Case No. ARB/07/27, Decision on Jurisdiction (June 10, 2010), paras. 152-153.

關於 La Ceiba 專案，MVP 於 1996 年 7 月 10 日簽署 La Ceiba 合資協議，擁有 50% 之權益，在共享利潤及風險之基礎上，得進行 La Ceiba 地區石油之探勘、開發及開採。該合資協議亦規定，不對委國主權施以任何限制。聲請人並取得 La Ceiba 權利金調降協議所授予之利益，依該協議，在生產初期之權利金為石油專案收益之 16 2/3%，而後依比例遞減法（sliding scale）調降，一旦達到商業生產水平，可降為 1%。

（三）爭端緣起

聲請人聲稱，查維茲（Hugo Chávez）在 1998 年 12 月當選委國總統後，實施下列措施，聲請人於 2007 年 9 月 6 日依荷委 BIT 提出仲裁請求：

1. 提高權利金：於 2001 年發布碳氫化合物組織法（Organic Law of Hydrocarbons，下稱 2001 年碳氫化合物組織法），取代 1975 年國有化法及 1943 年碳氫化合物法。依新法，生產活動保留由國家進行，私人僅得透過委國持股比例超過 50% 之公私合營企業參與生產。公私合營企業所生產石油之權利金費率為 30%，且所生產之石油須出售給 PDVSA 或其他國營公司。雖 2001 年碳氫化合物組織法已生效，惟能源及礦物部於 2001 年 1 月 16 日與 Cerro Negro 專案營運者 Operadora Cerro Negro 簽署權利金程序協議，重申 Cerro Negro 專案之權利金維持 1%，且在專案生命週期中，權利金不會逾 16 2/3%。然 PDVSA 在查維茲總統之命令下，於 2004 年 10 月 19 日發布通知，自 2004 年 10 月 1 日起 Cerro Negro 專案之權利金調升為 16 2/3%。同樣地，PDVSA 之子公司 Corporación Venezolana del Petróleo, S.A（下稱 CVP）依查維茲總統之指示，在 2005 年 2 月 25 日通知 La Ceiba 專案權利金調升為 16 2/3%。2005 年 6 月 23 日，能源及礦物部通知 MCN，平均月產量（average monthly production）超過每日 12 萬桶之部分需繳交之權利金費率為 30%。

2. 課徵開採稅（extraction tax）：2005 年至 2006 年間原油價格持續攀升，委國於 2006 年 5 月 16 日修訂 2001 年碳氫化合物組織法，以開採稅之形式加徵權利金。新法於 2006 年 5 月 29 日生效，對所有液態碳氫化合物課徵 33 1/3% 之開採稅。在新的機制下，權利金被計入開採稅中，亦即，MCN 需額外支付 16 2/3% 之開採稅（即 33 1/3% -16 2/3% = 16 2/3%）。

3. 提高所得稅：2006 年 8 月 29 日委國修正所得稅法，自 2007 年 1 月 1 日起，石油開發專案所得稅率由 34% 提升為 50%。

4. 削減 Cerro Negro 專案之生產量及出口：2006 年底至 2007 年中，相對人實施一系列的削減措施，削減 Cerro Negro 專案之生產量及出口。

5. 徵收聲請人在 Cerro Negro 專案、La Ceiba 專案之投資：2007 年 2 月 1 日，委國制定授權法案（Enabling Law），授權總統以命令接管 Cerro Negro 及 La Ceiba 合資。2007 年 2 月 26 日，查維茲總統發布第 5200 號命令，要求所有在奧里諾科油帶之合資及共享利潤及風

險之合資，轉爲公私合營企業。第 5200 號命令第 3 條要求，Cerro Negro 專案及 La Ceiba 專案之營運者 Operadora Cerro Negro 及 Operadora La Ceiba 於 2007 年 4 月 30 日前，移轉專案控制權予 CVP 或其他 PDVSA 之關係企業。該命令第 4 條規定，投資人應於 4 個月內（即至 2007 年 6 月 26 日止）同意參與新的公私合營企業，簽署新契約取代既有的合資協議。第 5 條規定，若未能於 4 個月內達成協議，委國應經由 PDVSA 或其關係企業直接取得 Cerro Negro 及 La Ceiba 合資。MCN 及 MVP 與委國經過 4 個月的協商，並未能達成協議。2007 年 6 月 27 日，相對人扣押聲請人之投資，相對人承認其國有化 Cerro Negro 專案及 La Ceiba 專案。委國並終止 La Ceiba 合資協議及 Cerro Negro 合資協議。

（四）ICC仲裁

MCN 依 Cerro Negro 合資協議，於 2008 年對 PDVSA 及 PDVSA-CN 啓動 ICC 仲裁。MCN 在 ICC 仲裁程序中表示，如其取得 ICC 仲裁裁決、ICC 仲裁之相對人所支付之任何損害賠償，而後其依 ICSID 案件裁決收取任何損害賠償，在與相同的歧視性措施相關之 ICC 及 ICSID 損害賠償之範圍內，就此等款項，MCN 將扣除法律成本後返還予 ICC 仲裁之相對人。2011 年 12 月 23 日，ICC 仲裁判斷認定，PDVSA 及 PDVSA-CN 共同且連帶就歧視性措施負責，須向 MCN 支付 746,937,958 美元。

四、程序爭點

（一）管轄權[3]

1. 相對人主張，Mobil 集團於 2005 年至 2006 年間在荷蘭設立控股公司 VH，藉由重組公司結構取得依 BIT 將爭端提付仲裁之機會，構成權利濫用，仲裁庭就本案無管轄權。
2. 聲請人主張，重組投資結構之目的在於經由 BIT 取得提付 ICSID 仲裁之機會，以保護投資免受委國侵害。
3. 仲裁庭認爲，只要結構重組係針對未來之爭端所爲，即爲完全合法之目標。Cerro Negro 專案之投資結構重組日爲 2006 年 2 月 21 日，La Ceiba 專案之投資結構重組日爲 2006 年 11 月 23 日。
   (1) 仲裁庭援用 *Phoenix* 仲裁庭之見解，認爲僅出於依 BIT 仲裁之目的而重組投資結構者，係對於 ICSID 公約及 BIT 所建構之國際投資保障體系之濫用。[4]

3　*Supra* note 1, paras. 185-190, 193-195, 204-210.

4　*Supra* note 2, paras. 204-205, 209.

(2)鑑於 Mobil 投資結構重組係發生在 2005 年 10 月至 2006 年 11 月間，仲裁庭認為，於進行投資重組時，聲請人已就未決爭議提出申訴。在 2005 年 2 月及 5 月之信函中，聲請人已就委國提高權利金一事提出抗議。MCNH、MCN 及 Operadora Cerro Negro 於 2005 年 6 月 20 日通知委國，表示提高權利金費率至 30% 之決定已擴大爭端，而所得稅率提高法案將進一步擴大爭端，質疑該些決定違反委國之協定義務，請求協商，並表示如未能解決，Mobil 同意就既有爭端及未來可能發生之爭端提付 ICSID 仲裁。

(3)關於開採稅，仲裁庭認為，雖爭端雙方於 2006 年 6 月就提高權利金一事已存有爭端，然而，並未提及開採稅。課徵開採稅之修正法案係於 2006 年 5 月 16 日通過，同年月 29 日生效。聲請人係在 2006 年 5 月 26 日之信函對此提出抗議，仲裁庭未在紀錄中發現聲請人先前曾提出任何抗議，此爭端係發生在重組日 2006 年 2 月 21 日之後，因此，仲裁庭就課徵開採稅之控訴有管轄權。

(4)關於所得稅之提高，仲裁庭認為，2005 年 4 月及 6 月之報導已提到所得稅將提升至 50%。而後，MCNH、MCN 及 Operadora Cerro Negro 在 2005 年 6 月 20 日之信函中，已對所得稅之提高提出抗議。爭端雙方就所得稅之爭議已於 2005 年 6 月浮現，於聲請人投資結構重組日前即已存在爭端，因此，仲裁庭就所得稅提高之控訴無管轄權。

(5)綜上，仲裁庭認定，其就重組前之既存爭端無管轄權，就 Mobil 公司重組後方產生之爭端有管轄權，包括：A. Cerro Negro 專案開採稅之課徵；B. Cerro Negro 專案生產量及出口之削減；C. 聲請人 Cerro Negro 專案及 La Ceiba 專案投資之徵收。

（二）ICC仲裁之效果[5]

1. 相對人主張，ICC 仲裁判斷將終結賠償爭端，並使本案終結。ICC 仲裁庭已認定損害賠償額，且 ICC 仲裁程序之相對人已支付該賠償額，繼續處理 Cerro Negro 賠償爭議之基礎已不存在。

2. 仲裁庭認為，ICC 仲裁係依 Cerro Negro 合資協議提出，ICC 仲裁之當事人為 MCN、PDVSA 及 PDVSA-CN。ICC 仲裁判斷處理者為契約爭議，ICC 仲裁與本仲裁係依不同的規範體制審理不同爭端方之責任，委國並非 ICC 仲裁之當事人，而 PDVSA 及 PDVSA-CN 亦非本仲裁之當事人。本仲裁涉及委國因違反 BIT 及國際法而生之責任，ICC 仲裁庭並未審理且無權審理本仲裁涉及之事項，ICC 仲裁庭僅就契約爭議有管轄權。因此，ICC 仲裁判斷無法終結本案。

5　*Supra* note 1, paras. 215-218.

五、實體爭點

（一）FET待遇及恣意或歧視性措施

1. 開採稅[6]

(1) 相對人主張，荷委 BIT 第 4 條是 BIT 中唯一規範財政措施之條款，規定財政措施之待遇標準，僅要求不歧視待遇要求，並未包含 FET 待遇義務。因聲請人並未指控系爭財政措施違反第 4 條，且第 3(1) 條 FET 待遇義務並不適用於財政措施，聲請人之訴應予駁回。

(2) 聲請人主張，荷委 BIT 第 4 條並未排除財政措施適用第 3(1) 條 FET 待遇，第 4 條僅規範財政措施之部分面向，並未排除 BIT 其他條款之適用。

(3) 仲裁庭認為：

A. 荷委 BIT 第 3(1) 條規定，各締約方應確保締約他方國民之投資之 FET 待遇，且不應以恣意或歧視性措施妨礙投資之營運、管理、維護、使用、收益或處分。第 3(3) 條規定，如締約一方依據建立關稅同盟、經濟聯盟、貨幣聯盟或類似組織之協議，或設立該等聯盟之過渡性協議，給予任何第三國國民特殊優惠，則該締約方無義務將該等優惠給予締約他方之國民。

B. 荷委 BIT 第 4 條規定，關於租稅、費用、規費及財政減免或豁免，各締約方給予締約他方國民在其領域內之投資之待遇，應不低於其給予本國國民或第三國國民之待遇，以較有利於該國民者為準。然而，該締約方依下列事項所給予之任何特殊財政優惠不應納入考量：(A) 避免雙重課稅協定；(B) 關稅同盟、經濟同盟或類似之組織；或 (C) 與第三國間在互惠基礎上所給予之優惠。

C. 荷委 BIT 第 4 條規範內容比第 3 條更為特定，未提及 FET 待遇。第 4 條之三項例外中有二項未被納入第 3(3) 條（即避免雙重課稅協定、與第三國間在互惠基礎上所給予之優惠），因此，仲裁庭認定，第 4 條全面規範關於財政措施之待遇標準。仲裁庭表示，如採認聲請人之主張，則第 4 條「避免雙重課稅協定、與第三國間在互惠基礎上所給予之優惠」之例外將失其意義，投資人將可藉由依憑第 3(1) 條規避第 4 條之例外。仲裁庭認定，財政措施僅受第 4 條國民待遇及最惠國待遇義務規範，排除第 3(1) 條之適用，故駁回聲請人依第 3(1) 條所提出之開採稅指控。

D. 仲裁庭表示，其對於 FET 待遇之認定，亦適用於恣意或歧視性待遇，聲請人依第 3(1) 條所提出之恣意或歧視性待遇控訴亦予駁回。

6　*Id*. paras. 228-231, 235, 239-240, 243-244, 247-248.

2. 削減 Cerro Negro 專案之生產量及出口[7]

(1) 聲請人主張，委國自 2006 年底至 2007 年上半年對 Cerro Negro 專案實施之一系列減產及出口削減措施，與 2006 年之生產目標相較，聲請人於該年度減產約 56 萬桶之超重質原油，且與 2007 年上半年之出口目標相較，截至 2007 年 6 月底為止合成原油出口量減少約 550 萬桶。委國之減產及出口削減措施違反 Cerro Negro 合資協議及合資條件架構第 13 項「於有必要遵循委國國際減產義務時方能減產，且減產比例應依據所有生產者產能計算」。委國 2006 年 10 月所實施之減產措施並非用以遵循委國國際義務，亦非依各生產者產能比例減產，系爭措施違反荷委 BIT 第 3(1) 條，造成聲請人 5,360 萬美元之損失。

(2) 相對人主張，其未違反合資協議，系爭措施亦不構成歧視待遇，蓋所有奧里諾科油帶之開發專案均被課予減產措施，而不論投資人國籍。

(3) 仲裁庭認為：

　　A. 違反 FET 待遇與否之標準，在於是否損及投資人進行投資時之正當期待。地主國為吸引投資所為之具體正式保證，可能產生正當期待。仲裁庭認為，聲請人進行投資時，已合理且正當期待每日至少生產 12 萬桶超重質原油，且除非符合條件架構第 13 項，否則委國不得片面降低其生產量。仲裁庭認定，委國自 2006 年 11 月起實施之石油生產及出口削減措施，損及聲請人之合理及正當期待（reasonable and legitimate expectations），違反荷委 BIT 第 3(1) 條 FET 待遇。聲請人因該等削減措施所受之損害為 9,042,482 美元。

　　B. ICC 仲裁判斷已認定，出口削減措施構成合資協議所規定之歧視性措施，ICC 仲裁程序之相對人亦已支付損害賠償予 MCN。依合資協議之規定，在本仲裁就相同措施裁決賠償數額之範圍內，聲請人應返還已收到的賠償予 ICC 仲裁程序之相對人。聲請人已表明，其將向 PDVSA-CN 進行必要的償還。即便聲請此項陳述係植基於契約義務，仲裁庭無理由質疑聲請人之聲明，雙重賠償（double recovery）將可被避免。

　　C. 仲裁庭並表示，因已認定委國違反 FET 待遇義務，因此，沒有必要再檢視該等削減措施是否構成恣意或歧視性措施。

3. 徵收措施[8]

(1) 聲請人除指控委國違反荷委 BIT 第 6 條「徵收」外，並指控委國所有措施違反第 3(1) 條 FET 待遇標準，具恣意性。

(2) 仲裁庭表示，其已認定徵收措施係依據正當程序所為，委國之徵收並未反於其向聲請人

---

[7]　*Id*. paras. 249-252, 256, 260, 263-264, 270-271, 273.

[8]　*Id*. paras. 274-276.

所爲之承諾，且聲請人未證明委國所提出之徵收補償不符合荷委 BIT 第 6(c) 條之適當補償要件，故仲裁庭認定，委國係以合法方式進行徵收〔詳見（二）徵收之分析〕，聲請人所提出之事證並不足以認明該等措施違反第 3(1) 條 FET 待遇、恣意或歧視性待遇標準，駁回聲請人之請求。

（二）徵收[9]

荷委 BIT 第 6 條規定，除符合下列要件，締約方不應採取措施徵收或國有化締約他方國民之投資，或對該等投資採取具有與徵收或國有化相等效果之措施：1. 出於公共目的且依正當法律程序；2. 措施不具歧視性或不違反締約方已給予之任何承諾；3. 給予公允的補償。該等補償應反映投資被徵收前或即將發生之措施公眾周知時之市場價值，以較早發生者爲準。補償應包含至付款日止，以正常商業利率計算之利息。

1. 2007年6月前獨立權之徵收[10]

(1) 聲請人控訴，在委國以第 5200 號命令直接徵收聲請人之權益前，委國已透過相當於徵收之措施，永久剝奪聲請人就投資所享有之獨立權（discrete right）之利益。該間接徵收未依循正當法律程序、反於委國之承諾且未補償，構成不當徵收。聲請人主張，下列措施永久剝奪其所享有之獨立權之利益：A.對超重質原油專案之參與者課徵較高之所得稅率；B. 課徵開採稅；C.實施不適當且具歧視性之生產及出口削減措施；D. 針對 Cerro Negro 專案，以命令指派新的營運者。

(2) 相對人主張，租稅之課徵不構成徵收，由於不可預期之高油價環境，系爭財政措施之採行並不影響聲請人之獲利。針對其他非財政措施，相對人主張並未達到實質剝奪（substantial deprivation）投資權益之標準。基於權利不能與投資的剩餘部分分離進行獨立的經濟開發，並無有力見解支持部分徵收理論。應以系爭措施對投資整體所造成之效果，判斷是否構成徵收。

(3) 仲裁庭認爲，如措施之實施導致投資整體之有效剝奪（effective deprivation），即使未具所有徵收特徵，該措施亦可能相當於徵收。該等剝奪需達投資價值之整體損失，或投資人完全喪失對投資之控制權，二者均具有永久特性。仲裁庭認定，不論是在 Cerro Negro 專案或 La Ceiba 專案，委國在移轉系爭專案控制權前所實施之措施並不符合前述條件，不構成徵收。

---

[9] *Id*. para. 280.

[10] *Id*. paras. 281-282, 284-287.

2. Cerro Negro 專案及 La Ceiba 專案之徵收[11]

(1) 聲請人主張，委國採行之徵收措施：A. 未依循正當法律程序；B. 違反委國就 Cerro Negro 專案及 La Ceiba 專案所適用之法律架構之特定承諾；及 C. 無任何補償，為違法徵收。相對人應完整填補徵收所造成之損害。

(2) 相對人主張，國有化措施之執行係依據公共政策法案、出於公共目的、以不歧視之方式、依據法律規定之程序，故徵收合法。相對人否認有特定承諾，其未拋棄規制權限，亦無拋棄徵收石油部門利益之承諾。相對人進一步主張，其已致力於與聲請人進行善意協商，然未能達成協議，未能就補償額度達成合意一事並不因此使徵收轉為不合法。

(3) 仲裁庭認為：

A. 爭端雙方同意，在第 5200 號命令之執行下，聲請人之投資於 2007 年 6 月 27 日被徵收。

B. 依 2001 年碳氫化合物組織法，石油生產活動保留給國家，私人僅能經由投資國家持股超過 50% 之公私合營企業，參與石油開發活動。而奧里諾科油帶之合資協議及利益分享協議在該法律架構之外存續，2007 年 2 月 1 日委國通過授權法案，授權總統採行結束特殊機制之措施。查維茲總統依該法案發布第 5200 號命令，要求所有在奧里諾科油帶之合資轉為 2001 年碳氫化合物組織法所規定之公私合營企業。該命令第 4 條規定，石油公司於 2007 年 6 月 26 日前（即 4 個月期限）應同意參與新的公私合營企業。第 5 條規定，如於期限內未能就投資轉換達成合意，委國將直接承受合資協議之開發活動。MCN 及 MVP 與委國歷經 4 個月協商，仍未能達成協議。相對人於 2007 年 6 月 27 日徵收聲請人 Cerro Negro 專案及 La Ceiba 專案之投資。

C. 仲裁庭表示，本案雙方協商失敗。然依委國之說法，其與 Chevron、Total、Statoil、Sinopec 或 BP 之協商成功。仲裁庭認為，該等協商過程使投資人能在合理期間內衡量其利益並作出決定，符合 BIT 第 6 條正當程序之要求。

D. 關於委國違反特定承諾之指控，仲裁庭認為，因 (A) 委國國會於 Cerro Negro 專案之授權特別敘明，合資協議及所有營運活動不應對委國加諸任何義務、不應限制其主權；及 (B) 國會於 La Ceiba 專案之授權中表明，委國不因合資協議及所有營運與活動而產生任何義務，主權行使亦不受限制。二項專案之授權均規定，合資協議之準據法為委國法律，合資協議均提及國會授權之規定。於保留委國主權一事上，委國保留徵收聲請人投資之權利，並未承諾不行使該等權利。因此，仲裁庭認定，委國執行徵收措施並未反於其承諾。

E. 關於補償金，仲裁庭認為，投資人尚未取得補償金之單一事實並不足以認定徵收是非

---

[11]　*Id.* paras. 288, 290-302, 305-306.

法的。於徵收方已向投資人提出補償金條件時，徵收之合法性須視該條件而定。仲裁庭表示，爭端雙方於 2007 年就補償一事進行協商，聲請人就委國於協商中所提出之條件負有舉證責任。聲請人所提之證據未能證明委國之補償提案不符合 BIT 第 6(c) 條之公允補償要求，未能證明徵收之不法性，駁回聲請人非法徵收之控訴。

六、損害賠償及費用計算

（一）Cerro Negro專案之徵收補償金額[12]

1. 聲請人主張，Cerro Negro 專案之初始生產目標為每日 12 萬桶超重質原油，惟此不損及其後擴張生產量之權利。聲請人聲稱，如實施新計畫、改善既有生產設施後，最快可在 2014 年達到每日生產 34 萬 4,000 桶超重質原油，聲請人請求以此生產量為基礎計算徵收補償。

2. 相對人主張，超重質原油之每日最大生產量為 12 萬桶，生產上限是固定的，應以此作為計算基礎，且在聲請人進行荷蘭投資重組前，該生產上限已執行相當長的時間。聲請人於提高產量前，須先取得委國主管機關之批准，且獲得批准之前提為符合 2001 年碳氫化合物組織法所規定之條件，聲請人並不接受該等條件。聲請人所述之擴張現象技術上不可行，且是仰賴不切實際的經濟假設。

3. 仲裁庭認為：

   (1) BIT 第 6 條規定，補償金之支付應反映投資被徵收前或即將發生之措施公眾周知時之市場價值，以較早發生者為準。本案應以協商失敗後、徵收前之時點，決定投資之市場價值，市場價值須對應於有意願取得投資權益之買方在該時點準備支付予有意願出售之賣方之金額。關於Cerro Negro專案，爭端雙方同意應以折現現金流量（discounted cash flow, DCF）分析聲請人之損失。仲裁庭表示，在計算剩餘投資期間之淨現金流時，應考量 Cerro Negro 專案未來之收益與支出，收益之預測應考量石油生產量及石油價格，支出之預測則應考量營運成本、資本投資、權利金及稅捐等因素。

   (2) 於認定徵收補償金額時，應考量預測生產量。1975 年國有化法第 5 條規定，合資協議之簽署須經國會事先授權。經國會批准之 Cerro Negro 合資協議規定，每日生產 12 萬桶超重質原油，合資協議之修正須經各締約方同意。雖然所有合資協議之參與者在 2004 年時曾討論，欲將每日產量由 12 萬桶提高為 14 萬 4,000 桶超重質原油，惟須適用 2001 年碳氫化合物組織法，支付較高的權利金，鑑於此等條件，該提案被廢棄。

---

[12] *Id.* paras. 307-312, 315-319, 321-322, 350, 358-359, 365, 368, 374, 378-381.

(3) 能源及礦物部於 2005 年 6 月 23 日，以書面通知 Cerro Negro 合資，表示平均月產量超過每日 12 萬桶之部分需繳交權利金，且權利金支付並不使超額生產合法化，亦不表示超額生產已獲得授權。依該通知，聲請人受生產限額拘束。因此，仲裁庭認定，淨現金流應以每日 12 萬桶超重質原油爲基礎計算，此超重質原油生產量可使業者每日製造 10 萬 8,000 桶合成原油。仲裁庭於進一步考量可能發生之設備故障及維運問題後，認爲長期之平均生產量應降低約 4%，故應以每日 10 萬 4,300 桶合成原油計算淨現金流。

(4) 仲裁庭考量預測之合成原油價格，加計副產品之收益，並扣除權利金、開採稅及營運成本等，扣除後之應稅所得爲 390 億 8,460 萬美元，扣除所得稅之稅後所得爲 195 億 4,230 萬美元。進一步扣除資本支出 17 億 7,990 萬美元後，Cerro Negro 專案 2007 年至 2035 年預測之淨現金流爲 177 億 6,240 萬美元。因聲請人在 Cerro Negro 合資之權益爲 41 2/3%，故聲請人於 2007 年至 2035 年之淨現金流爲 73 億 9,980 萬美元。

(5) 針對折現率之訂定，仲裁庭表示，依據 BIT 第 6(c) 條，徵收補償應對應至如無徵收時，有意願取得投資權益之買方準備支付予有意願出售之賣方之金額，亦即，是在徵收發生前或在徵收措施被公眾周知前之市場價值。因此，仲裁庭認爲，在徵收前之時點存有潛在徵收風險，此假設性的買方於決定價金時，將考量徵收風險。徵收風險爲國家風險（country risk）的一部分，於決定折現率時應將之納入考量。ICC 仲裁庭適用 18% 之折現率，本案仲裁庭認定 18% 之折現率反映本案既有風險，折後後，聲請人於 2007 年 6 月之淨現金流爲 14 億 1,170 萬美元。因此，仲裁庭認定，相對人應支付聲請人 14 億 1,170 萬美元，以補償委國徵收聲請人在 Cerro Negro 專案之投資。

(6) 禁止就同一損失爲雙重賠償爲一項公認的原則。在 ICC 仲裁中，ICC 仲裁庭認定，徵收構成合資協議所規定之歧視性措施，MCN 因系爭措施所生之損害應獲得賠償。雖本案與 ICC 仲裁之爭端不同，然引發 ICC 仲裁之措施亦爲本仲裁程序所審理之措施，本案聲請人之一—— MCN 因該措施所遭受之損失已獲得賠償。因此，在本案中，Cerro Negro 專案將產生雙重賠償風險。聲請人已明確表達，當其獲得有利之仲裁判斷時，其願意向 PDVSA 爲必要之返還。仲裁庭無理由質疑聲請人之聲明，雙重賠償將可被避免。

（二）La Ceiba專案之徵收補償金額[13]

1. 聲請人主張，應以聲請人實際投資金額計算補償金，請求 1 億 7,930 萬美元。

13　*Id*. paras. 382-385.

2. 相對人主張，聲請人在 La Ceiba 合資持有 50% 權益，其餘 50% 權益持有人 Petro Canada
   接受 7,500 萬美元之補償金，故聲請人之補償金應為 7,500 萬美元。
3. 仲裁庭認為：
   (1) 爭端雙方同意，La Ceiba 專案於徵收時尚處於開發階段，故排除折現現金流量法之適用。
   (2) BIT 第 6 條之市場價值，應反映徵收時有意願購買投資標的之買方所願意支付之金
       額，買賣雙方均非在壓力之下購買或出售投資標的。然而，Petro Canada 接受補償金
       7,500 萬美元之時點係發生在第 5200 號命令所訂之截止期限（2007 年 6 月 26 日）前。
       因此，仲裁庭認定，應以聲請人實際投資總額計算市場價值，故相對人應支付聲請人
       1 億 7,930 萬美元，以補償委國徵收聲請人在 La Ceiba 專案之投資。

七、仲裁庭之決定與判斷

綜合上述理由，仲裁庭決定：[14]

（一）就提高 Cerro Negro 專案參與者之所得稅稅率之控訴，仲裁庭無管轄權。

（二）仲裁庭就下列事項有管轄權：1. 對 Cerro Negro 專案課徵開採稅而生之控訴；2. 對
      Cerro Negro 專案實施生產量及出口削減而生之控訴；及 3. 徵收 Cerro Negro 專案及
      La Ceiba 專案投資而生之控訴。

（三）相對人應支付聲請人 9,042,482 美元，以補償 2006 年至 2007 年對 Cerro Negro 專案實
      施生產及出口削減措施所致之損失。

（四）相對人應支付聲請人 14 億 1,170 萬美元，以補償委國徵收聲請人在 Cerro Negro 專案
      之投資。

（五）聲請人在 ICC 仲裁及本仲裁均聲明，一旦在本仲裁獲得有利之仲裁判斷，聲請人願
      意向 PDVSA 為必要返還，因此，雙重賠償將可被避免。

（六）相對人應支付聲請人 1 億 7,930 萬美元，以補償委國徵收聲請人在 La Ceiba 專案之投
      資。

（七）此等金額應於扣除委國任何稅捐後，支付予聲請人。

（八）此等金額應以年利率 3.25%，複利計算自 2007 年 6 月 27 日起至支付日止之利息。

（九）爭端雙方各自負擔成本及律師費用。

（十）爭端雙方平均分擔仲裁庭之費用及 ICSID 秘書處之成本。

（十一）駁回所有其他控訴。

---

[14] *Id*. para. 404.

案例十六

Mobil Investments Canada Inc. and Murphy Oil Corporation v. Canada, ICSID Case No. ARB(AF)/07/4, Decision on Liability and on Principles of Quantum (May 22, 2012); Award (February 20, 2015)

一、當事人

聲請人：Mobil Investments Canada Inc.（下稱 Mobil Canada）；Murphy Oil Corporation（下稱 Murphy Oil）

相對人：加拿大

二、案件摘要

（一）系爭投資

在加拿大紐芬蘭及拉布拉多省（Newfoundland and Labrador，下稱 NL）所投資之兩項離岸石油專案。

（二）爭議緣由

NL 離岸石油局（下稱石油局）於 2004 年公布「研究與發展支出準則」（Guidelines for Research and Development Expenditures，下稱 2004 年準則），要求投資人在 NL 將石油專案收益之一定比例投入研發（research and development，下稱 R&D）及教育與訓練（education & training，下稱 E&T）。

（三）實體規範依據

NAFTA 第 11 章（投資專章），聲請人主張相對人違反以下義務：1. 公平公正待遇（fair and equitable treatment，下稱 FET）；2. 績效要求。

（四）仲裁機構及規則

ICSID；ICSID 附加機制仲裁規則。

（五）聲請人請求

相對人賠償聲請人 6,000 萬加幣。

（六）仲裁程序及後續

1. 仲裁庭於 2012 年 5 月 22 日作成責任與賠償數額原則之決定（Decision on Liability and on Principles of Quantum）。
2. 仲裁庭於 2015 年 2 月 20 日作成仲裁判斷。

三、事實背景[1]

聲請人為依美國德拉瓦州法設立之公司。Mobil Canada 透過其擁有及控制之 Hibernia 管理及開發公司（Hibernia Management and Development Company Ltd，下稱 HMDC）等加拿大籍公司，控制 Hibernia 石油開發專案（下稱 Hibernia 專案）33.125% 之權益，並間接控制 Terra Nova 石油開發專案（下稱 Terra Nova 專案）22% 之權益。Murphy Oil 間接控制 Terra Nova 專案 12% 之權益及 Hibernia 專案 6.5% 之權益。

（一）加拿大管制架構

在 NL 投資離岸石油開發專案須依循加拿大聯邦政府及省政府之法規，包括：1987 年加拿大—紐芬蘭大西洋協議施行法（Canada-Newfoundland Atlantic Accord Implementation Act，下稱聯邦協議法）、1990 年加拿大—紐芬蘭及拉布拉多大西洋協議施行紐芬蘭及拉布拉多法（Canada-Newfoundland and Labrador Atlantic Accord Implementation Newfoundland and Labrador Act, R.S.N.L. 1990，下稱省協議法，與聯邦協議法合稱「協議法」）。協議法執行加拿大—紐芬蘭大西洋協議（Canada - Newfoundland Atlantic Accord，下稱大西洋協議），該協議係加拿大聯邦政府與 NL 政府間有關共同管制離岸石油部門之協議。

1. 石油局

石油局管理 NL 石油開發專案，石油開發專案之營運者應向石油局提交提案，提案內

---

[1] *Mobil Investments Canada Inc. and Murphy Oil Corporation v. Canada*, ICSID Case No. ARB(AF)/07/4, Decision on Liability and on Principles of Quantum (May 22, 2012), paras. 2-4, 34-93.

容應包含：(1) 關於油田開發方式之開發計畫；(2) 回饋計畫（benefit plan）：說明加拿大及 NL 可獲取之利益。石油局透過核發生產營運許可（Production Operations Authorization，下稱 POA），核准石油開採之特定期間，POA 可附加石油局所設定之條件。如營運者未能遵循相關附款，石油局可中止或吊銷 POA。

2. 回饋計畫

依聯邦協議法第 45.3(c) 條，回饋計畫之內容應納入在 NL 進行 R&D 與 E&T 之支出。同法第 151.1 條規定，石油局得依其認為適當之方式，發布並公告關於適用第 45 條、第 138 條及第 139 條之準則（guideline）或解釋。因此，回饋計畫應納入在 NL 進行 R&D 及 E&T 之經費。依大西洋協議，該等經費支出應經石油局核准。協議法本身並未規定應以一定比例之收益或固定數額進行 R&D 或 E&T。

3. 準則

協議法授權石油局發布關於回饋計畫要求之準則。石油局於 1986 年發布「紐芬蘭離岸地區探勘活動報告要求暨回饋計畫批准準則」（Guidelines for Benefits Plan Approval and Reporting Requirements for Exploration Activities in the Newfoundland Offshore Area，下稱 1986 年準則）。1986 年準則規定回饋計畫應納入擬於 NL 進行 R&D 及 E&T 之活動與經費，並規定石油局將研提進一步的經費數額準則。

石油局於 1987 年發布「探勘回饋計畫準則：紐芬蘭離岸地區」（Exploration Benefits Plan Guidelines: Newfoundland Offshore Area，下稱 1987 年準則）。該準則僅適用於石油專案之探勘階段，而不適用於開發及生產階段。該準則規定，企業應於回饋計畫中陳述關於利用紐芬蘭及其他加拿大廠商與機構進行 R&D、協助公私立訓練機構研提適合的職前訓練課程之意向。該準則並規定，石油局得隨時與產業諮商後，修正準則。

石油局於 1988 年公布「發展適用準則：紐芬蘭離岸地區」（Development Application Guidelines: Newfoundland Offshore Area，下稱 1988 年準則）。該準則並未特別規範石油專案之開發及生產階段。該準則規定，期待專案提案人於回饋計畫中，陳述依第 45.3(c) 條在 NL 進行之特定 E&T 計畫與相關經費，及關於利用紐芬蘭及其他加拿大廠商與機構進行離岸相關之 R&D、研議之研發專案與相關經費。在提案人提交回饋計畫後，石油局會就監督及報告要求之細節與提案人進行諮商。

石油局於 2004 年 11 月公布 2004 年準則，該準則規定石油專案開發階段之經費支出傾向集中在 E&T，而生產階段傾向集中於 R&D。各階段經費支出應合法且適當。營運者得依該準則之要求提交 R&D 計畫，由石油局評估、批准該等提案。該準則分別規定探勘、開發及生產階段之 R&D 經費計算公式，是第一個直接規範生產階段 R&D 經費之準則，亦為第一個要求固定經費支出之準則。

（二）石油開發專案：Hibernia專案及Terra Nova專案

1. Hibernia專案

Hibernia 專案為 NL 第一個且最大的離岸石油專案，Mobil Canada 及 Murphy Oil 等公司合資擁有此專案，於 1988 年設立 HMDC，由 HMDC 代表利益所有人（interest owner）管理及營運。Hibernia 專案於 1990 年至 1997 年間進行開發，於 1997 年 11 月開始生產石油。

Hibernia 專案參與者於 1985 年 9 月向石油局提交開發計畫與回饋計畫，回饋計畫納入 R&D 章節。環評小組於同年 12 月提出報告，建議 Hibernia 營運者在特定領域進行 R&D。在石油局之要求下，專案參與者提交增補回饋計畫。增補回饋計畫納入一項承諾，承諾持續支持當地研究機構並促進加拿大之研發，以解決加拿大離岸環境之獨特問題。石油局於 1986 年 6 月批准回饋計畫，計畫中並未納入用於支出當地 R&D 或 E&T 之特定數額。石油局於 1997 年及 2000 年核發 POA 時，亦未就 R&D 或 E&T 課予額外的條件。

在開發期間，HMDC 每月定期報告各回饋承諾，然報告中並未納入有關 R&D 經費之資訊。於生產階段，HMDC 開始提交年度回饋報告，摘要前一年度之回饋經費。針對 R&D，年度報告列出自 1990 年起之累計支出，並臚列當年度 R&D 預計經費。HMDC 倚賴加拿大科學研究與試驗開發（Scientific Research and Experimental Development，下稱 SR&ED）租稅優惠計畫所蒐集之資料，依據該計畫，進行 R&D 之企業可獲得租稅減免。石油局於 1986 年、1988 年、1989 年函覆，表示收受年度報告，並確認相關報告符合探勘回饋計畫準則之要求。

2. Terra Nova專案

Terra Nova 專案於 1999 年至 2001 年進行開發，2002 年 1 月進入生產階段。該專案由最大的股東 Petro-Canada 負責管理營運。Terra Nova 專案參與者於 1996 年向石油局提交 Terra Nova 回饋計畫，計畫中納入支出經費、投入當地 R&D 之承諾，惟未特定數額，營運者將於每年向石油局報告 R&D 經費。環評小組檢視回饋計畫後，建議石油局要求營運者提供資金，以供漁業及海洋部進行基礎研究。

石油局於 1997 年 12 月附條件批准 Terra Nova 回饋計畫，在石油局的決定中，石油局重申其信任提案人將在 NL 進行重要的研究及訓練活動，石油局將要求提案人定期報告 R&D 及 E&T 倡議與經費支出。石油局支持環評小組之建議，表示回饋計畫未完全符合應納入確保在 NL 進行 R&D 及 E&T 之條款之法令要求。石油局於批准時附加下列條件：提案人應於每年 3 月 31 日前向石油局報告在 NL 進行 R&D 及 E&T 之計畫。Petro-Canada 自 1999 年起，於每年年初提交回饋計畫報告，載明前一年度之支出數額，並提報未來 3 年預估用於 R&D 之經費，且亦以 SR&ED 租稅優惠計畫作為報告之基礎。

（三）2004年準則

石油局於 2001 年開始起草新的 R&D 經費準則，此係肇因於石油專案營運者在 R&D 及 E&T 之經費支出日漸減少。石油局於 2002 年 8 月提出準則草案，翌年 7 月修正，同時分送給聲請人。

2004 年 5 月，石油局與 HMDC 開會討論新準則。HMDC 建議，準則應僅要求營運者執行專案所需之 R&D 及 E&T，然此建議未被採納。石油局表示其考慮採用其他替代基準，但不願回到缺乏量化指標之制度。石油專案營運者無法接受此種設計，故未建議替代方案。而後，石油局同意暫緩執行 2004 年準則，惟表示如無替代方案，準則將自 2004 年 4 月開始適用。同年 7 月，石油局再度與營運者會面，並鼓勵其等提交準則替代方案。在石油局於同年 11 月 5 日公布 2004 年準則前，無任何專案營運者提交替代方案。2004 年準則自 2004 年 4 月 1 日生效。

Terra Nova 專案須更新 POA，Petro-Canada 於 2004 年 7 月 14 日提出申請，然石油局將 POA 更新期限展延至 2005 年 1 月 29 日。石油局於 2005 年 1 月 27 日附條件批准申請，第 15 項條件規定，營運者應遵循 2004 年準則。專案營運者別無選擇，僅能接受石油局片面施加之條件。

就石油營運者自 2004 年 4 月 1 日起至當年底（Terra Nova 專案為 2005 年 1 月 26 日）依 2004 年準則投入之 R&D 支出，石油局於 2005 年 2 月 18 日發函給石油營運者，石油局評估 HMDC 在這 9 個月投入 916 萬美元，Petro-Canada 投入 531 萬美元。石油局另於同年 3 月 3 日發函表示，營運者提起訴訟質疑 2004 年準則之適法性，相關程序正在進行中，石油局不會強制營運者遵循該準則。石油局表示，相關計算數額具強制性，一旦準則之適法性經認可，將強制執行。

HMDC 於 2005 年 10 月 25 日申請新的 POA。在石油局堅持下，該申請納入與 Terra Nova 專案相同之條件，即營運者應遵循 2004 年準則。HMDC 提交抗議函，主張石油局欠缺實施準則之權限，表示其在異議下簽署並提交石油局規定之申請函。石油局於同年 10 月 28 日函覆不接受附條件申請。HMDC 於同年 10 月 31 日再提出不附條件申請，並要求將其 10 月 25 日函文影本及石油局 10 月 28 日函文影本作為 POA 附件，以記錄 HMDC 及石油局各自之立場。石油局於同年 11 月 1 日核發 POA 予 Hibernia 專案，效期至 2008 年 10 月 29 日，並依 HMDC 之要求將函文影本作為 POA 附件，POA 經兩次延展至 2009 年 10 月 30 日。

HMDC 及 Petro-Canada 於 2005 年 2 月 4 日在 NL 法院提訴。2007 年 1 月 22 日，NL 最高法院審判庭（Trial Division）認定石油局依協議法有權發布 2004 年準則，石油局得依該準則核發附條件 POA。上訴法院於 2008 年 9 月 4 日維持審判庭之裁決，多數意見認為，將該準則適用於 Hibernia 專案及 Terra Nova 專案並不涉及回饋計畫之修正，該準則之要件與石

油局監督回饋計畫R&D支出之責任一致。HMDC及Petro-Canada對上訴法院判決提出上訴，最高法院於2009年2月19日駁回。聲請人已在加拿大窮盡所有可能之救濟。

在加拿大法院訴訟程序尚在進行時，聲請人於2007年11月1日向ICSID提出仲裁請求。石油局於2009年2月26日及3月3日分別發函給HMDC及Petro-Canada，依2004年準則針對自2004年4月1日起至2008年12月31日之經費要求給予建議，石油局認為HMDC之義務為6,652萬美元、Petro-Canada為3,404萬美元。石油局命各專案營運者在2009年4月30日前提交報告，詳列該段期間之R&D及E&T經費。二專案營運者均請求延展報告期限至2009年9月30日。HMDC及Suncor（Suncor與Petro-Canada合併）提交報告後，石油局分別確認二項專案不足之R&D經費。石油局於2009年12月通知HMDC及Suncor，要求其等在2010年3月31日前提交工作計畫，矯正R&D及E&T經費不足之部分。石油局並要求營運者提供以信用狀擔保之本票，並以2015年3月31日作為期限末日，就營運者R&D支出不足之部分，石油局將於該日自本票兌現，並移轉予經認可之研究或教育機構。

四、程序爭點[2]

除有關聲請人請求賠償之數額外，仲裁庭依NAFTA第1116條及第1117條與ICSID附加機制仲裁之管轄權未受質疑。針對聲請人請求因2004年準則致其增加2004年至2036年間經費支出之賠償數額：

（一）相對人主張，第1116(1)條規定，控訴應包含已發生（incurred）之損失或損害，損失應為已實際發生者。對於仲裁程序期間及至2036年止因2004年準則所生之賠償數額之認定，仲裁庭並無管轄權。

（二）聲請人主張，損害已於相對人採行2004年準則時發生，專案營運者應承擔未來的經費支出義務即為第1116條之損失或損害。第1116(1)條僅規定損失之存在為提起控訴之前提要件，並未規範賠償數額之評定。

（三）仲裁庭多數意見認為，第1116(1)條規定，投資人須已因地主國違反第11章義務而產生損失或損害，產生未來損害之義務違反行為可落入第1116條之範疇，仲裁庭對於未來的損害賠償數額之認定有管轄權。

2　*Id.* paras. 94, 415-430.

五、實體爭點

（一）FET[3]

NAFTA 第 1105 條規定，各締約方應依國際法給予其他締約方投資人之投資待遇，包括 FET 及充分保障與安全。NAFTA 自由貿易委員會（NAFTA Free Trade Commission）於 2001 年 7 月 31 日公布解釋第 1105 條之註釋，其內容為：第 1105(1) 條規定以習慣國際法外國人最低待遇標準作為提供給其他締約方投資人之投資的最低待遇標準，FET 及充分保障與安全之概念並不要求超過或高於習慣國際法外國人之最低待遇標準之待遇。

1. 聲請人主張

(1) 加拿大未能就 NL 離岸石油開發專案提供穩定的管制架構，減損其就管制架構之正當期待，違反第 1105 條。一系列仲裁判斷已建立三要點：A. 協定所保證之最低待遇標準之法源為習慣國際法之外國人待遇；B. 標準之內容並非靜止，而是隨習慣國際法之發展而演進；C. 依目前習慣國際法提供予外國投資人之最低待遇標準，包括投資人所仰賴進而投資之正當期待之保障。

(2) 聲請人主張，數個案件之仲裁庭已認定，根本性變動行政許可之條件，或僅以輕微之履行議題、未給予投資人救濟之機會即撤銷該等許可，違反投資人之正當期待。2004 年準則及石油局之行為已變動投資人投資之經濟基礎，背離投資人挹注資金於該等石油專案時之管制架構。聲請人表示，其等由石油局、聯邦及省政府之一系列保證，認知回饋計畫中關於 R&D 之承諾已符合協議法之要求，並界定其等之義務範圍。聲請人合理期待回饋計畫之條款已界定投資生命週期之 R&D 經費支出義務。

2. 相對人主張

(1) 聲請人未能證明習慣國際法外國人最低待遇標準包含對投資維持穩定的法律及商業環境之義務之外國人正當期待保障，正當期待保障及維持穩定管制架構並非習慣國際法義務之一環，非屬加拿大第 1105 條義務之一部分。縱聲請人已證明正當期待保障及穩定的管制環境為習慣國際法之一環，2004 年準則未減損聲請人之正當期待，加拿大已提供穩定的管制架構。

(2) 退步言之，即便第 1105 條要求保障正當期待，聲請人不符合給予外國投資人期待保障之四個前提要件：A. 正當期待應以客觀期待為基礎；B. 投資人應已仰賴地主國之特定保證而投資；C. 正當期待之內容應為投資人作成投資時存在者；D. 於評估期待之合法性時，

3　*Id.* paras. 109-171.

應考量所有情況。聲請人之投資期待符合前述要件者，僅：管理其等投資之法律架構反映 R&D 及 E&T 對 NL 永續發展之重要性；聲請人被要求在 NL 進行 R&D 及 E&T；該等經費支出受石油局監督；石油局有權發布 R&D 及 E&T 支出要求之準則。

3. 仲裁庭認為

(1) 仲裁庭首先確認第 1105 條所適用之標準，認定是否涵蓋正當期待保障，而後再將該等標準適用至本案。仲裁庭檢視 *Metalclad*、*Waste Management (No. 2)*、*International Thunderbird*、*Glamis Gold* 及 *Cargill* 等一系列 NAFTA 案例，並以該等案例為基礎，概述關於第 1105 條之適用標準：A. 第 1105 條最低待遇標準反映習慣國際法之外國人待遇；B. 當歸屬於地主國、對聲請人造成損害之行為係恣意、非常不公平、不公正、具歧視性，或欠缺正當程序致結果違反司法正當性，將違反習慣國際法之 FET 標準；C. 為決定是否違反最低待遇標準，相關考量因素包括：地主國為引致投資之清楚、明確陳述或可歸屬於地主國之陳述；依客觀標準，投資人合理仰賴該等陳述；地主國其後拒絕履行該等陳述。第 1105 條並未阻止政府機關考量新政策與需求而變動管制環境，並非使投資人有權期待投資作成時之管制架構不變動，投資人可期待者為該等變動與習慣國際法 FET 之要求一致。

(2) 仲裁庭依據前述標準檢視相關事證後，認定加拿大並未作出不變動管制機制之承諾。有關回饋計畫之管制架構如下：A. 大西洋協議：第 51 條及第 52 條規定，在開始探勘前應先提交回饋計畫，由石油局檢視之；B. 聯邦協議法：第 45 條規定回饋計畫應納入 R&D 及 E&T 經費支出之提案；第 151 條規定石油局得以其認為適當之方式，發布準則及釋示；及 C. 省協議法：第 147 條規定石油局被授權採行與回饋計畫要求之適用與管理有關之準則。

(3) 由前述規定可知，大西洋協議僅為聯邦及省政府實施回饋計畫之基礎，並未明文阻止聯邦或省政府設定一定水平之 R&D 支出。聯邦協議法第 45 條亦未禁止設定一定 R&D 支出水平之回饋計畫，第 151 條之規範更使聲請人可知悉既有回饋計畫存有修正之可能性，省協議法之規範亦是如此。前述規範並無任何不變動既有回饋計畫，或不實施符合協議法規範之新回饋計畫之承諾或陳述，且無任何紀錄顯示石油局或代表石油局之人作出明確承諾或陳述。

(4) 聲請人主張，石油局批准石油專案之回饋計畫，聯邦及省政府批准石油局之決定，使專案提案人產生正當期待，認為回饋計畫中關於 R&D 之條款符合協議法之要求，石油局不會再為補充。仲裁庭不接受此論述，石油局通過回饋計畫為石油局之決定，該等決定並非契約性協議、契約承諾，乃行政權限之行使。聲請人未能證明代表石油局或加拿大政府之人作出任何承諾或陳述，亦未證明其仰賴特定承諾而進行投資。

(5) NL 上訴法院已認定石油局依法適用 2004 年準則。上訴法院之裁決與本案認定聲請人是否擁有「依協議法所採行之措施符合特定行為標準」之正當期待，二者相關聯。聲請人須證明，相對人就未來對於回饋計畫管制架構之變動，已作成特定保證或清楚且明確之陳述。無證據顯示聲請人曾尋求石油局作出未來不依聯邦協議法第 151 條採行新準則，或新準則不適用於該等石油專案之保證，亦無證據顯示聲請人曾尋求石油局之監督不會產生石油局認定 R&D 經費支出不足、依法課予額外要求之保證。因此，仲裁庭認定，加拿大之行為非屬恣意、非常不公平不公正、具歧視性，或欠缺正當程序致結果違反司法正當性，未違反第 1105 條。

（二）績效要求[4]

聲請人指控 2004 年準則要求支出 R&D 及 E&T 經費構成第 1106(1)(c) 條定義之績效要求。仲裁庭首先認定 2004 年準則是否構成禁止性績效要求，就此須檢視兩個問題：1. 第 1106 條之正確範圍及解釋，尤其是 R&D 及 E&T 要求是否構成第 1106 條所定義之「服務」；2. 2004 年準則強制石油專案支出 R&D 及 E&T 經費，是否構成「購買、使用或偏好地主國領域內之貨品或服務，或自地主國領域內之人購買貨品或服務」（to purchase, use or accord a preference to goods produced or services provided in its territory, or to purchase goods or services from persons in its territory）之要求。爭端雙方均同意以維也納條約法公約（Vienna Convention on the Law of Treaties，下稱 VCLT）解釋第 1106 條。

1. 聲請人主張

(1) 第 1106(1) 條禁止締約方課予投資人購買其領域內 R&D 服務或貨品，或偏好其領域內 R&D 服務或貨品之要求。聲請人援引韋伯字典，韋伯字典定義「服務」為「未生產有形商品之有用勞力」。聲請人以「服務」之通常文義，主張第 1106(1)(c) 條包含 R&D 及 E&T 服務，故 2004 年準則之 R&D 經費支出要求係禁止性績效要求。R&D 經費要求涉及在 NL 之服務採購，亦涉及支持該等服務所需之貨品採購。第 1106(1)(c) 條之「服務」並未設有任何限制或除外規定，相對人負有證明該詞彙排除 R&D 及 E&T 服務之責任。聲請人並以 NAFTA 其他條款支持「NAFTA 之『服務』包含 R&D 及 E&T 服務」之主張，例如政府採購章之適用範圍條款即提及貨品與服務。此外，關於服務，NAFTA 締約方同意基於報告目的採用共同分類系統，該系統即納入 R&D 及 E&T 服務。

(2) 依據 VCLT 第 32 條，NAFTA 之協商歷史可作為補充解釋之方法。加拿大曾提議將 R&D 及 E&T 作為第 1106(1) 條之例外，惟該提案未被其他締約方採納。該提案已反映加拿大

---

[4] *Id*. paras. 172-246.

承認「服務」一詞涵蓋 R&D 及 E&T。

(3) 爲證明 R&D 及 E&T 經費支出構成第 1106 條績效要求，聲請人援引加拿大附件 I 保留清單所列之聯邦協議法。聲請人認爲，保留清單乃臚列既有不符合第 1106 條之措施，加拿大將聯邦協議法 R&D 及 E&T 條款保留在附件 I，已承認提撥 R&D 經費支出之要求不符合第 1106 條。

(4) 遵循 2004 年準則具強制性，須承擔超出原始回饋計畫之部分即可確認該準則存有強制性，並證明該準則構成第 1106 條之績效要求。雖 2004 年準則名爲「準則」而非「要求」，然準則之文本、功能及目的均明確顯示準則設定強制性義務，且石油局以專案營運者遵循準則作爲核發 POA 之條件。

2. 相對人主張

(1) 第 1106(1)(c) 條未禁止 R&D 或 E&T 經費支出要求，2004 年準則並未違反第 1106 條。R&D 及 E&T 經費支出在第 1106(1)(c) 條「服務」之範圍外。

(2) 第 1106(1) 條規定 7 項禁止性績效要求。相對人依第 1106(5) 條主張，第 1106(1) 條是列舉規定，於認定 R&D 及 E&T 經費支出要求是否被第 1106(1)(c) 條所涵蓋時，依第 1106(5) 條，協定之解釋者應採限制性解釋。第 1106(1)(c) 條未提及 R&D 或 E&T，依限制性解釋，不能推斷要求投資人進行 R&D 或 E&T 落入第 1106(1)(c) 條之範疇。R&D 及 E&T 要求之政策目的與購買當地貨品或服務要求不同。相對人主張，如締約方欲禁止 R&D 及 E&T 績效要求，將會明文規範。2004 年準則之要求僅偶然導致投資人購買、使用或偏好當地貨品或服務，並不在 NAFTA 禁止之列。

(3) 相對人不接受「附件 I 納入聯邦協議法即屬承認 R&D 經費支出不符合第 1106 條」之聲請人主張。相對人認爲，應考量列於保留清單上之所有元素，包括保留條款之描述。鑑於 NAFTA 績效要求條款之複雜程度及解釋之不確定性，即便存有將未必違反第 1106(1) 條之回饋計畫涵蓋在內之風險，保留之描述採涵蓋過廣（over-inclusive）之方式。

(4) 即便 R&D 及 E&T 落入第 1106(1)(c) 條之範疇，且即使部分 R&D 及 E&T 經費支出可能涉及當地貨品或服務，2004 年準則未強制購買、使用或偏好當地貨品或服務。該準則富有彈性，投資人得支出符合要件之經費，未必需要購買或使用當地貨品及服務。該準則甚至未要求投資人一定要進行 R&D，蓋投資人得僅透過支出 E&T 經費滿足其義務。

3. 仲裁庭認爲

(1) 仲裁庭依 VCLT 第 31 條解釋第 1106 條。第 1106 條條文本身雖未指明 R&D 及 E&T，惟「服務」一詞之通常文義即足以涵蓋 R&D 及 E&T。在 NAFTA 政府採購章之分類系統中，「服務」包含 R&D 及 E&T 類別。仲裁庭認爲該分類系統與本案相關聯，該系統顯示：A. 服務類別定義廣泛；B. R&D 及 E&T 均被認爲是服務類別；C. 各該包含 R&D 及 E&T

之類別所承認的活動態樣,與依 2004 年準則所執行之活動態樣一致;及 D. 該等服務包含之活動可透過第 1106 條「購買、使用或偏好」之方式進行。仲裁庭認為,雖不同績效要求類型之政策目的可能不同,使用源自當地之 R&D 及 E&T 顯然為對投資人施以績效要求。第 1106 條之解釋並非廣義解讀「服務」一詞,而應與 NAFTA 消除貿易障礙、提升投資機會之宗旨與目的一致。

(2) 爭端雙方分別援引其他協定及 NAFTA 起草文件等資料,以解釋第 1106 條。VCLT 第 32 條規定:「為證實由適用第 31 條所得之意義起見,或遇依第 31 條作解釋而:(a) 意義仍屬不明;或 (b) 所獲結果顯屬荒謬或不合理時,為確定其意義起見,得使用解釋之補充資料,包括條約之準備工作及締約之情況在內。」仲裁庭認為無訴諸補充解釋方法之必要,本案並不存在依第 31 條作解釋而意義仍屬不明,或所獲之結果顯屬荒謬或不合理之狀況。關於 NAFTA 條文之解釋與適用,爭端雙方所援引之資料僅部分相關或毫無關聯。

(3) 仲裁庭認為,協議法明確規定應在 NL 支出 R&D 及 E&T 經費,2004 年準則以回饋計畫之方式要求投資人履行法定義務,係規定特定支出水平之強制性指引,且回饋計畫受石油局監督及稽核。石油專案營運者顯然無從選擇是否遵循該等要求,其等被要求於開始進行各項活動前提交 R&D 及 E&T 經費申請書,後由石油局批准。該準則之執行實際上將要求投資人支出經費投入當地的 R&D 及 E&T。

(4) 綜上,仲裁庭認定:A. 2004 年準則之 R&D 及 E&T 要求落入第 1106 條「服務」範疇;B. 該準則及其執行係對營運者課予在 NL 支出 R&D 及 E&T 經費之法律要求;及 C. 該等要求及其執行構成第 1106 條之禁止性績效要求。

(三)不符合措施[5]

1. NAFTA 第 1108 條

當 NAFTA 於 1994 年生效時,NAFTA 締約方依第 1106 條禁止各締約方採行績效要求,同時亦引入第 1108 條及附件 I 之機制,允許締約方保留既有不符合第 1106 條等 NAFTA 義務之措施。

(1) 相對人主張,在附件 I 中,加拿大將聯邦協議法列為既有不符合措施。省協議法雖未臚列於保留清單,在締約方之同意下已被聯邦協議法涵蓋。相對人主張應依 VCLT 第 31 條解釋 NAFTA 之保留,並不存在嚴格解釋保留之理由,且 *Aguas del Tunari S.A. v. Bolivia* 案已拒絕採用嚴格解釋。[6]

---

5 *Id*. paras. 247-413.

6 *Aguas del Tunari S.A. v. Bolivia*, ICSID Case No. ARB/02/3, Decision on Respondent's Objections to Jurisdiction (October 21, 2005), para. 91.

(2) 聲請人主張，應嚴格解釋第 1108 條之保留。依第 1108 條之文字及附件 I 之解釋，締約方之各項保留應確認所欲保留之法律、規則或其他措施，且措施之描述應說明所欲保留的既有措施之不符合面向。

(3) 仲裁庭認為，關於 2004 年準則是否被加拿大保留清單涵蓋、是否為保留措施之附屬措施，仲裁庭考量下列議題：A. NAFTA 第 1108 條及附件 I；B. 1994 年 1 月 1 日生效之保留措施；C. 相對人於 1994 年 1 月 1 日之後，依保留清單所採行之新附屬措施；D. 關於第 1106 條所課予之義務，認定是否在締約方之保留之限制下採行附屬措施之標準；及 E. 適用法。

A. NAFTA 第 1108 條及附件 I

依第 1108 條及附件 I 之機制，締約方之保留包括：(A) 附件 I 所列之不符合措施；及 (B) 任何附屬措施。然而，不符合措施與附屬措施乃不同的政策工具。仲裁庭將評估不符合措施與附屬措施間之關係、附屬措施之條件，以認定附屬措施是否與既有不符合措施一致。

B. 1994 年 1 月 1 日生效時之保留措施

對於聯邦協議法屬加拿大之保留措施，爭端雙方並無歧見。就保留聯邦協議法之描述，為要求回饋計畫應確保在 NL 支出 R&D 及 E&T 經費。因此，此項不符合措施限於依聯邦協議法所規定、確保經費支出之回饋計畫之要求，加拿大並未具體說明相關細節，未闡釋關於：(A) 回饋計畫如何確保經費支出要求；(B) 要求投資人支出以符合保留措施要求之經費本質與水平；及 (C) 檢視回饋計畫之方式。

加拿大在保留清單中並未臚列聯邦協議法之相關部分或條項，則聯邦協議法之哪些條款屬不符合措施？加拿大主張整部聯邦協議法均為不符合措施，聲請人並不認同。爭端雙方均認為聯邦協議法第 45 條屬既有不符合措施，仲裁庭亦採相同見解。

就聯邦協議法第 151.1 條是否屬既有不符合措施，聲請人主張，石油局依第 151.1 條採行 2004 年準則，加拿大就協議法之不符合面向之敘述未及於第 151 條，第 151.1 條不落入附件 I 之範疇。加拿大主張，由第 151 條之文字可知，就擴大 R&D 及 E&T 經費之要求，石油局被賦予發布準則之明確權限。雖加拿大在其保留之敘述上未明文提及第 151.1 條，該準則仍在保留範圍內，蓋支出 R&D 及 E&T 經費之義務明確地保留在協議法之保留範圍內。

仲裁庭認為，聲請人之看法將可能導致如 NAFTA 締約方未在保留清單中臚列內國法規之特定條款，則該些條款將被認定為未被保留。由於 NAFTA 締約方已保留許多法規，然未指明特定條款，聲請人之主張恐非理解保留範圍之可靠方式。仲裁庭認為，檢視保留措施之描述為較有說服力之方式，而後再依 VCLT 確認聯邦協議法之特定條款是否屬保留範圍。第 45 條與第 151.1 條有密切關聯，如任何準則之內容指向第 45 條之適用，包括回饋計畫中之經費支出要求，則該等準則應落入保留範圍。特定準則是否落入保留範圍、符合 NAFTA，須評估該等準則是否符合附件 I 所定之法律標準。仲裁庭表示，除聯邦協議法外，與本案相

關之數項措施並未被列在保留清單之措施內，例如石油局批准 Hibernia 及 Terra Nova 回饋計畫之決定，如下所述，該等措施非屬附件 I 保留清單中之不符合措施，然為附屬措施。

C. 相對人在 1994 年 1 月 1 日之後，依保留清單所採行之新附屬措施

第 1106 條及第 1108 條無「附屬措施」一詞，依附件 I 第 2(f) 項，當符合特定要件時，附屬措施構成 NAFTA 締約方所為保留之一部分。附件 I 第 2(f) 項第一句規定，「措施」由描述要素確認保留之法律、規則或其他措施。此規範之「措施」一詞限於已在附件 I 清單明定之措施。第二句區分「措施」及「附屬措施」，規定，於「措施」要素引用之一項措施：(A) 係指於本協定生效後修正、持續或更新之措施；及 (B) 包括與該措施一致、依該措施之權限採行或維持（adopted or maintained）之任何附屬措施。仲裁庭認為，聯邦協議法第 45 條及第 151.1 條屬「措施」，而石油局之批准決定則屬第 2(f)(ii) 項之「附屬措施」。

關於「採行或維持」之意義與效果，爭端雙方第一個分歧點為時的（temporal）問題，聲請人主張第 2(f)(ii) 項之附屬措施須於 NAFTA 生效前採行，而加拿大主張得於 NAFTA 生效前或生效後採行。就此爭點，仲裁庭認為依「採行」或「維持」之通常文義，「維持」係指措施適用一段期間，「採行」則指特定時點。於檢視使用該等詞彙之協定文本，及 NAFTA 之目的與宗旨在於處理 FTA 生效前後之廣泛措施，仲裁庭認為，加拿大之主張方屬正確，已採行之附屬措施係指 NAFTA 生效後方採行之附屬措施，即「新附屬措施」。Hibernia 回饋計畫及石油局決定係於 NAFTA 生效前採行，屬附件 I 第 2(f)(ii) 項之被「維持」的附屬措施。關於 Terra Nova 回饋計畫、石油局決定及 2004 年準則，則是在 NAFTA 生效後採行，為第 2(f)(ii) 項之被「採行」的附屬措施，被視為是新的附屬措施。

D. 認定是否在締約方之保留之限制下採行附屬措施之標準

下一個爭點為：一項附屬措施可否被視為在締約方保留範圍內之認定標準？2004 年準則是否構成加拿大保留範圍內之「新附屬措施」，故第 1106 條可不適用於該準則？

附件 I 第 2(f)(ii) 項規定受締約方保留範圍涵蓋之「附屬措施」應符合之條件，即依特定措施之權限、與措施一致所採行或維持（adopted or maintained under the authority of and consistent with the measure）之附屬措施。首先，仲裁庭表示，依該規定之通常文義，須符合兩項累積要件，即附屬措施之採行或維持應：(A) 依締約方附件 I 保留措施之權限；及 (B) 與締約方附件 I 保留措施一致；第二，此二要件為列舉要件；第三，依該等文字之通常文義，此二要件適用於既有附屬措施及新的附屬措施；第四，依該等文字之通常文義，採行「既有附屬措施」及「新附屬措施」之二項要件，與締約方附件 I 保留措施——聯邦協議法之修正要件不同。第 1108(1)(c) 條規定，對任何既有不符合措施之修正，且比較修正後前之內容，並未減損其符合第 1106 條之程度者，不適用第 1106 條。爭端雙方均認為，Hibernia 與 Terra Nova 回饋計畫、相關的石油局決定及 2004 年準則並非聯邦協議法之修正，仲裁庭肯認此見解。

(A) 附件 I 第 2 項「措施」之意義

爭端雙方就第 2(f)(ii) 項「措施」之意義有不同的看法，即以何等措施評估新附屬措施是否在該等措施之權限下採行、與該等措施一致？聲請人主張，「措施」不僅包括聯邦協議法，尚包括既有附屬措施：Hibernia 與 Terra Nova 回饋計畫、相關的石油局決定。因此，評估相對人採行 2004 年準則是否依措施之權限、與措施一致，即須判斷該準則是否符合聯邦協議法、Hibernia 與 Terra Nova 回饋計畫及相關的石油局決定。相對人則認為，僅須評估該準則是否依循聯邦協議法。簡言之，爭端雙方對於新的附屬措施是否應符合其他附屬措施有不同的看法。

就此爭點，附件 I 第 2(f)(ii) 項規定，於措施要素引用之一項措施包括與該措施一致、依該措施之權限採行或維持之任何附屬措施。依此規定，仲裁庭多數意見認為，該等文字之通常文義相當明確，「一項措施」包含符合特定要件之附屬措施，即依聯邦協議法之權限、與聯邦協議法一致所採行或維持之附屬措施。2004 年準則為新的附屬措施，應以保留措施及符合第 2(f) 項之既有附屬措施加以評估。

(B) 依權限之意義

關於認定附屬措施是否被附件 I 保留措施所涵蓋，應探尋「權限」一詞之意義。NAFTA 並未定義「權限」，依韋伯字典，「權限」之通常文義包括「影響或控制思想、意見或行為之權力」；依牛津字典，「權限」之通常文義為「強制服從之權力」。仲裁庭認為，附件 I「依措施之權限」係指附屬措施是在「措施」之「權力或影響」下作成。保留措施乃後續附屬措施採行之法律基礎。

仲裁庭多數意見認為，保留措施以外之其他既有附屬措施是否亦屬「措施」評估之重要部分，須視個案事實而定。在本案中，Hibernia 與 Terra Nova 回饋計畫及相關的石油局決定係在聯邦協議法之權限下作成，2004 年準則亦是依據聯邦協議法發布。該等回饋計畫及石油局決定乃適用於特定投資專案之附屬措施，如採行具一般適用效力之 2004 年準則須依循該等回饋計畫及石油局決定，是不合理的。該等回饋計畫及石油局決定、2004 年準則等二組附屬措施分別與聯邦協議法具有垂直關係，然該等附屬措施間並無垂直關係。因此，2004 年準則之權限來源僅為聯邦協議法。

綜上，仲裁庭多數意見認為，第 2(f) 項「依措施之權限」要求仲裁庭依保留措施評價附屬措施，而是否亦應考量其他附屬措施則須視個案事實而定。

(C) 與措施一致之意義

對於評估是否「與措施一致」時應檢視之措施，爭端雙方亦有不同看法。仲裁庭多數意見認為，哪個附屬措施與「一致性」之解釋相關聯，須視個案事實而定。在本案中，適用於各專案者為聯邦協議法及特定回饋計畫與石油局決定。評估新附屬措施之一致性時，應檢視適用於各專案之總體措施，該等措施為檢視新附屬措施（即 2004 年準則）之一致性的法律

架構。

仲裁庭多數意見認爲，得以不同的措施組合評估新附屬措施是否「符合一致性」及是否「依權限」。此二項評估應聚焦在保留措施。依本案事實，評估 2004 年準則是否符合一致性，應考量保留措施及與保留措施一致、依保留措施之權限所採行之其他附屬措施。締約方之保留措施提供一個一般性架構，各締約方而後依保留措施之權限、採行與該保留措施一致之附屬措施，修改其法律及相關措施之架構，該管制架構即爲評估新附屬措施一致性之基礎。

綜上，仲裁庭多數意見認爲，爲決定 2004 年準則是否被加拿大附件 I 保留清單涵蓋，應檢視該準則之採行是否符合聯邦協議法與 Hibernia、Terra Nova 回饋計畫及相關的石油局決定等附屬措施。

E. 適用法

於認定 2004 年準則之採行是否依保留措施之權限、與保留措施一致時，究應依加拿大法律、NAFTA 或同時依二者認定？

聲請人主張，依 VCLT，NAFTA 及加拿大國內法均與認定附屬措施是否與附件 I 保留措施一致相關聯。當依國內法認定一項措施爲附屬措施，則該措施之一致性問題則應依 NAFTA 決定。相對人則主張，仲裁庭應依國內法決定一項措施是否附屬於保留措施。

仲裁庭多數意見認爲，應依加拿大法律認定 2004 年準則是否在既有保留措施之權限下採行。經檢視審判庭及上訴法院之裁決，仲裁庭多數意見認定，2004 年準則係依保留措施——聯邦協議法第 45 條及第 151.1 條所採行。

2. 措施之一致性

(1) 聲請人主張，與既有措施相較，2004 年準則課予額外的負擔，不符合聯邦協議法。該準則施加之新負擔包括：A. 規定 R&D 及 E&T 經費之水平是專斷的；B. 要求專案營運者向石油局提交 R&D 及 E&T 支出決定，經石油局事先批准；C. 要求營運者於每年年底向石油局提交詳細的會計帳冊，授權石油局評估各該報告是否符合 2004 年準則；D. 要求專案營運者提交工作計畫及金融工具，以填補石油局評定不足之經費；及 E. 以符合準則作爲石油局授權持續投資之條件。各項規定均降低既有措施之 NAFTA 義務符合程度。

(2) 相對人主張，NAFTA 規定指示以內國法決定附屬措施是否與保留措施一致，NAFTA 並無認定一致性之獨立標準。

(3) 仲裁庭認爲，須依加拿大法律及國際法規則檢視，當一項措施依內國法構成附屬措施，即產生是否與保留措施一致之問題。就 NAFTA 規定，考量是否一致的事項包括保留之內容、義務、保留措施／附屬措施之不符合程度。仲裁庭將依加拿大法律、NAFTA 規定認定 2004 年準則是否與聯邦協議法及相關附屬措施（即 Hibernia 與 Terra Nova 回饋計畫

及相關的石油局決定）一致。

3. 本案措施

仲裁庭表示，聯邦協議法相關條款並未明定：(1) 如何確保 R&D 及 E&T 經費支出，僅規定回饋計畫應確保該等支出；(2) 支出水平。依聯邦協議法採行之附屬措施應符合特定要件：(1) 關於回饋計畫；(2) 與經費支出要求有關；(3) 關於 R&D 或 E&T 之經費支出；及 (4) 與在 NL 執行 R&D 或 E&T 之經費支出有關。

爭端雙方之爭執主要在於，2004 年準則是否施加額外的要求、改變既有的經費支出要求，而不符合 NAFTA、保留措施、聯邦協議法、Hibernia 與 Terra Nova 回饋計畫及相關的石油局決定。

該等回饋計畫及相關的石油局決定係針對具體石油專案作出特定承諾、計畫，為 2004 年準則採行前，適用於特定投資專案之法律架構。仲裁庭在檢視該等回饋計畫之內容及 2004 年準則後，認定石油局知悉聯邦協議法並未規定固定支出數額，2004 年準則依據產業平均支出，而與石油專案需求無關之方式，引入強制支出一定經費水平之要求。2004 年準則之經費、報告等要求對 Hibernia 與 Terra Nova 專案施加額外的義務，該等義務在本質及程度上均異於先前之規範。因此，仲裁庭多數意見認定，相較於聯邦協議法及 Hibernia 與 Terra Nova 回饋計畫，2004 年準則帶來根本性的變動，而非僅是支出經費計算方式之改變。

關於將支出要求由探勘階段延伸至開發及生產階段，仲裁庭多數意見認為，聯邦協議法及相關回饋計畫中並無時間或階段限制，因此認定該等延伸並非與保留措施不一致。然而，2004 年準則之支出要求與無該準則之情況下相較，營運者須多支出數百萬美元，連同其他報告及事先授權等要求，係對管制架構之重大調整。因此，2004 年準則之效果顯示一套購買、使用或偏好當地貨品或服務之要求，相較於先前的法律架構，已顯著擴大要求。綜上，仲裁庭多數意見認定，2004 年準則不符合聯邦協議法、Hibernia 與 Terra Nova 回饋計畫及相關的石油局決定。

六、損害賠償及費用計算[7]

（一）聲請人主張，NAFTA 並未規定應如何計算賠償金額。聲請人援引 *Chorzów Factory* 一案設立之原則，認為賠償應盡可能除去所有不法行為所導致之結果，並重建無該等不法行為違犯之狀態。關於未來損害之證明標準，聲請人主張僅須達到合理確信

7　*Supra* note 1, paras. 431-489; *Mobil Investments Canada Inc. and Murphy Oil Corporation v. Canada*, ICSID Case No. ARB(AF)/07/4, Award (hereinafter referred to as Mobil Award) (February 20, 2015), para. 178.

（reasonable certainty），且針對損害數額，僅要求更低的確信（less certainty）。因此，數額之證明得爲一估計值。仲裁庭享有認定賠償數額之裁量權，此等彈性亦適用於證明標準。

（二）相對人主張，聲請人請求 2009 年至 2036 年之損害具投機性。相對人並表示，損害事實及損害數額之證明程度均應達充分確信（sufficiently certain）。

（三）仲裁庭多數意見認爲：

1. 對於損害數額之證明程度，無須達到絕對確信（absolute certainty）。未來損害數額之證明無須達嚴格證明程度，達合理確信程度即爲已足。惟請求之數額應具可信性（probable），而非僅具可能性（possible）。多數意見採用合理確信標準，以決定 2004 年準則所致之損害數額。

2. 聲請人請求自 2004 年 4 月 1 日起至 2036 年 12 月 31 日止之損害，並將該期間區分爲三個區間：2004 年 4 月 1 日至 2008 年 12 月 31 日、2009 年、2010 年至 2018 年（Terra Nova 專案之未來損害）／ 2010 年至 2036 年（Hibernia 專案之未來損害）。

3. 關於未來損害，仲裁庭多數意見認爲，因 2004 年準則係持續違反 NAFTA 義務，持續造成損害，目前無法得知之未來損害數額在經過數年後將可確定，聲請人得於新的 NAFTA 仲裁程序中請求已發生，但在本案程序中尚未發生之損害。因此，本案並無就尚未確定之未來損害裁決賠償之基礎。

4. 仲裁庭多數意見綜合考量相關事證後，認定：(1) 加拿大應就增加經費支出部分，支付 Mobil Canada 10,31,605 加幣，支付 Murphy Oil 2,273,635 加幣。加拿大並應支付自 2012 年 7 月 23 日起至仲裁判斷作成日止，以 12 個月加幣 LIBOR 加 4% 之利率、每月複利計算之利息；(2) 加拿大應就經石油局要求支付 2004 年準則所規定之支出數額與聲請人支出數額之差額，分別支付 Mobil Canada 及 Murphy Oil 3,582,408 加幣、1,127,612 加幣。

七、仲裁庭之決定與判斷[8]

綜上所述，仲裁庭之認定如下：

（一）仲裁庭一致認定，2004 年準則之採行與適用未違反 NAFTA 第 1105 條。

（二）仲裁庭一致認定，2004 年準則爲第 1106 條之績效要求。

（三）仲裁庭多數意見認定，2004 年準則未被加拿大依第 1108(1) 條所爲之保留涵蓋，違反

---

[8] *Supra* note 1, para. 490; Mobil Award, para. 178.

第 1106 條。

（四）仲裁庭多數意見認定，加拿大應就增加經費支出部分，支付 Mobil Canada 10,31,605 加幣、支付 Murphy Oil 2,273,635 加幣。加拿大並應支付自 2012 年 7 月 23 日起至仲裁判斷作成日止，以 12 個月加幣 LIBOR 加 4% 之利率、每月複利計算之利息。

（五）加拿大應就石油局要求支出經費差額之部分，分別支付 Mobil Canada 及 Murphy Oil 3,582,408 加幣、1,127,612 加幣。

（六）爭端雙方各自負擔法律費用及與本程序相關之費用，並應平均負擔仲裁費用。

案例十七

Mondev International Ltd. v. United States of America, ICSID Case No. ARB (AF)/99/2, Award (October 11, 2002)

一、當事人

聲請人：Mondev International Ltd.

相對人：美國

二、案件摘要

（一）系爭投資

聲請人 Mondev International Ltd.（依加拿大法設立之公司）所擁有，設立於麻薩諸塞州（下稱麻州）之有限合夥 Lafayette Place Associates（下稱 LPA），於 1978 年 12 月與波士頓市、波士頓更新局（Boston Redevelopment Authority，下稱 BRA）簽署之商用不動產開發契約（下稱系爭契約）。[1]

（二）爭議緣由

聲請人所擁有及控制之公司因麻州最高法院（Massachusetts Supreme Judicial Court，下稱 SJC）之裁決及麻州州法而蒙受損失。

（三）實體規範依據

NAFTA 第 11 章（投資專章），聲請人主張相對人違反以下義務：1. 間接徵收；2. 公平公正待遇（下稱 FET 或 FET 待遇）、最低待遇標準及拒絕正義（denial of justice）；3. 國民待遇。

---

[1]　*Mondev International Ltd. v. United States of America*, ICSID Case No. ARB(AF)/99/2, Award (October 11, 2002), para. 1.

（四）仲裁機構及規則

ICSID；ICSID 附加機制仲裁規則。

（五）聲請人請求

相對人賠償聲請人 5 億美元。

（六）仲裁程序及後續

仲裁庭於 2002 年 10 月 11 日作成仲裁判斷。

三、事實背景[2]

1970 年代後期，波士頓市努力復甦位於波士頓市市中心之沒落地區 Combat Zone。BRA 選擇聲請人及其合資夥伴 Sefrius Corporation（下稱 Sefrius）參與在指定區域興建百貨公司、零售商場及旅館之專案（下稱系爭專案）。聲請人與 Sefrius 於 1978 年設立 LPA，由 LPA 負責開發、持有及管理系爭專案。

1978 年 12 月 2 日，LPA、BRA 及波士頓市簽署系爭契約，準據法為麻州法律，契約約定分二階段進行開發。第一階段涉及購物中心、停車場及旅館之開發。依據系爭契約，LPA 在 1979 年 9 月取得開發第一階段所需之特定土地之權利，LPA 購買 Lafayette Parcel Phase I 之上空權（air right），於 1985 年 11 月完成第一階段之興建。第二階段考慮在緊鄰第一階段開發用地之四筆市有土地上，興建額外的零售空間、辦公大樓及百貨公司。四筆土地將整合成一筆，稱為 Hayward Parcel。

於簽署系爭契約時，停車場 Hayward Place garage 坐落於該些土地上。系爭專案第二階段之建設係取決於波士頓市移除 Hayward Place garage 之決定，若移除，波士頓市將興建地下停車場，且 LPA 將被授予在其上興建之上空權。系爭契約第 6.02 條訂有 LPA 購買 Hayward Parcel 之選擇權，此選擇權取決於波士頓市通知中止 Hayward Place garage 及興建地下停車場之決定，LPA 因此得在 3 年之期間內以第 6.02 條規定之公式所計算之價格，將其欲購買 Hayward Parcel 之意向通知波士頓市。

而後，波士頓市決定拆除 Hayward Place garage，LPA 於 1986 年通知其購買 Hayward Parcel 之意向。然而，在實現第二階段的過程中，出現諸多困難。LPA、BRA 及波士頓市於 1987 年進一步修訂系爭契約，將 1989 年 1 月 1 日訂為 LPA 行使選擇權之到期日。

---

[2] *Id.* paras. 1-2, 37-39.

　　LPA 於 1988 年 3 月將其在系爭專案之權利出租予另一加拿大開發商 Campeau，由其重新設計專案。Campeau 以承租人身分尋求延展選擇權到期日，卻遭拒絕。Campeau 遂於 1988 年 12 月通知波士頓市，希望可立即完成交易，然未採行任何後續正式程序。1989 年 1 月 1 日後，Campeau 就重新設計之專案取得批准。然因 Campeau 違反租約義務，LPA 終止租約。1991 年 2 月，美國銀行 Manufacturers Hanover Trust Co.（下稱 Manufacturers Hanover）取消抵押品之贖回權。

　　LPA 於 1992 年 3 月向麻州高等法院對波士頓市及 BRA 提起訴訟，指控被告惡意（in bad faith）阻撓原告行使選擇權。陪審團作出有利於 LPA 之裁決，承審法官維持陪審團認定波士頓市違反系爭契約之裁決，然關於 BRA 之部分，則以麻州州法就故意侵權行為訴訟給予 BRA 豁免為由，免除 BRA 干涉契約關係之責任。波士頓市及 LPA 均提起上訴，SJC 就 BRA 部分維持承審法官之判決，然就契約索賠部分，接受波士頓市之上訴訴求。LPA 對 SJC 之判決聲請重審，並就其對波士頓市之契約索賠，向美國最高法院聲請調卷令，此等聲請均被駁回，聲請人遂依 NAFTA 第 1116 條提起仲裁。

四、程序爭點

（一）屬時管轄權異議

1. 相對人主張，除麻州法院之裁決外，爭端發生在 1985 年至 1991 年間，是在 NAFTA 1994 年 1 月 1 日生效之前。依 NAFTA 第 1116(2)(a) 條及第 1117(2)(a) 條，管轄權限於 NAFTA 生效後之義務違反。如聲請人在 1994 年 1 月 1 日是投資人，且麻州法院之裁決構成拒絕正義，則此等裁決原則上受 NAFTA 檢視。然而，聲請人在 1994 年 1 月 1 日並非投資人，且該等裁決未違反第 1105 條。[3]
2. 聲請人主張，在美國法院依麻州法律審理完 LPA 之請求前，NAFTA 義務之違反尚未被完整呈現。依國際最低標準及麻州法律，波士頓市及 BRA 在 1994 年前之行為是不當的，此為一項持續性情況，依第 1105 條，美國負有改正義務。1994 年後，美國法院之裁決結果顯示美國未提供任何救濟，違反 NAFTA。[4]
3. 仲裁庭認為，本爭端發生在 NAFTA 生效前，且 NAFTA 並無溯及既往之效力。在特定情況下，NAFTA 生效前之行為，在 NAFTA 生效後可能具持續效力，因此，NAFTA 可作為認定持續性行為（continuing conduct）之不當性之基礎。惟應區分具持續特性之行為以及

已完成但持續造成損失或損害之行爲，被控訴違反義務之行爲是否具持續特性，須視個案事實及所稱違反之義務而定：[5]

(1) 關於聲請人控訴 Hayward Parcel 選擇權被徵收，仲裁庭認爲，系爭選擇權於 1989 年 1 月 1 日到期，如有該等權利之徵收，須於當時完成。就權利徵收未爲補償之爭議未曾發生。

(2) 關於 LPA 及聲請人就整體專案權利之損失，此發生於取消贖回權之日，且已確定。如有任何徵收行爲存在，其發生日應不晚於 1991 年。在此情況下，難以認定在取消贖回權之日後，存有系爭專案之持續徵收（continuing expropriation）。針對 LPA 提訴指控波士頓市及 BRA 違反契約或侵權行爲規定，如美國法院未能依麻州州法裁決，是依據第 1105 條判斷，而未涉及該等權利之徵收。因此，仲裁庭無須考量契約權之損失是否違反第 1110 條。相同的結論亦適用於聲請人依第 1102 條及第 1105 條所爲之控訴，蓋波士頓市及 BRA 之行爲在 1994 年以前已具決定性效力（definitive effect）。

(3) 關於第 1102 條，聲請人稱，波士頓市及 BRA 官員之特定言論顯示反加拿大之敵意。仲裁庭表示，這些受質疑之陳述均於 NAFTA 生效前作成，聲請人明確放棄指控美國法院之裁決在 NAFTA 生效後存有歧視或偏見。仲裁庭不認爲此涉及歧視，如同聲請人自述，Campeau 快速地取得系爭專案所需之各項批准，能無困難地獲得 BRA 同意之原因之一，爲其準備支付市場價格以取得 Hayward Parcel，而聲請人則僅願意支付系爭契約約定之價格。LPA 在麻州法院之訴訟程序中，亦未提出任何歧視指控。在此等情況下，聲請人關於第 1102 條之控訴在實體上顯無理由。惟無論如何，均與美國在 1994 年 1 月 1 日後之作爲或不作爲違反 NAFTA 之任何控訴無關。

(4) 關於聲請人依第 1105(1) 條提出之控訴，其涵蓋在 NAFTA 生效日以前及以後之行爲。聲請人稱在 1993 年底時，關於波士頓市及 BRA 之行爲，其有未獲救濟之請求，該等行爲違反（或如 NAFTA 在相關時刻已生效，即違反）第 1105(1) 條之保障標準，後續美國法院未能就此持續情況提供任何救濟，違反第 1105(1) 條，此情況於聲請人請求遭美國法院駁回時成熟（mature）。

(5) 如協定義務於國家被控違反義務之時點已生效，國家方就協定義務之違反負國際責任，此爲基本原則，VCLT 及國際法委員會國家行爲責任草案均有規定，[6] 且國際仲裁庭一再重申此原則。[7] 仲裁庭支持 *Feldman* 仲裁庭之見解，表示在 1994 年 1 月 1 日前

---

[5] *Id.* paras. 57-64, 68-73, 75.

[6] Vienna Convention on the Law of Treaties (May 23, 1969), 1155 UNTS 331, Article 28; ILC Articles on Responsibility of States for Internationally Wrongful Acts (2001), Article 13.

[7] E.g., *Amco International Finance Corp. v. Islamic Republic of Iran* (1987) 15 Iran-US Claims Tribunal Reports 189 at p.

已違犯之行為本身不構成 NAFTA 之違反。[8] 另一方面，就 NAFTA 締約方在 NAFTA 生效後之行為是否違反第 11 章義務之問題，仲裁庭不認為 NAFTA 生效前之事件與此問題無關，然仍需指出協定生效後之國家行為本身違反協定之義務。在本案中，唯一可能構成第 11 章義務違反之行為乃 SJC 及美國最高法院之裁決，僅僅 NAFTA 生效前之行為在 NAFTA 生效時未獲救濟之事實，並無法使仲裁庭將 NAFTA 溯及適用於該等 NAFTA 生效前之行為。

(6) 合法徵收要件之一的補償義務，並未要求在徵收之同時需給予補償，惟地主國於徵收時至少應承認補償義務，或存有一項聲請人得有效且立即援用之程序，以確認補償。如上所述，因仲裁庭已認定，關於整體專案權利之損失及選擇權，在 NAFTA 生效時並無持續不當行為。因此，仲裁庭認定，依 NAFTA，唯一可爭論之控訴為美國法院駁回 LPA 請求之行為，第 1105(1) 條為質疑該等行為之唯一請求權基礎。

（二）聲請人之當事人適格

1. 相對人主張，任何損失或損害是由 LPA 承受，因此聲請人應依第 1117 條代表 LPA 提出請求，而非代表其自身提出請求。因仲裁意向通知未提及第 1117 條，亦未臚列 LPA 之地址，應視為聲請人僅依第 1116 條提起仲裁。由於聲請人未證明其蒙受損失或損害，故不得依第 1116 條提出請求。[9]

2. 聲請人主張，其已進行投資，且間接控制投資。NAFTA 適用於既存投資，且第 1139 條「締約一方投資人之投資」定義之用語為「直接或間接所有或控制」。在任何情況下，如仲裁庭有必要將其請求視為依第 1117 條代表 LPA 提出，並不存在任何困難。第 1119 條要求提出而聲請人未提供之資訊僅 LPA 之地址，且此瑕疵已被迅速補正。[10]

3. 仲裁庭認為，問題的核心在於，聲請人是否有當事人適格，得就美國法院對 LPA 之違約及不當干涉請求之裁決，聲請投資仲裁：[11]

(1) 關於當事人適格，NAFTA 區分投資人代表自己提出之控訴，以及代表企業提出控訴。第 1116 條規定，外國投資人得就其擁有或控制之當地企業之利益，以自己之名義提出控訴；第 1117(4) 條則明文禁止當地企業以自己名義提出控訴。在此詳盡規範之機制

215.

[8] *Feldman v. United Mexican States*, ICSID Case No. ARB(AF)/99/1, Interim Decision on Preliminary jurisdictional issues (December 6, 2000), (2001) 65 ILM 615 at p. 625.

[9] *Supra* note 1, paras. 45, 49.

[10] *Id*. para. 50.

[11] *Id*. paras. 79-83.

下，並無適用國際法處理揭穿公司面紗之原則之任何空間。唯一的問題在於聲請人是否依相關條款及定義提出請求。

(2) 聲請人之請求涉及截至 1994 年 1 月 1 日「在締約一方領域，就該領域內之經濟活動投入資本或其他資源所生之利益」，為 NAFTA 生效時之既存投資，並不在投資定義 (j)「任何其他金錢請求」之除外規定範圍內。一旦投資存在，即便當地企業已倒閉，其仍受 NAFTA 保障。NAFTA 之宗旨在於提供投資生命全程（life-span）之保障，例如：投資之設立、取得、擴張、管理、經營、營運、出售或其他處分。

(3) 截至 1994 年 1 月 1 日，存有關於聲請人在系爭專案投資之存續利益，該等利益雖由 LPA 持有，然聲請人直接或間接所有或控制 LPA，且該等利益為第 1139 條所定義之「締約一方投資人之投資」。聲請人是否因該等美國法院之裁決而蒙受損失或損害，此有待聲請人證明。綜上，仲裁庭認定，關於美國法院之裁決，聲請人擁有依第 1116 條提出控訴之當事人適格。

（三）第1116(2)條及第1117(2)條之三年時限

1. 相對人主張，第 1116(2) 條及第 1117(2) 條規定，投資人自首次知悉或應得知悉所指之違反及因此遭受損失或損害之日起已逾 3 年者，不得提出請求。即便聲請人就第 1102 條、第 1105 條及第 1110 條違反之持續特徵之主張是成立的，違反行為最遲發生在 1994 年 1 月 1 日，依第 1116(2) 條，聲請人啟動仲裁之時點已逾時。然此項異議不適用於因美國法院裁決而生之拒絕正義控訴，聲請人已於法院裁決作成後 3 年內提起仲裁。[12]

2. 聲請人主張，第 1116(2) 條及第 1117(2) 條之「知悉」（knowledge）一詞要求確定知悉（certain knowledge）。直到美國法院作成最終裁決時，聲請人方確認其蒙受損失，才產生 NAFTA 之違反。於投資人知悉違反且知悉損害或損失時，方觸發時限起算，本案並無 3 年時限之適用。[13]

3. 仲裁庭認為，因其管轄權限於依第 1105 條就美國法院裁決提出之控訴，本案程序係在終審法院裁決後 3 年內啟動，因此就 3 年時限之要求，並不存在爭議。對於聲請人在美國法院裁決前無法知悉波士頓市及 BRA 之行為所致之損失或損害之主張，仲裁庭並不採認。仲裁庭表示，即便損失或損害之範圍或數額尚不明確，聲請人仍得知悉其已蒙受損失或損害。最遲於 1994 年 1 月 1 日，聲請人應已知悉 LPA 在麻州所提出之訴訟程序未能填補其所有損失，因此，如至 1994 年 1 月 1 日，聲請人關於波士頓市及 BRA 行為之控訴已

---

[12] *Id.* paras. 45, 51.

[13] *Id.* para. 52.

成為持續性 NAFTA 控訴（continuing NAFTA claims），則已逾 3 年時限。此乃仲裁庭將
管轄權限縮在關於美國法院裁決之控訴之另一個原因。[14]

（四）關於管轄權之結論

綜上，仲裁庭認定，其就聲請人依第 1116 條提出，關於美國法院裁決違反第 1105(1) 條
之控訴有管轄權。在此範圍內，仲裁庭可受理該控訴。[15]

五、實體爭點

（一）第1105條之解釋

1. 2001年7月31日FTC之解釋

(1) 相對人主張 [16]

A. 第 1131(2) 條規定，NAFTA 自由貿易委員會（the Free Trade Commission，仲裁庭將
之簡稱為 FTC）對於本協定條款之解釋應拘束依本條組成之仲裁庭。FTC 於 2001 年
7 月 31 日通過下列第 11 章之解釋，以釐清並重申特定條款之意義：「依據國際法之
最低待遇標準：1. 第 1105(1) 條規定習慣國際法外國人最低待遇標準為應提供予另一
締約方投資人之投資之最低待遇標準。2.『FET 待遇』及『充分保障與安全』之概念
並不要求增加或超過習慣國際法外國人待遇標準所要求之待遇。3. 認定違反 NAFTA
其他條款或一項獨立的國際協定之決定，並無法證明違反第 1105(1) 條。」相對人將
FTC 解釋之影本提交予仲裁庭。

B. 第 1105 條之意義已由 FTC 解釋確立，第 1105(1) 條之義務被限縮在既有習慣國際法
律義務之範圍內，FET 待遇及充分保障與安全因此被包含在最低標準之內。鑑於先前
NAFTA 仲裁庭錯誤解讀第 1105 條，故 NAFTA 締約方採行此項解釋，相對人並未為
了改善其在審理中之仲裁之地位，而濫用其作為 FTC 成員之權力。第 1131 條乃遊戲
規則之一，締約方以此確保每當 NAFTA 條款被誤解時，NAFTA 條款之意涵得以被知
悉。FTC 解釋並不構成 NAFTA 之修訂。

---

[14] *Id.* para. 87.

[15] *Id.* para. 92.

[16] *Id.* paras. 101, 103.

(2) 聲請人主張 [17]

　　FTC 之決定為對 NAFTA 文本之修正，而非協定之解釋。FTC 解釋增加第 1105 條文本所無之文字「習慣」（customary），而將「FET 待遇」及「充分保障與安全」視為是多餘的文字。此外，如該等條款被視為是提供投資人不超過習慣國際法規定之最低標準，則因其已被成千上百個 BIT 及當代國際判決及仲裁判斷形塑，應被賦予其目前之內容。

(3) 仲裁庭認為 [18]

A. 第 1105(1) 條規定：「各締約方應給予另一締約方投資人之投資符合國際法之待遇，包括 FET 待遇及充分保障與安全。」第 1105(2) 條規定：「在不影響第 1 項之情況下，且雖有第 1108(7)(b) 條之規定，就締約方採行或維持關於在其領域內之投資因武裝衝突或內亂而蒙受損失之措施，各締約方應給予另一締約方之投資人及另一締約方投資人之投資不歧視待遇。」由「在不影響第 1 項之情況下」之文字可知，第 1105(1) 條並不限於涉及地主國法院之投資待遇之議題。在任何情況下，仲裁庭所適用且在國家實踐中之國際法之最低待遇標準適用於範圍廣泛之事實情況，不論是和平或內亂，且適用於範圍廣泛的國家機關或機構之行為，第 1105(1) 條規定之標準必須適用於國際仲裁及在地主國法院之救濟。

B. 針對爭端雙方對於 FTC 解釋之歧見，仲裁庭認為問題之核心在於，習慣國際法就投資協定中 FET 待遇及充分保障與安全所規定之內容為何？該等條款在習慣國際法中之意義，乃由兩次世界大戰期間之求償委員會（the Claims Commissions）解釋，特別是墨西哥求償委員會（the Mexican Claims Commission）在 Neer 案之闡釋。該委員會表示，構成國際法之違反者，乃對外國人之待遇屬於暴行、出於惡意、故意漠視義務，或政府行為遠低於國際標準，每位理性及公正之人均輕易地認知其不足。[19]

C. 然而，仲裁庭認為，Neer 案涉及外國人之人身安全，而非投資待遇。Neer 案的爭點在於，對於美國公民遭武裝人員殺害一事，墨西哥未執行有效調查之責任，該等武裝人員甚至未被控訴受墨西哥控制。原則上，國家不就私人行為負責，僅在特殊情況下，就後續調查之失職負擔國際責任。因此，當本案爭點為國家本身對於外人投資之待遇時，並無充分理由假設 BIT 及 NAFTA 之條款僅限於 Neer 案之惡意待遇標準；再者，Neer 案及其他類似的仲裁判斷是在 1920 年代作成，當時國際法中之個人地位及外人

---

[17]　*Id*. paras. 102.

[18]　*Id*. paras. 95-96, 113-117, 121-122.

[19]　*U.S.A. (L.F. Neer) v. United Mexican States, decision of the General Claims Commission, United States-Mexico* (October 15, 1926), Opinions of Commissioners (1927), p. 1, reproduced in the American Journal of International Law (1927), pp. 555, 556; 3 ILR 213.

投資之國際保障程度，遠低於今日，個人在國際法中之程序及實體權利有重大發展。鑑於此等發展，如將 FET 待遇及充分保障與安全之意義限於 *Neer* 案之見解，將無法令人信服。從現代的觀點來看，什麼是不公平或不公正，不須等同粗暴（outrageous）或極度惡劣（egregious），尤其是地主國可能非出於惡意，不公平或不公正地對待外人投資；第三，大量的雙邊或區域投資協定幾乎一致地規定外人投資之 FET 待遇，且多數協定規定投資之充分保障與安全，地主國一再課予其自身給予外人投資該等待遇之義務。此等實踐必將影響當代國際法中規範外人投資待遇之規則內容，仲裁庭審理外國投資人之請求時，應受個案事實及所適用之協定條款拘束。

D. FTC 之解釋明確指出二點，第一，第 1105(1) 條所指者為習慣國際法之既有標準，而非 NAFTA 締約方所簽署之其他協定設定之標準；第二，第 1105(1) 條「FET 待遇」及「充分保障與安全」之詞彙係援引習慣國際法標準之既有要素，並無意在該標準增添新的要素。對於此等詞彙，FTC 並未作條文外之解讀。

2. 拒絕正義之適用標準[20]

關於拒絕正義之適用標準，仲裁庭認為，依 NAFTA，投資人得尋求當地救濟，一旦訴諸當地救濟而獲敗訴判決，NAFTA 仲裁庭之職能並非作為內國法院之上級審。仲裁庭援用 *Azinian v. United Mexican States* 仲裁庭之見解，表示地主國就司法裁決承擔國際責任之可能性，並非賦予國際仲裁庭審視內國法院判決之權利。如法院拒絕受理訴訟、無故拖延、以嚴重不當的方式執行司法，方可提出拒絕正義訴求。拒絕正義之第四種態樣為明確且惡意地誤用法律。[21]

在 *ELSI* 一案，國際法院之分庭認為，當行為展現出惡意無視正當法律程序，衝撞司法正當性（judicial propriety），或至少令人驚訝（surprises），即為恣意行為。[22] 雖該案件之爭點確實為特定行政行為是否屬恣意而違反友好通商航海條約之條款，然而，仲裁庭認為，該標準於拒絕正義之認定上亦有助益，且該標準已被適用。仲裁庭強調，令人驚訝一詞並非獨立發生，此種測試標準並非特定裁決結果是否令人感到驚訝，而是公正法庭所造成之衝擊或驚訝是否導致對於裁決結果之司法正當性之合理顧慮（justified concerns）。

---

[20] *Supra* note 1, paras. 126-127.

[21] *Azinian v. United Mexican States* (1999), 39 ILM 537, pp. 552-3.

[22] *Elettronica Sicula S.p.A. (ELSI) (United States of America v. Italy)*, ICJ Reports (1989), p. 76.

（二）第1105(1)條於本案之適用

1. 駁回LPA對於波士頓市之契約請求[23]

(1) 聲請人主張，SJC之裁決嚴重偏離其先前的判例，且SJC完全未考量其是否應將其闡明之規則溯及適用於LPA之請求。SJC駁回LPA之請求爲恣意且極不公允。

(2) 相對人主張，SJC依循其既有判例爲合理裁決，且並不存在考量任何新法或其溯及適用問題之必要。

(3) 仲裁庭認爲，問題應爲移轉不動產之契約是否具拘束力，及該契約之所有履約條件是否已符合，此乃所有法律體系均須面對的問題。仲裁庭表示，SJC是否制定新法是有疑問的，即便其制定新法，其裁決亦落入普通法裁決之界限，並無令人震驚或驚訝之處。違反投資契約之政府特權行爲似不符合第1105條之原則與當代國際及內國法關於政府履約責任之標準，然仲裁庭認爲，SJC明確否認有免除政府履行其契約責任之任何意圖。

2. SJC未將契約請求發回重審[24]

(1) 聲請人主張，一旦SJC認定出現履約爭議，其應將事實問題發回陪審團重審，尤其是聲請人是否願意且能夠履約之事實，以及波士頓市是否已拒絕履約。

(2) 相對人主張，依麻州法律及實務，是由SJC決定是否將問題發回重審，並無任何基礎可依第1105條對該等決定提出質疑。

(3) 仲裁庭認爲，關於上訴審之事實認定問題爲當地程序實踐之典型事項。除在極端案件外，仲裁庭並不理解發回重審等事項之當地程序規則之適用，或關於陪審團相對於上訴法院之職能之決定，如何能違反第1105(1)條之標準。如依聲請人主張，則NAFTA仲裁庭將轉爲上訴法院，此並非仲裁庭之角色。可以想像的是，如上訴法院之裁決考量對裁決至爲重要之全新的事實爭議，然基本上未允許受影響之當事人陳述意見，則可能產生問題。然而，LPA擁有向最高法院聲請重審之權利，且其已行使此權利。在此等情況下，無任何程序性拒絕正義之跡象。

3. SJC未考量是否溯及適用新的規則[25]

(1) 聲請人主張，SJC未考量是否應溯及適用其適用於政府契約之新規則，因此違反其司法造法之標準。

(2) 仲裁庭認爲，如前所述，法院就麻州契約法之決定完全落入法院司法造法之範圍，在任

---

[23] *Supra* note 1, paras. 131-134.

[24] *Id*. paras. 135-136.

[25] *Id*. para. 138.

何情況下，通常由當地法院決定是否，以及在什麼情況下溯及適用新的判例法。

4. BRA之法定豁免（statutory immunity）[26]

(1) 聲請人主張

  A. 關於影響投資之不法行為，NAFTA締約方授予其公共機關訴訟豁免，即屬未能對投資提供充分保障與安全待遇，違反第1105(1)條。

  B. 任何對於政府之契約或侵權行為之訴訟豁免，至少在當事人所尋求之唯一救濟方式為損害賠償時，愈來愈被視為是不恰當的，與第1105(1)條「充分保障與安全」之明確規範不一致。

  C. 對於相對人所提出關於比較法之證據，聲請人主張，非NAFTA締約方之比較法研究與NAFTA保障範圍之問題無關，NAFTA規定其自身之充分保障與安全標準，相對人就侵權干涉（tortious interference）授予BRA訴訟豁免，違反該標準。

(2) 相對人主張

  A. 第1105(1)條並未排除對於侵權行為給予有限之訴訟豁免。關於法定機關是否適用與私人相同的侵權行為責任規範，在國際實踐中並無共識。在習慣國際法未要求法定機關就其侵權行為負責，或欠缺任何一致的國際實踐之情況下，不能認定BRA之豁免違反第1105(1)條。

  B. 對特定國家機關就故意侵權行為授予有限制的豁免非屬恣意或任意。相對人提出兩類證據，第一類為關於立法史及侵權行為豁免之基本原理之證據，主張政府侵權行為訴訟豁免已行之有年，1946年聯邦侵權行為求償法（the Federal Tort Claims Act 1946）廢除美國本身之豁免，但訂有數項例外，包括干涉契約權利，而麻州則是到1978年才進行相對應之法律變更。

  C. 相對人提出之第二類證據則由比較法出發，主張比較法顯示，國際上針對公共機關侵權行為豁免之適當程度，並未達成共識。政府責任限制仍存在於許多國家中。

(3) 仲裁庭認為

  A. 麻州侵權行為求償法（Massachusetts Tort Claims Act）第10(c)條規定，非獨立之政治機關或企業之公共雇主（public employer）豁免於因故意侵權行為而生之任何求償，包括干涉契約關係。麻州高等法院之承審法官認定BRA為該法所定義之公共雇主而享有豁免，SJC維持此裁決。在LPA向最高法院聲請之調卷令中，並未質疑此裁決。

  B. 雖美國立法中廣泛的侵權行為例外已招致批評，並出現廢除該等例外之建議，然聯邦法令或州法並未依該等建議修訂。

---

[26] *Id*. paras. 139-140, 145-150, 153-156.

C. 在本案之特定背景下，可以想像立法機關決定豁免被授權處理商業改造計畫（commercial redevelopment plans）之管制機關之潛在侵權干涉責任之理由。該機關必須詳盡瞭解相關契約關係，且有權透過核發或不核發批准干預契約關係。如被訴，其將可主張其行為係基於善意，且係行使合法授權。

D. 在考量爭端雙方提出之事證後，仲裁庭不認為本案有限制的訴訟豁免構成第1105(1)條之違反。仲裁庭表示，當NAFTA締約方之行為實質違反NAFTA標準時，該等豁免當然無法保護NAFTA締約方免於控訴，於進行NAFTA第11章仲裁時，不適用內國法定豁免；另一方面，一國決定給予其管制機關干預契約關係之訴訟豁免之範圍，乃該國主管機關之決定事項。仲裁庭認為，美國法院係依據爭議行為時之麻州法律裁決，聲請人對此並未爭執，且自表面觀之，美國法院並未涉及任何恣意、歧視或不公允之行為。因此，仲裁庭駁回聲請人第1105(1)條之控訴。

六、損害賠償及費用計算

爭端各方應負擔自身之費用，並平均分擔本仲裁庭及秘書處之費用。

七、仲裁庭之決定與判斷[27]

綜上，仲裁庭一致決定：

（一）仲裁庭之管轄權限於聲請人關於美國法院裁決之控訴；僅在此範圍內，聲請人之控訴可被受理。

（二）美國法院之裁決並未違反NAFTA第1105(1)條。

（三）因此，聲請人之控訴均被駁回；爭端各方應負擔自身之費用，並平均分擔本仲裁庭及秘書處之費用。

---

[27]　*Id.* para. 58.

案例十八

MTD Equity Sdn. Bhd. and MTD Chile S.A. v. Republic of Chile, ICSID Case No. ARB/01/7, Award (May 25, 2004)

一、當事人

聲請人：MTD Equity Sdn. Bhd.（下稱 MTD Equity）；MTD Chile S.A.（下稱 MTD Chile）

相對人：智利

二、案件摘要

（一）系爭投資

於智利從事住商混合建設之投資公司之股份。

（二）爭議緣由

智利拒絕進行聲請人執行住宅開發專案（下稱系爭專案）所需之土地使用分區變更。

（三）實體規範依據

馬來西亞—智利 BIT（1992）（下稱馬智 BIT），聲請人主張相對人違反以下義務：1.間接徵收；2.公平公正待遇（下稱 FET 或 FET 待遇）／最低待遇標準；3.不合理及歧視性措施；4.最惠國待遇（下稱 MFN 或 MFN 待遇）。

（四）仲裁機構及規則

ICSID；ICSID 仲裁規則。

（五）聲請人請求

相對人賠償聲請人 2,000 萬美元。

（六）仲裁程序及後續

1. 仲裁庭於 2004 年 5 月 25 日作成仲裁判斷。
2. 專門委員會於 2007 年 3 月 21 日作成撤銷決定（Decision on Annulment）。

三、事實背景[1]

MTD Equity 為一家馬來西亞公司，其全資子公司 MTD Chile 為一家智利公司（以下合稱 MTD）。於 1994 年，MTD 之拿督（Dato'）Nik 以馬來西亞公共工程部所組成之代表團成員身分，參訪智利。Nik 於參訪期間與智利政府官員及商業領袖會面，其等強調智利鼓勵外人投資。Nik 遂向 MTD 管理委員會報告此事，同時拜會馬來西亞駐聖地牙哥大使館之外貿專員 Musa Muhamad。

1996 年 4 月，Musa Muhamad 告知 Nik 一個在聖地牙哥附近興建大型計畫社區之機會，Nik 遂通知拿督 Khalid，Khalid 遂赴智利調查，並與當地商人 Muhamad 及 Antonio Arenas 會面，其等告知已尋得完美的計畫社區地點。Khalid 勘查該筆位於 Pirque 之土地，並會見地主 Fontaine。該土地之使用分區為農業區，聲請人稱，Fontaine 表示該土地之使用分區可立即被變更。

Khalid 向 MTD 管理委員會報告，管理委員會決定進一步調查此投資機會。MTD 集團總經理 Vincent Lee 及土地鑑價專家 Shafiee 便前往智利，於 1996 年 5 月 16 日拜會智利外人投資委員會（Foreign Investment Commission，下稱 FIC）資深法律顧問 Morales。翌日，Shafiee 拜會住宅暨都市化服務局（Servicio de Vivienda y Urbanización，下稱 SERVIU）局長 Guerra。MTD 集團總經理及 Shafiee 認為應把握此投資機會，並向 MTD 管理委員會報告。MTD 管理委員會決定與地主 Fontaine 進行協商，同時研究以合資方式開發系爭專案之可行性。

MTD 委任 Banco Sud Americano 進行土地鑑價，1996 年 9 月之鑑價報告假設該土地在變更使用分區後可被開發為高級社區，認定面積 3,000 公頃之土地價值為 34,385,487 美元。但 MTD 與 Fontaine 之協商於 1996 年 9 月陷入僵局，雙方對於開發面積及合資公司之控制權未獲共識。後於同年 11 月重啟談判，Vial & Palma 法律事務所之律師 Labbé 代表 MTD，雙方並簽署一份允諾契約（promissory contract）。

1996 年 11 月 6 日，住宅暨都市發展部（the Ministry of Housing and Urban

---

[1] *MTD Equity Sdn. Bhd. and MTD Chile S.A. v. Republic of Chile*, ICSID Case No. ARB/01/7, Award (May 25, 2004), paras. 40-85, 94.

Development，下稱 MINVU）部長 Hermosilla 及部長級區域秘書處（*Secretario Regional Ministerial*，下稱 SEREMI）之 González 與 MTD 代表會面。

1996 年 12 月，Khalid 與 MTD 集團總經理協商執行允諾契約之文件，並於同年月 13 日簽署該等文件。允諾契約僅在 FIC 批准 MTD 之投資後方生效，並約定：（一）先開發其中兩部分之土地，第二部分土地由 MTD 選擇；及（二）設立智利公司 El Principal Inversiones S.A.（下稱 EPSA），由 MTD Chile 持股 51%、Fontaine 持股 49%。

1997 年 1 月 14 日，MTD 向 FIC 提出金額 17,136,000 美元之初始投資申請，申請文件記載：此投資專案係開發占地 600 公頃之小鎮，建設公寓及學校等所有使居民可自己自足所需之設施。申請文件並敘明，初始資金將投入 MTD Chile，MTD Chile 將用於取得 EPSA 51% 之股份，由 EPSA 持有土地並開發專案。FIC 於 1997 年 3 月 6 日核發核准函予 MTD，並檢附用於該等投資目的之標準契約。FIC 總裁於同年月 18 日與 MTD 簽署外人投資契約。而後，MTD 向 EPSA 挹注 840 萬美元，並以 837 萬 6,000 美元向 Fontaine 購買 EPSA 之股份。

MTD 於 1997 年 3 月就取得管制許可等事項洽詢 DLU、San Martín & Pascal 及 URBE 等三家建設公司，後於同年 4 月委任 URBE 協助取得使用分區變更及分割土地等。聲請人稱，三家建設公司均確認須由 Pirque 市啓動使用分區變更程序，且該等變更須經 MINVU 同意。

MTD 於 1997 年 4 月 8 日就額外投資資金 364,000 美元，向 FIC 提出第二次申請。FIC 於同年月 22 日核發核准函，並檢附標準外人投資契約範本。FIC 與 MTD 於同年 5 月 17 日就此等額外投資簽署投資契約。

1997 年 4 月 22 日，MTD 代表與 Labbé 拜會 MINVU 全權負責聖地牙哥南區之建築師 Carbacho 及官員 Lepe。Carbacho 及 Lepe 表示，因聖地牙哥大都會監管計畫（*Plano Regulador Metropolitano de Santiago*，下稱 PMRS）涵蓋 Pirque，MINVU 須協調及批准系爭專案土地之使用分區變更。

1997 年 5 月 16 日，MTD 代表拜會 Pirque 市長 Manuel José Ossandón，其於同年 8 月 14 日發函同意系爭專案，並就取得許可提供協助。在這段期間內，MINVU 部長由 Hermosilla 變更爲 Henríquez。

約於 1997 年 11 月，MTD 獲悉 González 不願意爲 Pirque 調整 PMRS。同年 12 月 12 日，智利政府公報公告核准包括 Chacabuco 區域在內之 PMRS 修正，許可依附條件的都市開發區系統（the system of *Zonas de Desarrollo Urbano Condicionado*）所爲之開發。

1998 年初，MTD 委任專精於土地法規與不動產開發之律師 Heilenkötter。因 González 不願意啓動使用分區變更程序，Heilenkötter 等顧問考慮依都市建設法（the *Ley General de Urbanismo y Construcción*）執行替代方案：（一）準備分區計畫，僅調整系爭專案區域之使用分區；（二）準備 Pirque 市公共計畫；及（三）依第 55 條申請房屋建築。

1998 年 3 月，Heilenkötter 與 MTD 其他顧問拜會 González，González 表示，因 PMRS

於 1997 年 12 月剛變更，其不願承擔其他調整作業。因 MTD 瞭解都市建設法，其可能透過分區計畫變更使用分區，且由大都會區區域委員會（the *Consejo Regional de la Región Metropolitana*，下稱 CORE）最終決定是否核准分區計畫，以此越過 MINVU 之反對。此時，Pirque 市長向市議會提案制定分區計畫，以取得使用分區變更。市議會批准，市長於 1998 年 3 月 31 日通知 EPSA。

1998 年 4 月 13 日，MTD 代表與顧問拜會 CORE 主席 Quintana，Quintana 建議，因 Pirque 無公共管制計畫，市府應於其分區計畫提出策略性計畫，概述 Pirque 之預期成長。同年 4 月 16 日，Pirque 市長、MTD 代表與顧問拜會 González，González 告知系爭專案不符合 MINVU 之都市發展政策。Pirque 市長於會後致信 González，請求就專案之發展給予指導。SEREMI 於同年 6 月 3 日回函，表示：（一）在修改區域都市發展計畫（the *Plan Regional de Desarrollo Urbano*）之研究完成前，不便啟動 PMRS 之修訂；（二）分區計畫無法用於取得系爭專案土地之使用分區變更，僅 SEREMI 得啟動 PMRS 之修訂；（三）在投資契約簽署前，部長 Hermosilla 已告知 Fontaine 及馬來西亞商人不可能在 Pirque 開發系爭專案。

在 MTD 之請求下，於 1998 年 6 月 12 日與部長 Henríquez 開會，Henríquez 認同 González 之函文，並確認 MINVU 不可能啟動，亦不可能支持 PMRS 之修訂。同日，MTD 委任律師 Heilenkötter 拜會 FIC，FIC 表示無法協助 MTD，FIC 之職掌嚴格限於外國投資資金流入智利之核准。

Pirque 市議會於 1998 年 7 月 3 日通過分區計畫，市長於同年 8 月 11 日向 SEREMI 提交該計畫。1998 年 9 月 8 日，市長向大都會地區區域環境委員會（the *Comisión Regional del Medio Ambiente, Región Metropolitana*，下稱 COREMA）提交環境影響研究（Environmental Impact Study，下稱 EIS）。COREMA 於同年月 15 日通知市府將審查 EIS，並於公開聲明中公告此項審查。

1998 年 9 月 25 日，SEREMI 未實質評估分區計畫，便將計畫退回給 Pirque 市長。SEREMI 之函文表示，無法以分區計畫修訂 PMRS。同年 10 月 19 日，MTD 代表拜會部長 Henríquez，Henríquez 重申，政府之計畫係鼓勵發展聖地牙哥北方，而非 Pirque 所在之南方。因此，其並不支持 MTD 請求之使用分區變更，且系爭專案可於智利其他地方進行。Henríquez 於同年 11 月 4 日正式發函駁回該專案。1998 年 11 月 26 日，COREMA 以分區計畫不符土地使用分區為由，駁回 EIS。

1999 年 6 月 2 日，MTD 通知相對人雙方間存有投資爭端，雙方協商未果。同年 10 月 8 日，MTD 通知相對人，其將訴諸 ICSID 仲裁。

四、程序爭點

（一）適用法[2]

1. 聲請人主張，智利未能履行外人投資契約之義務，未授予聲請人進行投資所需之許可。此違約行為應依國際法檢視，蓋智利—丹麥 BIT（下稱智丹 BIT）第 3(1) 條具有將相對人於外人投資契約之義務國際化之效力。

2. 相對人主張，否認智丹 BIT 第 3(1) 條具聲請人所稱之效力。依 ICSID 公約第 42(1) 條，[3] 在爭端雙方無合意時，關於外人投資契約，仍應適用智利法律。

3. 仲裁庭認為，爭端雙方已同意依馬智 BIT 仲裁，故仲裁庭應適用國際法。仲裁庭將於考量智丹 BIT 第 3(1) 條之效力時，進一步分析此爭點。

（二）MFN條款[4]

1. 聲請人主張，依馬智 BIT 之 MFN 條款，可援用其他 BIT 之條款。

2. 相對人主張，就該等條款之適用，智利並未爭執。然就智丹 BIT 第 3(1) 條及智利—克羅埃西亞 BIT（下稱智克 BIT）第 3(3) 條及第 3(4) 條，智利主張，即便適用該些條款，本案亦無違反義務之情形。

3. 仲裁庭認為：

(1) 馬智 BIT 第 3(1) 條 MFN 條款規定：「任一締約方投資人在締約他方領域內所為之投資，應取得 FET 待遇，且不應低於該締約方給予任何第三國投資人之投資之待遇。」仲裁庭應考量者為，智丹 BIT 第 3(1) 條及智克 BIT 第 3(3) 條及第 3(4) 條是否可被視為是 FET 待遇之一部分。

(2) 仲裁庭認為，FET 待遇標準須以最有助於達成馬智 BIT 保障投資及創造有利於投資之條件之目標解釋。將智丹 BIT 第 3(1) 條及智克 BIT 第 3(3) 條及第 3(4) 條納入，作為馬智 BIT 保障之一部分，與該目標一致。馬智 BIT 締約方將租稅待遇及區域合作協議排除在 MFN 待遇之適用範圍外。反之，其他可被解釋為是 FET 待遇之一部分之事項，即受 MFN 條款涵蓋。

---

[2] *Id.* paras. 86-87.

[3] ICSID Convention, Article 42(1): "The Tribunal shall decide a dispute in accordance with such rules of law as may be agreed by the parties. In the absence of such agreement, the Tribunal shall apply the law of the Contracting State party to the dispute (including its rules on the conflict of laws) and such rules of international law as may be applicable."

[4] *Supra* note 1, paras. 100-104.

五、實體爭點

（一）FET[5]

1. 聲請人主張

(1) 地主國創設投資人對系爭專案之強烈期待，期待該專案得於特定提案地點開發，雙方並簽署載有該地點之契約。然在 MTD 投資後，卻以政策為由，不核准使用分區變更，違反馬智 BIT 及智克 BIT 之 FET 待遇義務。就下述相對人所稱之 1996 年 11 月 6 日會議，聲請人否認曾召開該會議。聲請人表示，於 1998 年方知悉 FIC 之核准僅代表可匯入資金，此發生在 MTD 簽署第一份投資契約後，為時已晚。相對人並未解釋此等政府政策及未在 1998 年以前告知 MTD 之理由。

(2) 針對相對人稱 MTD 未就投資進行盡職調查，聲請人指出此論述之缺失：A. 如系爭專案不具可行性是非常明確的，為什麼 MTD 代表會見之許多官員未在 1998 年之前告知 MTD？B. 相對人之盡職調查主張係基於其在 1996 年 11 月 6 日之會議給予 MTD 警告。在任何情況下，如該專案事實上自始即不可行，智利不應透過核准外人投資申請及簽署外人投資契約誤導 MTD。在 MTD 向 FIC 所提出之申請書之專案描述欄位及外人投資契約第 2 條中，明確記載此專案開發地點，且契約並規定此項投資之目的是單一的，僅於取得 FIC 事前許可時方可修改。如外人投資契約之目的限於資金流入，則該契約毋庸特定投資目的，或規定投資目的之變更須經 FIC 核准。相對人所提出之 FIC 會議出席紀錄顯示，MINVU 部長雖非 FIC 會議之常任委員，然依 DL 600 第 13 條出席部分會議，就與其職掌相關之外人投資申請，參與討論並投票。聲請人並主張，如 FIC 之角色限於核准資金流入，則無需存有 FIC，蓋智利中央銀行無須考量投資專案，即具核准資金流入之權限。

(3) 分區計畫係修改 PMRS 之適當文件，由市政府提出即可，無須仰賴 MINVU。於市政府向 MINVU 提出分區計畫後，SEREMI 即需分析該申請並檢附贊同與否之報告，轉發予 CORE。聲請人並以核准包含 Pirque 在內、附條件的都市開發區之 PMRS 第 48 號修正案，證明智利之都市計畫與開發存有不確定性。相對人稱 Pirque 因環境因素具獨特性、排除於都市開發外之主張，與第 48 號修正案相矛盾。相較於 Pirque 市政府涵蓋 600 公頃之分區計畫，第 48 號修正案涉及超過 34,000 公頃之土地使用變更，MINVU 卻使用環境分析程度低於 EIS 之環境影響聲明（*Declaración de Impacto Ambiental*，下稱 DIA）。

---

[5] *Id.* paras. 106-107, 112-178, Fn. 98.

相較於駁回 Pirque 市所提交之 EIS，COREMA 於評估 MINVU 提出之 DIA 後，即認定第
48 號修正案未產生任何負面環境影響。

2. 相對人主張

聲請人之行為不符經驗豐富之投資人應具備之謹慎且盡職查核之行為標準：

(1) 在 1996 年 11 月 6 日 MTD 代表與部長 Hermosilla 及 González 會談之會議中，智利已警
告聲請人之代表，表示 PMRS 明確禁止 Pirque 之都市開發，且因系爭專案不符合 PMRS
之目標，故 SEREMI 不支持該專案。該會議應已使 MTD 強烈懷疑在 Pirque 開發之可
行性。此時，理性的投資人應進行嚴密的盡職調查，然 MTD 繼續簽署合資協議，且
在 MTD 與智利官員之許多會議中，聲請人已被告知變更使用分區之困難。相對人援引
American Manufacturing & Trading v. Zaire 案 [6] 及 *Robert Azinian et al. v. Mexico* 案 [7] 仲裁判
斷，主張聲請人不熟悉地主國商業環境，未取得執行專案所需之資源與服務，未委託進
行有價值之可行性研究。對於 Fontaine 稱土地使用分區得為變更，聲請人信以為真，未
進行任何調查。聲請人亦接受 Banco Sud Americano 之土地鑑價，該鑑價假設土地得變更
為都市利用，未特定 MTD 所欲投資之 600 公頃，且忽視 PMRS 所施加之限制。如聲請
人進行合理盡職調查並諮詢專業意見，將被告知該鑑價重新分區之假設是錯誤的。

(2) FIC 之角色僅核准資金移轉，而非專案之細節。外人投資契約確保外國投資人享有與本
國投資人相同的待遇，並規定匯入資金之許可不影響其他機關應依法核發之許可。因
此，外人投資契約要求 MTD 取得使用分區許可、環境許可及其他關於系爭專案之許可。
FIC 之職掌並不及於決定該投資之法律、行政或經濟可行性，亦不限制任何機關之管轄
權。聲請人稱 FIC 為一站式窗口，係完全扭曲 FIC 之職掌。FIC 並無評估土地使用限制
之法律權限，故 FIC 並無基於土地使用限制否准 MTD 外人投資申請之職責。此外，何
人出席 FIC 會議並不重要，DL 600 未規定有關部門之部長為法定出席者。依 FIC 實務運
作，除礦業等部門外，與投資申請有關部門之部長不出席 FIC 會議，且在 FIC 會議前亦
不會分送與投資相關之文件給有關部門部長，會議通知也不會發文給非常任委員。即便
MINVU 部長出席 FIC 會議，會議結論仍然相同。

(3) 就聲請人稱其未在簽署外人投資契約前收到關於系爭專案可行性之警告，相對人主張，
此論述係基於智利有警告 MTD 之義務之錯誤推定，事實上，是 MTD 有義務取得專案之
法律可行性之必要資訊。智利無義務修訂 PMRS，其官員均依法行政，包括駁回分區計

6　ICSID Case No. ARB/93/1, 36 I.L.M. 1531, at 1553 (1997).

7　*Robert Azinian et al. v. The United Mexican States*, ICSID (AF) Case N. ARB (AF)97/2, ICSID REV. -Foreign INV. L.J.
538 (1999).

畫。分區計畫不能修改位階更高之規範。

(4) 就聲請人稱 SEREMI 有義務將分區計畫轉發 CORE，相對人表示，此將違反都市建設法。依都市建設法，CORE 核准或駁回者為 SEREMI 之提案，而非其他機關之提案（包括市政府提出之分區計畫）。針對 PMRS 第 48 號修正案，相對人主張，該修正案證明聖地牙哥都市計畫架構之演進，土地使用法規與政策係在透明的行政系統下隨時間演進。所有修正案均依智利法律進行，乃追求人民公共福祉之結果。聲請人將第 48 號修正案描述為允許 Pirque 地區之大型都市發展，是錯誤的。依該修正案，僅於符合較先前任何在聖地牙哥都會區住房專案更為嚴格之要求後，方允許執行附條件之都市開發專案。

3. 仲裁庭認為

(1) 馬智 BIT 第 2(2) 條規定，任一締約方之投資人之投資，應隨時被給予 FET 待遇。馬智 BIT 第 4(1) 條規定，不應於實務運作中妨礙 FET 待遇之權利。

(2) 仲裁庭依 VCLT 第 31(1) 條解釋 BIT 條款。馬智 BIT 第 3(1) 條所使用之詞彙「公平」及「公正」之通常文義為公正（just）、一視同仁（even-handed）、不偏不倚（unbiased）、正當（legitimate），馬智 BIT 第 2(2) 條亦使用此等詞彙。關於馬智 BIT 之目的與宗旨，依 BIT 前言，係為締約一方投資人在締約他方領域內之投資創造有利之條件，並肯認保障締約雙方投資人之投資、促進投資流動之需求。故馬智 BIT 之 FET 待遇，應被解釋為以一視同仁及公正之方式對待投資，以促進外人投資。仲裁庭援用 *Tecmed* 案仲裁庭之見解：「提供予國際投資之待遇，應不影響外國投資人作成該投資所考量之基本期待。投資人期待，地主國以一致之方式、明確且完全透明地處理其與投資人間之關係。投資人得事先知悉任何管理其投資之法規與相關政策目標及行政實務，以規劃其投資，並遵循該等法規。……」[8]

(3) 仲裁庭依爭端雙方之主張，依序檢視三個爭點：1996 年 11 月 6 日會議之重要性、FIC 許可之範疇、聲請人作為審慎投資人之行為。

(4) 關於 1996 年 11 月 6 日會議，仲裁庭認為，該會議僅為智利官員與聲請人代表會面之許多會議之一。聲請人之代表於 1996 年 5 月 16 日拜會 FIC 之 Morales，並於同年月 17 日拜會 SERVIU 之 Guerra。1996 年 11 月 6 日恰逢 MTD 與 Fontaine 重啓協商並簽署允諾契約。因此，相對人強調此會議之重要性，欲藉此證明在聲請人作成投資決定之前階段，已被警示關於系爭專案開發之既存困難。FIC 於 1997 年 3 月 3 日核准聲請人之第一次外人投資申請，而後於同年月 18 日簽署外人投資契約。FIC 於同年 4 月 8 日核准第二次申

---

8 *Técnicas Medioambientales Tecmed S.A. v. The United Mexican States*, ICSID Case No. ARB(AF)00/2, Award (May 29, 2003), para. 154.

請，後於同年 5 月 13 日簽署第二份外人投資契約。同年 9 月 29 日，智利總統在爲馬來西亞首相舉辦之國宴上，稱許系爭專案具創新性，人民得自政府所創造之有利條件充分獲利。翌日，智利總統辦公室寄送一份類似的、於專案開幕式朗讀之公開聲明。相對人之行爲並未依循其所稱、於 1996 年 11 月 6 日向聲請人提出之警示。聲請人之行爲亦與相對人所稱之警示相矛盾，聲請人對於其與 Fontaine 間之交易，以 FIC 之核准作爲允諾契約之生效要件。由此可合理推論，若部長 Hermosilla 及 González 已明確警示聲請人，則聲請人應會另尋開發地點或取消擬議中之投資。

(5) 針對 FIC 核准，聲請人認爲，FIC 核准係對投資及在投資申請所述地點開發專案之核准，授予開發該地點之權利。聲請人稱，歸因於 MINVU 部長未出席 FIC 核准該專案之會議，否則聲請人將會被警告後續之投資障礙。仲裁庭認爲，DL 600 授予 FIC 代表智利核准外資流入之權限，並規定相對應契約之條款與條件。除央行總裁外，FIC 委員均爲部長級官員，FIC 會議決定採簡單多數決，會議之法定出席人數僅要求任 3 名委員出席。FIC 執行副總裁負責外人投資之協調，執行並加快機關所要求之程序，該等機關應於投資申請核准前報告或授予許可。外人投資申請要求投資人特定投資地點，且不可協商之標準外人投資契約重申此要求。契約所載投資地點之變更須經 FIC 核准。仲裁庭認爲，FIC 由部長級官員組成本身即可證明，智利授予 FIC 之職能係在有關部會最高層級間協調外人投資。DL 600 規定 FIC 須執行最低程度之內、外部查核。核准位於特定地點之專案，將使投資人期待坐落於該地點之專案是可行的。不向非常任委員通知 FIC 會議、在會議前不發送資料給有關部長之實務運作，嚴重減損 FIC 之協調職能。即便智利之法律架構要求提供協調機制，面對同一個投資人，同一政府之兩個不同部門之行爲並不一致。若如相對人所稱，即便 MINVU 部長出席 FIC 會議，FIC 仍會核准投資時，則不同部門之行爲更不一致。仲裁庭表示，投資人有責任確保投資之可行性，尤其是海外投資。然在本案中，智利並非被動之一方，各官員之行爲一致爲智利之責任，而非投資人之責任。依國際法，仲裁庭須將智利政府視爲一體。聲請人是否審愼作成投資智利之決定係另一問題。綜上，仲裁庭認定，FIC 核准悖於政府都市政策之投資專案之行爲，違反 FET 待遇義務。

(6) 就相對人稱聲請人在決定投資智利前未進行有意義之盡職調查，仲裁庭認爲，相關紀錄顯示，聲請人在交易完結前，未洽詢都市發展專家。而就聲請人之後所徵詢之事務所，依當時之書面紀錄，並未清楚載明變更使用分區之困難。唯一可確定的是，聲請人急於啓動專案。就專案開發，聲請人顯然沒有意識到 Fontaine 與其之間之利益衝突。仲裁庭表示，BIT 並非用以對抗商業風險，聲請人應承擔其自身行爲之後果。聲請人對於合作夥伴之選擇、接受基於未來假設之土地鑑價、未在契約中納入聲明保證等條款保障其自身免於該等假設未實現之風險，均爲聲請人應自行承擔之風險，與智利之行爲無關。

（二）因違反外人投資契約而違反BIT[9]

1. 聲請人主張

(1) 相對人未遵循契約義務，違反其應遵守對 MTD 投資所承擔之契約義務之條約義務。因相對人係違反國際義務，故仲裁庭應依國際法裁決。此爭點涉及外人投資契約之義務範圍，應依契約文義及契約法之一般原則、契約義務之國際化，解釋外人投資契約。聲請人強調，外人投資契約之條款無法協商，係附合契約（contracts of adhesion）。系爭專案坐落於 Pirque 是 MTD 與智利協商之基本前提假設，MTD 有權於該地點開發，智利負有採行允許開發所需措施之義務。智利以該專案應坐落於契約所載之特定地點爲由，阻礙專案開發，違反契約義務。相對人拒絕變更土地使用分區，摧毀 MTD 依外人投資契約所生之合理期待，整體外人投資申請程序徒具形式。聲請人主張，對在 Pirque 投資之核准已具許可該專案開發地點之效果。外人投資契約第 4 條之其他授權，係指外人投資契約本身所授予之許可以外之授權。

(2) 聲請人主張，關於就已核准之投資授予必要許可之義務，依 BIT，相對人在符合其法規之範圍內，有義務授予許可。相對人不能主張爲許可系爭專案而修正 PMRS 違反智利法規，蓋這正是相對人透過第 48 號修正案所作的事。依一般國際法原則，智利不能藉由主張機關權限不足規避其國際義務。

2. 相對人主張

縱智丹 BIT 第 3(1) 條適用於本案，聲請人未證明智利違反該義務。依國際法，並無法以契約之違反推定相對人違反國際協定。智利遵循外人投資契約，契約提及坐落地點之事實，並未授予聲請人不受拘束、在該地點開發系爭專案之權利。FIC 依 DL 600 所爲之核准僅係資金移轉之許可。

3. 仲裁庭認爲

此控訴之法律基礎爲馬智 BIT 之 MFN 條款。BIT 之違反爲國際法管轄範疇，然爲證明違反 BIT，需考量相對人依智利法所承擔之契約義務及其範圍。仲裁庭認爲，FIC 之投資核准並非是總括授權（blanket authorization），僅是啓動取得其他機關之必要許可之程序。地主國政府在核發許可時，須依循其法規與政策。否則，外人投資契約第 4 條將毫無意義。因此，仲裁庭認定，智利未因違反外人投資契約而違反 BIT。

9　*Supra* note 1, paras. 179-188.

（三）不合理及歧視性措施[10]

1. 聲請人主張

(1) 聲請人以智克 BIT 第 3(3) 條作爲指控之基礎。智克 BIT 第 3(3) 條規定，各締約方應保護締約他方投資人在其領域內依其法規作成之投資，不應以不合理或歧視性措施減損該等投資之管理、維護、使用、收益、擴張、出售及清算。

(2) 聲請人指控，前述不公平及不公正之措施亦不合理，相對人拒絕變更土地使用分區進而核准興建之行爲具歧視性，蓋智利已核准位於 Chacabuco 區域之其他大型不動產專案。聲請人主張，COREMA 許可 DIA 以支持第 48 號修正案之行爲，顯示智利對 Pirque 市所提出之 EIS 之不合理及歧視性待遇。

2. 相對人主張

(1) 聲請人援引之 PMRS 修正案均非透過分區計畫達成，而是依循標準的 PMRS 修正程序。第 48 號修正案將使大型不動產專案之完成更加困難，而非較聖地牙哥都會區之開發更爲容易。相對人主張，不能比較 EIS 與爲第 48 號修正案準備之 DIA。當專案導致重大環境影響時，環境法規要求進行 EIS，而第 48 號修正案並未對環境產生直接影響，僅係設定未來都市附條件開發專案之開發條件，依第 48 號修正案申請之專案仍需提交 EIS。

(2) COREMA 依循一定程序否准 MTD 之 EIS，因 MTD 之 EIS 無明顯之行政錯誤，COREMA 於收件後 5 日內檢視，而後會商其他管理環境以外事項之政府機關，進而否准 MTD 之 EIS。

3. 仲裁庭認爲

如相對人所述，當土地分區被劃定爲涉及森林農業利益時，與 Chacabuco 相關之 PMRS 變更或第 48 號修正案並未免除 PMRS 之特定修正。因此，無理由認定第 48 號修正案具歧視性。

（四）未能給予必要的許可[11]

1. 聲請人主張

(1) 聲請人依馬智 BIT MFN 條款援用智克 BIT 第 3(2) 條，該條文規定，當締約一方已承認在其領域內之投資，其應依據其法規授予必要之許可。

(2) 依此規定，一旦投資被核准，地主國應依其法規授予投資人必要之許可。因此，如系爭

---

[10] *Id.* paras. 190-196.

[11] *Id.* paras. 197-206.

專案之開發需有正式的使用分區變更許可，且若該許可僅能以 PMRS 修正案之形式呈現，則智利應依智克 BIT 第 3(2) 條，藉由通過 PMRS 修正案授予該等許可。PMRS 之修正完全在智利之裁量權範圍內，並無任何智利法規阻止智利修正 PMRS，然智利卻以政策為由拒絕修正 PMRS。

2. 相對人主張

(1) 就聲請人稱無智利法規阻止智利修正 PMRS 之主張，相對人加以駁斥。相對人主張，如認為聲請人之論述是正確的，將使智利 BIT 及外人投資契約要求外國投資人遵循地主國法規之條款失其意義，外國投資人將可規避 PMRS 修正程序。此外，智利將 Chacabuco 納入 PMRS，與 PMRS 允許在聖地牙哥北方進行都市開發之原始目的完全一致，然 Pirque 是位於聖地牙哥最南方。智利不否認其可修正 PMRS，然其無義務為之。PMRS 可被修正之事實不代表 MTD 有權提案修正。如同其他主權國家，智利有權設定其政策。在 MTD 投資前，其已知悉智利之政策，現在卻譴責該政策。

(2) 縱智克 BIT 第 3(2) 條適用於本案，如同 *Tecmed* 一案仲裁庭對於類似條款之認定，[12] 核發開發專案所需之許可應依據地主國法令，智利官員並非基於法律以外之事由作成相關行為，智利未違反該條款。

3. 仲裁庭認為

國際義務之違反應依國際法裁決，為證明違反之事實，可能需要考量內國法。在本案，仲裁庭首先需判斷相對人未修正 PMRS 是否是依據其內國法。仲裁庭區分「依地主國法規核發之許可」與「該些需要修改此等法規之行為」。當許可之申請符合法規要求時，依馬智 BIT 及智克 BIT 第 3(2) 條，投資人應被授予許可。另一方面，該等 BIT 條款並未賦予投資人變更地主國規範架構之權限。投資人所期待者僅為法規之適用。如同相對人之解釋，聲請人投資之執行需要變更智利管制都市部門之規範，而 PMRS 為規範架構之一部分。地主國得變更法規，然此非智克 BIT 第 3(2) 條所規定之權利，該條款僅係確保法規之適用，並確認地主國之義務為依其法規核發許可。仲裁庭認定，相對人不修正 PMRS 之行為並未違反 BIT。

（五）徵收[13]

1. 聲請人主張，MTD 在取得投資核准後進行投資，而後因被告知欠缺必要許可，被迫停止

---

[12] *Environmental Techniques Tecmed S.A. v. the Mexican United States*, ICSID Case No. ARB(AF)/00/2, Award (May 29, 2003).

[13] *Supra* note 1, paras. 207-214.

系爭專案。MTD 試圖取得許可，然遭駁回，故無法續行該專案，本質上已失去其投資之價值，相對人之行為構成間接徵收，違反馬智 BIT 第 4 條。聲請人主張，本案事實類似 *Metalclad* 案[14] 及 *Biloune* 案，[15] 該二案件之仲裁庭已認定，地主國未能或拒絕向投資人提供必要之許可，構成間接徵收。

2. 相對人主張，MTD 持續享有其在 EPSA 股份之所有權，有權依智利法申請其他許可，可於 Pirque 探索投資機會，且仍可申請修改 PMRS。相對人援引 *Feldman v. Mexico* 案仲裁判斷，該案仲裁庭認定，並非所有使投資人難以或不能執行特定業務、因法令變更或既有法令適用之變更致續營特定業務將不經濟之政府管制行為均構成徵收。本案非既有法令或其適用之變更，而僅涉及智利政策與法規之一貫適用。相對人主張，*Biloune* 案仲裁庭係認定對投資人所採行之措施之結合構成法律推定之徵收（constructive expropriation），該案並不支持否准許可申請本身構成法律推定之徵收之論述。不同於 *Biloune* 案之事實，智利官員未曾向 MTD 保證不需取得使用分區變更。

3. 仲裁庭認為，仲裁庭認同相對人之主張，投資人並無修改地主國法令之權利。智利可修改 PMRS 之事實並不代表智利有修改義務。本案之爭點並非徵收，而是上述地主國核准違反其政策之投資之不公平待遇。

六、損害賠償及費用計算[16]

（一）聲請人主張

1. 請求完全賠償其因智利違反 BIT 所生之損害，使其回復到如無 BIT 違反時之狀態。聲請人請求：(1) 其等投資之所有費用（扣除任何剩餘價值）；(2) 以合理商業利率複利計算之仲裁判斷前利息；及 (3) 關於本程序之費用與支出。

2. MTD 之主要支出為 1997 年初之初始投資，即便在政府官員明確反對系爭專案後，聲請人仍持續尋求政府之許可，已符合 MTD 減輕損害之義務。關於相對人所稱、Fontaine 購買股份之要約，基於 Fontaine 之付款條件，聲請人認為該要約是不切實際的。

---

[14] "covert or incidental interference with the use of property which has the effect of depriving the owner, in whole or in significant part, of the use or reasonably-to-be-expected economic benefit of property even if not necessarily to the obvious benefit of the host state." [*Metalclad Corp. v. United Mexican States*, ICSID Case No. ARB(AF)/97/1, Award (August 30, 2000), 103, 16 ICSID Rev.-FILJ 165 (2001)].

[15] *Biloune and Marine Drive Complex Ltd v. Ghana Investments Centre and the Government of Ghana*, 95 I.L.R. 183 (1994).

[16] *Supra* note 1, paras. 215-251.

（二）相對人主張

1. 聲請人未能證明損害與違反行為間之因果關係。縱部長 Hermosilla 於 1996 年 11 月 6 日之會議已警示系爭專案面臨嚴重的管制障礙，聲請人仍未透過簽署允諾契約減輕其損害，該損害不可歸責於智利。智利申明，聲請人不可請求 1997 年 3 月 18 日簽署第一份外人投資契約前之準備支出。關於聲請人於 1997 年 3 月 19 日至 20 日間之資金移轉，政府官員在該期間內已將管制障礙警示 MTD。而於 1997 年 5 月 20 日以後至 1998 年 9 月 25 日間，當 SEREMI 已確認不得以分區計畫修正 PMRS 時，聲請人支出超過 140 萬美元。任何理性投資人對將額外的資金分配給有疑義之投資時，應持保留態度。即便在 1998 年 9 月 25 日以後，聲請人持續支出超過 320 萬美元，且拒絕 Fontaine 所提出購買 EPSA 股份之要約，拒絕以此機會彌補大約半數之損害。

2. 相對人質疑聲請人是否確實蒙受損害，因多數聲請人所稱之損害，包括股本挹注、薪資等支出，均以關於 MTD Construction 或 MTD Capital 之文件作為佐證。相對人援引 *Middle East Cement* 案仲裁判斷，該案仲裁庭駁回與 Middle East Cement 取得銀行貸款相關之費用，因為這些費用屬於一般商業風險。[17] 相對人以此主張，聲請人就其用於投資之貸款相關之利息或銀行保證費用，並無請求之法律基礎。聲請人僅得請求因相對人違反 BIT 之行為所生之損害。

3. 相對人質疑聲請人有權請求仲裁判斷作成前之利息，並主張國際法不允許複利利息。關於利率水平，相對人認為應採倫敦銀行同業拆放利率（LIBOR）之年平均值或智利銀行貸款年利率，而非聲請人主張之 8%。

4. 相對人請求仲裁庭命聲請人負擔智利與本程序相關之支出、仲裁庭成員之費用與支出，及使用 ICSID 設施之相關費用。

（三）仲裁庭認為

　　仲裁庭依序處理下列關於損害賠償之議題：1. 可計入損害賠償之支出；2. 可歸因於商業風險之損害；3. 利息起算日；及 4. 適用之利率。仲裁庭表示，馬智 BIT 第 4(c) 條規定徵收之補償標準為「即時、充分且有效」，然未規定違反其他 BIT 義務時之賠償標準。聲請人援用常設國際法院在 *Factory at Chorzów* 案提出之經典標準，即賠償應除去所有不法行為之後果，回復如無違反行為時應有之狀態。相對人對此標準並無異議，仲裁庭將以此標準認定損害賠償額。

---

[17] *Middle East Cement Shipping and Handling Co. S.A. v. Arab Republic of Egypt*, ICSID CASE No. ARB/99/6, Award (April 12, 2002), paras. 153-154.

1. **可計入損害賠償之支出**：仲裁庭認為，聲請人已證明其等或代表其等就系爭專案所為、用於投資智利之支出，包括：(1) 與初始投資相關之支出 17,345,400 美元；(2) 仲裁庭已認定，智利之責任係 FIC 在政府不變更 PMRS 之政策下仍核准資金移轉。因此，仲裁庭認為，於簽署第一份外人投資契約前就該專案之支出，不計入損害賠償額。基於相同的理由，部長 Henríquez 於 1998 年 11 月 4 日以書面通知 PMRS 不會修正，聲請人在該日之後所為之支出，亦不計入。聲請人介於此二時點間之支出為 235,605.37 美元；(3) 與投資相關之財務費用係如何融資之商業決策之一部分，若因相對人違反 BIT 之行為而生者，即可請求。仲裁庭已認定，智利違反其公平公正對待聲請人之投資之義務，此待遇與投資人在智利投資之決策相關。仲裁庭認定可計入損害賠償之財務費用為 3,888,582.95 美元。可計入損害賠償之支出總計為 21,469,588.32 美元，然應扣除投資之剩餘價值及可歸因於商業風險之損害額。

2. **可歸因於商業風險之損害／投資之剩餘價值**：聲請人與 Fontaine 簽約時，已作成增加交易風險之決策，聲請人就此需承擔責任。聲請人接受在無法律保障之情況下支付土地價金。明智的投資人不會就假設專案實現之土地價值預先支付全額，至少會設定階段性付款條件（包括取得所需之開發許可）。因此，仲裁庭認定，聲請人應承擔其所蒙受之部分損害。基於下述考量，仲裁庭估計，聲請人自行承擔之部分為扣除投資剩餘價值後之 50%。Fontaine 已提出以 10,069,206 美元購買 MTD 所持有 EPSA 股份之要約，依聲請人與 Fontaine 間之股東協議，聲請人有義務接受此要約或將其股份買下。基此，仲裁庭認定，Fontaine 就聲請人現持有 EPSA 股份所提出之價格構成投資之剩餘價值。因該要約僅一部分是現金，其餘部分現金價值之現值為 9,726,943.48 美元。綜上，仲裁庭認定，聲請人應承擔之部分為上述可計入損害賠償之支出總額扣除該要約現值後之 50%。

3. **仲裁判斷作成前之利息起算日**：仲裁庭認定，智利就損害賠償額應支付之利息自 1998 年 11 月 5 日起算。

4. **適用之利率**：仲裁庭認為，本案係國際仲裁庭依 BIT 以國際交易貨幣評估損害賠償額，依爭端本質，適用之利率應為自 1998 年 11 月 5 日起至裁決之損害賠償額支付日止，每年 11 月 5 日之 LIBOR 年利率。關於以單利或複利計算之爭議，仲裁庭認為，複利較符合金融交易之實際狀況，且更貼近投資人損害之實際價值。如 *Santa Elena* 案仲裁庭所述，若財產所有人在較早之時點喪失其資產之價值，然當時未收到等值之貨幣，則賠償金額應至少部分反映其本應賺取之額外金額，及每年以當年利率再行投資可收取之收入。[18]

---

[18] *Compañía de Desarrollo de Santa Elena, S.A. v. Republic of Costa Rica*, ICSID Case No. ARB/96/1, Final Award (February 17, 2000), para. 104.

七、仲裁庭之決定與判斷[19]

綜上所述，仲裁庭認定：

（一）相對人違反馬智 BIT 第 3(1) 條。

（二）聲請人未保障其自身免於在智利投資之固有商業風險。

（三）相對人應賠償聲請人 5,871,322.42 美元。

（四）相對人應支付自 1998 年 11 月 5 日起至完全賠償前述金額時止，以複利計算之利息。

（五）爭端雙方應負擔其各自與本程序相關之費用。

（六）爭端雙方應平均分擔 ICSID 及仲裁庭所生之費用。

（七）駁回所有其他控訴。

八、專門委員會之撤銷決定[20]

相對人於 2004 年 9 月 20 日聲請撤銷仲裁判斷，聲請撤銷之理由爲：（一）ICSID 公約第 52(1)(b) 條仲裁庭明顯逾越權限；（二）第 52(1)(d) 條嚴重背離基本程序規則；及（三）第 52(1)(e) 條未於仲裁判斷中敘明其所依據之理由。

（一）聲請撤銷所列理由[21]

1. 明顯逾越權限

相對人主張仲裁庭未依 ICSID 公約第 42(1) 條適用法律，在無爭端雙方依 ICSID 公約第 42(3) 條授權之情況下，以適用法未授予之裁量權、依公允及善良原則作出裁決，明顯逾越權限。

專門委員會認爲，先前案件中的專門委員會區分未能適用法律及錯誤適用法律，並援引 *CDC* 案專門委員會決定：「不論我們對於仲裁庭法律分析之正確性之意見爲何，我們的調查限於仲裁庭是否致力於適用英國法。」[22] 專門委員會表示，致力於適用法律之概念不僅僅是主觀事項，如仲裁庭聲稱適用相關法律，然實際上適用完全不同的法律，則仲裁判斷仍無法逃離被撤銷之結果。惟在此種情況下，錯誤必須明顯，僅誤解特定規範之內容仍不足夠。

---

[19] *Supra* note 1, para. 253.

[20] *MTD Equity Sdn. Bhd. and MTD Chile S.A. v. Republic of Chile*, ICSID Case No. ARB/01/7, Decision on Annulment (March 21, 2007), paras. 1-2.

[21] *Id.* paras. 43-54.

[22] CDC Group (2005) 11 ICSID Reports 237, 252.

類似的考量因素亦適用於仲裁庭依公允及善良原則作出裁決之控訴。專門委員會表示，此與在個案適用法律時將公平性納入考量不同，例如：個別法律適用常要求仲裁庭考量公平性或利益之平衡，此即 FET 待遇本身要求仲裁庭應適用之標準。

2. 嚴重背離基本程序規則

專門委員會針對此項撤銷理由，表示許多先前案件中的專門委員會已認同 *Wena Hotels* 案專門委員會之決定：「聲請人必須確認仲裁庭背離之基本程序規則，且須證明該等背離是嚴重的。第 52(1)(d) 條提及一套應遵循之最低程序標準。作爲程序事項，賦予各當事人在獨立公正之仲裁庭前被聽審之權利是基本的，此包括陳述主張或抗辯之權利，及提出所有論述與證據作爲佐證。須以允許各當事人適當回應他方所提出之論述與證據之方式，平等確保此基本權。」[23] 因此，此議題爲正當程序，而非仲裁判斷本身之實質問題。

3. 未於仲裁判斷敍明理由

專門委員會針對此項撤銷理由，援引 *Vivendi (I)* 案專門委員會之決定：「在案例與文獻中一般公認，第 52(1)(e) 條涉及未就仲裁判斷之全部或一部敍明任何理由，而非未敍明正確或令人信服之理由……此外，理由可能簡要或冗長。不同的法律傳統敍明理由之方式也不同，應允許仲裁庭在陳述理由之方式上有一定的裁量權。專門委員會認爲，依第 52(1)(e) 條所爲之撤銷應僅發生在非常明確之情形，應符合兩要件：(1) 理由未敍明須使就特定爭點之決定實質上欠缺明確的論理；(2) 該爭點本身對於仲裁庭之決定是必要的。常言相矛盾的理由互相抵銷。……然而，仲裁庭須時常努力平衡相衝突之考量，當仲裁庭理由之矛盾實際上是反映該等相衝突之考量時，專門委員會應注意，不要將之認定爲矛盾。」[24] 其他案件之專門委員會亦表達類似之觀點。

（二）撤銷理由之審查與判斷[25]

1. 嚴重背離基本程序規則

(1) 相對人主張，仲裁庭在認定智利違反 FET 待遇之爭點上，未能考量或回應爭端雙方就重要議題所提出之豐富證據，已明顯影響其對責任之認定及損害賠償之評估。仲裁庭僅簡單敍述爭端雙方所提之重要主張，但未曾分析，嚴重背離給予當事人聽審權之基本義務，故仲裁判斷應被撤銷。

(2) 專門委員會認爲，ICSID 公約第 52 條區分「嚴重背離基本程序規則」及「未敍明理由」，

23　Wena Hotels, (2002) 6 ICSID Reports 129, 142.

24　Vivendi (2002) 6 ICSID Reports 340, 358.

25　*Supra* note 20, paras. 55-107.

二者爲獨立的撤銷理由。相對人此項主張應於「未敘明理由」之爭點處理，本案並無跡象顯示仲裁庭存有任何程序錯誤。

2. FET待遇：明顯逾越權限

(1) 相對人主張

仲裁庭未將國際法及智利法律適用於其各自應適用之爭點，或草率地適用該等法律，等同未適用。

A. 仲裁庭混淆馬智 BIT 第 3(1) 條 FET 待遇與 MFN 待遇，關於此部分之仲裁判斷內容令人費解。仲裁庭誤解馬智 BIT 第 3(1) 條之 FET 待遇標準，適用 *Tecmed* 仲裁庭傍論（dictum）所述之標準，該標準非國際法，且無法透過任何解釋程序自馬智 BIT 第 2(2) 條及第 3(1) 條導引出該標準。

B. 就需要解釋外人投資契約進而認定 FET 待遇之爭點，仲裁庭未提及或解釋其是否或如何適用智利法律。

C. 因無法確認仲裁庭裁決之基礎，故可推論仲裁庭依公允及善良原則裁決。

(2) 專門委員會認爲

A. 針對相對人主張仲裁庭混淆馬智 BIT 第 3(1) 條 FET 待遇與 MFN 待遇，專門委員會認爲，「FET 待遇標準須以最有助於達成馬智 BIT 保障投資及創造有利於投資之條件之目標解釋。將智丹 BIT 第 3(1) 條及智克 BIT 第 3(3) 條及第 3(4) 條納入，作爲馬智 BIT 保障之一部分，與該目標一致。……其他可被解釋爲是 FET 待遇之一部分之事項，即受 MFN 條款涵蓋」之仲裁庭論述，混淆馬智 BIT 第 3(1) 條第一部分所規定之 FET 待遇概念與第二部分之 MFN 待遇。馬智 BIT 第 3(1) 條 MFN 條款之適用，並非僅限縮在地主國給予第三國投資人之更優惠待遇可被視爲落入 FET 待遇標準之範疇。然仲裁庭對於馬智 BIT 第 3(1) 條之適用不影響本案之爭端解決。

B. 關於相對人主張仲裁庭適用 *Tecmed* 仲裁庭之傍論，專門委員會表示，*Tecmed* 仲裁庭以投資人之期待作爲地主國義務之來源是受質疑的。地主國對投資人之義務源自於所適用之投資協定之條款，並非來自投資人之任何期待。試圖自該等期待產生不同於 BIT 所規範之權利之仲裁庭可能逾越其權限。然而，基於三項理由，本案仲裁庭並未明顯逾越其權限：第一，投資人由其與地主國主管機關往來過程中所生之期待可能與投資協定所含之保證之適用相關；第二，仲裁庭對於 FET 待遇標準之形塑爲仲裁判斷第 113 段「馬智 BIT 之 FET 待遇，應被解釋爲以一視同仁及公正之方式對待投資」，仲裁庭僅援用 *Tecmed* 仲裁庭傍論支持其論述；第三，仲裁庭強調以一視同仁及公正之方式對待投資，仲裁判斷第 113 段形塑之標準是合理的。綜上，專門委員會認定，仲裁庭在闡釋此標準時並未逾越權限。

C. 針對仲裁庭未適用智利法律之相對人主張，專門委員會表示，依 ICSID 公約第 42(1) 條，仲裁庭本應將智利法律適用於其裁決所需且智利法律爲準據法之問題。同時，智利法律對於依 BIT 提出之請求之意涵留待國際法決定。簡言之，國際法及智利法均與本案相關。仲裁庭之論述亦是如此，就聲請人依智丹 BIT 傘狀條款所爲之主張，仲裁庭表示：「BIT 之違反爲國際法管轄範疇，然爲證明違反 BIT，需考量相對人依智利法所承擔之契約義務及其範圍。」事實上，仲裁庭是適用智利法律而認定相對人未違反投資契約。

D. 關於相對人指稱仲裁庭依公允及善良原則裁決，專門委員會表示，其已處理仲裁庭適用何法律之問題，無跡象顯示仲裁庭依 ICSID 公約第 42(3) 條裁決。

3. FET待遇：未於仲裁判斷敘明理由

(1) 相對人主張

A. 仲裁判斷第 253(1) 段爲「相對人違反馬智 BIT 第 3(1) 條」，第 253(7) 段爲「駁回所有其他請求」。地主國給予投資 FET 待遇之義務在馬智 BIT 第 2(2) 條及第 3(1) 條以相同的條款重複規定。就 FET 待遇標準之違反，如聲請人可被視爲依第 2(2) 條及第 3(1) 條提出兩個獨立的請求，則仲裁庭似准予一項請求、駁回一項請求，卻未解釋其間之差異。

B. 相對人主張，仲裁庭「核准位於特定地點之專案，將使投資人期待坐落於該地點之專案是可行的」之認定未附理由，未解釋 MTD 事實上如何形成該期待。依相對人所提出之證據，聲請人依據智利法律無從自 FIC 之核准產生該項期待，且亦無聲請人在相關時點存有任何該等期待之證據。仲裁庭所述之都市政策並不明確，有時描述成在 PMRS 具體化之政策，有時則描述爲反對修改 PMRS 之政策。關於後者，在 FIC 核准投資時，智利並不存在該等政策；關於前者，MTD 知悉需依 PRMS 取得許可。針對智利行爲之一致性，仲裁庭認爲：「即便智利之法律架構要求提供協調機制，面對同一個投資人，同一政府之兩個不同部門之行爲並不一致。智利並非被動之一方，各官員之行爲一致爲智利政府之責任，而非投資人之責任。依國際法，須將智利政府視爲一體。」仲裁庭忽略地主國之機關有不同職掌，機關間政策不一致未必違反國際法，不得僅因 FIC 之核准可歸屬於智利，即賦予 FIC 較其實際所擁有者更多之權限，此係混淆行爲歸屬與違反 BIT 之概念。

(2) 專門委員會認爲

專門委員會之審查權係仲裁庭是否未於仲裁判斷之全部或一部敘明理由，而非仲裁庭未正確說理或理由簡潔。如仲裁判斷所附之理由完全矛盾或存有未經解釋之矛盾，可能即涉及未敘明理由。

A. 馬智 BIT 第 2(2) 條及第 3(1) 條並非兩個可區分之義務，本案亦無兩項違反 FET 待遇義務之控訴。仲裁判斷第 253(7) 段所稱之「其他請求」，係指 MTD 所提出而遭仲裁庭駁回之各種控訴，並非仲裁庭准予之請求。仲裁庭未於仲裁判斷第 253(1) 段特別提及第 2(2) 條，並不影響仲裁判斷之結果。

B. 就 FIC 之核准，專門委員會認為，仲裁庭在仲裁判斷中依雙方主張考量事實爭點，詳列事實並指出爭議所在，且說明 FIC 核准之影響。針對智利之都市政策，專門委員會認為，智利在仲裁程序中之立場，係反對在 Pirque 進行都市開發之政策於 FIC 首次核准投資前即已存在，且在仲裁庭前呈現並已記錄在仲裁判斷之相關證據顯示，智利主管機關之立場未曾改變。就智利行為之一致性，專門委員會認為，仲裁庭並未混淆行為歸屬與違反 BIT 之概念。

C. 專門委員會應處理者，非仲裁庭之論理是否無懈可擊，而為是否應依 ICSID 公約第 52(1)(e) 條撤銷。仲裁庭在論理上並無矛盾，一方面，MTD 自其與 FIC 之接觸及簽署之契約，得期待系爭專案具可行性；另一方面，MTD 並無規劃許可之權利。在仲裁庭前所呈現之證據亦支持仲裁庭之結論，即智利主管機關在任何階段均未準備以管制之觀點考量系爭專案之可行性。仲裁庭可自保障外國投資人之觀點強調 FIC 之組成及任務，仲裁庭已附理由明確處理此爭點。綜上，專門委員會駁回相對人此項撤銷請求。

4. 與有過失

(1) 相對人主張

關於因果關係，仲裁庭一方面認定外人投資契約未賦予 MTD 規劃相關許可之權利，另一方面認定智利造成聲請人之損害。仲裁庭此二認定存有重大歧異，未於仲裁判斷敘明理由。此外，仲裁庭未敘明聲請人及相對人各負擔 50% 損害之理由。

(2) 專門委員會認為

A. 針對因果關係，專門委員會認為，仲裁庭之論理非常明確，仲裁庭認定智利違反 FET 待遇之行為，係 FIC 核准已敘明在特定地點之投資申請，然事實上無法在該地點進行投資。如無 FIC 核准投資，聲請人不會產生損害。關於 COREMA 1998 年 11 月 26 日駁回 EIS 之決定或任何其他決定，並未產生其他因果關係問題。

B. 針對過失比例，專門委員會表示，關於國家不法行為責任公約草案第 39 條[26] 規定與有過失，該條文所屬章節係處理國家間之請求，包括國家代表個人所為之請求，無理由不將相同的原則適用於個人依 BIT 提出之請求。專門委員會認為，仲裁庭已分析爭端

---

[26] Article 39 of the ILC's Articles on Responsibility of States for Internationally Wrongful Acts of 2001: In the determination of reparation, account shall be taken of the contribution to the injury by wilful or negligent action or omission of the injured State or any person or entity in relation to whom reparation is sought.

雙方之過失。如同比較過失（comparative fault）之案例，爭端雙方造成損失之角色不同，難以衡量，仲裁庭享有裁量餘地（margin of estimation）。此外，在涉及與有過失之投資協定控訴中，相對人之違反一般具監管性質，然聲請人之行爲通常是未能防衛自己的利益，而非違反其對地主國之任何義務。在此種情況下，由爭端雙方平均負擔損害並不罕見。仲裁庭已分析爭端雙方之過失，不存在撤銷仲裁判斷之理由。

5. 損害賠償之計算

(1) 相對人主張，對於智利應就系爭專案土地價格負責之認定，仲裁庭未敘明理由。此外，仲裁庭未解釋爲何以 Henríquez 於 1998 年 11 月 4 日之書面通知作爲損害賠償計算之分界點。

(2) 專門委員會認爲，關於土地價格，仲裁庭已考量聲請人實際支付之價格，扣除地主國所提出要約之金額，並因 MTD 與有過失，而認定由爭端雙方平均負擔該損害。針對損害賠償計算之分界點，仲裁庭已在仲裁判斷中敘明理由，雖仲裁庭之理由相當簡潔，然並非難以理解。

（三）專門委員會之決定[27]

綜上所述，專門委員會決定：1. 駁回相對人之撤銷請求；2. 各當事人應負擔 ICSID 中心關於本撤銷程序所生費用之半數；3. 各當事人應自行負擔關於本撤銷程序之代理費用。

---

[27] *Supra* note 20, para. 113.

案例十九

Occidental Petroleum Corporation and Occidental Exploration and Production Company v. Republic of Ecuador (II), ICSID Case No. ARB/06/11, Decision on Provisional Measures (August 17, 2007)

一、當事人

聲請人：Occidental Petroleum Corporation（下稱西方石油公司）；Occidental Exploration and Production Company（下稱西方探勘公司）

相對人：厄瓜多

二、案件摘要

（一）系爭投資

探勘及開採碳氫化合物之參與契約。

（二）爭議緣由

西方探勘公司與厄瓜多石油公司（Petroecuador）於 1999 年所簽訂對厄瓜多亞馬遜地區第 15 區塊碳氫化合物探勘及開採之參與契約（Participation Contract）的終止。

（三）實體規範依據

美國—厄瓜多 BIT（1993）（下稱美厄 BIT），聲請人主張相對人違反以下義務：1. 間接徵收；2. 公平與公正待遇／最低待遇標準，包括拒絕正義；3. 傘狀條款；4. 專斷、不合理及／或歧視性措施。

（四）仲裁機構及規則

ICSID；ICSID 仲裁規則。

（五）聲請人請求

(1) 相對人發出及促使厄瓜多石油公司在與第三人簽訂有關於經營第 15 區塊及聯合油田之契約前發出不少於 60 日之事前通知予仲裁庭及聲請人。

(2) 促使厄瓜多石油公司與西方探勘公司簽訂契約，利用西方探勘公司在 Oleoducto de Crudos Pesados Ecuador（下稱 OCP）之未使用之保留容量（每日運輸 42,000 桶原油，費用爲每桶 1.46 美元）。

(3) 聲請人請求仲裁庭命令相對人在仲裁期間，不得妨礙聲請人以特定履行（specific performance）權，持續進行與厄瓜多政府及厄瓜多石油公司所簽署之參與契約。

（六）仲裁程序及後續

1. 仲裁庭於 2007 年 8 月 17 日作成暫時性措施之決定。
2. 仲裁庭於 2012 年 8 月 5 日作成仲裁判斷。

三、事實背景[1]

　　西方探勘公司、厄瓜多及厄瓜多石油公司於 1999 年 5 月 21 日簽訂參與契約，依據該契約及相關之經營協議，西方探勘公司被賦予對於其所分配位於厄瓜多亞馬遜地區第 15 區塊進行探勘及開採活動之專屬權利。

　　於 2000 年 10 月，西方探勘公司與 City Investing Company Ltd.（下稱 AEC）簽訂協議，根據該協議，西方探勘公司與 AEC 進行了兩階段的交易：

　　第一階段，西方探勘公司授予 AEC 其依據參與契約及經營協議所享有第 15 區塊 40% 之經濟利益，AEC 則須支付特定之金額以促進對第 15 區塊之投資，並負擔西方探勘公司所產生營運成本之 40%，惟西方探勘公司仍繼續擁有第 15 區塊 100% 之所有權。

　　第二階段，在 AEC 支付了所有必要之款項，且於西方探勘公司獲得政府之核准之條件下，西方探勘公司將移轉其法定所有權予 AEC，使 AEC 成爲第 15 區塊 40% 經濟利益之所有者。

　　於 2001 年 1 月 30 日，西方探勘公司與 OCP 之子公司 OCP S.A. 簽署契約，契約要求西方探勘公司應將第 15 區塊之每日產能提升至超過現有產量之兩倍，否則對於未使用之容量仍須支付費用。爲了達到要求之產能，西方探勘公司共爲了第 15 區塊的開發投資了超過 9

---

[1] *Occidental Petroleum Corporation and Occidental Exploration and Production Company v. Republic of Ecuador (II)*, ICSID Case No. ARB/06/11, Decision on Provisional Measures (August 17, 2007), paras. 6-19.

億美元，其中包括開發 Edén-Yuturi 油田，及將 Edén-Yuturi 油田與 OCP 管道相連。

於 2004 年 7 月 15 日，AEC 已依據協議支付了所有相關款項，西方探勘公司因此要求厄瓜多批准進行法定所有權之移轉，然厄瓜多並沒有給予准許。

於 2004 年 9 月 15 日，厄瓜多以西方探勘公司之下列行為為由，通知終止西方探勘公司之參與契約：

（一）未經部長核准即將參與契約之權利及義務轉讓予 AEC。

（二）未經部長核准即組成聯盟以進行開採。

（三）未依照參與契約要求投資最低數額。

（四）屢次違反碳氫化合物法（Hydrocarbons Law）。

OEPC 與加拿大石油公司 Encana Corporation 之百慕達子公司 Alberta Energy Corporation Ltd. 簽署探勘權轉讓協議（farm-out agreement），厄瓜多認為此違反參與契約及厄瓜多法律。而後，厄瓜多能源暨礦物部部長於 2006 年 5 月 15 日發布到期命令（*Caducidad Decree*），終止參與契約。西方探勘公司於 2006 年 5 月 19 日提出仲裁請求。

四、程序爭點：仲裁庭是否應給予暫時性措施

（一）聲請人認為[2]

1. 聲請人所受到之損害

(1) 徵收前聲請人於第 15 區塊有非常理想、有效率且對環境負責之經營，由於西方探勘公司之努力，第 15 區塊之油田平均每日生產約 100,000 桶石油，且西方探勘公司有權處置其約 75% 之石油，此種生產量是基於現代化與維護良好之設備及設施，以及大量可靠之基礎設施，並且每年須對該油田進行數億美元之再投資。

(2) 相對人計畫讓厄瓜多石油公司或其他國有企業經營第 15 區塊之油田，或是將其提供給第三方經營，惟無論哪種方案都會導致爭端惡化，且會造成第 15 區塊無法回復之損害，蓋厄瓜多石油公司並不具有管理之能力、資源及意願維持第 15 區塊之足夠再投資水平。

(3) 由於西方探勘公司與 OCP S.A. 簽訂之契約，縱使西方探勘公司未使用運輸石油之管道，其仍應對於未使用之容量支付每日約 100,000 美元之費用。

(4) 若厄瓜多將第 15 區塊之經營權交給第三方經營者，將嚴重影響聲請人之權利，且未來之前景將具不確定性，可能需進行多年之訴訟，此種情況應盡可能避免。

---

[2] *Id.* paras. 20-41.

(5) 厄瓜多石油公司之經營可能造成第 15 區塊之產能長期下降，且一旦產能下降，將導致無法恢復到厄瓜多徵收油田前之產能，造成西方探勘公司無法回復之損害。

2. 回復原狀為補救措施之首要選擇

(1) 根據國際法判例，除非不可能回復原狀，否則回復原狀應是國家對國際不法行為的首選補救方法，且相對人並未表明依照國際法之規定，回復原狀為不可能，蓋在相對人所引用之案例中，皆為聲請人自行選擇不回復原狀或是回復原狀已為不可能。故聲請人強調其迫切需要暫時性措施，蓋若無這些暫時性措施，回復原狀將有可能變得不可能實施。

(2) 聲請人主張無其他任何情勢比相對人將第 15 區塊出讓或轉讓與他人，更不利於後續回復原狀之主張，若沒有暫時性措施，回復原狀將變得不可能。

(3) 因此，聲請人認為其並非尋求取得參與契約之利益，亦非請求仲裁庭裁定不允許相對人出讓或轉讓第 15 區塊，反之，僅是請求在第 15 區塊可能被轉讓於第三方時，聲請人得取得通知，以避免回復原狀變得不可能。

3. 防止爭端之惡化

(1) 針對聲請人在 OCP 之未使用容量，聲請人認為相對人所主張：暫時性措施將侵害其作為第 15 區塊所有者與經營者之權利，係為錯誤，蓋聲請人請求作成之暫時性措施並不會為相對人決定任何事情。

(2) 事實上，有鑑於聲請人與 OCP 建立之管道為目前將第 15 區塊原油自亞馬遜深處運送到 Esmereldas coast 之唯一途徑，故唯一的問題僅為厄瓜多石油公司所運送之原油，應計入哪間公司之容量中。聲請人認為若將其計入聲請人之容量中，將得減少聲請人所受不斷增加之損害，且如此之暫時性措施將不會為厄瓜多石油公司產生任何額外之費用。

(3) 聲請人對此並引用 *Distributor A v. Manufacturer B* 案，[3] 主張當一方當事人之損失僅隨著時間的推移而增加，且當該經濟上之損失應被避免而非補救時，期望另一方當事人等待最終裁決是不合理的。

(4) 最後，厄瓜多石油公司作為厄瓜多之代理人，其應執行碳氫化合物法第 6 條之碳氫化合物政策，並履行管理自然資源所需之功能，例如代表國家簽定契約。且依據厄瓜多憲法，厄瓜多石油公司為依法成立之國家機構，其顧問亦承認相對人應直接透過厄瓜多石油公司探勘及開採礦物，故聲請人所請求作成之暫時性措施是針對相對人且為適當的。

---

[3] *Distributor A v. Manufacturer B*, Case No. 10596, Interlocutory Award of 2000, Yearbook Commercial Arbitration, Vol. XXX 66, 72-73 (2005).

（二）相對人認為[4]

1. 不存在可被暫時性措施保護之權利

(1) 聲請人請求暫時性措施來維護的權利是不存在的。針對被主權國家終止或取消的自然資源特許權協議，沒有要求具體履行的權利，在國家採取錯誤或非法行動的情況下，合法的補救措施應為支付金錢賠償。因此，聲請人無權獲得以恢復參與契約及將第 15 區塊油田返還給聲請人之回復原狀命令。且既因聲請人請求作成暫時性措施之依據不存在，仲裁庭應拒絕聲請人之請求。

(2) 另於聲請人之主張中，聲請人尋求以具體履行參與契約或以金錢賠償之其所受之經濟損失，因此自聲請人之仲裁請求得認為，聲請人亦承認他們所受到之損害可透過金錢賠償來填補。且當金錢賠償足以使受害方得到填補時，即不存在無法回復之損害，亦不存在要求具體履行參與契約之權利。

(3) 再者，為了證明暫時性措施之合理性，聲請人對於是否存在需要維護的權利，且迫切需要採取暫時性措施來防止該權利受到無法回復的損害負擔舉證責任，然聲請人並未為此種權利之存在提出任何可信之法律依據。

2. 具體履行契約與回復原狀並不相同

(1) 具體履行只是回復原狀之一種形式，而金錢賠償則是另一種形式。回復原狀之權利不同於具體履行的權利，聲請人錯誤地將回復原狀與具體履行混為一談。若聲請人最終可能獲得金錢賠償，且其數額得使聲請人所受之損害獲得填補，則此金錢賠償之可能將使聲請人聲請作成暫時性措施之請求消滅。

(2) 另相對人認為仲裁庭不得違背主權國家之意願，命令其向私人投資者恢復被其終止或徵收的投資或特許權，在此種情況下，只能要求國家支付金錢賠償。

(3) 終止參與契約的命令於 2006 年 5 月 15 日發布，聲請人提出司法申訴，要求法院宣布該行為違法並請求補償之權利已經過期。因此，依據厄瓜多法律聲請人無法創造任何法律上之權利，使其處於終止命令發布前之地位，亦無法透過厄瓜多法院以該命令為違法之判決來創造此種權利。

(4) 綜上，由於聲請人無法證明他們擁有任何需要保護的權利，以避免無法回復的損害。因此，不存在 ICSID 公約第 47 條和仲裁規則第 39 條所要求的無法回復的損害或迫切需要保護的情況。反之，本仲裁所爭議之權利是純粹的經濟上權利，且國際法之既定原則為得在最終裁決中得到賠償之損害不值得通過暫時性措施加以保護。

4　*Supra* note 1, paras. 42-54.

3. 暫時性措施須符合國際法中暫時性措施適當性的七項原則

(1) 必須有緊急的必要性，以防止對作爲爭端標的之權利造成無法回復的損害。

(2) 損害必須具急迫性，而非僅具可能性。

(3) 無法回復的損害是指必須不能透過金錢賠償來補償之損害。

(4) 暫時性措施必須具前瞻性。

(5) 命令採取暫時性措施必須是爲了維護有爭議的權利，而不是爲了使聲請人在最終裁決前獲得這些權利的利益。

(6) 若暫時性措施會對另一方當事人的爭議權利造成無法回復之損害，則不得裁定暫時性措施以保護聲請人之爭議權利。

(7) 舉證責任由請求採取措施的一方負擔。

4. 爭端惡化不得作爲請求暫時性措施之理由

(1) 其他案例中未曾適用爭端惡化之原則而核准類似於聲請人所請求作成相當於具體履行契約之暫時性措施，蓋避免爭端惡化原則之目的在於處理仲裁開始後一方或雙方從事威脅其等間和平之行爲，或防止一方訴諸於其國家之法院，從而損害另一方將爭端交由有關契約或條約中所約定之國際機構裁決之能力。

(2) 相對人並沒有從事前述任何防止爭端惡化之暫時性措施所欲處理之行爲，因此，聲請人並無理由以防止爭端惡化爲由，請求作成暫時性措施。

5. 反對第三方轉讓通知

(1) 在不轉讓第 15 區塊的問題上，相對人沒有計畫、沒有意圖，亦沒有改變意圖之跡象，故沒有證據顯示將發生損害，仲裁庭不能僅是想像一個理論上可能發生的損害，反之，仲裁庭須有一些證據，以得出損害具迫切性且具可能性。

(2) 聲請人之主張皆僅爲想像，其不得請求仲裁作成任何之暫時性措施。

6. 反對將所運送之石油計入西方探勘公司之容量中

(1) 聲請人所宣稱由於無法通過 OCP 管道達到每天的原油運輸配額而遇到之困難，與參與契約或爭議中的權利無關，這些困難亦非無法透過金錢賠償來填補之損害。且自厄瓜多石油公司收到與 OCP 就對雙方有利之條件進行談判之邀請觀察，只要雙方皆同意該條件，仍有可能達成較原先更優惠之條件。

(2) 且若仲裁庭同意聲請人的請求，命令厄瓜多將其運送之石油計入西方探勘公司之容量中，則厄瓜多石油公司將被剝奪指定和談判較低的石油運輸價格之權利，並遭受經濟損失，即增加應支付之費用，其數額可能達到數百萬美元。暫時性措施不僅以此種方式損害厄瓜多石油公司的經濟利益，還會損害其他未參與仲裁之四個股東，造成其經濟上之損失。

(3) 再者，無論仲裁庭是否無意，此暫時性措施必然構成對案情的預判，西方探勘公司只有在案件最終取得獲勝，才有資格從厄瓜多獲得此種性質之賠償，即對 OCP 管道付款之金錢賠償。然而，事實上，聲請人所請求作成之暫時性措施將使他們現在就獲得此種賠償，其將懲罰厄瓜多，迫使厄瓜多石油公司對其透過管道運輸的石油支付更高的費用，然在沒有徵收或違反契約之情況下，並無任何理由以這種方式懲罰厄瓜多或厄瓜多石油公司。因此，仲裁庭若在這個時點實施如此之處罰，實際上是給相對人貼上了有罪之標籤或預判，這在暫時性措施上是完全不合適的。

(4) 最後，聲請人所遭受之損害為經濟上損失，可以通過支付金錢賠償來填補損失。因此，損害並不是無法回復的。本案沒有任何理由偏離既定的原則，亦即在損害或威脅損害並非無法回復的情況下，不應作成暫時性措施。

（三）仲裁庭認為[5]

1. 作成暫時性措施之權利及範圍

(1) **管轄權**：仲裁庭認為須有初步證據證明管轄權可能成立，始有可能作成暫時性措施，本案中，聲請人曾主張依據美厄 BIT 第 6(3) 條、參與契約第 20.2.1 條、第 20.3 條，雙方當事人同意將爭議提交 ICSID 管轄，故仲裁庭認為在本案中存在初步之管轄權依據。

(2) **仲裁庭有權作成暫時性措施之依據**：依據 ICSID 公約第 47 條：「除非當事人另有約定，若仲裁庭認為情況需要，得建議採取暫時性措施以維護當事人之利益。」仲裁庭認為雖公約是用建議之用語，但事實上仲裁庭確實有權作成暫時性措施，且此為許多國際仲裁庭所認同，如於 *Tokios Tokelés* 案中，[6]仲裁庭曾指出 ICSID 所建議之暫時性措施是具有法律上之拘束力，當事人有義務遵守這些措施。

(3) **範圍**：暫時性措施為非常規措施，不應輕易建議，ICSID 公約第 47 條所謂之情況需要，是指為維護一方當事人之權利以避免造成無法回復之損害而須採取之措施。另仲裁庭強調暫時性措施之目的為保障在沒有此類措施之情形下可能受到損害之現存權利，所謂現存權利依據 *Maffezini* 案之解釋，[7]是指此種權利在提出請求時必須存在，不得是假想或是將來始發生之權利。

(4) **小結**：仲裁庭作成暫時性措施之前提為必須同時存在須保護之現存權利及避免無法回復損害之必要性和急迫性。

---

5   *Id.* paras. 55-100.

6   *Tokios Tokelés v. Ukraine*, ICSID Case No. ARB/02/18, Procedural Order No. 1 (July 1, 2003), para. 4.

7   *Maffezini v. The Kingdom of Spain*, ICSID Case No. ARB/97/7, Procedural Order No. 2 (October 1999), paras. 12-14.

2. 可被暫時性措施保護之權利

(1) 仲裁庭認為儘管一項權利尚未取得仲裁庭之承認，然此種權利仍值得以暫時性措施之方式加以保護，故不同意相對人認為案情成功或失敗之推定純屬猜測，不能作為支持現存權利之充分依據的主張，反之，聲請人僅須證明若其提出之主張獲得最終證實，將使聲請人有權獲得實質性救濟即可，否則若採相對人之主張，將導致仲裁庭永遠不能以暫時性措施之方式對一項作為仲裁主要爭點之權利進行保護。

(2) 仲裁庭引用 *Victor Pey Casado v. Chile* 案，[8] 認為聲請人所欲維護之權利只需作為理論上存在之權利提出，而非證明事實上存在，於本案中，這些權利即為：A. 聲請人主張具體履行第 15 區塊契約之權利；B. 聲請人主張防止爭端惡化之權利。

3. 具體履行第15區塊契約之權利

(1) **聲請人未建立對於具體履行第 15 區塊契約權利之有力論點**

A. 具體履行第 15 區塊契約權利之可能性：仲裁庭指出，若一個國家在行使其主權權利時終止了一項契約、許可權或任何其他外國投資人之權利，則須認為具體履行權為法律上所不可能的，仲裁庭並引用 *LIAMCO v. Libya* 案仲裁庭之論述而認為當一個國家透過行使主權而違反特許權協議時，不得強迫國家回復原狀，否則實際上是對國家內部主權之一種不可容忍之干涉，反之，唯一之補救方法為提出損害賠償訴訟。

B. 具體履行所造成之負擔：仲裁庭指出作成暫時性措施之前提除了具體履行必須是可能的，且不得對另一方造成過度之負擔。在一個主權國家將特許許可證或契約國有化或終止後，要求主權國家回復外國投資人之該權利，與金錢賠償相比，將構成對國家主權不相稱之干涉。

C. 小結：仲裁庭認為聲請人未建立對於具體履行第 15 區塊契約權利之有力論點，亦即在自然資源特許權協議被一個主權國家終止或取消之情況下，要求具體履行第 15 區塊契約之權利。

(2) **無急迫且無法回復之損害**

A. 必要性或急迫性：聲情人在其主張中曾假設厄瓜多將第 15 區塊交給其他公司，然而，如同聲請人自己所承認，目前聲請人並不瞭解厄瓜多對於第 15 區塊之未來計畫。仲裁庭指出，暫時性措施之目的在於保護聲請人免受急迫之損害，反之，其目的並非為了保護不確定之行動所可能造成之任何潛在或假設之損害。再者，因厄瓜多之律師亦明確指出在不轉讓第 15 區塊方面，無任何計畫、意圖，亦無任何跡象表明可能會改變意圖，故仲裁庭認為不存在急迫之損害，聲情人不得請求相對人發出及促使厄瓜多

8　*Victor Pey Casado and President Allende Foundation v. Republic of Chile*, ICSID Case No. ARB/98/2, Decision on Provisional Measures (September 25, 2001), para. 46.

石油公司在與第三人簽訂有關於經營 15 區塊及聯合油田之契約前，發出不少於 60 日之事前通知予仲裁庭及聲請人。

 B. **無法回復之損害**：仲裁庭認為即使相對人確實轉讓第 15 區塊，亦不會對聲請人之權利造成無法回復之損害，蓋聲請人對因終止第 15 區塊契約所造成之任何損害，若事後被仲裁庭認定為違法，皆可透過金錢予以賠償。

(3) 綜上，仲裁庭拒絕了聲請人請求相對人發出及促使厄瓜多石油公司在與第三人簽訂有關於經營第 15 區塊及聯合油田之契約前發出不少於 60 日之事前通知予仲裁庭及聲請人之主張。

4. 防止爭端惡化之權利

(1) 聲請人請求相對人促使厄瓜多石油公司與西方探勘公司簽訂契約，利用西方探勘公司在 OCP 之未使用之保留容量，其目的在於防止爭端之惡化，仲裁庭首先指出，為了避免爭端之惡化，仲裁庭可以採取暫時性措施，亦引用 *Victor Pey Casado v. Chile* 案而認不論是司法程序或是仲裁程序，[9] 案件之任一方皆有義務不採取可能使案件惡化或使判決更難執行的行為或不行為。然而，暫時性措施雖得防止爭端惡化，但其目的並非僅是為了減輕最終之損失，否則暫時性措施在每個案件中都可以為聲請人所用，故僅是為了防止爭端惡化，並非採取暫時性措施之充分依據。

(2) 聲請人所請求之暫時性措施無法保證爭端不惡化：仲裁庭認為聲請人就有關 OCP 之請求，目的非為避免爭端之惡化，而係避免已存在之爭端造成金錢損失之擴大，且此種損害是可透過金錢補償之類型，故無必要以暫時性措施來防止此種損害，且仲裁庭認為現有爭端並不會因為仲裁庭未為暫時性措施而更難以解決。

(3) 綜上，仲裁庭駁回聲請人請求相對人促使厄瓜多石油公司與西方探勘公司簽訂利用西方探勘公司在 OCP 之未使用之保留容量之契約。

（四）仲裁庭關於暫時性措施之決定[10]

1. 聲請人未能證明在此種情況下有理由作成暫時性措施的命令。因此，仲裁庭駁回聲請人之請求。

2. 決定不影響所有有爭議之實質性問題，不應認為是對有關管轄權或本案案情的任何事實或法律問題的預判。

3. 在仲裁之此一階段，不應發出有關費用之命令。

---

[9] *Id.* p. 593.

[10] *Supra* note 1, paras. 101-103.

案例二十

Parkerings-Compagniet AS v. The Republic of Lithuania, ICSID Case No. ARB/05/8, Award (September 11, 2007)

一、當事人

聲請人：Parkerings-Compagniet AS（下稱 Parkerings）
相對人：立陶宛

二、案件摘要

（一）系爭投資

聲請人透過其全資子公司 Baltijos Parkingas UAB（下稱 BP UAB）取得於立陶宛維爾紐斯市建設多層停車場之特許權。

（二）爭議緣由

維爾紐斯市於 2004 年 1 月 21 日終止特許權協議。

（三）實體規範依據

立陶宛─挪威 BIT（1992）（下稱立挪 BIT），聲請人主張相對人違反以下義務：1. 公正及合理待遇（equitable and reasonable treatment）；2. 投資之「保護」（即「充分保障與安全」，full protection and security）；3. 最惠國待遇；4. 徵收保障。

（四）仲裁機構及規則

ICSID；ICSID 仲裁規則。

（五）聲請人請求

1. 宣告相對人違反其於立挪 BIT 及國際法下之義務。

2. 依據截至 2004 年 1 月 21 日 BP UAB 之公允市場價值，給付 1.764 億挪威克朗之損害賠償。

3. 依據 NIBOR 利率給付自 2004 年 1 月 22 日至付款日止之每月複利利息。

4. 相對人應支付聲請人因本次仲裁而生之所有費用及開支，包括法律費用。

5. 依本案情形為公允及適當之其他救濟。

（六）仲裁程序及後續

仲裁庭於 2007 年 9 月 11 日作成仲裁判斷。

三、事實背景[1]

（一）招標

隨著立陶宛於 1991 年至 1997 間自蘇維埃共和國轉型為歐盟成員國及市場經濟體制，維爾紐斯市決定建立一座現代化之綜合停車系統，以控制交通並保護舊城區之完整性。

因此，維爾紐斯市宣布一項招標計畫（下稱維爾紐斯招標計畫），目的係獲得與該停車系統之設計與營運相關之私人投資，包括建造兩座多層停車場。

1997 年 11 月 13 日，維爾紐斯市以第 1819V 號決定（Decision No. 1819V）通過「投資發展招標組織條例」（Organization of Investment Development Tender Regulations）。維爾紐斯市市長委託「土地租賃招標組織委員會」（Commission on Organization of Tenders for the Lease of Land Plots，下稱組織委員會）負責組織投資發展招標，並任命其顧問為工作小組負責人。組織委員會則聘請荷蘭顧問公司 Tebodin Consultants and Engineers（下稱 Tebodin）為招標過程提供技術諮詢。

（二）投標人

於響應維爾紐斯招標計畫之 7 個潛在投標人中，僅有 2 位投標人簽署意向書（letter of intent）。此 2 位投標人分別為立陶宛廢棄物管理公司 Egapris，以及由法國投資人 Getras 通過其立陶宛之子公司 UAB Getras Lietuva 及 3 位立陶宛合作夥伴組成之 Getras 共同投標團隊。

1998 年 9 月 10 日，維爾紐斯市政府以第 1709V 號決定（Decision No. 1709V）核准將 Egapris 及 Getras 共同投標團隊作為近一步協商之對象，並責令應於 1998 年 10 月 10 日前選擇其中一位投標人得標。

---

[1] *Parkerings-Compagniet AS v. The Republic of Lithuania*, ICSID Case No. ARB/05/8, Award (September 11, 2007), paras. 51-193.

隨後，維爾紐斯市將招標過程移轉予投資發展委員會（Investment Development Commission，下稱投資委員會）負責，並以德國公司 MAS Consult（下稱 MAS）取代 Tebodin 之職責。另外，於 1999 年 3 月之會議，兩位投標人皆告知維爾紐斯市其建造多層停車場之條件爲維爾紐斯市授予管理路邊停車系統之權限，而維爾紐斯市同意此一要求。

（三）Parkerings

Parkerings 成立於 1996 年，大股東爲 Skip AS Tudor（下稱 Skip），最終受益人則爲挪威之企業家。Skip 係於 2000 年 12 月取得 Parkerings 之股份。爲參與維爾紐斯市之招標，Parkerings 於立陶宛成立一間全資子公司 BP UAB。

1999 年 4 月 8 日，Egapris 通知維爾紐斯市 BP UAB 將加入 Egapris 一同競標，同日 Egapris 簽署授權書授權 BP UAB 之顧問及 Parkerings 之董事長主導與維爾紐斯市之協商。1999 年 4 月 14 日，Egapris 與 BP UAB 簽署聯合協議（Consortium Agreement）並成立 Egapris 共同投標團隊。

（四）Egapris共同投標團隊得標

1999 年 5 月 25 日，Getras 共同投標團隊及 Egapris 共同投標團隊提交其最終提案。雖然 MAS 建議維爾紐斯市不應公布得標者，然而於 1999 年 6 月 6 日，投資委員會決議建議維爾紐斯市與 Egapris 共同投標團隊繼續進行協商，因 Egapris 共同投標團隊之提案相較而言對維爾紐斯市更爲有利。

1999 年 8 月 19 日，維爾紐斯市以第 1478V 號決定（Decision No. 1478V）公布 Egapris 共同投標團隊得標。

（五）Egapris共同投標團隊與維爾紐斯市間之特許權協議

1. 與特許權協議相關之協商過程

1999 年 10 月 19 日，維爾紐斯市及 Egapris 共同投標團隊針對收取及分配停車費一事進行協商。協商結果認爲停車費用應分爲兩部分，一部分爲本地停車費，由 Egapris 共同投標團隊代爲收取並轉交予維爾紐斯市，另一部分則爲服務費用，因其不屬於停車費，得由 Egapris 共同投標團隊收取並保留。

1999 年 12 月 28 日，Sorainen 法律事務所應維爾紐斯市之要求出具法律意見（下稱 Sorainen 備忘錄）討論混合收費之合法性。Sorainen 備忘錄指出立陶宛法院可能會將停車費之兩個組成部分視爲一個整體，並應受費用收取法（Law on Fees and Charges）拘束。如停車費被視爲一個整體，由 Egapris 共同投標團隊收取該筆費用即違反法律，因爲最初招標內

容並未規定市政府須對取得特許權之公司支付該筆費用。另一方面，Egapris 共同投標團隊之立陶宛法律顧問 Lideika, Petrauskas, Vali nas ir Partneriai（下稱 Lawin 事務所）於 1999 年 12 月 29 日出具之法律意見書則認為該混合費用係屬合法。

1999 年 12 月 29 日，維爾紐斯市議會以第 482 號決定（Decision No. 482）核准維爾紐斯市與 Egapris 共同投標團隊間之特許權協議草案。同一日，維爾紐斯市亦通過關於履行特許權協議之第 483 號決定（Decision No. 483）。

2. 特許權協議

1999 年 12 月 30 日，Egapris 共同投標團隊與維爾紐斯市政府簽署特許權協議，該協議提供經營維爾紐斯市之街道停車場及十座多層停車場之特許權。藉由簽署該特許權協議，Egapris 共同投標團隊取得為期 13 年之獨家經營所有路邊停車場之權利，得收取停車費並透過車輪鎖之方式執行停車規定。

依據特許權協議，Egapris 共同投標團隊需草擬並提交維爾紐斯市公共停車系統計畫（下稱停車計畫）予維爾紐斯市市議會審核，並須依照相關標準建設、管理及營運公共停車系統。針對多層停車場，Egapris 共同投標團隊須於特許權協議附件 1 所列之地點，依據立陶宛之法規、特許權協議以及停車計畫規劃，設計並建設不小於十座多層停車場，而該等多層停車場之所有權將由 Egapris 共同投標團隊所有。

3. 特許權協議規定之收入分配機制

Egapris 共同投標團隊依據特許權協議得享有三種不同之收入。首先，Egapris 共同投標團隊得取得其將收取之公共停車費之一部（即上文所提及之服務費用）。該筆服務費依據特許權協議第 5.1.3.1 條至第 5.1.3.5 條由 Egapris 共同投標團隊計算並確認，亦得依特許權協議第 5.1.4 條由締約當事人另行協議；其次，Egapris 共同投標團隊得獲得其於多層停車場收取之全額停車費；再者，Egapris 共同投標團隊得獲得解除停車鎖費用之 70%，剩餘之 30% 則由維爾紐斯市取得。

4. 設立營運公司

依據特許權協議，Egapris 共同投標團隊應設立管理公司以營運路邊停車之特許權相關事宜。2000 年 1 月 28 日，BP UAB 及 Egapris 簽署一商業原則協議（Agreement on Business，下稱 ABP）。ABP 之目的之一即為確認該管理公司之所有權。

APB 賦予 BP UAB 設立及營運管理公司 Vilniaus Parkavimo Kompanija（下稱 VPK）之權利，VPK 並將負責履行 Egapris 共同投標團隊於特許權中除建設多層停車場外之義務。Egapris 共同投標團隊與多層停車場建設相關之權利義務將由投標團隊成員共享。多層停車場之權利義務將由 Egapris 共同投標團隊中之成員共享。一旦義務履行完成，所有多層停車場將出租予 VPK。

（六）特許權協議之合法性及法律變更

1. 停車費之合法性

2000 年 2 月 8 日，國家政府駐維爾紐斯市之地方代表（下稱政府代表）撰文予維爾紐斯市市長，指出維爾紐斯市市議會第 482 號決定所核准之特許權協議中，有部分條文與現行法律及監管行為牴觸，並要求維爾紐斯市市議會討論是否應修正或撤銷第 482 號決定。然而，維爾紐斯市市議會於 2000 年 2 月 11 日之會議中仍決議維持該決定，維爾紐斯市市長並於同月 25 日通知政府代表維爾紐斯市市議會之決定。

2000 年 3 月 9 日，政府代表向維爾紐斯地區行政法院（the Administrative Court of Vilnius District）提起訴訟，請求廢除維爾紐斯市市議會第 482 號決定。雖然法院駁回政府代表之請求，但認為混合停車費不符合現行法規，並因此撤銷第 482 號決定。

2. 法律變更

2000 年 9 月 5 日，立陶宛通過第 1056 號法令（Decree No. 1056），該法令廢除 1991 年 7 月 26 日之關於核准強制拖吊或對車輛上停車鎖法令（Decree of 29 July 1991 Regarding Approval of Regulations of Forced Removal or Clamping of Vehicles）。同年 10 月 1 日，維爾紐斯市市長致函立陶宛政府，表示該法令生效後，維爾紐斯市即失去於違反付費停車規則之情形阻止車輛行駛之法律依據，並要求政府重新授權市政府得於管轄範圍內使用停車鎖。因此，2001 年 11 月 27 日，立陶宛通過第 1426 號法令（Decree No. 1426），該法令重新授權於警察在場之情形下得使用停車鎖。維爾紐斯市市議會後於 2002 年 4 月 10 日以第 542 號決定（Decision No. 542）執行該法令。

2000 年 10 月 12 日，自治法（Law on Self-Government）修法禁止市政當局與私人企業實體締結聯合活動協議（Joint Activity Agreement，下稱聯合協議）。

（七）特許權協議之執行

1. 提出停車計畫

2000 年 8 月 24 日，BP UAB 向維爾紐斯市提交停車計畫初稿，並於同年 9 月 1 日提交完整之初稿。

然而，該停車計畫受到多個部門及委員會之反對。儘管如此，維爾紐斯市仍於 2001 年 1 月 4 日允許 BP UAB 於 Gedimino Ave. 區域建設地下停車場，惟立陶宛國家古蹟保護委員會（the State Monument Commission of the Republic of Lithuania）於 2001 年 3 月 12 日對該專案發表不贊成意見。最後，維爾紐斯市採納其建議，並於同月 22 日決定使 BP UAB 專注開發位於 Pergales 之多層停車場。

2001 年 4 月 27 日，維爾紐斯市市長致函提醒 BP UAB 需補正其停車計畫初稿，BP UAB 亦於同年 9 月提交第二版停車計畫。

2001 年 11 月 22 日之工作小組會議，維爾紐斯市指控 BP UAB 未遵守其交付建造 Pergales 多層停車場之停車計畫之契約義務。而 BP UAB 於其 12 月 3 日之信件中則聲稱，其延誤係因維爾紐斯延遲採取取得必要土地及提供建設多層停車場之設計條件之必要行動所導致。

2. 聯合協議

特許權協議之附件 8 為聯合協議，內容涉及向 Egapris 共同投標團隊移轉用於建設多層停車場之土地。然而，基於當時立陶宛法律對與私人實體間簽署聯合協議持負面看法，維爾紐斯市拒絕簽署聯合協議，

2002 年 9 月 5 日，BP UAB 提案將聯合協議轉為合作協議（Cooperation Agreement），因維爾紐斯市曾與 Pinus Proprius UAB（下稱 Pinus）作出相同行為，但維爾紐斯市拒絕該提案。

3. Pinus之專案

2001 年 4 月時，維爾紐斯市與 Pinus 針對於 Gedimino 建設停車場之可能性進行討論，並於同年 10 月 24 日時以第 471 號決定（Decision No. 417）核准與 Pinus 簽署聯合協議。

2002 年 3 月 25 日，維爾紐斯市市議會以第 530 號決定（Decision No. 530）核准維爾紐斯市與 Pinus 間之合作協議，維爾紐斯市並於 8 月 20 日完成簽約。

4. 調整1999年12月30日之特許權協議

1999 年之特許權協議規定多層停車場將依據聯合協議建造。然而，2000 年 10 月 12 日修正之自治法已禁止與除國家機關或市政府以外之私營公司簽署此類契約。因此，為確保特許權協議之合法性，維爾紐斯市決定成立工作小組以使特許權協議符合自治法之規定。維爾紐斯市及 BP UAB 之代表更於 2002 年 9 月 9 日之會議同意以簽署合夥協議取代聯合協議。

2003 年 3 月 25 日，維爾紐斯市市長提出終止特許權協議中部分與現行法規不相容之部分，並針對收取及分配費用部分重新簽署協議。BP UAB 則於 5 月 16 日提出反提案，包含直接與 VPK 針對路邊停車費用簽署協議及與 BP UAB 簽署針對建設多層停車場之協議。

2003 年 10 月 24 日，VPK 提出重新談判收取停車費協議之提案，該提案中約定協議之有效期間為 20 年。維爾紐斯市於 12 月 9 日針對該提案作出回應，提出將有效期間縮短為 4 年，並在協議期限屆至後，VPK 之所有股份應轉讓予維爾紐斯市。

2003 年 12 月 18 日，VPK 回復其願意接受有限期限 15 年前無須建設多層停車場之協議，或一有效期限為 10 年，且 VPK 有權建設多層停車場之協議。惟此提案為維爾紐斯市所拒絕。

5. 市政當局終止協議

2004 年 1 月 21 日，維爾紐斯市以第 N°I-221 號決定主張 Egapris 共同投標團隊：(1) 未於規定時限內提交於維爾紐斯市引入公共停車系統之停車計畫；(2) 未能確保維爾紐斯市得及時獲得所有必要資訊；(3) 未能於規定時限內建設多層停車場；以及 (4) 未支付應付款項等為由而終止特許權協議，並於 27 日將終止通知寄送予特許權協議當事人。

2005 年 3 月 11 日，聲請人向 ICSID 提起仲裁請求。

四、程序爭點

（一）管轄權[2]

1. 聲請人主張，其係一依據挪威法律成立之公司，為受立挪 BIT 保護之投資人。聲請人並持有立陶宛 BP UAB 公司 100% 之股權，構成對立陶宛之投資，而相對人通過其市政當局及國家之作為及不作為，違反立挪 BIT，依據立挪 BIT 第 9 條，仲裁庭應具有管轄權。聲請人亦強調其係主張相對人違反立挪 BIT 中所應負擔之義務，而非主張相對人違反特許權協議。最後，聲請人駁斥相對人關於立陶宛法院得救濟本案爭議之主張。

2. 相對人主張，聲請人之請求非為仲裁庭之管轄範圍，因：

   (1) 聲請人之主張涉及特許權協議之違反，此種商業糾紛無法作為依據立挪 BIT 提出請求之依據。

   (2) 相對人非為特許權協議之當事人，無法享有特許權協議中之權利。

   (3) 立陶宛於國際層面不需為其機構之行為負責，國家機關，包括市政府在內，所為之行為不得歸屬於國家，除非此種行為於國際層面上具有法律效力。

   (4) BP UAB 及維爾紐斯已同意將所有依據特許權協議所生之爭議提交予立陶宛法院審理。仲裁庭應尊重此種契約選擇，其對不構成違反立挪 BIT 之請求並不具管轄權，而投資人或其子公司與政府或其機關間之契約請求不構成依據雙邊投資條約所生之請求。此外，立挪 BIT 亦無傘狀條款。雖然相對人承認如在違反契約之情形下，外國投資人被國內法院拒絕救濟，則該契約違反可能構成國際不法行為，然因特許權協議已規範契約爭議應由立陶宛法院審理，而立陶宛法院得完全保護聲請人之權利，本案並非此種情形。

3. 仲裁庭認為，ICSID 公約之屬人（*rationae personae*）管轄要件已獲得滿足，因雙方當事

2　*Id.* paras. 234-266.

人分別爲挪威之公民及立陶宛。依據立挪 BIT 第 9 條，與投資有關之任何爭議應由雙方當事人協商解決，如爭議於 3 個月後仍存在，投資人有權將案件提交仲裁。於當事人未就本案爭議作出決定之情形下，仲裁庭認爲本案已符合立挪 BIT 第 9 條之要件。因此，於 Z 判斷仲裁庭是否具有管轄權時，應討論之第一個問題爲聲請人是否爲立陶宛之投資人。

(1) **聲請人之投資**

A. 依據 ICSID 公約第 25 條，仲裁庭對「直接由投資所生之爭端」具有事物管轄權（jurisdiction *ratione materiae*）。然而，ICSID 公約並未定義何爲「投資」。

B. 立挪 BIT 第 1 條則對投資進行定義，依據該條文，投資係指「締約一方之投資人依據另一締約方之法律及法規於該國境內投資之各種資產，包括但不限於：(II) 股份、債券或任何其他形式之公司參與」。

C. 於 *Vivendi* 案中，ICSID 專門委員會（ICSID *ad hoc* Committee）認爲「外國股權於定義上係屬投資，持有股權之人爲投資人」。[3]

D. 本案中，BP UAB 爲一間立陶宛公司，而聲請人則爲於挪威設立之公司，持有 BP UAB 全部之股份，就 ICSID 公約及立挪 BIT 而言，聲請人係屬立陶宛之投資人。因此，管轄權之實際爭點在於本案爭端是否與立陶宛之投資有關。

(2) **聲請人之請求是否係屬立挪 BIT 之範圍？**

A. 本案爭議係發生於聲請人及相對人間，然特許權協議係由 BP UAB 及維爾紐斯市所簽署，BP UAB 及維爾紐斯市皆非本仲裁案件之當事人。國家雖然於國際層面對於市政當局（及其他國家組成部門）[4]違反國際法之行爲負有責任，但對其國內機構違反國內法之不法行爲不須承擔國際責任。

B. 聲請人主張立陶宛本身因維爾紐斯市之行爲而違反立挪 BIT，因此，爭端當事人應爲聲請人及相對人。聲請人非爲特許協議之當事方並不重要，因仲裁庭並非係依據特許權協議，而是依據立挪 BIT 作出仲裁判斷。此外，本案中並無可信之證據證明係爲獲得管轄權之利益而將契約請求掩飾爲條約請求。相對人是否確實違反條約，應於本案實質審理階段再行審酌，非爲管轄權爭議應判斷之內容。

C. 表面觀之，相對人藉由維爾紐斯市之行爲對聲請人之投資產生影響，因此本案請求與聲請人之投資相關，屬於立挪 BIT 之管轄範圍，且由於聲請人之請求得爲立挪 BIT 之管轄範圍，聲請人是否應將本案爭議提交予立陶宛之法院與管轄權審查階段無涉。綜上，仲裁庭認爲其依據立挪 BIT 第 9 條而具有管轄權。

---

[3] *Compañia de Aguas del Aconquija S.A and Vivendi Universal v. Argentine Republic*, ICSID Case No. ARB/97/3, Decision on Annulment (July 3, 2002), para. 50.

[4] *Generation Ukraine Inc. v. Ukraine*, ICSID Case No. ARB/00/9, Award (September 16, 2003), para. 39.

五、實體爭點

（一）公正及合理待遇[5]

1. 公平（fair）與合理（reasonable）之區別

(1) 聲請人主張，立挪 BIT 第 3 條[6] 使用公正及合理之文字賦予立陶宛須遵守相較其他雙邊投資條約中常見之公平公正待遇標準更爲嚴格之行爲標準之義務。聲請人並援引 Olivier Corten 之見解，其認爲合理之行爲必屬公平之行爲，惟公平之解決方案可能並不合理。[7]

(2) 相對人主張，聲請人之主張與維也納條約法公約（Vienna Convention on the Law of Treaties，下稱 VCLT）不符。此外，相對人亦主張「合理」及「公平」應屬同義詞。

(3) 仲裁庭認爲，立挪 BIT 第 3 條使用「公正及合理」（equitable and reasonable）之文字，因此需釐清該標準之內容及其是否與「公平公正」（fair and equitable）標準具有相同意涵。

    A. 立挪 BIT 之解釋受 VCLT 拘束，依據 VCLT 第 31 條，條約應依其用語按其上下文，並參照條約之目的及宗旨所具有之通常意義，善意解釋之。

    B. 仲裁庭向來對於「公平公正待遇」之標準進行廣泛解釋，因此「公平」及「合理」此兩用語間之解釋差異並不重要。聲請人亦未提供任何證據表明立陶宛與挪威於簽署立挪 BIT 時意圖爲其投資人提供與公平公正待遇標準不同之保護標準。

    C. 綜上，仲裁庭認爲「公平合理」及「公平公正」兩用語應作相同之解釋。

2. 聲請人所遭受之待遇是否係屬不公平且具歧視性質？

(1) 聲請人主張，基於下述理由，相對人使 BP UAB 承受不公平且具歧視性質之待遇，因而違反公平公正待遇：

    A. 維爾紐斯市於 2001 年 4 月以文化遺產及公眾反對爲由，指示 BP UAB 放棄位於 Gedimino 之多層停車場計畫，而未考量 BP UAB 當時已開展重要之規劃及設計工作，維爾紐斯並於 6 個月後將該專案移交予 Pinus，違反特許權協議。

    B. 維爾紐斯與新承包商簽署與 Pergales 場址相關之聯合協議，使 BP UAB 受有損害。

---

[5] *Supra* note 1, paras. 268-346.

[6] Article 3 of the Agreement between the Government of the Republic of Lithuania and the Government of the Kingdom of Norway on the Promotion and Mutual Protection of Investments: "Each contracting party shall promote and encourage in its territory investments of investors of the other contracting party and accept such investments in accordance with its laws and regulations and accord them equitable and reasonable treatment and protection. Such investments shall be subject to the laws and regulations of the contracting party in the territory of which the investments are made."

[7] *See* Oliver Corten, *L'utilisation du "raisonnable" par le juge international*, Editions de l'Université de Bruxelles, 1997.

C. 於 VPK 失去上車輪鎖及部分停車收入後，維爾紐斯市主張 BP UAB 應預見法規將限制車輪鎖之使用，而未考量此係屬不可抗力（*force majeure*）事件並應豁免 BP UAB 於特許權協議第 5.1.15 條之義務。此外，當車輪鎖回復實施後，維爾紐斯市收取 40% 之費用，而 VPK 並未從中獲益。

D. 除非 BP UAB 依據特許權協議第 5.1.15 條支付款項，維爾紐斯拒絕針對特許權協議重新協商。

(2) 相對人主張，任何歧視主張皆須證明地主國對類似情形有為不同處理，而聲請人並未證明相對人於類似情形下對聲請人及 Pinus 有不同之處理方式。

A. BP UAB 預計於 Gedimino 建設之多層停車場規模明顯大於 Pinus 建設之多層停車場，且侵占維爾紐斯市舊城區。文化遺產委員會對 Pinus 於舊城區外建設之多層停車場須為不同之處理。

B. 再者，Pinus 建設之多層停車場須於施工完成後出售予維爾紐斯市，然 BP UAB 所建設之多層停車場則不需如此。

C. 至於維爾紐斯市與 Pinus 簽署之合作協議不涉及任何維爾紐斯之土地移轉，相反地，與 BP UAB 之合作協議則須依據適用法律租賃土地或透過公開拍賣出售土地。

(3) 仲裁庭認為，如 *CMS Gas Transmission Company v. The Argentine Republic* 案 [8] 中所述，歧視行為違反公平公正待遇。為確認是否存在違反公平公正待遇之歧視行為，如 *Antoine Goetz et consorts c. République du Burundi* 案 [9] 指出者，需與處於類似情形之另一投資人進行比較。

A. 仲裁庭認為，維爾紐斯市之行為可能構成違反特許權協議，但應注意者為可能違反協議不代表違反立挪 BIT。

B. 針對聲請人第三個及第四個論點，聲請人並未提出任何證據表明聲請人將任何得依據立挪 BIT 提起仲裁之行為與另一投資人進行比較。因此，仲裁庭無法確認相對人是否從事歧視性措施，聲請人第三個及第四個論點並不成立。

C. 針對聲請人第一個及第二個論點，聲請人主張之侵權行為及相對人之立場與最惠國待遇所討論者基本相同。於雙邊投資條約包含最惠國待遇條款之特定情形下，並不需要依據公平公正待遇標準判斷歧視性措施存在與否。因此，仲裁庭將於最惠國待遇部分繼續此處之討論。然而，仲裁庭仍應審查相對人之行為是否具恣意性。

---

[8] *CMS Gas Transmission Company v. Argentine Republic*, ICSID Case No. ARB/01/08, Award (May 12, 2005), para. 290.

[9] *Antoine Goetz and others v. Republic of Burundi*, ICSID Case No. ARB 95/3, Award (February 10, 1999), para. 121.

3. 相對人之行為是否具恣意性？

(1) 聲請人主張，相對人之行為具恣意性且不具透明性，違反立挪 BIT 第 3 條。公平公正待遇本質上排除針對投資人之恣意行為，而國家行為不一致及欠缺透明性即為恣意性之表現。外國投資人應可期待地主國之行為具有一致性，即地主國不應隨意撤銷其頒發之任何現存之決定或許可，因投資人係仰賴該決定或許可計畫其商業行為。此外，給予投資人公平公正待遇之義務，亦使國家負有駁回予政府政策或法律不符之投資之積極義務。國家不得透過要求投資人比政府當局更為瞭解法律及法規而逃避其國際責任。綜上，聲請人主張相對人未能於簽署特許權協議前向其揭露與停車費混合收費之可行性相關之資訊。縱使維爾紐斯市持有對停車費是否符合立陶宛法律提出質疑之 Sorainen 備忘錄，但並未於簽署特許權協議前告知 BP UAB。維爾紐斯市亦未對 BP UAB 警告法律之變化，其並拒絕重新協商特許權協議甚而單方面決定終止該協議。因此，相對人之行為具恣意性且欠缺透明度。

(2) 相對人主張，於簽署特許權協議前即向 BP UAB 揭露 Sorainen 備忘錄，並主張其有明確表示特許權協議中所規範之措施未經試驗，因而可能不符合法律規定。相對人不應對投資人不明智之商業決策或投資人欠缺勤奮之後果負責。此外，聲請人所主張之行為並未違反立挪 BIT，該行為僅違反特許權協議。

(3) 仲裁庭認為，判斷相對人之行為是否具恣意性應從以下三個方面進行討論：

A. Sorainen 備忘錄

(A) 維爾紐斯市係於 1999 年 12 月 30 日簽署特許權協議前即持有 Sorainen 備忘錄，而本案並無明確證據表明維爾紐斯市有於特許權協議簽署前提供該份備忘錄予聲請人。因此，仲裁庭認定聲請人截至 2000 年 4 月前皆未知悉 Sorainen 備忘錄存在。

(B) Sorainen 備忘錄之資訊係律師事務所針對特許權協議出具之法律意見。該份備忘錄並未含有於其草擬時未向大眾或其餘適格之律師事務所提供之資訊，聲請人亦得從其餘律師事務所獲得法律意見，且聲請人確實於 1999 年 12 月 29 日取得 Lawin 事務所出具之法律意見。因此，仲裁庭認為，聲請人請 Lawin 事務所出具法律意見時，毫無疑問意識到立陶宛之商業環境存有不確定性。事實上，由於立陶宛之政治體制及經濟正發生重大變化，立陶宛之外國投資人無法合理相信立陶宛具有穩定法律基礎。

(C) 另一問題則為，於簽署特許權協議前未向他方當事人揭露法律意見是否會對締約國產生國際責任。此類行為通常會被視為違反誠信原則或屬締約上過失（*culpa in contrahendo*），但其本質上並不違反國際法。此外，聲請人亦未證明 Sorainen 法律事務所或維爾紐斯市持有未向大眾或其他法律專業人士公開之資訊。

(D) 再者，於 *MTD v. Chile* 案[10]中，仲裁庭亦指出國家不須對不明智之商業決策或投資人缺乏勤奮之後果負責。

(E) 綜上，仲裁庭認為維爾紐斯市未向 BP UAB 揭露 Sorainen 備忘錄內容之行為並不具恣意性。

B. 不可抗力

(A) 仲裁庭認為不可抗力之主張及違反協議之行為不必然構成違反立挪 BIT。再者，立陶宛之地方法院及上訴法院皆認定維爾紐斯市拒絕認定存有不可抗力之情形係屬不當行為，並作出有利 BP UAB 之判決。立陶宛法院拒絕 BP UAB 部分請求一事則與本仲裁判斷無關，錯誤判決不代表其即違反包括立挪 BIT 在內之國際法。

(B) 綜上，仲裁庭認為相對人並無違反立挪 BIT 之恣意行為。

C. 終止特許權協議

(A) 如投資人受到之不公正或恣意待遇，自國際法之角度而言係屬無法接受，即屬違反公平公正待遇，[11]但如同仲裁庭於 *Saluka v. Poland* 案中所述，並非每次違反協議或國內法即等同於違反條約。[12]

(B) 於特定情形下，嚴重違反契約可能構成違反條約，而於多數情形下，有必要由管轄法院初步認定契約是否違反國內法。如契約雙方已就由契約所生之所有爭議就特定之法庭達成一致，此一初步認定即更為重要。

(C) 然而，如締約方無法獲得國內法院救濟，從而被剝奪獲得損害賠償及就違反契約之行為提出請求之機會，則仲裁庭得依據雙邊投資條約認定該缺乏救濟措施之行為是否對投資產生影響而違反國際法。因此，仲裁庭僅對違約行為於締約國內所受之待遇具有管轄權，而非對違約行為本身具有管轄權。

(D) 於本案中，BP UAB 具有得訴諸立陶宛法院請求救濟之權利，而 BP UAB 及聲請人除不可抗力之情形外，皆未於立陶宛法院對涉嫌違反特許權協議之行為提出主張。上述行為將產生兩種後果。首先，聲請人未能證明維爾紐斯市因不當終止特許權協議從而違反該協議；其次，縱使假設特許權協議被不當終止，聲請人亦無法證明立陶宛拒絕 BP UAB 就違反協議之行為提出主張之權利，從而證明立陶宛並未賦予其投資公平公正待遇。

---

[10] *MTD Equity Sdn. Bhd. and MTD Chile S.A. v. Republic of Chile*, ICSID Case No. ARB/01/7, Award (May 25, 2004), para. 167.

[11] *S.D. Myers Inc. v. Government of Canada*, NAFTA UNCITRAL Arbitration, First Partial Award (November 13, 2000), para. 65. 參考本書之案例摘要二十九。

[12] *Saluka Investments BV (The Netherlands) v. The Czech Republic*, UNCITRAL, Partial Award (March 17, 2006); *See also Azurix Corp. v. Argentine Republic*, ICSID Case No. ARB/01/12, Award (July 14, 2006).

(E) 綜上，仲裁庭不認為相對人違反立挪 BIT 第 3 條。

4. 合理期待

(1) 聲請人主張，相對人藉由違背其合理期待而違反相對人之公平公正待遇義務。公平公正待遇義務要求地主國對待國際投資之方式不影響外國投資人於進行投資時所考量之基本期待。因此，聲請人有權期待相對人維持穩定及可預測之法律及商業架構，並以一致、透明且無任何模糊之方式行事。聲請人並認為相對人違反其對於相對人會尊重及保護特許權協議法律及經濟完整性之合理期待，因而違反立挪 BIT 第 3 條。

(2) 相對人主張，並非每項造成商業問題之管制行為皆構成商業違反。維爾紐斯市及立陶宛政府皆未透過對特許權協議適用之法律制度之穩定性作出擔保以誘使聲請人進行投資。聲請人應知悉特許權協議中之安排未經試驗，亦應知悉法律有被修改之潛在可能以及部分特許權協議之條款可能不符合法律。此外，特許權協議中並未含有穩定適用於該協議之法律制度之條款，但有豁免維爾紐斯市對於立陶宛政府採取之行為之責任之條款。最後，相對人主張，聲請人之主張僅屬可能違反特許權協議之行為，應提交予立陶宛法院審理而非訴諸國際仲裁。

(3) 仲裁庭認為，相對人之行為是否違背聲請人之合理期待，應從以下兩個層面進行討論：

A. 相對人是否違反聲請人對於其尊重及保護特許權協議法律完整性之合理期待？

(A) 自特許權協議簽署後，立陶宛議會修訂多條對該特許權協議產生影響之法律，雙方當事人亦承認該等法律之修正使 Egapris 共同投標團隊無法獲得大部分之收入。因此，仲裁庭認為應判斷聲請人對法律體系之穩定性是否具有合理期待，以及該期待是否因法律變動而落空。

(B) 未確定投資人是否被剝奪其合理期待，仲裁庭應審查外國投資人於進行投資時所考量之基本期待。[13] 當投資人被剝奪對特許權協議存在時之條件保持不變之合理期待時，即違反公平公正待遇。

(C) 如投資人於地主國處獲得明確之承諾或保證，或如地主國暗示性地作出投資人於進行投資時所考量之保證或聲明，則投資人之期待即屬合理。如地主國未作出任何保證或聲明，則特許權協議締結時之情形對於確認投資人之期待是否合理即具有決定性意義。同時，為確認投資人之期待是否合理，亦須分析國家於投資時之行為。

(D) 行使立法主權為各國不可否認之權利，一國有權自行決定制定、修改或廢除法律。除協議中有規範穩定條款（stabilisation clause），否則應無法對於投資人於進

---

[13] *Técnicas Medioambientales Tecmed, S.A. v. The United Mexican States*, ICSID Case No. ARB(AF)/00/2, Award (May 29, 2003), para. 154. 參考本書之案例摘要三十二。

行投資時存在之管制結構之修改作出異議。任何投資人皆應知悉法律將隨時間遞嬗而更改，只有在國家於行使其立法權時採取不公平、不合理或不公正之行為時始應禁止。

(E) 原則上，投資人如已進行盡職調查，且其合理期待於當時情形下係屬合理，即有權保護其合理期待。因此，投資人須預見情形可能會發生變化，從而構建其投資以使其適應法律環境之潛在變化。

(F) 本案中，相對人並未向聲請人提出不會修改可能對投資產生影響之法律之任何具體保證或擔保。聲請人對法律制度將保持不變之合理期待並非基於相對人之特定行為或為相對人之行為所強化。換言之，相對人並未就法律框架將保持不變作出任何明示或暗示之承諾。

(G) 1998 年正為立陶宛政治環境變動之時，法律變動應屬可預期之行為。聲請人應知悉於特許權協議簽署後法律可能會產生變動。於決定於立陶宛投資時之大環境無法證明法律環境之穩定性，因此，期待法律維持不變係屬不合理之期待。聲請人本得在投資協議中引入穩定條款以保護自身免受法律意外或不利之變動以保護其合理期待，但其並未如此。本案亦無任何證據顯示國家於行使其立法權時採取不公平、不合理或不公正之行為以損害聲請人之投資。

(H) 綜上，仲裁庭認為聲請人不具合理期待，相對人並未違反立挪 BIT 第 3 條。

B. 相對人是否因維爾紐斯市之作為及不作為而違反聲請人對於其尊重及保護特許權協議經濟及法律完整性之合理期待？

(A) 維爾紐斯市確實於簽署特許權協議前即掌握部分法律將修正之資訊，卻並未通知聲請人。相對人亦確實具有於特許權協議簽署前善意行事及協商之契約義務。雖然相對人並未通知聲請人可能違反特許權協議，然此並非仲裁庭應審酌之事項。

(B) 首先，並未有證據顯示相對人故意未告知聲請人法律可能進行修正；其次，於特許權協議協商期間，立陶宛之政治環境正在發生變動，聲請人應知悉該國法律結果係屬無法預期且可能發生改變；第三，縱使維爾紐斯市知悉立法者之修法意圖，亦不代表維爾紐斯市知悉法律修正將造成之實質影響；最後，聲請人未能證明未有任何投資人或是適格之法律事務所無法知悉改過程之資訊。因此，仲裁庭認為，維爾紐斯市市政當局具有向 BP UAB 告知法律變動之契約義務無法構成聲請人之合理期待。

(C) 此外，協議一方當事人對他方當事人履行協議義務之期待並不一定屬國際法上所保護之期待。正如 *Saluka* 案[14] 中所述，契約期待受挫之一方當事人應於特定條件

---

[14] *Supra* note 12, para. 442.

下向國內法院尋求救濟。

(D) 本案中，仲裁庭認爲聲請人之期待實質上係屬契約期待。維爾紐斯市之作爲與不作爲有可能違反特許權協議，但此不意味著其行爲違反立挪 BIT。

(E) 綜上，仲裁庭認爲聲請人並未被剝奪其合理期待，相對人並未違反立挪 BIT 第 3 條。

（二）違反保護義務[15]

1. 聲請人主張，相對人並未保護聲請人之投資，違反立挪 BIT 第 3 條。聲請人並主張相對人爲履行其保護投資之義務，應證明其已採取一切必要預防措施以保護聲請人之投資並須達到盡職審查之標準。此外，相對人之保護義務應延伸至非國家行爲體（non-state actors）及政府機構之行爲。

2. 相對人主張，其已對聲請人之投資提供立挪 BIT 所規定之充分保護及保障。依據國際法，保護之標準爲盡職調查。該標準要求國家應採取合理措施以防止其知悉或應知悉之即將發生之針對投資人之敵意行爲。相對人認爲，只要國家已進行盡職調查，聲請人對國家行爲不滿之事實並不構成依據保護條款提出請求之依據。立陶宛已於民主國家之盡職調查範圍內對聲請人及 BP UAB 提出之各種投訴作出合理之反應，如果締約方有權並有機會對違反其認爲違反特許權協議之行爲提出質疑，立陶宛即無義務對同樣之行爲提出質疑。

3. 仲裁庭認爲，立挪 BIT 第 3 條僅提及「保護」一詞，而在仲裁庭過往仲裁判斷中，仲裁庭會參考「充分保障與安全」之標準。此外，「保護」與「充分保障與安全」間之措辭差異通常不會對地主國應提供之保護水平產生重大影響，聲請人及相對人爲主張時亦參考「充分保障與安全」之標準。因此，仲裁庭於判斷本爭議時亦將適用「充分保障與安全」之標準。

(1) 如國家未能防止損害、回復原狀或懲處造成損害之人（得爲地主國或其機構或個人），其即可能違反充分保障與安全標準。[16]

(2) 聲請人主張其材料因故意破壞而毀損。然而，聲請人並無證據顯示如政府當局採取不同行爲即得避免該等破壞行爲。雙方當事人皆肯認立陶宛當局有展開調查以尋找嫌疑人，但亦無證據顯示調查過程違反立挪 BIT。此外，仲裁庭亦於 Tecmed 案中強調，充

---

[15] *Supra* note 1, paras. 347-361.

[16] *Wena Hotels Ltd. v. Arab Republic of Egypt*, ICSID Case No. ARB/98/4, Award (December 8, 2000), paras. 84-95. 參考本書之案例摘要三十四。

分保障與安全之保證並非決定，亦不會對給予保證之國家施加嚴格之責任。[17]

(3) 聲請人主張立陶宛總理未能保護其投資免受維爾紐斯市之作為及不作為影響，然而並無證據顯示立陶宛總理以任何與其職能及職責不符之方式行事。聲請人亦未能證明立陶宛總理之疏忽違反立挪 BIT。

(4) 聲請人亦批評相對人於維爾紐斯市違反特許權協議時之消極態度，然而，仲裁庭認為，投資條約並未規定相對人有干預聲請人與維爾紐斯市間關於其法律關係性質爭議之盡職調查義務。

(5) 依據立挪 BIT，相對人之義務首先應為確保其司法系統可供聲請人提出契約請求；其次，相對人應使聲請人之請求得為公平公正之法院依據國內法及國際法進行適當審理。本案並無證據顯示相對人違反此一義務，聲請人亦未如此主張。

(6) 聲請人有機會向立陶宛法院提起違反特許權協議之訴訟並求償，且聲請人並無提出證據證明其未獲得此等救濟手段，因此，仲裁庭認為相對人並未違反立挪 BIT 第 3 條之保護及安全義務。

（三）最惠國待遇[18]

仲裁庭認為，立挪 BIT 第 4 條為最惠國待遇之標準。最惠國待遇條款本質上與國民待遇條款相近，具有相似之適用條件。因此，仲裁庭對國民待遇條款之分析亦將有助於討論涉嫌違反最惠國待遇條款之行為。

1. 無論為國民待遇條款、最惠國待遇條款或禁止歧視原則，實際上皆在禁止對有關國家投資之外國國民之歧視。受益於雙邊投資條約之所有投資人，將受益於與國民或第三國人士相同或更好之待遇。因此，依據最惠國待遇條款及習慣國際法，無須單獨審酌禁止歧視原則。

2. 判斷是否屬歧視行為應個案判斷。仲裁庭認為，歧視是否令人不快並不取決於主觀要求，例如國家之惡意或不法意圖（malicious intent）。要違反國際法，歧視必須不合理或違反比例性。而違反最惠國待遇之基本條件為存在對處於類似情形之另一外國投資人給予不同待遇，因此仲裁庭於審酌時須對處於類似情形之投資人進行比較。

3. 仲裁庭對於何謂類似情形向來採取廣з分析。例如，於 *Pope and Talbot Inc. v. Government of Canada* 案中，仲裁庭認為應將給予受保護之外國投資之待遇，與給予同一商業或經濟領域之國內投資之待遇進行比較。一旦確認兩者屬於同一商業或經濟領域，差別待遇將

17　*Supra* note 13, para. 177.

18　*Supra* note 1, paras. 362-430.

推定為違反最惠國待遇。只有在證明差別待遇與合理政策間具有合理之關係，而非優先考量國內投資而排擠外國投資之情形，始未違反最惠國待遇。[19]

4. 為確定聲請人是否與 Pinus 處於類似情形從而確定相對人是否違反最惠國待遇，仲裁庭認為應滿足以下三個條件：Pinus 須為外國投資人、Pinus 與聲請人需屬於同一商業或經濟領域，以及兩位投資人因國家採取之措施而遭受區別對待。

1. Pinus須為外國投資人

仲裁庭認為，雙方當事人並未就此點產生爭執。Pinus 係由荷蘭公司所持有，其屬於雙邊投資條約定義下之投資人。

2. Pinus與聲請人需屬於同一商業或經濟領域

仲裁庭認為，BP UAB 及 Pinus 皆為從事停車場建設及管理之公司，亦為 Gedimino 同一多層停車場專案之競爭對手，因此，仲裁庭認為 BP UAB 及 Pinus 處於相似之經濟及商業領域。

3. BP UAB與Pinus兩位投資人因國家採取之措施而遭受差別對待

(1) Gedimino 多層停車場

A. 聲請人認為，維爾紐斯市出於文化遺產考量拒絕 BP UAB 於 Gedimino 上提出之多層停車場專案，然卻授權 Pinus 於同一地點之專案。

B. 相對人認為，Pinus 於 Gedimino 建造之多層停車場相對聲請人者規模較小，且聲請人設計之多層停車場將會延伸至特許權協議附件 5 所定義之 Gedimino 舊城區，而舊城區之建設須經文化遺產委員會核准。

C. 仲裁庭認為：

(A) 證據顯示，聲請人之專案規模較大，甚至延伸至維爾紐斯主教座堂。然而，聲請人於 Gedimino 之專案及 Pinus 建設之多層停車場皆位於行政邊界所定義之維爾紐斯市舊城區，屬於適用之法規所定義之受保護領土，並與聯合國教育、科學及文化組織（United Nations Educational, Scientific and Cultural Organization，下稱 UNESCO）所定義之區域相同。如於該地區建設，需取得多個行政委員會之核准。

(B) 仲裁庭瞭解，UNESCO 所定義之舊城區內包含特許權協議附件 5 所定義之舊城區。然而，經仲裁庭審慎（*ex abundanti cautela*）分析相對人所提供之地圖，Pinus 建設之多層停車場及 BP UAB 所擬議建設之多層停車場皆非位於特許權協議附件 5 所定義之舊城區。因此，相對人此部分之論點與本案爭議無關。Pinus 及 BP UAB

---

19 *Pope & Talbot Inc. v. The Government of Canada*, NAFTA Case, Award on the merits of phase 2, (April 10, 2001), paras. 78-79. 參考本書之案例摘要二十四。

之多層停車場之規模差異本身亦無法作爲判斷投資人是否處於不同情形之決定性因素，但得作爲考量因素之一。

(C) 具有決定性之因素爲 BP UAB 於 Gedimino 之多層停車場專案延伸至 UNESCO 所定義之舊城區一事。證據表明對 BP UAB 之專案提出之反對意見促使維爾紐斯市政府作成拒絕該項專案之決定。仲裁庭認爲，於本案中，歷史、保存文物及環境保護皆爲反對 BP UAB 專案之合理理由。此外，BP UAB 專案於舊城區之潛在負面影響因其較大之規模且靠近維爾紐斯主教座堂之敏感區域而增加，因此 BP UAB 於 Gedimino 之多層停車場專案與 Pinus 者並無近似性。

(D) Pinus 之專案雖然亦位於 UNESCO 定義之舊城區而應符合與 BP UAB 相同之行政要求，但並無證據顯示 Pinus 受到和 BP UAB 不同之待遇。此外，聲請人應負證明外國投資人取得更爲優惠待遇之舉證責任，但聲請人未能證明 Pinus 就行政要求取得更爲優惠之待遇。再者，本案亦無證據表明 Pinus 面臨與 BP UAB 相同之反對意見以及其專案具有同樣之潛在影響。

(E) 綜上，仲裁庭認爲 Pinus 及 BP UAB 並非處於類似情形，且維爾紐斯市所作之差別待遇有正當理由，聲請人未能證明相對人對 Gedimino 多層停車場作出歧視性舉措。

(F) 最後，仲裁庭認爲證據不足以表明維爾紐斯市政府非正當地拒絕 BP UAB 提出之 Gedimino 多層停車場專案。相反地，Gedimino 僅爲多種地點中之一種可能性。拒絕其於 Gedimino 設置多層停車場並未剝奪 BP UAB 於其他地點設置多層停車場。

(2) Pergales 多層停車場

A. 聲請人主張，維爾紐斯市拒絕於 BP UAB 簽署聯合協議，然卻與 Pinus 簽署聯合協議；維爾紐斯市與 Pinus 間之聯合協議被宣告爲違法後，維爾紐斯市即將該聯合協議轉爲合作協議，然卻拒絕與 BP UAB 簽署類似之合作協議。BP UAB 與 Pinus 系處於類似情形，而維爾紐斯市拒絕與 BP UAB 簽署聯合協議或合作協議已構成給予 Pinus 較爲優惠之待遇。

B. 相對人主張，維爾紐斯市無法與 BP UAB 簽署聯合協議係因自治法第 9(2) 條禁止與私人實體簽署此類協議。而維爾紐斯市無法與 BP UAB 簽署合作協議係因：

(A) BP UAB 所提出之多層停車場需移轉土地並進行公開拍賣，然 Pinus 已爲多層停車場部分土地之所有人，因此無須移轉土地。

(B) Pinus 有義務於多層停車場落成時將自身土地移轉予立陶宛，但 BP UAB 得爲 Gedimino 及 Pergales 之多層停車場之所有人，且亦得租賃或購買國有土地。

(C) Pinus 所建造之多層停車場位於國有土地上，並未以地號劃定，因此該土地無法爲 Pinus 所有或出租予 Pinus，但 BP UAB 所提案位於 Pergales 之多層停車場位於有

劃定地號之國有土地上，該筆土地須經公開拍賣。

C. 仲裁庭認為，BP UAB 及 Pinus 之專案間至少有兩個要素存在顯著差異，且該差異得合理化兩者間所受之不同待遇。

    (A) 與 Pinus 簽署之合作協議之內容與 BP UAB 提出之聯合協議不同

        a. BP UAB 所草擬之聯合協議規定 BP UAB 將為多層停車場之所有人，並將於工程完成後租賃或購買國有土地；Pinus 之合作協議則規定 Pinus 將出售多層停車場予維爾紐斯市政府。無論補償金額多寡，BP UAB 與 Pinus 間均屬不同情形。

        b. BP UAB 既有權擁有多層停車場並因此租賃國有土地，因此，除非維爾紐斯市與 BP UAB 簽署聯合協議，否則即有義務進行公開拍賣。於聯合協議及與自治法相關之合作協議之法律不確定性之背景下，維爾紐斯市得拒絕與 BP UAB 簽署特許權協議，從而免除籌劃公開拍賣之義務。

        c. 維爾紐斯市與 Pinus 簽署之合作協議，於多層停車場建設完成後賦予維爾紐斯市充分之自主權。一旦取得上級之適當授權，維爾紐斯市得自行決定於工程完成後購買多層停車場。因此，締結聯合協議或合作協議之後果僅限於建設過程，而不會於建設完成造成影響。然而，因 BP UAB 有權成為多層停車場之所有人，與其簽署聯合協議或合作協議具有更廣泛之影響。

        d. 綜上，因 BP UAB 與 Pinus 之情形不同，賦予其差別待遇係屬合理。仲裁庭認為，兩位投資人並非處於相同情形。

    (B) 維爾紐斯市與 Pinus 間存在之聯合協議及與 BP UAB 間不存在之聯合協議

        a. 維爾紐斯市於 2002 年 3 月與 Pinus 間簽署之合作協議僅是對兩者間現有之聯合協議之名稱進行更改，以避免維爾紐斯地區行政法院對聯合協議之合法性作成判斷。

        b. 於 BP UAB 之情形，BP UAB 從未與維爾紐斯市締結任何聯合協議，因此，與其簽署合作協議須簽署新協議，而非修改現有之可能具有拘束力及可執行性之協議。有鑑於聯合協議或合作協議之合法性無法確認，維爾紐斯市拒絕與 BP UAB 簽署協議係屬可信及可理解。

        c. 綜上，仲裁庭認為 BP UAB 與 Pinus 之情形不同，而該不同情形得合理化維爾紐斯市拒絕與 BP UAB 簽署聯合協議或合作協議。

（四）徵收[20]

1. 聲請人主張，依據立挪 BIT 第 6 條，除係出於公共目的，依據國內法律以不具歧視性之

---

20 *Supra* note 1, paras. 431-456.

方式且須支付補償金，投資不得被徵收、國有化或對其採取具有類似效果之措施。維爾紐斯市通過阻止特許權協議之執行，並要求 BP UAB 完全履行該協議義務，後並否認該協議，從而破壞 BP UAB 之商業價值。因此，通過獲取作為 BP UAB 存在目的之唯一資產，相對人間接徵收聲請人與 BP UAB 中之所有權權益。此外，相對人未能於本次徵收提供補償，違反其於立挪 BIT 第 6 條之義務。聲請人亦主張，相對人是否自徵收行為中獲益係屬與本案爭點無關，具有決定性之因素應為投資人是否得繼續享受所有權之權益。

2. 相對人認為，契約終止僅於特定情形下始得構成徵收。首先，終止行為須屬不正當；其次，針對不正當之終止契約行為未有救濟管道；再者，終止行為須嚴重剝奪投資人對相關財產之權益。相對人認為，依據特許權協議，終止行為係屬合法，且聲請人從未向特許權協議中約定之法院提出請求。此外，聲請人之財產並未被剝奪，因其仍擁有並控制 BP UAB，且 BP UAB 及 VPK 得繼續於立陶宛開展業務。

3. 仲裁庭認為，除正式或直接徵收外，立挪 BIT 尚談及事實上徵收（*de facto expropriation*）。雖然事實上徵收於立挪 BIT 中並無明確定義，但得理解為政府措施對投資人財產權之負面影響，不涉及財產之轉讓，而係剝奪對財產之使用收益。正如 *Metaclad v. Mexico* 案中指出，徵收尚包括對財產使用之隱蔽或干擾，其效果係剝奪所有人全部或大部分財產之使用或合理預期之經濟利益，即使對地主國不一定屬有利狀態。[21] 契約權利是否得被徵收已為判例法所廣泛承認，然仍應滿足三個累積性條件，始得將違反協議之行為提升為立挪 BIT 所稱之徵收。

(1) 首先，如 *Azurix Corp. v. the Argentine Republic* 案 [22] 中所述，僅於國家不僅以協議當事人之身分，尚行使其主權權力之情形下，違反協議始得構成徵收。縱使假設維爾紐斯市違反特許權協議，亦無證據表明其有行使主權權力。因此，仲裁庭即無須判定維爾紐斯市終止特許權協議之行為是否違反該協議。綜上，因維爾紐斯市並未行使主權權力，亦無利用其主權徵收 BP UAB，故維爾紐斯市終止特許權協議之行為不得視為立挪 BIT 所稱之徵收。

(2) 其次，違反契約本身不足以構成雙邊投資條約所定義之間接徵收。作為一般規則，投資人於面臨國家違反協議時，應於適當之法院起訴國家以糾正違約行為。因此，如前所述，於多數情形下，初步確認於國內法下存在違反契約之行為應屬先決條件。

A. 如投資人於法律上或實際上被剝奪向適當之國內法院尋求救濟之可能性，仲裁庭即得依據雙邊投資條約判斷投資人之國際權利是否受到侵犯。正如 *Generation v.*

---

[21] *Metalclad Corporation v. The United Mexican States*, ICSID Case No. ARF (AF)/97/1, Award (August 30, 2000), para. 103. 參考本書之案例摘要十四。

[22] *Azurix Corp. v. Argentine Republic*, ICSID Case No. ARB/01/12, Award (July 14, 2006), para. 314.

Ukraine 案中，仲裁庭認爲：仲裁庭可能認爲未能向國家政府機關尋求救濟措施之投資人不得主張國際請求，但此並非基於仲裁庭認爲應窮盡國內救濟措施，而是因爲投資人未作出合理努力以獲得救濟，而導致徵收行爲是否確實存在存有不確定性。[23]

B. 本案中，BP UAB 及聲請人應有機會將案件提交予立陶宛國內法院審理，而且本案證據並未顯示有任何客觀理由質疑立陶宛國內法院於合理期限內公允審理案件之能力。然而，BP UAB 及聲請人皆未針對終止特許權協議一事於立陶宛法院提起訴訟。

C. 綜上，仲裁庭認爲，於無任何不將案件提交予立陶宛法院之客觀理由之情形下，依據現有事實無法斷定聲請人之案件已被間接徵收。

(3) 最後，仲裁庭認爲，以終止協議違反特許權協議之情形需導致投資價值大幅下降，但於本案中不需要分析聲請人之投資價值是否減少，因爲本案並未滿足上述所列之徵收要件。綜上，本案不符合立挪 BIT 第 6 條所稱之徵收，亦不須討論徵收是否合法。

六、賠償金額及費用計算[24]

仲裁庭認爲，依據 ICSID 公約第 61(2) 條及 ICSID 仲裁規則第 28 條，仲裁庭於費用方面具有自由裁量權，得考量仲裁結果及其餘相關因素決定費用。縱使維爾紐斯市未違反立挪 BIT 或國際法，其行爲亦非無瑕疵。因此，仲裁庭認爲，各當事人應承擔自身之成本及費用，且仲裁庭之費用應由雙方當事人平均分配始爲公允。

七、仲裁庭之決定與判斷[25]

（一）仲裁庭對本案具有管轄權。
（二）相對人未違反立挪 BIT 第 3 條之公平公正待遇。
（三）相對人未違反立挪 BIT 第 3 條之保護投資義務。
（四）相對人未違反立挪 BIT 第 4 條之最惠國待遇。
（五）相對人未違反立挪 BIT 第 6 條之徵收禁止。
（六）聲請人之請求均應駁回。
（七）各當事人應承擔自身之費用以及平均分擔程序之費用及開支。

---

[23] *Supra* note 4, para. 91.

[24] *Supra* note 1, paras. 457-464.

[25] *Id*. paras. 465.

案例二十一

Philip Morris Brands Sàrl, Philip Morris Products S.A. and Abal Hermanos S.A. v. Oriental Republic of Uruguay, ICSID Case No. ARB/10/7 (July 8, 2016)

一、當事人

聲請人：Philip Morris Brands Sàrl（下稱 PMB）；Philip Morris Products S.A.（下稱 PMP）；
Abal Hermanos S.A.（下稱 Abal）（以下合稱聲請人）

相對人：烏拉圭

二、案件摘要

（一）系爭投資

動產及不動產、股權、智慧財產權等資產，包括數個關於烏拉圭市場之菸品商標及生產設備。

（二）爭議緣由

烏拉圭公共健康部及總統制定之特定命令，禁止在同一菸品品牌下有不同包裝或呈現，並要求標示抽菸對健康負面影響的圖案。

（三）實體規範依據

瑞士—烏拉圭 BIT（1988）（下稱瑞烏 BIT），聲請人主張相對人違反以下義務：1. 間接徵收；2. 公平公正待遇／最低待遇標準，包括拒絕正義；3. 傘狀條款；4. 恣意、不合理及／或歧視性措施。

（四）仲裁機構及規則

ICSID；ICSID 仲裁規則。

（五）聲請人請求

1. 命相對人撤銷系爭措施或排除適用至聲請人之投資，並賠償至系爭措施撤銷之日止所生之損害。
2. 賠償至少 22,267,000 美元之損害，並加計自違反義務時起至相對人賠償日止之利息。

（六）仲裁程序及後續

1. 仲裁庭於 2013 年 7 月 2 日作成管轄權決定。
2. 仲裁庭於 2016 年 7 月 8 日作成仲裁判斷。
3. 仲裁庭於 2016 年 9 月 26 日作成更正決定（Decision on Rectification）。

三、事實背景

PMP 係依瑞士法律組織之有限責任公司，為 Abal 100% 直接擁有者，Abal 為依烏拉圭法律設立之股份有限公司。PMP 之母公司為美國公司 Philip Morris International Inc.（下稱 PMI）。[1]

聲請人主張，烏拉圭透過數項管制菸業之菸品管制措施，在與菸品品牌有關之商標待遇上，違反 BIT 義務。該些措施包括：

（一）單一包裝要求（Single Presentation Requirement，下稱 SPR），排除菸品製造商就同一品牌家族行銷超過一種包裝之產品。SPR 透過烏拉圭公共健康部 2008 年 8 月 18 日之 514 號命令執行。在 SPR 制定前，Abal 在單一品牌下銷售數產品（例如：*Marlboro* Red、*Marlboro* Gold、*Marlboro* Blue、*Marlboro* Green (Fresh Mint)）。514 號命令頒布後，Abal 就其擁有執照之每一品牌僅得銷售單一產品（例如：僅銷售 *Marlboro* Red），已實質影響其公司之價值。

（二）80/80 號規則提高菸品包裝上的警語標示面積，由 2009 年 6 月 15 日頒布之 287 號總統令予以執行。287 號總統令將菸品包裝上的警語標示面積由 50% 提高為 80%，僅留 20% 印製商標、標誌及其他資訊。聲請人主張，此命令不當限制其合法商標之使

---

[1] *Philip Morris Brands Sàrl, Philip Morris Products S.A. and Abal Hermanos S.A. v. Oriental Republic of Uruguay*, ICSID Case No. ARB/10/7 (July 8, 2016), paras. 1-6.

用權，剝奪 PMP 及 Abal 智慧財產權，進而降低投資之價值。[2]

於提付仲裁前，聲請人曾就系爭措施在烏拉圭法院提起訴訟。針對 SPR，Abal 於 *Tribunal de lo Contencioso Administrativo*（下稱 TCA）提出確認無效訴訟（*accion de nulidad*），請求宣告 514 號命令第 3 條無效。Abal 主張 SPR 明顯違法，理由如下：

（一）SPR 已逾越其所欲執行法規（18256 號法律及 284 號命令）之規範，18256 號法律及 284 號命令並未禁止單一品牌之多種包裝，僅禁止誤導消費者之包裝。

（二）公共健康部無實施新限制之權限。

（三）違反法律保留原則（*reserva de la ley*）。

2011 年 6 月 14 日，TCA 駁回原告（及本案聲請人）之訴。2011 年 8 月 24 日，Abal 提出釐清及擴張 TCA 裁定之抗告，主張 TCA 未考量 Abal 所提出之證據、論述，而係基於其他案件之論述、證據駁回 Abal 之訴訟。2011 年 9 月 29 日，TCA 以其就該案之重要爭點並無疏失為由，駁回 Abal 之抗告。[3]

2010 年 3 月 22 日，Abal 向 TCA 提出確認無效訴訟，請求宣告 80/80 號規則無效。TCA 於 2012 年 8 月 28 日駁回 Abal 之訴。[4]

本案聲請人於 2010 年 2 月 19 日依據瑞烏 BIT 第 10 條將爭端提交 ICSID 仲裁。

四、程序爭點

省略。

五、實體爭點

（一）是否違反第5條徵收

1. 聲請人主張，Abal 原販賣 6 個品牌之菸品，共有 13 個品項，SPR 及 80/80 號規則使其不得販賣 7 種品項，並減損其餘 6 種品項之價值。聲請人主張相對人徵收其品牌資產（brand assets），包括與各品項相關之智慧財產權、商譽，違反瑞烏 BIT 第 5 條。

---

[2]　*Id.* paras. 9-11.

[3]　*Id.* paras. 153-161.

[4]　*Id.* paras. 165, 167.

2. 相對人主張，SPR 及 80/80 號規則未構成徵收，蓋其係為保護公共健康而合法行使警察權。相對人主張聲請人之控訴並無理由，理由如下：(1) 系爭措施採行後，Abal 仍持續獲利，並未對 Abal 之營運造成嚴重之經濟影響；(2) 商標之註冊者僅被賦予排除他人使用商標之消極權利，並未取得積極使用權；(3) 聲請人並無有效之商標權，蓋其未註冊受系爭措施影響之品項之描述特徵。[5]

3. 瑞烏 BIT 第 5.1 條規定：「任一締約方不應對締約他方投資人之投資採取徵收或國有化措施，或具有相同特質或效果之其他措施，除非該等措施之採行係出於法律所建立之公共利益、在非歧視之基礎上、依正當法律程序，及提供有效且適當之補償。補償金額及利息應以投資來源國之貨幣結算，且不遲延地支付予權利人。」

4. 仲裁庭認為，瑞烏 BIT 第 5.1 條規定：「任一締約方不應對締約他方投資人之投資採取徵收或國有化措施，或具有相同特質或效果之其他措施」，相較於其他 BIT 之文字為「相當於」（tantamount/equivalent），瑞烏 BIT 第 5.1 條就間接徵收採用更嚴格之定義。因此，須政府措施對投資人之投資有重大不利影響時，方構成間接徵收。[6]

5. 為解決雙方爭議，仲裁庭依序檢視三個問題：

(1) **聲請人是否擁有被禁止販賣品項之商標權？**

相對人主張依其商標法，一旦提出商標申請，即不得修正標誌之呈現，且後續對標誌所為之任何修正均應提出新的註冊申請。

聲請人主張依據烏拉圭商標法，並不會因其所使用之標誌與其原所註冊之商標不完全

5　*Id*. paras. 180-183.

6　*Id*. para. 192.

相同,即不受保護。聲請人被禁止販賣之品項所使用的標誌仍維持其所註冊商標之可辨識特徵(例如:原註冊 *Marlboro* Light,後改為 *Marlboro* Gold),因此仍受保護,其無須提出新的商標註冊申請。

仲裁庭認為,依據相對人專家 Dr. Carvalho 之說法,縱商標法第 13 條要求對於標誌之變更應提出新的註冊申請,然該法就基於第一次註冊商標所為之變動仍提供保護。仲裁庭表示,基於其就徵收控訴所為之其他裁決,針對「聲請人是否擁有被禁止販賣品項之商標權」問題,其無須作出決定性的結論,其推測聲請人之商標仍持續受烏拉圭商標法之保護。[7]

(2) **商標權是否賦予權利人使用權,或僅為排除他人使用之權?**

聲請人主張,因 SPR 之要求,Abal 停止販賣 7 個品項,且因 80/80 號規則之實施,其須縮小、扭曲其商標,方能在菸品包裝 20% 之空間內印製商標。聲請人主張,依據烏拉圭法律及瑞烏 BIT,其有權使用該商標而不受該些規則限制。

相對人主張,商標法並未給予聲請人所稱之使用權,而僅賦予排他權,排除任何可能產生混淆之商標的使用或註冊。

仲裁庭認為,依據烏拉圭法律或烏拉圭為締約方之國際協定,商標擁有者不享有完全之使用權,僅有排除第三人使用之排他權。[8]

(3) **系爭措施是否構成徵收?**

相對人主張聲請人並無可被徵收之權利,蓋烏拉圭商標法並不承認商標註冊者在商業上有積極的商標使用權。仲裁庭並不認同此觀點,仲裁庭認為,無積極使用權並不代表商標權在烏拉圭法律下不是一種財產權。仲裁庭表示,商標係一種財產,註冊者對於商標之使用是受到保護的。聲請人之商標權得為徵收客體。

關於 80/80 號規則,聲請人主張該規則使其產品之品牌資產降低,剝奪 Abal 收取溢價之能力。仲裁庭則認為,並無表面證據支持 80/80 號規則構成間接徵收。*Marlboro* 品牌及其他可資辨識之要素持續出現在菸品包裝上。20% 的印製商標空間對於聲請人之營運並無實質影響,蓋該規則僅限制有關商標之使用模式,並不構成第 5 條徵收。

關於 SPR,於 SPR 實施前,聲請人共販售 6 個品牌、13 種品項,包括:*Marlboro*(由 *Marlboro* Red、*Marlboro* Gold、*Marlboro* Blue 及 *Marlboro* Fresh Mint 組成家族品牌);Fiesta(由 Fiesta, Fiesta Blue 及 Fiesta 50 50 組成);Philip Morris(由 Philip Morris 及 Philip Morris Blue 組成);Premier(由 Premier 及 Premier Extra 組成);

---

7 *Id.* paras. 236-254.

8 *Id.* paras. 255-271.

Galaxy；及 Casino。聲請人擁有 Galaxy 及 Casino 之商標，且就其餘產品取得 PMP 及 PMB 之商標授權。聲請人主張每一品牌資產均為受瑞烏 BIT 保護之投資。各品牌下之品項對其營運相當重要，使其能在烏拉圭市場擁有競爭市占率及定價之能力。SPR 實施後，聲請人不得再販售其中 7 種品項（*Marlboro* Gold、*Marlboro* Blue、*Marlboro* Fresh Mint、Fiesta Blue、Fiesta 50 50、Philip Morris Blue、Premier），致其商譽變得毫無價值。相對人對此未提供補償，違反瑞烏 BIT 第 5 條。聲請人主張每一品牌資產均為獨立的投資，且均被徵收。聲請人主張，如不實施系爭措施，聲請人將可獲取更好的收益。

相對人主張，該規則是否構成間接徵收須評估其對投資人之整體投資所造成的影響。因聲請人在烏拉圭仍持續獲得顯著之利潤，故 SPR 及 80/80 號規則之實施並未構成徵收。

究係由投資所包含之個別資產認定間接徵收，抑或以整體投資認定間接徵收，為一爭議。二種立場均曾被過去的仲裁案例採用，本案仲裁庭認為，應依個案事實決定以何種方式認定間接徵收。

本案仲裁庭認為，SPR 之實施是否構成徵收，須以 Abal 之整體營運作評估，蓋系爭措施影響 Abal 之整體活動。仲裁庭認為，SPR 之實施並未剝奪 Abal 之企業價值，或實質剝奪聲請人投資之價值、使用、收益，故不構成徵收。

此外，聲請人主張地主國警察權之行使不得作為抗辯事由，或排除補償要求。仲裁庭不認同此見解，表示依據維也納條約法公約（Vienna Convention on the Law of Treaties，下稱 VCLT）第 31.3(c) 條，應依可適用至爭端雙方之相關國際法規則解釋條約。

仲裁庭表示，維護公共健康已被認定為國家警察權之重要活動，瑞烏 BIT 第 2.1 條允許締約國基於公共安全、秩序、公共健康及道德之理由，否准投資。且依據 OECD，對於一國警察權內所為之善意、非歧視管制所引發之經濟損害毋庸補償，已成為習慣國際法之原則。於 *Tecmed v. Mexico* 案、*Saluka v. Czech* 案、*Methanex v. US* 案及 *Chemtura v. Canada* 案亦採此見解。近來的投資協定，如 2004 US Model BIT 及 2012 US Model BIT、2004 Canada Model BIT 及 2012 Canada Model BIT、CETA 及歐盟—新加坡 FTA 於徵收條款亦採警察權說，規定除了少數情況外，締約一方為保護合法公共福利目的所採用之非歧視管制行動，不構成間接徵收。仲裁庭表示，該些條款反映一般國際法之立場。

SPR 及 80/80 號規則之實施係為滿足烏拉圭保護公共健康之國家及國際義務，仲裁庭認為烏拉圭實施系爭措施係出於善意，並以非歧視之方式實施，符合比例原則，不構

成徵收。[9]

（二）是否違反第3.2條FET及拒絕正義

1. 瑞烏 BIT 第 3.2 條規定：「締約各方應確保締約他方投資人在其領域內之投資獲得 FET。」

2. 聲請人主張系爭措施之採用非立基於科學證據，且未經官員進行適當考量，是恣意的、非出於公共目的，對聲請人造成實質損害，減損聲請人就其投資使用收益之正當期待，且系爭措施破壞烏拉圭法律穩定性，違反瑞烏 BIT 第 3.2 條。

3. 相對人主張，實施系爭措施係出於善意，並以非歧視方式實施，未違反瑞烏 BIT 第 3.2 條。[10]

4. 雙方對於 FET 之內涵有爭議，聲請人認為協定本身有其自主標準，若依習慣國際法之最低待遇標準認定，將悖於 VCLT 第 31 條之解釋原則；而相對人認為應依習慣國際法之最低待遇標準認定，主張依據同時發生原則（principle of contemporaneity），應以瑞烏 BIT 締結時之最低待遇標準認定有無違反 FET。

5. 仲裁庭認為，雖瑞烏 BIT 第 3.2 條未如其他 BIT 規定須依習慣國際法、最低待遇標準，但此並不表示瑞烏 BIT 創造一自主的 FET 標準，仍須依 VCLT 第 31 條、第 32 條解釋。依 VCLT 第 31.3(c) 條，應依可適用於爭端雙方之國際法規則解釋 BIT。仲裁庭表示，是否符合FET須依個案認定，FET 之內涵包括透明化、保護投資人之正當期待、正當程序等。依過往案例，恣意、不公、歧視性之政府行為會被認定為違反 FET。仲裁庭表示其將以「正當期待」、「烏拉圭法律體系之穩定性」作為 FET 之內涵，以此認定烏拉圭是否違反瑞烏 BIT 第 3.2 條。[11]

6. 仲裁庭依據 ICJ 於 *ELSI* 案所建立之標準，認為恣意係指故意漠視正當程序、衝撞法律適切感之行為。仲裁庭基於下列理由認定系爭措施並無恣意性：烏拉圭執行系爭措施之目的在於維護公共健康，系爭措施之有效性與相對人所追求目的間之關聯性已被法庭之友世界衛生組織（World Health Organization，下稱 WHO）及泛美衛生組織（Pan-American Health Organization）之書狀認可，系爭措施可有效降低菸品消費，合理回應菸草產業之詐欺行銷。仲裁庭認為消費者誤認「低尼古丁香菸、淡菸」之健康風險的科學證據早已存在，消費者誤認「低尼古丁香菸、淡菸」較其他菸品健康，該等證據亦存於 PMI 等菸草

9   *Id.* paras. 272-307.

10 *Id.* paras. 309-310.

11 *Id.* paras. 312-324.

業者之內部文件中。

7. 聲請人控訴烏拉圭未經官員進行適當評估即採行系爭措施，主張「裁量餘地」（margin of appreciation）係歐洲人權法院用以解釋歐洲人權公約議定書之概念，並不適用於本案。仲裁庭認為，「裁量餘地」應適用於因 BIT 而生之控訴，至少適用於「公共健康」之 BIT 文字。仲裁庭對於國家維護公共健康需求之判斷，應給予極大的尊重。

8. 關於 514 號命令所採行之 SPR，514 號命令之前言提及該命令係為執行 WHO 菸草控制框架公約（Framework Convention on Tobacco Control，下稱 FCTC）第 11.1(a) 條「依據國內法採取措施，防止產生特定菸品較其他菸品不具傷害性之錯誤認知」。系爭措施同等地適用至本國及外國投資人，不具歧視性。仲裁庭認為，烏拉圭係出於善意採行系爭措施，目的在傳達公共健康關注，手段與目的間符合比例原則。SPR 之效果僅排除特定商標之同時使用，並未剝奪聲請人就該等商標所擁有之消極排他權。簡言之，仲裁庭認為 SPR 係合理、非歧視之措施，對 Abal 之營運僅有微小的影響，因此，仲裁庭多數意見認為 SPR 之採行未違反瑞烏 BIT 第 3.2 條。

9. 關於 287 號總統令所採行之 80/80 號規則，該規則係為執行 FCTC 第 11.1(b) 條。FCTC 第 11.1(b)(4) 條規定：「應於菸盒及其外包裝展示警語，該等警語應占主要展示區域 50% 以上或至少不得低於 30% 之空間，可使用圖片或標誌。」換言之，大面積健康警語原則已被國際所接受。仲裁庭認為，80/80 號規則一體適用於在烏拉圭銷售之所有菸品，且無證據顯示系爭措施之採行造成非法菸品交易增加。仲裁庭表示，相關證據顯示 80/80 號規則係經一定程序之討論而制定，且市場證據顯示提升警語標註面積已對吸菸者產生一些勸阻效果，烏拉圭之吸菸人口持續下降。仲裁庭認為，一國政府如何要求將已認知之菸品健康風險傳達給風險人口，應留給主管機關裁量。簡言之，仲裁庭認為 80/80 號規則係合理、非歧視之措施，對 Abal 之營運僅有微小的影響，未違反瑞烏 BIT 第 3.2 條。

10. 關於聲請人之合理期待及烏拉圭法律架構之穩定性，仲裁庭表示，近來的仲裁實務案例均認為，認定 FET 之標準——合理期待之要求及法律穩定性，並不影響國家行使立法權、因應環境之變動而調整其法律體系。如未逾越國家追求公共利益之一般管制權範圍，且對於投資人投資時管制架構之修正未大於可接受的變動限度，則 FET 並不阻止國家修正一般法律。仲裁庭並引用 *EDF v. Romania* 一案之見解，表示除非地主國對投資人作出特定承諾，投資人不得依 BIT 主張其有法律架構不變動之合理期待。仲裁庭表示，聲請人未提出地主國有特定承諾之證據，且有害產品之製造商、行銷商不能有政府不會施加嚴格管制之期待，在國際廣泛接受菸品具傷害性之認知下，應只有菸品生產／銷售管制將日趨嚴格之期待。仲裁庭認為，系爭措施之修正並未大於可接受之變動限度，並未損及投資人之合理期待。

11. 綜上所述，仲裁庭認定相對人未違反瑞烏 BIT 第 3.2 條，蓋聲請人並無不會採行該等或

類似措施之合理期待，且系爭措施之效果並未降低烏拉圭法律架構之穩定性。[12]

（三）是否違反第3.1條投資之使用及收益

1. 瑞烏 BIT 第 3.1 條規定：「各締約方應保護締約他方投資人依其法律在其領域內所爲之投資，且不應以不合理或歧視性措施損害投資之管理、維持、使用、收益、擴張、銷售或清算。」

2. 聲請人主張，系爭措施致其不得使用、收益及擴張其在 PMI 品牌組合及智慧財產權之投資，爲不合理之措施。聲請人並援用 *National Grid* 一案仲裁庭之見解，主張「恣意」及「不合理」係可互相代換之詞彙，其於系爭措施違反瑞烏 BIT 第 3.2 條 FET 所提之主張（未經適當討論即實施系爭措施、系爭措施與相對人維護公共健康之目的間不具關聯性）亦足以建立該些措施不合理地損害聲請人之投資，違反瑞烏 BIT 第 3.1 條。

3. 相對人主張，瑞烏 BIT 第 3.1 條僅禁止以不合理、歧視性措施損害投資之使用、收益，而 SPR 及 80/80 號規則乃平等、非歧視地適用於所有菸草品牌，爲合理措施。

4. 仲裁庭表示，針對系爭措施是否不合理地損害聲請人投資之相關事實，其已於瑞烏 BIT 第 3.2 條 FET 之控訴進行審查，並作出相對人未違反瑞烏 BIT 第 3.2 條之結論。基於兩項指控係立基於相同的事實及法律，在此項控訴之審查上，仲裁庭並無理由採用與 FET 審理不同之標準，依其駁回瑞烏 BIT 第 3.2 條控訴之相同理由，仲裁庭認定相對人未違反瑞烏 BIT 第 3.1 條。[13]

（四）是否未能遵守第11條關於商標使用承諾

1. 瑞烏 BIT 第 11 條規定：「任一締約方應持續保證遵守其關於締約他方投資人之投資所爲之承諾。」

2. 因相對人指稱聲請人並未擁有受系爭措施影響之商標權，其未對聲請人作出任何承諾，於此部分，仲裁庭處理兩項議題：(1) 聲請人之商標權；(2) 第 11 條作爲傘狀條款及地主國承諾之範圍。分述如下：

   (1) **聲請人之商標權**

   聲請人控訴相對人透過制定 SPR 及 80/80 號規則，違反其保護聲請人使用商標權之承諾，該承諾係源自相對人核准聲請人之商標註冊。聲請人控訴相對人違反第 11 條傘狀條款。

---

[12] *Id.* paras. 389-434.

[13] *Id.* paras. 438-446.

相對人主張：A. 第 11 條非傘狀條款；B. 商標註冊不構成第 11 條之承諾；C. 聲請人之商標未經註冊，並不受保護，相對人就系爭商標並無任何承諾；D. 烏拉圭商標法未賦予註冊者積極使用權，僅給予排他權。

仲裁庭表示，針對此爭議，於檢視系爭措施是否構成徵收時，其已假設系爭商標持續受到烏拉圭商標法之保護，基於相同的假設，仲裁庭將以此繼續檢視一商標是否為第 11 條之承諾。又，仲裁庭已認定商標所授予之權利不包括使用權，因此，關於被系爭措施影響之商標，並無可被稱為相對人所作之承諾。[14]

(2) 第 11 條作為傘狀條款及地主國承諾之範圍

聲請人引用 *LG&E*、*Enron* 仲裁庭之見解，主張地主國藉由訂定國內法律及規則而承擔承諾，未能遵循該些一般性義務時，即產生國家責任。聲請人主張其商標註冊已落入第 11 條承諾之範圍。

相對人主張，第 11 條不同於其他 BIT 之傘狀條款，第 11 條之文字與傘狀條款之一般形式「締約國應遵守任何義務」並不相同，顯示其並無意將國家承諾提升為條約義務。相對人表示，縱將第 11 條視為傘狀條款，第 11 條不應被解釋為包含一般國內法下所為之承諾。

就此爭議，仲裁庭表示，與第 11 條類似的條款目前已成為數個仲裁判斷之爭點。*SGS v. Pakistan* 一案涉及瑞士—巴基斯坦 BIT 第 11 條，該條文之內容等同瑞烏 BIT 第 11 條，該案仲裁庭認為「承諾」並不包含契約請求。而在 *SGS v. Philippines* 一案中，卻有完全相反的結論，瑞士—菲律賓 BIT 第 10.2 條規定：「各締約方應遵守其關於締約他方投資人之特定投資所承擔之義務。」然而，*SGS v. Paraguay* 一案仲裁庭否決瑞士—菲律賓 BIT 第 10.2 條與其他 BIT 第 11 條之條文文字差異，認為該些文字差異並非有意義的差異，該案仲裁庭不認為瑞士—巴拉圭 BIT 第 11 條之文字過於籠統，以至於將地主國之契約承諾排除在國家義務外，此一裁決並經撤銷委員會維持。

本案仲裁庭表示，瑞烏 BIT 第 11 條「應持續保證遵守其關於締約他方投資人之投資所為之承諾」所要求者係更積極之行為，而非僅提供執行承諾之一法律體系。仲裁庭認為，至少在契約請求方面，瑞烏 BIT 第 11 條為傘狀條款。

仲裁庭援用 *Noble Ventures* 一案之見解，瑞烏 BIT 第 11 條所包含者係特定承諾，而非一般承諾（例如：立法行為）。[15] 仲裁庭認為，核准商標註冊並非是為了鼓勵投資之特定承諾，僅是一般智慧財產權法律架構之一部分。因此，本案仲裁庭認定系爭商標不

---

[14] *Id.* paras. 447-458.

[15] *Id.* paras. 459-482.

落入瑞烏 BIT 第 11 條承諾之範圍，駁回聲請人之控訴。

（五）拒絕正義

1. 聲請人曾就系爭措施在烏拉圭法院提起訴訟。針對 SPR，Abal 於 TCA 提出確認無效訴訟，請求宣告 514 號命令第 3 條無效。2011 年 6 月 14 日，TCA 駁回聲請人之訴。2011 年 8 月 24 日，Abal 提出釐清及擴張 TCA 裁定之抗告。2011 年 9 月 29 日，TCA 以其就該案之重要爭點並無疏失為由，駁回 Abal 之抗告。[16] 2010 年 3 月 22 日，Abal 向 TCA 提出確認無效訴訟，請求宣告 80/80 號規則無效。TCA 於 2012 年 8 月 28 日駁回 Abal 之訴，[17] 聲請人主張此等司法行為係拒絕正義，違反瑞烏 BIT 第 3.2 條。[18]

2. 爭端雙方同意在第 3.2 條關於司法決定之範圍內，有一拒絕正義之標準。雙方並同意於聲請人已窮盡當地救濟時，根本上不公平之司法程序會引發拒絕正義之控訴。雙方不同意者為舉證標準及拒絕正義控訴所需之認定門檻：

   (1) 聲請人認為相對人應負有舉證證明已提供合理、有效救濟之責任。

   (2) 相對人認為僅錯誤的裁決並不構成拒絕正義，須有清楚、明確的證據顯示司法系統發生荒謬的違誤、產生司法程序之嚴重錯誤行為。相對人並表示，國際法所施加之行為標準獨立於內國法之合法性問題，國際投資仲裁庭不得作為內國法院裁決之上訴審。相對人主張，拒絕正義要求窮盡所有合理之救濟程序，包括憲法及特別救濟程序，唯一的例外是當地救濟程序明顯無效。關於舉證責任，相對人認為聲請人應證明已窮盡所有合理救濟，或未能窮盡係因當地救濟程序明顯無效。

   (3) 就此爭議，仲裁庭表示，需提高拒絕正義之舉證責任標準，蓋其係對地主國司法體系本身（as such）之責難，錯誤裁決並不足以構成拒絕正義，仲裁庭不得成為法院之上訴審。僅於有清楚證據顯示司法系統之嚴重違誤或系統性不正義時，方構成拒絕正義。仲裁庭並表示應由聲請人負擔舉證責任。[19]

3. 針對拒絕正義，仲裁庭分別討論聲請人之控訴如下：

   (1) TCA 與最高法院就 80/80 號規則之裁決之明顯矛盾
      聲請人主張，最高法院認定 18256 號法律合憲，但不允許烏拉圭公共健康部要求警語面積須超過菸盒之 50%；而 TCA 於檢視 287 號總統令之合法性時，認定 80/80 號規則是被允許的，蓋 18256 號法律允許公共健康部要求警語面積須超過菸盒之 50%。聲請

---

[16] *Id.* paras. 153-161.

[17] *Id.* paras. 165, 167.

[18] *Id.* para. 483.

[19] *Id.* paras. 485-503.

人主張兩種立場不可能都正確，基於其就二裁決之衝突並無進一步上訴之可能，烏拉圭司法系統剝奪 Abal 爭執 80/80 號規則合法性之權利，構成拒絕正義。聲請人進一步主張，烏拉圭法律納入既判力原則，TCA 應遵循最高法院對於 18256 號法律之解釋。相對人主張，在烏拉圭法律體系下，最高法院與 TCA 係擁有不同管轄權、地位平等之機構，TCA 負責裁決行政行為，而最高法院決定法律之合憲性。因此，聲請人所指稱之歧異裁決並不足以歸屬在拒絕正義。於法律被宣告合憲時，TCA 並無義務採用最高法院之法律論理，TCA 得基於其就 18256 號法律授予公共健康部權限之解釋，自由決定 287 號總統令之合憲性。

仲裁庭表示，烏拉圭此等欠缺解決論理衝突、分離檢視機制之司法系統是不尋常的。然而，仲裁庭不得因此即認定構成拒絕正義。烏拉圭設有有效的司法機構審理聲請人對於 80/80 號規則之控訴，聲請人擁有出庭答辯之機會，且 TCA 裁決有適當之論理。且在烏拉圭之司法體系下，最高法院依其解釋維持法律之合憲性，惟該解釋並不拘束TCA，TCA 得依行政法律原則認定行政命令之合法性。此狀況非顯然不公、不適當，因此並不構成拒絕正義。

此外，針對聲請人主張 TCA 違反既判力之指控，仲裁庭認同相對人之主張，認為本案並無違反既判力原則之情況，於滿足三要件：當事人相同、訴訟標的相同、訴因相同，方適用既判力原則，然 Abal 在最高法院及 TCA 之訴求、訴因並不相同。[20] 綜上所述，關於 80/80 號規則之程序並無拒絕正義之情形存在。

(2) TCA 就 SPR 之裁決

就此部分之控訴，聲請人提出三點主張：A. TCA 係依據其他案件之聲請人之主張而駁回 Abal 對於 514 號命令之控訴，且 TCA 拒絕更正此錯誤；B. TCA 未能裁決 SPR 逾越 18256 號法律之規範、公共健康部無訂定 SPR 之權限；C. TCA 剝奪其對錯誤裁決救濟之機會。聲請人主張其已用盡當地救濟程序，TCA 之裁決具終局性。聲請人表示，TCA 違反正當程序、恣意、拒絕審理 Abal 之案件，構成拒絕正義。

相對人否認聲請人之指控，主張：A. TCA 駁回 Abal 之訴之裁決中，有充分的論理；B. TCA 於審理所有控訴 SPR 之案件時，傾向採用整體論述，藉由引用相關內國法、憲法及烏拉圭之國際義務，抽象審查 SPR，而作出 SPR 符合 18256 號法律立法意旨之結論，該結論適用於所有菸品公司所提出之控訴案；C. 聲請人並未用盡當地救濟程序，SPR 之採用係依據 18256 號法律第 8 條，聲請人得向最高法院提出 18256 號法律第 8 條合憲性之憲法訴訟。

20　*Id.* paras. 516-536.

仲裁庭認為，法院拒絕審理控訴會構成拒絕正義，然而，法院無義務處理每一項主張。本案之問題在於 TCA 是否未能審理 Abal 控訴之實質部分。仲裁庭檢視 TCA 之裁決，認為 TCA 已一一審理 Abal 的實質主張。

TCA 未能為 Abal 作出獨立的裁決引發程序適當性問題。TCA 並未和 British American Tobacco（下稱 BAT）提起共同訴訟，亦未參加 BAT 之訴訟。TCA 在 Abal 的判決中，經常提到 BAT，卻鮮少提及 Abal。TCA 以不具組織性的方式對 Abal 之主張作回應，因而產生分析完整性之問題。

仲裁庭表示，一般而言，於考量程序不適當是否構成拒絕正義時，仲裁庭會採用高標準。仲裁庭認為，雖 TCA 之裁決看似複製其對 BAT 裁決，未將提及 BAT 處作修正，TCA 對於 Abal 所為之裁決並非複印其對 BAT 裁決，TCA 正確地在判決前言區辨 Abal 之主張。

仲裁庭認為，雖 Abal 之主張聚焦在公共健康部無權限訂定 SPR，BAT 之主張為僅立法行為方能侵害財產權，二者之核心議題是相同的。於認定 18256 號法律賦予公共健康部侵害財產權之權限中，TCA 已處理 Abal 緊密相關之主張。

綜上所述，仲裁庭認為程序不當不足以認定違反拒絕正義，故認定在 SPR 訴訟程序中，並未違反拒絕正義。因此，仲裁庭無審理是否未窮盡當地救濟之問題之需求。[21]

六、損害賠償及費用計算

聲請人應支付相對人因本仲裁程序而生之仲裁費用 700 萬美元，並應負擔所有仲裁庭之費用及 ICSID 行政費用。

七、仲裁之決定與判斷

仲裁庭決定駁回原告之控訴，且聲請人應支付相對人因本仲裁程序而生之仲裁費用 700 萬美元，並應負擔所有仲裁庭之費用及 ICSID 行政費用。[22]

---

[21] *Id.* paras. 537-581.

[22] *Id.* para. 590.

案例二十二

Phoenix Action Ltd v. Czech Republic, ICSID Case No. ARB/06/5, Award (April 15, 2009)

一、當事人

聲請人：Phoenix Action Ltd.

相對人：捷克

二、案件摘要

（一）系爭投資

兩家於捷克從事鐵合金貿易的公司，Benet Praha, spol. s.r.o.（下稱 BP）與 Benet Group, a.s.（下稱 BG）之所有權。

（二）爭議緣由

捷克法院未及時處理 BP 與 BG 提起之訴訟；BP 與 BG 之銀行帳戶被持續凍結，以及其帳冊與業務文件遭扣押。

（三）實體規範依據

以色列—捷克 BIT（下稱以捷 BIT），聲請人主張相對人違反以下義務：1. 間接徵收；2. 公平公正待遇；3. 最低待遇標準（包括拒絕正義）；4. 充分保障與安全。

（四）仲裁機構及規則

ICSID；ICSID 仲裁規則。

（五）聲請人請求[1]

1. 相對人應賠償 BP 未能繼續從事鐵合金業務，以及其他 BP 與 BG 因稅務或法律爭議所生

---

1 *Phoenix Action Limited v. Czech Republic*, ICSID Case No ARB/06/5, Award (April 9, 2009), para. 22.

之損害與費用。

2. 命相對人回復 BP 遭凍結之帳戶並返還其遭扣押之帳冊與業務文件。

3. 仲裁費用應由相對人負擔。

（六）仲裁程序及後續

仲裁庭於 2009 年 4 月 15 日作成仲裁判斷。

三、事實背景[2]

聲請人係 Vladimír Beno（捷克公民）於 2001 年 10 月 14 日依據以色列法律成立之公司，該公司於 2002 年 12 月 26 日，分別以 4,000 美元及 330,500 美元爲價金，取得 BP 及其子公司 BG（皆爲捷克公司）之股權，成爲 BP 及 BG 唯一的股東。BG 主張其自另一捷克公民 Miroslav Raška 收購 Cash & Capital a.s.（下稱 C&C）及 Druha Slevarna Blansko a.s.（下稱 DSB）兩家捷克公司。

BP 及 BG 兩間公司均從事鐵合金相關業務。BP 負責從全球進口鐵合金，供捷克當地製造商加工用，或賣給捷克之仲介商再行轉賣於國際市場。BG 則負責鐵合金之國際市場交易，其中大部分沒有涉及捷克市場。

2000 年 11 月間，Vladimír Beno 代表 BG 與 Miroslav Raška 訂立取得 C&C 及 DSB 經營權的協議。惟嗣後雙方對此協議產生爭議，BG 即向捷克法院提起訴訟，確認 C&C 與 DSB 經營權之歸屬。此外，爲避免 Miroslav Raška 移轉 C&C 及 DSB 之財產予第三人，BG 於 2001 年 11 月 2 日及 2002 年 4 月 19 日分別向捷克法院聲請宣告 C&C 及 DSB 破產。據估計，C&C 及 DSB 之淨資產尙有約 36,000,000 美元。

2001 年間，Vladimír Beno 因涉嫌逃漏稅捐而遭捷克司法追訴，BP 也被捲入其中。2001 年 4 月間，BP 遭捷克警方搜索、聲請法院凍結銀行帳戶及扣押帳冊與業務文件。嗣後，Vladimír Beno 亦遭到捷克警方逮捕。不過，在捷克警方將其遣送至捷克反貪腐及財經犯罪辦公室的途中，他脫逃並飛至以色列，並且在以色列設立聲請人 Phoenix Action Ltd. 這家公司。

聲請人主張捷克法院凍結 BG 之銀行帳戶、扣押帳冊與業務文件及未迅速終結 BP 聲請之破產程序，已違反以捷 BIT 之規定。聲請人遂於 2004 年 2 月 15 日向 ICSID 請求交付仲裁。

2　*Id.* paras. 24-33.

四、程序爭點

（一）管轄權

系爭投資是否符合 ICSID 公約第 25 條及以捷 BIT 關於投資之定義：[3]

1. 聲請人主張，其爲外國國民並購買他國公司，當然符合 ICSID 公約第 25 條管轄權規定及以捷 BIT 對投資之定義。且縱使適用 *Salini* 測試，系爭投資亦符合所有要件。[4]

2. 相對人主張，系爭投資不符合 *Salini* 測試，自不構成 ICSID 公約第 25 條及以捷 BIT 投資之定義。退步言之，縱使仲裁庭認爲系爭投資符合 *Salini* 測試，但由於系爭投資構成濫用協定（treaty shopping），仲裁庭對本案仍無管轄權。申言之，本案是一位捷克逃犯—— Vladimír Beno，以聲請人作爲形式上的投資人而爲系爭投資。但究其實質，聲請人僅是 Vladimír Beno 欲將 BP 與 BG 遭遇之國內法律爭議帶到 ICSID 仲裁上的幌子。仲裁庭應適用揭開公司面紗原則，認定 BP 與 BG 才是系爭投資之實質受益人。又因 ICSID 公約及以捷 BIT 並不處理國內法律爭議，該國內法律爭議自不得由仲裁庭審理。從而，仲裁庭應以無管轄權逕行駁回。

3. 仲裁庭認爲，ICSID 公約第 25 條及以捷 BIT 第 1(1) 條所謂投資，僅限於受 ICSID 公約保護之投資。而判斷投資是否受 ICSID 公約保護，應視其是否滿足三項標準：*Salini* 測試，遵守地主國法律，且性質爲善意投資。聲請人之投資雖然符合 *Salini* 測試且遵守相對人之法律，但卻是基於對相對人提出 ICSID 仲裁之單一目的所爲之投資，故非屬善意。從而，系爭投資不應受 ICSID 公約保護，也不構成 ICSID 公約第 25 條及以捷 BIT 第 1(1) 條之投資。

    (1) 仲裁庭認爲判斷聲請人之行爲是否屬於投資，應由 ICSID 公約第 25 條及以捷 BIT 第 1(1) 條作爲標準。而解釋 ICSID 公約第 25 條及以捷 BIT 第 1(1) 條時，應同時以通常意義（ordinary meaning）、目的解釋及善意原則（principle of good faith）爲之。

    (2) 倘若兩造對投資之認定無爭議，以通常意義來解釋 ICSID 公約第 25條之投資即足。且應以 *Salini* 測試作爲投資通常意義之標準，其包含下列要素：A. 投入金錢或其他具有經濟價值之資產；B. 持續一定期間；C. 具有一定之風險；且 D. 對地主國之經濟發展有助益。

    (3) 但倘若兩造對投資之認定存有爭議時，僅以通常意義來解釋 ICSID 公約第 25 條之投

---

[3] *Id.* paras. 34-144.

[4] *Salini Costruttori S.p.A. and Italstrade S.p.A. v. Kingdom of Morocco*, ICSID Case No. ARB/00/4, (Italy/Morocco BIT), Decision on Jurisdiction (July 23, 2001).

資並不足以消弭歧見。尤其某些行爲雖然表面上符合投資之通常意義，但實際卻缺乏投資內涵，不應享有投資協定之保護。爲了讓應受保護之投資進入仲裁，排除不應受保護之投資，仲裁庭認爲本案解釋投資時，也應以 ICSID 公約之目的爲解釋。

(4) 仲裁庭認爲 ICSID 公約之目的是「保護對地主國經濟具有貢獻之國際投資」。依此目的可再區分爲兩項討論：A. 性質爲外國投資；及 B. 爲了發展經濟而投資。

(5) ICSID 公約僅適用於外國投資，不及於國內投資，已是國際間之共識。且任何公司都不得僅以獲得 ICSID 管轄權爲目的，而改造公司架構。因此，仲裁庭也不接受轉讓理論（assignment theory），即投資人將國內投資所衍生之訴訟權利轉讓給外國人，使該國內投資轉化爲外國投資，取得 ICSID 仲裁管轄權。此外，只有當投資人爲了發展經濟而投資時，該投資始受 ICSID 機制保護。倘該投資唯一之目的僅在於利用 ICSID，則屬濫用，不應享有 ICSID 公約之保護。因此，不符上開 ICSID 公約目的之行爲，均不構成 ICSID 公約第 25 條之投資。雖然聲請人於仲裁中曾主張轉讓理論，惟其事後已撤回該主張。

(6) 仲裁庭認爲 ICSID 公約第 25 條投資之解釋應符合善意原則，其引述 *Inceysa v. El Salvador* 案「違反善意原則之投資不得享有國際投資協定之保護」。[5] 爲了避免 ICSID 仲裁遭濫用，投資僅於符合善意原則時始受 ICSID 公約保護。因爲以詐欺、隱匿、貪污或爲了濫用 ICSID 仲裁而爲之投資，不應享有 ICSID 公約之保護。而所謂符合善意原則之投資，須滿足兩項要件：A. 遵守地主國法律；及 B. 性質爲善意之投資。

(7) 仲裁庭除解釋上開 ICSID 公約第 25 條投資之意義，也討論其與以捷 BIT 第 1(1) 條投資之定義是否不同。仲裁庭認爲以捷 BIT 第 1(1) 條僅重申 ICSID 公約對投資之定義，因此無須特別解釋。尤其以捷 BIT 第 1(1) 條明文定義「……投資係指……並根據另一締約國之法律而爲者……」可知，以捷 BIT 第 1(1) 條也認爲投資應遵守地主國法律。

(8) 仲裁庭認爲雖然系爭投資符合 *Salini* 測試及相對人之法律，但其並非善意投資，故仍不構成 ICSID 公約第 25 條及以捷 BIT 第 1(1) 條之投資。

A. 聲請人爲了收購 BP 與 BG 之股份，確實已投入金錢且承擔風險。

B. 倘系爭投資確實符合 ICSID 公約第 25 條及以捷 BIT 第 1(1) 條，則本案投資期間是 2002 年 12 月 26 日至 2008 年 1 月 8 日。

C. 所謂對地主國之經濟發展有助益，並不限於「有獲利」。倘行爲開始前已得預測該行爲屬經濟活動，或行爲人主觀上具備發展經濟活動之意思，則無論該行爲最終是否獲利，仍該當投資。且從事投資時，地主國可能會介入，使該投資停擺並導致無

5　*Inceysa Vallisoletana, S.L. v. Republic of El Salvador*, ICSID Case No. ARB/03/26, Award (August 2, 2006), para. 230.

法獲利。因地主國介入而致未獲利的投資，仍應受到 ICSID 公約之保護，不得僅因未獲利或其經濟活動停擺而認為不該當投資。系爭投資雖因相對人凍結 BP 與 BG 的資產，而未產生獲利，但尚不能直接推論聲請人之行為非屬投資。因此，系爭投資仍對相對人之經濟發展有助益。

D. 聲請人收購 BP 與 BG 股份並未違反相對人之法律，故聲請人係按照相對人法律而投資，並無疑義。

E. 惟觀諸聲請人從事系爭投資之背景，BP 與 BG 已經分別捲入相對人國內刑事訴訟 20 個月及民事訴訟 14 個月，且 BP 銀行帳戶亦被凍結了 18 個月。儘管聲請人知悉此不利情形，卻仍繼續投資 BP 與 BG。

F. 其次，首先向 ICSID 請求交付仲裁者為 BP 與 BG，而非聲請人。且考量聲請人為系爭投資時，BP 與 BG 尚有國內法律爭議之背景，可推斷聲請人向 ICSID 請求交付仲裁之意圖，僅在於將 BP 與 BG 既存之國內法律爭議（pre-existing disputes）延續至 ICSID 仲裁中。

G. 再者，細究聲請人系爭投資，其交易的對象均是 Vladimír Beno 之親屬。聲請人向 Vladimír Beno 之妻子，收購其持有 BP 之股份；向 Vladimír Beno 之女兒，收購其持有 BG 之股份。可知，系爭投資僅是 Vladimír Beno 家族內之資產規劃。

H. 尤其當仲裁庭提問，何以聲請人僅以 4,000 美元之低價購得 BP 股份。聲請人回答，其從未主張系爭投資與交易常規相符。此更顯明系爭投資缺乏經濟實質，而僅是家族內之資產規劃。既然系爭投資缺乏經濟實質，則聲請人僅存之目的即為提起爭訟。而任何僅為提起爭訟而生之投資，均非善意之投資。

I. 最後，倘任一國內存有法律爭議之公司得藉由移轉其股份予外國公司，並由該外國公司按照 BIT 向 ICSID 請求交付仲裁，使該國內法律爭議進入 ICSID 仲裁，則 ICSID 公約之管轄權規定將形同具文。且倘認為本案有管轄權，將來必產生更多濫用 ICSID 仲裁之情形。為了避免 ICSID 公約及 BIT 遭到濫用，不應認系爭投資為善意投資。從而，系爭投資不符 ICSID 公約第 25 條及以捷 BIT 第 1(1) 條投資定義。

五、實體爭點

無。

六、損害賠償及費用計算

聲請人應給付相對人 21,417,199.13 捷克克朗及 196,000 美元，以補償相對人因仲裁所生

之費用，包括法律費用、程序費用及其他費用。

七、仲裁庭之決定與判斷[6]

（一）仲裁庭對本案無管轄權。

（二）聲請人應給付相對人 21,417,199.13 捷克克朗及 196,000 美元，以補償相對人因仲裁所生之費用，包括法律費用、程序費用及其他費用。

6　*Supra* note 1, para. 62.

案例二十三

Plama Consortium Limited v. Republic of Bulgaria, ICSID Case No. ARB/03/24, Award (August 27, 2008)

一、當事人

聲請人：Plama Consortium Limited
相對人：保加利亞

二、案件摘要

（一）系爭投資

聲請人購買保加利亞公司 Nova Plama AD 之股份，Nova Plama AD 擁有一家當地之煉油廠（下稱系爭煉油廠）。

（二）爭議緣由

保加利亞政府（包括立法、司法及其他政府機關）侵害系爭煉油廠之營運，且拒絕採行或不合理地延遲採行適當的矯正措施。

（三）實體規範依據

能源憲章條約（1994）（The Energy Charter Treaty，下稱 ECT）、保加利亞─賽普勒斯 BIT（1987）（下稱保賽 BIT），聲請人主張相對人違反以下義務：1. 間接徵收；2. 公平公正待遇（下稱 FET 或 FET 待遇）、最低待遇標準，包括拒絕正義；3. 充分保障與安全；4. 恣意、不合理及／或歧視性措施；5. 其他義務條款。

（四）仲裁機構及規則

ICSID；ICSID 仲裁規則。

（五）聲請人請求[1]

1. 仲裁庭就聲請人之請求有管轄權，且該等請求可被受理。
2. 命相對人賠償聲請人投資系爭煉油廠之公平市場價值 122,258,000 美元。
3. 附帶地，就與聲請人投資系爭煉油廠相關之損失、支出、未償還貸款、融資及費用，命相對人支付聲請人 13,862,152 美元，並就聲請人喪失使專案成功之機會，命相對人賠償 10,000,000 美元。
4. 命相對人就仲裁庭所裁決之所有賠償額，自 1999 年 12 月 15 日起至仲裁判斷作成日及至該等裁決賠償額完全被清償日止，以商業利率複利計算之利息。
5. 命本仲裁程序之所有費用，包括法律費用，均由相對人負擔。
6. 其他仲裁庭認為適當之救濟。

（六）仲裁程序及後續

1. 仲裁庭於 2005 年 2 月 8 日作成管轄權決定。
2. 仲裁庭於 2008 年 8 月 27 日作成仲裁判斷。

三、事實背景[2]

（一）系爭煉油廠之收購

　　Nova Plama AD（原名為 Plama AD，後更名為 Nova Plama AD，下稱 Nova Plama）於 1996 年民營化，在民營化前，Nova Plama 為保加利亞 100% 國營公司，擁有系爭煉油廠。1996 年 9 月 5 日，保加利亞將 Nova Plama 民營化，出售 75% 之股權予 EuroEnergy Holding OOD（下稱 EEH）（下稱第一次民營化協議）。翌年 10 月，EEH 對 Nova Plama 增資，其持股占 Nova Plama 已發行股份之 96.78%。

　　一年過後，聲請人（原名為 Trammel Investment Limited，為賽普勒斯公司）向 EEH 購買其所持有的 Nova Plama 所有股份，雙方於 1998 年 9 月 18 日簽署股份買賣協議，此協議須經相對人之民營化機關（Privatization Agency）同意，而後雙方於同年 12 月 18 日修訂股份買賣協議。

　　購買 Nova Plama 股份之協商始於 1997 年，Banque Internationale pour le Commerce

---

[1]　*Plama Consortium Limited v. Republic of Bulgaria*, ICSID Case No. ARB/03/24, Award (August 27, 2008), para. 155.

[2]　*Id.* paras. 56-65, 67-73, 149-151.

et Ie Developpement（下稱 BICD）之 Boni Bonev 與當時在瑞士跨國公司 André & Cie（下稱 André）服務之 Jean-Christophe Vautrin（為聲請人之單獨受益所有人）[3] 聯繫，Bonev 表示，PWC 代表 EEH 接洽 BICD，就系爭煉油廠尋求取得貿易融資信貸（trade financing facilities）。約在此時，Central Wechsel und Creditbank 亦接洽 Vautrin，表達提供融資之意願，前提為數合夥人提供相對保證（counter-guarantee）。因此，Vautrin 聯繫 Norwegian Oil Trading AS（下稱 NOT）。

雖然 André 及 NOT 均不願意提供融資，惟其等表達有意取得 EEH 所持有之 Nova Plama 股份，即便在 1998 年 2 月協商失敗，然隨後又重啓協商。因此，André 及 NOT 於 1998 年 8 月 18 日與民營化機關簽署 MOU，MOU 後於同年 9 月 21 日修訂，民營化機關依據第一次民營化協議第 22 條，同意 EEH 將所有 Nova Plama 之股份出售並移轉予 André 及 NOT 所提出之一家公司，前提是符合 MOU 訂定之條件。該等條件包括：1. 恢復系爭煉油廠營運之財務資源證明文件；2. 與 Nova Plama 工會之協議；3. 與 Nova Plama 主要債權人之協議；及 4. 與民營化機關之協議，以繼受第一次民營化協議之所有買方權利。

聲請人於 1998 年 10 月 5 日提出 Central Wechsel und Creditbank 之函文，表示就系爭煉油廠之啓動及營運，在 André 及 NOT 擔保下，正安排 800 萬美元之融資。1998 年 10 月 11 日，聲請人與 Nova Plama 員工簽署一項協議，並於同年月 26 日與 Nova Plama 數債權人簽署債務清償協議（Debt Settlement Agreement）。最後，聲請人於 1998 年 11 月 17 日與民營化機關簽署第二次民營化協議，由聲請人繼受第一次民營化協議中之義務，協議生效日為 EEH 移轉 Nova Plama 股份予聲請人之日。1998 年 11 月 23 日，民營化機關通知 EEH 及聲請人，表示 MOU 規定之條件均已符合，就股份移轉給予最終同意。股份於同年 12 月 18 日移轉。

相對人法院於 2004 年裁決，宣告 EEH 1997 年之增資無效，Nova Plama 之登記資本額回到原始數額，故聲請人擁有 Nova Plama 75% 之股份。

（二）系爭煉油廠之營運及破產

Nova Plama 於 1996 年停止營運，而在 EEH 所有之期間也從未恢復營運。1998 年 6 月 10 日，保加利亞國家重建暨發展基金（State Fund for Reconstruction and Development）對 Nova Plama 啓動破產程序。破產法院於 1998 年 6 月 25 日選任 2 名破產財產管理人 Penev 及 Todorova。系爭煉油廠於聲請人收購後，雖於 1999 年 1 月重啓營運，然於同年 4 月再度關閉。聲請人及 Nova Plama 於同年 5 月 5 日向普列文（Pleven）地方法院提交復甦計畫

---

[3]   *Plama Consortium Limited v. Republic of Bulgaria*, ICSID Case No. ARB/03/24, Decision on Jurisdiction (February 8, 2005), para. 49.

（recovery plan）。法院許可該計畫，於 1999 年 7 月 8 日裁決終止破產程序。雖系爭煉油廠於 1999 年 8 月重啓營運，但於同年 12 月關廠。

2005 年 7 月，Nova Plama 之債權人聲請重啓破產程序，然遭保加利亞最高上訴法院裁定駁回。Nova Plama 之債權人重新提出聲請，普列文地方法院於 2006 年 4 月 28 日重啓破產程序。Nova Plama 經歷清算，其資產在 2007 年 6 月被出售給 Highway Logistics Center ECOD。聲請人稱，保加利亞政府、國家立法、司法機關及其他機關故意製造許多問題，且拒絕採行或不合理地延遲採行適當的矯正措施，對系爭煉油廠之營運造成重大損害，並對聲請人集團公司之名譽及市場價值造成直接負面影響。保加利亞之作爲或不作爲違反 ECT。

（三）爭端

聲請人於 2002 年 12 月 24 日向 ICSID 提出仲裁請求，援引 ECT 之 ICSID 仲裁條款及保賽 BIT 之最惠國待遇（the most favored nation，下稱 MFN）條款，聲請人欲透過 MFN 條款，將相對人所簽署之其他 BIT 之 ICSID 仲裁條款導入（import into）保賽 BIT 中。[4] 聲請人稱其乃相對人機關一系列不法作爲及不作爲之受害者，該等作爲及不作爲包括：1. 環境損害：爲解除系爭煉油廠廠址之過去環境損害之國家責任，相對人突然且不公允地修訂環境法，使聲請人及 Nova Plama 承擔責任；2. 未實現收益（paper profits）：相對人未能及時修訂公司所得稅法，使聲請人得提交 Nova Plama 之年度帳目；3. Varna 港（Varna Port）：Varna 港之非法、事實上（de facto）民營化；4.破產管理人之非法行爲：Nova Plama 破產管理人煽動抗爭，導致系爭煉油廠於 1999 年 4 月首度關閉；及 5. Biochim 銀行：國營 Biochim 銀行故意違反其與聲請人間之債務清償協議。

聲請人控訴，上述行爲導致其無法取得融資。Nova Plama 自 1999 年 12 月 15 日無限期地關閉系爭煉油廠，無法清償其在復甦計畫下之債務。聲請人稱其因此自 1999 年 12 月 15 日起被剝奪投資之所有經濟利益及使用。聲請人並控訴，相對人未就聲請人之投資創造穩定、公平、有利且透明之條件，未提供 FET、最持續的保障與安全（the most constant protection and security），對於聲請人之投資採行不合理及歧視性措施，違反其與聲請人間之契約義務，對聲請人投資採行相當於徵收之措施。聲請人在仲裁請求中，主張相對人違反 ECT 第 10(1) 條及第 13 條。

4　*Id.* para. 1.

四、程序爭點

（一）ECT

1. 投資定義[5]

(1) 聲請人主張，依 ECT 第 1(6) 條，投資係指投資人直接或間接擁有或控制之資產，該條款並列有廣泛、非列舉之各種資產清單，包括股份、股票或其他參與公司之股權形式。聲請人擁有 Nova Plama 之多數股份，符合投資定義。

(2) 相對人主張，本案並不存在 ECT 第 1(6) 條所定義之投資。聲請人向保加利亞機關嚴重不實陳述或惡意未揭露聲請人的眞實所有權狀態，違反保加利亞法律。因此，依保加利亞法律，民營化機關對聲請人購買 Nova Plama 股份所爲之同意是無效的，聲請人未曾作成任何有效之投資。

(3) 仲裁庭認爲，聲請人爲 ECT 第 1(7) 條之投資人，第 1(6) 條投資定義指的是投資人之投資，與何人擁有或控制聲請人無關。管轄權決定限於管轄權書狀，而不及於相對人所稱不實陳述之實體事項。相對人就不實陳述之主張並非針對爭端雙方間之仲裁協議，而是關於股份交易及民營化協議。因此，即便因聲請人不實陳述致雙方關於股份購買之協議無效，仲裁協議仍爲有效。因此，仲裁庭認爲，本爭端確實與聲請人作爲投資人在相對人領域內之投資相關。

2. 聲請人仲裁同意[6]

(1) 聲請人主張，其有效行使依 ECT 第 26 條將爭端提付 ICSID 仲裁之權利，在仲裁請求中，已明示提出書面仲裁同意，符合 ICSID 公約第 25(1) 條。依聲請人 2002 年 11 月 11 日之董事會會議紀錄，董事會決議授權 Nordtømme 提起仲裁程序，由其作爲聲請人之律師。

(2) 相對人主張，Nordtømme 未被授權，爭執聲請人仲裁同意之有效性。

(3) 仲裁庭認爲，聲請人已透過其合法授權之公司管理機關及律師提出仲裁同意，因此，仲裁庭駁回相對人此項異議。仲裁庭認定，其有依 ECT 第 26 條及 ICSID 公約裁決之管轄權，雙方已提出 ICSID 公約第 25(1) 條書面仲裁同意。

3. ECT第17條[7]

(1) 相對人於 2003 年 2 月 18 日發函予 ICSID 代理秘書長，行使依 ECT 第 17(1) 條拒絕授予

---

[5]　*Id*. paras. 125-129.

[6]　*Id*. paras. 133-135, 142.

[7]　*Id*. paras. 143-145, 147-149, 151, 153-155, 158-162, 165-171, 178.

利益之權利，拒絕授予之利益包括請求依 ECT 第 26 條提付仲裁之權利：

A. 因聲請人之股東賽普勒斯公司 Plama Holding Limited（下稱 PHL）未提出任何證據，證明其股份之最終所有人為 ECT 締約方之國民或公民，以及證明其在賽普勒斯領域內有任何實質營運活動，應拒絕將 ECT 適用於聲請人。第 17(1) 條未要求相對人採取任何行動，且無論其是否採取行動，拒絕授予利益具有溯及效力。

B. 雖相對人於主張第 17(1) 條時，初步負有舉證責任，而後此項責任移轉至聲請人，由聲請人證明其未被第三國國民擁有或控制。

(2) 聲請人主張：

A. 相對人使用之詞彙顯然推定拒絕授予利益之權利需被行使（exercise），且行使權利之效力向將來發生。即便第 17(1) 條適用於本案，因聲請人已於 2002 年 12 月 24 日提出仲裁請求，因此不能剝奪仲裁庭就先前之事件而生、聲請人所提出之任何請求之管轄權。

B. 相對人負有證明第 17(1) 條事實上適用於本案之舉證責任。

(3) 仲裁庭認為：

A. ECT 第 17 條規定在 ECT Part III，該部分規範投資人之實體保障條款，ECT Part V 則規定爭端解決條款。第 17 條規定，在特定情況下不適用 ECT Part III。依第 17(1) 條，各締約方保留其拒絕授予本部分（即 Part III）之利益（advantages）予法律實體之權利，如 (A) 第三國之公民或國民擁有或控制該實體；且 (B) 該實體在其所設立之締約方領域內無實質營運活動。仲裁庭表示，因第 17(1) 條之規定為「且」（and），故需符合 (A) 及 (B) 之要件。

B. ECT 第 17 條之規定為拒絕授予本部分（this part）之利益，故為 ECT Part III 授予投資人之實體利益，第 17 條條文之用語明確，此可由第 17 條之標題「在特定情況不適用 Part III」確認。第 26 條規定程序性救濟，非 ECT Part III 之一部分，第 26 條並不受第 17(1) 條之運作影響。

C. 締約一方僅能在符合第 17(1) 條之要件時拒絕授予利益，此可能產生是否有效行使第 17(1) 條之爭議，產生條約解釋、法律及事實爭議。若無第 26 條作為投資人可適用之救濟之情況下，如何在地主國及條約涵蓋之投資人（covered investor）之間決定該等爭議。如依循相對人之主張，援用第 17(1) 條之締約方成為其自身案件之裁判者。綜上，仲裁庭認定，相對人不能以第 17(1) 條主張仲裁庭欠缺管轄權。

D. 雙方請求仲裁庭決定是否適用第 17(1) 條，即便此與仲裁之管轄權無關，而與爭端之實體部分有關，惟仲裁庭仍在管轄權決定中處理此議題。

E. 關於拒絕權之行使（exercise of the right to deny），仲裁庭認為，權利之存在應與該權利之行使區分。締約方依第 17(1) 條擁有拒絕授予利益之權利，然並未被要求行使該

權利，且其可能未曾行使。依 VCLT 第 31(1) 條解釋，第 17(1) 條要求締約方行使拒絕權。

F. 相對人於 2003 年 2 月 18 日行使此權利，故本案之爭點在於，權利行使是否具溯及效力，可回溯至 1998 年聲請人進行投資時，或僅生將來效力（prospective effect）。第 17(1) 條本身就此未明確規定，然條文本身使用現在式，給予些許指引，暗示一種將來效力。仲裁庭另依 VCLT 第 31(1) 條，由 ECT 之目的與宗旨解釋第 17(1) 條，依 ECT 第 2 條，ECT 旨在依據憲章之目的及原則，建立一個法律架構，以促進能源領域之長期合作關係。ECT 之目的與宗旨隱含拒絕權之行使應不具溯及效力。經告知第 17(1) 條效力之投資人，得在進行投資前調整其計畫。如拒絕權之行使具有溯及效力，將對投資人產生嚴重影響，投資人將無法進行長期規劃。因此，仲裁庭認定，相對人於 2003 年 2 月 18 日依第 17(1) 條行使權利，僅自該日起向將來剝奪聲請人在 ECT Part III 之利益。

G. 就第 17(1) 條之舉證，仲裁庭認爲，管轄權議題之舉證責任與實體部分有重大差異，仲裁庭於處理雙方就第 17(1) 條要件 (A) 之事實上爭議時面臨困難。在要件 (A) 下，問題係聲請人是否爲第三國國民或公民擁有或控制之法律實體（a legal entity owned or controlled "by citizens or nationals of a third state"）。第三國指非 ECT 締約方，不包含法國，且如由法國之國民「擁有」及「控制」聲請人，即不符合第 17(1) 條要件 (A)。「或」（or）一詞代表「擁有」及「控制」具替代性，只要符合其一，即滿足要件 (A)。仲裁庭表示，「擁有」包括間接及受益所有，「控制」包括事實上控制，即包括對該法律實體之管理、營運、董事會成員選任有實質影響力。聲請人稱，Vautrin 爲法國國民，擁有或控制聲請人。因此，此項事實問題可簡化爲，是否有證據支持聲請人主張，即聲請人股份由 PHL 所有，PHL 股份由英屬維京群島公司 EMU Investments Limited（下稱 EMU）受益所有，EMU 之無記名股份由 Vautrin 受益所有，因此聲請人爲法國國民 Vautrin 擁有之法律實體，由 Vautrin 控制聲請人？仲裁庭在管轄權審理階段所取得之資料並無法用以認定此問題，留待後續判斷。

H. 就第 17(1) 條要件 (B)，事實上的問題爲聲請人是否在其所由設立之賽普勒斯領域內無實質營運活動。聲請人之顧問已於 2004 年 9 月 21 日之聽證程序承認聲請人在賽普勒斯無實質營運活動，PHL 在賽普勒斯之實質營運活動無法彌補此項不足，即便 PHL 擁有或控制聲請人。

（二）相對人是否有權依第17(1)條拒絕授予ECT Part III之利益予聲請人[8]

1. 相對人主張，聲請人未證明其為 ECT 締約方之國民或公民擁有或控制之法律實體。EMU 擁有聲請人，EMU 並非 ECT 締約方之國民。聲請人提出之證據不足以證明 Vautrin 最終擁有或控制聲請人。相對人提出文件指出，兩家塞席爾群島公司 Allspice Trading Inc.（下稱 Allspice）及 Panorama Industrial Limited（下稱 Panorama）擁有 EMU。因此，依據 ECT 第 17(1) 條，聲請人之請求不可受理。

2. 聲請人主張，Vautrin 為法國國民，擁有或控制 EMU，EMU 控制 PHL，PHL 控制聲請人。Vautrin 稱，Allspice 及 Panorama 各自期待取得 30 張無記名股份之質押協議之基礎交易未曾完成，且該質押協議為無效。Vautrin 證稱，其間接擁有 Allspice 及 Panorama。

3. 仲裁庭認為：

   (1) 如上所述，聲請人已承認在賽普勒斯無實質營運活動，因此，相對人是否可依第 17(1) 條拒絕授予利益，在於聲請人是否由第三國國民或公民擁有或控制。此由聲請人負擔舉證責任。

   (2) Vautrin 為法國國民，而法國為 ECT 之締約方，故 Vautrin 為締約方之國民。於第二次民營化協議簽署後，聲請人持有 96.78% 之 Nova Plama 股份，PHL 為聲請人 100% 股份之受益所有人。而後，聲請人發行額外的股份予 EMU，PHL 遂持有 20% 之聲請人股份，EMU 則持有 80% 之聲請人股份。1998 年 9 月 13 日，PHL 發行 500 股予 Mediterranean Link (Nominees) Limited，並發行 100 股予 Mediterranean Link (Trustees) Limited，二者均為 EMU 之名義人（nominee）。PHL 亦發行 400 股予 NOT 之名義人 Mediterranean Link (Trustees) Limited，此 400 股於 1998 年 10 月 26 日被移轉給 EMU 之名義人 Mediterranean Link (Trustees) Limited。因此，自 1998 年 10 月 26 日起，EMU 擁有 100% 之 PHL 股份。EMU 之資本由 60 股無記名股份組成，其中 30 股信託予 Nordtømme，另 30 股則信託予 Tom Eivind Haug，由其等為 Vautrin 保管股份。

   (3) 關於相對人主張 EMU 股份已移轉給兩家塞席爾群島之公司，仲裁庭接受 Vautrin 之證詞，即所考慮進行之交易事實上從未完成，且不論在何種情況下，Vautrin 為該二公司股份之最終所有人。綜上，仲裁庭認定，Vautrin 擁有並控制聲請人，因 Vautrin 為法國國民，法國為 ECT 締約方，故相對人不得依第 17(1) 條拒絕授予 Part III 之利益予聲請人。

8　*Supra* note 1, paras. 80-85, 87-89, 91-92, 94-95.

（三）仲裁庭依保賽BIT之管轄權[9]

1. 聲請人主張，在相對人拒絕授予 ECT Part III 之利益而影響仲裁庭管轄權之範圍內，相對人同意依保賽 BIT 之 MFN 條款將爭端提付 ICSID 仲裁。聲請人為保賽 BIT 之適格投資人，保賽 BIT 之 MFN 條款適用於所有面向之待遇（treatment），且待遇一詞涵蓋相對人為締約方之其他 BIT 中之爭端解決條款。聲請人並援引 *Maffezini* 一案管轄權決定，主張爭端解決之安排與外國投資人之保障密不可分。[10]

2. 相對人主張，保賽BIT之MFN條款不能被解釋為同意將該BIT下之爭端提付ICSID仲裁。

3. 仲裁庭認為：

(1) 保賽 BIT 第 3 條 MFN 條款規定：「1. 各締約方給予其他締約方投資人在其領域內之投資之待遇，應不低於其給予第三國投資人之待遇；2. 此待遇不適用於任一締約方依其參與之經濟共同體及經濟同盟、關稅同盟或自由貿易區所給予第三國投資人之特別待遇（privileges）。」

(2) 保賽 BIT MFN 條款「待遇」一詞之通常文義是否包含或排除保加利亞為締約方之其他 BIT 之爭端解決條款，並不明確。包含或排除可能會或可能不會符合同類解釋原則。保賽 BIT 第 3 條第 2 項規定關於經濟共同體及經濟同盟、關稅同盟或自由貿易區之 MFN 待遇之例外，此或可被視為支持依明示其一排除其他原則（the principle *expressio unius est exclusio alterius*），包括爭端解決之所有其他事項落入 MFN 條款第 3 條第 1 項之範疇。然而，第 2 項提及「特別待遇」，可被視為指明 MFN 待遇應被理解為與實體保障相關。因此，可主張第 2 項證明第 1 項僅涉及與實體保障有關之條款，而排除與爭端解決相關之程序性條款。

(3) 保賽 BIT 之目的與宗旨在於為締約一方投資人在締約他方領域內之投資，創造有利的條件。惟此在法律上不足以推斷保賽 BIT 之締約方欲以 MFN 條款涵蓋保加利亞為締約方之其他協定中之仲裁協議。仲裁庭注意到 Sir Ian Sinclair 之警示，即不當地強調協定之目的與宗旨將助長目的性解釋方法，在某些更為極端之形式下，甚至會產生否決締約意向之相關性風險。[11]

(4) 仲裁庭表示，或可考量協定簽署時締約一方與第三國間之協定，以釐清協定文本之意義。聲請人已提出相對人在保賽 BIT 簽署後、與締結投資協定有關之實踐。在 1990

---

9 *Supra* note 3, paras. 183-184, 187, 189, 191, 193-199, 205, 207-209, 212, 216, 219-224, 227.

10 *Maffezini v. The Kingdom of Spain*, ICSID Case No. ARB/97/7, Decision on Jurisdiction (January 25, 2000), reprinted in 16 ICSID Rev.-F.I.L.J. 212 (2001), para. 54.

11 The Vienna Convention on the Law of Treaties, 2nd ed. (1984), at 130.

年代，相對人之共產體制改變後，其簽訂之 BIT 具更自由的爭端解決條款，包括訴諸 ICSID 仲裁。然仲裁庭認爲，該實踐與本案並無特別關聯，因相對人與賽普勒斯之後續談判表明，締約方間無意使 MFN 條款擁有可能可自相對人後續締約實踐中推論出之意義。相對人與賽普勒斯於 1998 年談判修訂 BIT，雖談判失敗，但特別考慮修訂爭端解決條款。由此談判可知，BIT 締約方並不考慮將 MFN 條款延伸至其他 BIT 中之爭端解決條款。雖爭端雙方未提出保賽 BIT 之準備文件，然其等提出協定簽署時之部分情況。當時相對人處於共產體制下，偏好限制外國投資人保障及非常有限的爭端解決條款之 BIT。相對人及賽普勒斯在 BIT 中規定特定的投資人——地主國爭端解決條款。

(5) 仲裁庭認爲，仲裁之基本前提要件爲仲裁協議，該協議應清楚且明確。在 BIT 架構中，締約方事先就落入 BIT 範疇中之投資爭端給予仲裁同意，後由投資人接受，而達成仲裁協議。如仲裁協議是援引 MFN 條款而納入其他 BIT 之爭端解決條款，即對爭端雙方之仲裁意向是否清楚、明確產生質疑。如同 *Siemens* 一案管轄權決定所述，在其他 BIT 之 MFN 條款中出現之「關於所有事項」（with respect to all matters）之敘述並未減緩此種疑慮。[12]

(6) 締約方對於特定協定之爭端解決條款，係以解決該協定下之爭端之觀點進行談判。不能推定締約方已同意透過納入在完全不同的脈絡下談判之其他協定之爭端解決條款，擴大該等條款。此外，如何適用客觀測試決定何種爭端解決條款較爲有利，爲另一個困難。如一 BIT 規定 UNCITRAL 仲裁，而另一 BIT 規定 ICSID 仲裁，則何者更爲有利？看不出當締約方在特定協定中同意具體之爭端解決條款時，其等對 MFN 待遇之同意意謂著其等有意透過 MFN 條款之運作，由一個完全不同的爭端解決機制取代其等對該爭端解決機制之協議。對一項協定所規定之待遇增添其他地方所規定之更有利之待遇是一回事，然以不同的機制取代締約方特別協商之程序是另一回事。仲裁庭認爲，當簽訂多邊或雙邊投資協定之特定爭端解決條款時，除非締約方明確同意，不能期待締約方允許在未來透過 MFN 條款，以不同的爭端解決條款取代該等條款。此亦爲現今一般公認之仲裁條款獨立性原則之一部分。

(7) 在 *Maffezini* 一案出現一個問題，即是否透過阿根廷—西班牙 BIT 之 MFN 條款，援用智利—西班牙 BIT 之爭端解決條款，而不適用阿根廷—西班牙 BIT 之爭端解決條款所規定之要件「在爭端提付仲裁前，內國法院被賦予在 18 個月期間內處理爭端之機會」，該案仲裁庭就此問題給予肯定之答覆。*Maffezini* 仲裁庭提及，將

---

[12] *Siemens A.G. v. The Argentine Republic*, ICSID Case No. ARB/02/8, Decision on Jurisdiction (August 3, 2004), paras. 91-92.

MFN 條款適用於投資協定之爭端解決協議之事實，可能導致此等安排之調和及擴大（harmonization and enlargement）。[13] 本案仲裁庭則表示，未能看到如何透過 MFN 條款達到爭端解決條款之調和。相反地，如將 MFN 條款適用於爭端解決事項，將導致投資人擁有在不同的 BIT 中挑選條款之選擇權，尚未對此為具體同意之地主國將面臨大量來自其所簽訂之不同 BIT 之爭端解決條款，此種混亂的情形不能被推定為是締約方之意向。

(8) *Maffezini* 仲裁庭也意識到此種風險，表示「有一些重要的限制應謹記在心。作為原則性事項，MFN 條款之受益者不應推翻締約方所考慮、作為接受系爭協議之基本條件之公共政策考量，尤其是私部門投資人」。*Maffezini* 仲裁庭所舉之例子包括：A. 窮盡當地救濟條件；B. 岔路條款；C. 如協議規定特定之仲裁場域，例如 ICSID，不能透過 MFN 條款改變此項選擇；D. 如當事人已同意高度確立、納入明確程序規則之仲裁系統（如 NAFTA）。本案仲裁庭質疑何為該等「公共政策考量」之來源。本案仲裁庭認為，應將 *Maffezini* 仲裁庭所提出、帶有多個例外之原則替換為只有一個例外之原則，即：不能透過基礎協定中之 MFN 條款全部或部分納入其他協定之爭端解決條款，除非基礎協定中之 MFN 條款明確表示締約方有意納入。本案仲裁庭表示，*Maffezini* 案管轄權決定或可被理解，該案涉及令人難以理解的要求，即爭端應先在內國法院審理 18 個月。*Maffezini* 仲裁庭係基於務實的觀點，試圖消除（neutralized）該無意義的規定。然而，此等例外情況不能被視為是指引未來非面臨此種例外情況之其他案件仲裁庭之一般性原則。

(9) 綜上，仲裁庭認定，保賽 BIT 之 MFN 條款不能被解釋為同意將保賽 BIT 下之爭端提交 ICSID 仲裁，且聲請人不能援引保加利亞為締約方之其他 BIT 之爭端解決條款。

五、實體爭點

（一）不實陳述[14]

1. 相對人主張

(1) Vautrin 及其他代表聲請人之人在協商取得 Nova Plama 之期間，一致地向民營化機關表示，聲請人係二大商業實體 André 及 NOT 之合資公司（下稱合資公司）。相對人稱，在 André 及 NOT 撤回投資後，Vautrin 故意隱瞞其為聲請人之單獨所有人之事實。

---

[13] *Supra* note 10, paras. 54, 62-63.

[14] *Supra* note 1, paras. 96-99, 100-111, 113-114, 116-117, 119-122, 124-129, 133-146.

(2) 依民營化法（the Privatisation Act）及 EEH 第一次民營化協議，聲請人購買 EEH 所持有之 Nova Plama 股份，應取得民營化機關之同意。聲請人就其所有人為不實陳述而獲民營化機關之同意，其所取得之同意為無效。因民營化機關之同意為聲請人購買股份、聲請人與 EEH 間股份買賣協議之合法前提條件，故聲請人未依法取得投資。

(3) 依民營化法第 5(1) 條「透過虛構之當事人或無法辨識身分之代理人進行之收購交易，應被視為無效」，聲請人由不實陳述所取得之民營化機關之同意自始無效，聲請人投資之取得自始無效，且依保加利亞義務及契約法（the Bulgarian Obligations and Contracts Act）為無效。因此，聲請人未依據保加利亞法律（in accordance with Bulgarian law）擁有投資，且未取得投資之控制，不存在 ECT 第 1(6) 條定義之投資，仲裁庭無管轄權。即便仲裁庭認定其具管轄權，聲請人係以不法手段取得投資，此使聲請人之請求不被受理。由於 ECT 第 10 條及第 13 條僅適用於依法作成之投資，聲請人不得尋求 ECT 之保障。

2. 聲請人主張

(1) 就 Nova Plama 之投資，其未向相對人政府為不實陳述。聲請人無義務將聲請人股東之身分通知相對人。聲請人承認，André 及 NOT 原有意購買系爭煉油廠，而後在 1998 年 7 月至 9 月間，André 決定不購買，故 Vautrin 個人連同 NOT 進行投資。而後，NOT 也自該專案撤出。

(2) 聲請人表示，其通知民營化機構之內容為，Nova Plama 股份係由 André 及 NOT 所引介之公司購買，而非 André 及 NOT 本身購買股份。買方之敘述亦被納入 1998 年 8 月 18 日之 MOU 中，由民營化機關及聲請人簽署。因此，民營化機關已知悉或應已知悉買方是與 André 及 NOT 不同的公司。聲請人稱，民營化機關無意瞭解投資人股東之身分，且未曾詢問。民營化機關單純想要投資人承擔第二次民營化協議之義務。

(3) 聲請人並主張，其未被控訴有積極的不實陳述。民營化法第 5(1) 條不適用於本案，蓋聲請人自 EEH 購買 Nova Plama 之股份並不與民營化相對應。系爭煉油廠在 1996 年出售給 EEH 後，已被民營化。即便相對人控訴聲請人有消極的不實陳述，亦僅就 Nova Plama 少部分股份之購買必須取得民營化機關之同意。此外，即使無民營化機關之同意，聲請人擁有之投資落入 ECT 第 1(6) 條之範疇，其有權取得 ECT Part III 之保障。

3. 仲裁庭認為

(1) 對於聲請人無須取得民營化機關同意之主張，仲裁庭並不認同。聲請人在購買 Nova Plama 股份時之行為與現在的主張並不一致，在當時，聲請人積極尋求取得民營化機關之批准。第一次民營化協議第 22 條規定，未經民營化機關事前批准，EEH 無權在 5 年的期限內出售或移轉 Nova Plama 股份。因此，當 EEH 在該期限內出售股份予聲請人，即須取得民營化機關之批准。

(2) 對於聲請人所稱如需取得民營化機關之批准，亦僅與 Nova Plama 10% 股份有關之主張，仲裁庭亦不接受。聲請人在 1998 年就 Nova Plama 股份之購買尋求取得民營化機關之批准時，是就 Nova Plama 當時所有已發行股份之購買尋求取得批准，亦與聲請人現今之主張不一致。

(3) 仲裁庭接受相對人關於聲請人不實陳述之指控。依 1998 年 8 月 7 日第 456 號命令，民營化機關之執行長設立跨機關專家工作小組，籌備 Nova Plama 股份自 EEH 移轉至「André 及 NOT 合資公司」之事宜。民營化機關並於同日發函予 EEH 及「該合資公司之協調者」Bonev，宣布如合資公司簽署協議，更新且無條件履行第一次民營化協議已承擔之義務，民營化機關將同意 EEH 移轉股份予合資公司。1998 年 8 月 14 日，民營化機關發函予 Bonev，並附有「André 及 NOT 合資公司」與民營化機關間之協議草案。而後，為將 Nova Plama 所有股份出售予 André 及 NOT 所引介之公司，Bonev 代表 André 及 NOT 與民營化機關於 1998 年 8 月 18 日簽署 MOU。MOU 係由 Bonev「為該公司」簽署。同年 8 月 20 日，民營化機關寄發兩封函文，一方面記錄已與 André 及 NOT 簽署 MOU，另一方面授權將 Nova Plama 股份移轉予 André 及 NOT 所引介之公司。仲裁庭認為，相關證據指明民營化機關有強烈的理由相信 André 及 NOT 為合資公司之一部分。

(4) 財政部於 1998 年 9 月 8 日發函予 Bonev，表示因 André 及 NOT 表達購買 Nova Plama 股份之意向，邀請 Bonev 參與翌日之會議。在該期間往來之文件中存有此等類似陳述，然 Bonev、Vautrin 或聲請人方之任何人均未對之更正。1998 年 9 月 21 日 MOU 增補協議之締約方為 André 及 NOT，由 Bonev 代表 André 及 NOT 簽署。雖 Vautrin 證稱其已將 André 及 NOT 不成為投資人之決定通知相關機關，然此等陳述與有關機關之聲明相牴觸。財政部次長否認 Vautrin 已向其通知 NOT 撤出投資。

(5) 從此等事實，仲裁庭認為，相對人政府明確解讀 André 及 NOT 為投資人，聲請人係 André 及 NOT 引介之公司，為 André 及 NOT 基於購買 Nova Plama 之目的所創設之特殊目的公司。Vautrin 毫無疑問地知悉相對人機關之誤解，卻未設法移除此等誤解，尤其是 Vautrin 刻意不將其為聲請人之最終所有人之事實通知相對人政府。Vautrin 已證稱基於人身安全等理由，不想讓相對人政府知悉其擁有並控制聲請人。仲裁庭認定，Vautrin 就 Nova Plama 投資人之真實身分，刻意向相對人機關為不實陳述。

(6) 鑑於系爭煉油廠之策略重要性及為數眾多之債權人及員工，購買者之管理及財務能力為相對人機關關注的焦點。Vautrin 及其代表所提出、為 André 及 NOT 合資之聲請人擁有重要資產，然事實上，Vautrin 個人並未擁有重要的財務資源，其假借合資之名，作為單獨之投資人。仲裁庭同意相對人之主張，如相對人知悉是以公司外觀掩蓋僅有有限財務資源之個人，相對人不會同意將 Nova Plama 股份移轉予聲請人。

(7) 針對聲請人主張其無義務告知股東身分，仲裁庭並不接受此主張。仲裁庭認為，在交易

協商初期，投資人確為合資公司，然在情況改變後，聲請人刻意不通知相對人。相對人以紀錄中之證據為基礎，並無理由懷疑合資之組成已由兩家有經驗的公司變更為個人，亦無義務詢問股東之身分，知悉此等事實之聲請人有義務通知相對人。刻意隱瞞之結果構成詐欺，對 Nova Plama 之投資是經過計算，誘使相對人機關同意移轉股份予不具回復系爭煉油廠營運所需之管理及財務能力之實體。此等情形違反保加利亞義務及契約法及國際法，因此，排除 ECT 保障之適用。

(8) 聲請人之不實陳述導致第二次民營化協議不合法。不同於多數 BIT，ECT 並未納入要求投資遵循特定法律之條款。然此不代表 ECT 所提供之保障及於違反國內或國際法之投資。依據 ECT 引言「ECT 之基本目標為強化能源議題之法規範」，應以與鼓勵尊重法規範之目標一致之方式解釋ECT。仲裁庭認為，ECT 實體保障不能適用於違反法律之投資。

(9) 仲裁庭認定，本案之投資不僅違反保加利亞法律，更違反適用的國際法律規範及原則。ECT 第 26(6) 條規定，仲裁庭應依據本條約及適用的國際法律規範及原則決定爭議。為確認該等適用的國際法律規範及原則，仲裁庭援用 *Inceysa* 一案，在該案中，投資人在公開招標過程中詐欺而取得車輛檢驗服務之特許契約。*Inceysa* 仲裁庭認定，該投資違反下列一般法律原則：A. 誠信原則，在促成投資之協商及簽署文件之過程中無詐欺及欺騙；及 B. 任何人不得因主張其惡行而得利原則（the principle of *nemo auditur pro priam turpitudinem allegans*）。此外，*Inceysa* 仲裁庭認定，認可因不法行為所生權利之存在，將違反國際公共政策原則「尊重法律」。[15] *World Duty Free* 一案仲裁判斷亦援引國際公共政策概念，在該案中，投資人對肯亞總統行賄而取得一項契約。該案仲裁庭認為，「國際公共政策」一詞應被解釋為，顯示關於應適用於所有場域之普世標準及可接受之行為規範之一項國際共識。因此，該案仲裁庭認定，以賄賂行為取得之契約為基礎之請求應被駁回。[16]

(10) 本案仲裁庭認為，如給予聲請人投資 ECT 保障，將反於任何人不得因主張其惡行而得利原則，亦違反國際公共政策之基本概念──以不法方式取得之契約不應被仲裁庭執行。仲裁庭認定，聲請人之行為違反誠信原則，誠信原則包含投資人提供相關且重要的投資人及投資之資訊予地主國之義務，當此等資訊為取得地主國對投資之批准所必要時，此等義務尤為重要。綜上，仲裁庭駁回聲請人之請求，不能給予 ECT 實體保障。

---

[15] *Inceysa Vallisoletana S.L. v. Republic of El Salvador*, ICSID Case No. ARB/03/26, Award (August 2, 2006), paras. 231, 240-242, 249.

[16] *World Duty Free Company Limited v. The Republic of Kenya*, ICSID Case No. Arb/00/7, Award (October 4, 2006), paras. 139, 157.

（二）聲請人援引之ECT條款[17]

基於雙方之努力，仲裁庭決定審理雙方之實體主張。仲裁庭認定，即便聲請人可擁有ECT實體保障之利益，聲請人之實體請求仍無理由。[18]仲裁庭認為，ECT第10(1)條[19]為一複雜的規定，提及數項義務：就投資創造穩定、公平、有利且透明之條件、FET、最持續的保障與安全、不合理或歧視性措施之禁止、與投資人或投資所訂立之義務之遵循。此等保障標準相互關聯，然此並不代表各項標準不能被獨立自主地定義。如同 Schreuer 教授所述，FET以不同的方式與其他保障標準相連結，雖「持續保障與安全」及「對抗不合理或歧視性之保障」與FET相關，然該等標準是獨立且自主的。某些仲裁庭事實上給予該等標準各自之特定意義。[20]因此，本案仲裁庭將考量ECT之實踐、仲裁庭在其他投資協定之實踐，就此等標準給予相關定義。

1. 穩定、公平、有利且透明之條件[21]

(1) 聲請人主張，其持續受相對人隨意且不透明之決定限制，相對人反覆介入，對聲請人之投資創設「不穩定、不公平、不利且不透明之條件」。

(2) 相對人主張，因ECT締約方在第10(1)條第一句之義務係就「在其領域內之投資」創設條件，此僅適用於投資前事項（pre-Investment matters）。在任何情況下，相對人均遵循此標準。

(3) 仲裁庭觀察第10(1)條之第二句指出，第一句所列之條件應包含「隨時給予其他締約方投資人之投資FET之承諾」，且下一個句子連結此等投資與第10(1)條之其餘保障。第10(1)條第一句之條件之適用以此方式延伸，及於投資之所有階段，而非限於投資前事項。

---

[17] *Supra* note 1, paras. 161-164.

[18] *Id.* para. 147.

[19] ECT, Article 10(1):

Each Contracting Party shall, in accordance with the provisions of this Treaty, encourage and create stable, equitable, favourable and transparent conditions for Investors of other Contracting Parties to make Investments in its Area. Such conditions shall include a commitment to accord at all times to Investments of Investors of other Contracting Parties fair and equitable treatment. Such Investments shall also enjoy the most constant protection and security and no Contracting Party shall in any way impair by unreasonable or discriminatory measures their management, maintenance, use, enjoyment or disposal. In no case shall such Investments be accorded treatment less favourable than that required by international law, including treaty obligations. Each Contracting Party shall observe any obligations it has entered into with an Investor or an Investment of an Investor of any other Contracting Party.

[20] C.H. Schreuer, Fair and Equitable Treatment (FET): Interaction with other Standards, Transnational Dispute Management, Vol. 4, issue 5 (September 2007), pp. 25-26.

[21] *Supra* note 1, paras. 164-173.

2. FET[22]

(1) 爭端雙方認為，過去幾年公布的仲裁判斷為 FET 之內容提供一些指引，FET 包括投資人正當期待之保障及穩定合法架構之提供。

(2) 仲裁庭認為，關於正當期待之保障，仲裁庭認此包含外國投資人進行投資時所考量之合理及正當期待，因此，包括地主國特別提供給投資人之條件及投資人據以進行投資之條件。該等期待同時包含地主國遵循善意、正當程序及不歧視等基本標準。法律架構之穩定性已被確認為是國際法中 FET 之新興標準。然而，地主國維持其正當之規制權，當評估地主國是否遵循 FET 時，亦應考量此權限。最後，仲裁庭觀察透明化要件，認此與 FET 相關聯。透明化乃投資人正當期待及法律架構穩定性保障之重要要素。

3. 持續保障與安全[23]

(1) 爭端雙方認為，持續保障與安全標準課予盡職調查義務，如 Wena 案及 Saluka 案仲裁庭援引之 AMT 案仲裁判斷所述，地主國承擔之義務為警戒義務，地主國應採行所有必要措施，確保投資充分享有保障與安全，且不允許援引其內國立法降低此等義務。[24]

(2) 仲裁庭認為，此標準包含積極創設授予安全之架構的義務，雖此標準已在人身安全（physical security）之脈絡下發展，部分仲裁庭認為此標準亦包含關於法律安全（legal security）之保障。仲裁庭認為此項標準並非絕對，且未必包含地主國之嚴格責任。如同 Saluka 案仲裁庭援引之 Tecmed 案仲裁判斷所述，「充分保障與安全之保證並非絕對，且不對地主國課予嚴格責任」。[25]

4. 不合理及不歧視措施[26]

(1) 聲請人主張，相對人行為不合理，採行對聲請人之直接競爭者 Neftochim 有利之歧視性措施。

(2) 仲裁庭認為，投資仲裁庭已認定不合理及不歧視措施與 FET 間之強烈關聯，例如 Saluka 案仲裁庭指出，「合理性標準在此上下文之涵義和與其相關聯之 FET 標準之涵義並無不同，不歧視標準亦是如此。因此，合理性標準要求證明地主國行為與某些理性政策具合

22 *Id.* paras. 175-178.

23 *Id.* paras. 179-181.

24 *American Manufacturing &: Trading v. Republic of Zaire*, ICSID Case No. ARl93/1, Award (February 21, 1997), para. 28; *Wena Hotel Limited v. Arab Republic of Egypt*, ICSID Case No. ARB/98/4, Award on the Merits (December 8, 2000), para. 84; *Saluka Investments B.V. v. The Czech Republic*, UNCITRAL, Partial Award (March 17, 2006), para. 484.

25 *Tecnicas Medioambientales Teemed S.A. v. The United Mexican States*, ICSID Case No. ARB(AF)/00/2, Award (May 29, 2003), para. 154; *Saluka*, para. 303.

26 *Supra* note 1, paras. 182-184.

理的關係，而不歧視標準則要求對外國投資人之任何差別待遇之合理正當理由」。[27] 然而，本案仲裁庭相信，雖此等標準在特定議題上重疊，仍可被單獨定義。不合理或恣意措施係指非基於理性或事實，而是基於任性、偏見或個人偏好之措施。歧視係指在無合理或正當理由下，對於處於類似情況之個人給予不同待遇。

5. 對投資人承擔之義務[28]

(1) 聲請人主張，ECT 第 10(1) 條最後一句規定地主國遵循其與投資人或投資所訂立之任何義務，此為傘狀條款。

(2) 仲裁庭認為，ECT 第 10(1) 條之文字範圍廣泛，蓋其使用「任何義務」（any obligation）。依此詞彙之通常文義分析，此係指任何義務，而不問其性質為契約或法定義務。然 CMS 案專門委員會認為，「訂立」（entered into）一詞之使用應被解釋為僅涉及契約義務。[29] 不論哪一種解釋，契約義務被包含在 ECT 第 10(1) 條最後一句內。因爭端雙方只關注 ECT 第 10(1) 條最後一句對此類義務之適用，故仲裁庭無需進一步擴展其分析。

6. 第13條之保障[30]

(1) 聲請人主張，本案存有間接徵收，其所主張者與財產之實體取得無關，而是地主國行為對其投資之收益及價值之影響。

(2) 仲裁庭認為，國家行為雖不構成實際控制或所有權之喪失，然如對投資之經濟利用、收益及價值產生負面影響，仍為徵收。評估相對人行為之決定性因素為：A. 實質上完全剝奪投資或可區分之獨立部分之經濟利用及收益權；B. 受質疑措施之不可逆性及永久性；及 C. 投資人所經歷之經濟價值損失之程度。

（三）聲請人控訴違反行為之分析

1. 環境損害[31]

(1) 聲請人主張，相對人要求 Nova Plama 就聲請人收購前、系爭煉油廠廠址已存在之環境損害負責，違反 ECT 第 10 條，未給予聲請人投資 FET、最持續之保障與安全，以不合理

---

27 *Saluka*, para. 460.

28 *Supra* note 1, paras. 185

29 *CMS Gas Transmission Company v. The Republic of Argentina*, ICSID Case No. ARB/01/8, Annulment Decision (September 25, 2007), para. 95.

30 *Supra* note 1, paras. 190-191, 193.

31 *Id.* paras. 194-197, 203, 207-208, 210-213, 215, 218-220, 222-228.

或歧視性措施損害聲請人投資之管理、維護、使用、收益或處分，未能遵循相對人與聲請人間所簽訂契約之義務。聲請人之主張主要立基於相對人違反第二次民營化協議，及相對人在聲請人收購 Nova Plama 後，於 1999 年修訂環境保護法（下稱環境法）。第二次民營化協議第 4 條規定：「Plama Consortium Limited 應依據保加利亞法律規定，確保與公司活動相關之環境條件水平之維持，對本協議簽署日前所生之任何環境汙染不承擔任何責任。」於簽署第二次民營化協議時，環境法規定：「當外國或保加利亞自然人或法人參與民營化……，該等人士就過去之作為或不作為致生之環境損害應不負責。」聲請人主張，依此等規定之文字，其免於負擔環境責任。然環境法於 1999 年 2 月修訂，第 9(1) 條修正為：「於民營化時，除 1999 年 2 月 1 日前簽署之民營化協議外……，因過去之作為或不作為致生之任何環境損害責任應由國家依部長理事會設定之條件及程序承擔。」於修法後，相對人僅就與 1999 年 2 月 1 日以後發生之民營化有關之過去環境損害負責，Nova Plama 於 1998 年民營化，須就系爭煉油廠過去之環境損害負責，此等財務負擔導致聲請人無法取得融資，被迫於 1999 年 12 月關閉系爭煉油廠，無法自其投資享有任何經濟利益，控訴相對人違反 ECT 第 13 條。

(2) 相對人主張，雖民營化協議第 5.1 條豁免聲請人就過去的環境損害負責，但並未免除其所收購公司 Nova Plama 之責任，Nova Plama 就過去之環境損害仍負有責任，在協商聲請人購買 Nova Plama 股份之條件時，即應將此事實納入考量。於民營化前，國家擁有及控制煉油廠之事實並不代表國家就環境損害負責，責任仍在 Nova Plama 身上。相對人否認其違反 ECT 之義務。相對人就煉油廠廠址環境對 Nova Plama 採取行為之目的並非是對過去的環境損害之矯正課予繁重的責任，而是確保 Nova Plama 採行必要措施，以符合現行法令之方式營運煉油廠。相對人主張，關於聲請人所控訴之環境損害，並無證據指出 Nova Plama 曾受保加利亞制裁，且聲請人提出之證據亦未能證明其因未清償之環境債務而無法取得融資。1999 年環境法之修正並未歧視聲請人。

(3) 仲裁庭認為，相關證據及主張並不明確：

A. 依第二次民營化協議第 4 條，聲請人認為其或 Nova Plama 無須就過去的環境損害負擔清除責任之認知並無不合理之處。畢竟，在聲請人收購 Nova Plama 時，Nova Plama 處於破產狀態，如不自股東取得資金，一個破產公司要如何取得資金清除過去的汙染？在此情況下，就過去的汙染僅免除聲請人之責任，無非是一個空的條款。此觀點可自經濟部 2002 年 7 月 8 日發給 Nova Plama 之函文獲得支持，經濟部在該函中表示，「我們認為 Nova Plama 應無須就清除過去的環境損害負擔重大責任」。Vautrin 表示，在民營化協議中約定特定條款，使國家承擔過去環境損害之責任，乃其購買 Nova Plama 股份之重要條件。相對人則主張，購買 Nova Plama 股份之價格已反映（或應已反映）所有已知之責任，且 Nova Plama 之環境汙染狀態已為各方所知。然爭端雙方

並未就此等協商之相關面向提出證據。另一個導致本爭點不明確的因素爲復甦計畫第七節。聲請人在該計畫中敘述，保加利亞政府免除聲請人（包含 Nova Plama）對過去環境損害之賠償責任。如聲請人眞的相信其在復甦計畫所寫的內容，爲什麼要在 Nova Plama 帳簿中保留此等損害之預備金？此外，其他證據顯示 Nova Plama 並未具有任何重大、清除過去環境損害之責任。

B. 仲裁庭認定，無證據顯示相對人 1999 年修訂環境法是直接針對聲請人及其在 Nova Plama 之投資，或有利於 Nova Plama 之競爭者 Neftochim。該修訂係依世界銀行之建議執行，仲裁庭認爲，此乃保加利亞履行其 ECT 第 10(1) 條之義務所爲之努力，爲投資人創造有利之條件。仲裁庭相信，ECT 並非保護投資人免於地主國法令之變動，在 FET 下，僅在投資人有合理且正當期待時，投資人方被保護。無證據顯示相對人向聲請人承諾凍結環境法令。此外，聲請人收購 Nova Plama 時之保加利亞環境法並未向聲請人保證 Nova Plama 可豁免於清除過去環境損害之責任。且從 Vautrin 證詞「在民營化協議中約定特定條款，使國家承擔過去環境損害之責任，乃其購買 Nova Plama 股份之重要條件」可知，Vautrin 知悉保加利亞法令並未使 Nova Plama 免於負擔過去之環境損害責任，於聲請人投資 Nova Plama 時，已知悉或應已知悉保加利亞之法令狀態。

C. 綜上，仲裁庭無法認定相對人因修訂環境法而違反 FET，相對人之行爲如何構成持續保障與安全提供義務之違反亦不明確，無充分證據證明保加利亞對 Nova Plama 之待遇構成歧視。仲裁庭並認定，環境法之修正並未違反第二次民營化協議第 4 條，蓋該條款並未將 Nova Plama 之責任移轉至國家。聲請人亦未提出充足的證據證明其因龐大的環境責任而未能取得融資。在無證據證明相對人行爲造成聲請人投資之損害或損失，或限制聲請人對於投資之使用或收益之情況下，亦不可能認定聲請人之投資被徵收。因此，仲裁庭無法認定相對人違反 ECT 第 10(1) 條及第 13 條。

2. 破產管理人之行爲[32]

(1) 聲請人主張，Nova Plama 之破產管理人未能履行其義務，且採行損害 Nova Plama 之不法行爲，例如非法增加工人工資，破產管理人 Todorova 慫恿工人暴動，然警察卻未對系爭煉油廠及管理階層提供保護，使系爭煉油廠之營運全面停頓。保加利亞政府及法院未能適當地監管破產管理人，違反相對人依 ECT 第 10(1) 條提供 FET、最持續之保障與安全及避免不合理措施之義務，且連同其他違反行爲，破產管理人之行爲構成間接徵收，違反 ECT 第 13 條。

(2) 相對人主張，其毋庸就破產管理人之行爲負擔任何責任，依保加利亞法律，破產管理人

---

[32] *Id.* paras. 229, 231, 236, 239-240, 248-249, 251-255.

並未履行政府職能，非國家之機關。

(3) 仲裁庭認為：

A. 關於破產管理人之行為及系爭煉油廠工人暴動之事實證據，代表聲請人之目擊證人證稱，在破產管理人 Todorova 之慫恿及領導下，系爭煉油廠工人暴動，且警方未提供保護。代表相對人之目擊證人則證稱，工人和平抗爭、集結請求支付未償付之工資，Todorova 並未慫恿及領導抗爭活動，且煉油廠廠長 Beauduin 在警方護衛下安全地離開辦公室。因目擊證人之證詞相衝突，使仲裁庭無法形成確信。由於聲請人負有舉證責任，因此，對於此等指控，仲裁庭無法作出對聲請人有利之認定。

B. 為認定相對人依 ECT 所負之責任，關鍵的問題為國家應否就破產管理人之行為負責？破產管理人是否履行國家職能？保加利亞法院是否未監督破產管理人，致生國家責任？國際法委員會「國家對國際不法行為責任條款草案」第 8 條規定：「如一人或一群體事實上依國家之指示或在國家之指導或控制下執行行為，則在國際法下，該人或該群體之行為應被視為是國家之行為。」經檢視相關證據，仲裁庭認定，在破產程序中，破產管理人並非國家之機關，縱使破產管理人之行為不當，亦不歸屬於國家，因此，不能認定相對人違反 ECT。

C. 關於聲請人控訴保加利亞法院未適當監督破產管理人之行為，仲裁庭認為，法院在監督破產管理人之工作上扮演一定角色，法院顯然為國家機關，國家可能須就法院之作為或不作為負責。然而，法院監管破產管理人之權力相對有限，聲請人及／或 Nova Plama 已對破產管理人之行為提出訴訟。仲裁庭認定，無證據顯示提訴受到阻撓或法院以不公平之方式裁決此等議題。綜上，仲裁庭駁回聲請人之控訴。

3. 未實現收益[33]

(1) 聲請人主張，因保加利亞欠缺適當的會計規則及租稅法令，致 Nova Plama 在復甦計畫中之債務重整產生人為獲利，應被課稅，Nova Plama 因此產生新的債務，須於帳簿中提列準備金，因而無法確定 1999 年至 2001 年之財報，並錯過提交所得稅申報書之期限，進而創造新的租稅債務。此結果造成 Nova Plama 無法證明已繳納應繳稅款，進而無法提交經簽證之財報，使 Nova Plama 無法取得啟動系爭煉油廠所需之資金。聲請人並主張，保加利亞未就終止破產程序之公司制定適當的法律架構，違反 ECT 第 10(1) 條為投資人創造穩定、公平及有利條件之義務。自 1999 年至 2001 年，Nova Plama 尋求保加利亞政府核准各種會計措施，以避免其須申報未實現收益，然未能獲得令人滿意之回覆。相對人拒絕協助 Nova Plama 解決未實現收益之問題，且未能就此問題及時修法，違反 ECT 第

---

33 *Id.* paras. 256-261, 263-264, 266-268, 270-273.

10(1) 條提供 FET、最持續保障與安全、避免不合理措施之義務。且保加利亞之行為使聲請人無法就系爭煉油廠取得融資，導致聲請人使用、收益其投資之經濟利益之權利被剝奪，違反 ECT 第 13 條。

(2) 相對人主張，ECT 第 21(1) 條規定：「除本條另有規定外，本條約之任何內容均不就締約方之租稅措施創設權利或課予義務。當本條與本條約之任何其他條款存有任何不一致時，以本條為準。」ECT 第 10(1) 條 FET 義務不適用於租稅。無論如何，聲請人不可能擁有 Nova Plama 不適用既有稅法之任何正當或合理期待，Nova Plama 並未被免除提交所得稅申報書之義務，然其選擇進行租稅減免及修法之遊說。保加利亞相關機關均合理回應聲請人之詢問，且保加利亞稅法與國際標準一致，是合理的。相對人並指出，其已於 2001 年修法，此乃 Nova Plama 所尋求之結果。聲請人並未證明其或 Nova Plama 因 Nova Plama 無法準備財報、提交所得稅申報書而無法取得融資，亦未證明未實現收益之爭點致其遭受任何損害。

(3) 仲裁庭認為：

A. 保加利亞未違反 ECT 之義務，ECT 第 21 條特別將締約方之租稅措施排除在 ECT 之保障範圍外，但設有特定例外，其中之一為一旦租稅措施構成徵收或具歧視性，投資人應將該爭議提交租稅主管機關，然聲請人並未進行此項程序。

B. 仲裁庭認定，即便擱置不論 ECT 第 21 條，相對人並未採行不公平、不公正或相當於徵收之行為。當聲請人購買 Nova Plama 之股份及協商債務清償協議時，其已知悉或應已知悉保加利亞法律就債務減免之租稅規範。就購買股份一事，聲請人委任位居全球領先地位之稅務諮詢事務所 Ernst & Young 擔任顧問，不可能存有可獲得其他待遇之正當期待。就相對人稱 Nova Plama 對於債務減免可採避免產生租稅之其他認列方法，仲裁庭認為，雖聲請人稱其在當時未被告知，然投資人就債務減免而生之租稅負有盡職查核責任，並負有採行處理租稅問題之必要措施之責任。

C. 仲裁庭表示，如同過去環境損害賠償責任，如聲請人顧慮債務減免所生之租稅義務，其本可嘗試於協商民營化協議之條款時處理之，然並無證據顯示聲請人為此等努力。許多卷證資料亦證明保加利亞政府就此議題努力協助聲請人及 Nova Plama，保加利亞並於 2001 年修法，免除 Nova Plama 因未實現收益而生之任何租稅。保加利亞之行為無可非議之處，關於其違反 ECT 最持續保障與安全標準之控訴並無理由。

D. 最後，仲裁庭認為，相關證據未證明未實現收益之問題使聲請人或 Nova Plama 無法獲得系爭煉油廠營運所需之融資，如同聲請人之顧問所述，Nova Plama 在 1998 年時信用不良，無任何公司或銀行會向其預付款項。因此，無證據證明保加利亞之行為如何剝奪聲請人投資之經濟利益。聲請人關於徵收之控訴應被駁回。綜上，仲裁庭認定無證據證明相對人違反 ECT 之義務，故駁回聲請人之控訴。

4. Varna港[34]

(1) 聲請人主張，Varna 港為保加利亞唯一一個可透過油輪向其供應原油及石油產品之港口。聲請人稱，依保加利亞法律，受國營企業 Petrol A.D. 控制之 Varna 港為國家財產，Petrol A.D. 於 1999 年民營化。就保加利亞稱 Varna 港為 Petrol A.D. 民營化時所擁有之資產，聲請人主張此悖於保加利亞憲法及法律。在 Petrol A.D. 非法擁有 Varna 港之後，Nova Plama 無法與其交易，蓋其非港口之合法擁有者。Nova Plama 不知應與何者簽約以在 Varna 取得港口服務，且其亦未擁有在未來可取得 Varna 港作為國家所提供之公共服務之任何保證。聲請人稱，相對人拒絕保證如其與 Petrol A.D. 協商契約，其契約權會被尊重。Petrol A.D. 可濫用其優勢地位，不合理地終止 Nova Plama 進入港口或對其實施不合理之條件。聲請人並稱，Petrol A.D. 由 Nova Plama 之競爭者 Naftex 集團控制，Petrol A.D. 威脅 Nova Plama，且企圖對其經由 Varna 港運送原油施加蠻橫的價格及條件。聲請人亦控訴，保加利亞於 2004 年修訂海商法，港口公共運輸之機制發生重大變動，使 Varna 港被分為兩個部分，一部分為公共財產，另一部分則為 Petrol A.D. 之財產。此修正案是恣意且非法的，造成 Nova Plama 蒙受重大損失，違反 ECT 第 10(1) 條，且連同其他違反行為，相對人將 Varna 港非法民營化之行為構成間接徵收，違反 ECT 第 13 條。

(2) 相對人主張，依其法令，Varna 港之所有權並非專屬於國家，因此，聲請人應無國家會持續擁有該港口之正當期待。相對人指出，其與 Petrol A.D. 間就該港口特定部分之所有權存有未決爭端，聲請人並未證明此爭端已對 Nova Plama 造成任何負面影響。Nova Plama 並未被拒絕進入該港口或使用其設施。

(3) 仲裁庭認為：

A. 無證據證明 Nova Plama 被拒絕以合理商業條件進入該港口或使用其設施，另相關證據顯示 Nova Plama 之關係企業 Rexoil 在 1999 年透過 Varna 港進口原油。Nova Plama 未曾就其不能取得相同商業條件之原因，提出令仲裁庭滿意之解釋。

B. 關於相對人違法將 Varna 港民營化之控訴，此並不在仲裁庭管轄權之範圍內，而屬於保加利亞法院之管轄範圍。

C. 仲裁庭表示，即便聲請人相信 Nova Plama 非港口設施之合法擁有者，其仍可與控制港口者進行協商。無證據顯示任何其他人或企業在協商使用港口之商業條件時面臨類似的困難。雖證據顯示 Nova Plama 及 Petrol A.D. 之代表間曾有一些會議，然就港口使用條件之議定，無證據證明聲請人或 Nova Plama 付出努力。

D. 仲裁庭認為，相對人未負有確保 Nova Plama 契約權被尊重之義務，且依國際法或保加

利亞法律，聲請人所控訴之 Petrol A.D. 之行爲並不歸屬於相對人，且無證據證明相對人介入、慫恿 Petrol A.D. 拒絕 Nova Plama 以合理商業條件使用港口。相反地，相關證據顯示保加利亞政府嘗試協助聲請人及系爭煉油廠進行之安排，以使燃料流入系爭煉油廠。

E. 單就保加利亞政府民營化 Varna 港之事實而言，相對人並未違反 ECT，ECT 並未阻止保加利亞民營化其港口，只要其以不歧視聲請人、未剝奪聲請人營運煉油廠所需之權利之方式爲之。關於 2004 年海商法修法，仲裁庭認爲法案之訂定並無恣意或非法之處。綜上，關於 Varna 港之使用，仲裁庭認爲，相對人並未違反 ECT。

5. Biochim銀行[35]

(1) 聲請人主張

A. Nova Plama 取得 Biochim 銀行之信貸，致其積欠 Biochim 銀行巨額債務。聲請人稱在 Nova Plama 復甦計畫之協商期間，Biochim 銀行強迫 Nova Plama 接受繁重之修正案，除非 Nova Plama 接受修正案，否則 Biochim 銀行即拒絕履行其於債務清償協議及復甦計畫之義務。因此，Biochim 銀行拒絕接受聲請人折價購買 Nova Plama 對 Biochim 銀行之債務，要求 Nova Plama 償還所有債務。依債務清償協議第 4.4 條，如聲請人在系爭煉油廠之開始營運日起 2 個月內投資 Nova Plama 600 萬美元，則 Biochim 銀行同意解除設定質押之財產，聲請人即得利用此等財產吸引新的投資融資，然 Biochim 銀行卻違約。

B. Nova Plama 稱其在 2002 年時曾與 Biochim 銀行協商另一債務清償協議，但未成功，而後，其在 Sofia 市法院向 Biochim 銀行提訴，促使相對人交通部召集公司管理階層開會，並威脅如不撤訴，國家作爲 Nova Plama 之債權人，將重啓破產程序。聲請人亦指控，Biochim 銀行董事長在保加利亞議會召開會議，指示不要與 Nova Plama 簽署債務清償協議。

C. 聲請人稱，當時相對人正進行 Biochim 銀行之民營化，爲提高 Biochim 銀行之價值以實現民營化目的，相對人支持 Biochim 銀行損害聲請人及 Nova Plama。Biochim 銀行於 2002 年 6 月民營化，出售給奧地利銀行。當保加利亞不再控制 Biochim 銀行後，Nova Plama 與奧地利銀行達成債務清償協議。聲請人主張，因相對人政府擁有 Biochim 銀行股份，Biochim 銀行對 Nova Plama 之行爲違反其與聲請人間之契約義務，違反 ECT 第 10(1) 條，相對人亦違反 ECT 第 22 條。[36] 相對人介入 Biochim 銀行與

---

[35] *Id.* paras. 285-303.

[36] ECT, Article 22 - State and Privileged Enterprises:

Nova Plama 間之關係亦違反 ETC 第 10(1) 條 FET、未對聲請人之投資提供最持續之保障與安全、實施不合理措施，連同相對人之其他行為，構成徵收，違反 ETC 第 13 條。

(2) 相對人主張

A. 無證據證明相對人介入 Biochim 銀行之決策，Biochim 銀行係基於商業預測，並以合理之方式與 Nova Plama 交易，並未違反任何契約義務。聲請人及 Nova Plama 對 Biochim 銀行提出不實際且在商業上不合理之要求。相對人稱，規範解除質押之債務清償協議未曾生效，蓋無各締約方之簽署，因此，不能主張 Biochim 銀行違反任何契約義務。相對人並主張，聲請人未曾證明其履行承諾，即在煉油廠開始營運日起 2 個月內投資 600 萬美元。

B. 相對人否認 Biochim 銀行強迫 Nova Plama 接受繁重之修正案。相對人稱，聲請人及 Nova Plama 提出復甦計畫之修正案，規定包括 Biochim 銀行在內之所有 Nova Plama 債權人保有其既有之擔保權益。經修正之復甦計畫並未要求 Biochim 銀行解除煉油廠之抵押。

C. 就 Biochim 銀行民營化後，Nova Plama 即與銀行達成債務清償協議之聲請人主張，相對人加以反駁。相對人表示，歷經 2 年的協商方達成協議，主要是因當時 Biochim 銀行已不可能從 Nova Plama 收回任何大筆款項。無論如何，Biochim 銀行之行為並不歸屬於相對人，相對人毋庸依 ECT 第 10(1) 條就該等行為負責，且本案無 ECT 第 22 條之適用，蓋該條文規定在 ECT Part IV，不屬於第 26 條仲裁之範疇。此外，即便在 Biochim 銀行民營化之前，其為商業銀行，受私法規範，並非 ECT 第 22 條所稱之國營企業。

(3) 仲裁庭認為

A. 聲請人以兩個可替代之理由，將 Biochim 銀行之行為歸屬於國家：(A) Biochim 銀行為國營企業，且國家利用其股份，指揮銀行之行為；及 (B) ECT 第 22 條適用於 Biochim 銀行之行為。國際法委員會「國家對國際不法行為責任條款草案」第 8 條規定：「公

---

(1) Each Contracting Party shall ensure that any state enterprise which it maintains or establishes shall conduct its activities in relation to the sale or provision of goods and services in its Area in a manner consistent with the Contracting Party's obligations under Part III of this Treaty.

(2) No Contracting Party shall encourage or require such a state enterprise to conduct its activities in its Area in a manner inconsistent with the Contracting Party's obligations under other provisions of this Treaty.

(3) Each Contracting Party shall ensure that if it establishes or maintains an entity and entrusts the entity with regulatory, administrative or other governmental authority, such entity shall exercise that authority in a manner consistent with the Contracting Party's obligations under this Treaty.

(4) No Contracting Party shall encourage or require any entity to which it grants exclusive or special privileges to conduct its activities in its Area in a manner inconsistent with the Contracting Party's obligations under this Treaty.

(5) For the purposes of this Article, "entity" includes any enterprise, agency or other organization or individual.

司實體雖受國家擁有及控制，然被認爲是獨立的，除非其行使國家權限之要素，否則初步認定其執行之活動不歸屬於國家。」

B. 相關證據顯示 Biochim 銀行係基於商業利益採行合理措施，且規定 Biochim 銀行放棄質押之債務清償協議未曾生效。對於 Biochim 銀行拒絕放棄 Nova Plama 之資產抵押，聲請人及 Biochim 銀行均接受，並於復甦計畫中確認。無疑地，聲請人係在壓力之下接受 Biochim 銀行之主張，然而，其可自由地選擇不接受，拒絕以該等條件進行進一步之投資。

C. 聲請人所提出之證據並未證明 Biochim 銀行違反復甦計畫，或相對人對 Nova Plama 不當施壓，強迫其接受繁重的條件。因此，仲裁庭認定 Biochim 銀行並未從事任何不法行爲。因此，仲裁庭無需處理 Biochim 銀行之行爲是否歸屬於國家及 ECT 第 22 條之問題。綜上，仲裁庭認定，相對人未違反 ECT 之任何義務。

六、損害賠償及費用計算

聲請人負擔仲裁庭之所有費用與支出及 ICSID 之行政費用，爲 919,985 美元。聲請人支付相對人預付之仲裁費用 460,000 美元，及相對人之法律費用及其他費用 7,000,000 美元。

七、仲裁庭之決定與判斷[37]

綜上，仲裁庭認定：

（一）在 2003 年 2 月 17 日之前，相對人不得依 ECT 第 17(1) 條拒絕授予聲請人 ECT Part III 之利益。

（二）聲請人無權獲得 ECT 之任何實體保障。

（三）假設聲請人有權獲得 ECT 規定之實體保障：

　　1. 關於過去環境損害之爭端，相對人未違反 ECT 之義務。

　　2. 關於破產管理人之行爲，相對人未違反 ECT 之義務。

　　3. 關於未實現利益之租稅事項，即便假設 ECT 適用於此爭點，相對人未違反 ECT 之義務。

　　4. 關於 Varna 港之使用，相對人未違反 ECT 之義務。

　　5. 關於 Biochim 銀行之行爲，相對人未違反 ECT 之義務。

---

[37] *Supra* note 1, para. 325.

6. 仲裁庭認定相對人無其他違反 ECT 義務之行為。

7. 仲裁庭駁回聲請人所有損害賠償請求。

（四）聲請人負擔仲裁庭之所有費用與支出及 ICSID 之行政費用，為 919,985 美元。

（五）命聲請人支付相對人預付之仲裁費用 460,000 美元，及相對人之法律費用及其他費用 7,000,000 美元。

（六）雙方所有其他控訴及請求均被駁回。

案例二十四

Pope & Talbot Inc v. The Government of Canada, UNCITRAL, Preliminary Tribunal Awards (January 26, 2000); Interim Award (June 26, 2000); Award (April 10, 2001)

一、當事人

聲請人：Pope & Talbot, Inc.

相對人：加拿大

二、案件摘要

（一）系爭投資

經營三間鋸木廠及出口軟木產品之加拿大子公司之所有權。

（二）爭議緣由

加拿大執行與美國簽署之軟木協議（Softwood Lumber Agreement，下稱 SLA），依該協議，加拿大同意對超過一定板英尺（board foot）之軟木產品出口課徵出口費。

（三）實體規範依據

北美自由貿易協定（1992）（North American Free Trade Agreement，下稱 NAFTA），聲請人主張相對人違反以下義務：1.間接徵收；2.公平公正待遇及最低待遇標準，包括拒絕正義；3.國民待遇；4.績效要求。

（四）仲裁機構及規則

無：UNCITRAL 仲裁規則。

（五）聲請人請求[1]

1. 相對人之措施違反 NAFTA 第 11 章第 A 節之義務，須賠償不低於下列之金額：(1) 違反最低待遇標準，50,578,700 美元；(2) 違反國民待遇，125,657,900 美元；(3) 違反最惠國待遇，125,657,900 美元；(4) 違反績效要求，125,657,900 美元；(5) 違反徵收條款，80,000,000 美元。
2. 與仲裁程序相關之費用，包括專業顧問之費用。
3. 因反對 SLA 及加拿大國內法依 SLA 變動而生之費用。
4. 以仲裁庭確定之利率計算之仲裁判斷前後之利息。
5. 考量仲裁判斷之租稅影響（tax consequences），維持仲裁判斷之完整性。
6. 依 NAFTA 第 1134 條核發暫時性命令，以維護聲請人之權利，並規定相對人不得於終局仲裁判斷作成前減少聲請人之年度軟木出口配額。
7. 顧問所建議且仲裁庭認為適當之進一步之救濟。

（六）仲裁程序及後續

1. 仲裁庭於 2000 年 6 月 26 日作成中間仲裁判斷。
2. 仲裁庭於 2001 年 4 月 10 日作成第二階段仲裁判斷。
3. 仲裁庭於 2002 年 5 月 31 日作成關於損害賠償之仲裁判斷。
4. 仲裁庭於 2002 年 11 月 26 日作成關於費用之仲裁判斷。

三、事實背景[2]

聲請人為依美國德拉瓦州法律設立之公司，總部位於俄勒岡州波特蘭，自 1849 年起從事軟木業務。在 1969 年以後，聲請人至加拿大經營軟木業務，於加拿大不列顛哥倫比亞省（下稱 B.C. 省）設立全資子公司 Pope & Talbot International Limited，該子公司後於 B.C. 省設立全資子公司 Pope & Talbot Ltd.。Pope & Talbot Ltd. 營運三座軟木鋸木廠，其產品主要出口至美國。

加拿大於 1996 年 5 月 29 日與美國簽署 SLA，SLA 回溯至同年 4 月 1 日起生效。依

---

[1]   *Pope & Talbot Inc. v. The Government of Canada*, UNCITRAL, Notice of Arbitration (March 25, 1999), p. 3.

[2]   *Id.* p. 2; *Pope & Talbot, Inc. v. Canada*, UNCITRAL, Preliminary Tribunal Awards (January 26, 2000), para. 1; *Pope & Talbot, Inc. v. Canada*, UNCITRAL, Interim Award (June 26, 2000), paras. 2, 5-6; *Pope & Talbot, Inc. v. Canada*, UNCITRAL, Award on Merits of Phase 2 (April 10, 2001), paras. 18-29.

SLA，加拿大應建立出口管制機制（Export Control Regime），須對自 B.C. 省、魁北克省、安大略省及阿爾伯塔省（以下合稱涵蓋省分）出口到美國之軟木產品實施出口許可制度。

根據 SLA 第 2.1 條，加拿大須將軟木納入進出口許可法（Export and Import Permits Act）之出口管制清單。該條款並規定，於將首次在涵蓋省分製造之軟木產品出口至美國前，須取得聯邦出口許可（federal export permit）。

依 SLA 第 2.2 條，加拿大須就核發出口許可課徵費用（下稱出口費）。出口費分爲三類，分別爲免徵費率基準（established base，下稱 EB）、低費率基準（lower fee base，下稱 LFB）及高費率基準（upper fee base，下稱 UFB）。此等費率基準之運作方式爲：（一）EB：爲 147 億板英尺，在 EB 內出口軟木者，無須負擔任何出口費；（二）LFB：介於 147 億至 153.5 億板英尺間之出口費，以每千板英尺 50 美元計算；（三）UFB：若出口數量超過 153.5 億板英尺，以每千板英尺 100 美元計算出口費。依 SLA 第 2.4 條，加拿大於每年度開始前，在加拿大軟木出口商間分配 EB 及 LFB 額度。

SLA 第 2.5 條及第 2.6 條規定，如出口商於一季之出口量超過其 EB 年分配額28.75%時，加拿大有義務依 LFB 或 UFB 課徵出口費。第 2.9 條規定，當出口商在前一日歷年之軟木產量低於 100 億板英尺時，加拿大無須依第 2.5 條及第 2.6 條向出口商課徵費用。第 3 條規定，當特定軟木產品在美國之各日曆季之均價高於觸發價格（trigger price）時，於後續四季，有 9,200 萬板英尺之首次於涵蓋省分製造之軟木產品可免徵出口費。

1996 年 3 月 25 日，加拿大發布第 90 號對出口商通知（Notice to Exporters No. 90），通知出口商自同年 4 月 1 日，軟木產品將被納入出口管制清單。同年 6 月 19 日，加拿大發布第 92 號對出口商通知（Notice to Exporters No. 92），要求軟木業利害關係人完成 1994 年至 1995 年、1996 年 1 月 1 日至 3 月 31 日間之軟木產量及出口量之問卷，並邀請軟木業利害關係人對分配額度之方法發表意見。

1996 年 6 月 21 日，加拿大公布軟木產品出口許可費條例（Softwood Lumber Products Export Permit Fees Regulations），規定出口商申請核發 EB 許可時，需繳交行政規費；申請 LFB/UFB 許可時，需繳交每千板英尺 50/100 美元之出口費。加拿大並於同日公布出口許可條例（Export Permit Regulations），規定申請核發出口許可之程序及要件。

1996 年 10 月 31 日，加拿大發布第 94 號對出口商通知（Notice to Exporters No. 94），具體規定分配 EB 及 LFB 額度予軟木業者的方法，並更新第 90 號及第 92 號對出口商通知所訂之分配方法。第 92 號對出口商通知第 6.2 條規定，在分配系統設計完成並實施之前，軟木出口管制之運作以先到先得爲基礎（first-come, first-served basis）。第 94 號對出口商通知變更分配機制，改採全國企業基礎系統（national corporate based system），EB 及 LFB 額度依近期出口量及對新出口商之特別標準分配予初級生產者及再加工業者。加拿大每年檢視該系統，進而調整配額。配額之效期一般爲一年，未使用之額度不得保留至下一年度。如同其

他位於 B.C. 省之軟木製造商，Pope & Talbot Ltd 提交問卷，並依其回覆獲得配額。聲請人主張，加拿大自 1996 年起不公平地分配 EB 及 LFB 配額。

四、程序爭點

（一）本案是否屬投資爭端？加拿大執行SLA之措施是否與投資／投資人相關？[3]

1. 聲請人主張

(1) NAFTA 未明確定義投資爭端，此一詞彙不能被視為是對仲裁庭評估有無管轄權之限制。聲請人主張，投資人依第 11 章提出請求之唯一要件為其符合該章節所設定之條件，即第 1116 條之規定：「(1) 締約方違反下列條款之義務：(a) 第 A 節……；(2) 投資人因該等違反而生損失或損害；(3) 自投資人首次知悉或應知悉所稱之違反及因此遭受之損失或損害起 3 年內提出請求。」當締約一方投資人代表其他締約方之企業提出請求時，亦適用相同的條件。

(2) 聲請人主張，在加拿大就 NAFTA 生效向議會提交之執行聲明中，加拿大陳述第 1101 條規定第 A 節涵蓋締約一方採行、「影響」（affect）其他締約方投資人或其投資之措施。加拿大所援引之 WTO 案件涉及 GATT 義務之限制，因此，應嚴格解釋之。然本案涉及實體條約義務，對此並無嚴格解釋之同等理由。

2. 相對人主張

(1) NAFTA 並未定義投資爭端，本案非屬投資爭端，投資爭端一詞僅適用在關於主要針對其他締約方投資人或其投資之措施之爭端。NAFTA 就貨品貿易及投資議題有明確的區分，NAFTA 第二部分「貨品貿易」處理與貨品貿易有關之事項，例如市場進入、原產地規則及關稅程序。軟木為第二部分所涵蓋之貨品，因此，本案為與貨品貿易相關之爭端。

(2) SLA 及加拿大就 SLA 之運作並非關於其他締約方投資人或其投資之措施，第 1101 條將第 11 章之範圍限縮在「關於」（relating to）該等投資人或投資之措施。加拿大並主張，僅可能「影響」投資人或投資之措施並不足夠，須為以「直接及重要」（direct and substantial）之方式、牽涉投資人或投資之措施。加拿大並援引酌 GATT 第 20 條 (g) 款之WTO 案件，在該等案件中，爭端解決小組認定「關於」一詞與「主要針對」（primarily aimed at）同義。縱 SLA 及加拿大就 SLA 之運作影響投資人之營運，仍舊無法將本案轉化為處理關於投資之措施之案件。

3　Preliminary Tribunal Awards, paras. 16-34.

3. 仲裁庭認為

(1) NAFTA 第 1139 條定義「締約一方之投資人之投資」係指該締約方之投資人直接或間接擁有或控制之投資,「締約一方之投資人」係指該締約方或該締約方之投資人試圖、正進行或已作成投資者,並定義「投資」包含「企業」,第 201(1) 條定義「企業」包含「任何公司」。將此等定義適用於本案,聲請人為締約一方之投資人,且 Pope & Talbot Ltd. 為締約一方投資人之投資。聲請人係依第 11 章第 B 節提出請求。

(2) 如第 1115 條所述,第 11 章第 B 節建立「投資爭端」解決機制,僅締約一方之投資人有權提出控訴,主張:A. 其因其他締約方違反第 11 章第 A 節義務而生之損失或損害;或 B. 其所擁有或控制之其他締約方之企業產生該等損失或損害。聲請人主張,加拿大違反第 11 章第 A 節第 1102 條、第 1105 條、第 1106 條及第 1110 條。就此爭點,仲裁庭認為,聲請人與加拿大為第 1139 條所定義之爭端當事人,不論聲請人之主張在事實上或法律上是否有充分依據,現階段均不能認定無投資爭端存在。

(3) 縱 NAFTA 並無將投資及貨品貿易視為彼此完全分離之條款,但 NAFTA 第 11 章第 A 節關於投資之管理行為與營運之投資待遇,已足以涵蓋關於針對特定投資所生產之貨品之措施。

(4) 針對本案是否涉及關於投資之措施,如依加拿大之觀點,可能於一開始便將措施歸類為與貨品貿易相關,進而該措施即無法被視為是關於投資人或投資之措施,投資人將無法依第 11 章救濟。加拿大之主張並無理由,配額分配系統直接適用至位於涵蓋省分之相關軟木生產者,且主要關於貨品貿易之措施並不代表該等措施與投資或投資人無關。綜上,仲裁庭駁回加拿大之主張。

(二) SLA非NAFTA第201條所定義之措施?[4]

1. 聲請人主張,其並未質疑SLA,其所控訴者為加拿大不公平、不適當地執行SLA之措施。

2. 相對人主張,NAFTA 第 201 條定義「措施」包含任何法律、條例、程序、要求或實踐,且第 1101 條規定第 11 章適用於締約一方所採行或維持之措施。聲請人在請求陳述書中係質疑 SLA,而 SLA 並非 NAFTA 締約方所採行或維持之內國措施,而為國際協定,不在 NAFTA 第 11 章之適用範圍內。

3. 仲裁庭認為,加拿大執行 SLA 之措施構成第 201 條及第 1101 條之措施,聲請人係質疑特定措施之執行,確實涉及第 11 章之措施,故仲裁庭駁回加拿大之異議。

---

[4] *Id.* paras. 35-37.

五、實體爭點

（一）相對人執行SLA之措施是否構成NAFTA第1106條績效要求？[5]

1. 聲請人主張

(1) 加拿大出口管制機制要求 Pope & Talbot Ltd. 每年出口特定數量之軟木產品，否則其次年之 EB 及 LFB 配額將減少。該機制並就運往美國之軟木銷售，透過連結該等銷售與無須徵收出口費之出口數量之方式，要求 Pope & Talbot Ltd. 限制其對美國之軟木銷售，此為第 1106 條[6]所禁止。

(2) 授予 EB 及 LFB 配額予生產者為第 1106(3) 條規範之「優惠」（advantage），加拿大透過課徵懲罰性出口費及限制銷售超過特定水平，已連結 Pope & Talbot Ltd. 對美國顧客之產品銷售與其出口量。加拿大所施加之該等要求已違反第 1106(1)(a) 條、第 1106(1)(e) 條及第 1106(3)(d) 條。

2. 相對人主張

(1) 依第 1106(1) 條之通常文義，被禁止者僅為強迫遵循強制性要件之要求。關於第 1106(1)(a) 條，出口管制機制並未施加出口一定水平之要求，由 Pope & Talbot Ltd. 出口量已逾其 EB 及 LFB 配額之事實，可知並無該等要求存在。加拿大主張，若將免徵出口費之出口量限制納入第 1106(1)(a) 條之範疇，並不符合第 11 章出口績效要求禁止之目的與宗旨。此等條款之目的在於禁止為增加外匯、要求投資出口超過其本欲出口之數量之措施。出口管制機制非屬此類措施。

(2) 針對第 1106(1)(e) 條，加拿大主張，該條款禁止締約方以其他締約方之投資之出口水平或外匯收入為基礎，要求該投資限制其在該締約方領域內之銷售。第 1106(3)(d) 條禁止

---

[5] Interim Award, paras. 45-80.

[6] NAFTA, Article 1106:

    1. No party may impose or enforce any of the following requirements, or enforce any commitment or undertaking, in connection with the establishment, acquisition, expansion, management, conduct or operation of an investment of an investor of a Party or of a non-Party in its territory:

    (a) to export a given level or percentage of goods or services; ...

    (e) to restrict sales of goods or services in its territory that such investment produces or provides by relating such sales in any way to the volume or value of its exports or foreign exchange earnings ...

    3. No Party may condition the receipt or continued receipt of an advantage, in connection with an investment in its territory of an investor of a Party or of a non-Party, on compliance with any of the following requirements: ...

    (d) to restrict sales of goods or services in its territory that such investment produces or provides by relating such sales in any way to the volume or value of its exports or foreign exchange earnings ...

    5. Paragraphs 1 and 3 do not apply to any requirement other than the requirements set out in those paragraphs.

以遵循該等要求作爲收受優惠之條件。出口管制機制並未限制 Pope & Talbot Ltd. 在加拿大之銷售。

(3) 第 1106(5) 條規定，第 1 項及第 3 項僅適用於該二項所列之要求。由此規定可知，不得擴張解釋第 1106(1) 條及第 1106(3) 條。

3. 仲裁庭認爲

(1) NAFTA 第 102(2) 條規定，條款之解釋與適用應依據第 1 項設定之目的及國際法適用原則，解釋條約之主要國際法原則爲 VCLT。VCLT 第 31 條及第 32 條被公認爲反映習慣國際法。

(2) 第 1106(5) 條對於第 1106(1) 條及第 1106(3) 條之解釋至爲重要，該二條款不得被擴張解釋而逾越其明文規定之詞彙。第 1106(1) 條規定，關於在締約一方領域內之締約方或非締約方之投資人之投資之設立、收購、擴張、管理、經營或營運，NAFTA 各締約方不得實施或執行該條款所規定之 7 種績效要求。第 1106(3) 條規定，關於在締約一方領域內之締約方或非締約方之投資人之投資，各締約方不得以該條款所規定之 4 種績效要求之遵循作爲取得或繼續取得優惠之條件。授予或維持 EB 及／或 LFB 配額予出口商爲第 1106(3) 條所規定之優惠。

(3) 仲裁庭認定，出口管制機制非屬績效要求之實施或執行，而是關稅稅率出口管制機制。縱該機制會阻礙對美國之出口，然此並非對位於加拿大之外籍企業之設立、收購、擴張、管理、經營或營運之要求，故駁回聲請人關於第 1106(1)(a) 條之指控。

(4) 因第 1106(1)(e) 條及第 1106(3)(d) 條之文字相同，仲裁庭遂一併處理聲請人之控訴。依此二條款，NAFTA 締約方不得透過任何方式連結貨品或服務之銷售與投資之出口數量或價值，限制「在其領域內」（in its territory）之貨品或服務之銷售。仲裁庭認爲，就加拿大而言，「在其領域之貨品銷售」係指首次於涵蓋省分製造之軟木在加拿大之銷售，而出口管制機制並未限制軟木之內國銷售，故駁回聲請人之控訴。

（二）相對人執行SLA之措施是否構成NAFTA第1110條間接徵收？[7]

1. 聲請人主張

(1) 對於外國投資人之基本投資權被剝奪而蒙受之損失，第 1110 條 [8] 提供最廣泛之保障。

---

[7] *Supra* note 5, paras. 81-105.

[8] NAFTA, Article 1110(1):

No Party mar directly or indirectly nationalize or expropriate an investment of an investor of another Party in its territory, or take a measure tantamount to nationalization or expropriation of such investment ("expropriation"), except: (a) for a public purpose; (b) on a nondiscriminatory basis; (c) in accordance with due process of law and Article 1105(1); and (d) in payment of compensation in accordance with paragraphs 2 through 6.

依 NAFTA 條款及一般國際法，國家徵收私人財產之權利包含所謂的逐步徵收（creeping expropriation），即以階段性措施產生徵收財產效果之程序。

(2) 聲請人將第 1110 條解讀為超越習慣國際法之特別法。「相當於」（tantamount to）徵收一詞包含取得所有權或逐步徵收以外之措施，包括具有重大干擾 NAFTA 締約方之投資人之投資之效果、一般性適用之非歧視措施。聲請人主張，出口管制機制剝奪 Pope & Talbot Ltd. 輸出軟木至美國之能力，致其投資業務之營運、擴張、管理及整體獲利能力受損，其投資已被徵收，初始徵收日為 1996 年 4 月 1 日，每當加拿大降低 EB 及 LFB 配額時，即發生進一步之徵收，加拿大違反第 1110 條。

2. 相對人主張

(1) 輸出產品至美國市場之能力並非財產權，非第 1110 條所規定之「其他締約方投資人之投資」。聲請人之投資並未被剝奪，在 SLA 生效後，其持續出口軟木至美國。加拿大主張，國際法要求徵收為對基本所有權之實際干擾、重大剝奪。加拿大並主張，「相當」（tantamount）一詞係指「相等」（equivalent），該詞彙之範圍並未大於「逐步徵收」之概念。

(2) 出口管制機制為管制權力之行使，對於實施不歧視、管制性措施所致之損失，國家無須補償，僅歧視性措施方可能產生國家責任。聲請人並未控訴 Pope & Talbot Ltd. 之鋸木廠被徵收、獲利被凍結、不再獲利、股票被扣押或不再控制企業營運。Pope & Talbot Ltd. 持續出口軟木至美國，持續獲利，且聲請人所持有之股票價值上升，加拿大未直接或間接徵收聲請人之投資。

3. 仲裁庭認為

(1) 第 1139(g) 條定義投資包含有形或無形、依期待所取得或基於經濟利益或其他業務目的所使用之財產。仲裁庭表示，輸出軟木至美國構成投資，此為聲請人投資業務之重要部分，干擾此業務必對投資人在加拿大取得之財產產生不利影響。進入美國市場為一項財產利益，受第 1110 條保障，且該條文之範疇涵蓋屬於國家警察權（police power）行使之非歧視性管制。

(2) 仲裁庭不認為「相當於國有化或徵收之措施」一詞擴張國際法之原始徵收概念，「相當」一詞即為「相等」。

(3) 雖加拿大主張執行 SLA 之措施為法規，為警察權之行使，如不具歧視性，即不在 NAFTA 徵收規範之範圍內。然仲裁庭認為，法規仍可能構成逐步徵收，若全面排除管制性措施將造成國際保障之漏洞。

(4) 仲裁庭認定，於本案，投資未被國有化，投資人仍持續控制投資，加拿大並未：A. 剝奪聲請人對 Pope & Talbot Ltd. 之控制權或每日營運之管理權；B. 逮捕或扣留 Pope & Talbot

Ltd. 之經理人或員工；C. 監視 Pope & Talbot Ltd. 之員工工作；D. 干預 Pope & Talbot Ltd. 之管理或股東活動；E. 妨礙 Pope & Talbot Ltd. 分配紅利予股東；F. 干預 Pope & Talbot Ltd. 員工或經理人之任命；或 G. 剝奪投資人對 Pope & Talbot Ltd. 之所有權及控制。Pope & Talbot Ltd. 仍得繼續出口軟木至美國，且持續獲利。

(5) 即便接受投資人關於獲利減少之指控，然出口管制機制對於投資營運之干擾程度並未達到第 1110 條之徵收。判斷對業務活動之干擾是否構成徵收之標準，爲該等干擾是否足以作成所有人之財產被奪取之結論。依國家責任公約草案第 10(3) 條，干擾須達所有人無法使用、收益或處分財產；徵收需達實質剝奪之程度。仲裁庭認定，出口管制機制對投資之限制未符合此等標準，不構成徵收，故駁回聲請人之控訴。

（三）相對人執行SLA之措施是否違反NAFTA第1102條國民待遇？[9]

1. 聲請人主張

(1) NAFTA 第 1102(2) 條規定，關於投資之設立、收購、擴張、管理、經營、營運、出售或其他處分，在同類情況下，各締約方對於其他締約方投資人之投資，應給予不低於其本國投資人之投資待遇。

(2) 聲請人主張，所有加拿大軟木生產者均面臨美國課徵平衡稅之威脅，因此，涵蓋省分與非涵蓋省分之生產者處於同類情況。不受限制或所受限制低於 Pope & Talbot Ltd. 之任何加拿大軟木生產者應被視爲處於同類情況，軟木出口管制機制未適用於非涵蓋省分，位於該些省分之生產者可無限量自由出口軟木至美國，無須繳納出口費。因此，所有位於非涵蓋省分之生產者享有優於涵蓋省分生產者之待遇。

(3) 針對涵蓋省分軟木生產者之待遇，聲請人主張，於執行 SLA 措施後，僅 B.C. 省的軟木出口量下降，魁北克省、阿爾伯塔省及安大略省的出口量則穩定上升。此外，聲請人主張，加拿大應依循在 4 個涵蓋省分間之 EB 及 LFB 分配比例進行新進業者配額分配。

(4) 關於 B.C. 省內軟木業者之待遇，聲請人主張，與未使用 UFB 及 LFB 配額之業者相較，其投資之出口需繳納較高之費用。

2. 相對人主張

(1) 因 NAFTA 第 1102(2) 條「投資人之投資」（investments of investors）以複數呈現，故僅於複數投資人遭受差別待遇時，始適用國民待遇條款，加拿大並以此爲由拒絕給予單一投資救濟，惟肯認單一投資可被視爲一類（class）投資，然投資人須證明不存在美國或墨西哥投資人擁有、處於同類情況之其他投資。加拿大並主張，於認定是否已給予外國

9　Award on Merits of Phase 2, *supra* note 2, paras. 30-104.

投資人國民待遇時，可能需考量一項以上之本國投資。

(2) 加拿大實質區分 NAFTA 第 1102(2) 條「不低於」（no less favorable）之待遇及第 1102(3) 條「不低於最優惠待遇」（no less favorable than the most favorable treatment），前者適用於國民政府，後者適用於州及省，NAFTA 對此二層級之政府採用不同的規範。因第 1102(2) 條未使用「最優惠」一詞，故允許國民政府提供外國投資之待遇可低於最優惠待遇。

(3) 加拿大主張，在事實上違反國民待遇之案件中，僅於受質疑之措施不成比例地使外國投資或投資人居於不利地位時，方可被認定為違反國民待遇義務。依不成比例劣勢測試（disproportionate disadvantage test），仲裁庭應決定任何加拿大人所擁有之投資之待遇是否同於聲請人之待遇，應比較本國投資群體之規模與本國投資群體所接受、優於外國投資待遇之規模。雖此測試未出現在 NAFTA 文本，惟被 GATT 及 WTO 案例採用，包括 *EC-Banana* 案、*EC-Asbestos* 案、*US-Alcoholic* 案及 *S.D. Myers v. Canada* 案。[10]

(4) 執行 SLA 之措施限制 Pope & Talbot Ltd. 出口軟木至美國之能力，加拿大銷售者亦受限制，該等實體即與 Pope & Talbot Ltd. 處於同類情況。

(5) 關於非涵蓋省分軟木生產者之待遇，美、加係依過去約 20 年之軟木貿易爭端數據合理決定涵蓋省分，於協商 SLA 之初，涵蓋省分出口至美國之軟木占總出口量之 95%，僅該些省分面臨美國平衡稅之威脅。

(6) 針對涵蓋省分軟木生產者之待遇，加拿大主張，出口量之增減僅為 SLA 生效前既有趨勢之延續。

3. 仲裁庭認為

(1) 依一般解釋原則，協定文字使用複數形式並不排除將協定適用於單一個案。NAFTA 第 1102 條要求締約方在特定情況下給予國民待遇，無證據證明需有複數投資人受害時方適用此要求。第 1102(4) 條亦禁止締約方對單一投資人施加特定要件或要求單一投資人採行特定行為。且第 1105 條亦採用相同的複數形式，加拿大未曾主張須有一項以上之投資受影響時方適用該條規定。簡言之，第 11 章之文本並不支持加拿大之解釋。

(2) 就加拿大主張國民政府提供外國投資之待遇可低於最優惠待遇，仲裁庭表示，第 1102(3) 條明定當第 1102(1) 條及第 1102(2) 條被適用在州或省政府時，該等條文之要件之意義。

---

[10] Panel Report, *European Communities - Regime for the Importation, Sale and Distribution of Bananas*, WTO Doc. WT/DS27/R (adopted on September 25, 1997); Panel Report, *European Communities - Measures Affecting Asbestos and Products Containing Asbestos*, WTO Doc. WT/DS135/R (adopted on April 5, 2001); Panel Report, *United States - Measures Affecting Alcoholic and Malt Beverages*, WTO Doc. WT/DS23/R (adopted on June 19, 1992); *S.D. Myers Inc. v. Government of Canada*, UNCITRAL, Partial Award (November 13, 2000).

第 1102(3) 條係爲明確州或省政府之義務，該等政府應提供其給予任何本國投資之最佳待遇給外國投資人之投資，而非僅是其給予該州或該省投資人之投資之最佳待遇。因此，仲裁庭認爲，如同州與省，國民政府給予外國投資之待遇不得低於其給予本國投資之最優惠待遇。綜上，仲裁庭不接受加拿大之主張，表示「不低於」係指提供外國投資人等同比較者之最佳待遇，而非優於或劣於該待遇。

(3) 關於不成比例劣勢測試，於檢視加拿大提出之案例後，仲裁庭表示 *EC-Banana* 等案之爭端解決小組並未分析該測試，該等案件無法支持加拿大之主張。且於 *US-Alcoholic* 案，該案涉及美國啤酒貨物稅，低比例之美國啤酒可適用較低稅率，而進口啤酒則無法適用。該案爭端解決小組表示，僅約 1.5% 之美國啤酒適用較低之貨物稅之事實無法使美國此項措施免除國民待遇義務。然若適用加拿大不成比例劣勢之論點，將產生不同的結論。就 *S.D. Myers v. Canada* 案，仲裁庭認爲該案仲裁庭僅認定 *S.D. Myers* 與加拿大籍競爭者處於同類情況，即裁決加拿大違反國民待遇，無須權衡優勢、劣勢比例。因此，仲裁庭駁回加拿大此項主張。

(4) 如上述，第 1102(1) 條及第 1102(2) 條要求締約方給予其他締約方投資人及投資之待遇應不低於其給予在「同類情況」之本國投資人及投資之待遇。因此，爲認定加拿大是否違反第 1102 條，必須確認所受待遇應與外國投資人及投資之待遇進行比較之國內實體。於適用同類情況之標準時，需評估個案整體事實，即出口管制機制之緣起與適用。首先，受第 1102(2) 條保障之外國投資所得到之待遇，應與處於相同商業或經濟部門之本國投資所得到之待遇進行比較。如存有差別待遇時，將推定違反第 1102(2) 條，除非此等差別與理性政府政策間有合理關聯，且該等政策：A.在表面上或事實上並未以國籍爲分類標準；及 B. 未不當減損 NAFTA 投資自由化之目標。一旦確認有差別待遇，即應確認本國投資與外國投資是否處於同類情況。

(5) 相關證據顯示，美國未曾對非涵蓋省分之生產者作成課徵平衡稅之決定。因此，仲裁庭認定，加拿大透過僅控制涵蓋省分出口之機制執行 SLA 之決定，與除去平衡稅威脅之理性政策有合理關聯。加拿大非涵蓋省分之生產者與涵蓋省分之生產者並非處於同類情況，加拿大並未因其給予非涵蓋省分之待遇而違反國民待遇義務。

(6) 針對涵蓋省分軟木生產者之待遇，仲裁庭認爲，新進業者條款規定加拿大依新進業者坐落之地點進行配額分配，且其等坐落之省分必然與 4 個涵蓋省分之配額分配比例不一致。保留配額予新進業者之決定之影響係由經濟因素所形塑，加拿大軟木產業之基本經濟條件使 B.C. 省之業者與其他涵蓋省分之業者非處於同類情況。綜上，仲裁庭認定，加拿大對於新進業者之配額分配與理性政策間具合理關聯，不存在歧視外國業者之因素，加拿大未違反第 1102(2) 條。

(7) 關於 B.C. 省內軟木業者之待遇，仲裁庭認爲，超級費（super fee）課徵之目的在於解決

加拿大與美國間關於 B.C. 省降低立木費（stumpage fees）之爭端，該省沿岸業者之立木費每立方公尺降低 8.10 加幣，內陸業者則降低 3.5 加幣。B.C. 省降低立木費引發美國不滿而依 SLA 提出仲裁請求，於協商和解後，和解方案為對 B.C. 省之部分出口課徵超級費，因該和解係針對沿岸與內陸業者間不同待遇之狀態所為，故該些業者不能被認定為處於同類情況。另一個可能主張聲請人之投資處於不利地位之理由為：和解方案對於廣泛使用 LFB 及 UFB 之業者課予繁重負擔。就此，仲裁庭認為，加拿大選擇僅對使用 LFB 及 UFB 之業者課徵費用，而非對自立木費降低受益之所有業者課徵，此項選擇與避免危及 SLA 之理性政策選擇間有合理關聯。無疑地，該和解方案對於 B.C. 省之部分業者帶來更不利之影響，然無證據證明係以業者之國籍作為分類標準。綜上，仲裁庭認定，超級費之執行並未違反第 1102(2) 條。

（四）相對人執行SLA之措施是否違反NAFTA第1105條？[11]

1. 聲請人主張

(1) NAFTA 第 1105(1) 條規定，各締約方應依國際法給予締約他方投資人之投資待遇，包括公平公正待遇及充分保障與安全。加拿大執行 SLA 違反此規定。

(2) 聲請人主張，第 1105 條之國際法要求包括：A. 國際法院規約第 38 條規定之所有國際法法源；B. 誠信概念〔包括契約嚴守（pacta sunt servanda）〕；C. 世界銀行外人直接投資準則；D. NAFTA 締約方之其他協定義務；及 E. NAFTA 締約方處理內國管制權限行使之內國法。聲請人認為，將公平性要素納入國際法，代表國際法標準已逐步演進，加拿大所主張之極惡的（egregious）行為標準已被放寬。

(3) 聲請人就出口管制機制之數組成部分提出控訴。關於新進業者條款，1996 年 10 月，加拿大向逾 2,000 家位於涵蓋省分之初級生產者及再加工業者發布新進業者問卷，其中 218 家企業申請新進業者資格，並請求約 83 億板英尺之配額，遠超過原保留予新進業者之額度 6 億 2,800 萬板英尺，因保留額與總申請額存有極大的差異，故加拿大設立非常嚴格的新進業者資格。聲請人並未申請作為新進業者，故未取得新進業者額度。聲請人控訴新進業者配額分配之結果乃挪移 B.C. 省之配額，尤其是移給魁北克省。

(4) 關於過渡性調整（transitional adjustment），SLA 於 1996 年 4 月 1 日生效，然加拿大直到當年 10 月方分配配額，為解決因此所生之問題，加拿大設計一次性過渡性調整配額，允許業者借用其第二年度配額，於第一年度使用較多配額，第二年之額度即下降。以此方式分配之配額將會回到總額度中，於第二年分配給未借用之業者。聲請人主張此等過

---

[11] Award on Merits of Phase 2, *supra* note 2, paras. 105-185.

渡條款使借用之業者受益，因此降低未借用業者之第一年配額。

(5) 聲請人指控加拿大以不公平且恣意之方式分配配額。此爭議源於，當加拿大決定不直接分配配額予批發商時，其必須設計一套方式，以確保批發商之出口已適當地分配給初級生產者及再加工業者。初級生產者及再加工業者可於問卷中回報其對加拿大批發商之銷售，然其等無法知悉批發商實際出口多少軟木至美國。加拿大依批發商之問卷研訂配額分配系統，聲請人認為此方式並不精準。

(6) 加拿大外貿部長於 1997 年批准 13 家 B.C. 省業者之特殊重分配，此等配額源自 Pope & Talbot Ltd. 等其他 B.C. 省業者之 EB 配額。重分配之目的在彌補特定錯誤與疏失。聲請人主張此等調整降低 Pope & Talbot Ltd. 之 EB 配額。

(7) 加拿大各省對於砍伐國有土地之軟木課徵立木費，如前所述，B.C. 省對沿岸及內陸地區課徵不同的立木費。1998 年 6 月 1 日，B.C. 省政府調降立木費，美國依 SLA 之爭端解決條款提出仲裁，主張此調降產生補貼 B.C. 省軟木生產及出口之效果，違反 SLA。美、加二國於 1999 年 8 月 26 日和解，修訂 SLA：A. 將 B.C. 省 9,000 萬板英尺之軟木由 LFB 費率每千板英尺 52.98 美元重新訂價為 UFB 費率每千板英尺 105.86 美元；B. 將 B.C. 省 UFB 出口額度限制在 1 億 1,100 萬板英尺；C. 創設超級費，所有 B.C. 省業者額外之出口量每千板英尺需繳交 146.25 美元。加拿大於同年 10 月據此修訂軟木產品出口許可費條例。聲請人主張，超級費措施係以不公平且不公正之方式限制出口，聲請人之投資受此措施影響，然對於 EB 配額及 75% LFB 配額內出口之業者則無任何影響，該些業者仍依原有費率出口，且享有立木費降低之利益。

(8) 聲請人於 1998 年 12 月 24 日向加拿大提出仲裁意向通知，主張 Pope & Talbot Ltd. 未取得其有權獲取之配額。加拿大外貿部進出口管制局軟木處（Softwood Lumber Division，下稱 SLD）檢視聲請人之指控，該檢視察覺，Pope & Talbot Ltd. 依出口管制機制所提交之問卷記載之數據有歧異。SLD 遂於 1999 年 1 月 26 日發函予 Pope & Talbot Ltd.，請其就生產／銷售不平衡提出說明。在聲請人提出仲裁意向通知之前，SLD 曾就此議題致電詢問 Pope & Talbot Ltd.，Pope & Talbot Ltd. 回覆不平衡係肇因於存貨大幅下降。因此，Pope & Talbot Ltd. 於收受 SLD 1999 年 1 月 26 日之函文後，於同年 2 月 5 日函覆相同的解釋。SLD 認為 Pope & Talbot Ltd. 未提供充分之資料，遂於同年月 25 日發函，要求 Pope & Talbot Ltd. 在 2 周內回覆一系列問題，Pope & Talbot Ltd. 於同年 3 月 12 日以傳真回覆。SLD 後於同年 4 月 7 日通知 Pope & Talbot Ltd.，表示將就 Pope & Talbot Ltd. 之問卷回覆啟動驗證審查（verification review）。聲請人於同年月 12 日回應，邀請驗證團隊赴其總部波特蘭審查相關紀錄。翌日，SLD 致信 Pope & Talbot Ltd.，要求其在加拿大提供相關資料。Pope & Talbot Ltd. 遂將此議題轉給其在本仲裁程序中之律師，而後，律師致函 SLD，質疑 SLD 進行驗證審查、要求在加拿大提供資料之權限。SLD 否決律師提出

之所有提案，拒絕透過律師討論驗證之請求、依 NAFTA 第 1118 條之諮商請求，並表示如不合作將對 Pope & Talbot Ltd. 造成毀滅性後果，威脅如無法驗證問卷，外貿部長可能不會分配任何配額予 Pope & Talbot Ltd.。在雙方就模型及參數來回討論後，於 1999 年 7 月 13 至 16 日在溫哥華進行驗證。SLD 後於同年 10 月 6 日發函給 Pope & Talbot Ltd.，表示驗證結果顯示存有系統性錯誤、發票所載數量與問卷所載數量之歧異，且存有重複計算之可能性，SLD 要求 Pope & Talbot Ltd. 提交修正後之問卷。聲請人請求 SLD 告知錯誤之確切性質及程度，並要求 SLD 提供支持驗證結果之文件影本。聲請人主張，加拿大關於此驗證之行為違反第 1105 條。

2. 相對人主張

受質疑之行為須為極惡的，方能被認定違反國際法。

3. 仲裁庭認為

(1) 爭端雙方同意第 1105(1) 條設立最低待遇標準，然對於最低標準之內涵有歧異。仲裁庭認為，另一種對第 1105 條公平性要素之解釋為公平性係附加（additive）於國際法要求，因此，投資人依 NAFTA 享有國際法之最低待遇標準，並有接受公平待遇之權利。

(2) 第 1105 條之文字源於美國與其他工業化國家簽署之雙邊商務條約，該等條約逐年演進，形成美國 1987 年雙邊投資協定模範範本（the Model Bilateral Investment Treaty of 1987），範本第 II.2 條規定，投資應隨時被給予公平公正待遇，應享有充分保障與安全，且在任何情況下取得之待遇都不應低於國際法所要求者。此規定即明確採用公平性要素之附加特性，BIT 中的公平性要素不同於習慣國際法標準。仲裁庭應採用與 BIT 文字一致之方式解釋第 1105 條，蓋當 NAFTA 締約方已給予其他國家更廣泛之權利時，其等應無意限制第 1105 條之範圍。NAFTA 強調締約方間友好及合作關係之特殊連結，目的在使締約方領域內增加大量投資機會，依一般解釋原則，與提供予非締約方之投資保障相較，難以將 NAFTA 締約方歸為其等有意提供締約他方之投資更限縮之保障。仲裁庭認為，NAFTA 旨在提供投資人友善的投資環境，使投資人免於政治風險或不公平之待遇，並非僅就極惡之不公平行為提供救濟。第 1105 條旨在使涵蓋投資人及投資取得公平性要素之利益，而無控訴行為須為極惡、粗暴（outrageous）、令人震驚或其他不尋常行為之任何門檻限制。

(3) 關於新進業者配額，仲裁庭認為，如前所述，當 SLA 生效時，眾多的經濟因素已使業者在魁北克省投資高於 B.C. 省之新產能，新進業者配額分配係反映新產能之分布。如依既有產能分配配額可能妨礙許多新進業者取得適當的配額。仲裁庭認定，加拿大此等行為未對聲請人之投資造成不公平或不公正待遇。

(4) 針對過渡性調整，仲裁庭認為，加拿大設計過渡性調整條款之目的為合理回應 SLA 生效

與配額分配之時間差所致之問題，未違反第 1105 條。就批發商議題，仲裁庭認為，加拿大採行之方式係合理回應其必須處理之難題，非屬不公平或不公正之行為。就 B.C. 省之配額調整，仲裁庭認為此等調整在合理回應已知悉之錯誤，不能認此違反公平公正待遇原則。

(5) 針對超級費，仲裁庭認為，加拿大選擇透過課徵超級費解決立木費爭端，無疑地是要求特定出口商為所有 B.C. 省業者因立木費降低所受之利益支付費用，加拿大或許可選擇其他方式解決爭端。然而，除非加拿大就爭端解決方案之選擇違反公平公正待遇，否則仲裁庭不能代替加拿大判斷爭端解決方案之選擇。鑑於大量 B.C. 省業者受該和解影響，仲裁庭認定加拿大之決策未違反公平公正待遇。

(6) 關於驗證審查，仲裁庭認為，SLD 不願意赴文件所在地進行審查，而 SLD 所要求審查之文件數量龐大，搬移文件是一項重大負擔，SLD 未敘明不願赴波特蘭之理由，SLD 就此議題之立場無法以合理之法律理由解釋。就 Pope & Talbot Ltd. 詢問 SLD 是否有權限進行驗證審查，SLD 拒絕提供任何法律理由，且威脅可能取消其配額。然而，在 SLD 通知 Pope & Talbot Ltd. 加拿大政府有合法權限進行驗證審查之日，SLD 告知外貿部長，因法規未授權進行驗證審查，故司法部已就此問題準備法律意見。仲裁庭認為，在恫嚇 Pope & Talbot Ltd.、使其依循法令前，SLD 應先解決就此議題之任何疑義，並應向 Pope & Talbot Ltd. 說明 SLD 相關行為之法律基礎。而在完成驗證審查後，SLD 長達 12 週未向 Pope & Talbot Ltd. 通知審查結果，而後，亦僅告知審查結果顯示存有系統性錯誤等一般性意見，而未將審查中出現之具體問題告知 Pope & Talbot Ltd.。此外，在 SLD 呈給外貿部長之便簽中，存在一些有問題之陳述，例如：關於 Pope & Talbot Ltd. 就生產／銷售不平衡之解釋，SLD 向部長表示，於 Pope & Talbot Ltd. 首次回覆 SLD 1996 年 1 月 26 日之函詢時，Pope & Talbot Ltd. 未解釋不平衡之理由。然而，Pope & Talbot Ltd. 事實上已提出解釋，且驗證審查亦認定 Pope & Talbot Ltd. 之解釋是正確的。該便簽並記載，驗證審查可就海關調查 Pope & Talbot Ltd. 是否故意提供錯誤或誤導性資訊，提供正當化基礎。仲裁庭認為，此種可能存有刑事犯罪行為之暗示是毫無根據的，且部長之回應可能受此等誤導性言論影響。而後，SLD 於 1999 年 11 月再次向部長提出含有誤導性陳述之便簽。

(7) 仲裁庭認為，出口管制機制為複雜的業務，涉及超過 500 家軟木生產者之配額分配，然在大多數情況下，該機制之運作均秉持公開與合作之精神。惟在驗證審查程序中，SLD 與 Pope & Talbot Ltd. 似處於爭鬥狀態，仲裁庭認為 SLD 就此負有主要責任，仲裁庭毋庸辨明 SLD 之動機，驗證審查之最終結果係 Pope & Talbot Ltd. 受威脅，Pope & Talbot Ltd. 申請相關資訊之合理請求被駁回、被迫支出法律費用等情形，已可認定 SLD 之行為違反第 1105 條，加拿大須就聲請人因而產生之損失負責。

六、損害賠償及費用計算

相對人應賠償聲請人 461,566 美元及自 2002 年 5 月 31 日起至清償日止以年利率 5%、每季複利計算之利息。相對人應向聲請人支付 120,200 美元之仲裁費用及自本判斷作成日起至清償日止以年利率 5%、每季複利計算之利息。

七、仲裁庭之決定與判斷[12]

（一）綜上所述，仲裁庭認定相對人違反 NAFTA 第 1105 條。

（二）相對人應賠償聲請人 461,566 美元及自 2002 年 5 月 31 日起至清償日止以年利率 5%、每季複利計算之利息。

（三）相對人應向聲請人支付 120,200 美元之仲裁費用及自本判斷作成日起至清償日止以年利率 5%、每季複利計算之利息。

---

[12] *Id.* para. 195; *Pope & Talbot, Inc. v. Canada*, UNCITRAL, Award in Respect of Damages (May 31, 2002), para. 91; *Pope & Talbot, Inc. v. Canada*, UNCITRAL, Award in Respect of Costs (November 26, 2002), para. 18.

案例二十五

RSM Production Corporation v. Saint Lucia, ICSID Case No. ARB/12/10, Decision on Saint Lucia's Request for Security for Costs (August 13, 2014)

一、當事人

聲請人：RSM Production Corporation（下稱 RSM 公司）

相對人：Saint Lucia

二、案件摘要

（一）系爭投資

相對人所授予聲請人之該國沿海地區的排他石油勘採執照。

（二）爭議緣由

聲請人係依美國德州法律成立之公司，根據「聖露西亞政府與 RSM 公司協議」（Agreement between the Government of Saint Lucia and RSM Production Corporation，下稱協議），相對人應授予聲請人在聖露西亞沿海地區的排他石油勘採執照。其後由於相對人國界出現爭議，雙方當事人遂對協議的存續與否出現見解分歧。其中，相對人對於聲請人應負擔而未清償之預繳費用（costs advances），兩次向仲裁庭請求對其作成暫時性措施（Provisional Measures）以擔保是項費用。

（三）規範依據（仲裁費用擔保部分）

ICSID 公約；ICSID 仲裁規則。

（四）仲裁機構及規則

ICSID；ICSID 仲裁規則。

（五）相對人請求

相對人主張聲請人應負擔所有仲裁程序之預繳費用（因此償還相對人預繳之 10 萬美元），並就未來之仲裁費用提出 75 萬美元之費用擔保（securities for costs），否則駁回聲請人之仲裁請求。

（六）仲裁程序及後續

1. 仲裁庭於 2013 年 12 月 12 日作成第一個暫時性措施之決定。
2. 仲裁庭於 2014 年 8 月 13 日作成第二個暫時性措施之決定。

三、事實背景

（一）爭端緣起

1. 聲請人係依美國德州法律成立之公司，根據協議，相對人應給予聲請人在聖露西亞沿海地區排他的石油勘採執照，執照有效期為 4 年。[1]
2. 隨後，聖露西亞發生國界爭端，並影響到了該專屬的石油勘採區域。2000 年 9 月 8 日，針對聖露西亞國界的不可抗力因素，締約雙方修訂協議，除了豁免聲請人在協議下的勘採義務，更延長了協議的存續期間。2004 年 3 月，締約雙方有鑑於國界爭議仍存續，再次同意延長協議期間 3 年。[2]
3. 2006 年至 2007 年，聖露西亞政府進行總理等政府官員更換。同年 11 月 7 日 Earl Huntley（聲請人之代表人）收到該國總理寄來的信件，並指出聖國總理同意將協議再延長 3 年。[3]

（二）雙方之主張[4]

1. 聲請人主張

(1) 聲請人首先向仲裁庭主張該協議仍然有效，並禁止相對人與第三方進行協議，或授權第三方在同樣區域勘採的權利。

(2) 仲裁判斷應中止相對人所違反協議之行為，並償付聲請人因信賴該協議所受之損失。

---

[1] *RSM Production Corporation v. Saint Lucia*, ICSID Case No. ARB/12/10, Decisions on Saint Lucia's Request for Security for Costs (August 13, 2014), paras. 17-18.

[2] *Id*. paras. 19-20.

[3] *Id*. para. 21.

[4] *Id*. paras. 23-24.

2. 相對人主張

(1) 駁回聲請人之主張，蓋該協議已經失效，或至少已無可執行性，故相對人對於聲請人並無相對義務。

(2) 聲請人應：A. 負擔所有仲裁程序之預繳費用，並償還相對人預繳之 10 萬美元；B. 提出費用擔保，以擔保所有仲裁費用。[5]

（三）仲裁程序歷程

1. 2012 年 4 月 2 日，聲請人向 ICSID 提出仲裁之請求；同年 4 月 23 日，ICSID 秘書長依據 ICSID 公約第 36(3) 條登錄這項請求，並通知締約雙方當事人。

2. 隨後締約雙方同意依照聖露西亞政府與 RSM 公司於 2000 年 3 月 29 日訂立的協議第 26.3(b) 條規定組成仲裁庭處理爭議。

3. 2013 年 12 月 12 日，仲裁庭作成暫時性措施決定，要求聲請人應承受所有已發生之費用，相對人費用擔保主張則被延後受理。

四、程序爭點

（一）仲裁庭是否有權為暫時性措施決定

1. ICSID 公約第 47 條規定：「除了雙方同意外，仲裁庭亦得建議或在認為該情形有需要時，以暫時性措施保障一方的相應權利。」

2. ICSID 仲裁規則第 39 條規定：「(1) 在提起仲裁程序後的任何時間，一方得要求仲裁庭作成保障其權利之暫時性措施。這項要求應包含特定應被保障的權利、要求建議的措施，及需要採取這類措施的狀況。」

3. 聲請人主張，根據 ICSID 公約第 47 條及 ICSID 仲裁規則第 39 條規定，仲裁庭應無作成費用擔保暫時性措施決定的權限，聲請人認為本案費用擔保所欲保障之權利本身是純粹抽象與假設性的，因此應無法構成法條上「應被保障之權利」（right to be preserved）之要件而適用該規定。[6] 另一方面，聲請人主張費用擔保應只有在例外性的情況方有適用，

5　相對人第一次暫時性措施的聲請中，提出這兩項請求。仲裁庭於 2013 年 12 月 12 日第一個暫時性措施之決定中同意關於預繳費用之請求，但擱置第二個請求。仲裁庭於 2014 年 8 月 13 日第二個暫時性措施之決定同意關於 75 萬美元費用擔保之請求。

6　*Supra* note 1, para. 38.

先前的 ICSID 仲裁庭從未認定有該例外性情況的存在。[7]

4. 相對人主張，根據 ICSID 公約第 47 條及 ICSID 仲裁規則第 39 條規定，對於費用擔保的作成，仲裁庭應有管轄權。雖然相對人亦認知到截至其主張爲止尚無其他 ICSID 作成費用擔保之仲裁決定，然而依其主張，在本案適用費用擔保以保障程序利益，並要求聲請人償付相對人之支出，有其必要且爲正當的。[8]

5. 仲裁庭認爲：

(1) 依據 ICSID 公約第 47 條及 ICSID 仲裁規則第 39 條規定，仲裁庭應有權力發布暫時性措施以保障一方之權利；然而，正如 ICSID 仲裁庭一如既往的立場，暫時性措施應僅有在例外性的情況方有適用。[9]

(2) 承上規定，仲裁庭得「建議」（recommend）採取暫時性措施，而這項「建議」理解上與「命令」（order）相近，兩者都有拘束力；對此二者的區別，通常是理論上的，而非實際效果的。若不論二者之差異，而從 ICSID 公約第 54(1) 條反面推論（e contrario），由 ICSID 仲裁庭以建議或命令發布之暫時性措施，在強制執行方面，皆缺乏實際效力。仲裁庭能作的，是對於不遵守該暫時性措施之一方，給予負面的後果。[10]

（二）仲裁庭對於暫時性措施決定是否有管轄權

1. 協議第 26.3(a) 條規定：「任何未解決之爭端或分歧，應根據 1965 年 3 月的 ICSID 公約被提交到 ICSID 仲裁，且雙方同意 RSM 公司雖然是聖露西亞之外國註冊公司，但實際是被美國國民所控管，故依該公約目的應被視爲該國（美國）公司。」[11]

2. 仲裁庭認爲，本案仲裁庭有事件管轄權（subject matter jurisdiction）以作成實體決定，係源自於協議第 26.3(a) 條之規定，並已經 2013 年 10 月 4 日的首次庭議所確認。

（三）仲裁庭給予暫時性措施決定之前提條件

本案仲裁庭在判斷得否發布暫時性措施，特別是要求費用擔保前，應要滿足三項要求：[12] 1. 確實有需要保護的權利存在；2. 該情形是緊急的且需要暫時性措施以避免造成一方

---

[7] *Id*. para. 39.

[8] *RSM Production Corporation v. Saint Lucia*, ICSID Case No. ARB/12/10, Request for provisional measures (September 6, 2013), paras. 24, 26.

[9] *Supra* note 1, para. 48.

[10] *Id*. paras. 49-50.

[11] *Id*. para. 62.

[12] *Id*. para. 58.

應受保護之權利受到不可回復之損害；3. 仲裁庭之暫時性措施不應對實體爭點預先判斷。

1. 相對人是否有暫時性措施應保障之權利

(1) 實質權利 v. 程序權利

A. 在 *Maffezini* 案[13]中，仲裁庭認為只有在「未決爭議中的權利」（rights in dispute）才可以受到暫時性措施之保護，然而此項觀點與其後的若干程序權利亦可受保障之規範有所牴觸。本案仲裁庭採取後者觀點並認為採取暫時性措施，可以保障整個程序的完整性（integrity），[14]而此處的完整性係包含如證據保存之實質及程序權利（substantive and procedural rights）。[15]

B. 仲裁庭亦援引 *Plama* 案之見解並指出，ICSID 公約第 47 條及 ICSID 仲裁規則第 39 條所保障之權利，應與請求暫時性措施之一方受仲裁庭決斷的主張及聲請人請求有效實現救濟的仲裁決定有關。[16]

C. 仲裁庭復引用前案 *Burlington* 案之見解並指出，透過暫時性措施保障之權利，應不限於相對人所指涉之構成仲裁標的之爭議或實質權利，而應延伸至程序權利（procedural rights），包含使爭議不再惡化及現狀的一般性權利。[17]

D. 是以，相對人的程序權利是為其抗辯之一部，在現行法規下並無限制其行使這項受暫時性措施保障之權利，而為了要合理地限縮行使的範圍，應得要求聲請暫時性措施一方之主張要與其主張的救濟有關，而本案仲裁庭認為主張之一方（相對人）有符合此項要求。

(2) 現時存在 v. 條件性權利

暫時性措施所保障之權利不需要在請求時即已存在，亦即不論是未來或有條件存在的權利均可滿足「應被保障之權利」的要求，只要暫時性措施沒有越界作成確定（definite）之判決，是項權利縱未於請求之時確定存在仍應受到保障，並滿足 ICSID 公約第 47 條及 ICSID 仲裁規則第 39 條所保障之權利。[18]

---

[13] *Maffezini v. The Kingdom of Spain*, ICSID Case No. ARB/97/7.

[14] *Supra* note 1, para. 65.

[15] *Id.* para. 69.

[16] *Id.* para. 67. *Plama Consortium Limited v. Republic of Bulgaria*, ICSID Case No. ARB/03/24, Order of the Tribunal on the Claimant's Request for Urgent Provisional Measures (September 6, 2005), para. 40.

[17] *Supra* note 1, para. 70. *Burlington Resources Inc. v. Republic of Ecuador*, ICSID Case No. ARB/08/5, Procedural Order No. 1 on Burlington Oriente's Request for Provisional Measures (June 29, 2009), para. 60.

[18] *Supra* note 1, para. 72-73.

2. 本案是否有暫時性措施適用的例外性情況

仲裁庭認為，為求費用擔保而請求暫時性措施的主張，在前案的仲裁決定中，多被認為僅能適用於例外的情形，[19] 而根據這些前案的決定，所建構出 ICSID 仲裁規則第 39 條之有效的適用，前提是：(1) 有保障特定權利措施的必要；及 (2) 案件急迫而沒有等待最終仲裁決定的空間。[20]

(1) 仲裁庭前案的認定係根據行政及財務規則（ICSID Administrative and Financial Regulations）第 14(3)(d) 條

仲裁庭指出，根據 ICSID 公約第 47 條及 ICSID 仲裁規則第 39 條而提供費用之擔保，不必然等同於一方例外在行政及財務規則第 14(3)(d) 條下，支付所有預繳款項之決定。仲裁庭亦在 2013 年 12 月 12 日的暫時性措施決定中指出，因為有「好的理由」（good cause）以背離原則規定（default rule），故任一方當事人應要各負擔一半的預繳款項。

(2) 聲請人是否遵循仲裁庭的費用決定，有重大風險

仲裁庭進一步指出應適用 *RSM v. Grenada* 一案見解，[21] 並指出在簽約階段，相對人向 ICSID 請求使聲請人支付預繳費用 93,605.62 美元，然而聲請人無意願亦無能力遵守這項支付義務，是以該指涉的費用即對於相對人存在重大的風險。因此，不同於 ICSID 有關前案的情形（即在仲裁庭由於沒有財務情況的證據而否決費用擔保的適用），在聲請人沒有充足的財力資源時亦可能存在重大的風險，而能滿足本案仲裁庭的判斷。

(3) 第三方資金

仲裁庭指出，在沒有作成擔保的情形，聲請人應不會遵循費用決定的要求，且第三方會承受該表彰之費用亦是有疑問的。因此仲裁庭認為在不確定第三人是否有意願承擔這項費用，即由相對人承受這項不利益的不確定風險，無法被正當化（unjustified）。

(4) 急迫性

A. 有別於前案的情形，本案仲裁庭認為處理相對人的費用問題不宜等到最終的仲裁決定作成，本案仲裁庭並指出本案因有若干狀況的累積而與前案有所不同，這些狀況包含如：(A) 在已提供的歷史紀錄中可見聲請人因為無力且無意願而沒有遵循費用的請求；(B) 聲請人承認其並沒有足夠的財力以支應費用；(C) 聲請人亦承認所支應的費用係源自於第三方資金，且仲裁庭認為這些資金無法擔保相對人可能的費用請求。

B. 是以，仲裁庭在仔細衡量相對人的利益與聲請人進入司法的權利間，認為上述的三種

[19] *Phoenix Action, Ltd. v. Czech Republic*, ICSID Case No. ARB/06/5, etc.

[20] *Tethyan Copper Company Pty Limited v. Islamic Republic of Pakistan*, ICSID Case No. ARB/12/1.

[21] *RSM Production Corporation v. Grenada*, ICSID Case No. ARB/05/14.

狀況應能構成足夠且例外的情形，而達到 ICSID 規則的要求，並得要求聲請人提供費用之擔保。

3. 不就實體爭議進行預先判斷

仲裁庭認為，要求聲請人提供費用之擔保並不會涉及到仲裁決定的任何預先判斷，蓋確切的費用分配仍須取決於最終的仲裁決定；再者，暫時性措施亦僅是附帶於先前的交易行為，而非構成仲裁決定的預先判斷。[22]

五、實體爭點

本暫時性措施決定未處理實體爭點。

六、仲裁庭之決定與判斷[23]

仲裁庭根據上述判斷，作成如下決定：

（一）聲請人必須在仲裁決定作成 30 日內提交 75 萬美元之不可撤銷銀行保證函，以作為費用之擔保；又該費用擔保數額（75 萬美元）之認定，係依據相對人在程序中可能產生的法律上花費所評估，而沒有包含已在 2013 年作成由聲請人負擔之行政費用及仲裁費用之決定。[24]

（二）如聲請人無法如前述在 30 日內提出該擔保，相對人得要求仲裁庭取消本案仲裁程序日程已安排好的詢問期日（hearing dates）。

（三）關於相對人費用適用的決定，將被保留到下一階段的程序。

---

22 *Supra* note 1, para. 88.

23 *Id.* para. 90.

24 *Id.* para. 89.

案例二十六

Rusoro Mining Ltd. v. Bolivarian Republic of Venezuela, ICSID Case No. ARB(AF)/12/5, Award (August 22, 2016)

一、當事人

聲請人：Rusoro Mining Ltd.（下稱 Rusoro）

相對人：委內瑞拉

二、案件摘要

（一）系爭投資

Rusoro 擁有 24 家依委內瑞拉法律設立之子公司，該等公司擁有 58 個在委內瑞拉探勘及開採黃金之開礦特許與契約（下稱開礦權）。

（二）爭議緣由

相對人自 2009 年起頒布一系列措施，破壞委內瑞拉黃金交易機制，最後以國有化命令徵收 Rusoro 在委內瑞拉之投資，卻未給予補償。

（三）實體規範依據

加拿大—委內瑞拉 BIT（1996）（下稱加委 BIT），聲請人主張相對人違反以下義務：1. 直接徵收及間接徵收；2. 公平公正待遇（fair and equitable treatment，下稱 FET）；3. 充分保障與安全（full protection and security，下稱 FPS）；4. 國民待遇；5. 績效要求；6. 資金移轉。

（四）仲裁機構及規則

ICSID；ICSID 附加機制仲裁規則（ICSID Additional Facility Rules，下稱 AF Rules）。

（五）聲請人請求

1. 相對人賠償聲請人 23 億 1,889 萬 8,825 美元。
2. 駁回相對人之反訴。

（六）仲裁程序及後續

仲裁庭於 2016 年 8 月 22 日作成仲裁判斷。

三、事實背景[1]

Rusoro 為總部位於溫哥華、主要從事金礦探勘及開採之加拿大公司，於 2006 年至 2008 年間透過併購，取得 24 家擁有開礦權之委內瑞拉公司之控制權益。

此等開礦權源自於：（一）能源暨礦物部（Ministry of Energy and Mines，下稱礦物部）授予之特許；（二）與委內瑞拉國營企業 Corporación Venezolana de Guayana（下稱 CVG）或其子公司 Compañía General de Minería de Venezuela C.A.（下稱 CVG Minerven）簽署之契約（下稱 CVG 契約）；（三）租賃契約：礦物部授予 CVG 特許，CVG 出租該等特許予 Rusoro 控制之公司；（四）合資協議。

（一）關於開礦之政府政策

查維茲總統於 2005 年批准一般性政府政策，表示在未來 5 年至 10 年間，將接管金礦活動，惟無證據顯示相對人是否曾公告此項政策。2006 年 5 月，時任基礎產業部部長 Víctor Álvarez 發布礦業指導原則，第一個原則為禁止授予私人開礦特許，成立公私合營企業執行開礦業務；第二個原則為廢除採礦大領地（mining latifundia）。此等國有化所有礦業之政策，並未影響 Rusoro 之擴張計畫。

（二）Rusoro 之併購

如上所述，Rusoro 自 2006 年 12 月起持續透過併購委內瑞拉公司，取得開礦權。2008 年 6 月，Rusoro 與 Hecla Limited（下稱 Hecla）簽署股份買賣協議，間接取得 Hecla 之委內瑞拉子公司 100% 已發行股份（下稱 Hecla 交易）。作為核准 Hecla 交易之條件，委內瑞拉要求設立 50% 股份由政府持有、50% 股份由 Rusoro 持有之合資企業，由該合資企業營運

---

[1] *Rusoro Mining Ltd. v. Bolivarian Republic of Venezuela*, ICSID Case No. ARB(AF)/12/5, Award (August 22, 2016), paras. 77-178.

Rusoro 所取得之開礦權。因此，於 2008 年 7 月 4 日，委內瑞拉透過 MIBAM 與 Rusoro 簽署合資協議，並設立 Minera Venrus C.A.（下稱 Venrus），Venrus 之 50% 股份由 Rusoro Mining de Venezuela C.A. 持有，其餘 50% 股份由 MIBAM 間接擁有之公司 Empresa de Producción Social Minera Nacional C.A. 持有。根據合資協議，Rusoro 同意移轉 Hecla 之資產至 Venrus。

（三）委內瑞拉黃金及匯率管制法令

於 Rusoro 進行投資時，黃金出口受委內瑞拉中央銀行（Banco Central de Venezuela，下稱 BCV）第 96-12-02 號決議（下稱 1996 BCV 決議）規制，關於出口黃金，該決議僅要求：1. 黃金生產者登錄在 BCV 管理之特別登記處；2. 取得 BCV 之授權；及 3. 在內國市場銷售至少總產量之 15%。

1. 2003 年匯率管制機制

委內瑞拉於 2003 年因原油出口下降致外匯短缺，故決定採行匯率管制機制，以確保貨幣之穩定性。BCV 與委內瑞拉政府簽署 Convenio，並發布於政府公報，成為具拘束力之法令（下稱第 1 號 Convenio Cambiario）。第 1 號 Convenio Cambiario 建立嚴格的匯率管制機制，由官方機構 CADIVI 負責監管及為必要之授權。該機制之一般性原則包括：(1) BCV 被授權建立委內瑞拉玻利瓦爾（VEF）兌美元之固定匯率〔下稱官方匯率（Official Exchange Rate）〕；(2) 建立區分公、私實體之系統，前者享有較自由之機制，委內瑞拉國營企業 PDVSA 及其關係企業被授權擁有並自由使用一定限額之外幣；(3) 私營實體出口任何貨品或服務所取得之外幣，必須全數以官方匯率售予 BCV。如私營實體基於進口或其他目的需購買外幣，僅能在 CADIVI 設定之限額內，並事先經 CADIVI 授權，方得為之；(4) 存有透過平行貨幣市場〔即交換市場（Swap Market）〕買賣外幣之可能性，先在相對人本國市場購買委內瑞拉或其發行之主權債券，而後在國際市場交換相等之債券，反之亦然。交換市場之 VEF 兌美元之匯率均高於官方匯率。

2. 2009 年關於出口黃金之措施

BCV 於 2009 年 4 月發布第 09-04-03 號決議（下稱 2009 年 4 月 BCV 決議），取代 1996 BCV 決議。該決議大幅變更黃金出口機制，規定：(1) 每季產量之 60% 須被售予 BCV，BCV 依美元計價之國際黃金價格，依據官方匯率計算，以 VEF 支付價金；(2) 每季產量之 10% 可自由出售予委內瑞拉國內之加工業；(3) 其餘 30% 若經 BCV 授權，得為出口，如遭 BCV 否准，即須全數售予 BCV。

相對人於 2009 年另發布兩項決議：(1) 第 09-06-03 號 BCV 決議（下稱 2009 年 6 月 BCV 決議）；及 (2) 第 12 號 Convenio Cambiario。2009 年 6 月 BCV 決議重申同年 4 月 BCV 決議對於私營實體之規範，惟對公營實體提供更寬鬆之機制，公營實體可出口 50%

之黃金產量。第 12 號 Convenio Cambiario 進一步區分公、私營實體之義務，私營實體出口黃金所取得之外幣須全數以官方匯率售予 BCV，然公營實體被允許維持海外帳戶之外幣，並得自由使用該等資金。2009 年 4 月 BCV 決議、6 月 BCV 決議及第 12 號 Convenio Cambiario（以下合稱 2009 年措施）使 Rusoro 之子公司處於不利地位。

2010 年 5 月 17 日，委內瑞拉國家議會通過 Ley de Reforma Cambiaria，透過交換市場取得外幣成為非法行為，外幣買賣為 BCV 之專屬權限。規避此項法律將被處以交易金額兩倍之罰金，且可能被處以監禁。同年 6 月，委內瑞拉創設 SITME 系統，允許個人或企業於符合特定要件且在每月 350 美元之限額內，取得外幣。

3. 2010 年關於出口黃金之措施

委內瑞拉於 2010 年發布兩項法規，修正既有法令，降低公、私營實體間之差別待遇。第一項法規為第 10-07-01 號 BCV 決議（下稱 2010 年 7 月 BCV 決議），提供私營實體喘息空間，強制出售黃金予內國市場之比例由 70% 降為 50%，其餘 50% 若經 BCV 授權，得為出口，如遭 BCV 否准，即須全數售予 BCV；第二項法規為第 12 號 Convenio Cambiario 修正案，使外匯管制機制部分自由化，並統一適用於公、私營實體之機制，所有生產者須將出口所取得外幣之 50% 以官方匯率售予 BCV，其餘 50% 可存放在外國帳戶，且在委內瑞拉境外使用該等資金。

（四）國有化命令

2011 年 8 月 17 日，查維茲總統公布即刻國有化金礦產業。同年 9 月 16 日，委內瑞拉通過國有化命令，將黃金之探勘及開採保留給國家，由國家控制所有黃金生產業者之財產及礦權。所有有關金礦之活動僅能由國家、國營企業、國家持股 55% 以上並控制決策之公私合營企業進行，國有化命令發布前授予之所有開礦權均應移轉予公私合營企業。為加速開礦權移轉，國有化命令規定，持有開礦權之公司與委內瑞拉政府自命令公布日起進行為期 90 日之協商，如協商未果，則國有化命令發布前授予之開礦權自動廢止。國有化命令並規定，應以等同投資之帳面價值之金額補償投資人。

同年 10 月 7 日，MIBAM 發布第 88 號及第 89 號決議，創設協商委員會及營運過渡委員會，分別處理協商及金礦資產之接管。Rusoro 與協商委員會自 2011 年 9 月起開始協商，然協商未果。Rusoro 於協商期間之末日 2011 年 12 月 15 日發函予相對人，通知依加委 BIT，雙方存有爭端。

委內瑞拉於同日發布修正命令，將協商期間延展 90 日。Rusoro 與協商委員會於延展期間持續協商，惟至期間屆滿時仍無法獲致共識。因此，Rusoro 透過其子公司持有之開礦權於 2012 年 3 月 15 日自動廢止。Rusoro 於同年月 31 日撤離礦區，委內瑞拉政府隨即接管

Rusoro 之開礦權及其他資產。

四、程序爭點

（一）相對人管轄權異議：已逾3年時效[2]

　　依加委 BIT 第 XII.3(d) 條，如自投資人知悉或可得知悉其所控訴之違反及所遭受之損失或損害之日起，已逾 3 年，則投資人不得將爭端提交仲裁。爭端雙方同意，3 年時效之起算日為聲請人提出仲裁請求之日之前 3 年，即 2009 年 7 月 17 日（下稱基準日）。

1. 相對人主張，聲請人於 2009 年 7 月 3 日之信件中，向委內瑞拉主管機關表示，2009 年措施嚴重影響其營運。聲請人控訴 2009 年措施違反加委 BIT，請求賠償其自 2009 年 6 月起之損失，此等請求已逾 3 年時效。因第 XII.3(d) 條使用「爭端」（dispute）一詞，而非如 NAFTA 第 1116(2) 條使用「控訴」（claim），故 3 年之時間限制適用於整體爭端。

2. 聲請人主張，所有的控訴均未逾 3 年時效，所有違反 BIT 之行為均係源自相對人於基準日前所採行、持續向後發生效力之一系列措施，或源於基準日後採行之措施。2009 年 7 月 3 日之信件無法表示 Rusoro 已知悉損失之性質及範圍，信件內容僅記錄 Rusoro 對於 2009 年措施之關切。

3. 仲裁庭認為：

   (1) 依加委 BIT 第 XII.1 條，[3] 如受 BIT 保護之投資人提出一項或數項控訴，指控地主國採行或不採行措施違反 BIT，致投資人蒙受損害，即為可仲裁之爭端。另依第 XII.3(d) 條，[4] 自投資人知悉 BIT 之違反及其因而蒙受損失或損害之日起，至其將爭端提交仲裁之日止，不得逾 3 年。

   (2) 在聲請人所控訴之數項措施中，僅 2009 年措施發生在基準日之前。2009 年措施發布於政府公報，投資人於發布時知悉或應知悉該等措施。另於 2009 年 6 月 30 日致

---

[2] *Id.* paras. 190-236.

[3] Article XII.1 of the Canada - Venezuela, Bolivarian Republic of BIT:
Any dispute between one Contracting Party and an investor of the other Contracting Party relating to a claim by the investor that a measure taken or not taken by the former Contracting Party is in breach of this Agreement, and that the investor or an enterprise owned or controlled directly or indirectly by the investor has incurred loss or damage by reason of, or arising out of, that breach, shall, to the extent possible, be settled amicably between them.

[4] Article XII.3(d) of the Canada - Venezuela, Bolivarian Republic of BIT:
An investor may submit a dispute as referred to in paragraph (1) to arbitration in accordance with paragraph (4) only if: ... (d) not more than three years have elapsed from the date on which the investor first acquired, or should have first acquired, knowledge of the alleged breach and knowledge that the investor has incurred loss or damage.

委內瑞拉副總統之信件中，聲請人已表示 2009 年 6 月 BCV 決議及第 12 號 Convenio Cambiario 對其黃金生產公司造成損害。依據 NAFTA 案例，縱損害或損失之範圍或數額尚不明確，投資人僅單純知悉損害或損失之發生，即符合知悉損失或損害之要件。因此，仲裁庭認定，聲請人在基準日前已知悉 2009 年措施對其投資造成損失或損害。

(3) 仲裁庭依 Rusoro 提出之控訴，逐項分析是否受 3 年時限影響。關於直接徵收，因徵收係源自國有化命令，該命令是在基準日後公告，故直接徵收控訴不受時限議題影響。就逐步徵收，聲請人指控相對人自 2009 年 4 月起至發布國有化命令止所採行之一系列措施，構成逐步徵收。雙方援引國際法委員會「有關國際不當行爲之國家責任條文草案」（Draft articles on Responsibility of States for Internationally Wrongful Act，下稱 ILC Articles）第 15 條。[5] 仲裁庭表示，第 15.1 條規定複合行爲（composite act）被視爲發生之時點，即當政府之作爲或不作爲發生，連同先前的作爲或不作爲足以構成不法行爲時，視爲發生複合行爲。第 15.2 條規定違反國際義務之日期及期間，義務違反始於複合行爲之第一個行爲日。仲裁庭認爲，2009 年措施、2010 年措施及國有化命令間並無明確連結，2009 年措施實施嚴格的黃金出口限制，2010 年措施則降低出口限制，而國有化命令採行完全不同的立場，國有化全部黃金部門。依本案事實，較適切之方式應是將複合控訴拆解爲數個違反行爲，將 3 年時限分別適用至各該行爲。因此，2009 年措施受時限限制，於認定是否構成逐步徵收時，不得將之納入考量。對於聲請人控訴相對人違反 FET、FPS、國民待遇、資金移轉及績效要求條款等附帶請求（ancillary claim），仲裁庭基於相同之理由，認定 2009 年措施受 3 年時限限制。

（二）相對人管轄權異議：依ICSID附加機制，仲裁庭無管轄權[6]

聲請人於 2012 年 7 月 17 日提出依 ICSID 附加機制仲裁之請求。當時加拿大並非 ICSID 公約締約方（加拿大於 2013 年 12 月 31 日加入公約）。委內瑞拉於 2012 年 1 月 24 日宣布退出 ICSID 公約，同年 7 月 25 日發生退出公約之效力。ICSID 於同年 8 月 1 日核准並登錄此案（下稱登錄日）。

---

[5] Article 15 of the ILC Articles (Breach consisting of a composite act):

　1. The breach of an international obligation by a State through a series of actions or omissions defined in aggregate as wrongful occurs when the action or omission occurs which, taken with the other actions or omissions, is sufficient to constitute the wrongful act.

　2. In such a case, the breach extends over the entire period starting with the first of the actions or omissions of the series and lasts for as long as these actions or omissions are repeated and remain not in conformity with the international obligation.

[6] *Supra* note 1, paras. 241-268.

1. 相對人主張，如欲依 ICSID 附加機制仲裁，在下列兩個時點地主國或投資人母國之一須爲 ICSID 公約締約方：(1) ICSID 秘書長核准適用 ICSID 附加機制時；(2) ICSID 秘書長登錄仲裁請求，而後啓動仲裁程序。在這兩個時點，加拿大或委內瑞拉均非 ICSID 公約締約方。另一個評估管轄權要件之時點，爲仲裁程序啓動時。簡言之，於審酌屬人管轄權時，認定締約方狀態之日爲仲裁程序啓動之日。

2. 聲請人主張，AF Rules 第 4(2) 條[7]規定，當投資人之母國或地主國其中之一非 ICSID 公約締約方，僅於秘書長認爲母國或地主國之一「在當時」（at the time）爲 ICSID 公約締約方，方予核准。「在當時」指聲請人聲請適用 AF Rules 時，於本案即爲聲請人提出仲裁請求之日。就相對人稱屬人管轄權應認定兩次（第一次在核准日，第二次在登錄日），聲請人表示反對，認爲相對人之主張將導致恣意的結果，一切將取決於 ICSID 秘書處之效率。

3. 仲裁庭認爲，聲請人之主張是正確的。依據 AF Rules 第 4 條，當 ICSID 秘書長收到聲請，僅於符合下述要件，方予核准：(1) 直接因投資而生之爭端；(2) 涉及爭端之兩個國家之一爲 ICSID 公約締約方。於提出仲裁請求之日，聲請人已請求 ICSID 秘書長核准依 AF Rules 管理仲裁案。於登錄日，秘書長給予核准並登錄案件。於登錄之際，秘書長已認定本案符合 AF Rules 第 4(2) 條，不存在反對秘書長決定之理由。「在當時」指聲請秘書長核准時，而非秘書長核准之際。*Venoklim* 一案仲裁庭持相同見解，[8]不得因仲裁請求日與秘書長登錄案件日之間不確定之時間間隔，使仲裁聲請人之權利受損。

（三）相對人管轄權異議：非法投資[9]

1. 相對人主張，Rusoro 在投資設立及投資之整體生命週期漠視委內瑞拉法律，依加委 BIT 第 1(f) 條，聲請人之資產不構成受 BIT 保障之投資，聲請人非受 BIT 保障之投資人。

---

[7] Article 4 of the ICSID Additional Facility Rules (2006 Version):

(1) Any agreement providing for conciliation or arbitration proceedings under the Additional Facility in respect of existing or future disputes requires the approval of the Secretary-General. The parties may apply for such approval at any time prior to the institution of proceedings by submitting to the Secretariat a copy of the agreement concluded or proposed to be concluded between them together with other relevant documentation and such additional information as the Secretariat may reasonably request.

(2) In the case of an application based on Article 2(a), the Secretary-General shall give his approval only if (a) he is satisfied that the requirements of that provision are fulfilled at the time, and (b) both parties give their consent to the jurisdiction of the Centre under Article 25 of the Convention (in lieu of the Additional Facility) in the event that the jurisdictional requirements *ratione personae* of that Article shall have been met at the time when proceedings are instituted.

[8] *Venoklim Holding B.V. v. Bolivarian Republic of Venezuela*, ICSID Case No. ARB/12/22, Award (April 3, 2015).

[9] *Supra* note 1, paras. 274-344.

Rusoro 透過委內瑞拉子公司間接取得開礦權，未事前取得礦物部授權，違反礦業法第 29 條。礦業法第 29 條亦適用於經由控制權變動間接移轉開礦權之情形。

2. 聲請人主張，Rusoro 之併購並未變更擁有開礦權之委內瑞拉籍公司之身分，開礦權本身並未移轉，礦業法第 29 條僅適用於開礦權移轉給其他實體之情形，不適用於本案。依礦業法第 29 條之文義，立法者無意將取得事前授權之要求擴張適用於開礦權之控制權變動。況且，委內瑞拉政府早已知悉 Rusoro 之併購，先前並未提出任何質疑，且與 Rusoro 合資設立 Venrus。

3. 仲裁庭認為：

   (1) 加委 BIT 第 1(f) 條[10] 將「投資」定義為：「締約一方投資人在締約他方領域內，依據後者之法律擁有或控制之任何種類之資產……」。

   (2) 礦業法之基本原則為在委內瑞拉領域內之礦物及礦床均屬國有財產，不得轉讓。礦業法第 7 條規定，礦物資源之探勘及開採得經由行政特許進行。依同法第 29 條，特許權為對物權，僅於經礦物部事先授權，方得移轉、租賃或設定負擔。須先經礦物部授權方得轉讓之標的為特許權，第 29 條並不適用於持有特許權之公司之控制權益移轉，公司股份之買賣並不影響特許權，特許權仍為公司之資產，因此，毋庸取得礦物部之事前授權。

   (3) 礦業法未規範者，為 CVG 之開礦權。在 1999 年礦業法制定前，CVG 與私營實體簽署數項租賃契約，此等契約不構成對物權，於礦業法制定後仍持續有效，受委內瑞拉有關契約條款之法令規制。CVG 所簽署之契約對於契約轉讓予第三人或控制權變動設有規範，須先取得 CVG 之同意。

   (4) 綜合本案事證，仲裁庭認定，Rusoro 非任何開礦權之直接持有者，僅透過併購，控制持有開礦權之委內瑞拉籍公司，未違反礦業法第 29 條。委內瑞拉政府知悉 Rusoro 之併購，且先前未曾提出任何質疑。綜上，仲裁庭認定，相對人未能證明 Rusoro 不符合加委 BIT 第 1(f) 條之規定，駁回相對人之管轄權異議。

（四）相對人之反訴請求[11]

1. 相對人主張，依 AF Rules 第 47(1) 條，[12] 仲裁庭擁有審理反訴之管轄權。另依加委 BIT 第

---

[10] Article 1(f) of the Canada - Venezuela, Bolivarian Republic of BIT:

"investment" means any kind of asset owned or controlled by an investor of one Contracting Party either directly or indirectly, including through an investor of a third State, in the territory of the other Contracting Party in accordance with the latter's laws.

[11] *Supra* note 1, paras. 598-629.

[12] Article 47(1) of the ICSID Additional Facility Arbitration Rules:

XII.1 條，可仲裁之爭端範圍爲締約一方與締約他方投資人間與投資人所爲控訴有關之任何爭端。相對人指控，Rusoro 在 Choco 10 礦床之不當開礦行爲，對未來開礦之可行性產生不利影響，此項反訴在雙方仲裁協議之範圍內。另基於程序經濟，仲裁庭應審理相對人之反訴。

2. 聲請人主張，BIT 締約方僅同意透過仲裁解決締約方投資人所提出之爭端。BIT 未建立仲裁庭審理反訴之管轄權基礎，且相對人未確認聲請人違反之法律義務，未能提出證據證明其主張及其所蒙受之損害額。

3. 仲裁庭認爲，AF Rules 第 47(1) 條允許提出反訴之前提要件，爲反訴在仲裁協議範圍內。加委 BIT 第 XII.1 條限制可仲裁之爭端範圍，限於投資人指稱地主國採行或不採行措施違反 BIT 之指控。依第 XII.3 條及第 XII.4 條，提起仲裁之資格專屬於投資人。基於下列三項理由，仲裁庭就反訴無管轄權：(1) 仲裁庭之權限限於審理因 BIT 所生之爭端，相對人指控聲請人違反開礦計畫，與 BIT 無關；(2) 仲裁庭應依 BIT 及國際法原則裁決，然相對人之反訴基礎爲聲請人違反開礦計畫，仲裁庭無法依 BIT 及國際法原則裁決；(3)BIT 未提供地主國對投資人提出本訴或反訴之訴因。

五、實體爭點

（一）徵收[13]

1. 聲請人主張，委內瑞拉直接徵收及逐步徵收其投資。國有化命令直接徵收開礦權，剝奪其投資之所有經濟價值，不僅未給予任何補償，且非出於公共目的，未依循正當法律程序，具歧視性，爲非法徵收。關於逐步徵收，Rusoro 主張，委內瑞拉計畫性地取得黃金部門，針對 Rusoro 之金礦業務，自 2009 年起頒布一系列相關聯之措施，最後以國有化命令徵收 Rusoro 之投資。

2. 相對人主張，徵收或國有化爲國家主權之行使，其依循 BIT 要件徵收 Rusoro 之投資，僅尚未支付補償金，此係因雙方協商未果，雙方未就補償金額達成合意並不使國有化本身成爲非法行爲。委內瑞拉提出以投資之帳面價值補償，帳面價值代表投資之眞實價值，因 Rusoro 之委內瑞拉子公司不願意接受此條件，故其未能即時支付補償金。2011 年以前之各管制行爲並非徵收 Rusoro 資產計畫之一部分，彼此間無關聯性，係由各機關基於不

Except as the parties otherwise agree, a party may present an incidental or additional claim or counter-claim, provided that such ancillary claim is within the scope of the arbitration agreement of the parties.

[13] *Supra* note 1, paras. 357-438.

同且合法的理由所爲之獨立政策決定。Rusoro 在投資時，已知悉委內瑞拉嚴格的外匯管制機制，任何理性投資人均可預期政府會增加管制。委內瑞拉合法管制金礦產業，基於公共利益執行金融及貨幣政策，不構成徵收。

3. 仲裁庭認爲：

(1) 委內瑞拉以國有化命令徵收 Rusoro 之投資。加委 BIT 第 VII.1 條 [14] 未禁止締約國徵收投資人之資產，惟須符合下列四項要件，方爲合法徵收：A. 基於公共目的；B. 依循正當法律程序；C. 以不歧視之方式進行；D. 確保即時、適當且有效之補償。

(2) 仲裁庭就上開要件依序分析如下：A. 關於是否基於公共目的，仲裁庭認爲，國家享有設定公共政策之廣泛裁量權，仲裁庭之角色並非事後評論政策之適當性。國有化命令明確表達合法的經濟政策目的，符合第 VII.1 條之公共政策要件；B. 有關正當程序，第 VII.1 條正當法律程序之要求並未特別提及委內瑞拉之徵收法令，而是依國際法所建構之一般概念，要求締約國適當採行國有化決策，並使被徵收者有機會在獨立公正之機構前挑戰該決策。國有化命令已符合前述要求，聲請人未證明相對人違反正當法律程序；C. 針對不歧視要件，仲裁庭認爲，委內瑞拉本國及外國投資人同受國有化令影響，雖委內瑞拉國營企業不受國有化命令影響，然此乃國有化之必然結果，不能將此等差別視爲是歧視；D. 關於徵收補償，仲裁庭認爲，爭端雙方確實對於補償額度協商未果，且自協商期滿時起經過 4 年，相對人的確尙未給予聲請人任何補償。單單投資人尙未收取補償金之事實，並不會使國有化命令構成非法徵收。當地主國已向投資人提出補償金提案，則徵收之合法性將取決於提案之條件、補償金額是否合理。第 VII.1 條規定之補償金爲投資之「眞實價值」（genuine value），仲裁庭認爲「眞實價值」等同「公平市場價值」。然國有化命令規定不同的補償標準，即「帳面價值」。相對人更以 Rusoro 非法取得開礦權爲由，提出低於帳面價值之提案。仲裁庭前已認定 Rusoro 之併購無須取得礦物部授權，且相對人實際上未支付其所提之金額，亦未提存。因此，仲裁庭認定，相對人之徵收不符合「即時、適當且有效之補償」要件。

(3) 關於逐步徵收，仲裁庭表示，其前已認定 2009 年措施逾 3 年時效，不在管轄權範圍內，於認定聲請人逐步徵收之控訴時，不得將 2009 年措施納入考量，然此不代表 2009 年措施與仲裁庭之認定全然無關，蓋該等措施可作爲仲裁庭裁決之背景資訊。仲裁庭認爲，聲請人未證明相對人在 2011 年採行國有化命令前，自 2005 年起已執行國

---

[14] Article VII.1 of the Canada - Venezuela, Bolivarian Republic of BIT:

Investments or returns of investors of either Contracting Party shall not be nationalized, expropriated or subject to measures having an effect equivalent to nationalization or expropriation (hereinafter referred to as "expropriation") in the territory of the other Contracting Party, except for a public purpose, under due process of law, in a non-discriminatory manner and against prompt, adequate and effective compensation.

有化黃金部門之高層政策。相關證據顯示，2009 年措施係由 BCV 採行，而非礦物部，該等措施之目的在於增加外匯，而非接管黃金部門。2009 年措施後被 2010 年措施取代，2010 年措施部分自由化黃金市場，提高業者可出口黃金之比例，此可證明相對人並未執行一項未公開之國有化計畫。況且，若相對人於 2009 年至 2010 年間欲國有化，其可直接由議會通過國有化命令。綜上，仲裁庭認定，不構成逐步徵收。

（二）附帶請求[15]

1. 聲請人主張

相對人違反 FET、FPS、國民待遇、資金移轉及績效要求條款：

(1) **FET**：Rusoro 主張，就違反 FET 之認定，加委 BIT 第 II.2 條[16] 並非設定相當於習慣國際法外國人最低待遇標準之高門檻，而應依加委 BIT 第 III 條最惠國待遇條款（most-favoured nation treatment clause，下稱 MFN 條款）援引白俄羅斯—委內瑞拉 BIT，該 BIT 就 FET 標準未設任何限制。Rusoro 控訴相對人於 2009 年至 2011 年間實施一系列不可預測、不斷變動之法規，違反 FET 標準。FET 標準要求地主國依投資人之正當期待維持穩定的投資環境，如投資人仰賴其投資時之法制環境投入重大的資本支出並負擔財務義務，則此等關鍵的規範即不應被地主國廢止。

(2) **FPS**：FPS 課予地主國適當的注意及警戒義務，此義務不限於實體保障（physical protection），相對人採行措施、關閉交換市場，未確保 Rusoro 投資之 FPS。縱仲裁庭認為加委 BIT 僅保障實體安全，Rusoro 亦得依 MFN 條款援用烏拉圭—委內瑞拉 BIT 之充分保障與法律安全（full protection and legal security）保證。

(3) **國民待遇**：2009 年措施為委內瑞拉國營企業創設更有利之規範，歧視 Rusoro 之投資，違反加委 BIT 第 IV.1 條。[17]

(4) **資金自由移轉**：加委 BIT 第 VIII 條[18] 係投資及收益（return）自由移轉之客觀絕對保證，

15　*Supra* note 1, paras. 439-597.

16　Article II.2 of the Canada - Venezuela, Bolivarian Republic of BIT:
Each Contracting Party shall, in accordance with the principles of international law, accord investments or returns of investors of the other Contracting Party fair and equitable treatment and full protection and security.

17　Article IV.1 of the Canada - Venezuela, Bolivarian Republic of BIT:
Each Contracting Party shall grant to investments or returns of investors of the other Contracting Party treatment no less favourable than that which, in like circumstances, it grants to investments or returns of its own investors.

18　Article VIII of the Canada - Venezuela, Bolivarian Republic of BIT:
1. Each Contracting Party shall guarantee to an investor of the other Contracting Party the unrestricted transfer of investments and returns. Without limiting the generality of the foregoing, each Contracting Pany shall also guarantee to the investor the unrestricted transfer of:

不論 Rusoro 投資時是否已實施外匯限制。2009 年及 2010 年措施要求 Rusoro 出售多數黃金予 BCV，因黃金落入「收益」定義之範疇，故該等措施違反第 VIII 條。加委 BIT 確保以市場爲基礎之匯率，然相對人廢除交換市場，採用扭曲之官方匯率，違反 BIT。Rusoro 主張，其得依 MFN 條款援用丹麥——委內瑞拉 BIT 第 7 條，以移轉日之現行市場匯率移轉資金。廢除交換市場及黃金出口限制亦違反加委 BIT 附件第二部分第6(d)段。[19]

2. 相對人主張

(1) **相對人在就聲請人之附帶請求答辯前，先提出兩項初步答辯**：A. 委內瑞拉採行相關法規係爲防免 Rusoro 非法出口黃金，Rusoro 不得就此提出救濟；B. 加委 BIT 第 X 條[20] 適用於 2009 年及 2010 年措施，並爲委內瑞拉開關政府基於審慎理由制定政策之管制空間。2009 年及 2010 年措施之目的在避免委內瑞拉金融系統之整體性及穩定性受衝擊。

(2) **FET**：加委 BIT 第 II.2 條之文字使用「國際法原則」，實際上等同 NAFTA 第 1105(1) 條，採用習慣國際法最低標準。只有極端的政府行爲，例如拒絕正義、顯然恣意、明顯不公平或完全欠缺正當程序，方違反 FET。仲裁庭應駁回 Rusoro 依 MFN 條款援用白俄羅斯——委內瑞拉 BIT 之主張，蓋不符合加委 BIT 第 III 條之要件。當委內瑞拉未爲任何特定承諾，或聲請人未取得穩定協議時，並未存有法律穩定性之正當期待。本案不存在影響投資之法律體制永遠不變之正當期待。相對人主張，調整黃金銷售管制機制係正當管制

(a) funds in repayment of loans related to an investment;

(b) the proceeds of the total or partial liquidation of any investment;

(c) wages and other remuneration accruing to a citizen of the other Contracting Party who was permitted to work in a capacity that is managerial, executive or involves specialized knowledge in connection with an investment in the territory of the other Contracting Party;

(d) any compensation owed to an investor by virtue of Articles VI or VII of the Agreement.

2. Transfers shall be effected without delay in the convertible currency in which the capital was originally invested or in any other convertible currency agreed by the investor and the Contracting Pany concerned. Unless otherwise agreed by the investor, transfers shall be made at the rate of exchange applicable on the date of transfer. [...]

[19] Paragraph 6 (d) of Part II of the Annex to the Canada - Venezuela, Bolivarian Republic of BIT:
Neither Contracting Party may impose any of the following requirements in connection with permitting the establishment or acquisition of an investment or enforce any of the following requirements in connection with the subsequent regulation of that investment: [...] (d) restrictions on exportation or sale for export by an enterprise of products, whether specified in terms of particular products, in terms of volume or value of products, or in terms of a proportion of volume of its local production.

[20] Article X of the Canada - Venezuela, Bolivarian Republic of BIT:
Nothing in this Agreement shall be construed to prevent a Contracting Party from adopting or maintaining reasonable measures for prudential reasons s, such as:

(a) the protection of investors, depositors, financial market participants, policy-holders, policy-claimants, or persons to whom a fiduciary duty is owed by a financial institution;

(b) the maintenance of the safety, soundness, integrity or financial responsibility of financial institutions; and

(c) ensuring the integrity and stability of a Contracting Party's financial system.

行為，以因應非法活動增加等市場重大變化。關閉交換市場係打擊規避外匯管制法令之正當行為。即便適用自主的 FET 標準，委內瑞拉亦未違反 BIT，蓋不存在未能保障正當期待、欠缺透明正當程序之情形，且無恣意或惡意行為。

(3) **FPS**：加委 BIT 第 II.2 條規定習慣國際法下之 FPS 最低標準，此標準僅保護人員及財產免於實體損害，聲請人並非控訴其財產或人身受損或有受損之虞。仲裁庭應駁回 Rusoro 依 MFN 條款援用烏拉圭—委內瑞拉 BIT 第 4 條之主張，蓋聲請人未能證明符合加委 BIT 第 III 條之要件——在同類情況下，相對人給予聲請人投資之待遇低於其給予烏拉圭人投資之待遇。即便 FPS 之適用範圍大於實體損害，委內瑞拉修改其法令並無不法。

(4) **國民待遇**：委內瑞拉否認有歧視存在。就相對人給予國營企業之特別利益，Rusoro 不應感到訝異，蓋 Rusoro 瞭解委內瑞拉之礦業政策係鼓勵設立公私合營企業。

(5) **資金自由移轉**：加委 BIT 第 VIII 條不禁止締約國採行外匯管制措施。對資金移轉之限制不構成 BIT 之違反，蓋習慣國際法承認貨幣主權（monetary sovereignty）概念，國家享有決定其貨幣單位、管制匯率、禁止或限制外幣移轉之專屬權限。在 Rusoro 取得投資前，委內瑞拉已於 1996 年建立外匯管制機制，聲請人不得就其投資時已存在之法令提出控訴。縱委內瑞拉實施 2009 年措施，聲請人仍得透過 CADIVI 取得外幣。於 2010 年措施施行後，聲請人被允許持有海外帳戶，直接出口其黃金產量之 25%，將外幣收入儲存於該等帳戶。對於 Rusoro 稱其所生產之黃金可被視為是 BIT 所定義之收益，相對人加以否認。相對人認為，聲請人之黃金猶如外國投資人在委內瑞拉之汽車工廠所生產之車輛，黃金是貨品，而非貨幣。因此，委內瑞拉要求黃金生產者將其部分產量分配給內國市場，並未違反確保資金自由移轉之義務。相對人主張，BIT 未保證以市場匯率移轉資金。就 Rusoro 依 MFN 條款援用丹麥—委內瑞拉 BIT 資金移轉條款之主張，基於與上述 FPS 抗辯相同之理由，仲裁庭應駁回 Rusoro 之請求。關於聲請人基於 BIT 附件第二部分第 6(d) 段之控訴，相對人主張，2003 年實施之黃金銷售機制已要求匯回黃金出口所收取之 90% 外幣，此相當於 2009 年及 2010 年措施規定出售黃金予 BCV 之要求，此等措施未改變 Rusoro 之財務狀況，亦未造成任何損害。

3. 仲裁庭認為

(1) 如上所述，2009 年措施不在仲裁庭管轄權範圍內，仲裁庭得審理者為相對人關閉交換市場及實施 2010 年措施是否違反 BIT。

(2) 相對人所提出之兩項初步答辯均無理由。關於不潔之手，仲裁庭認為，委內瑞拉礦物部得對違反礦業法令者施加制裁，依礦業法之授權，礦物部監管 Rusoro 之業務。無證據顯示礦物部過去曾質疑 Rusoro 行為之適法性或對 Rusoro 施以制裁。相對人在仲裁程序中所提出之間接證據不足以證明 Rusoro 與委內瑞拉國內買家共謀違法出口黃金。且 2009

年及 2010 年措施之內容證明相對人之指控是不正確的，如該等措施之目的為限制非法出口，則其內容應為加強監管、加重制裁。關於加委 BIT 第 X 條審慎例外，仲裁庭認為，相對人之主張與第 X 條文義不符，第 X 條之文義顯示其範圍限縮在為保護金融部門及機構之審慎措施，金礦部門之監管及一般外匯管制機制不在第 X 條所允許之例外範圍內。

(3) **FET**：仲裁庭認為，當委內瑞拉承諾依「國際法原則」給予 FET 及 FPS，該原則即指習慣國際法最低標準。將習慣國際法最低標準納入 FET 之定義，並不會導致保障程度之重大干擾。習慣國際法最低標準持續發展，至今已與 FET 標準無區別。由於 FET 標準與習慣國際法最低標準已融合，故聲請人關於援用白俄羅斯—委內瑞拉 BIT 之主張已無意義。

A. 違反 FET 義務之行為態樣包括：(A) 直接針對投資人或其投資之行政行為；(B) 直接針對投資人或其投資、構成拒絕正義之司法裁決；(C) 影響公民，尤其是影響受保障之投資人及其投資之立法。仲裁庭於認定是否違反 FET 時，應考量下列因素：(A) 是否存有地主國之騷擾、脅迫、權力濫用或其他惡意行為；(B) 地主國在投資人投資前，是否向投資人為特定陳述；(C) 地主國之作為或不作為可否被認定為恣意、歧視或不一致；(D) 地主國於採行相關措施時，是否已踐行正當程序及透明化原則；(E) 地主國是否未能提供穩定且可預測之法律架構，破壞投資人之正當期待。

B. 為評估地主國之行為，仲裁庭需連同其他因素，權衡投資人受保障之權利及地主國行為。該等因素之一，即地主國享有基於公共利益修改、制定法令之主權。然規制權（right to regulate）並未授權地主國為恣意或歧視行為，或在一般性立法之外衣下採行針對受保障投資人之隱藏性措施。其他影響因素包括：投資人進行投資前適當盡職調查之義務、在投資前及投資生命週期為適切之行為。

C. 仲裁庭認為，聲請人未能證明相對人違反 FET 標準。關於一般性外匯管制機制，雖在 2003 年至 2010 年間，相對人容任交換市場的存在，然該市場完全不受規制，且其使用者顯然是利用外匯管制法令之漏洞。2010 年 5 月 17 日，委內瑞拉國家議會通過 Ley de Reforma Cambiaria，於交換市場買賣外幣為非法，外幣買賣為 BCV 之專屬權限。國家擁有基於其經濟政策制定、修改外匯管制法令之主權。於 Rusoro 決定投資時，相對人已採行 2003 年外匯管制機制，相對人未曾向 Rusoro 表示其可豁免適用一般外匯管制機制。聲請人從未產生委內瑞拉不採行更嚴格管制、交換市場將無限期存續之正當期待。

D. 針對黃金銷售，仲裁庭認為，當 Rusoro 赴委內瑞拉投資時，BCV 管制黃金市場之權力即已存在。Rusoro 投資時已知悉或應已知悉 BCV 有權限制黃金之銷售。Rusoro 從未自任何關於法令不修改、黃金銷售制度不會變得更加嚴格的具體陳述受益。BCV 依法定權力並依循適當的行政程序採行 2010 年措施，且無證據顯示 2010 年措施具歧視性。2010 年措施確實強制黃金生產者出售其 50% 產量予 BCV，且售價係依 BCV 設

定之官方匯率計算。然仲裁庭認為，下述理由可正當化 BCV 之措施：黃金非一般礦物，其與國家貨幣主權緊密連結，至少自 1996 年起，BCV 已被賦權監管黃金市場，一直以來 BCV 均限制黃金買賣，Rusoro 等有經驗之投資人應可預見 BCV 會行使其規制權，要求業者出售黃金予央行。綜上，仲裁庭認定相對人未違反 FET 義務。

(4) **FPS**：仲裁庭認為，其已認定 2010 年措施及關閉交換市場之 Ley de Reforma Cambiaria 未違反 FET，故該等措施並未違反 FPS。在國有化後，Rusoro 之委內瑞拉子公司暫時管理被國有化之礦物，Rusoro 指控在這段期間內，相對人違法否准其子公司取得日常營運所需之外幣。仲裁庭認定，Rusoro 並未提出可證明此項控訴之證據。綜上，仲裁庭認定相對人未違反 FPS 標準。

(5) **國民待遇**：仲裁庭認定，2009 年措施雖給予國營與私營業者不同的待遇，但如前所述，2009 年措施之控訴已逾 3 年時效。2010 年措施統一適用於國營與私營業者之機制，Rusoro 所控訴之歧視已不復存在。就 Rusoro 指控 2010 年措施給予大型業者及小型業者不同待遇，仲裁庭認為，2010 年措施針對小型業者制定兩項特別規範：(A) 要求小型業者出售其產量之 15% 予 BCV 或在內國市場銷售；(B) 要求小型業者將出口黃金之外幣收入之 70% 出售予 BCV。比較 2010 年措施對於小型業者與大型業者之要求，有較嚴格之處，亦有較寬鬆的地方。加委 BIT 第 IV.1 條僅要求相對人在「同類情況」下，給予 Rusoro 不低於其本國投資人之待遇。Rusoro 為大型業者，與小型業者非處於「同類情況」，且可以有效的政策理由正當化該些待遇差異。綜上，仲裁庭認定相對人未違反國民待遇義務。

(6) **資金自由移轉**：加委 BIT 第 VIII.1 條訂定投資人投資或收益之無限制移轉之一般性規範，並規定例示清單：與投資有關之貸款之還款、投資清算所得之款項、支付予管理階層之特定薪資、徵收或損失補償。加委 BIT 第 I(f) 條將「投資」定義為「投資人在締約他方領域內所擁有或控制之任何種類之資產」，第 I(i) 條將「收益」定義為「自投資所得之款項，尤其包括、但不限於：紅利、利息、股息、權利金、費用或其他經常收益（current income）或資本利得（capital gains）」。Rusoro 在委內瑞拉之投資為持有開礦權之委內瑞拉公司之股份，第 VIII.1 條保證 Rusoro 無限制移轉資金至境外之權利為下列三種現金：A. Rusoro 作為投資人可取得之所有收益；B. Rusoro 最終處分其投資所收取之價金；C. 相對人徵收 Rusoro 投資所應支付之補償。第 VIII.1 條之「收益」並未涵蓋 Rusoro 委內瑞拉子公司之企業活動。該些子公司因出口所取得之價金僅為出售貨品所得之價金，非 Rusoro 之投資所賺取之「收益」。黃金為貨品，非貨幣。針對 2010 年關閉交換市場之 Ley de Reforma Cambiaria，仲裁庭認為，加委 BIT 並未限制締約方規制其外匯管制機制之方式，國家可選擇廢止或設定限制。2010 年以後，相對人選擇實施嚴格的外匯管制機制，此乃其政策決定。綜上，仲裁庭認定，不論是 2010 年措施或 2010 年 Ley de

Reforma Cambiaria，均未違反第 VIII 條。

(7) **黃金出口限制**：加委 BIT 附件第二部分第 6(d) 段禁止締約方限制企業產品出口。2010 年 7 月 BCV 決議限制私營黃金生產者之出口量，產量之 50% 需售予 BCV，其餘 50% 經 BCV 授權得出口。仲裁庭認定，BCV 在投資設立後階段限制 Rusoro 委內瑞拉子公司之 出口量，此項決議顯然違反第 6(d) 段。

六、損害賠償及費用計算[21]

（一）聲請人主張，相對人應賠償：1. 就 Rusoro 之投資被徵收，請求其投資於 2011 年 9 月 16 日之公平市場價值 22 億 3,000 萬美元；2. 損失現金流（the lost cash flows）：因 2009 年及 2010 年措施所致，2009 年 4 月 30 日至 2011 年 9 月 16 日之現金流損失 8,540 萬元；及 3. 利息：仲裁庭所裁決之賠償額在仲裁判斷前及仲裁判斷後，以委內瑞拉 借款利率計算之利息。

（二）相對人主張，Rusoro 未盡證明損害賠償額之舉證責任。如仲裁庭為相反之認定，則 損害賠償額應為 150 萬美元，損害賠償額因與有過失及不利益的信賴（detrimental reliance）減少 50%。

（三）仲裁庭認為：

1. 加委 BIT 第 XII.9 條[22] 授權仲裁庭裁決損害賠償額及利息，第 XII.7 條規定仲裁庭 應依 BIT 及適用的國際法原則裁決。BIT 僅就徵收補償標準訂定規範，就其他違 反 BIT 之情形，應依據國際法原則計算損害賠償額。相關原則原由常設國際法院在 *Chorzów* 案形塑，即損害填補應掃除違反行為之後果，重建無違反行為存在時可能 之情況。ILC Articles 第 31 條規定完全損害填補（full reparation）之標準。其他國 際法原則要求聲請人負舉證責任並特定損害額，且應排除投機性或假設性損害。

2. 綜合相關事證，仲裁庭認定 Rusoro 在委內瑞拉之初始投資金額為 7 億 7,430 萬美 元。金礦公司之價值與金價緊密相關，金價愈高，金礦公司之價值就愈高，反之亦

---

[21] *Supra* note 1, paras. 634-855, 898-903.

[22] Article XII.9 of the Canada - Venezuela, Bolivarian Republic of BIT:

A tribunal may award, separately or in combination, only:

(a) monetary damages and any applicable interest;

(b) restitution of property, in which case the award shall provide that the disputing Contracting Party may pay monetary damages and any applicable interest in lieu of restitution.

A tribunal may also award costs in accordance with the applicable arbitration rules.

Where an investor brings a claim under this Article regarding loss or damage suffered by an enterprise the investor directly or indirectly owns or controls any award shall be made to the affected enterprise.

然。Rusoro 投資時之金價處於相對低點，故金礦公司之整體價值亦較低。而後，金價逐步上揚，金礦公司之價值亦上升。相對人選擇在金價及金礦公司價值之高點徵收。在 Rusoro 初為投資及投資被徵收之期間，Rusoro 投資之價值上升至 11 億 2,870 萬美元（下稱經調整之投資金額）。在 2011 年 9 月 30 日之季報表，Rusoro 之委內瑞拉子公司之淨帳面價值為 9 億 800 萬美元。仲裁庭依此認定 Rusoro 在 2011 年 9 月 30 日之淨帳面價值為 9 億 800 萬美元。

3. 就賠償數額，雖雙方主張差異甚大，然對於下列兩個爭點存有共識：(1) 適當的估價日為相對人通過國有化命令之日 2011 年 9 月 16 日；(2) 第 VII 條所述之「真實價值」等同傳統的「公平市場價值」概念。黃金是非常特殊之貨品，與國家之金融主權相連結，且黃金公司之價值受地主國規制措施密度之影響。2009 年及 2010 年措施顯示相對人對黃金採行嚴格的管制，加上與投資相關之政治風險上升，對潛在買家產生寒蟬效應。加委 BIT 規定被徵收資產之價值應為徵收前或預計之徵收公告周知時之價值，此規範之目的在避免資產價格被地主國之訊息影響。地主國應支付之公平市場價值為毫不知情之第三方將支付之金額。仲裁庭已認定黃金出口限制違反 BIT，故出口限制之效果應被排除於 Rusoro 投資之估價外，否則地主國將自其不法行為獲益。

4. 仲裁庭加權計算上述經調整之投資金額、淨帳面價值等數值後，認定在 2011 年 9 月 16 日，Rusoro 投資之真實價值為 9 億 6,650 萬美元。Rusoro 無任何與有過失行為，相對人非法徵收聲請人投資之賠償額為 9 億 6,650 萬美元。

5. Rusoro 因相對人違反 BIT 附件第二部分第 6(d) 段之損害現金流為 127 萬 7,002 美元，命相對人賠償該等數額。

6. 就前開數額，相對人應支付自 2011 年 9 月 16 日起至實際支付日止，以一年期 LIBOR（美元）加計 4% 之利率、每年以複利計算之利息。仲裁庭依聲請人之請求，宣告本仲裁判斷中裁決之賠償及利息應扣除委內瑞拉稅捐，並命相對人就針對該等款項所課予之任何稅款，賠償聲請人。

7. 關於本仲裁所生之費用負擔，仲裁庭命相對人向聲請人支付 330 萬 2,500 美元。

七、仲裁庭之決定與判斷[23]

綜上所述，仲裁庭之認定如下：

23　*Supra* note 1, para. 904.

（一）任何基於 2009 年措施之控訴已逾 3 年時效。

（二）仲裁庭無審理相對人反訴之管轄權。

（三）相對人徵收聲請人之投資，未給予徵收補償，違反加委 BIT 第 VII 條。

（四）相對人以 2010 年 BCV 決議限制黃金出口，違反加委 BIT 附件第二部分第 6(d) 段。

（五）命相對人向聲請人支付 9 億 6,650 萬美元，作爲非法徵收之賠償。

（六）命相對人向聲請人支付 127 萬 7,002 美元，作爲違反 BIT 附件第二部分第 6(d) 段之損害賠償。

（七）命相對人向聲請人支付自 2011 年 9 月 16 日起至實際支付日止，以一年期 LIBOR（美元）加計 4% 之利率、每年以複利計算之利息。

（八）就本仲裁所生之費用，命相對人向聲請人支付 330 萬 2,500 美元。

（九）本仲裁判斷中裁決之賠償及利息，應扣除委內瑞拉所課予之任何稅款，並命相對人就針對該等款項所課予之任何稅款，賠償聲請人。

（十）駁回其他控訴或反訴。

案例二十七

Saipem S.p.A. v. The People's Republic of Bangladesh, ICSID Case No. ARB/05/7, Award (June 30, 2009)

一、當事人

聲請人：Saipem S.p.A.（下稱 Saipem）

相對人：孟加拉

二、案件摘要

（一）系爭投資

聲請人與孟加拉國營公司 Petrobangla 就天然氣管線之建設計畫締結契約，契約權利包括「仲裁權」（right to arbitrate）。

（二）爭議緣由

聲請人認爲 Petrobangla 與孟加拉法院之行爲乃有意破壞 ICC 商務仲裁之進行；且當商務仲裁之判斷認定「已有違反聲請人與國營公司間締結之長距離天然氣管線建設契約」後，此仲裁判斷也未被執行。

（三）實體規範依據

義大利─孟加拉 BIT（1990）（下稱義孟 BIT），聲請人主張相對人違反間接徵收義務。

（四）仲裁機構及規則

ICSID：ICSID 仲裁規則。

（五）聲請人請求[1]

1. 請仲裁庭宣告：(1) 孟加拉對於聲請人之投資進行徵收但未給予補償；(2) 孟加拉已違反其於義孟 BIT 下之義務。
2. 孟加拉應賠償聲請人基於其違反國際義務之行爲所造成之全部損失（至少 12,500,000.00 美元及利息）並返還保固保證金（Warranty Bond）。
3. 請仲裁庭依據 ICSID 公約第 47 條作成暫時性命令（provisional order），要求相對人在作成仲裁判斷前，禁止（包括防止 Petrobangla）就該保證金有任何付款之請求。
4. 相對人應支付聲請人因系爭仲裁所支出（包括已支出與將支出）之所有費用，包含法律服務費。

（六）仲裁程序及後續

1. 仲裁庭於 2007 年 3 月 21 日作成針對管轄權與暫時性命令之決定。
2. 仲裁庭於 2009 年 6 月 30 日作成仲裁判斷。

三、事實背景[2]

聲請人 Saipem 爲依義大利法律設立之公司。本案投資爭議之契約對造爲國營之孟加拉油氣開採公司 Petrobangla，是依據 1985 年孟加拉油氣開採條例（1989 年曾修正）所設立。1990 年 2 月 14 日聲請人與 Petrobangla 簽訂契約（下稱系爭契約），雙方預計合作建立一條長達 409 公里的輸油管線，在孟加拉東北部數個地點運送凝結油及天然氣，契約金額爲 34,796,140 美元及 415,664,200 孟加拉幣。該建設計畫經世界銀行融資資助，且經國際開發協會（International Development Association, IDA）融資貸與大筆金額。系爭契約之準據法爲孟加拉法律，並約定以 ICC 仲裁解決爭端。

系爭契約第 1.2.5 條賦予 Petrobangla 保留每一筆應付款項的 10% 作爲保留款項之權利，但上限不得超過契約金額之 5%，亦即 1,739,807 美元及 20,783,210 孟加拉幣（下稱保留款項）。聲請人取回保留款項之程序分爲兩部分，第一部分爲當 Petrobangla 發給「最終接管證明」時，應於 30 日內給付保留款項之一半；第二部分則爲發給「最終驗收證明」後 30 日內給付另一半保留款項。依據系爭契約第 1.2.5 條，Petrobangla 得在發給最終驗收證明以前，接受由其認可之銀行所擔保的保固保證金，先給付第二部分之保留款項。依據系爭契約

[1] *Saipem S.p.A. v. The People's Republic of Bangladesh*, ICSID Case No. ARB/05/7, Award (June 30, 2009), para. 52.

[2] *Id.* paras. 6-58.

第 1.1.14 條，該計畫應於 1991 年 4 月 30 日完成，卻因為當地人民的抗爭導致嚴重遲延。聲請人及 Petrobangla 在 1991 年 5 月 29 日達成合意，在世界銀行的同意下將完工日推遲至 1992 年 4 月 30 日。

工程於 1992 年 6 月 14 日完工，Petrobangla 接受管線的移交並核發最終接管證明，隨後也將保留款項的一半返還。依前述說明，另一半之保留款項得於取得金額相當之保固保證金後核發，亦即 869,903.5 美元及 10,391,605 孟加拉幣。聲請人於 1992 年 6 月 27 日提供足夠的保固保證金，試圖取回保留款項（由 Banque Indosuez 發行之有價證券 No. PG/USD/12/92 作擔保），Petrobangla 也同意在核發最終驗收證明後 30 日內返還保固保證金。1993 年 4 月 18 日，Petrobangla 在接受保固保證金後仍未返還保留款項，且於 6 月 23 日寄發一封「延展或給付函」（extend or pay letter），要求延展保固保證金之期限，否則該函將作為兌現保固保證金之通知。

雙方之爭議主要在於 Petrobangla：（一）未給付經雙方同意之工程延展所額外增加之費用及其他補償；（二）未返還保留款項及保固保證金。

聲請人在 1993 年 6 月 7 日請求仲裁，要求 Petrobangla 賠償 1,100 萬美元（7,579,445 美元及 123,350,330 孟加拉幣）並返還保固保證金。Petrobangla 反對該等請求，並反訴請求聲請人賠償 10,577,941.98 美元。雙方同意以孟加拉達卡市（Dhaka）為仲裁地（the seat of arbitration）。在仲裁審理期間，ICC 仲裁庭駁回 Petrobangla 提出之數項程序議題，因此 Petrobangla 轉向孟加拉法院請求。1997 年 11 月 24 日，孟加拉最高法院發布禁制令，禁止聲請人繼續進行 ICC 之仲裁程序。為此，聲請人就 Petrobangla 訴諸內國法院的做法提出正式的書面抗議，而 ICC 仲裁庭在 2001 年 4 月 30 日作出繼續審理的決定，認為 ICC 就仲裁庭成立之事項有排他性管轄權，有權作成仲裁判斷，孟加拉法院無權干涉；並認定孟加拉法院干預仲裁庭的管轄權違反一般國際仲裁原則。2003 年 5 月 9 日，ICC 仲裁庭作成仲裁判斷，認定 Petrobangla 未支付因工期延長所衍生之費用，違反其契約義務，應給付聲請人 6,148,770.80 美元及 110,995.92 歐元（此部分包含未返還之保留款項），加計自 1993 年 6 月 7 日起以年利率 3.375% 計算之利息，並應返還保固保證金。

2003 年 7 月 19 日，Petrobangla 依據孟加拉仲裁法第 42(c) 條及第 43 條提起訴訟，請求高等法院不予認可 ICC 之仲裁判斷。高等法院雖於 2004 年 4 月 21 日駁回該請求，但認定 ICC 因無管轄權，所以該仲裁判斷「不存在」。Petrobangla 對該判決並未上訴。

2004 年 10 月 5 日，聲請人依據義大利與孟加拉於 1990 年 3 月 20 日間簽訂、1994 年 9 月 20 日生效之義孟 BIT 向 ICSID 提出仲裁請求。

四、程序爭點

（一）聲請人之投資是否符合ICSID公約第25條關於「投資」之定義[3]

　　ICSID 公約第 25(1) 條規定，本爭端解決中心之管轄權及於因投資所直接引起之法律爭端。爲確認聲請人之投資是否符合 ICSID 公約之定義，ICSID 仲裁庭以過去已確立之判斷標準，亦即 *Salini* 測試，作爲解釋之依據。依據該測試標準，「投資」應包含下列要素：1. 投入金錢或其他具有經濟價值之資產；2. 持續一定期間；3. 具有一定之風險；且 4. 對地主國之經濟發展有助益。[4]

1. 聲請人主張，系爭契約即爲投資。聲請人於該專案中投入大量之技術、財務以及人力，對孟加拉當地之經濟發展有顯著之貢獻，亦符合「持續一定期間及承擔風險」等條件（該專案持續 2 年半），並非相對人所主張之「單純借貸」。於專案完成前取回部分資金乃國際間建設合約常見之習慣，就投資人於專案中「資金之來源」與投資本身無關，因此不涉及 *Salini* 一案中所建立的測試標準。

2. 相對人主要之爭執點在於投資持續之期間。依據 *Salini* 案之標準，2 年半之期間即可符合該要件，然而相對人認爲實際執行之期間並不滿 1 年；其次，相對人主張聲請人並未實際投入自有資金，而是從境外借貸。

3. 仲裁庭認爲，相對人並未提出任何理由或權威資料說明爲何必須以「實際執行期間」作爲判斷標準。仲裁庭認爲契約持續之全部期間投資人都應承擔風險，即便中斷之期間亦然，且風險甚至更高，因此並無理由僅計算實際實行時間。至於聲請人是否投入自有資金之爭點，仲裁庭認爲有兩個問題須釐清：一爲資金來源之要求，其次爲該投資承擔之商業風險。就第一個問題而言，仲裁庭認爲與本案無關，因爲相對人並未要求外國投資人必須由國外匯入資金，因此進行借貸並不影響是否爲投資之判斷。針對第二個問題，雖然相對人主張聲請人收受預付款而進行工程，因此沒有承擔任何商業風險，但仲裁庭認爲此建設專案需承擔長期風險，且其整體之執行期間，包含簽約、執行、保固以及於 ICC 進行仲裁等時間滿足 ICSID 公約第 25 條之要件，因此仲裁庭不採相對人此部分之主張。

---

[3]　*Saipem S.p.A. v. The People's Republic of Bangladesh*, ICSID Case No. ARB/05/7, Decision on Jurisdiction and Recommendation on Provisional Measures (March 21, 2007), paras. 98-111.

[4]　*Salini Costruttori S.p.A. and Italstrade S.p.A. v. Kingdom of Morocco*, ICSID Case No. ARB/00/4, Decision on Jurisdiction (July 23, 2001), 42 ILM, 2003, passim. 本書案例分析。是否應具備最後一要件則較有爭議（*L.E.S.I. - DIPENTA v. République Algérienne Démocratique et Populaire*, Decision on jurisdiction (July 12, 2006), para. 72.）。

（二）本案爭端是否由「投資」所引起[5]

1. 相對人主張本案之爭端乃由 ICC 之仲裁判斷所引起，並非直接由投資所引起。

2. 仲裁庭認為，ICSID 公約第 25 條之規定必須觀察投資的所有執行歷程，並非僅著眼於 ICC 之仲裁判斷，仲裁庭因此認定本案之爭端乃是由整體投資執行過程所引起。

（三）聲請人的投資行為於本案中是否符合義孟BIT第1(1)條中所稱之投資[6]

仲裁庭首先認定「投資」之定義不應以孟加拉之法律概念作解釋，而應依據投資協定之一般解釋方式。義孟 BIT 第 1(1) 條僅給予一般性說明，亦即「任何種類之財產（property）」，就此而言，應為相當廣泛之定義，並無任何理由可排除投資協定之適用；其次，仲裁庭認為，因 ICC 仲裁判斷具體化之契約權利構成義孟 BIT 定義之投資，因此無須再認定 ICC 仲裁判斷本身是否構成投資。

五、實體爭點

（一）相對人之作為是否構成義孟BIT第5條之「徵收」

為就徵收之爭點作成判斷，仲裁庭認為應先思考下列問題：孟加拉法院之作為是否構成徵收？系爭之法院裁判是否違法？聲請人是否已窮盡國內救濟？聲請人同意於達卡市進行仲裁是否應被視為接受仲裁機構之管轄權可能遭撤銷之風險？系爭違法作為是否為孟加拉之國家行為？針對上述爭點，當事人雙方之主張如下：[7]

1. 孟加拉法院之作為是否構成義孟BIT第5條之「徵收」[8]

依據義孟 BIT 第 5(2) 條之規定，地主國若要進行合法徵收，必須符合徵收之要件（基於公共目的或國家利益，給予即時、充分、有效之補償，沒有歧視待遇，且符合所有法定要件及程序）。相對人並未主張法院之裁判是否為公共目的或國家利益，且本案中亦無補償，然而主要的爭點仍在徵收之認定。

(1) 聲請人主張，違法之法院裁判或作為，若具有剝奪投資人既有利益之效果，應認為構成徵收且涉及國家於國際法上之責任。因此任何對於財產權行使之干預，若構成「不可

5　*Supra* note 3, paras. 112-115.

6　*Id*. paras. 116-128.

7　*Supra* note 1, paras. 120-123.

8　*Id*. paras. 124-132.

逆」（irreversible）之權利剝奪（deprivation）時，無論爲間接或事實上（*de facto*）之情形，都應視爲徵收。

(2) 仲裁庭認爲，內國法院之裁判或作爲並不構成直接徵收，但屬義孟 BIT 第 5(2) 條定義下所謂「產生類似效果之措施」。該裁判已經實質上剝奪聲請人依據 ICC 仲裁判斷所得享有之權利，也由於 Petrobangla 之所有財產皆位於孟加拉境內，一旦法院不予承認該 ICC 仲裁判斷，就等於剝奪 ICC 仲裁判斷中所確認之契約價值，因此構成徵收。此外，針對 Petrobangla 之行爲部分，仲裁庭認定 Petrobangla 的作爲不構成徵收，因爲其對內國法院之請求並不代表政府，既然並非國家行爲則不構成徵收。

2. 孟加拉法院之行爲是否違法

雙方皆同意孟加拉法院之行爲必須「違法」才能滿足違法徵收之要件。[9]

(1) 關於孟加拉法院是否有撤銷 ICC 仲裁庭權限之管轄權 [10]

A. 聲請人認爲孟加拉法院關於撤銷仲裁庭權限之決定違法，因爲其並無權限撤銷 ICC 仲裁庭之仲裁判斷，更何況其撤銷僅基於假設性之原因。此外，孟加拉法院針對 ICC 仲裁判斷之撤銷，已違反當事人自治原則。

B. 仲裁庭認爲，ICC 仲裁規則並不拘束內國法院，因此孟加拉法院就仲裁庭權限一事主張管轄權並不違法，至於撤銷的判斷標準是否符合內國之法令則爲另一爭議。本案中關於管轄權之爭議在於孟加拉法院得否依據 1940 年孟加拉仲裁法第 5 條主張管轄權。仲裁庭認爲 ICC 之管轄權並不排除孟加拉法律之適用，因此孟加拉法院仍得基於其職權而進行審查。

(2) 關於孟加拉法院認定 ICC 仲裁判斷不存在之判斷標準 [11]

A. 聲請人認爲，即便承認孟加拉法院之管轄權，但其決定之作成嚴重違反一般國際仲裁之公認原則、紐約公約、其他國際法以及孟加拉法律。聲請人復主張 Petrobangla 與孟加拉法院乃通謀作出違法之裁判，其認爲內國法院必須採行「普遍可接受的標準司法行政程序」，因此，任何恣意、不公正或嚴重違反公平的判決將違反國際法，而孟加拉法院於宣告 ICC 仲裁判斷不存在時並未爲適當之調查。因此孟加拉法院的違法決定嚴重違反國際仲裁之一般原則，且孟加拉法院無視雙方仲裁合意之行爲已違反紐約公約第 2 條。此外，聲請人認爲孟加拉高等法院在 2004 年 4 月 21 日認定 ICC 仲裁判斷不存在的決定缺乏法律依據。

---

[9] *Id.* paras. 133-136.

[10] *Id.* paras. 137-144.

[11] *Id.* paras. 145-173.

B. 相對人認為，其負有國際法的義務並無疑問，但聲請人應負舉證責任，證明孟加拉法院的裁判「明顯且惡意地錯誤適用法律」。關於紐約公約，相對人主張於本案並不適用，因為對 ICC 仲裁之承認乃依據孟加拉 1940 年仲裁法，而相對人雖已簽署紐約公約，但尚未將該國際法規範透過立法程序轉換至其內國法，因此紐約公約於本案之判斷上無法適用。相對人並強調，聲請人未針對法院就該仲裁案件所為之認定提起適當與否之上訴，因此最高法院並無義務且無權力對此進行裁判，即便聲請人主張法院之決定缺乏法律依據，亦無法對下級法院之判決進行審查。

C. 仲裁庭認為，關於 Petrobangla 與孟加拉法院通謀之主張，聲請人並未提供任何證據，僅是從案件進行的過程作推論，因此仲裁庭並不採納此部分之主張。

ICSID 仲裁庭也發現，孟加拉法院並未實際指出 ICC 仲裁庭是否有不公平或違法之處，僅是以孟加拉仲裁法第 5 條作為其判斷的依據；依該條文，法院得自由認定仲裁庭是否有誤判之可能。然而孟加拉法院從未解釋 ICC 仲裁庭是否有不當之行為，以及該行為是否足以構成認定該仲裁判斷不存在。因此 ICSID 仲裁庭認為孟加拉法院行使其認定仲裁判斷之權力時，已違反一般國際法上之權力濫用禁止原則。

關於違反紐約公約之部分，ICSID 仲裁庭認為，相對人雖尚未將紐約公約內國法化，然其仍應受到國家的國際責任拘束。依據維也納條約法公約（Vienna Convention on the Law of Treaties, VCLT）第 27 條，當事國不得援引其國內法之規定而不履行條約；又依據聯合國國際法委員會國家責任草案（International Law Commission's Articles on State Responsibility for Internationally Wrongful Acts）第 3 條，國家的行為依據國際法認定為違法時，並不因內國法認定為合法而免責。紐約公約第 2(1) 條亦課予國家必須承認仲裁協議之一般性義務。

仲裁庭認為本案與傳統拒絕承認國際仲裁的案件類型不同，因為內國法院並非以仲裁判斷或仲裁合意本身為由而拒絕承認，而是認定 ICC 仲裁庭的管轄權，該作為已違反紐約公約第 2 條之規定，事實上妨礙執行仲裁協議之仲裁。基於上述分析，孟加拉法院認為 ICC 仲裁判斷不存在之決定乃違反國際法的行為，特別是基於紐約公約禁止權力濫用的要求。仲裁庭不支持相對人之見解，認為即便到最高法院，仍然將依據內國法為判斷，但如上述之討論，內國法之做法已然違反國際法。

3. 聲請人是否已窮盡國內救濟[12]

聲請人對於孟加拉法院的兩項決定，即否定 ICC 仲裁庭之管轄權及認定 ICC 仲裁判斷不存在兩部分，皆未提起上訴。本項爭議在於窮盡國內救濟原則是否為提起本次仲裁之實質要件？

---

12 *Id.* paras. 174-184.

(1) 聲請人主張：A. 窮盡國內救濟原則於此不適用；B. 即便該原則適用，聲請人也已採取合理的手段試圖取得孟加拉法院的救濟。依據 *Generation Ukraine* 案中仲裁人之見解，關於徵收之案件並不需要窮盡國內救濟手段。因此於本案，聲請人亦主張應為相同之認定。[13]

(2) 相對人主張，判斷內國法院是否有非法干預的唯一適當判斷標準，為是否有「拒絕正義」之情形，因此在本件關於徵收的案件中，必須符合窮盡國內救濟之實體要件。

(3) 仲裁庭認為依據 ICSID 公約第 26 條的規定，當事國接受國際仲裁時，應視為放棄窮盡國內救濟之要求，而相對人於加入 ICSID 公約時亦未對此聲明保留。此外，仲裁庭亦支持聲請人之主張，認為關於法院的判決是否構成徵收的案件中，並不需要窮盡國內救濟；且窮盡國內救濟之原則並不要求尋求難以實現之救濟手段。由於在高等法院作成認定前，聲請人已在孟加拉其他法院尋求救濟，聲請人已合理地尋求救濟，加上現實上對於安全的威脅，要求對該高等法院之判決上訴應屬難以實現之救濟手段。綜上所述，聲請人無需窮盡所有可能之國內救濟。

4. 聲請人同意於達卡市進行仲裁是否應被視為接受仲裁庭管轄權可能遭撤銷之風險[14]

聲請人認為，即便於達卡市舉行仲裁程序，並不等於免除當地法院秉持公允誠信原則行使其職權之義務，更不排除法院遵守法律原則及國際仲裁之一般原則。相對人則主張其法院對於仲裁程序的干預並非違法，且聲請人既已接受於達卡市舉行程序，則應接受此風險。仲裁庭認同聲請人之主張。

5. 系爭違法作為是否為孟加拉之國家行為[15]

聲請人主張本次徵收乃屬可歸責於 Petrobangla 及孟加拉法院之作為。仲裁庭認為，孟加拉法院之作為很難被認定為不屬於司法權之一環，亦難以將法院判決排除於國家行為之外；此外，依據聯合國國際法委員會國家責任草案第 4 條、第 5 條、第 8 條，Petrobangla 之行為亦應視為國家之行為，唯一之爭議是，相對人是否應為 Petrobangla 的行為負責。

六、損害賠償及費用計算[16]

（一）聲請人請求原本 ICC 仲裁判斷之金額加計遲延利息。其主張之依據為義孟 BIT 第 5(1)(3) 條。依據該條文：

---

[13] *Generation Ukraine, Inc. v. Ukraine*, ICSID Case No. ARB/00/9, Award (September 16, 2003), para. 20.30.

[14] *Supra* note 1, paras. 185-187.

[15] *Id*. paras. 188-191.

[16] *Id*. paras. 192-215.

1. 被徵收之一方應受合理之賠償，其計算標準爲該投資依據國際上普遍公認之計算方式所得出之公平市價。
2. 計算被徵收之投資價格，其日期應爲徵收前或該徵收進行公告之時。
3. 若雙方無特別約定，賠償應以可兌換之貨幣爲之。
4. 賠償之款項應立即支付，遲延時依 LIBOR 6 個月期之利率加計從國有化或徵收時起至履行其義務爲止之利息。

（二）相對人主張，賠償金額應由雙方合意仲裁之協議中所約定的單一仲裁人認定，而非依據 ICC 仲裁庭所計算之金額。

（三）仲裁庭認爲，義孟 BIT 第 5(1)(3) 條對於徵收的規定，僅限於合法徵收之補償，要求應以市場之合理價格爲之。然本案之情形乃違法徵收，並非協定規範之範圍，因此必須尋求習慣國際法中之原則進行判斷。依據常設國際法院 *Chorzów Factory* 該案中建立之原則，賠償必須填補所有非法行爲造成之結果，使雙方之權利義務狀況回復原狀。[17]

仲裁庭經過審愼檢視後，認爲 ICC 仲裁判斷中關於被剝奪權利之認定，符合 *Chorzów Factory* 案之原則。然而關於聲請人主張之訴訟費用、律師費及相關支出的部分，仲裁庭認爲，由於前述之支出或費用並不屬於聲請人最初之投資，因此賠償之損害應僅限於非法徵收對於財產權剝奪之部分，而不及於其他支出。關於返還保證金之請求，由於聲請人並未提出證據證明 Petrobangla 是否仍扣留該筆保證金，因此基於舉證責任分配之原則，聲請人此部分之請求並不成立。

七、仲裁庭之決定與判斷

基於以上理由，仲裁庭爲判斷如下：[18]

（一）相對人應分別支付 5,883,770.80 美元、265,000.00 美元以及 110,995.92 歐元，並加計自 1993 年 6 月 7 日起以年利率 3.375% 計算之利息。

（二）仲裁庭於 2007 年 3 月 21 日所作成關於保固保證金的建議應至本仲裁判斷通知時起失其效力。

（三）本次 ICSID 仲裁庭程序所產生之費用由雙方平均負擔。

（四）雙方應各自負責其因本次仲裁所支出之費用。

（五）其餘請求皆駁回。

---

[17] *Chórzow Factory case (Merits), Germany v. Poland*, Judgment of the PCIJ (September 13, 1928), PCIJ Series A. Vol. 17 at 47.

[18] *Supra* note 1, para. 216.

案例二十八

Salini Costruttori S.p.A. and Italstrade S.p.A. v. Kingdom of Morocco, ICSID Case No. ARB/00/4, Decision on Jurisdiction (English translation) (July 23, 2001)

一、當事人

聲請人：兩間義大利籍公司 Salini Costruttori S.p.A. 與 Italstrade S.p.A

相對人：摩洛哥政府

二、案件摘要

（一）系爭投資

興建公路之政府採購契約。

（二）爭議緣由

聲請人經由政府採購程序，與相對人訂定興建公路之政府採購契約，相對人未支付採購價金。

（三）實體規範依據

義大利—摩洛哥 BIT（下稱義摩 BIT）。

（四）仲裁機構及規則

ICSID；ICSID 仲裁規則。

（五）聲請人請求

相對人賠償聲請人 62,400,000 美元。

（六）仲裁程序及後續

1. 仲裁庭於 2001 年 7 月 23 日作成管轄權決定。
2. 當事人就實體部分達成和解。
3. 仲裁庭於 2004 年 2 月 4 日根據仲裁規則第 43(1) 條，確認終止程序。

三、事實背景

　　1994 年 8 月，摩洛哥政府委由一間於 1989 年設立之道路工程公司 ADM，就該國境內一條長達 50 公里之公路興建標案，向國外廠商公開招標。ADM 進行招標，由兩間從事道路工程興建與維護相關業務之義大利籍公司 Salini Costruttori S.p.A. 與 Italstrade S.p.A 得標。雙方在承攬合約中約定若干保留事項，以免除兩間得標公司在興建過程因不可抗力因素導致工程延宕之責任。依據原契約規定，應於 1998 年 7 月 31 日完成所有工作，但後來延至 1998 年 10 月 14 日始完工。因此，聲請人向 ADM 的首席工程師發函，主張其延宕之原因符合合約約定之保留事項（包含技術問題、天氣惡劣、外匯波動、財務負擔等）時，ADM 卻全數拒絕。因此，聲請人乃向 ICSID 提請仲裁，主張摩洛哥政府違反義摩 BIT 之投資保護規定，請求相對人支付約 6,200 萬美元。

四、程序爭點

（一）關於仲裁先行程序之爭點

　　摩洛哥政府首先抗辯，根據義摩 BIT 第 8.2 條，聲請人並未在提付仲裁 6 個月前，先提出友好和解的請求（request for amicable settlement），因此本案還未滿足提起仲裁之前提要件（亦即 pre-mature）。但聲請人聲稱，其已提出該項請求給 ADM 的董事長（同時為摩洛哥基礎建設部部長）。

　　仲裁庭認為，雖聲請人是向 ADM 董事長提出，但該董事長亦為基礎建設部部長，相對人主張聲請人未提出，實為牽強，加上義摩 BIT 第 8.2 條僅要求 6 個月期限，仲裁庭在解釋上不會將之限縮，因此認為聲請人已表達其友好解決爭議的意思，於適當期間（提付仲裁前 8 個月）內完成必要且適當的程序，與相關機關聯繫，試圖達成和解，已滿足義摩 BIT 條文規定，故其提付仲裁並無程序上之違誤。

（二）關於管轄權之爭點

1. 屬人管轄權（*ratione personae* jurisdiction）：「國營企業」之認定

本案當事人就 ADM 是否爲摩洛哥之國營企業、其行爲是否可視爲摩洛哥國家之行爲，及這兩間義籍公司是否符合義摩 BIT 第 8.3 條規定，可就雙方間之爭議直接向 ICSID 提付仲裁等事項，有所疑義。

本案仲裁庭在判斷地主國之國內公司是否受到國家控制與參與，從結構面（structural）與功能面（functional）兩方面切入。透過結構面衡量系爭公司依何法令設立、註冊與政府在其中的持股比例，以及對董事會的控制程度；並經由功能面檢視該公司是否在功能上有行使國家所賦予之任務等事實，以認定某公司是否屬於地主國之國營事業（State Company）。

從結構面而言，ADM 之結構雖係私人有限公司，但卻由摩洛哥財政部持股近 80%，且其董事會成員包括基礎建設部部長（爲此公司的董事長）、總秘書長、公路部部長等政府官員，可完全決定該公司之政策。而依功能面而言，從 ADM 章程可看出，該公司係爲辦理由摩洛哥政府授權之相關高速公路建設工作，故整體而言，ADM 乃係摩洛哥的國營事業，代表摩洛哥政府從事各項法律行爲（acting in the name of the Kingdom of Morocco）。

2. 投資的定義——屬物／事件管轄權（*ratione materiae* jurisdiction）

由於聲請人選擇依據義摩 BIT 第 8.2(c) 條，於 ICSID 進行仲裁，仲裁庭在決定是否符合投資定義（以決定仲裁庭是否有管轄權）時，必須同時檢視 ICSID 公約[1]第 25.1 條，以及義摩 BIT 第 1 條，關於「投資」的規定。於此管轄權決定中，仲裁庭最後認定，根據 ICSID 公約第 25 條及義摩 BIT，ICSID 對於本案有管轄權應無疑義。

(1) ICSID 公約架構下的投資概念

該公約第 25.1 條規定 ICSID 中心之管轄權及於「任何直接因投資而生之爭端」（The jurisdiction of the Centre shall extend to "any legal dispute arising directly out of an investment"），惟公約中並未定義「投資」。

該案仲裁庭提出投資概念蘊含下列四要素：A. 金錢或資本之投入；B. 特定期間（企業之最短投資期間至少需爲 2 年）；C. 風險承擔；及 D. 對地主國之經濟發展有所貢獻。

關於「對地主國經濟發展之貢獻」，仲裁庭係依據 VCLT 第 31 條，認爲應依其用語、按其上下文並參照條約之目的及宗旨所具有之通常意義，善意解釋之。依此，根據 ICSID 公約前言所提及的「經濟發展之國際合作需求」，故於認定投資時加入該要素。

---

[1] Convention on the Settlement of Investment Disputes Between States and Nationals of Other States (International Centre for Settlement of Investment Disputes [ICSID]) 575 UNTS 159.

(2) 義摩 BIT 下的投資定義

根據義摩 BIT 第 1 條對投資的定義，此一契約之簽訂可滿足 c 款（可主張契約利益之權利，且該契約利益具備經濟價值）、e 款（由法律或契約賦予，具備經濟價值的權利）及 g 款（上述 c、e 款的契約為主管機關所核准），其為投資並無疑義。

此外，在投資定義上，摩洛哥政府還主張符合投資定義的契約，必須滿足義摩 BIT 第 1 條前言所提到的「......in accordance with the laws and regulations of the aforementioned party」，即必須符合締約國法令所成立者，方符合投資之定義，且系爭權利是否屬於該協定之投資，應依地主國之法律與規則認定。本案既然不符合上開投資定義，自不得依該 BIT 提付仲裁。

仲裁庭不贊同摩洛哥對上開協定之解釋，認為該段文字係規範投資之合法性（仲裁庭使用「validity」一詞），並非對投資加以定義，其目的係在確保僅有合法投資才能受到保障。本案聲請人確實遵照摩洛哥法令進行投標並簽訂相關契約。

五、實體爭點

無。

六、損害賠償及費用計算

無。

七、仲裁庭之決定與判斷

仲裁庭於 2001 年 7 月 23 日確認有管轄權，但當事人就實體部分達成和解。

案例二十九

S.D. Myers Inc. v. Government of Canada, UNCITRAL, Partial Award (November 13, 2000), Second Partial Award (October 21, 2002), and Final Award (December 30, 2002)

一、當事人

聲請人：S.D. Myers Inc.

相對人：加拿大

二、案件摘要

（一）系爭投資

從事多氯聯苯（polychlorinated biphenyl，下稱 PCB）廢料處理之公司及其設於地主國加拿大並從事相同業務之分公司。

（二）爭議緣由

加拿大於 1995 年年底頒布 PCB 廢料出口暫行禁令（PCB Waste Export Interim Order），禁止 PCB 廢料出口至美國（下稱系爭法令），聲請人主張加拿大系爭法令已干預其營運、使其喪失締約機會與商機而遭受經濟上之損失。

（三）實體規範依據

北美自由貿易協定（1992）（North American Free Trade Agreement，下稱 NAFTA），聲請人主張加拿大違反以下義務：1. 國民待遇（NAFTA 第 1102 條）；2. 最低待遇標準（NAFTA 第 1105 條）；3. 間接徵收（NAFTA 第 1110 條）；4. 績效要求（NAFTA 第 1106 條）。

（四）仲裁機構及規則

無；UNCITRAL 仲裁規則（UNCITRAL Arbitration Rules 1976）。

（五）聲請人請求[1]

1. 仲裁庭判定加拿大公布並實行系爭法令之行為（下稱系爭措施），已違反 NAFTA 第 1110 條、第 1105 條、第 1102 條、第 1106 條（且不具第 1106(6) 條之阻卻違法事由），加拿大因此應賠償聲請人相當之金額。
2. 仲裁庭命加拿大負擔仲裁程序之所有費用，包括聲請人所有的花費與支出。

（六）仲裁程序及後續

1. 仲裁庭於 2000 年 11 月 13 日作成第一部分仲裁判斷。
2. 仲裁庭於 2002 年 10 月 21 日作成第二部分仲裁判斷。
3. 仲裁庭於 2002 年 12 月 30 日作成最終仲裁判斷。

三、事實背景[2]

（一）聲請人 S.D. Myers 為一間設立於美國俄亥俄州的私人公司，其主要業務係 PCB 廢料之回收及處理再製，該公司亦於加拿大境內設立分公司（下稱加拿大分公司），進行相同業務。聲請人在加拿大主要的營運模式，係將蒐集來的 PCB 廢料運回美國工廠，由美國工廠重新加工處理，使得 PCB 廢料可重複利用，再將之運回加拿大供有需求之公司使用。

（二）1995 年年底，加拿大政府頒布系爭法令，禁止將 PCB 廢料從加拿大出口，此舉等同斷絕聲請人的獲利來源。然而系爭法令卻不禁止加拿大國內同類廠商出口運送 PCB 廢料。

（三）因此，聲請人認為系爭措施對其造成經濟上之損失，依 NAFTA 第 11 章第 B 部分，於 1998 年 7 月 22 日提出訴諸仲裁之請求。

---

[1]　*Memorial of the Investor Initial Phase between S.D. Myers Inc. v. Government of Canada* (July 20, 1999), paras. 247-252.

[2]　*S.D. Myers Inc. v. Government of Canada*, UNCITRAL, Partial Award (November 13, 2000), paras. 1-18, 88-128.

四、程序爭點

（一）聲請人是否為投資人？是否有投資事實？[3]

1. 聲請人主張，其具有 NAFTA 成員國國籍且屬於欲從事、正從事或已從事投資之投資人。

2. 加拿大抗辯，加拿大分公司並非由聲請人直接或間接持有或控制，聲請人於加拿大並無投資事實。

3. 仲裁庭認為，應判斷加拿大分公司是否符合 NAFTA 第 11 章第 C 部分關於投資之定義。有證據顯示，加拿大分公司向聲請人貸款，且聲請人預期於加拿大分公司之收入或獲益中分潤。參酌 NAFTA 之目的及締約方之義務，仲裁庭認為聲請人的創始人 Stanley Myers 將事業移轉給孩子，並指派其子 Dana Myers 擔任家族事業的控制者之事實僅屬公司組織架構問題，並不影響聲請人屬於 NAFTA 第 11 章「間接投資」概念下之「投資人」，且加拿大分公司即屬「投資事實」。

（二）系爭措施是否與投資相關？[4]

1. 加拿大抗辯，其所頒布的系爭法令，其實是針對某種特定「貨品」的出口禁令，並不是針對「投資」所為之禁令，因此無 NAFTA 第 11 章相關規定之適用。

2. 仲裁庭認為，系爭法令本質上使聲請人在加拿大境內的營運更趨困難，係特別針對聲請人之營運及其投資所設。本案應證事實符合 NAFTA 第 1101 條「與投資有關之措施」，因此有 NAFTA 第 11 章相關規定之適用。

五、實體爭點

（一）國民待遇[5]

1. 聲請人主張，系爭法令禁止聲請人將 PCB 廢料出口至美國處理，但加拿大之本國公司卻被允許在不受干預之情況下經營其業務，已形成對從事該業務之美國公司之歧視，有違 NAFTA 第 1102 條關於國民待遇之規定，且不存在係為保護健康或環境等阻卻違法事由，反倒是為了保護並推廣加拿大籍以及在加拿大境內處理相關業務之業者。

---

[3] *Id.* paras. 222-232.

[4] *Id.* paras. 233-236.

[5] *Id.* paras. 130-133, 238-257.

2. 加拿大抗辯，系爭法令僅屬統一之立法，對受規範者均一視同仁，無人被允許出口 PCB 廢料，故不存在歧視的情形。

3. 仲裁庭認為，判斷加拿大之系爭法令是否違反 NAFTA 第 1102 條國民待遇之規定，應為以下之討論：

(1) 首先為「同類情況」（like circumstance）的界定：

仲裁庭指出，NAFTA 第 1102(1) 條與第 1102(2) 條係規定應給予不低於締約國國民於同類情況下之待遇，而同類情況之界定必須審酌同樣使用此用語之 NAFTA 相關規定所示的基本原則，且在評估上也必須審酌具歧視影響之政府法規因出於保護公共利益而得以合法化的情形。此外，仲裁庭也進一步表示，必須判斷主張未受到同等待遇之非本國籍投資人是否與本國籍投資人同屬同一產業（sector），而產業的內涵包括經濟產業與商業產業。從商業角度觀之，聲請人與其他加拿大經營 PCB 廢料處理的產業（例如 Chem-Security 及 Cintec）具有競爭關係，因此應已符合同類情況之概念。

(2) 再者，系爭措施是否牴觸國民待遇之規定，仲裁庭認為以下兩點應予評估：

A. 系爭措施是否造成其國民較非國民取得不成比例的利益。

B. 系爭措施是否已偏袒地主國國民，而對受相關協定保護之非國民形成不公平之情事。

當系爭措施並未對非國民造成不利的影響時，偏袒國民的意圖本身並不違反 NAFTA 國民待遇之規定。本案仲裁庭認為，加拿大禁止聲請人出口 PCB 廢料之系爭措施含有保護國內同類產業之目的，雖然為確保加拿大之經濟與產業狀況之目標亦具備正當性，但仲裁庭認為有更多符合協定的方式可加以運用（例如給予加拿大企業補貼），而非僅能以此違反協定的方式進行，且觀察加拿大後續開放跨境出口 PCB 廢料之種種事實，可知系爭措施並非加拿大處理 PCB 廢料問題之唯一方法，系爭措施已造成聲請人的不利影響，故認定加拿大系爭措施違反國民待遇之規定。

（二）最低待遇標準[6]

1. 聲請人主張，加拿大以歧視及不公平之方式訂頒系爭法令，已屬國際法上拒絕正義之情形且悖於誠信原則，有違 NAFTA 第 1105 條關於最低待遇標準之規定。

2. 仲裁庭認為，只有自國際角度觀之，投資人所受到之不公平或恣意待遇已達無法接受的程度時，才構成 NAFTA 第 1105 條之違反，且判斷過程應高度尊重國際法所賦予當地主管機關能夠在其境內就相關事務加以規範之權利，並考量任何適用於該案的特定國際法

6　*Id.* paras. 134-136, 258-269.

原則。雖然違反國際法並不當然等於對本條之違反，但是當所違反的條款是以保護投資人為目的時，在判斷上就會給予較高的比重。仲裁庭多數意見認為加拿大政府之系爭措施已違反 NAFTA 第 1105 條。

（三）徵收[7]

1. 聲請人主張，系爭法令已對其財產權造成干預而屬徵收，但加拿大卻未支付任何賠償，因此有違 NAFTA 第 1110 條關於徵收之規定。

2. 加拿大抗辯，於系爭法令之生效期間，聲請人及加拿大分公司仍持續營運，且未有證據證明聲請人及加拿大分公司受有任何損失。

3. 仲裁庭認為，一般而言，「徵收」一詞之概念係指政府性質之主管機關行使其法律上或事實上的權力，對於某人的「財產」（property）加以「獲取」（taking；一般直接翻譯為徵收），並使該財產之所有權發生更動，仲裁庭也肯認在法學理論上，除了財產權之外的其他權利也能成為徵收之標的。然而，比起徵收，規範（regulations）較少涉及所有權的剝奪，且徵收通常相當於永久剝奪原所有權人利用徵收標的經濟權利的能力。在本案中，聲請人進入加拿大市場一事被中斷約 18 個月，僅屬暫時性的邊境封鎖，雖然聲請人認為此舉已減損其競爭優勢，但此主張至多作為仲裁庭評估相對人因違反 NAFTA 第 1102 條（國民待遇）與第 1105 條（最低待遇標準）而應賠償的依據，無法據以支持本案事實構成 NAFTA 第 1110 條之徵收的主張。雖然聲請人欲以 NAFTA 第 1110(1) 條之「相當於」（tantamount to）用字來擴大徵收的適用範圍，但仲裁庭參酌 *Pope & Talbot* 案的見解，認為 NAFTA 之起草者無意以「相當於」之用字擴大國際上所公認徵收一詞的範圍。在本案中，雖然系爭法令的設計係為限制聲請人並確實達成此目的，但也只是暫時的，系爭措施未使相對人獲得好處，且無證據證明存在將財產或利益直接移轉給他人的情形，因此本案並無違反徵收之相關規定。[8]

（四）績效要求[9]

1. 聲請人主張，系爭法令迫使其於加拿大處理 PCB 廢料，使 PCB 廢料處理業者優先使用加拿大之商品與服務，實屬績效要求，有違 NAFTA 第 1106 條關於不得要求投資人之投資必須使用國內商品或服務之規定。

---

[7]　*Id.* paras. 142-143, 156, 279-288.

[8]　*Pope & Talbot Inc. v. The Government of Canada*, UNCITRAL, Interim Award (June 26, 2000), para. 104.

[9]　*Supra* note 2, paras. 137-141, 154-155, 270-278.

2. 加拿大抗辯，出口禁令並非 NAFTA 所規定之績效要求態樣，系爭法令也未曾強迫購買加拿大之商品或服務等。就算有違反績效要求之規定，也因系爭法令係為保護人類健康或為保存自然資源所採取之必要措施，符合此規定之例外情形而得阻卻違法。

3. 仲裁庭認為，是否有 NAFTA 第 1106 條之適用，除系爭措施之形式外，也應審視其實質內容。自系爭法令之實質內容與所帶來之影響，及 NAFTA 第 1106 條之文義觀察，仲裁庭多數意見認為聲請人未被施加屬於 NAFTA 第 1106 條所定義之要求（requirements），因此本案並無違反績效要求之相關規定。

（五）賠償金額與費用負擔[10]

1. 聲請人主張，其本來得於 1995 年 12 月至 1997 年 7 月之邊境封鎖期間處理絕大多數的加拿大 PCB 廢料存貨；其先驅優勢與獨有之機會均因系爭措施而喪失。聲請人認為，當邊境再次開放時，其他競爭者已作足準備進入加拿大市場，使聲請人的競爭優勢被削弱。聲請人本得處理相關存貨，但系爭措施已造成其損失且無法挽回，相對人除應賠償相關之損失與損害外，亦應賠償聲請人所支出之法律上代理及法律服務費用。

2. 加拿大抗辯，系爭措施帶來的影響只是推遲聲請人約 15 個月進入本質上相同的市場，且聲請人不具處理其所主張之 PCB 廢料容量的能力。此外，雙方應自行負擔各自之法律上代理及法律服務費用。

3. 仲裁庭認為，聲請人確實因相對人之系爭措施而在加拿大市場受有不利益，喪失其作為先驅及與競爭對手相較之下的優勢地位。此外，聲請人在邊境封鎖前處理部分存貨的機會也被推遲約 15 個月，且聲請人確實具有所稱處理 PCB 廢料的能力。仲裁庭認為相對人應賠償聲請人損失的淨收入流及被系爭措施推遲的收入價值，至於超過此部分者則非相對人所應負責，且相對人免對美國封鎖邊境後聲請人無法處理加拿大 PCB 廢料一事負責。仲裁庭審酌相關之 UNCITRAL 仲裁規則及兩造之主張等因素，判命相對人應給付聲請人總計 500,000 加幣之法律上代理及法律服務費用。

六、損害賠償及費用計算

相對人應賠償聲請人因此所受到之損失與損害，總計 6,050,000 加幣，並支付自仲裁通知起至給付日，以加拿大基本利率加 1% 所計算之利息（每年複利）。相對人應給付聲請人總計 350,000 加幣之仲裁費用支出與總計 500,000 加幣之法律上代理及法律服務費用的支出，

---

10 *S.D. Myers, Inc. v. Government of Canada*, UNCITRAL, Second Partial Award (October 21, 2002), paras. 173-301; *S.D. Myers, Inc. v. Government of Canada*, UNCITRAL, Final Award (December 30, 2002), paras. 13-49.

並支付自最終仲裁判斷作成日起至給付總額之日，以加拿大基本利率加 1% 所計算之利息（每年複利）。

七、仲裁庭之決定與判斷[11]

（一）系爭法令與NAFTA締約國之「投資人」及其「投資事實」有關，且本案聲請人屬於「投資人」，並於相關期間內在加拿大有「投資事實」。

（二）系爭法令不構成 NAFTA 第 1106 條績效要求或第 1110 條的徵收行為，但已違反 NAFTA 第 1102 條國民待遇與第 1105 條最低待遇標準，相對人應賠償聲請人因此所受到之損失與損害，總計 6,050,000 加幣，並支付自仲裁通知起至給付日，以加拿大基本利率加 1% 所計算之利息（每年複利）。

（三）相對人應給付聲請人總計 350,000 加幣之仲裁費用支出與總計 500,000 加幣之法律上代理及法律服務費用的支出，並支付自最終仲裁判斷作成日起至給付總額之日，以加拿大基本利率加 1% 所計算之利息（每年複利）。

---

[11] *Supra* note 2, paras. 320-327; Second Partial Award, *supra* note 10, paras. 311-313; Final Award, *supra* note 10, paras. 53-55.

案例三十

Siemens A.G. v. The Argentine Republic, ICSID Case No. ARB/02/8, Decision on Jurisdiction (August 3, 2004)

一、當事人

聲請人：Siemens A.G.

相對人：阿根廷

二、案件摘要

(一) 系爭投資

聲請人在阿根廷當地之投資實體公司（investment vehicle company）股權（單一股東）；特定契約之金錢請求權；依法授予之商業特許權。

(二) 爭議緣由

相對人政府先暫停，而後終止建立一套移民管制及身分辨識系統（system of migration control and personal identification，下稱身分辨識系統）之契約。

(三) 實體規範依據

德國—阿根廷 BIT（1991）（下稱德阿 BIT），聲請人主張相對人違反以下義務：1.間接徵收；2.最惠國待遇（下稱 MFN 或 MFN 待遇）；3.公平公正待遇／最低待遇標準；4.充分保障與安全；5.傘狀條款；6.恣意、不合理及／或歧視性措施。

(四) 仲裁機構及規則

ICSID：ICSID 仲裁規則。

（五）聲請人請求

相對人賠償聲請人 4 億 6,250 萬美元。

（六）仲裁程序及後續

1. 仲裁庭於 2004 年 8 月 3 日作成管轄權決定。
2. 仲裁庭於 2007 年 2 月 6 日作成仲裁判斷。

三、事實背景[1]

相對人於 1996 年 8 月就身分辨識系統辦理招標，招標條件要求投標廠商需設立一家當地公司，以參與投標。聲請人透過其全資子公司 Siemens Nixdorf Informationssysteme AG（下稱 SNI），在阿根廷設立 Siemens IT Services S.A.（下稱 SITS）。

依招標條件之要求，由 SITS 作為投標廠商。SITS 得標後，並於 1998 年 10 月 6 日簽署契約（下稱系爭契約），系爭契約經第 1342/98 號命令批准。系爭契約為期 6 年，有兩次延展契約期限之機會，每次得延展 3 年。聲請人進行必要之投資，向 SITS 投入資本，並提供資金予 SITS，使其履行系爭契約之義務。

1999 年 12 月 10 日，阿根廷新政府上台，隨後於 2000 年 2 月以技術問題為由，暫停系爭契約。阿根廷於 2000 年 3 月設立一委員會檢視系爭契約，SITS 同意此委員會於同年 11 月在第 25.344 號緊急法（Emergency Law 25.344，下稱緊急法）之範圍內所為之提案。然 SITS 於 2001 年 5 月 3 日收到不同的提案。

相對人於 2001 年 5 月 18 日依緊急法發布第 669 號命令，終止系爭契約。SITS 分別在 2001 年 6 月 5 日、6 月 19 日及 7 月 5 日，對第 669 號命令提出三次行政申訴，阿根廷於 2001 年 9 月 24 日以第 1205/01 號命令駁回該等申訴。

聲請人於 2001 年 7 月 23 日通知相對人，主張相對人違反德阿 BIT，啟動該 BIT 所規定之 6 個月協商程序，而後於 2002 年 3 月 18 日同意提交 ICSID 仲裁。

---

[1] *Siemens A.G. v. The Argentine Republic*, ICSID Case No. ARB/02/8, Decision on Jurisdiction (August 3, 2004), paras. 21-27.

四、程序爭點

（一）應適用之法律規範[2]

1. 聲請人主張，管轄權議題應僅以本協定及國際法為基礎進行裁決，管轄權決定應以 ICSID 公約第 25 條及德阿 BIT 之相關條款裁決。

2. 相對人主張，德阿 BIT 適用法條款規定，應以本協定為基礎認定爭端，且應以締約雙方間生效的其他條約、投資所在締約方之法律為基礎（如有適用），包括衝突法規則、一般國際法律原則。相對人主張依此條款，本爭端主要依阿根廷法律裁決。

3. 仲裁庭認為，相對人之主張未區分適用於爭端實體階段之法律及決定仲裁庭管轄權之法律。ICSID 仲裁庭管轄權之認定，係依據 ICSID 公約第 25 條及表達爭端雙方同意提付 ICSID 仲裁之文件之條款，即德阿 BIT 第 10 條。

（二）管轄權：得否藉由MFN條款援引其他BIT關於爭端解決之規定

1. 聲請人主張[3]

(1) VCLT 規定，協定之條款應以善意解釋之。依此原則解讀德阿 BIT 及 MFN 條款可知，除德阿 BIT 第 3(3) 條及第 3(4) 條與議定書第 3 條註釋 (b) 等規定所明確排除者外，MFN 條款包含德阿 BIT 所含括之所有事項。爭端解決機制乃為促進及保障外人投資所給予投資人之保證之一部分，在 ICSID 就投資爭端進行國際仲裁是最為相關之保障之一。

(2)「他人行為排斥原則」（the principle of *res inter alios acta*）與 MFN 條款之運作無關。德阿 BIT 第 3 條是關於地主國給予投資及投資人之待遇。如保障投資，卻拒絕保障投資之所有人，是不符合邏輯的。德阿 BIT 第 3 條之待遇並不限於任何特定的實體待遇標準。

(3) 德阿 BIT 第 3(2) 條擴張、而非限制 MFN 條款之適用。「活動」一詞是廣泛且全包含的（broad and inclusive），議定書所列舉之活動清單之前言為「尤其是但不限於」（especially but not exclusively），投資爭端解決落入本詞彙之範疇，投資人依 BIT 行使透過仲裁解決投資控訴之權利，是一個與投資相關之活動之清楚範例。議定書中所述之「投資之管理、維護、使用及收益」包含爭端解決，參與訴訟是企業管理及營運之正常特徵。

(4) MFN 與國民待遇為不同的保障標準，二者獨立。除締約方協商排除者外，第 3 條 MFN

---

2 *Id.* paras. 29-31.

3 *Id.* paras. 60-63, 65-67, 69, 71-72, 77-78.

條款適用於整體協定所涵蓋、締約雙方合意之關係，爭端解決並非除外事項。第 3 條與第 4 條之 MFN 條款可作不同的解讀，第 3 條一般 MFN 條款之例外為第 3(3) 條及第 3(4) 條，該等例外不適用於第 4 條。

(5) 相對人錯誤解讀同類解釋（*ejusdem generis*）原則，德阿 BIT 的確提及管轄權及程序議題，同類解釋原則僅要求，MFN 條款及所仰賴之第三方協定之條款均與管轄權有關。

(6) 關於 BIT 之國家實踐，廣義的 MFN 條款為原則，而非例外。在相對人所簽署之 BIT 中，關於進入國際仲裁之等待時期及當地救濟先行之規定亦不一致。由此等不一致可知，並非如相對人所主張，當地救濟先行為相對人公共政策之一部分。在不同的 BIT 中，進入國際仲裁之多元規則造成特定國籍之投資人遭受歧視，MFN 條款之效果在於調和適用於投資人之條件，而不論其國籍。關於德阿 BIT 第 10 條之規定與德國投資協定範本不同，因而顯示德阿 BIT 是特別協商所獲致，惟此不能被視為將第 10 條排除在 MFN 條款適用範圍外之理由，無任何證據顯示 MFN 條款僅適用於未經協商之協定條款。

(7) 德阿 BIT 之締約雙方於簽署 ICSID 公約或 BIT 時，並未以窮盡當地救濟作為同意仲裁之條件，窮盡當地救濟之要求與強制訴諸國內法院一定期間之要求並不相同，後者僅為程序規則，爭端方得於該等期間經過後訴諸仲裁。訴諸阿根廷法院並無益，蓋阿根廷法院不可能在 BIT 規定之 18 個月內裁決。

2. 相對人主張[4]

(1) 聲請人以 MFN 條款援用智利—阿根廷 BIT（下稱智阿 BIT），規避國內訴訟先行程序。相對人主張，僅得依特定協定之解釋，決定該協定中 MFN 條款之範圍。德阿 BIT 之 MFN 條款排除投資人援用智阿 BIT，德阿 BIT 第 3(1) 條僅提及投資及投資之待遇，未包括對投資之持有人之待遇，無任何根據可將投資一詞解讀為包含爭端解決。在任何情況下，爭端解決程序均不可被視為是一項資產、一項投資。

(2) 聲請人援引 *Maffezini* 一案，忽略該案所適用之西班牙—阿根廷 BIT 之 MFN 條款與德阿 BIT 之 MFN 條款有本質上之不同。阿根廷表示，MFN 條款構成一種法律異常（legal anomaly），蓋其創設一個額外決定「國際法關於雙邊義務之基本原則：他人行為排斥原則」之架構。

(3) 依德阿 BIT 第 3(2) 條之文本，亦不允許推論出爭端雙方欲將爭端解決體系（dispute settlement system）包含在 MFN 條款之適用範圍內，蓋爭端解決體系並非與投資相關之活動。此可由議定書中之「活動」之定義證實，依該定義，活動係關於投資之開發與管理、具商業及經濟本質之交易，不包括爭端解決。

---

[4]   *Id.* paras. 33-37, 41, 45-46, 48-51, 56-57, 59.

(4) 德阿 BIT 第 3(1) 條及第 3(2) 條所包含之事項，係以國民待遇為基礎，確保給予外國投資人及本國投資人相同的待遇。關於爭端解決之規則是例外的，且專屬於外國投資人，因此，不得主張德阿 BIT 第 3(1) 條及第 3(2) 條之待遇義務包含爭端解決體系。相對人依德阿 BIT 第 10(2) 條，要求本爭端應被提交至管轄之聯邦法院。

(5) 仲裁合意在概念上與實體條款分離，德阿 BIT 第 3 條處理實體條款。關於程序及管轄權事項，同類解釋原則更具限制性，除非有明確規定，否則 MFN 條款不得擴及於程序事項。如 BIT 締約方欲在 MFN 條款之適用範圍內納入爭端解決體系，會明確規範，例如韓國—阿根廷 BIT。

(6) 相對人強調，德阿 BIT 之爭端解決條款與德國投資協定範本不同，基於此項事實，相對人推導出兩個結論：第一，締約方明確採行特定爭端解決機制；第二，締約方認為德阿 BIT 之爭端解決機制特別重要，有別於德國投資協定範本所偏好之政策。各 BIT 之 MFN 條款乃個案協商之結果。

(7) 相對人稱，德阿 BIT 第 10 條乃窮盡當地救濟原則之節制（moderation），該條款要求聲請人先進行至少 18 個月之當地救濟，訴諸當地法院並非無效或費用昂貴。先將爭端訴諸當地法院是阿根廷同意仲裁之條件，此乃締約方希望為其法院保留之角色，儘管是在 BIT 規定之時限內。聲請人對於第 10(2) 條之解釋將剝奪此條款之意義，不符合一般公認之條約解釋原則，尤其是 VCLT 之解釋原則。

3. 仲裁庭認為[5]

(1) 德阿 BIT 第 3(1) 條規定，締約方在其領域內，給予締約他方之國民或公司之投資或所擁有股份之待遇，不應低於其給予本國國民或公司之投資或第三國國民或公司之投資之待遇。德阿 BIT 第 3(2) 條規定，締約方在其領域內，給予締約他方之國民或公司關於投資之活動之待遇，不應低於其給予本國國民或公司或第三國國民或公司之待遇。第 3 條之例外則為依關稅同盟、經濟聯盟及自由貿易區所給予之特權（第 3(3) 條），及依與租稅相關之協定所給予之優惠（第 3(4) 條）。議定書藉由排除依內部或外部安全或公共秩序考量所決定之措施、給予各締約國國民或公司之財政優惠、豁免或減免，補充 MFN 之例外（第 3 條註釋 (a) 及 (b)）。此外，議定書規定，「活動」係指「尤其是但不限於投資之管理、使用、收益」，且在各締約方領域內外影響原物料及其他投入要素之購買與生產方式之措施，將被視為是較低待遇之措施（第 3 條註釋 (a)）。

(2) 仲裁庭認為，設計例外規定之需求，是為了確認待遇或活動之文義之一般性，而非在例外規定所述者外再增加限制。如締約方欲在例外之限制之外，加諸第 3 條內容之限制，

5　*Id.* paras. 82-86, 88-94, 102-104, 106, 110.

則締約方會在「待遇」或「活動」之詞彙作限定，然本案並無此等限定。因此，仲裁庭不認同相對人之主張，認為第 3(1) 條及第 3(2) 條並未將「待遇」限於與投資之開發及管理相關、具商業及經濟本質之交易。

(3) 德阿 BIT 第 4 條規定：「(1) 各締約方國民或公司之投資在締約他方領域內應享有充分保障與法律安全（full protection and legal security）；(2)……(3) 締約一方之國民或公司在締約他方領域內，因戰爭或其他武裝衝突、革命、國家緊急狀態或暴動致其等之投資蒙受損失，關於回復原狀、補償、賠償或其他，該締約方給予締約一方之國民或公司之待遇不得低於其給予本國國民或公司之待遇。該等支付將可自由移轉；(4) 各締約方之國民或公司在締約他方領域內，在本條所包含之所有事項，應享有 MFN 待遇。」第 4(4) 條規定限於「本條所包含之事項」，而第 3 條則不存在該等限制。從條文文字比較，第 4 條提及 MFN 或國民待遇，並不會減損第 3 條之一般性（generality）或使第 4 條成為多餘的條文。在重疊的範圍內，應被理解為涵蓋當事人之特別利益。在外人投資及外國國民之待遇上，徵收、內戰或其他暴力擾亂之補償是一項重要的議題，具體提及此等事項，似與其等之重要性一致。針對特定情況之重複規定，係強調締約方對該等事項之關注，而非限制一般性條款之範圍。

(4) 針對相對人區分投資人及投資之保障，仲裁庭表示，BIT 係為促進及保障投資之協定，投資人並未出現在協定名稱中，如依相對人之主張，將悖於協定之目的。與協定目的更為一致之見解應為，第 3 條中投資之待遇包含投資人之待遇，也因此需要設計提及投資人之例外規定。因此，仲裁庭認定，就 MFN 條款之適用而言，協定中投資人或投資詞彙之區分並無特殊意義。

(5) 第 3(1) 條及第 3(2) 條提及國民待遇，此為締約方之雙重義務，地主國已承諾在任一情況下都不會給予不利的待遇。地主國依第 3(1) 條及第 3(2) 條負擔之義務是最低待遇水平（a minimum level of treatment），而非義務上限。

(6) 關於爭端解決是否為提供投資人保障之一部分，仲裁庭認為，進入爭端解決機制為德阿 BIT 所提供之保障之一部分，為外國投資人及投資之待遇之一部分，且為透過 MFN 條款取得優惠待遇之一部分，此結論與 *Maffezini* 仲裁庭之認定一致。在該案中，實體規範依據為西班牙—阿根廷 BIT，投資人依 MFN 條款主張西班牙—智利 BIT 之優惠待遇。西班牙—阿根廷 BIT 之 MFN 條款使用「受本協定規範之所有事項」（all matters subject to this Agreement），而德阿 BIT 之 MFN 條款僅提及「待遇」（treatment）。*Maffezini* 仲裁庭提到，西班牙在與阿根廷簽署之 BIT 之 MFN 條款中使用「受本協定規範之所有事

項」，在其他 BIT 中則使用「此待遇」（this treatment），後者為較狹義之陳述。[6]本案仲裁庭認同後者較為狹義，然認為「待遇」及「與投資相關之活動」之文字已足以涵蓋爭端解決。

(7) 針對相對人關於窮盡當地救濟之主張，仲裁庭認為，德阿 BIT 締約雙方的確欲透過第 10(2) 條，在爭端被提交國際仲裁前，給予當地法院裁決爭端之機會。然而，並不表示此條款要求窮盡當地救濟，第 10(2) 條並未要求相對人法院先作成最終裁決，亦未要求任何層級之法院先作成最終裁決。第 10(2) 條之要求僅為一定時間經過或法院裁決後仍存有爭議，因此，不能將第 10(2) 條視為窮盡當地救濟規則。

(8) 關於相對人主張德阿 BIT 之爭端解決條款不同於德國投資協定範本之規定，仲裁庭認為，接受範本之一項條款，並不會賦予該條款較其他較難協商之條款更多或更少之法律效力。協定協商之最終結果為締約雙方合意之文本，不論協商過程如何崎嶇。仲裁庭解釋 BIT 時，受締約方促進投資之意向拘束，當締約方之意向已清楚表達時，仲裁庭無權以 BIT 文字是否為投資協定範本之一部分為基礎，事後猜測（second-guess）締約方之意向，賦予該等文字特殊意義。如前所述，「待遇」一詞非常廣泛，除締約方另有合意外，仲裁庭不能限制其適用。事實上，MFN 條款之目的在於消除特別協商條款之效果，就各締約方不適用歧視投資之措施之承諾，予以補充。

(9) 綜上，仲裁庭駁回此項管轄權異議。

（三）管轄權：本爭端是否已提交阿根廷當地管轄（the local jurisdiction）

1. 聲請人主張[7]

(1) MFN 條款並非要求聲請人在兩項協定中作選擇，亦非一旦選擇一項協定之優惠待遇，則適用該協定之所有條款。MFN 條款隱含，有權在不同的協定中，選擇對 MFN 條款之受惠者（beneficiary）最有利之條款。

(2) 即便相對人之主張正確，聲請人亦未觸發智阿 BIT 之岔路條款（fork in the road）。岔路條款適用之前提為，已向內國法院提交爭端，所提交之爭端須與提交仲裁之爭端相同，兩個程序之當事人亦應相同。本案並非如此，因爭端未曾被提交至「國家司法機關」（national jurisdiction）。「國家司法機關」指對爭端雙方而言是獨立且公正、有權解決地主國與投資人間之投資爭端之機關，不包含在行政部門前提出之行政程序。SITS 是向

---

[6] *Maffezini v. The Kingdom of Spain*, ICSID Case No. ARB/97/7, Decision on Objections to Jurisdiction (January 25, 2000), para. 60.

[7] *Id.* paras. 116-117.

阿根廷總統申訴，此並非司法程序之一部分。

2. 相對人主張[8]

(1) 如聲請人得依 MFN 條款適用智阿 BIT，則該協定中之岔路條款即有適用，SITS 已向阿根廷行政機關提出申訴。如仲裁庭認定不適用 MFN 條款，則仲裁庭不得認定其有本案之管轄權，蓋第 10(2) 條要求，自啓動司法程序起須經過 18 個月。德阿 BIT 之規定爲通常司法程序（the ordinary judicial process），其意義不包含行政法院。

(2) 依第 10(2) 條，聲請人應在管轄之司法法院提出請求。不論是 SITS 提出之申訴程序不可歸責於聲請人，或聲請人無權代表 SITS 提出請求，依據德阿 BIT，聲請人或 SITS 均不符合作爲投資人或作爲投資之資格。

3. 仲裁庭認爲[9]

(1) 如將 MFN 條款解釋爲，一旦依該條款援用智阿 BIT 之利益，即適用該協定之所有條款時，則依 MFN 條款主張利益之當事人將在一個整體協定與另一個整體協定間選擇，包括適用可能被認爲較不利之條款。此種理解將違背 MFN 條款之預期結果，即調和一方當事人同意給予之利益及授予另一方當事人更爲有利之利益。

(2) 綜上，仲裁庭認定，聲請人得將智阿 BIT 之適用限縮於直接進入國際仲裁。因此，仲裁庭無須再審視爭端雙方關於智阿 BIT 之岔路條款之主張。

（四）管轄權：聲請人是否欠缺當事人適格（ius standi）

1. 聲請人主張[10]

(1) 德阿 BIT 並未要求須存在直接關係，且並未以投資人與投資間之直接關係作爲賦予投資保障之要件。德阿 BIT 使用最爲通常之投資定義，以資產爲基礎（asset-based），而非以企業或交易爲基礎（enterprise-based or transaction-based）。基於此廣泛定義、ICSID 仲裁實務及著名法學家之意見，德阿 BIT 確實涵蓋間接投資。聲請人擁有當事人適格，不因其透過 SNI 持有 SITS 之股份，而被排除依德阿 BIT 提出請求。

(2) 德阿 BIT 第 4 條提及間接請求，及智阿 BIT 未提及間接請求之事實，不代表聲請人必須受智阿 BIT 所有條款之拘束。聲請人不受該 BIT 中較不利之條款拘束，否則將牴觸 MFN 條款之本旨。

---

[8] *Supra* note 1, paras. 111, 115.

[9] *Id.* paras. 119-121.

[10] *Id.* paras. 128-130, 134.

2. 相對人主張[11]

(1) 德阿 BIT 要求投資人與投資間存在直接關係。本案並未存有直接關係,蓋 SNI 方為 SITS 股份之持有人,聲請人並非是股份持有人。僅 SNI 得提出關於其投資之請求。

(2) 相對人承認,依德阿 BIT 第 4 條及議定書之第 4 條註釋,存有間接請求之可能性,此顯示間接請求之例外本質。智阿 BIT 並未允許間接請求,因此,如仲裁庭認定依 MFN 條款可適用智阿 BIT,聲請人即不得提出間接請求。

3. 仲裁庭認為[12]

(1) 如前所述,依德阿 BIT 之 MFN 條款援引智阿 BIT 條款之一之優惠待遇,未必需要依循智阿 BIT 之所有條款。德阿 BIT 中並未明確提及直接或間接投資,投資之定義相當廣泛,在定義中所列之特定投資種類僅作為例示之用,而非排除未被臚列者。投資種類之一為「股份、參與公司之權利及其他參與公司之形式」,其字面意義(plain meaning)為德國股東持有之股份受德阿 BIT 保障。德阿 BIT 並未規定投資與公司之最終所有人之間不能存在中介公司(interposed companies)。

(2) 議定書之第 4 條註釋規定,當地主國對已進行投資之公司採取第 4 條規定之措施,且因此等措施致投資嚴重受損時,亦存在獲得補償之權利。在德阿 BIT 第 4 條中,「措施」一詞僅用於徵收或相當於徵收之措施。第 4 條及議定書之補充規定顯示,獲得補償之權利係植基於因對公司採取之「措施」直接或間接導致投資遭受之損害。該等條款並未特定誰得直接或間接請求該等權利,因此,相對人關於間接請求之主張是錯誤的。綜上,仲裁庭駁回相對人之異議,認定聲請人具有當事人適格。

五、實體爭點

無。

六、損害賠償及費用計算

無。

---

[11] *Id.* paras. 123-124.

[12] *Id.* paras. 135, 137-139, 142, 144.

七、仲裁庭之決定與判斷[13]

綜上，仲裁庭認定：

（一）仲裁庭就聲請人仲裁請求及訴狀中之控訴有管轄權。

（二）聲請人具有當事人適格。

---

13 *Id.* para. 184.

案例三十一

Spyridon Roussalis v. Romania, ICSID Case No. ARB/06/1, Award (December 7, 2011)

一、當事人

聲請人：Spyridon Roussalis（希臘公民，下稱 Roussalis）

相對人：羅馬尼亞

二、案件摘要

（一）系爭投資

　　聲請人與羅馬尼亞政府民營化主管機關 The Authority for State Assets Recovery（下稱 AVAS）間締結一股權認購協議，目的為取得一家冷凍食品倉儲公司 S.C. Malimp S.A.（前國營事業）之控制權。

（二）爭議緣由

1. 聲請人認購股份後，未依約履行認購後之義務。
2. 羅馬尼亞主管機關對投資人之公司課予稅務及施加罰款。
3. 羅馬尼亞主管機關以聲請人違反歐盟食品安全法規為由下令其停工。

（三）實體規範依據

　　希臘—羅馬尼亞 BIT（1997）（下稱希羅 BIT），聲請人主張相對人違反以下義務：1. 間接徵收；2. 公平公正待遇（fair and equitable treatment，下稱 FET）／最低待遇標準，包括拒絕正義（denial of justice）；3. 充分保障與安全（full protection and security，下稱 FPS）。

（四）仲裁機構及規則

　　ICSID：ICSID 仲裁規則。

（五）聲請人請求

羅馬尼亞應給付 110,000,000 美元之損害賠償。

（六）仲裁程序及後續

1. 仲裁人 Michael Reisman 於 2011 年 11 月 28 日作成聲明（declaration）。
2. 仲裁庭於 2011 年 12 月 7 日作成仲裁判斷。

三、事實背景[1]

AVAS 為主管國營事業民營化之主管機關。S.C. Continent Marine Enterprise Import Export S.R.L.（下稱 Continent SRL）是設立於羅馬尼亞的法人，由聲請人百分百持有。

在 1998 年以前，S.C. Malimp S.A. 為羅馬尼亞國營事業。1991 年曾進行部分民營化，其中 30% 股權由私人持有，而 AVAS 持有剩餘之 70% 股權。

1998 年 9 月 4 日，AVAS 發出公開招標之要約，欲出售 S.C. Malimp S.A. 之股份，由 Continent SRL 贏得標案，以每股 32,591 羅馬尼亞列伊（ROL）進行收購，並預計於收購後注資共 140 萬美元。

1998 年 10 月 23 日，聲請人與 AVAS 簽署股權認購協議（下稱民營化協議），透過 Continent SRL 向 AVAS 收購其持有 S.C. Malimp S.A. 之 70% 股權，共 372,523 股。此收購案後，S.C. Malimp S.A. 更名為 S.C. Continent Marine Enterprise S.A.（下稱 Continent SA）。

據民營化協議，Continent SRL 承諾於收購後 2 年內，即自 1999 年 1 月 1 日至 2000 年 12 月 31 日，進行額外投資共 140 萬美元。該投資款需由買方個人資源支出或由其募集到的資源支出。時程上，於 1999 年底前需完成 110 萬美元之投資，剩餘 30 萬美元則須於 2000 年年底前完成。Continent SRL 並同意以 Continent SA 之股份，共 372,523 股，設質給 AVAS 作為擔保。

聲請人爭執 Continent SRL 已履行收購後投資之義務，Continent SA 之股東亦已通過增資決議，此增資決議為 Continent SA 向 Continent SRL 發行 1,418,648 新股之基礎，並經羅馬尼亞商業登記處許可，惟相對人對此有所爭執。

於 2004 年至 2008 年間，Continent SA 移轉超過 280 萬美元之資產給聲請人個人。此外，Continent SA 以支付顧問服務費之名義，移轉 150 萬美元給聲請人設立之公司 Ozias Marine Company（下稱 Ozias），且以 137 萬美元向 Ozias 購買器材設備（但從未交貨）。羅馬尼亞

---

[1] *Spyridon Roussalis v. Romania*, ICSID Case No. ARB/06/1, Award (December 7, 2011), paras. 1-17.

稅務主管機關於 2003 年 12 月查核 Continent SA 之稅務，剔除其向 Ozias 支付金額作爲稅額抵減，要求 Continent SA 補繳所得稅、VAT、利息及罰金。

聲請人主張羅馬尼亞當局以一連串惡意及不正當之行爲侵害其投資，已該當間接徵收，或至少該當實質損害，並違反希羅 BIT 中所訂之 FET、FPS、合法徵收等義務，亦違反歐洲人權公約第 6 條及第一附加議定書第 1 條。

四、程序爭點

（一）反訴[2]

1. 相對人提出反訴

(1) 對聲請人之反訴

聲請人主張其並非民營化協議當事人之一方，故不須爲 Continent SRL 違約之行爲負責。相對人提出反訴，主張：

A. 聲請人應採取必要行動，將 Continent SRL 持有、已設質給 AVAS 之 Continent SA 股份移轉給 AVAS。

聲請人已直接控制 Continent SRL，因其爲該公司之董事及唯一股東，且經由 Continent SRL 持有絕大部分 Continent SA 之股份（共 96.52%），已間接控制 Continent SA。聲請人並代表 Continent SRL 簽訂民營化協議，爲該交易之最終受益人，且私自挪用公司資產（500 萬美元）作爲私用，可見其對兩間公司之控制力已足以作爲羅馬尼亞法院作出揭開公司面紗，並令聲請人負責判決之基礎。

B. 聲請人因 Continent SRL 挪用 Continent SA 之資金，應與其共同負連帶賠償責任。

(2) 對 Continent SRL 之反訴

A. 依民營化協議，應強制執行與 Continent SRL 約定設質之 372,523 股份。

B. 相當於 AVAS 出賣予 Continent SRL 股份價額之損害賠償。

C. Continent SRL 與／或聲請人不當挪用 Continent SA 之資金和財產，應連帶賠償與之相當之價額。

(3) 對 Continent SA 之反訴

爲確認 Continent SA 於 2000 年 12 月股東會通過之增資決議無效，AVAS 於 2007 年 8 月曾向羅馬尼亞法院提出訴訟。因該增資本應基於 Continent SRL 對 Continent SA 注入共

2　*Id.* paras. 747-877.

140 萬美元之投資，惟 Continent SRL 並未如約履行該投資。Continent SA 於 2000 年 12 月股東會通過之增資決議乃基於不實且惡意誤導之資訊所爲，從而，相對人提出本反訴以避免仲裁庭與內國法院對事實作出矛盾認定。

2. 相對人主張

仲裁庭具有管轄權得審理所提之反訴，理由如下：

(1) 反訴之契約上主張並不與管轄權衝突：依 *Klöckner v. Cameroon* 案，仲裁庭認爲若反訴與聲請人之主張共同形成不可分割之一部，則得審理該反訴。[3] 本案，反訴所主張之事實，爲本案之主要部分，與聲請人之主張皆衍生自股權認購協議之權利義務，故兩者於事實上具緊密連結，需一併審理。

(2) 聲請人亦同意一併審理反訴。

(3) 依希羅 BIT 第 2(6) 條之傘狀條款，仲裁庭具反訴管轄權。

(4) 羅馬尼亞並無於提起反訴前須先窮盡國內救濟途徑之義務。

(5) 反訴主張中，於 1998 年 11 月至 1999 年 12 月間之所受損失尚未罹於時效。

(6) 羅馬尼亞無須於提起反訴前先廢止 Ozias 契約。

3. 仲裁庭認爲

依希羅 BIT 第 9 條之規定，可仲裁之爭端爲「締約一方投資人與另一締約方間與投資相關，且涉及該締約方在本協議下義務之爭端」。此規定將仲裁庭的管轄權限定於投資人就地主國義務提起的請求。

投資條約中爭端解決條款所規定的適用法會影響當事人合意範圍的認定。究其原因，仲裁庭應依條約規定的適用法解決爭端，若適用法沒有規定投資人應承擔的義務，則國家反訴將缺乏法律依據，即可推定地主國仲裁提議的爭端範圍不涵蓋反訴。易言之，適用法的規定影響可仲裁的爭端範圍，進而影響合意的認定。從而，BIT 中規定之義務乃針對地主國而定，並非針對投資人。因此，當 BIT 明確指定適用法爲 BIT 本身時，即將反訴排除在仲裁庭的管轄範圍外。

綜上所述，仲裁庭認爲希羅 BIT 僅規範地主國之義務，並未規範投資人負任何義務，且仲裁庭僅得針對投資協定之爭議進行審理，是以地主國不得主張當地法之違反作爲反訴，故仲裁庭在程序上駁回地主國所提之反訴，否定雙方合意提起本反訴。

---

[3] *Klöckner Industrie-Anlagen GmbH and others v. United Republic of Cameroon and Société Camerounaise des Engrais*, ICSID Case No. ARB/81/2, paras. 28-29.

五、實體爭點

（一）投資爭議[4]

1. 聲請人主張

(1) 相對人違反希羅 BIT 第 4(1) 條及歐洲人權公約第一附加議定書第 1 條

A. AVAS 欲聲請強制執行以移轉設質股份之行為，相當於徵收行為：

　(A) AVAS 提交之訴訟無理由，因聲請人已履行契約上之義務：鑑於眾多專家報告指出，購後投資事實上已超過 140 萬美元。從而，主要疑慮乃 Continent SRL 是以何種方法履行契約上之義務。於民營化協議賣方應履行投資義務之條款中，明定需以「私人資金或吸引資金之方法」履行之，經會計專家 Nicolae Gheorghe、Doanta 女士及 Gl van Maria 確認該投資確係由聲請人個人資金出資，特別是於 Nicolae Gheorghe 出具之專家報告中，亦認為重新估值之方法為準確，且三份轉讓合約已確認為資金來源無誤。

　(B) AVAS 提交之訴訟為違法，因商業登記處之裁定有既判力（*res judicata*）：商業登記處之審查官核准於 2000 年 12 月 15 日經 Continent SA 臨時股東會通過之增資決議，而依羅馬尼亞內國法，該裁定具有與法院裁定相同之效力。從而，因無人於 15 日內對該裁定提出異議，故於 2001 年 1 月後不可再撤銷之，即生既判力。據此，於羅馬尼亞法下，AVAS 所提欲執行民營化協議之訴訟乃違法。

B. AVAS 於 2007 年 8 月向內國法院提交「絕對無效」之主張，欲廢止增資為違法且無理由，並產生與徵收相當之效果：AVAS 提交主張之目的為欲作廢公司合法之投資，並藉由註銷已發行之 1,418,648 股份，否定投資人對其投資之所有權，進而強制執行移轉設質之股份。

C. 由羅馬尼亞發動之訴訟，包括檢察總長之干預及最高法院之判決已生與徵收相當之效果：

　(A) 上述訴訟已違反希羅 BIT 第 4(1)(a) 條，該條明定除為公共利益及正當法律程序所提出之措施外，投資人不應被剝奪財產。而上述訴訟已剝奪投資人對其投資之所有權，並違反法律明確性原則。

　(B) 縱可證明上述訴訟係出於公共利益所為，惟最高法院決定撤銷下級法院之判決已干預聲請人之所有權，而該等干預亦不符合比例原則。

---

[4] *Spyridon Roussalis v. Romania, supra* note 1, paras. 67-364.

(2) 相對人違反希羅 BIT 第 2(2) 條之 FET 原則

當最高法院作出撤銷下級法院判決之裁定時，聲請人曾聯繫相對人，惟相對人忽視其欲友好協商和解之要約。更甚者，羅馬尼亞之政府機關非常不配合，相對人理應撤回內國訴訟，卻未如此，欲以此作爲日後取得不利仲裁判斷之備案，已違反 FET 原則。

(3) 相對人違反希羅 BIT 第 2(2) 條之 FPS 原則及歐洲人權公約第 6 條之獨立及公正原則

當羅馬尼亞檢察總長請求最高法院撤銷下級法院對 Continent SRL 之有利判決時，已違反法律明確性原則及既判力。而當最高法院撤銷下級法院之判決時，亦違反法律明確性原則及獨立及公正原則。

2. 相對人主張

(1) 相對人未直接或間接違法徵收聲請人之持股利益：

A. 聲請人之控訴未達間接徵收或逐步徵收門檻。

B. 干預聲請人管理及控制其投資，不構成徵收。

C. 聲請人之財產權並未受到永久及不可逆的干涉。

D. 聲請人之控訴顯示 AVAS 及最高法院所爲並非徵收。

E. 依希羅 BIT 第 4(1) 條之規定，本控訴應無理由。

(2) 協商失敗及拒絕中止訴訟，未違反希羅 BIT 第 2(2) 條 FET 原則。

(3) 相對人未違反希羅 BIT 第 2(2) 條之 FPS 原則：

A. 於羅馬尼亞法及國際法下，最高法院作出撤銷下級審判決之裁定爲妥適：(A) 檢察總長提出撤銷之動議，爲羅馬尼亞法下之和解程序；(B) 最高法院之裁定未違反法律明確性原則；(C) 最高法院裁定中所述理由爲合理、正當且未干涉聲請人之所有權；(D) 最高法院之裁定未違反比例原則。

B. 於羅馬尼亞法下，聲請人之其他論據爲無理由：(A) 聲請人控訴 AVAS 對商業登記處之裁定有 15 日異議期間乃不正確；(B) 羅馬尼亞法授權 AVAS 得向法院對 Continent SA 提交「絕對無效」之主張以撤銷股東會決議。

3. 仲裁庭認爲

(1) 就拒絕協商和解的部分，據 VCLT 第 31 條之條約解釋方法，希羅 BIT 並無明定雙方負有協商和解之法律上義務或權利，第 9 條僅敘明在「可能」的情況下，應協商和解，並非強制性義務。仲裁庭認爲，鑑於羅馬尼亞內國法院仍有許多進行中之訴訟，故相對人合理相信並善意認爲已不可能再進行友好協商，因而未作出回應。綜上所述，羅馬尼亞之行爲爲合理且適當，並未違反 FPS 原則。

(2) 就 AVAS 試圖執行股權設質協議，而檢察總長及最高法院啓動之訴訟部分，據民營化協議，Continent SRL 需額外於購後 2 年內（自 1999 年 1 月 1 日至 2000 年 12 月 31 日）投

資共 140 萬美元,該投資款需由買方個人資源支出或由其募集到的資源支出,於 1999 年前需完成 110 萬美元之投資,剩餘 30 萬美元則須於 2000 年年底前完成。

證據顯示當 AVAS 決定對聲請人提訴時,有客觀理由懷疑聲請人並未履行所承諾之購後投資,AVAS 為正當行使其契約與法律上之權利。

由聲請人提供證明其已履行義務之文件內容,與其曾向 AVAS 說明之內容相左。該投資款並非來自聲請人之自有資金,而係自 Continent SA 之資金提撥。又,Pedescu 證稱聲請人遲未提供 AVAS 向 Continent SRL 請求提供之佐證文件,從而,AVAS 決定提訴乃合理且正當,商業登記處所作之裁定亦無既判力,得於後續訴訟中推翻之。

仲裁庭另發現 AVAS 之所以對一審及上訴審判決不滿,係因該事實以商業登記處之裁定為本,而該裁定程序非為對抗制之訴訟程序,僅有一方參與,故未完整呈現事實。作出裁定之審查官亦未獨立作出評估,而係仰賴專家報告,且未考量該報告指出投資款係出自於 Continent SA,而非 Continent SRL。

相對人之行為不該當徵收行為,未有證據顯示相對人干預聲請人管理及控制其投資,聲請人事實上持續擔任 Continent SRL 及 Continent SA 之唯一董事。相對人之行為亦未剝奪聲請人使用或享有其投資之權利,該公司仍持續運作,聲請人並從其中獲利。綜上所述,相對人未違反 FPS 原則。

(3) 針對相對人合法之提訴,Continent SA 曾收受應訴通知,並有機會於公正的法庭前爭執,可認已踐行正當法律程序,從而,仲裁庭認為相對人提交廢止增資之請求為合法。

(二)財務爭議[5]

1. 聲請人主張,其針對稅務查核結果提出之異議程序被終止,致其後續無法提出訴訟救濟,且因在刑事訴訟中併同處置此爭議,致使稅賦之性質改變,已影響投資並違反希羅 BIT 第 4(1) 條、歐洲人權公約第 6 條及第一附加議定書第 1 條。

2. 相對人主張:
   (1) ICSID 仲裁庭對稅務爭議並無管轄權。
   (2) 聲請人未證明其徵收之主張有理由。
   (3) 在獨立公正法院所作之公平判決中,Continent SA 未被剝奪任何權利。
   (4) 扣押令未構成不公正之措施,相對人並未阻止 Continent SA 對稅務查核通知書提出異議,亦未使其不得擁有或處置其投資。

3. 仲裁庭提出以下爭點:

5　*Id.* paras. 365-526.

(1) 相對人是否違反 FET 原則？

A. 稅務主管機關所為之控制行動及決定：經查，負責 2003 年 Continent SA 稅務審計之資深審計員 Luciana Chivu 證稱，報告結果係在公司代表知情報告經過的情況下，與之諮詢後所作出。過程中，Luciana Chivu 曾要求提出扣減稅額之證據，而公司未能提出，後續於交互詰問時，聲請人之律師亦未證明 Luciana Chivu 的報告結果有任何程序上或實質上的錯誤。

聲請人未於法庭上爭執其於 2001 年承認未清償公司所欠之稅款共 780,000 美元，而後 Continent SA 針對 2003 年稅務查核結果於內國法院提起訴訟，並於上訴審時敗訴，聲請人亦未於最後判決結果聲明判決有誤。

基於上述證據，仲裁庭認為稅務主管機關所為之控制行動及決定符合一般稅務原則，且並非出於任意性，從而，上述行為為合理且適當，未違反 FET 原則。

B. 因刑事訴訟而未能解決稅務訴訟？仲裁庭認為，聲請人未提交任何具說服力的論點支持其控訴國家稅務主管機關 ANAF 無權要求全額稅值評估差價作為賠償。聲請人未說明由刑事法院裁定賠償將導致雙重損害賠償，相對人並另有說明若 Continent SA 支付賠償，ANAF 之損害請求額將據此扣減。

綜上所述，聲請人有權隨時向羅馬尼亞法院及行政程序管道提起救濟，並無侵害正當法律程序或有拒絕正義之情事，進而違反國際法之虞，亦未違反 FET 原則。

C. 扣押令符合比例原則，並無證據顯示對聲請人之投資產生任何影響。

(2) 是否存在違法徵收或與違法徵收效果相當之措施？

無爭議的是，Continent SA 尚未付清應納之稅賦，聲請人已對此提出訴訟，惟尚未獲最後判決。另，此扣押令為保守措施，銀行帳戶未被凍結，Continent SA 之財產亦未被實際徵收，從而，上述行動並未違反希羅 BIT 第 4(1) 條。

（三）限制出境爭議[6]

1. 聲請人主張

由於羅馬尼亞違法禁止聲請人離境近 2 年，又 Continent SRL 為貿易公司，主要營業收入仰賴進口活動，因此該公司之進口業務受到封鎖，聲請人作為該公司之唯一股東及執行董事，管理其投資之權利已受到影響，故主張相對人違反希羅 BIT 第 2(2) 條。

2. 相對人主張

(1) 於希羅 BIT 下，仲裁庭對本爭議並無管轄權。因為希羅 BIT 目的在保護投資，而非投資

6　*Id.* paras. 527-610.

人。若爭議非與投資本身有關（in relation to an investment，希羅 BIT 第 9(1) 條之規定），
或是非直接源自於投資（directly out of an investment，ICSID 公約第 25(1) 條之規定），
則仲裁庭無管轄權。

(2) 系爭行為並未違反不合理措施之條文：A. 該措施旨在避免聲請人躲避刑事追訴，為理性
之公共政策；B. 該措施並未動搖法意識，為防衛性措施且有正當理由；C. 該措施並未違
反任何國際司法標準，及衍生任何國家責任。

3. 仲裁庭認為

(1) **仲裁庭之管轄權**：參考國際投資仲裁案例，仲裁庭認為地主國違反內國法令並不當然構
成國際條約義務之違反；投資仲裁亦無管轄權審理地主國內國法問題。但若是地主國
針對投資人之行為，構成對投資的負面影響，且投資人主張地主國該行為違反 BIT 之義
務，則仲裁庭針對該爭議有管轄權。

(2) **刑事訴訟之期間**：本刑事訴訟爭訟超過 10 年，仲裁庭認知無故拖延訴訟可能該當拒絕正
義，但並非所有情況皆會該當正當法律程序之違反。仲裁庭認定此案複雜性高、牽涉利
益重大，且聲請人未積極配合訴訟，故縱本案滯訟 10 年，亦符合合理性門檻，並無違
法。

(3) **限制出境之嚴重性**：仲裁庭認為限制出境或住居之命令乃各國通常為避免罪犯脫逃所訂
定的理性公共政策，且於本案，法院曾與聲請人溝通，聲請人有機會對此提出挑戰，而
最後亦已確實解除該命令，聲請人最終得以離開羅馬尼亞。從而，該等暫時限制命令並
未違法。

（四）食品安全爭議[7]

1. 聲請人主張

羅馬尼亞之食安主管機關 FSD 採取了一連串措施並發布數項命令，包括禁止於營業處
所及冷藏倉庫從事營業活動，導致倉庫關閉且 Continent SA 之經濟活動遭到封鎖。該等不正
當措施已影響該公司之運作，並損害聲請人使用其投資之權利。FSD 取消該公司從事貿易活
動之執照亦剝奪聲請人之權利，及買賣、處置 Continent SA 資產之合法期待。從而，主張相
對人違反希羅 BIT 第 2(2) 條。

2. 相對人主張

(1) 仲裁庭對本爭點並無管轄權，因純粹與國內法相關之爭議不在 ICSID 之管轄範圍內。

---

[7] *Id*. paras. 611-692.

(2) 羅馬尼亞並未對聲請人採取不正當或歧視性措施。

(3) 布加勒斯特法院之裁定並非奠定 FSD 之行動違反希羅 BIT 之基礎。

3. 仲裁庭認為

(1) 針對此爭議，其有管轄權，理由同前述限制出境爭議。FSD 之控制行動及後續裁定非旨在封鎖該公司的商業活動。此外，縱於中止或撤銷營業許可後，Continent SA 仍持續違法營運，且聲請人持續拒絕於調查中詳實說明事實，為處罰廠商違反食安規定，主管機關中止或撤銷其營業許可乃合理且適當之措施。

(2) 根據 Continent SA 與承租人間之租約，遵循食安規範為 Continent SA 之責任，聲請人未證明 FSD 之措施乃特別針對其投資活動所為。再者，該等 FSD 所作出之行政罰乃基於清楚且合法之公共利益而為。綜上所述，相對人並未違反 BIT 義務。

（五）Ozias稅務爭議[8]

1. 聲請人主張

税務主管機關採取之措施已損害公司之營業活動，羅馬尼亞濫權制裁聲請人、使其不得優化相關投資事業、拒絕扣減額及徵收額外稅賦乃不正當之措施。從而，基於以下三點理由，主張相對人違反希羅 BIT 第 2(2) 條：

(1) 徵收較高之所得稅額為不正當之措施，因 Continent SA 之所得增加正證明顧問服務之效率。稅務主管機關於查核時，僅採用形式上認定之方法，而忽略考量實質證據，Continent SA 所取得之財務結果得證明 Ozias 確有提供顧問服務。

(2) 羅馬尼亞透過其稅務主管機關，一方面不承認顧問合約生效，致需重新計算所得稅及 VAT，惟又調用顧問合約以請求 VAT，有立場不一致之嫌。

(3) 應稅利潤適用法（即於 2003 年 12 月 17 日生效之法律）並未使稅務主管機關得基於商業營運之經濟目的拒絕應稅所得之減免，機關僅得於 571/2003 法令（第 11 條）頒布後（即於 2004 年 1 月 1 日生效之法律）始得為之。

2. 相對人主張

(1) 羅馬尼亞之稅務法令是普遍實施，沒有針對聲請人之歧視措施或差異適用。ICSID 公約第 25(1) 條規定的仲裁庭管轄權侷限於「直接源自於投資」（directly out of an investment）之地主國措施爭議。羅馬尼亞之稅務措施係針對投資人本身，非針對其投資。關於此種稅務爭議，仲裁庭無管轄權。

8　 *Id.* paras. 693-745.

(2) 聲請人並未指控任何不正當或歧視性措施。

(3) 質疑系爭顧問費之合法性：Continent SA 及 Ozias 間並無正常交易合約存在，從而衍生是否曾經提供服務之合理懷疑。

(4) 聲請人控訴稅務主管機關之立場不一致乃無理由。

3. 仲裁庭認為

　　仲裁庭針對本爭議有管轄權。仲裁庭認為 ICSID 公約第 25(1) 條規定之「直接關聯」（direct link），並非指投資與地主國措施之間，而是在投資與爭議之間。仲裁庭不能檢視地主國一般適用的稅務法令，但可以檢視主管機關對於投資人的特定措施。[9]因此，即使羅馬尼亞沒有歧視性措施，仍然可能構成對於投資之侵害，仲裁庭有管轄權審視羅馬尼亞是否違反 BIT 義務。[10]

　　惟仲裁庭採納相對人之理由，認為其稅務主管機關拒絕扣減稅額之決定未違反 BIT 之義務：

(1) Continent SA 預付給 Ozias 約 1,370,000 美元，作為購買各種冷藏及建材之對價，惟該貨品從未交付給 Continent SA 或可證明確實有購買。

(2) Continent SA 付給 Ozias 超過 1,500,000 美元，作為顧問服務之對價，惟 Continent SA 從未證實 Ozias 曾提供顧問服務，且 Ozias 為一經營商船及漁船的公司，並非提供顧問服務之公司。所謂的 Ozias 顧問僅是為 Continent SA 安裝大理石之外國工人，並已於希臘支付予其款項，此正可支持稅務主管機關拒絕扣減稅額之決定。

六、損害賠償及費用計算

　　聲請人應給付相對人因仲裁程序所生之六成費用與支出共 217,290 美元，以及六成法律費用與支出共 6,053,443.78 歐元。

---

[9] 仲裁庭參考 *El Paso Energy International Company v. Argentine Republic*, ICSID Case No. ARB/03/15, Decision on Jurisdiction, para. 97，以及 *GAMI v. Mexico*, UNCITRAL arbitration. ILM, Vol. 44 (2005), p. 545，說明：Article 25 (1) of the ICSID Convention cannot, therefore, be interpreted as meaning that the dispute can only result from a measure "directed to" the investment. The adverb "directly" is not related to the link between the measure and the investment but to that between the dispute and the investment。

[10] 筆者查閱希羅 BIT 條文，發現該 BIT 缺少目前一般 IIA 排除地主國稅賦措施之規定，例如 2012 U.S. Model BIT 第 21 條。類似的排除規定，限定僅有在少數「例外的例外」情形中（例如構成徵收或是有歧視、不正當），仲裁庭才能行使涉及稅務案件的管轄權。因此，本案仲裁庭的檢視及決定方式，與前述情形不同。

七、仲裁庭之決定與判斷[11]

（一）仲裁庭對聲請人所提違反希羅 BIT 之控訴具有管轄權，但對於相對人提出的反訴並無管轄權。

（二）聲請人之實體主張無理由。

（三）聲請人應給付相對人因仲裁程序所生之六成費用與支出共 217,290 美元，以及六成法律費用與支出共 6,053,443.78 歐元。

（四）終止仲裁庭於 2008 年 7 月 22 日和 2009 年 7 月 2 日採取的暫時性措施。

---

[11] *Supra* note 1, para. 144.

案例三十二

Técnicas Medioambientales Tecmed S.A. v. The United Mexican States, ICSID Case No. ARB(AF)/00/2, Award (May 29, 2003)

一、當事人

聲請人：Técnicas Medioambientales Tecmed S.A.

相對人：墨西哥

二、案件摘要

（一）系爭投資

位於墨西哥 Sonora 州 Hermosillo 市所管轄之 Las Víboras 地區之危險工業廢棄物掩埋場（下稱系爭掩埋場）。

（二）爭議緣由

墨西哥國家生態機構（National Ecology Institute，下稱 INE）否准 Cytrar, S.A. de C.V.（下稱 Cytrar）更新系爭掩埋場營運執照之申請。

（三）實體規範依據

西班牙—墨西哥 BIT（下稱西墨 BIT），聲請人主張相對人違反以下義務：1. 投資之促進與准入；2. 投資保護；3. 公平公正待遇（下稱 FET 或 FET 待遇）；4. 最惠國待遇；5. 國民待遇；6. 國有化及徵收。

（四）仲裁機構及規則

ICSID；ICSID 附加機制仲裁規則。

（五）聲請人請求

1. 相對人應給付總額 52,000,000 美元並加計自 1998 年 11 月 25 日起算之年利率 6% 之複利利息。
2. 相對人應賠償聲請人之名譽損害。
3. 仲裁費用應由相對人負擔。
4. 核發得使聲請人營運系爭掩埋場直至其可用年限屆至之營運執照。

（六）仲裁程序及後續

仲裁庭於 2003 年 5 月 29 日作成仲裁判斷。

三、事實背景[1]

聲請人設立於西班牙，爲墨西哥公司 Tecmed, Técnicas Medioambientales De Mexico, S.A. de C: V（下稱 Tecmed）之母公司，而 Tecmed 持有同爲墨西哥公司之 Cytrar 超過 99% 之股份。

墨西哥 Sonora 州 Hermosillo 市於 1996 年由其市政機構 Promotora Inmobiliaria del Ayuntamiento de Hermosillo（下稱 Promotora）舉行關於系爭掩埋場之所有權公開競標。Tecmed 得標，並於得標後將所取得之權利義務轉讓變更爲 Cytrar 持有，並由其負責營運系爭掩埋場。於所有權變動過程中，Tecmed 取得由 INE 於 1994 年 5 月 4 日所核發之無限期營運執照。

Tecmed 於 1996 年 4 月 16 日向 INE 請求將系爭掩埋場所擁有之無限期營運執照之名義人改爲 Cytrar，INE 於 1996 年 9 月 24 日通知其已核准此變更。然而，INE 隨即重新核發執照，將營運期限降爲 1 年，而後 Cytrar 於 1997 年 11 月 19 日更新執照，執照期限延展至 1998 年 11 月 19 日。

於營運系爭掩埋場之期間，Cytrar 違反營運執照之條款及相關法規。聯邦環境保護檢察官辦公室（Federal Attorney's Office for the Protection of the Environment）對其進行調查並處以罰鍰。出於對此等違規行爲之關注，社區團體強烈反對 Cytrar 繼續營運系爭掩埋場。除了抗議 Cytrar 於營運及其他運輸廢棄物之不當行爲外，社區團體亦抗議系爭掩埋場僅距離 Hermosillo 市中心 8 公里而非依據墨西哥法律所要求之不少於 25 公里；但該法律是在系爭掩埋場位置得到批准後始生效，故實際上無法對抗 Cytrar。

---

[1] *Técnicas Medioambientales Tecmed S.A. v. The United Mexican States*, ICSID Case No. ARB(AF)/00/2, Award (May 29, 2003), paras. 35-51.

由於示威者持續抗爭及封鎖系爭掩埋場，並對 Cytrar 提出刑事訴訟，因此 Cytrar 與市政、州及聯邦當局於 1997 年開始探索搬遷系爭掩埋場之方案。Cytrar 同意遷移，但前提為 Cytrar 得以在搬遷前繼續營運系爭掩埋場，且相關之營運許可應有效存續。

然而，當 Cytrar 提出執照更新申請時，INE 於其 1998 年 11 月 25 日之決議（下稱系爭決議）中以：（一）系爭掩埋場之第二儲藏室所含有之廢棄物總量遠超過營運執照核准之範圍；（二）系爭掩埋場曾暫時儲存應被運送至另一處所之危險廢棄物，此種作為轉運中心之行為未經核准；1997 年 10 月 16 日 Cytrar 被要求就此提出報告，但始終未提出；（三）系爭掩埋場於未經核准下接收了液體及生物傳染性廢棄物等原因，駁回 Cytrar 之申請，並進一步要求 Cytrar 提交關閉系爭掩埋場之計畫。聲請人認為 INE 否准申請之行為已違反西墨 BIT 之條文，故於 2000 年 7 月 28 日向 ICSID 提出仲裁請求。

四、程序爭點

（一）仲裁庭之屬時管轄權[2]

1. 聲請人主張，依據西墨 BIT 第 2(2) 條，西墨 BIT 對相對人於 1996 年 12 月 18 日協議生效日期前之行為具有追溯力，且依據 1969 年 VCLT 第 18 條，相對人於西墨 BIT 生效前亦有義務「……避免有損於協議目標事項和目的的行為……」。

2. 相對人主張，仲裁庭對於其於 1996 年 12 月 18 日前之行為並無管轄權，採取有追溯力之解釋將違反 VCLT 第 28 條所體現之條約禁止追溯適用原則及國際法之基本原則。

3. 仲裁庭認為，用抽象或一般性術語以確定「追溯適用」之涵義並不合適，因為此種表達並不符合普遍接受之標準。[3] 因此，於判斷仲裁庭是否有管轄權時，除依循兩造所提出之主張外，仲裁庭亦應參酌西墨 BIT 本身之文字及條約解釋規則以作判斷。[4]

   (1) 聲請人向仲裁庭遞交之主張中，並未包括相對人於 1996 年 12 月 18 日前之作為或不作為。聲請人表明為了確認相對人否准更新營運執照之行為是否違反西墨 BIT，相對人之所有行為應被視為一連續之過程，而非一系列不相關之獨立事件。

---

[2] *Id.* para. 53-71.

[3] *See Decision on Jurisdiction in Tradex Hellas S.A. v. Republic of Albania*, ICSID case No. Arb/94/2 (December 24, 1996), http:www.worldbank.org/icsid/cases/tradex_decision.pdf, p. 186, "there does not seem to be a common terminology as to what is 'retroactive' application, and also the solutions found in substantive and procedural national and international law in this regard seem to make it very difficult, if at all possible, to agree on a common denominator as to where 'retroactive' application is permissible and where not."

[4] *Award in Mondev International Ltd. v. United States of America*, ICSID case No. ARB(AF)/99/2 (October 11, 2002), pp. 14, 43, www.nafta.law.org.

(2) 依據國際法之基本原則，除非對條約有不同之解釋或在條款中另有約定，此等條款對生效前發生或已停止之行為不具有拘束力；[5] 提出主張之一方應負責證明追溯禁止之例外規定存在。西墨 BIT 條文持續使用未來式（亦即將義務與特定時間連結），因此排除西墨 BIT 條文得以追溯適用之任何解釋。[6] 然而，相對人於西墨 BIT 生效前之事件或行為，不必然與判定其於生效後所為之行為是否違反西墨 BIT 無關。

(3) 相對人之行為雖發生於西墨 BIT 生效之前，但此行為於西墨 BIT 生效後構成對西墨 BIT 之違反，尤其是此等行為於發生時聲請人無法合理地充分評估其重要性及影響，因此得以被視為相對人於西墨 BIT 生效後行為之構成部分、併發因素或加重／減輕因素而落入仲裁庭之管轄範圍。

（二）聲請人是否及時提交對相對人之請求[7]

1. 相對人主張，聲請人所提出之主張不符合西墨 BIT 附錄 Title II(4) 及 (5) 之要求，因此仲裁庭不應審酌。

   (1) 西墨 BIT 附錄 Title II(4) 規定：「締約一方之投資人得代表自身或代表其擁有或直接或間接控制之公司，以締約之另一方違反依據本協議所應負之義務為由提起仲裁，只要投資人或其投資因該違反而遭受損害。」

   (2) 西墨 BIT 附錄 Title II(5) 規定：「如自投資人知悉違反協議之行為及所遭受損失已超過 3 年，投資人不得依據本協議提出請求。」

2. 仲裁庭認為，相對人所提出之主張與仲裁庭之管轄權無關，而是關於西墨 BIT 中受理外國投資人請求之特定要求有關。

   (1) 此等抗辯針對之部分行為，已被排除於仲裁庭管轄權或西墨 BIT 之實質適用範圍。因此，任何關於聲請人主張是否滿足西墨 BIT 附錄 Title II(4) 及 (5) 要求之決定，皆無實益。

   (2) 當聲請人之主張屬於本仲裁及西墨 BIT 所規定之範圍時，仲裁庭須決定該主張所依據之行為，是否符合西墨 BIT 附錄 Title II(4) 及 (5) 規定之受理條件。如果仲裁庭認為所審查之行為屬於更普遍行為之一部，而非僅為獨立事件，則仲裁庭保留評估此類行為：A. 是否造成西墨 BIT 附錄 Title II(4) 所稱之損害；以及 B. 聲請人是否認為構成違

5　Vienna Convention, Article 28. Award in *Mondev International Ltd. v. United States of America*, ICSID Case No. ARB(AF)/99/2, 68, p. 22, www.naftalaw.org. I. Sinclair, The Vienna Convention on the Law of Treaties, 2nd Edition (Manchester University Press, 1984), p. 85.

6　Decision on Jurisdiction in *Tradex Hellas S.A. v. Republic of Albania*, ICSID case No. Arb/94/2 (December 24, 1996), p. 191, http:www.worldbank.org/icsid/cases/tradex_decision.pdf.

7　*Supra* note 1, paras. 72-74.

反行為，或對其造成損害，而符合西墨 BIT 附錄 Title II(5) 所規定 3 年期限。

(3) 因聲請人遭受損害及其知悉有違反西墨 BIT 第 5(1) 條時點之徵收行為時為 1998 年 11 月 25 日，聲請人並未違反西墨 BIT 附錄 Title II(4) 及 (5) 之規定。

（三）標售交易範圍[8]

1. 聲請人主張，其所取得者應為動產、不動產及無形資產之集合，無形資產包含由相對人之市政及聯邦當局所核發之營運執照。聲請人所支付之 34,047,988.26 墨西哥披索中的主要部分，即 24,047,988.26 墨西哥披索，係以實物支付方式（payment in kind）為之，亦即藉由關閉現有之城市廢棄物掩埋場，以及建造具相同目的之垃圾掩埋場並提供顧問建議，以換取將系爭掩埋場作為危險廢棄物掩埋場之營運許可及核准。

2. 相對人主張，Promotora 所招標及出售之範圍僅包含動產及不動產，不包含營運系爭掩埋場之執照。Cytrar 所支付之 24,047,988.26 墨西哥披索係為使 Tecmed 集團下另一公司取得同樣位於 Hermosillo 市之另一城市廢棄物掩埋場之特許權。

3. 仲裁庭認為，依據兩造之主張及所提交之事實，與系爭掩埋場有關之裁決、公開招標及購售交易，以及各方於此交易中所生之權利及義務之文書，須合併考慮以確定營運範圍及其影響。

(1) Promotora 與 Tecmed 或 Cytrar 所簽署規範系爭掩埋場相關權利義務之不同文件中，所包含之各條款皆表明，Cytrar 對城市廢棄物垃圾掩埋場之責任，總價值為 24,047,988.26 墨西哥披索，係以實物支付，以作為取得營運系爭掩埋場所應支付之對價一部。且唯有 Cytrar 全額支付此對價後，Promotora 與 Tecmed 及 Cytrar 所簽訂契約中之所有權保留條款始終止。1996 年 3 月 15 日的 Promotora 董事會會議紀錄亦明確表明，以實物支付之 24,047,988.26 墨西哥披索為系爭掩埋場總價之一部。

(2) 依據兩造所提交之文件，合理且合乎邏輯之解釋為 Promotora 與 Tecmed 及 Cytrar 於簽訂契約時所考慮者，應不僅是轉移特定動產及不動產，還包含使 Cytrar 得以將系爭掩埋場作為危險廢棄物掩埋場而營運。此使用目的必然為聲請人之合理預期，因 Tecmed 所取得之招標文件及隨後與 Promotora 所簽訂之文件中均強調此為所購售資產之唯一用途。若違反此使用目的，Cytrar 即須將與系爭掩埋場相關之資產返還予 Promotora。此種條件，若沒有 Promotora 對 Cytrar 之配套措施支持，顯然過於嚴苛。配套措施包括：給予營運系爭掩埋場之許可，以及給予特定承諾及權利以確保 Cytrar 之期待不致受挫。

8　*Id.* paras. 75-92.

(3) 依據 Tecmed 於其要約中所述，Tecmed 及 Cytrar 均不會於無法獲得核准及營運執照以將系爭掩埋場作爲危險廢棄物垃圾掩埋場之情形下收購相關資產。另依據 1996 年 2 月 20 日 Promotora 與 Tecmed 之契約，及 1996 年 3 月 27 日由 Promotora、Tecmed 與 Cytrar 所簽訂之經公證契約均表明，Promotora 同意 Tecmed 與 Cytrar 於未取得營運系爭掩埋場之核准或營運執照之情形下，得使用現有之營運執照；Promotora 亦於 1996 年 3 月 28 日之服務契約中承諾保持現有之營運執照及核准直到 Cytrar 能自行取得爲止。因此，毫無疑問地，Cytrar 取得得以使其營運系爭掩埋場之營運執照、核准或許可一事，係其收購與系爭掩埋場相關資產，及 Tecmed 與 Cytra 爲投資決定時之核心因素。

(4) 依據所提交之文件顯示，於其前手清算後，1994 年後營運系爭掩埋場之執照、核准及許可皆歸屬於 Promotora。鑑於先前已有此類廢棄物掩埋場交由尚未取得核准之第三方營運之先例，Promotora 允諾第三方取得此類核准、執照或許可，以營運該掩埋場。因此，與系爭掩埋場相關之資產，其價格於出售時，會因具有於此類核准或許可下使用之可能性而提高。據此，可認定以實物支付之 24,155,185 墨西哥披索之對價，係考慮到 Promotora 與維持執照、許可及核准有關之承諾，Cytrar 於未獲得新核准或許可時得持續運營營運系爭掩埋場，以及該等核准、執照或許可對有形資產價值之提升。因此 Tecmed 與 Cytra 預期其得以無限期執照營運系爭掩埋場，而以較高價格支付對價，爲合理之行爲。

五、實體爭點

（一）徵收[9]

1. 聲請人主張，當 INE 以其 1998 年 11 月 25 日之系爭決議否准更新系爭掩埋場之營運執照時，已經對聲請人之投資構成徵收並對其造成損害。因系爭決議剝奪 Cytrar 依據該掩埋場唯一預期目的而使用其資產之權利，並進而剝奪 Cytrar 享有其投資之利益及經濟效用。如無營運執照，系爭掩埋場之資產即不具有個別或加總之市場價值。且系爭掩埋場作爲一持續經營業務之存在及價值，亦因系爭決議下令關閉系爭掩埋場而完全喪失。系爭決議具恣意性，因據以否准更新營運執照之原因與其決定欠缺比例性。聲請人亦將聯邦、州及市層級之一些組織之行爲與該徵收行爲連結，並將其歸咎於相對人，進一步主張此等行爲客觀上促進了 INE 後續執行之徵收行爲。

---

9   *Id*. paras. 95-151.

2. 相對人主張，INE 具有授予或拒絕營運執照之自由裁量權；相關裁量決定，除特殊情形外，應專屬國內法而非國際法管轄。系爭決議係於符合環境保護及公共衛生之框架內，依照國家權力所發布之一項監管措施，並不具恣意性與歧視性，屬合法行為，不構成國際法上之徵收。

3. 仲裁庭認為，系爭決議之特徵及效果，構成徵收而違反西墨 BIT 第 5 條及國際法，理由如下：

    (1) 為了確認系爭決議是否屬西墨 BIT 第 5(1) 條所稱之相當於徵收之措施（a measure equivalent to an expropriation），須先確認聲請人是否因系爭決議而喪失相關資產之價值或經濟效用，以及其損失之程度。依據西墨 BIT 附錄 Title VI.1，仲裁庭適用關於徵收之習慣國際法，認為若一項措施的性質是不可逆且永久的（irreversible and permanent），並且導致相關資產無法再以任何方式被利用（即該資產或權利之使用、收益、處分的經濟價值消失），則該措施即構成間接、事實上的徵收（indirect *de facto* expropriation），不論該措施是否為政府的監管行為。[10]

    (2) 在具有上述效果後，尚須考量所涉及之公共利益及所應受保護之投資，以評估該措施是否合乎比例性。於權衡此等利益時，仲裁庭應適度尊重國家對於影響其公共政策及社會利益之爭議判斷，及保護和促進這些利益之適當手段，並應考量投資人之合理期待。

    (3) 系爭決議永久且不可撤銷地否准營運執照之更新、關閉系爭掩埋場，對聲請人之投資及其取得收益之權利造成負面影響。系爭掩埋場不得再作為廢棄物掩埋場而營運，導致 Cytrar 之經濟及商業營運被完全且無法回復地破壞，損害聲請人之預期利益。此外，因長期堆積危險廢棄物，該掩埋場亦無法用於其他目的，進而排除其於不動產市場上之經濟價值。最後，經濟價值之破壞應從投資人最初為投資時之角度判斷。聲請人投資之目的僅在於從事掩埋危險廢棄物之相關活動，並據此獲得收益。當系爭決議終止該廢棄物掩埋場之營運時，與營運及其相關資產之直接或間接之經濟或商業價值，即無可挽回地被破壞。

    (4) 再者，仲裁庭認為，INE 決定否准營運執照更新之主要理由係與社會或政治環境，以及由市政府及州政府甚或 INE 本身對其施加之壓力有關，而非考量 Cytrar 之行為是否損害公共衛生、生態平衡或環境保護。然而沒有任何證據證明廢棄物掩埋場之營運對環境或公共衛生構成真實或潛在威脅，亦無證據證明 Cytrar 違反搬遷系爭掩埋場之承諾，加上實際上並無大規模反對活動，因此，雖然社會輿論對墨西哥當局而言構成重

---

[10] European Court of Human Rights, In the case of *Matos e Silva, Lda., and Others v. Portugal*, judgment (September 16, 1996), 85, p. 18, http://hudoc.echr.coe.int.

大壓力，但不構成由外國投資人或其關係企業之作爲或不作爲所引發之眞正危機或重大災難。故此無法合理化對聲請人投資之經濟或商業價值之剝奪。

(5) 聲請人爲投資行爲時，對於可持續營運系爭掩埋場具有合理期待，即使 Cytrar 無限期之營運執照變成必須每年更新之營運執照，聲請人仍期待藉由使用年限內系爭掩埋場之營運，回收其投資成本並取得預期獲利，也就是以長期投資從事該行爲。從 Tecmed 之投標報價中亦可得知，Cytrar 不會於短時間內達到盈虧平衡點並獲得預期收益率，且 INE 所據以核發營運執照之 1994 年環境影響聲明，亦預計系爭掩埋場之使用年限爲 10 年。因此，在聲請人爲投資行爲前，INE 及有關當局應知悉投資人對於系爭掩埋場之預期爲長期投資。

(6) 綜上，聲請人對於可持續營運系爭掩埋場具有合理期待，且 Cytrar 對系爭掩埋場之營運從未損害生態平衡、環境保護或公共衛生，其所爲之所有違規行爲皆有補救辦法或僅須處以輕微處罰。然而系爭決議卻採取否准更新營運執照及下令關閉系爭掩埋場之激烈措施，違反比例性之要求。

（二）FET[11]

1. 西墨 BIT 第 4(1) 條規定：「對於締約他方投資人於其領域內之投資，各締約方將依據國際法保證給予公平公正之待遇。」

2. 仲裁庭認爲，西墨 BIT 第 4(1) 條所稱之 FET 是國際法所承認之善意原則（*bona fide principle*）之表現。依據國際法所確立之善意原則，西墨 BIT 第 4(1) 條要求締約方所採行之投資待遇，不應影響外國投資人作成投資時之基本期待；外國投資人期待地主國之行爲一致、明確及透明，使其等可事先得知任何規範其投資之法規、相關政策及指令等，以便其規劃投資並遵循該等法規。此外，外國投資人依據地主國所發布之決定或核發之許可開展商業活動，其亦期待地主國不恣意撤銷先前之決定或許可。同時，外國投資人期待地主國不會於未提供必要補償之情形下剝奪其投資。

(1) 於進行投資時，聲請人之正當期待爲適用於此類投資之墨西哥法律及負責當局之監督、控制、預防及懲罰之權力，確保遵守此類法律之環境保護、公共衛生及生態平衡之目的。

(2) 於發布系爭決議前，INE 未以明確方式向 Cytrar 或 Tecmed 表明其違規行爲對於是否核准更新營運執照之影響，因此 Cytrar 無法及時表達其意見，亦無法與 INE 就導正其違規行爲所須採取之措施達成共識。在 INE 作成系爭決議之前，雙方持續往來溝通關

---

11 *Supra* note 1, paras. 152-174.

於搬遷之事,而且雙方都認知此項搬遷不是立即性的,需要數個月,甚至超過1年以上的持續努力。並且,在搬遷之前Cytrar必須在原址持續營運。INE之行為明顯存在矛盾,因其一方面未對Cytrar之營運能力(包括配合關於廢棄物處理的市政建設)提出質疑;另一方面又未於充足時間內提前告知Cytrar,其於營運系爭掩埋場時存有可改正之違規行為,致使Cytrar無法採取行動阻止系爭營運執照遭否准更新。

(3) 如INE之立場係Cytrar之搬遷行為應於特定期間內進行,則應可合理預期Cytrar對此要求為同意,然而INE並未明確規範系爭搬遷行為之截止日期、條款及條件。再者,依據INE之首長所發布之聲明,INE於發布系爭決議時,一方面於未提供補償之情形下否准系爭營運執照更新之申請,一方面以否准作為向Cytrar施壓並迫使其於另一地點開展相似營運行為。INE期待以如此之方式克服其所面臨之社會及政治困境,然而,此種涉及強制形式之手段被認為違反西墨BIT第4(1)條FET。

(4) 如INE之立場係無論Cytrar是否搬遷系爭掩埋場,系爭掩埋場均應關閉,INE即應明確表達此一立場,並應給予Cytrar適當之補償。於作出系爭決議之過程中,INE之行為和意圖均欠缺透明度,系爭決議並未反映導致否准系爭營運執照申請之原因,亦未提供補償。於此情況下,當INE否准執照更新之根本原因係基於政治因素,而非保護公共衛生和環境保護時,其行為之模糊性即更為強烈。

(5) 據此,仲裁庭認為INE之行為欠缺一致性及透明度,且其否准原因已違反聲請人之公平合理期待,構成西墨BIT第4(1)條FET之違反。

(三)西墨BIT下之充分保障與安全及其他保障[12]

1. 聲請人主張,墨西哥市政及州當局鼓勵社區對系爭掩埋場及Tecmed或Cytrar之營運行為進行負面社會運動。聲請人亦主張墨西哥當局並未採取應有之迅速、有效及徹底之行為,以避免、防止或結束通過對系爭掩埋場之營運或相關工作人員之人身安全或行為之干擾所表現出之社會示威行為,已構成西墨BIT第3(1)條之違反。

2. 仲裁庭認為,聲請人並無提供證據證明墨西哥當局有鼓勵、扶植進行社區及政治運動之人民或團體之行為,亦無充足證據表明得以依據國際法將此等人民或團體之行為歸咎於相對人。此外,聲請人並未提出任何與違反禁止歧視待遇保障相關之陳述,亦無提供充分之證據證明其投資所獲得之待遇,低於地主國或第三國國民所接收到之待遇,或其投資受到基於國籍或投資來源有關考量之歧視性待遇。

[12] *Id*. paras. 175-182.

六、損害賠償及費用計算[13]

(一) 聲請人主張，依據西墨 BIT，請求相對人給予「實物回復原狀」（restitution in kind）。備位聲明則是以現金流量折現法（discounted cash flow，下稱 DCF）評估系爭掩埋場之市場價值作為計算金錢損害賠償之方式，相對人應給付 52,000,000 美元，並加計自 1998 年 11 月 25 日（徵收日）起算之年利率 6% 之複利利息，此外，相對人應賠償聲請人之名譽損害，仲裁費用並應由相對人負擔。

(二) 相對人主張，DCF 具有高度臆測性，因系爭掩埋場作為一持續經營業務之時間極短，故無法有足夠之歷史數據以得出此計算方法所需之可靠數據。相對人並主張以投資之市場價值作為損害賠償之計算基礎。此外，相對人之專家證人亦依據 DCF 提出自身之分析，其認為所計算出之投資金額樂觀估計應為 2,100,000 美元，保守估計應為 1,800,000 美元。

(三) 仲裁庭認為，支付聲請人金錢損害賠償作為投資損失之補償，已足以滿足聲請人依據西墨 BIT 所提出之主張，且考量聲請人主要尋求金錢補償，仲裁庭不接受實物回復原狀之主張。關於金錢賠償部分：

1. 因依據收購要約所支付之系爭掩埋場相關資產之金額，及聲請人所提出之損害賠償金額，可能與聲請人於投資時對投資回報之合理及真實估計不一致，加上很難獲得客觀數據以運用於 DCF 對長期未來之估計（因 DCF 取決於長期投資），仲裁庭不使用 DCF 計算聲請人應獲得之損害賠償。

2. 西墨 BIT 第 5(2) 條規定，於徵收或任何其他具有相當效果方式之情形下，補償金額應等同於徵收發生、決定、宣布或向公眾公布前，被徵收投資之公允市場價值，因此，仲裁庭認為，相對人給付予聲請人之總賠償額應為系爭掩埋場之市場價值。

3. 於 1996 年出售系爭掩埋場時，其市值為 4,028,788 美元，仲裁庭以此數額作為後續分析之起點。於判斷該掩埋場於徵收行為發生時之市場價值時，考量到 Cytrar 於接手系爭掩埋場營運後，因其管理和組織能力及成功招攬新客戶而使生產量上升，並在營運的第二年產生淨收入，以及此投資對系爭掩埋場之營運及商譽皆有助益，系爭掩埋場於 1998 年 11 月 25 日之市場價值應不低於 Cytrar 最初所支付之收購價格，其金額應為 1996 年之市值，加上 Cytrar 於收購後所為之投資金額及其於搬遷前應可繼續營運 2 年之利潤，總額為 5,533,017.12 美元。

4. 利息部分，相對人並未就聲請人主張以年利率 6% 之複利方式計算利息有所爭執，

---

[13] *Id.* paras. 183-200.

仲裁庭認為，適用複利以計算相對人應給付予聲請人之損害賠償金額係屬合理，以複利方式計算利息已被多則仲裁判斷所接受，並表示「複利係目前被認為最合適作為徵收案件之國際法標準」。[14]

5. 名譽損失賠償部分，因並無證據顯示相對人之行為對聲請人之名譽造成損害並進而導致聲請人喪失商業機會，仲裁庭亦未發現相對人有促成對 Tcmed 或 Cytrar 有關於系爭掩埋場之不利新聞報導之行為，故相對人不須對聲請人所主張之名譽損失進行賠償。

七、仲裁庭之決定與判斷[15]

（一）墨西哥政府違反西墨 BIT 第 4(1) 條及第 5(1) 條所規定之義務。

（二）墨西哥政府應給付聲請人 5,533,017.12 美元，並加計自 1998 年 11 月 25 日起算之年利率 6% 之複利，直至墨西哥政府有效且全額支付其依據本仲裁判斷應支付予聲請人之所有款項。

（三）於墨西哥政府有效且全額支付其依據本仲裁判斷應支付予聲請人之所有款項後，聲請人應採取一切必要之步驟以轉讓該構成系爭掩埋場的資產（或促使該資產轉讓）予墨西哥政府或其所指定之代理人。

（四）雙方應各自負擔其成本、花費及法律諮詢費用。仲裁庭與 ICSID 所產生之費用由雙方平均分擔。

（五）任何於本仲裁中提出但未被接受之主張或請求視為已駁回。

---

[14] Award in ICSID case ARB/99/6 *Middle East Cement Shipping and Handling Co.S.A v. Arab Republic of Egypt* (April 12, 2002), 174，p. 42, http://www.worldbank.org/icsid/cases/awards.htm. *See* also: award (December 8, 2000), in ICSID case ARB/98/4, *Wena Hotels Ltd. v. Arab Republic of Egypt*, 41 I.L.M. 896 (2002), specially 128-129, p. 919; award in ICSID case No. ARB/96/1 *Compañia del Desarrollo de Santa Elena S.A. v. Republic of Costa Rica*, 15 ICSID Law Review-Foreign Investment Law Journal, p. 167; specially 96-106, pp. 200-202 (2000); award in ICSID case No. ARB(AF)/97/1 *Metalclad Corporation v. The United Mexican States*, 16 Mealey's International Arbitration Report, A-1; specially 128, pp. 41-42 (A-16) (2000).

[15] *Supra* note 1, para. 201.

案例三十三

Tokios Tokelés v. Ukraine, ICSID Case No. ARB/02/18, Decision on Jurisdiction (April 29, 2004)

一、當事人

聲請人：Tokios Tokelés

相對人：烏克蘭

二、案件摘要

（一）系爭投資

烏克蘭當地出版公司之所有權。

（二）爭議緣由

聲請人指稱，就聲請人出版關於烏克蘭反對黨領袖之書籍，相對人採行特定報復行為，包括：扣押文件、指控 Taki spravy 從事違法行為、提出使契約無效之訴訟、扣押資產。

（三）實體規範依據

立陶宛—烏克蘭 BIT（1994）（下稱立烏 BIT），聲請人主張相對人違反以下義務：1. 間接徵收；2. 充分保障與安全；3. 最惠國待遇。

（四）仲裁機構及規則

ICSID；ICSID 仲裁規則。

（五）聲請人請求

相對人賠償聲請人 65,000,000 美元。

（六）仲裁程序及後續

1. 仲裁庭於 2004 年 4 月 29 日作成管轄權決定。
2. 仲裁庭於 2007 年 7 月 26 日作成仲裁判斷，駁回聲請人請求。

三、事實背景[1]

　　聲請人係依立陶宛法律設立之企業，主要在立陶宛境內外從事廣告、出版及印刷業務；原為合作社，1991 年重組為閉鎖性合股公司。聲請人於 1994 年依烏克蘭法律設立全資子公司 Taki spravy，初始投資金額為 17 萬美元，包括辦公家具、印製設備、辦公設施之興建及修復。Taki spravy 主要在烏克蘭境內外從事廣告、出版、印刷及相關活動。

　　此後，聲請人便將 Taki spravy 之獲利持續投資，包括購買額外的印製設備、電腦設備、銀行股份及汽車等。聲請人稱其在 1994 年至 2002 年間對 Taki spravy 之投資總額已逾 650 萬美元。

　　聲請人聲稱自 2002 年 2 月起，相對人對 Taki spravy 採行一系列不合理且不正當的行為，對聲請人之投資產生不利影響，違反立烏 BIT 之義務。聲請人控訴之行為包括：（一）假執行稅法之名，進行無數次肆意調查；（二）在烏克蘭法院提起無事實根據的訴訟，包括使 Taki spravy 所簽署之契約無效之訴訟；（三）行政扣押 Taki spravy 之資產；（四）不合理地扣押財務及其他文件；及（五）錯誤指控 Taki spravy 從事違法行為。聲請人聲稱，此等行為之目的在報復聲請人於 2002 年元月出版對烏克蘭反對黨領袖 Yulia Tymoshenko 有利之書籍。

　　對於上述行為，聲請人表示已向相對人之政府機關提出異議，並展開解決爭端之數項努力行動，包括與地方稅務官員會面等，然未獲成果，遭聲請人控訴之相對人政府行為仍持續進行。聲請人遂向 ICSID 提出仲裁請求。

四、程序爭點

（一）管轄權：聲請人是否為真正的（genuine）立陶宛投資人

1. 相對人主張[2]

(1) 相對人並未爭執聲請人係依立陶宛法律合法設立之實體。然而，聲請人並非立陶宛之真

---

[1]　*Tokios Tokelés v. Ukraine*, ICSID Case No. ARB/02/18, Decision on Jurisdiction (April 29, 2004), paras. 1-5.

[2]　*Id.* paras. 21-22, 33, 44.

實實體（genuine entity），因爲該公司主要由烏克蘭國民擁有及控制，99% 之已發行股份爲烏克蘭國民持有，且聲請人之管理階層有三分之二爲烏克蘭國民。聲請人在立陶宛無實質商業活動（substantial business activity），主事務所（*siege social*; administrative headquarters）仍位於烏克蘭。在經濟實質上，聲請人爲在立陶宛之烏克蘭投資人，而非在烏克蘭之立陶宛投資人。如仲裁庭認定對本案有管轄權，將等同允許烏克蘭國民對自己的政府提起國際仲裁，此與 ICSID 公約之目的及宗旨不符。相對人請求仲裁庭揭穿公司面紗（piercing the corporate veil），忽略聲請人之設立地，以主要股東及管理者之國籍決定聲請人之國籍。

(2) ICSID 公約第 25(2)(b) 條第 2 段規定，在爭端雙方同意將爭端提付調解或仲裁之日擁有爭端締約方國籍之任何法人，由於受外國人控制，基於 ICSID 公約之目的，爭端雙方已合意將之視爲其他締約方之國民。相對人請求仲裁庭將此例外規定適用於本案。

(3) 立烏 BIT 第 1(2)(c) 條將協定適用範圍延伸，對於在第三地設立之企業，改以其他標準決定該企業之國籍，即：控制該企業之自然人之國籍爲烏克蘭或立陶宛，或控制該企業之實體位於烏克蘭或立陶宛。相對人主張，第 1(2)(c) 條延伸 BIT 利益之方式，亦應適用於 BIT 利益之否認。

2. 仲裁庭認爲[3]

(1) 依 ICSID 公約第 25(2)(b) 條，其他締約方之國民，係指擁有爭端締約方以外之締約方國籍之任何法人。如同 Aron Broches 所闡釋，ICSID 公約並未規定法人國籍之認定方法，將此留由締約方合理裁量。[4] ICSID 公約第 25(2)(b) 條之目的在表明外部界限（outer limits），在該界限內，經爭端當事人同意，得將爭端提付調解或仲裁。因此，就國籍之意義及與調解或仲裁條款相關之任何國籍規定，應給予當事人基於合理標準達成合意之最大可能空間。[5] 仲裁庭並援用 Christoph H. Schreuer 教授之見解，認爲在 BIT 之特定文本中，締約方享有定義法人國籍之廣泛裁量權；是否符合 ICSID 公約第 25(2)(b) 條國籍要求之決定，由內國立法或協定中之法人國籍定義控制。[6]

(2) 仲裁庭依 VCLT 第 31 條規定之原則，解釋 ICSID 公約及 BIT。立烏 BIT 第 1(2)(b) 條定

---

[3] *Id.* paras. 24-26, 28-31, 33-34, 36, 38, 40, 42-47, 52-56, 66, 71.

[4] *See* Aron Broches, "The Convention on the Settlement of Investment Disputes between States and Nationals of Other States," 136 RECUEIL DES COURS 331, 359-360 (1972-II). Aron Broches 曾任世界銀行法律總顧問逾 20 年，並曾於數個投資仲裁案件中擔任仲裁人。

[5] *Id.* at 361; *See* also C.F. Amerasinghe, "Interpretation of Article 25(2)(B) of the ICSID Convention," in International Arbitration in the 21ST Century: Towards "Judicialization" and Uniformity 223, 232 (R. Lillich and C. Brower eds. 1993).

[6] Christoph H. Schreuer, The ICSID Convention: A Commentary, at 286 (2001).

義立陶宛之「投資人」爲「依立陶宛法規，在立陶宛共和國設立（established）之任何實體（entity）」。「實體」之通常文義係指「眞實存在的物體」，而「設立」係指「以永久或穩固之基礎設立」。因此，如聲請人是依循立陶宛法規，在立陶宛領域內以穩固之基礎設立、眞實合法存在之實體，則聲請人即爲立陶宛投資人，立烏 BIT 對於「投資人」之資格並無額外要求。

(3) 聲請人於 1989 年在立陶宛維爾紐斯市政府登記爲合作社，1991 年重組爲閉鎖性合股公司。立陶宛政府對聲請人所爲的註冊登記顯示，聲請人係依立陶宛法規，以穩固之基礎設立、眞實合法存在之實體，爲立烏 BIT 第 (2)(b) 條定義之投資人。

(4) 立烏 BIT 第 1(2)(c) 條並規定，投資人的定義涵蓋：「由該締約方國民或在該締約方領域內擁有主事務所（seat，也就是前述仲裁庭所稱的 *siege social*）之實體，所直接或間接控制、依第三國法律設立之任何實體或組織。」[7]立烏 BIT 第 1(2)(c) 條之目的僅在於將投資人定義延伸至符合特定條件、依第三國法律設立之實體，如協定締約方欲將此方式適用於在烏克蘭或立陶宛合法設立之實體，締約方會分別在 BIT 第 1(2)(a) 條及第 1(2)(b) 條定義。依「明示其一排除其他」之法諺，第 1(2)(b) 條係以設立地定義立陶宛投資人，而非以控制股東之國籍或住所定義投資人。系爭 BIT 之目的及宗旨爲提供投資人及其投資廣泛之保護，不應以控制測試（control-test）限制第 1(2)(b) 條「投資人」之範圍。

(5) 針對相對人主張聲請人未從事實質商業活動，仲裁庭認爲，雖部分投資協定設有拒絕授予利益條款，將地主國國民或第三國國民所控制、在締約他方領域內無實質商業活動之締約他方之實體，排除在協定適用範圍外。然而，立烏 BIT 並未納入拒絕授予利益條款，此乃締約方刻意的選擇，仲裁庭不得在協定範圍內施加 BIT 文本所無之限制。透過遵循立烏 BIT 法人國籍之定義，仲裁庭滿足爭端雙方之期待，提升爭端解決程序之可預測性，並使投資人安排其投資，以享有協定所提供之法律保障。依據立烏 BIT 之目的及宗旨、條款之通常文義，聲請人係依立陶宛法律設立之實體，爲立烏 BIT 第 1(2)(b) 條之立陶宛投資人。

(6) 仲裁庭認爲，立烏 BIT 之法人國籍定義與 ICSID 公約一致。雖 ICSID 公約第 25(2)(b) 條並未規定認定法人國籍之方法，然一般公認之原則乃以主事務所或設立地爲基礎決定法人國籍。如上所述，依聲請人之設立地，其爲立烏 BIT 第 1(2)(b) 條之立陶宛投資人，縱 BIT 文本未要求，就聲請人住所之評估亦導向相同的結論，所有與住所相關之證據，包括立陶宛經濟部所核發之註冊證書、公司章程等，均記錄聲請人之住址在立陶宛。

---

[7] 立烏 BIT 第 1(2)(c) 條："in respect of either Contracting Party - any entity or organization established under the law of any third State which is, directly or indirectly, controlled by nationals of that Contracting Party or by entities having their seat in the territory of that Contracting Party; it being understood that control requires a substantial part in the ownership."

(7) 相對人請求將 ICSID 公約第 25(2)(b) 條第 2 段規定適用於本案，對此，仲裁庭表示，此等請求乃創設一般性設立地原則之例外。ICSID 公約第 25(2)(b) 條第 2 段將控制測試之適用，限於其所描述之特定情況，即：因地主國國民受外國人控制，締約方同意將之視為其他締約方之國民。仲裁庭援引 Broches 之見解，第 25(2)(b) 條第 2 段之存在有強而有力之理由，如未就外人所控制、依地主國法律設立之公司設計例外，則大量且重要外人投資部分將被排除在 ICSID 公約適用範圍外。[8] ICSID 公約第 25(2)(b) 條第 2 段控制測試之目的在於擴張 ICSID 中心之管轄權。本案聲請人並非地主國之國民，如以定義法人國籍之控制測試，限制 ICSID 中心之管轄權，將與 ICSID 公約第 25(2)(b) 條之目的及宗旨不一致。

(8) 仲裁庭最後考量，在習慣國際法認可之範圍內，衡平法之揭穿公司面紗原則（equitable doctrine of veil piercing）是否優先於締約雙方間之協議？國際法院在 *Barcelona Traction* 一案中提到，揭穿面紗乃避免在詐欺或不法行為之特定案件中法人格特權之濫用，用以保護第三人（例如債權人或買方），或避免法定義務或要求之規避。[9] 本案相對人未證明聲請人利用法人地位從事詐欺或不法行為而足以支持揭穿聲請人之公司面紗，且未證明聲請人利用其法人格規避法定義務或要求，亦未主張揭穿面紗以保護第三人。仲裁庭認為，聲請人與立陶宛實體地位有關之行為，均不構成法人格之濫用。聲請人在立烏 BIT 生效前 6 年即已設立，顯非基於取得 ICSID 仲裁之目的而創設，衡平法之揭穿公司面紗原則不適用於本案。

(9) 綜上，仲裁庭認定，聲請人為立烏 BIT 第 1(2)(b) 條之立陶宛投資人，且為 ICSID 公約第 25 條之其他締約方國民。

（二）管轄權：聲請人是否依烏克蘭法規進行投資

1. 相對人主張[10]

(1) 聲請人未在烏克蘭進行立烏 BIT 所定義之投資，而聲請人未證明其擁有足夠的資金進行 Taki spravy 之初始投資，亦未證明資金來自烏克蘭境外。因此，聲請人對 Taki spravy 之投資不在立烏 BIT 及 ICSID 公約之適用範圍內。

(2) 縱使認定聲請人已在烏克蘭投資，然聲請人並非依據烏克蘭法律（in accordance with Ukrainian law）進行該等投資。相對人稱，聲請人登記其子公司之名稱「The Lithuanian

---

8　*Supra* note 4, at 358-359.

9　*Barcelona Traction, Light and Power Co., Ltd. (Belg. v. Spain)*, 1970 I.C.J. 3 (February 5), para. 58 ("Barcelona Traction").

10　*Supra* note 1, paras. 72, 83.

subsidiary private enterprise The Publishing, Informational and Advertising Agency Taki Spravy」是不正確的，因為烏克蘭法律認可之合法形式為「subsidiary enterprise」，而非「subsidiary private enterprise」。因此，該等投資不在立烏 BIT 之涵蓋範圍內。

2. 仲裁庭認為[11]

(1) ICSID 公約並未定義投資，如同法人國籍，締約方有廣大的裁量權決定願意提付仲裁之投資種類，此等裁量權之行使即顯現在立烏 BIT 中。立烏 BIT 中第 1(1) 條定義「投資」為「締約一方投資人在締約他方領域內依據締約他方之法規投資之各種資產……」並規定「所投資資產形式之任何變動應不影響作為投資之特性」。立烏 BIT 並未要求投資人進行投資所使用的資金必須源自立陶宛（即投資人母國），或該等資金不得源自烏克蘭（即地主國）。相對人所述之資金來源要求，與立烏 BIT 欲提供投資人及其投資廣泛保護之目的及宗旨不一致。

(2) 依據一般解釋原則，立烏 BIT 所規定之投資，係指締約一方投資人在締約他方領域內投入金錢或努力取得之各種資產，投資人期待自該等資產獲得收入或利潤。聲請人已提出其在烏克蘭投資之實質證據，尤其是 23 份「外人投資付款資訊通知」（Informational Notice(s) of Payment of Foreign Investment）之影本，在該等通知中，聲請人之投資已由相對人之政府機關登錄，通知中所載之 Taki spravy 及財產權利，均為聲請人在烏克蘭投資之資產。

(3) 立烏 BIT 使用廣泛之投資定義，係多數當代 BIT 所使用之典型定義，因 ICSID 公約將投資定義留由締約方決定，締約方原則上廣泛地定義投資。ICSID 公約並無投資所需資金之特定來源要求，資金來源與 ICSID 管轄權無關，此亦經 *Tradex Hellas S.A.* 案仲裁庭確認。[12]

(4) 立烏 BIT 第 1(1) 條依地主國法規進行投資之要求，乃現代 BIT 中常見之要求。*Salini Costruttori S.p.A.* 案仲裁庭已闡釋此等條款之目的，目的即在避免 BIT 對非法投資提供保障。[13] 仲裁庭表示，相對人並未控訴聲請人之投資及商業活動本身（*per se*）違法，相對人主管機關已在 1994 年將聲請人之子公司註冊為有效企業，相關登錄已顯示聲請人係依烏克蘭法規進行投資。

---

[11] *Id.* paras. 73-79, 81, 84, 86.

[12] *Tradex Hellas S.A. v. Republic of Albania*, ICSID Case No. ARB/94/2, Award (April 29, 1999), para. 109.

[13] *Salini Costruttori S.p.A and Italstrade S.p.A v. Kingdom of Morocco*, ICSID Case No. ARB/00/4, Decision on Jurisdiction (July 23, 2001), para. 46.

（三）管轄權：爭端是否因投資而生

1. 相對人主張，本爭端並非直接由投資而生，蓋聲請人所控訴之相對人政府機關之不當行為，並不是直接針對聲請人所擁有之實體資產。[14]

2. 仲裁庭認為：[15]

(1) 依 ICSID 公約第 25(1) 條，仲裁庭之管轄權及於因投資直接而生之任何爭端（any dispute "arising directly out of an investment"），爭端與投資之間應有合理緊密連結，以符合直接性（directness）要求。立烏 BIT 第 8 條規定，締約一方投資人得將與在締約他方領域內投資有關之爭端提付仲裁。

(2) 相對人誤解 ICSID 公約第 25 條之管轄權要求。關於因投資直接而生之爭端，所控訴之政府不當行為不需直接針對投資人之實體財產。如爭端是因投資本身而生或因投資之營運而生，即符合直接性要求。聲請人所控訴之行為均涉及聲請人子公司在烏克蘭之營運，因此，本爭端乃直接因聲請人之投資而生。

（四）關於可受理性（admissibility）之爭點

1. 聲請人之書面同意（written consent）是否不正確且未適時提交

(1) 相對人主張，聲請人之書面同意不正確，其同意函未載明地址，且未直接寄給相對人。聲請人之書面未適時提出、未於啟動仲裁程序前提出，且在立烏 BIT 第 8 條所規定之 6 個月協商期間屆滿前提出，均不應被受理。[16]

(2) 仲裁庭認為，聲請人之書面同意符合 ICSID 公約之要求：[17]

A. ICSID 公約並未規定書面同意之形式，僅要求同意需以書面為之，爭端雙方之同意無須登載在同一文件中。聲請人不須在仲裁請求之外，單獨提出書面同意。聲請人之同意函及仲裁請求均符合 ICSID 公約之書面要求。

B. ICSID 公約並無在特定爭端發生前或後提出同意之要求，亦無在爭端協商前或後提出同意之要求。此外，聲請人並未被要求在啟動仲裁程序前提出其同意，且 ICSID 公約及立烏 BIT 也未規定需待 6 個月協商期間屆滿後，方得提出同意。立烏 BIT 第 8 條僅要求提付仲裁前，需經過 6 個月的協商，聲請人已符合此項要求。

---

[14] *Supra* note 1, para. 90.

[15] *Id*. paras. 88-89, 93.

[16] *Id*. paras. 95-96.

[17] *Id*. paras. 97-100.

2. 爭端雙方是否非BIT第8條所規定之協商當事人

(1) 相對人主張，於協商時，是由 Taki spravy 與基輔當地政府機關協商，而非由爭端雙方本身進行協商，不符合立烏 BIT 第 8 條「締約一方投資人與締約他方」協商之要求。基輔政府機關未經合法授權代表烏克蘭協商。[18]

(2) 仲裁庭認為，爭端雙方已在必要範圍內參與爭端之協商，聲請人確實已將本爭端提請烏克蘭總統及中央政府機關注意，並提出與聯邦官員協商之證據，符合管轄權要求。而聲請人之代表究竟以聲請人代理人或 Taki spravy 之代理人身分進行協商，並不重要，不論是哪一種情形，聲請人均為協商當事人。[19]

3. 本爭端是否非BIT第8條所規定之協商標的

(1) 相對人主張，本爭端並非協商之標的，在相對人收受仲裁請求前，聲請人所控訴之政府行為並未具體化為爭端。在 ICSID 秘書處登錄仲裁請求前，爭端雙方未就爭端協商 6 個月。[20]

(2) 仲裁庭認為，爭端乃法律或事實觀點之分歧，需與雙方間明確確認之爭議相關，惟此不代表一方已採行特定行動，或已升級成特定衝突層級。仲裁庭認為，在雙方 6 個月之協商中已充分界定爭端，符合管轄權要求。[21]

五、實體爭點

　　無。

六、損害賠償及費用計算

　　無。

---

[18] *Id*. para. 101.

[19] *Id*. paras. 102-103.

[20] *Id*. para. 105.

[21] *Id*. paras. 106-107.

七、仲裁庭之決定與判斷[22]

綜上，在考量主任仲裁人之不同意見後，仲裁庭多數意見認為，本爭端在 ICSID 中心之管轄權範圍內，且在仲裁庭之管轄範圍內。

主任仲裁人 Prosper Weil 之不同意見：[23]

（一）依 ICSID 公約第 25(1) 條，ICSID 中心之管轄權及於締約一方與其他締約方國民間之爭端，對於其他爭端則無管轄權。ICSID 仲裁機制乃國際投資爭端解決方式，亦即，是在解決國家與外國投資人間之爭端，並非解決國家與其國民間之爭端。

（二）本案管轄權決定植基於資金來源與國籍認定無關之假設，此假設與 ICSID 公約保障國際投資之目的相悖。本案是 ICSID 仲裁庭首次處理 A 國（烏克蘭）與 A 國國民所控制之 B 國（立陶宛）公司間之爭端。雖然形式上符合管轄權要件——締約一方與其他締約方國民間之爭端，惟實際上乃締約一方與其國民所控制之公司間之爭端。

（三）VCLT 第 31 條規定：「條約應依其用語按其上下文並參照條約之目的及宗旨所具有之通常意義……解釋之。」ICSID 公約之目的及宗旨在提供國際投資爭端解決，即具跨境資本流動之投資。ICSID 機制及救濟並非為一國國民以國內資本經由外國實體在該國境內進行之投資而設，為確認投資之國際特徵，資金來源是相關的，且具決定性。

（四）為決定仲裁庭之管轄權，首先應先確認仲裁庭是否具 ICSID 公約第 25 條之管轄權，再檢視仲裁庭是否也具有 BIT 規定之管轄權。然而，本案管轄權決定並非依此順序檢視，而是先檢視立烏 BIT 第 1(2) 條之投資人定義，進而認定立烏 BIT 第 1(2) 條與 ICSID 公約一致。

（五）雖 ICSID 公約無法人國籍定義，惟此並非將國籍定義留由 BIT 締約方裁量，BIT 締約方不得將 ICSID 管轄權延伸超出 ICSID 公約所規定之範圍。ICSID 公約決定 ICSID 管轄權，在 ICSID 管轄權之界限內，BIT 締約方得在 BIT 中，定義其等同意提付 ICSID 仲裁之爭端。

（六）本案管轄權決定（多數意見）認定，聲請人在立烏 BIT 生效前 6 年即已設立，顯非基於取得 ICSID 仲裁之目的而創設。Weil 教授雖同意此認定，然此與揭穿公司面紗之議題無關，本案具決定性之客觀事實乃仲裁庭所處理者為烏克蘭及烏克蘭投資人間之爭端，而非烏克蘭與外國投資人間之爭端。ICSID 公約不適用在此爭端，此為客觀且

---

[22] *Id.* para. 108.

[23] *Tokios Tokelés v. Ukraine*, ICSID Case No. ARB/02/18, Dissenting Opinion (April 29, 2004), paras. 5-6, 10, 14, 16, 19-23, 28-29.

合法之評價，對聲請人或其子公司之設立方式並無任何批評。

（七）本案管轄權決定（多數意見）並認定，ICSID 公約第 25(2)(b) 條第 2 段之目的在於擴張 ICSID 中心之管轄權，如以控制測試限制 ICSID 中心之管轄權，將與該條款之目的及宗旨不一致。對此，Weil 教授有不同意見，其認為該條款之目的及宗旨在於避免真正的外國投資因地主國法規要求之內國公司結構致 ICSID 機制之保障被剝奪。基於相同的原理，當烏克蘭國民以烏克蘭資金在烏克蘭境內投資時，即便是透過立陶宛公司進行，亦不能受益於 ICSID 機制之保障，因此，聲請人並非在烏克蘭之外國投資人。

（八）ICSID 公約第 2 章界定公約適用之界限，為 ICSID 體系之基石，BIT 條款必須在界限內解釋及適用。不可能無條件地將決定 ICSID 公約適用範圍之任務留給 BIT 締約方，如完全交由締約方裁量，將使 ICSID 公約第 2 章成為純粹的任擇條款（purely optional clause），摧毀 ICSID 體系。BIT 授予 ICSID 仲裁庭之管轄權，不能逾越 ICSID 公約所授予之管轄權。綜上，Weil 教授認為，依 ICSID 公約第 25(2)(b) 條，仲裁庭對本案無管轄權。

案例三十四

Wena Hotels Ltd. v. Arab Republic of Egypt, ICSID Case No. ARB/98/4, Award (December 8, 2000)

一、當事人

聲請人：Wena Hotels Ltd.（下稱 Wena）

相對人：埃及

二、案件摘要

（一）系爭投資

Wena 與埃及國有企業 Egypt Hotels Company（下稱 EHC）簽訂兩項長期飯店租賃及開發契約，以開發、經營分別位於盧克索（Luxor）與開羅之 Luxor 及 Nile 飯店（下稱系爭飯店）。

（二）爭議緣由

自 1991 年 4 月 1 日起，EHC 以暴力扣押系爭飯店 1 年，埃及被控違反投資協定義務。

（三）實體規範依據

埃及—英國 Agreement for the Promotion and Protection of Investments（1975）（下稱 IPPA），聲請人主張相對人違反以下義務：1. 公平公正待遇（下稱 FET）；2. 充分保障與安全（下稱 FPS）；3. 徵收。

（四）仲裁機構及規則

ICSID；ICSID 仲裁規則。

（五）聲請人請求

1. 給付損害賠償，金額不得低於 62,820,000 美元。

2. 支付 Wena 因仲裁而產生的費用，包括仲裁人報酬、行政費用、仲裁人支出費用、專家報酬及支出費用，以及當事人因此產生的法律費用（包括律師費）。

（六）仲裁程序及後續

1. 仲裁庭於 2000 年 12 月 8 日作成仲裁判斷。
2. ICSID 專門委員會（ad hoc Committee）於 2002 年 2 月 5 日駁回撤銷仲裁判斷之請求，維持原仲裁判斷。
3. 仲裁機構於 2005 年 10 月 31 日作成仲裁判斷之解釋。

三、事實背景[1]

（一）扣押之導火線

1. Wena 為一家英國公司，就位於盧克索之 Luxor 飯店，於 1989 年 8 月 8 日與 EHC 簽訂為期 21 年 6 個月之租賃及開發契約。根據該契約，Wena 享有經營管理飯店之專屬權，EHC 不會干預飯店之經營管理或干預 Wena 於契約下享有之權利。契約並規定，當事人間之爭議透過仲裁解決。Wena 係以競標方式取得此契約。1990 年 1 月 28 日，就位於開羅之 Nile 飯店，Wena 與 EHC 簽訂內容幾乎與前述契約相同、期間 25 年之契約。

2. 於上述契約簽訂不久後，EHC 與 Wena 間就契約義務產生爭端。Wena 稱其發現飯店之條件遠低於契約所述，並依契約約定拒付部分租金。埃及則稱 Wena 未支付租金予 EHC，EHC 以 Wena 提供之履約保證金抵付租金。1990 年 5 月 3 日，Wena 就其與 EHC 關於 Luxor 飯店之爭議，在埃及提起仲裁。1990 年 11 月 14 日，臨時仲裁庭認定 EHC 應修復 Luxor 飯店，且 Wena 應支付未付的租金。隨後 Wena 於南開羅法院提起撤銷仲裁判斷之訴。

3. 約在同一時間出現飯店將受暴力扣押之謠言。Wena 顧問拜會埃及旅遊部長及內政部長，兩位部長均保證不會發生暴力事件。1991 年 2 月 11 日，Wena 創辦人致信予旅遊部長，請求其介入協助解決爭端，信件中提到 EHC 曾威脅以武力取回飯店。1991 年 2 月 26 日，旅遊部長召開會議，以討論解決雙方之分歧。旅遊部長提出和解方案，然 Wena 並未接受。

4. 1991 年 3 月 21 日，EHC 董事長向旅遊部長提議採取以下步驟：(1) 扣押 Nile 飯店之保證函，以清償 Wena 債務；(2) 終止系爭飯店之契約；(3) 扣押飯店並吊銷執照；(4) 列出所有

---

[1] *Wena Hotels Ltd. v. Arab Republic of Egypt*, ICSID Case No. ARB/98/4, Award (December 8, 2000), paras. 15-74.

開發業務，以清償 Wena 債務；及 (5) 在採行前述措施後，若 Wena 仍有債務未清償，則應在英國提起扣押程序。EHC 董事長另建議旅遊部長或可設立償還債務之 10 日寬限期，如 Wena 仍未清償債務，將吊銷兩家飯店之執照，EHC 亦將採取適當措施以保護其權利。同年 3 月 25 日，Wena 之顧問致信給旅遊部長，要求召開會議以解決爭端，並請求部長確保在會議前不會採取任何損害行為。雖該信件未寄給 EHC，然 EHC 董事長於同年月 31 日回信，在信中威脅將採取一切必要措施，以保護被視為國家所有的權利。

（二）扣押系爭飯店

1. 扣押系爭飯店之決定

EHC 董事會於 1991 年 3 月 27 日決議，因 Wena 未能如期執行 1991 年 2 月 26 日會議之和解方案，EHC 將占有 Nile 飯店。EHC 董事會並於同年 3 月 27 日發布接管並占有 Luxor 飯店之決定，該決定自同年 4 月 1 日起生效。EHC 稱其已將終止租約並收回飯店之決定通知 Wena，然無證據證明此通知是在 1991 年 4 月 1 日扣押之前送達。

1991 年 3 月 31 日，EHC 董事長簽署第 216 號行政決定，EHC 計畫於同年 4 月 1 日將 Wena 逐出系爭飯店。對於 EHC 占有系爭飯店及驅逐 Wena 之行為是不當的，埃及並不爭執。

2. 扣押 Nile 飯店

1991 年 4 月 1 日發生暴力扣押事件，EHC 人員依董事會決議占領飯店。證人證稱埃及旅遊部官員參與此事件，然旅遊部長否認旅遊部官員在場之可能。證人證稱，Wena 工作人員向 Kasr EI-Nile 警察局及觀光警察尋求協助，然均被拒絕。證據顯示 Kasr EI-Nile 警察約於當晚 11 點開始調查。警方報告記載，Nile 飯店之安全部門人員報案，表示 EHC 管理階層派出多名員工扣押飯店。警方前去調查，到達時見到 EHC 人員，後者出示第 216 號行政決定影本。如前所述，證人證稱其等至 Kasr EI-Nile 警察局報案，但警方一開始只允許其等提出個人物品損失之陳述，而不得指控 EHC 之非法扣押。

3. 扣押 Luxor 飯店

EHC 人員於同日強行占領 Luxor 飯店。Luxor 飯店經理向 Luxor 旅遊警察報案，旅遊警察隨後展開調查。上埃及助理檢察長辦公室之最後調查結論為 EHC 闖入飯店，強行進入辦公室，並強迫飯店人員離開飯店。

（三）扣押發生後

1. 埃及旅遊部長證稱其對扣押並不知情，但承認其未採取任何將飯店歸還予 Wena、懲罰 EHC 或其人員之行動，也沒有吊銷飯店執照使 EHC 無法經營飯店。

2. Nile 飯店於 1991 年 4 月 1 日至 1992 年 2 月 25 日由 EHC 控制，而 Luxor 飯店至 1992 年

4月21日止亦由EHC控制。Wena在此期間多次努力，試圖取回飯店，包括尋求美國及英國官員的幫助。同時，埃及負責消防安全之民防局發布至少兩份關於Nile飯店之不安全性報告。

3. 1992年1月16日，埃及首席檢察官裁定對Nile飯店之扣押為非法，Wena有權取回飯店，然EHC並未立即歸還。1992年2月21日，Wena致信英國駐開羅大使館，指控埃及旅遊部之不合作立場及歸還飯店之遲延。

4. Nile飯店於1992年2月25日回復由Wena管理，然在飯店歸還之前兩天，埃及旅遊部以違反安全規定及飯店被關閉為由，吊銷Nile飯店之營業執照。在一份向Kasr El-Nile警方提交之報告中，一名EHC人員證實，EHC於1992年2月23日發布停止營運之命令，以回應內政部及旅遊部之命令。

5. 證人證稱，於Nile飯店歸還予Wena後，其等發現飯店遭到破壞。EHC否認有任何破壞行為，僅承認移除並拍賣飯店的多數設備及家具。Wena管理階層證稱，Wena未曾再經營Nile飯店。

6. 1992年4月21日，埃及首席檢察官裁定EHC對Luxor飯店之扣押為非法。同年4月28日Wena重返飯店，證人證稱Luxor飯店也遭到破壞。旅遊部以排水及消防安全系統缺失為由，否准Wena對Luxor飯店之正式營業執照申請，只授予暫時性執照，Wena對此提出申訴。於系爭飯店均歸還後，Wena向埃及求償。1993年4月10日，Kasr El-Nile法院根據埃及刑法，認定EHC使用非法強制力將Wena逐出Nile飯店，南開羅上訴法院維持此判決；本仲裁判斷作成時，正上訴於最高法院。EHC相關人員均未受監禁，僅被判處罰金。

7. 1993年12月2日，Wena在埃及針對EHC違反Nile飯店租約提起仲裁。1994年1月12日，Wena對EHC違反Luxor飯店租約提起仲裁。1994年4月10日，商務仲裁庭就EHC侵入Nile飯店所造成之損失作出有利於Wena之判斷，然而，該仲裁判斷要求Wena將Nile飯店交由EHC控制。1995年6月21日，Wena被逐出Nile飯店。1997年6月9日，Wena收到此仲裁判斷裁決之損害賠償。關於Luxor飯店之仲裁，仲裁判斷也有利於Wena，然隨後被開羅上訴法院以EHC指定之仲裁人沒有簽署最終仲裁決定為由撤銷。1997年8月14日，Wena被逐出Luxor飯店。

（四）EHC與埃及之關係

於扣押事件發生時，EHC為埃及國有企業，依埃及1983年97號法案經營，埃及為EHC唯一股東，由旅遊部長主持股東會，並負責任命至少半數之董事會成員及董事長，亦有權解任EHC董事長及董事會成員。至少在1991年9月新法通過前，EHC係在埃及政府制定之政策指導方針下經營，在飯店受扣押期間，EHC旅遊部門從屬於旅遊部。

（五）Wena與EHC董事長間之顧問契約

埃及主張，Wena 就飯店租賃契約之取得，試圖不當影響 EHC 董事長。雙方不爭執 Wena 與 EHC 董事長所簽訂之顧問契約。顧問契約第 2 段規定，EHC 董事長應就 Wena 在埃及發展飯店業務的機會提供建議與協助。1991 年 3 月 26 日，Wena 在英國對 EHC 董事長發出傳訊令狀，聲稱根據該顧問契約，已對 EHC 董事長支付五次報酬，Wena 欲收回這些款項。EHC 董事長提出異議，稱其與 Wena 間並未存在任何契約。Wena 創辦人證稱埃及政府知悉此顧問契約，EHC 董事長就其所知者提供協助。爭端雙方均同意，EHC 董事長未在埃及因顧問契約被起訴。

四、程序爭點[2]

仲裁庭有無管轄權

（一）相對人提出管轄權異議，其未同意與 Wena 進行本仲裁，因 Wena 應被視爲埃及公司。此外，Wena 與埃及間亦不存在法律爭端。

（二）仲裁庭認爲，Wena 應被視爲埃及公司之主張不成立。仲裁庭並認定，在不影響案件實質判斷之情況下，Wena 至少已提出表面證據證明其與埃及間存在法律爭端，故駁回埃及之管轄權異議。

五、實體爭點

（一）埃及是否違反IPPA第2(2)條之FET與FPS[3]

1. 聲請人主張，IPPA 第 2(2) 條規定，締約任一方之國民或公司之投資在締約他方之領土內應隨時得到 FET，並享有 FPS。各締約方應確保締約他方國民或公司在其領土內之投資，其管理、維護、使用、收益或處分不受不合理或歧視性措施的損害。聲請人主張，埃及煽動或參與對系爭飯店之扣押，並且未給予其投資 FET 與 FPS。[4]

---

[2] *Id*. paras. 4, 7.

[3] *Id*. paras. 84-95.

[4] Article 2(2) of IPPA: Investments of nationals or companies of either Contracting Party shall at all time be accorded fair and equitable treatment and shall enjoy full protection and security in the territory of the other Contracting Party. Each Contracting Party shall ensure that the management, maintenance, use, enjoyment or disposal of investments in its territory of nationals or companies of the other Contracting Party is not in any way impaired by unreasonable or discriminatory

2. 相對人主張，其既未授權也未參與對系爭飯店之扣押或 Wena 所控訴之其他事件。

3. 仲裁庭肯認聲請人之主張。即便無法確定埃及官員是否直接參與 1991 年 4 月 1 日之扣押，但大量證據顯示埃及知悉 EHC 之意圖，且未採取任何阻止 EHC 之行為。此外，於扣押發生後，埃及警方及旅遊部都沒有立即採取行動，以迅速將飯店回復由 Wena 管理。埃及從未對 EHC 或其高級經理人實施實質制裁，表明埃及認可 EHC 之行為。

   (1) 在解釋 IPPA 第 2(2) 條時，仲裁庭參考薩伊與美國 BIT 中類似條款之解釋，認為地主國之義務是保持警戒（obligation of vigilance），地主國應採取一切必要措施，以確保投資充分享有保障與安全，且不允許地主國援引內國法來豁免此等義務。又，地主國承諾給予外國投資前述保護，並非保證投資不會遭受損害的絕對義務。然而，埃及毫無疑問違反 FET 及 FPS 之義務。

   (2) 有充分證據顯示，埃及知悉 EHC 之意圖，卻沒有採取任何行動阻止對飯店的扣押，或立即回復 Wena 對飯店之控制。Wena 數次致信予埃及旅遊部，然埃及卻沒有採取任何行動保護 Wena 之投資。此外，證據顯示，於 Nile 飯店扣押發生後，位於飯店附近之 Kasr El-Nile 警察直到 4 小時後才開始調查，也在飯店附近之旅遊部警察是否回應 Wena 之求助亦不明確。即使警察開始調查後，也沒有採取任何措施驅離 EHC 並回復 Wena 對飯店的控制。關於 Luxor 飯店之扣押，雖然警方之反應較迅速，但也拒絕驅離 EHC 並回復 Wena 對飯店的控制。

   (3) 旅遊部也未立即採取任何行動保護 Wena 之投資。旅遊部長依法有權解任 EHC 董事長及董事會成員。且旅遊部作為 EHC 之唯一股東，旅遊部本可指示 EHC 歸還飯店並賠償損害。然而，直到 1 年後，即埃及首席檢察官裁定扣押違法後，Wena 方回復對飯店之控制。且即便在首席檢察官發布裁定後，旅遊部仍遲延歸還飯店。

   (4) 此外，EHC 未以與扣押前相同的經營狀況，交還系爭飯店予 Wena。系爭飯店均無正式營業執照。在 Nile 飯店歸還予 Wena 之前兩天，旅遊部以違反安全規定為由吊銷該飯店之營業執照，然卻允許 EHC 在違反相同安全規定之情況下繼續經營，直到將飯店歸還予 Wena 前，方吊銷執照。

   (5) 埃及亦拒絕賠償 Wena 所遭受之損失，且 EHC 及其經理人均未因武力驅趕 Wena 及非法扣押飯店約 1 年而受到實質懲罰，此顯示埃及縱容 EHC 之行為。

   (6) 綜上，仲裁庭認定埃及違反 IPPA 第 2(2) 條，未能給予 Wena 投資 FET 及 FPS。

---

measures. Each Contracting Party shall observe any obligation it may have entered into with regard to investments of nationals or companies of the other Contracting party.

（二）埃及是否構成IPPA第5條徵收[5]

1. 聲請人主張，IPPA 第 5(1) 條規定，締約任一方之國民或公司之投資在締約他方之領土內不得被國有化、徵收或採取等同於國有化或徵收之措施，除非是基於與該締約方內部需求有關之公共目的，並給予即時、充分且有效之補償。此補償應相當於投資被徵收前或政府正式宣布將在未來進行徵收之前（以較早者為準），被徵收投資之市場價值，國家應立即提供此補償，且此補償應可有效實現並可自由轉讓。受影響之國民或公司應有權根據進行徵收之締約方法律，由該締約方之司法機構或其他獨立機構迅速審查是否符合國內法，以及根據本項規定之原則對投資進行估價。聲請人主張，埃及之行為構成徵收，且未提供即時、充分且有效之補償。[6]

2. 相對人主張，Wena 曾重新經營系爭飯店，故並不存在所謂剝奪其投資之情事，縱然構成剝奪亦屬短暫，不構成徵收。

3. 仲裁庭認為：

   (1) 仲裁庭援用 *Amco Asia v. Indonesia* 仲裁庭之見解，徵收不僅存在於一個國家接管私有財產之情形，而且還存在於國家將所有權轉讓給另一個法人或自然人之情形；徵收也存在於國家撤銷其法院對被徵收人之保護，並默許事實上的占有人繼續占有之情形。[7]

   (2) 徵收也不限於有形財產，基於契約所生之權利亦包括在內，其亦應受到國際法保護。雖然政府對財產權的控制並不能自動產生財產已被政府徵收之結論，然於證明所有人之基本權利已被剝奪且剝奪非屬短暫時，依國際法即可要求補償。

   (3) 因此，無論埃及是否授權或參與對飯店之扣押，埃及允許 EHC 以武力扣押飯店、非法占有飯店將近 1 年，並返還損失許多家具與設備之飯店，已剝奪 Wena 作為契約一方之基本權利而構成徵收，非暫時性干涉財產之使用或利益之享有。

   (4) 此外，即便於飯店歸還予 Wena 後，就 Wena 因系爭飯店被扣押而遭受之損失，埃及

---

[5] *Supra* note 1, paras. 96-101.

[6] Article 5(1) of IPPA: Investments of nationals or companies of either Contracting Party shall not be nationalised, expropriated or subjected to measures having effect equivalent to nationalisation or expropriation (hereinafter referred to as "expropriation") in the territory of the other Contracting Party except for a public purpose related to the internal needs of the Party and against prompt, adequate and effective compensation. Such compensation shall amount to the market value of the investment expropriated immediately before the expropriation itself or before there was an official Government announcement that expropriation would be effected in the future, whichever is the earlier, shall be made without delay, be effectively realizable and be freely transferable. The national or company affected shall have a right under the law of the Contracting Party making the expropriation, to prompt review, by a judicial or other independent authority of that Party, of whether the expropriation is in conformity with domestic law and of the valuation of his or its investment in accordance with the principles set out in this paragraph.

[7] *Amco Asia Corporation, et al. v. Republic of Indonesia*, ICSID Case No. ARB/81/1 Award (November 20, 1984).

亦未提供即時、充分且有效的補償，違反 IPPA 第 5(1) 條。

（三）Wena之主張是否已罹於時效[8]

1. 聲請人主張，埃及並未在其管轄權異議中提出時效抗辯。

2. 相對人主張，埃及民法第 172(i) 條規定：「因違法行為請求損害賠償之權利，自請求權人知有損害及賠償義務人時起，3 年間不行使而消滅，或自違法行為發生之日逾 15 年者亦同。」依此規定，Wena 之主張已罹於時效。縱使仲裁庭拒絕適用此規定，仲裁庭仍有裁量權決定 Wena 向 ICSID 提出請求是否有不合理之遲延。最後，相對人主張，若埃及法不適用於本案，則考量 IPPA 之締約雙方共同之時效原則是合理的。依據英國法，違約行為或侵權行為請求權時效為 6 年。

3. 仲裁庭認為，並無法律或衡平理由禁止 Wena 提出請求。

   (1) 就埃及稱 Wena 嚴重減損其在程序中為自己辯護之能力，仲裁庭加以否決。鑑於爭端雙方提出大量證據及幾位證人之證詞，雙方似均未處於不利地位。

   (2) 另一個衡平原則為休眠（repose）之概念，即相對人若合理信賴爭端早已平息或對造不再主張，就不應該使其意外地面對後續再起之爭議。然 Wena 持續積極爭取其權利，埃及已充分知悉此持續性爭議。

   (3) 仲裁庭肯認，內國法之時效規定未必拘束在國際仲裁庭前提出、違反國際條約之主張。雖然國際仲裁庭可以考量衡平時效原則，否決遲延提出之請求，然而，仲裁庭沒有理由在本案行使此種裁量權，因為埃及已充分知悉 Wena 之請求，且爭端雙方提出主張之能力似乎都沒有受到實質性損害。

   (4) 又，本案之實體法為埃及與英國之間的 IPPA，IPPA 第 8(1) 條明確規定，如果發生爭端，僅於爭端各方在 3 個月內無法透過當地救濟、調解或其他方式達成協議時，一方方可提起 ICSID 程序。此條款之考量為當事人不急於進行仲裁。

（四）聲請人是否行賄EHC董事長[9]

1. 聲請人主張，Wena 與 EHC 董事長簽署顧問契約，目的是讓後者提供建議及協助公司取得在埃及發展飯店業務之機會，此契約不涉及系爭飯店。此外，Luxor 飯店之契約是透過競標取得，Wena 係因支付較高之租金而得標。埃及政府亦已知悉此顧問契約之存在，以及 EHC 董事長提供協助之情事。

8　*Supra* note 1, paras. 102-110.

9　*Id.* paras. 111-117.

2. 相對人主張，爲取得 Luxor 和 Nile 飯店之契約，Wena 試圖不當影響 EHC 董事長。Wena 與 EHC 董事長於 1989 年 8 月簽訂顧問契約，由 EHC 董事長就 Wena 在埃及發展飯店業務提供建議及協助。於 1989 年 8 月 18 日至 1990 年 1 月 30 日間，Wena 支付 52,000 英鎊。1991 年 3 月 26 日，Wena 以違約爲由對 EHC 董事長提起訴訟。相對人主張，巧合的是，第一筆顧問費付款日（1989 年 8 月 18 日）是在 Luxor 飯店契約簽署後 10 日；最後一次付款日（1990 年 1 月 30 日）則是在 Nile 飯店契約簽署後 2 日。Wena 支付給 EHC 董事長的金額亦超過顧問契約之顧問費。

3. 仲裁庭認爲：

(1) 如果埃及之指控屬實，即有理由駁回 Wena 之請求。然而，讓仲裁庭明確劃分合法與違法契約、非法賄賂和合法報酬之界限，仍是一個棘手的問題。

(2) EHC 董事長從未因該顧問契約在埃及被起訴。鑑於埃及政府知悉該顧問契約之存在，但仍決定不起訴 EHC 董事長，仲裁庭不願讓埃及於本仲裁中免於承擔責任，蓋其稱依埃及法律，該顧問契約並不合法。此外，埃及負有舉證責任，除了飯店簽約時間之巧合及 Wena 支付 EHC 董事長之費用明顯超額外，埃及未能提供任何證據反駁 Wena 之主張，即該顧問契約是幫助 Wena 尋求在埃及發展飯店業務機會之合法契約。

六、損害賠償及費用計算[10]

（一）聲請人主張，請求賠償利潤損失 2,040 萬英鎊，機會成本損失 2,280 萬英鎊，回復原狀費用 250 萬英鎊，共計 4,570 萬英鎊。此外，聲請人並就其控訴所產生的律師費以及專家與證人之費用請求 1,251,541 美元。聲請人之備位請求爲賠償其投資金額 8,819,466.93 美元。

（二）相對人主張，Wena 誇大賠償金額，如埃及應負損害賠償責任，則金額應爲 Wena 在埃及飯店之投資金額，最多爲 75 萬英鎊。

（三）仲裁庭認爲：

1. 依據 IPPA 第 5 條規定，於徵收發生時，投資人應有權獲得即時、充分且有效之補償，且該補償應相當於投資被徵收前之市場價值。雖爭端雙方之專家提出以折現現金流量法（下稱 DCF）計算之金額，然仲裁庭認爲本案並不適合使用 DCF。

2. Wena 就利潤損失等請求建立於過度推斷之基礎上，本案仲裁庭援引 *Metalclad* 案 [11]

---

[10] *Id.* paras. 118-130.

[11] *Metalclad Corporation v. The United Mexican States*, ICSID Case No. ARB(AF)/971, Award (August 30, 2000), paras.119-120.

與 *SPP (Middle East) v. Egypt* 案 [12] 之見解，指出並無堅實的基礎可用以判定獲利或
預測 Wena 投資之成長或擴張，蓋在系爭飯店被扣押前，Wena 經營 Luxor 飯店不
到 18 個月，Nile 飯店之裝修亦未完成。鑑於 Wena 請求之金額與 Wena 稱其所投資
之金額間存在巨大差異，仲裁庭駁回 Wena 利潤損失及投資機會損失之請求。

3. 仲裁庭同意參考 Wena 實際投資額，以計算投資被徵收前之市場價值。Wena 請求
仲裁庭裁決埃及至少給付其已證明的投資金額。

4. 埃及提出關聯性抗辯，指出 Wena 對埃及之投資多來自 Wena 之關係企業，而非
Wena 本身。仲裁庭駁回此抗辯，表示無論投資是由 Wena 或其關係企業所為，只
要該等投資投入埃及飯店業，就應被視為是適當投資。將集團營運利潤分配到位於
不同法律管轄區、對整體集團有租稅優惠之飯店，是一種廣泛採用的做法。

5. 以投資為基礎，針對 Wena 所主張之 8,819,466.93 美元損失，仲裁庭認為，因可能
出現重複計算而應減少 322,000.00 美元，扣除後為 8,497,466.93 美元。此外，應扣
除 Wena 因埃及商務仲裁判斷已收到的金額 435,570.38 美元。

6. Wena 請求利息，但未指定利率或主張應以複利計算利息。IPPA、租賃契約及
ICSID 公約均未規定利息之計算。仲裁庭認為，埃及應給付之利息，應以利率
9%、每季複利計算利息。仲裁庭援引 *Metalclad* 案仲裁判斷，[13] 認為複利將使 Wena
回復到最接近未發生違法行為之情況下，其所處之合理狀態。在多數現代商務仲裁
中，裁決以複利（相對於單利）計算利息一般為妥適之做法。

7. 賠償額應包括 Wena 之律師費及本仲裁程序產生之費用。因此，包括 Wena 之律師
費及相關費用，賠償總額為 20,600,986.43 美元，埃及應於本仲裁判斷作成之日起
30 日內支付。此後，將以利率 9%、每季複利計算利息，直至完全支付為止。

七、仲裁庭之決定與判斷[14]

綜上，仲裁庭認為：

（一）埃及違反 IPPA 第 2(2) 條，未能給予 Wena 在埃及之投資 FET 及 FPS。埃及之行為相
當於徵收，在沒有給予即時、充分且有效之補償之情況下，將飯店之控制權從 Wena
轉移到 EHC，違反 IPPA 第 5 條。

---

[12] *SPP (Middle East) Ltd. (Hong Kong), et al. v. Arab Republic of Egypt*, ICC Case No. YD/AS No. 3493, Award (March 11, 1983).

[13] *Supra* note 11, para. 128.

[14] *Supra* note 1, paras. 131, 134-136.

（二）賠償總額爲 20,600,986.43 美元，由埃及在仲裁判斷作成日起 30 日內支付。此後，將以利率 9%、每季複利計算利息，直至完全支付爲止。

八、仲裁判斷之變更或撤銷

本案仲裁判斷作成後，埃及聲請 ICSID 進行撤銷仲裁判斷（annulment of the Arbitral Award）之程序。專門委員會於 2002 年 2 月 5 日駁回該請求，維持原仲裁判斷。

此外，由於埃及持續在各種宣傳上使用 Luxor Wena Hotel 之名稱，並且成立 the Egyptian General Company for Tourism and Hotels（EGOTH，繼受 EHC 之業務），對 Wena 提出請求租金等訴訟及仲裁，主張 Wena 應給付 7,100,000 美元。Wena 認爲埃及的行爲形同否認其已徵收 Wena 之權利，與仲裁判斷不符。

Wena 於 2004 年 7 月 15 日依據 ICSID 公約第 50 條請求針對仲裁判斷進行解釋，就本聲請案組成之仲裁庭於 2005 年 10 月 31 日作成仲裁判斷之解釋。[15]

（一）Wena請求仲裁庭解釋並確認

1. 埃及於 1991 年 4 月 1 日已經徵收了 Wena 關於 Luxor 飯店之權利，該徵收構成對於 Wena 擁有之基礎權利（fundamental rights of ownership）的剝奪，且係「完全且永久性的剝奪」（a total, permanent deprivation），因此排除埃及嗣後所採取與之違背的法律行爲（such as to preclude subsequent legal actions by Egypt that presume the contrary）。

2. 根據前述的確認，Wena 不再負擔任何關於 Luxor 飯店之法律義務，包括其與第三人之任何法律關係所可能產生之義務。

（二）仲裁庭之決定

1. 仲裁庭界定其根據第 50 條得解釋之目的（purpose of interpretation），必須不影響原仲裁判斷之終局性及拘束力。仲裁庭引用 ICJ 在 Asylum 案中所闡釋的解釋原則：「解釋的目的，在於釐清法院判決中，經判斷且具拘束力之事項，該判斷之意旨及範圍；而非就未經判斷之問題提出答案。」[16]

---

[15] *Wena Hotels Ltd. v. Arab Republic of Egypt*, ICSID Case No. ARB/98/4, Decision on the Application by Wena Hotels Ltd. for Interpretation of the Arbitral Award (October 31, 2005).

[16] "The real purpose of the request must be to obtain an interpretation of the judgment. This signifies that its object must be solely to obtain clarification of the meaning and the scope of what the Court has decided with binding force, and not to obtain an answer to questions not so decided. Any other construction of Article 60 of the Statute would nullify the provision of the article that the judgment is final and without appeal." Request for Interpretation of the Judgment of November 20, 1950 in the Asylum Case (*Colombia v. Peru*), Judgment (November 27, 1950), 1950 ICJ Rep. 395, p. 402.

2. 仲裁庭確認埃及於 1991 年 4 月 1 日已經徵收了 Wena 關於 Luxor 飯店之權利，該徵收構成對於 Wena 擁有之基礎權利的「完全且永久性的剝奪」。但仲裁庭認為 Wena 與第三人（包括 EGOTH）的法律關係，不是原仲裁判斷所處理的事項，因此駁回 Wena 此部分的請求。

案例三十五

White Industries Australia Limited v. The Republic of India, Final Award, UNCITRAL Arbitration Rules (November 30, 2011)

一、當事人

聲請人：White Industries Australia Ltd.（下稱 White）

相對人：印度

二、案件摘要

（一）系爭投資

源自 White 與 Coal India（國營礦產公司）所訂系爭契約之權利、銀行保證金、對 White 有利之 ICC（International Chamber of Commerce）仲裁判斷（下稱 ICC 仲裁判斷）。

（二）爭議緣由

White 控訴印度政府於司法上的遲延，致使其在過去 9 年間皆無法執行上述 ICC 仲裁判斷。

（三）實體規範依據

澳洲—印度 BIT（1999）（下稱澳印 BIT），聲請人主張相對人違反以下義務：1. 間接徵收；2. 公平公正待遇（下稱 FET 或 FET 待遇）／最低待遇標準，包括拒絕正義（denial of justice）；3. 最惠國待遇（下稱 MFN 或 MFN 待遇）；4. 資金移轉；5. 其他。

（四）仲裁機構及規則

非仲裁機構（ad hoc）；UNCITRAL 仲裁規則（UNCITRAL Arbitration Rules）（1976）。

（五）聲請人請求

1. 依 ICC 仲裁判斷應給付 4,085,180 澳幣之損害賠償。

2. 依 ICC 仲裁判斷應給付之利息，包括自 1998 年 3 月 24 日起至 2010 年 7 月 27 日（ICC 仲裁判斷作成日），按 ICC 仲裁判斷所示之年息 8% 所計算，共 4,033,397.07 澳幣；以及 從 ICC 仲裁判斷作成日起，按每日 895.38 澳幣所計算之利息，至印度付款日止。

3. ICC 仲裁程序之仲裁人費用與支出，共計 84,000 美元，即 150,892 澳幣（按 ICC 仲裁判 斷作成日匯率）。

4. ICC 仲裁程序中 White 所支出之費用共 500,000 澳幣。

5. White 於印度法院之司法程序、和解談判與本次仲裁程序中所支出之費用（金額待計算）。

6. 上述 3.、4.、5. 金額之利息。

（六）仲裁程序及後續

仲裁庭於 2011 年 11 月 30 日作成仲裁判斷。

三、事實背景[1]

Coal India 於 1989 年 9 月 28 日代表其子公司 Central Coalfields Limited（下稱 CCL）與 White 締結契約（下稱系爭契約）。White 同意在 Australian Trade Commission（下稱 ATC 或 AUSTRADE；在進口融資機制下提供資金）與 Australia's Export Finance and Insurance Corporation（下稱 EFIC；提供出口信貸融資）的協助下，提供 Coal India 子公司相關設 備及 Piparwar 煤場（Coal Mines）、處理設施（Coal Handling Facilities）與選煤場（Coal Preparation Plant）之管理服務。此外，White 亦提供超過 277 萬澳幣之銀行保證金。

系爭契約第 2.1 條說明定約目的，並約定於契約生效後 66 個月內，由 White 提供 CCL 一定數量的煤礦及設備、服務與人力。[2] 至於服務條款則訂於系爭契約第 3.0 條，該條款第一 部分約定設備提供；第二部分約定技術服務之提供。在前 6 個月期間並設定一定的選洗煤碳 生產目標，當生產超越預定目標時，White 得享有紅利（bonus），反之，應支付未達預定目 標之違約金。在某些情形下，White 尚得另外享有煤炭處理廠的紅利或必須負擔違約金。系

---

[1] *White Industries Australia Limited v. The Republic of India*, Final Award, UNCITRAL Arbitration Rules (November 30, 2011), paras. 3-14.

[2] *Id*. para. 3.2.16.

爭契約以印度法爲準據法,依 ICC 仲裁規則進行仲裁,並排除 1940 年印度仲裁法之適用。[3]

Coal India 認爲,選煤場及煤炭處理場所洗選出的煤炭品質並未達契約約定之標準,拒絕 White 的分紅要求,並提取銀行保證金 2,772,640 澳幣。[4]

White 於 1999 年 6 月 28 日向 ICC 提出仲裁請求,仲裁庭於 2002 年 5 月 27 日作成決定,認定:[5]

(一)選煤場產量未達契約目標(短少 172,749 噸),White 應給付 969,060 澳幣違約金。

(二)選煤場與煤炭處理場的品質並非完全未達要求。

(三)White 有權獲得煤炭處理廠 228 萬澳幣之紅利。

(四)White 有權取回 277 萬澳幣之銀行保證金。

(五)White 總計應受 408 萬澳幣之給付。

2002 年 9 月 6 日,Coal India 向加爾各達高等法院聲請撤銷 ICC 仲裁判斷。2002 年 9 月 11 日,White 向德里高等法院聲請執行 ICC 仲裁判斷,2006 年 3 月 9 日,德里高等法院裁定停止該院審判程序。2003 年 1 月 2 日,加爾各達高等法院開始審理 Coal India 請求撤銷 ICC 仲裁判斷一案。2003 年 11 月 17 日,加爾各達高等法院聽取 White 駁回 Coal India 撤銷 ICC 仲裁判斷之請求後,於同月 19 日駁回 White 之請求。加爾各達高等法院於 2004 年 5 月 7 日駁回上訴。2004 年 7 月 31 日,White 就加爾各達高等法院民事上訴部門之決定向印度最高法院上訴。最高法院於同年 9 月 29 日聽取聲請後裁定與他案併案審理。2008 年 1 月 16 日,聽審的兩名最高法院法官決定將此案轉予首席大法官主審、二法官陪席之特別庭審理。[6]

White 認爲印度法院不斷延宕訴訟程序之行爲及 Coal India 之行爲,已然違反系爭 BIT 第 3 條、第 4 條、第 7 條、第 9 條之規定,應負損害賠償責任。[7]

四、程序爭點

(一)White是否爲澳印BIT所定義之投資人

1. 聲請人主張,澳印 BIT 第 1 條敍明「公司」爲適格之投資人,而其滿足公司此一定義。印度政府亦未就 White 是否爲公司此點爭辯。

---

[3] *Id.* para. 3.2.17.

[4] *Id.* paras. 3.2.25-26.

[5] *Id.* para. 3.2.33.

[6] *Id.* paras. 3.2.35, 3.2.46, 3.2.56-57, 3.2.59, 3.2.61-63.

[7] *Id.* para. 3.2.64.

2. 相對人主張，White 是否爲投資人，應該就澳印 BIT 範圍內的用語爲解讀，並考量澳印 BIT 之目的與宗旨。[8]

3. 仲裁庭認爲，[9] 澳印 BIT 第 1 條定義「投資人」爲「公司」或「自然人」，且進一步闡釋，所謂公司，只要爲根據締約一方之法律組成、設立或依法組成之公司，皆爲本條定義下的公司。印度並未爭執 White 爲創設於澳洲之公司，故此爭點雙方並無爭議。

（二）White是否有符合澳印BIT定義之投資行爲

1. 聲請人主張，澳印 BIT 第 1 條的投資定義應採最廣義解釋，系爭契約雖將其契約履行義務置於「服務條款」之章節下，而以服務爲名，仍不妨礙聲請人基於本案契約義務所爲之履行作爲是否符合「投資行爲」之判斷。國際仲裁庭通常僅以 BIT 下服務與設備的提供即認構成「投資」，聲請人因此主張，本案系爭契約下之約定，實則已遠超過設備與技術服務提供之範圍，更應認定爲投資。且印度政府援引之 *Salini* 測試（*Salini test*），由於本案提起仲裁之根據並非 ICSID 公約，因此於本案並不適用。縱使仲裁庭認爲本案應適用 *Salini* 測試，聲請人仍符合此標準下之「投資」行爲（銀行保證金亦爲投資態樣之一，系爭仲裁判斷亦屬「投資」）。[10]

2. 相對人主張，*Zachary Douglas*〔法學者，仲裁人（非本案）〕所發展出如何判斷「投資」的標準，[11] 適用於所有依投資協定主張之控訴。White 所主張之投資種類並不符合 *Salini* 測試，尤其系爭契約係建立於 Coal India、White、AUSTRADE 和 EFIC 的融資架構上。因此 White 於 Piparwar 開發計畫中並未承擔任何風險，不符合投資定義要求之「風險」要件。系爭契約爲一般商業契約而非投資契約，系爭契約權利非對物權（rights *in rem*），銀行保證金與系爭契約同樣非爲投資行爲之表現。[12]

   此外，ICC 仲裁判斷本身並非一項投注於印度之資產而構成「投資」。*Saipem* 案仲裁庭曾謂：「本仲裁庭同意自國際商會仲裁判斷而生之權利僅間接地源自投資行爲。至於仲裁判斷本身構成 ICSID 公約第 25.1 條投資之見解，爲本仲裁庭所不採。」印度政府亦援引 *GEA Group AG v. Ukraine* 一案之決定以支持其主張，該案認爲，國際商會仲裁判斷並非德國與烏克蘭 BIT 第 1 條之投資，而相似於本案。該仲裁庭謂：「國際商會仲裁判斷本身

8　*Id.* para. 5.1.1.

9　*Id.* para. 7.2.

10　*Id.* paras. 4.1.9, 4.1.13-14, 4.1.23, 4.1.24-27.

11　Zachary Douglas, The International Law of Investment Claims (CUP, 209) V, p. 161. 相對人所引用的主要是 Rules 22, 23。

12　*Supra* note 1, paras. 5.1.3-4, 5.1.5-7, 5.1.8, 5.1.11, 5.1.14-16.

並不構成『投資』，其僅規定系爭和解協議與償還協議（此二協議非投資）而生權義之處置」、「退步言之，即使系爭和解協議與償還協議構成投資，針對該些因投資行為而生之權利義務關係所為之仲裁判斷，亦不等同於投資行為」。因此，印度政府主張系爭仲裁判斷顯然並非一項投資於印度之資產。[13]

3. 仲裁庭認為，就上開爭議，應以四個問題釐清此一爭點：[14]

(1) White 是否為投資人？以契約權為基礎之投資，是否必以契約創造對物權為前提？
——投資之必要特徵（required attributes）

仲裁庭所衡量之因素，包括 BIT 之原始文義，及其目的與宗旨，最後則評估 White 的作為究否符合澳印 BIT 下之投資定義。澳印 BIT 並未規定，欲成為被涵蓋的投資，須為對物權；澳印 BIT 亦未要求應具備 *Douglas* 所述之經濟要素。澳印 BIT 明確定義投資包含僅為債權之態樣，即「金錢上權利或具有財務價值、契約或其他價值履行權利」，而此為 White 基於系爭契約明確擁有之權利，亦即因其契約義務之履行而得對 Coal India 主張之「金錢上權利」。[15]

(2) White 於系爭契約下之權利是否足以作為投資之態樣？—— White 的契約上權利（contractual rights）

A. 因契約而生之契約上權利得以等同於投資之論點，已發展為一廣泛接受之通念。基於澳印 BIT 之投資定義明確包含契約權，及認定契約而生之權利屬投資之仲裁先例，本案仲裁庭認為，不論 White 的契約上權利為債權或物權性質，系爭契約確實構成投資。

B. *Salini* 測試應僅用於判斷 ICSID 公約下之投資情形。[16] 本案原則上並不適用 ICSID 公約，因此 *Salini* 測試及 *Douglas* 針對該要件所為之解讀，於本案皆無適用餘地。然而，White 依系爭契約確實在印度有實質投入、合乎期間要件、合乎風險承擔原則、符合 *Salini* 測試的獲利要素、符合貢獻要件，因此即使以 *Salini* 測試審查之，White 亦符合該些要件。

(3) White 於銀行保證金下的權利是否構成投資？——銀行保證金是否為投資？

銀行保證金是用於向 Coal India 擔保其履行契約義務遲延時，Coal India 得迅速受到給付，性質上偏向保障 Coal India，並未使 White 得到任何實質權利，亦不構成聲請人之

---

[13] *Id*. paras. 5.1.17-20.

[14] *Id*. para. 7.1.1.

[15] *Id*. paras. 7.3.5-8.

[16] *Id*. paras. 7.4.1-9.

資產，[17]因此本案仲裁庭認定銀行保證金本身並非投資。

(4) White 於 ICC 仲裁判斷下的權利是否構成投資？—— White 在仲裁判斷下的權利

Saipem 案仲裁庭曾有類似見解，而謂：「國際商會仲裁判斷本身並未創造判斷內的權利，該些權利實則源自於系爭契約。仲裁判斷僅確認原始契約下雙方的權利義務關係而已。」[18] 類似的演繹亦可見於 *Mondev* 案、*Chevron* 案與 *Frontier Petroleum Services* 案之仲裁判斷中，將仲裁判斷定性為契約中投資行為之延續狀態。本案仲裁庭認定 ICC 仲裁判斷構成 White 原始投資之一部分，具體化系爭契約下之權利。故 ICC 仲裁判斷亦應如投資行為般受到雙邊投資協定就「投資」所提供之保護。[19]

（三）仲裁庭對於國營公司Coal India之行為有無管轄權

1. 聲請人主張，仲裁庭對本案有管轄權，因為印度具有控制及指揮 Coal India 行動的權力，且其一直都有機會改正 Coal India 持續違反契約與 ICC 仲裁判斷之行為。此外，印度政府未能糾正 Coal India 違法提取聲請人銀行保證金之不作為係國家主權之行使。[20]

2. 相對人主張，Coal India 之違法行為並不可歸責於印度政府，[21] 仲裁庭對該些行為並無屬時管轄權，聲請人基於系爭行為所為之主張係不可被受理的。

3. 仲裁庭認為，本案並無證據證明 Coal India 的主管或員工須取得印度政府的同意始得處分銀行保證金。況且，印度政府並未於該計畫的執行、實踐與完成過程中擔任任何角色。據此，沒有證據證明聲請人對 Coal India 所主張的行為可歸屬於印度政府。[22]

五、實體爭點

（一）印度是否違反第3.1條之投資環境促進義務

1. 澳印 BIT 第 3.1 條規定：「各締約方應為於其領域內進行投資之締約他方投資人促進並推動有利於投資的環境。各締約方應依其法律與投資政策，批准該等投資。」[23]

---

[17] *Id.* para. 7.5.5.

[18] *Saipem S.p.A v. The People's Republic of Bangladesh*, ICSID Case No. ARB/05/07, Decision on Jurisdiction and Recommendation on Provisional Measures (March 21, 2007), at 12. *See also ATA Construction, Industrial and Trading Company v. The Hashemite Kingdom of Jordan*, ICSID Case No. ARB/08/2, Award (May 18, 2010), at 115.

[19] *Supra* note 1, paras. 7.6.5, 7.6.10.

[20] *Id.* paras. 4.2.1-6, 4.2.12.

[21] *Id.* paras. 5.1.21, 5.1.32.

[22] *Id.* paras. 8.1.19-20.

[23] *Id.* para. 9.1.1.

2. 聲請人主張，如印度政府能盡澳印 BIT 第 3.1 條之義務，則印度政府便不會：(1) 准許 Coal India 不當地提取銀行保證金，並不當地扣留聲請人應得之款項；(2) 違反紐約公約之義務，使其法院行使管轄權，撤銷於印度以外之領域所作成之仲裁判斷；(3) 藉由其法院之異常延遲系爭法律程序，而構成拒絕正義。[24]

3. 相對人主張，聲請人所爭議者為關於設立前之義務。探究學說見解，亦認為有關「促進並推動有利投資環境」的 BIT 條款，並不足以構成實體上可資主張之權利。[25]

4. 仲裁庭認為，澳印 BIT 第 3.1 條所使用之文字，太過抽象而難以支持聲請人所謂三項具體義務的論述。

（二）印度是否違反第3.2條之FET待遇義務

澳印 BIT 第 3.2 條規定：「各締約方之投資或投資人應被賦予公平與公正待遇。」與此條文相關的，有三個層面的檢視：與銀行保證有關的行為、聲請人的正當期待，以及印度法院處理 ICC 仲裁判斷之行為（亦即拒絕正義之判斷）。關於銀行保證的爭點，前提是 Coal India 之行為可歸責於印度政府，惟依前述四、（三）之說明，仲裁庭採否定看法，因此不必再討論該行為是否違反 FET 待遇義務。

（三）　White之正當期待

1. 聲請人主張，印度已於 1960 年簽署紐約公約；投資時，聲請人正當期待如有仲裁案件發生，印度政府將遵守條約中關於已作成仲裁判斷之相關義務。

    印度准許其法院就 Coal India 聲請撤銷商務仲裁判斷之訴進行審理，此舉有違紐約公約及國際法，因而違反聲請人就此部分之正當期待。[26] 此外，印度在執行紐約公約下之商務仲裁判斷時，負有及時（timely）及透明等義務，但印度法院違反了聲請人的正當期待。

2. 相對人主張，紐約公約未就仲裁判斷之質疑，或法院於何種情形得或不得行使其管轄權以宣告無效等情形，進行規範。聲請人主張印度法院欠缺程序上之透明性，聲請人並未提供任何證據以支持該項主張。[27]

3. 仲裁庭認為：[28]

    (1) 關於對銀行保證金之期待：仲裁庭已認定 Coal India 之有關銀行保證金之行為無法歸

---

[24] *Id.* para. 9.2.2.

[25] *Id.* paras. 9.2.8-11.

[26] *Id.* para. 4.3.19.

[27] *Id.* paras. 5.2.8-9.

[28] *Id.* paras. 10.3.8, 10.3.11, 10.3.17, 10.3.20.

屬於印度政府，故認定本部分的主張無理由。

(2) **關於印度法院處理撤銷外國仲裁判斷之期待**：聲請人的期待（印度法院不會受理撤銷外國仲裁判斷之請求），係建立在其認知或得認知之印度仲裁法制，亦即印度法院原本就會受理撤銷外國仲裁判斷之訴訟，除非當事人在契約中約定排除印度 1940 年仲裁法之適用。但該認知是錯誤的，因為印度法院一直都有受理撤銷外國仲裁判斷之請求，即便當事人有類似上述的約定亦然。

(3) **關於及時執行部分之期待**：聲請人於簽約時，理應明知印度的內國法院結構皆已為積案所累，此部分並有印度法律委員會於 1988 年針對最高法院的運作情形所出具之報告為證。

(4) **關於印度作為一個投資地點之期待**：系爭關於投資待遇之陳述過於模糊且抽象，因此似不足以構成一個值得依照 FET 待遇義務加以保護的正當期待。

(5) **關於印度法院程序透明性之期待**：僅僅進度緩慢、最高法院未能訂出具體庭期一事，並不等同程序不透明。

（四）拒絕正義

1. 聲請人主張，印度法院不當行使管轄權，聲稱其有權力撤銷仲裁判斷，遲延系爭仲裁判斷的執行。Coal India 不當地就銀行保證金取償與留置資金。[29]

2. 相對人主張，針對印度法院可否受理撤銷外國仲裁判斷之聲請，一直以來為印度仲裁法爭論之焦點。該等撤銷／執行仲裁判斷之聲請並非於人權法院進行，不具備迫切性。本案相關訴訟程序之所以拖延至今，主要係因為聲請人之訴訟策略所致。基於該案之複雜性，法院須籌組一個三位法官組成的法庭進行聽審，實難認為印度法院存有任何不當拖延的情事。最後，仲裁庭必須考量到印度係一擁有 12 億人口，且為司法過度負擔之開發中國家，是故應採用與瑞士、美國或澳洲等國不同之標準判斷。[30]

3. 仲裁庭判斷，由於仲裁庭已認定 Coal India 有關銀行保證金之行為無法歸屬於印度政府，是故聲請人的此部分主張即已無理由。構成拒絕正義條款違反的標準相當嚴格，用以判斷是否構成拒絕正義將高度地倚賴個案事實。就包含最高法院於聽審及決定上訴之遲延在內之整體程序期間觀之，以司法行政效率而言雖難令人滿意，但均未達到足以構成拒絕正義之程度：[31]

---

[29] *Id.* para. 4.3.4.

[30] *Id.* paras. 5.2.14-18.

[31] *Id.* paras. 10.4.2, 10.4.6-8, 10.4.10-12, 10.4.15, 10.4.21-22.

(1) **聲請撤銷／執行程序之複雜程度**：在紐約公約下，印度法院是否仍可撤銷外國仲裁判斷，從當時至今仍係印度仲裁法上之一大爭點。印度最高法院未能處理本件爭議並非令人驚訝，其程序緩慢所生之遲延對仲裁庭而言亦係如此。

(2) **爭議之重要性**：本件包含聲請撤銷 ICC 仲裁判斷之爭議，對於印度商務仲裁法領域而言，具有明顯之重要性。

(3) **是否需為迫切之決定**：仲裁庭認為有必要區分刑事程序及如本案之商業紛爭，就本案所涉之給付利益而言，對於及時判決的需求似較不迫切。

(4) **訴訟當事人之行為**：聲請人不應該為其追求印度法院依照聲請人所認知之紐約公約義務進行判斷而受到非難。

(5) **印度法院之行為**：雖然自 2002 年 9 月以降，撤銷 ICC 仲裁判斷之訴以及執行 ICC 仲裁判斷之訴，已達 9 年之久，若聚焦於最高法院未能組成適當之法庭以審理聲請人上訴之部分，其時間尚未達 4 年。仲裁庭認為加爾各達與德里高等法院並未以不合理的速度處理本案，似難構成拒絕正義條款之違反。

（五）印度是否違反第4.2條MFN待遇條款

1. 澳印 BIT 第 4.2 條規定：「締約一方對於其領域內投資之待遇，永遠都不應低於其所提供予任何第三方國家投資人之待遇。」

2. 聲請人主張，印度違反其於印度—科威特 BIT（下稱印科 BIT）下第 4.5 條所應承擔之義務，該條謂：「……各締約國應依其現行可資適用的法規，就有關投資的部分，提供有效的救濟途徑以利提出主張並實現其權利……」聲請人於一個紐約公約的締約國聲請執行仲裁判斷耗時 9 年，存在著無法被接受的拖延，其未提供有效之救濟途徑予聲請人，構成義務之違反。[32]

3. 相對人主張，不應連結至印科 BIT 第 4.5 條，因為此將破壞原先協商下的平衡。即便適用，亦僅得適用於發生在澳印 BIT 生效後之事件。[33]

4. 仲裁庭認為，聲請人在此並非冀望適用其他雙邊投資協定的紛爭解決條款，僅係使自己得以主張其他雙邊投資協定條款中所賦予較為優惠之權利。印科 BIT 第 4.5 條並無牴觸澳印 BIT 之任何條款。[34]

(1) **執行程序部分**

就本案程序之歷程來看，確實存有改進空間。就多次准許展延期限而言，德里法院的

---

[32] *Id*. para. 11.1.5.

[33] *Id*. para. 5.4.3.

[34] *Id*. paras. 11.2.4-5.

確對 Coal India 相當友善，但這僅僅占 3 年半中的幾個月而已。關於訴訟停止後 6 年之延遲部分，在聲請人無法證明就訴訟停止部分提起上訴，亦不具效果或實益的情形下，亦難謂印度未能提供予聲請人執行權利之有效救濟途徑。[35]

(2) 有效救濟途徑之標準（effective means standards）

仲裁庭認爲 Chevron 案中關於有效救濟途徑標準的見解，有相當之參考價值而得適用於本案，即：[36]

A. 有效救濟途徑條款具有「特別法優先於普通法」（lex specialis）之性質，相較於習慣國際法中之拒絕正義條款而言，其爲不同且較不嚴苛之標準。

B. 此項標準要求地主國建立適當之法律系統及機構，且該系統與機構在任何案件中，均能正常運作。

C. 控訴違反有效救濟途徑之聲請人無須證明地主國干擾司法程序。

D. 如地主國法院無窮盡或不正當地延遲投資人之聲請，均可能構成此標準的違反。

E. 法院案件的壅塞與拖延是得參考的相關判準，但不足構成一個完全抗辯。若地主國經常性而廣泛地延遲，則可以作爲係整體法院系統性問題之證據，也可能構成有效救濟途徑要求之違反。

F. 地主國是否提供有效救濟途徑，應依國際、客觀標準加以判斷。

G. 主張此項條款者，無須證明其已窮盡當地救濟手段。然而，其須適當地使用可資利用之救濟手段主張及實現權利。由地主國證明尚有可資利用之救濟手段未經利用，而主張此項條款者，則需證明該些手段均屬無效或不具實際效用。

H. 遲延處理投資人之聲請是否即構成本條款之違反，仍須視個案具體事實而定。

I. 如同拒絕正義條款，案件複雜程度、訴訟當事人之行爲、案件所涉之利益輕重均爲得考量之因素。

(3) 有效救濟途徑標準之具體適用

A. 執行程序部分 [37]

仲裁庭認爲就本案程序之歷程來看，確實存有改進空間。Coal India 被允許以不合宜的方式提交答辯狀；其異議亦被允許延遲提交，執行程序進度都因雙方書狀往返及 Coal India 不時地聲請訴訟停止而拖延，總計費時 3 年半。因德里高等法院於 2006 年 3 月裁定停止程序，聲請人的執行聲請歷時 9 年仍懸而未決。

---

[35] *Id.* para. 11.4.14.

[36] *Id.* para. 11.3. *Chevron and Texaco Petroleum Company v. the Republic of Ecuador*, UNCITRAL PCA Case No. 34877, Interim Award (December 1, 2008).

[37] *Supra* note 1, paras. 11.4.5-14.

仲裁庭認為，有效救濟途徑標準需先用以檢視前 3 年半的延遲，而後檢視後續 6 年的延遲。

如僅就前 3 年半的延遲而言，仲裁庭認為其無法認定印度未能提供有效救濟途徑予聲請人。就多次准許展延期限而言，德里法院的確對 Coal India 相當友善，但這僅僅占 3 年半中的幾個月而已。實際上，Coal India 對 White 之聲請提出強烈抗辯，而這樣的程序進程並非特別，在印度或其他地方皆然。此外，德里法院審理 Coal India 之訴訟停止聲請之所以耗時過久，似可歸咎於法院過多之積案及雙方律師之訴訟行為（雙方當事人均多次請求更改審理期間）。

由於聲請人並未主張印度政府未能建立一個適當的法制系統與組織，因此，問題在於德里高等法院是否有效處理聲請人的聲請執行程序，而這個問題取決於在這 3 年半之中，聲請人的聲請是否受到「無止盡」或「不正當」的延遲，而仲裁庭認為答案為否定。

關於訴訟停止後 6 年之延遲部分，表面上來看似有過度之情事，惟應考量 White 並未就 Lokur 法官於 2006 年 3 月所為之停止訴訟裁定提出上訴。由於 White 並未上訴，因此，White 應證明該等上訴是無效、無用的。然而，卻未有任何證據被提供。此外，亦無法認定僅因聲請人曾向最高法院就管轄權之異議進行上訴未果，即謂任何的上訴將不生作用。針對 Lokur 法官的裁定所提之上訴與就管轄權異議所提之上訴，二者須認定之問題有明顯差異。因此，在聲請人無法證明就訴訟停止部分提起上訴，亦不具效果或實益的情形下，仲裁庭認為就後續 6 年的延遲，亦難謂印度未能提供予聲請人執行權利之有效救濟途徑。

B. 聲請撤銷部分 [38]

仲裁庭認為，聲請人就聲請撤銷仲裁判斷之程序之主張（即加爾各達高等法院欠缺審理 Coal India 聲請撤銷仲裁判斷之訴的管轄權）是否有無止盡或不當延遲，係完全不一樣之爭點。

就聲請人於最高法院所面對之拖延部分，雖聲請人未向印度首席法官就程序進度部分提出申訴並不尋常。然而，仲裁庭認此並非必要之程序。

聲請人已分別於 2006 年與 2007 年聲請並取得快速聆訊令（expedited hearings），聲請人似已窮盡所有可促進法院即時審理之合理手段。仲裁庭同意聲請人已無任何有效的方式以進一步促進訴訟。

據此，雖然仲裁庭認定 9 年的聲請撤銷之訴之程序並不違反拒絕正義條款，但其完

---

[38] *Id.* paras. 11.4.16-19.

全肯認印度司法系統超過 9 年無法處理聲請人的管轄權主張，及印度最高法院超過 5 年未能審理聲請人就管轄權之上訴，構成不當延遲，並構成印度自願承擔之「提供主張及實現權利之有效救濟途徑」義務之違反。因此，印度違反系爭 BIT 第 4.2 條之 MFN 待遇條款。

（六）是否違反第7.1條徵收[39]

1. 澳印 BIT 第 7.1 條規定：「除非基於公共目的且以非歧視為基礎，依法律處理，並給予公平且公正之補償，否則締約雙方均不得國有化、徵收締約他方投資人之投資，或將之置於與國有化或徵收有相同效果之措施。」

2. 聲請人主張，印度法院因為審理 Coal India 所提之撤銷外國仲裁判斷之訴而有違國際法（含紐約公約）關於仲裁判斷僅能由作成地法院撤銷之規定。法院遲延審理聲請人執行該仲裁判斷之聲請，剝奪聲請人就該仲裁判斷所享有之利益。

3. 相對人主張，契約權利僅在屬無形資產的情形下，才可被徵收，本案之契約權僅為貨品或服務供應之一般性商務契約；銀行保證金亦非屬投資。且撤銷 ICC 仲裁判斷之訴，或是執行 ICC 仲裁判斷的程序至今仍在審理中；即便判決結果對聲請人不利，其權利亦不會消失於世或是被「徵收」。

4. 仲裁庭認為，銀行保證金非澳印 BIT 下之「投資」，故此部分印度並無違反澳印 BIT 關於徵收之規定。其次，仲裁庭認為，相對人所謂僅有無形資產形式之契約權方得被侵害之主張為無理由。仲裁庭並引述兩則國際仲裁判斷，[40] 認為任何形式的契約權利均得成為徵收客體。惟 ICC 仲裁判斷尚未被撤銷，關於其效力的裁判至今乃懸而未決而已，故不構成徵收之情事。

（七）是否違反第9條資金移轉[41]

1. 澳印 BIT 第 9 條規定：「各締約方應准許他方投資人關於投資資金於其領域內，自由移轉而不受到不合理的延遲，並且不受歧視……。」

2. 聲請人主張，Coal India 不當對銀行保證金為請求、不當置留該筆資金之事實構成資金移轉規定之違反。

3. 相對人主張，仲裁庭因為 Coal India 的行為不可歸屬於印度政府，所以無管轄權；且 Coal

---

[39] *Id.* para. 12.2.

[40] *Phillips Petroleum Co. v. Iran*, 16 Yearbook Commercial Arbitration 75 (1989); Decision on Jurisdiction and Recommendation on Provisional Measures, ICSID Case No. ARB/05/07 (2007), at 133.

[41] *Supra* note 1, para. 13

India 有權利就銀行保證金為請求，與資金自由進出印度並不具任何關聯。

4. 仲裁庭認為，聲請人的主張皆係建立在 Coal India 行為之基礎上，而仲裁庭已認定 Coal India 的行為無法歸責於印度。

六、損害賠償之計算

（一）聲請人主張，基於 *Chorzow Factory* 案之見解，[42] 其應得享有被回復至澳印 BIT 未被違反時之狀態的權利。

（二）相對人主張，聲請人未證明 Coal India 撤銷 ICC 仲裁判斷之聲請及停止執行之聲請無合理之勝訴機會。且聲請人無法證明其得對 Coal India 取得准予執行之裁定及得對 Coal India 就該 ICC 仲裁判斷之全額為執行。[43]

（三）仲裁庭在此檢視兩個問題：1. 該 ICC 仲裁判斷在印度法下是否得執行？以及 2. 若是可執行，聲請人應得到何種補償，才能回復其未受印度違反澳印 BIT 之情況下應享有之狀態？

1. 系爭仲裁判斷於印度是否具有可執行性（enforceability）

仲裁庭分別就紐約公約第 5 條，檢視相對人所主張之四種可能阻止領域外仲裁判斷於印度執行之事由：

(1) 關於 ICC 仲裁庭偏頗不公之主張

Coal India 主要提出以下主張：A. 該項仲裁判斷曾被保留 17 個月，之後新的問題被提出來時，該些問題又進行進一步的審理；B. 多數仲裁人未能保持公正，並作出嚴重的違法行為；C. 主任仲裁人曾對 Justice Reddy 的不同意見書發表回應。

仲裁庭同意相對人所提出用以判斷是否構成偏頗不公之判準，即問題不在於法官或仲裁人是否真的具有偏見或判斷存有偏頗，而在於是否有客觀環境足以使任何人認為可能存有影響裁決之偏見的可能性。若偏見的存在具合理可能性者，則依自然正義與常識而言，法官或仲裁人將可能存有相當之偏見而不應允許其聽審。其基本原則即為，不只要求需有正義，而且表面上看起來也必須是正義的。

然而仲裁庭根據此項標準，仍無基礎認為主任仲裁人或仲裁人 Morling 存有偏見。首先，僅因 17 個月的審理及後續問題的提出並不足以證明偏見。此外，系爭問題似非由主任仲裁人隨意提出而未參酌其他仲裁人之意見，該問題反而是由 Reddy 提出，因其認為 Coal

---

42 1928 P.C.U. No. 17.

43 *Supra* note 1, paras. 5.7.2-4.

India 有機會解釋這些爭點。而且仲裁庭所採用之程序早在 2000 年 5 月審理時，即由主任仲裁人預告。對於此項做法，雙方當時亦未爲任何異議。再者，無法由該些問題推論出仲裁庭成員可能對於當事人存有偏見。最後，Coal India 未能解釋主任仲裁人對於 Reddy 的回應如何構成偏頗。因此，仲裁庭不認爲本件情形存有任何偏頗不公，或滿足紐約公約關於拒絕執行仲裁判斷之要件。

(2) 關於 ICC 審理逾越其管轄權之主張

仲裁庭認爲，Coal India 就此部分的主張，依紐約公約第 5.1(c) 條，應認爲無理由，該條文有兩大部分，即：A. 仲裁判斷處理未包含或未落入仲裁協議範圍的「歧異」或「紛爭」；B. 仲裁判斷對超過仲裁協議範圍的爭點而爲決定。

關於第一部分，提交仲裁的歧異或紛爭包含聲請人有權享有多少紅利或須負擔賠償之違約金，而這可以明顯地從仲裁協議、提起仲裁文件與當事人之證據看出。此外，這些歧異或紛爭正是 ICC 仲裁庭於仲裁判斷中所欲決定之事項。

針對第二部分，由於歧異或紛爭被提交至 ICC 仲裁庭，故 ICC 仲裁庭於仲裁判斷中就聲請人所得受領之紅利或有義務給付之違約金所爲之決定，不能認爲是「超過提交仲裁之範圍」。雙方均就此議題提交訴狀，並且進行兩次聽審。

有鑑於這些事實，ICC 仲裁庭就契約而生之違約金／紅利爭議所爲之決定，應可認係在其管轄範圍內。綜上所述，印度政府仍未能證明系爭仲裁判斷處理未包含或未落入仲裁協議範圍的「歧異」，或系爭仲裁判斷對超過仲裁協議範圍的爭點而爲決定。

(3) 關於 ICC 仲裁庭延遲作成仲裁判斷之主張

雖然本件仲裁判斷與 ICC 仲裁規則第 24 條要求 6 個月內需爲最終仲裁判斷之規定有違，但仲裁庭認爲該條規定應與 ICC 仲裁規則第 33 條合併觀之，其要旨爲，若當事人未曾就與本仲裁規則相違背之事項異議者，應視爲已放棄其異議權。本案仲裁庭亦認知，在 ICC 仲裁程序中，仲裁庭於 6 個月期間外發布仲裁判斷屬常態，爲 ICC 仲裁規則所允許，於期限內完成仲裁判斷的案件反而是少數，ICC 仲裁庭經常性地於仲裁程序中延展期限。

縱然於本件的紀錄中，未出現前述的延展期限之資訊，然而 Coal India 未能證明其曾就 ICC 仲裁庭不符合仲裁規則第 24 條提起異議，本案仲裁庭得認定 Coal India 同意 ICC 仲裁庭於 6 個月後仍得作成仲裁判斷，Coal India 已因 ICC 仲裁規則第 33 條喪失異議權。

綜上，仲裁庭認爲原仲裁判斷既未違反 ICC 仲裁規則關於期限之規定，因此，本案亦未違反紐約公約第 5.1(d) 條之事由。

(4) 關於與印度的公共政策相違背之主張

由於印度政府的論點係以 ICC 仲裁庭存有偏見爲基礎，而如前述，既已認定該偏見並不存在，是故亦難認爲 ICC 仲裁判斷與印度公共政策相違背。

綜上，本案仲裁庭認爲系爭仲裁判斷具有可執行性。

2. 聲請人所得受領的賠償

仲裁庭同意聲請人之主張，認爲應依常設國際法院在 *Chrorzow* 一案之見解，使其得回復至系爭 BIT 未被違反時所應享有之狀態。即，聲請人得請求之金額及費用包括：

(1) 本應依 ICC 仲裁判斷取得附利息之金額。

(2) 本不致發生透過印度法院追訴所生之相關費用。

(3) 本不致發生欲透過與印度和解而生之相關費用。

(4) 本不致發生於本次仲裁程序所生之費用。

七、仲裁庭之決定與判斷

印度違反澳印 BIT 第 4.2 條所連結適用之印科 BIT 第 4.5 條之義務：「提出主張及實現權利之有效救濟途徑」，聲請人得受償之金額爲：[44]

（一）基於 ICC 仲裁判斷應得之 4,085,180 澳幣，及從 1998 年 3 月 24 日起至付款日止年息 8% 之利息。

（二）ICC 仲裁程序中仲裁人所生之費用與支出共計 84,000 美元，及從 1998 年 3 月 24 日起至付款日止年息 8% 之利息。

（三）ICC 仲裁程序中聲請人所支出之費用共計 500,000 澳幣，及從 1998 年 3 月 24 日起至付款日止年息 8% 之利息。

（四）於本次仲裁程序中聲請人所支出之證人費用與其他支出共計 86,849.82 澳幣，及從本仲裁判斷作成日起至付款日止年息 8% 之利息。

---

[44] *Id.* para. 16.1.1.

國家圖書館出版品預行編目資料

國際投資法：協定與仲裁／吳必然著. ——初
版. ——臺北市：五南圖書出版股份有限公
司, 2023.03
冊； 公分
ISBN 978-626-343-822-4 (上冊：平裝)

1.CST: 國際投資　2.CST: 國際經濟法規
3.CST: 國際仲裁　4.CST: 個案研究

579.94　　　　　　　　112001409

1UF8

國際投資法——
協定與仲裁（上）

作　　　者 — 吳必然（58.7）

發 行 人 — 楊榮川

總 經 理 — 楊士清

總 編 輯 — 楊秀麗

副總編輯 — 劉靜芬

責任編輯 — 呂伊真

封面設計 — 姚孝慈

出 版 者 — 五南圖書出版股份有限公司

地　　　址：106台北市大安區和平東路二段339號4樓

電　　　話：(02)2705-5066　　傳　　真：(02)2706-6100

網　　　址：https://www.wunan.com.tw

電子郵件：wunan@wunan.com.tw

劃撥帳號：01068953

戶　　　名：五南圖書出版股份有限公司

法律顧問　林勝安律師

出版日期　2023年3月初版一刷

定　　　價　新臺幣780元

經典永恆・名著常在

五十週年的獻禮——經典名著文庫

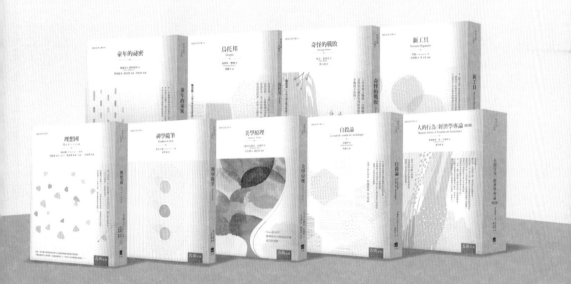

五南，五十年了，半個世紀，人生旅程的一大半，走過來了。

思索著，邁向百年的未來歷程，能為知識界、文化學術界作些什麼？

在速食文化的生態下，有什麼值得讓人雋永品味的？

歷代經典・當今名著，經過時間的洗禮，千錘百鍊，流傳至今，光芒耀人；

不僅使我們能領悟前人的智慧，同時也增深加廣我們思考的深度與視野。

我們決心投入巨資，有計畫的系統梳選，成立「經典名著文庫」，

希望收入古今中外思想性的、充滿睿智與獨見的經典、名著。

這是一項理想性的、永續性的巨大出版工程。

不在意讀者的眾寡，只考慮它的學術價值，力求完整展現先哲思想的軌跡；

為知識界開啟一片智慧之窗，營造一座百花綻放的世界文明公園，

任君遨遊、取菁吸蜜、嘉惠學子！